Nora Gendreault

D0713936

psychologie
science de l'homme

Robert J. Trotter
James V. McConnell

traduit par

Annie Chauveau-Dupin
Charles-Henri et Rachel Farley
Louise Villeneuve

consultante

Andrée Lamoureux

HRW   Les Éditions HRW Ltée

Psychologie, science de l'homme

Traduction de

Psychology, The Human Science
© 1978 Holt, Rinehart and Winston

Tous droits réservés
Copyright © 1980
Les Éditions HRW Ltée
Montréal

Il est illégal de reproduire une partie quelconque de ce livre sans l'autorisation de la maison d'édition. La reproduction de cette publication, par n'importe quel procédé, sera considérée comme une violation du copyright.

ISBN 0-03-925914-5

Dépôt légal 3e trimestre 1980   Imprimé au Canada
Bibliothèque nationale du Québec   4   5   ML   84

Maquette de la couverture: Linda Tennier
Composition et montage: Ateliers de Typographie Collette Inc.

Remerciements

Les auteurs tiennent à remercier les personnes ou éditeurs suivants qui ont bien voulu autoriser la publication de leurs documents dans cet ouvrage.

Chapitre 1   Alice Boughton, photo, p. 16 — Sigmund Freud Copyrights, Ltd., p. 21 — The Bettman Archive, gracieuseté de Creative Playthings, division de Columbia Broadcasting System, Inc., p. 21 — Harry Harlow, p. 29.

Chapitre 2   Gracieuseté de la Ligue nationale de hockey, p. 45 — Acme, p. 47 — Nina Leer © 1972, Life Magazine, Time, Inc., p. 53 — Gracieuseté de James V. Mc Connell, p. 57 — Photo, Gracieuseté de Lam Mediflex Photo Lab, p. 64 — Photos, gracieuseté de Nathan Azrin, p. 69.

Chapitre 3   Gracieuseté de Lexington School for the Deaf, p. 92 — William Vandivert, p. 98.

Chapitre 4   Kenneth Karp, p. 129 — Photo, gracieuseté de William Vandivert, tiré de *Scientific American*, avril 1959, p. 137.

Chapitre 5   Photos (*haut*) © copyright 1977, Arthur Sirdofsky, (*bas, centre*) Michael Weisbrot, (*bas, droite*) Léonard Speier, 1977, p. 158 — Arthur Sirdofsky, © copyright 1977, p. 167 — Bob Trotter, p. 170 — Arthur Sirdofsky, copyright © 1975, p. 172.

Chapitre 6   Bob Trotter, p. 192, 199, 201, 203, 208 — Photographic Audio-visual Services, UMKC, p. 197.

Chapitre 7   Bob Trotter, p. 252, 255 — Gracieuseté du docteur James V. Mc Connell, p. 248.

Chapitre 8   Gracieuseté de Lafayette Instrument Co., p. 271 — Bob Trotter, p. 272 — Association Mensa, p. 276 — Photo tirée de *Psychology Today* Magazine, copyright © 1974, Ziff-Davis Publishing Company, p. 287 (*haut*) — The Bettmann Archive, Inc. / American Montessori Society (*bas*), p. 287 — Authentificated News International, p. 290.

Chapitre 9   Pierre Zalloni, photos p. 308-309, n° 1, 2, 3, 5, 6 — Michael Weisbrot, n° 4 — Arthur Sidofsky, n° 7 — Photothèque, Information Canada, n° 8 — Gracieuseté de Albert Bandura, p. 319.

Chapitre 10   Frederick Weiss, p. 340.

Chapitre 11   Bob Trotter, p. 370, — Photo, © Shelly Rusten, 1973, p. 372 — NIA Gerontology Photo, p. 373 — Photos, gracieuseté de William Vandivert, tiré de *Scientific American*, nov. 1955 — Photos, © 1977, Arthur Sirdofsky.

Chapitre 12   United Nations, Camera Press, (*gauche*) p. 403 — United Press International (*droite*), p. 404 — Bob Trotter, p. 420 — Léonard Speier, © 1977, p. 414.

Chapitre 13   Gracieuseté de American Museum of Natural History, (*bas*), p. 438 — Authentificated News International, p. 443 — Gracieuseté de Daytop Village, p. 456 — D. Jones, Ward 108 Research Project et U.S. Army, Walter Reed Army Medical Center, p. 462.

Chapitre 14   Gracieuseté de Harry Harlow, p. 483 — United Press International, p. 485, 497— United Artists Corporation, © 1970 / Museum of Modern Art / Film Stills Archive, p. 486 - Photo © Shelly Rusten, 1967, p. 492.

Chapitre 15   Michael Weisbrot, p. 528 — Gracieuseté de CBS Inc., p. 517.

Chapitre 16   © Maury Englander, p. 550 — Kenneth Karp, p. 554 — Photos, Arthur Sirdofsky, © 1977, p. 560 — Gracieuseté de Harry Harlow, p. 561 — Magmum, p. 563 — Michael Weisbrot, p. 565.

Chapitre 17   Authentificated News International (*haut*) p. 587 — Gracieuseté de Kadina Productions, Inc., (*bas*), p. 587.

Préface

L'idée de ce volume d'introduction à la psychologie vient de Ralph Protsik, qui a confié la tâche de l'écrire à Robert J. Trotter, écrivain scientifique, et à James V. McConnell, psychologue de l'Université de Michigan. Quant à la version française, elle a été confiée à trois traducteurs. Annie Chauveau-Dupin s'est chargée des chapitres 2, 3, 4, 5, 8 et 10, Charles-Henri et Rachel Farley des chapitres 12, 13, 14, 15, 16 et 17 et Louise Villeneuve des chapitres 1, 6, 7, 9, 11, des références, des suggestions de lectures et de l'Appendice sur les statistiques.

Les auteurs ont essayé de produire un manuel d'étude qui soit à la fois intéressant, agréable et instructif. De plus, ce manuel de psychologie a été conçu pour des étudiants de niveau collégial qui n'ont pas de connaissances particulières dans le domaine, ou qui ne désirent pas nécessairement devenir des spécialistes en la matière, quoique les auteurs espèrent que la lecture de ce volume encouragera ceux-ci à poursuivre leurs études en psychologie. Chaque élément du volume a donc été pensé en fonction de ces objectifs.

Dans le texte, les auteurs s'adressent parfois directement au lecteur, le prennent à parti et le rendent complice. En ce sens, ils suscitent l'intérêt et la curiosité de celui-ci. Les grands thèmes de la psychologie y sont exposés dans un style parfois humoristique et captivant que les traducteurs, avec le réviseur, ont tenté de reproduire le plus possible dans la version française.

La matière elle-même se regroupe sous cinq grands thèmes: le corps, l'esprit, la personnalité, la psychopathologie (et la thérapie) et les aspects sociaux du comportement humain. Le premier chapitre introduit l'étudiant à l'histoire de la psychologie et à la psychologie du XXe siècle. Les cinq grands thèmes sont ensuite traités dans 17 chapitres, qui visent à donner au lecteur une vision d'ensemble et une compréhension du champ de la psychologie, des connaissances sur la manière dont les psychologues et les chercheurs travaillent, et des indications sur les applications possibles des données de la psychologie à la vie de tous les jours. Le dernier chapitre offre une perspective de l'avenir de la psychologie.

Les qualités de ce manuel d'étude sont nombreuses. Chaque chapitre débute par un paragraphe d'introduction et quelques objectifs d'apprentissage opérationnels qui offrent une vue d'ensemble du contenu à venir. Les notions et les concepts importants présentés en caractères gras dans le texte sont regroupés dans un glossaire en début de chapitre. Dès lors, l'étudiant peut maîtriser les notions de base avant même de débuter sa lecture. Afin de faciliter la compréhension et l'apprentissage de l'étudiant, les chapitres se terminent par un résumé et des questionnaires. Selon les auteurs, ceux qui tentent de façon constante de répondre à toutes les questions apprendront beaucoup plus sur la psychologie.

Le volume comporte de nombreux tableaux qui en rendent la lecture plus stimulante et facilitent le rappel. L'idée originale de Trotter d'incorporer une «nouvelle» en fin de chapitre a pour objectif de situer la psychologie en tant que recherche active en constante évolution.

La matière de chaque chapitre est introduite par le biais d'une oeuvre littéraire. En effet, les oeuvres offrent souvent des descriptions valables et valides du comportement humain et de la condition humaine. L'épisode littéraire présenté fait donc ressortir un aspect du comportement humain qui sera discuté par la suite dans le chapitre. La majorité des étudiants québécois connaissent déjà la plupart de ces oeuvres, mais le cas échéant, la compréhension de la matière à l'étude n'en sera nullement affectée, car l'oeuvre est toujours résumée dans le texte. Et qui sait, leur curiosité en sera peut-être piquée!

Un dernier point à souligner au sujet du volume lui-même concerne les suggestions de lectures. Lorsque les lectures proposées par les auteurs sont disponibles en français, c'est l'édition française qui est indiquée. De plus, quelques volumes de référence d'auteurs québécois ou français ont été rajoutés lorsque c'était approprié. Ces références additionnelles permettront à l'étudiant d'approfondir les notions qui l'intéressent plus particulièrement.

Pour conclure, je crois que ce volume conçu pour l'étudiant de niveau collégial est un apport, et pour l'étudiant, et pour le professeur. Pour ma part, étant professeur de psychologie, j'ai souvent souhaité qu'un tel volume de base existe afin que l'étudiant du collège puisse acquérir une perspective d'ensemble de la psychologie à l'aide d'un manuel complet, accessible et écrit pour lui. Enfin, je crois que, de par sa conception et sa méthodologie, *Psychologie, science de l'homme* pourra s'avérer un outil pédagogique utile pour le professeur et un guide d'apprentissage précieux pour l'étudiant.

Louise Villeneuve

Remerciements

Nous tenons à remercier tout particulièrement Jean-Luc Denis, le réviseur et Andrée Lamoureux, professeur de psychologie, qui a précisé la terminologie scientifique. Nous remercions aussi Nicole Ballyot, de la librairie Hermès Inc., pour son aide précieuse en ce qui a trait à la recherche des références et suggestions de lectures disponibles en français

Table des matières

INTRODUCTION

1re PARTIE: BIOLOGIE ET COMPORTEMENT

4e PARTIE: PSYCHOLOGIE DU COMPORTEMENT ANORMAL

5e PARTIE: PSYCHOLOGIE SOCIALE

CONCLUSION

APPENDICE

introduction

1

qu'est-ce que la psychologie?

Depuis toujours, l'homme est fasciné par la complexité de son propre comportement et, pendant des siècles, il s'est posé des questions sur la nature humaine. Aujourd'hui, l'étude de la psychologie nous fournit un certain nombre de réponses. En approfondissant comment, dans le passé, on a répondu aux questions sur le comportement humain et en examinant ce que font les psychologues contemporains, nous pouvons acquérir une meilleure compréhension de nous-mêmes et de la psychologie, cette science qui nous procure la connaissance de l'homme.

Après avoir étudié ce chapitre, vous pourrez:

- Définir la psychologie et donner des raisons pour lesquelles on l'étudie;

- Décrire l'évolution de la psychologie en tant que science;

- Comparer et distinguer les principes de base du fonctionnalisme et du structuralisme;

- Nommer et décrire les cinq étapes de la méthode scientifique;

- Décrire les principales caractéristiques du behaviorisme, de la psychologie gestaltiste, de la psychanalyse et de la psychologie cognitive;

- Expliquer comment se construit une expérience, en faisant appel aux notions de variable indépendante, dépendante et intermédiaire.

 glossaire

Anatomie. Du grec *-tomos*, provenant du verbe *temnein* qui signifie «disséquer». Étude scientifique de la structure des tissus vivants, celle-ci se faisant habituellement par la dissection du tissu en question.

Attribut. Du latin *attribuere*, donner. Si vous supposez que la plupart des étudiants de niveau collégial sont plus doués que la moyenne des gens, alors l'intelligence est un «attribut» que vous imputez aux collégiens.

Behaviorisme. Branche ou école de psychologie fondée par John B. Watson vers 1900. Les behavioristes considèrent qu'il est impossible d'étudier l'esprit directement parce qu'on ne peut ni voir, ni mesurer les phénomènes mentaux. Par contre, on peut voir et mesurer directement le comportement d'une personne.

Biais de l'expérimentateur. Au cours d'une expérience, il arrive souvent que les sujets soient amenés à faire précisément ce qu'on attend d'eux. Ils sont par ailleurs très sensibles au comportement de l'expérimentateur. Ainsi, dans certaines expériences, les chercheurs peuvent influencer ou «biaiser» inconsciemment les résultats en se comportant différemment, par exemple, avec les sujets à qui l'on administre une «drogue réelle» et avec ceux qui reçoivent une capsule de sucre.

Cognitif. Du latin *cognitus,* connu. En psychologie, le terme signifie «de l'esprit» ou «qui a trait aux processus intellectuels ou mentaux».

Conditionnement. Lorsqu'un organisme a été entraîné à émettre une réponse particulière en présence d'un stimulus donné, on dit qu'il a été conditionné à répondre à ce stimulus.

Conscience. Action de prendre conscience ou de se rendre compte, particulièrement de son environnement et de sa condition physique. Avoir l'esprit éveillé, comprendre ce qui se passe.

Échantillon. Tous les habitants du Canada constituent la «population totale» du pays. Si vous décidiez de choisir 2 000 de ces personnes au hasard pour leur poser des questions vous auriez alors sélectionné un petit «échantillon» de la population totale.

Éclectique. Du grec *eklegein*, choisir. En science, être éclectique signifie prendre ou choisir ce qui nous semble être les meilleurs éléments de points de vue scientifiques différents.

Empirisme. Du grec *empeirikos*, expérimenter; caractère de ce qui procède uniquement de l'expérience ou de l'observation des faits. L'empirisme est la poursuite de la connaissance par l'observation et l'expérimentation.

Éthique. Du grec *éthikê*, manière d'être. L'éthique réfère à l'ensemble des actions ou des motivations conformes à la morale.

Facteurs contrôlés. Lors d'une expérimentation, facteurs que l'expérimentateur tente de maintenir constants, afin d'isoler l'effet de la variable indépendante.

Fonctionnalisme. École de psychologie fondée par William James. Les fonctionnalistes considéraient qu'il était possible d'arriver à une meilleure compréhension du comportement humain par l'analyse des processus ou des mécanismes en évolution de l'esprit et du corps.

Gestalt. Mot allemand qui signifie «forme» ou «structure». La gestalt signifie aussi la tendance à voir les phénomènes comme des «ensembles indissociables» plutôt que comme une série d'éléments isolés.

Groupe expérimental. Groupe de sujets sur lequel le chercheur «expérimente». C'est le groupe de sujets qui reçoit un «traitement expérimental», par exemple un nouveau médicament pouvant soulager les maux de tête.

Groupe témoin. Dans une expérience, les sujets qui ne reçoivent aucun traitement ont une fonction de «témoin», car on compare leur performance à celle des «sujets du groupe expérimental» qui, eux, reçoivent un traitement.

Hypothèse. Du grec *hupothesis*, principe ou supposition. Une hypothèse est une supposition qu'on admet provisoirement pour expliquer quelque chose. C'est une explication possible qui n'est pas encore vérifiée par des données empiriques.

Instinct. Désir, but ou manière de se comporter qui sont innés.

Introspection. Du latin *introspicere* , «regarder dans ». Analyse par le sujet lui-même du contenu de sa propre conscience.

Méthode scientifique. Démarche comprenant dans un premier temps l'élaboration d'une théorie puis, dans un deuxième temps, sa vérification. Elle est appliquée par les scientifiques, mais également par chacun d'entre nous dans sa vie quotidienne.

Moeurs. Du latin *mores*, coutumes ou usages d'une société.

Motivation. Du latin *motivus*, «qui fait mouvoir». Ce qui motive, c'est-à-dire ce qui «pousse à agir ou à répondre» d'une façon particulière. Lorsque vous avez faim, vous êtes motivé à rechercher de la nourriture.

Mythologie. Du grec *muthos*, récit ou légende. La mythologie est un ensemble de mythes, c'est-à-dire de légendes ou de croyances anciennes.

Organisme. Au sens littéral, ensemble d'organes; dans la pratique, tout être vivant.

Perception. Mécanisme par lequel on associe des sensations à des images. «Percevoir» signifie habituellement «reconnaître» ou «être conscient de».

Physiologie. Des mots grecs *phusis* et *logos*, qui signifient «étude de la nature». Aujourd'hui, la physiologie signifie l'étude scientifique du fonctionnement des organismes vivants.

Psychanalyse. Théorie de la personnalité qui comprend le développement psychosexuel; également, forme de psychothérapie élaborée par Sigmund Freud.

Psychologie. Des mots grecs *psukhê* (âme, esprit) et *logos* (science). Étude scientifique des activités humaines dans leurs dimensions mentales et comportementales.

Sensation. Toute information ou tout message provenant d'un récepteur sensoriel tel que l'oeil, l'oreille, la langue, le nez ou la peau.

Stimuli. Excitations ou messages sensoriels susceptibles de provoquer une réaction mentale ou physique. Au singulier, on dit «stimulus», et au pluriel «stimuli».

Structuralisme. École de psychologie fondée par Wilhelm Wundt qui, partant de l'expérience personnelle et interne propre à chacun, cherchait à découvrir les structures les plus simples de l'esprit.

Supposition. Si vous supposez que telle chose est vraie, alors vous admettez cette chose même si vous n'avez aucune preuve de sa véracité. Une supposition est donc une estimation ou une croyance au sujet de quelque chose.

Symptôme. Signe visible d'une maladie ou d'un trouble. Les symptômes d'un rhume incluent généralement des maux de tête et l'inflammation de la muqueuse du nez et de la gorge.

Technique du «simple aveugle». Technique servant à neutraliser les attentes des sujets en ne leur dévoilant pas les buts de l'expérience ou le type de traitement qu'ils reçoivent véritablement.

Technique du «double aveugle». Technique selon laquelle ni les sujets, ni les chercheurs ne sont au courant des hypothèses réelles de l'expérience ou du traitement particulier réservé à un groupe de patients. Également appelée technique d'expérimentation à double insu.

Test d'aptitude. Du latin *aptus*, «qui est naturellement capable de». Si vous avez une aptitude pour quelque chose, vous pouvez apprendre ou réaliser cette chose naturellement, sans trop de difficulté. Un test d'aptitude mesure donc la capacité à apprendre une tâche ou une technique donnée.

Test d'intelligence. S'appelle aussi test de QI (quotient intellectuel). C'est un test qui tente de mesurer la capacité d'une personne à raisonner, à résoudre des problèmes ou à survivre dans un environnement donné.

Trait. Qualité distinctive de caractère, ou encore, capacité ou habileté mentale particulière; tout élément caractéristique d'un individu ou d'un groupe de personnes.

Validité. Un test psychologique est valide s'il mesure réellement ce qu'il se propose de mesurer.

Variable dépendante. Réponse des sujets aux conditions expérimentales.

Variable indépendante. Se dit des aspects d'une expérience qui sont sous le contrôle de l'expérimentateur.

Variable intermédiaire. Se dit des suppositions que font souvent les scientifiques pour expliquer pourquoi une expérience a donné tel résultat. Elle se rapporte aux processus psychologiques internes du sujet.

INTRODUCTION: *L'ILIADE*

La guerre débute quand Hélène, reine de Grèce, abandonne son mari et s'enfuit avec un jeune homme du nom de Pâris. Traversant la mer, les amants se réfugient à Troie, ville fortifiée sur la côte de l'Asie mineure (maintenant la Turquie); mais leur bonheur est de courte durée. Le mari d'Hélène réagit promptement. Il mobilise les armées de Grèce et, déterminé à ramener sa femme avec lui, met les voiles vers Troie. Cependant les Troyens, qui ne veulent pas rendre Hélène, rassemblent eux aussi leurs troupes et, pendant dix ans, les deux puissantes armées s'affrontent sur les plaines de Troie.

Même si la guerre de Troie a eu lieu il y a 3 000 ans, elle demeure l'un des événements que l'on connaît le mieux dans l'histoire de la civilisation occidentale. Cette guerre a été relatée avec force détails dans l'*Iliade* il y a vingt-cinq siècles par le poète grec Homère. Depuis ce temps, d'innombrables générations d'étudiants et d'érudits ont lu et relu l'*Iliade*. Le poème d'Homère est toujours demeuré populaire parce qu'il décrit fidèlement la nature humaine dans toute sa mystérieuse complexité.

La vie et la mort, l'amour et la haine, la joie et la peine, le courage et la lâcheté, la guerre et la paix sont des sujets qui nous touchent tous de près. Ces thèmes se retrouvent aussi dans l'*Iliade*, et dans la plupart des grandes oeuvres littéraires du monde. Dès qu'une oeuvre littéraire décrit fidèlement des pensées, des sentiments et des comportements humains, elle devient un outil précieux qui nous aide à en apprendre sur nous-mêmes et sur les autres. Une bonne oeuvre littéraire, autrement dit, nous offre une description fidèle du monde et nous permet de prendre du recul et d'observer les gens de ce monde. Et observer les gens, qu'ils soient fictifs ou réels, est l'un des principaux moyens que nous ayons d'apprendre à connaître l'être humain.

LA PSYCHOLOGIE, OU L'OBSERVATION DU COMPORTEMENT HUMAIN

Nous aimons tous de temps à autre observer le comportement des gens qui nous entourent. Mais l'observation du comportement humain ne s'arrête pas au simple fait d'observer les gestes de notre voisin: parfois, on peut préférer s'arrêter et s'observer soi-même, c'est-à-dire observer non seulement ses propres actions, mais aussi ses sentiments et ses expériences émotives et mentales. Lorsqu'on s'engage dans ce deuxième genre d'observation, il nous arrive souvent, ensuite, de nous comparer aux autres, ou de nous demander si la personne qui se trouve à côté de nous vit la même expérience intérieure que nous-même.

Même si, à première vue, ces deux façons d'observer semblent similaires, elles diffèrent notablement. Supposons que vous regardez quelqu'un d'autre. Vous ne pouvez voir que ses actions. Vous pouvez parfois croire que vous avez réussi à «lire dans sa pensée», mais en fait vous ne pouvez pas le faire directement puisqu'il est impossible de voir les pensées et les sentiments d'une autre personne. Vous pouvez, d'autre part, observer directement vos propres activités mentales; mais vos expériences intérieures sont tellement intimes que vous seul pouvez être le témoin direct de ce qui se passe dans votre esprit.

Après avoir porté attention à vos propres activités mentales et avoir étudié les actions des personnes qui vous entourent, vous pouvez *supposer* que les gens que vous avez observés perçoivent le monde et se perçoivent eux-mêmes à peu près de la même manière que vous. Mais cette **supposition** est extrêmement difficile à vérifier.

De la même manière, une autre personne peut observer vos actions et vos réactions et supposer que vous vivez à peu près les mêmes expériences intérieures que la plupart des gens. Mais, encore une fois, quelqu'un peut-il *réellement* savoir ce qui se passe dans votre tête?

De l'intérieur vers l'extérieur, ou de l'extérieur vers l'intérieur?

Il s'agit du premier problème auquel vous faites face lorsque vous étudiez la psychologie, ou lorsque vous voulez faire une observation sérieuse du comportement humain. Désirez-vous comprendre pourquoi vous pensez comme vous le faites, et savoir d'où viennent les sentiments que vous éprouvez? Si c'est le cas, il se pourrait que vous en veniez à définir la psychologie en termes purement subjectifs et quasi mystiques, parce que vous aurez étudié des événements intérieurs dont vous seul pouvez être sûr. Mais vous découvrirez bientôt que les personnes de votre entourage, passé ou présent, peuvent influencer une grande partie de ce qui se passe en votre for intérieur. En conséquence, vous élaborerez probablement une psychologie qui va de l'intérieur vers l'extérieur, c'est-à-dire à partir de vos propres expériences subjectives vers les actions des autres.

Si votre intérêt vous porte plus vers les autres que vers vous-même, vous pourriez commencer par dresser une liste ou faire un catalogue de toutes les activités d'une personne en particulier pendant une période déterminée. Mais si, par la suite, vous essayiez d'expliquer *pourquoi* cette personne s'est comportée comme elle l'a fait, alors vous pourriez en venir à faire des suppositions sur ce qui a pu se passer dans son esprit. Dans ce cas, votre démarche psychologique ou votre observation du comportement humain se ferait de l'extérieur vers l'intérieur.

Comme nous le verrons bientôt, cela fait des siècles que les observateurs du comportement humain se demandent s'il faut observer les gens de l'extérieur vers l'intérieur, ou de l'intérieur vers l'extérieur.

L'observation de l'intérieur vers l'extérieur, ou subjective, s'avère souvent très satisfaisante pour la personne qui la fait, parce que celle-ci en apprend alors beaucoup sur elle-même. Par contre, cette méthode ne permet pas de connaître beaucoup les autres et, par là, elle ne renseigne pas beaucoup la personne sur les raisons pour lesquelles elle est devenue ce qu'elle est maintenant.

L'observation de l'extérieur vers l'intérieur, ou objective, est une façon beaucoup plus scientifique d'étudier les gens parce que l'observateur se concentre d'abord sur leurs actions, et fait ensuite des hypothèses sur leurs expériences intérieures. Or, les actions se mesurent facilement (*objectif* signifie souvent *mesurable*). Mais cette façon d'observer la personne de l'extérieur vers l'intérieur peut fréquemment paraître froide et insatisfaisante à l'observateur; c'est comme si l'on avait l'impression, d'une certaine manière, de passer à côté de l'essence même de l'être humain.

Notre observation des gens devrait-elle être objective ou subjective? Chaleureuse ou froide? De l'extérieur vers l'intérieur, ou de l'intérieur vers l'extérieur? Est-ce que nous visons à nous comprendre nous-mêmes? Ou notre but est-il d'expliquer et de prédire les actions et réactions des autres?

Ce n'est qu'au XXe siècle que ces questions ont été formulées de façon précise, et c'est seulement tout récemment que l'observation non systématique des gens s'est transformée pour devenir la psychologie, science de l'homme. Pour comprendre pourquoi ce changement a mis tant de temps à se faire, il nous faut remonter le cours du temps et se demander comment les gens se sont vus (et ont vu les autres) à différentes époques de l'humanité.

LES PREMIÈRES APPROCHES

Les dieux

Pour expliquer l'origine de l'existence humaine, les observateurs des civilisations anciennes ont inventé des dieux et des déesses. On disait de ces forces surnaturelles qu'elles étaient responsables des actions humaines qu'on ne pouvait pas expliquer autrement. Parce que le soleil, la lune, les planètes et les étoiles semblaient se déplacer dans le ciel selon un pouvoir mystérieux qui leur était propre, les hommes vénéraient ces objets célestes en tant que dieux et déesses. On a méticuleusement enregistré les mouvements de ces corps célestes et, par la suite, on a élaboré des systèmes d'**astrologie** très complexes qui ont servi à expliquer la manière dont les cieux influençaient le cours des affaires humaines.

Pour chacune des pensées ou actions humaines qui restait inexpliquée, on pouvait s'en remettre à une force mystérieuse et puissante qui habitait, selon le cas, aux cieux ou aux enfers. À l'époque d'Homère, il y avait des dieux qui présidaient à l'amour, à la guerre, à la fertilité et même à l'ivresse. L'*Iliade* décrit de nombreuses pensées et actions humaines, mais dans presque tous les cas Homère y explique les comportements humains par l'intervention d'un ou plusieurs dieux. Une déesse avait dit à Pâris d'enlever Hélène à son mari; les dieux donnaient du courage aux soldats et les aidaient à combattre sur le champ de bataille.

À mesure que les civilisations se sont développées, les activités humaines sont devenues plus complexes. Des villes, des nations, des empires sont nés et se sont succédés. De plus en plus, les gens s'instruisaient, travaillaient, écrivaient des poèmes et chantaient des chansons. On multipliait les dieux pour expliquer tous ces comportements. La **mythologie** (l'histoire d'un peuple et de ses dieux) est devenue très complexe. Tandis que les cieux devenaient surpeuplés de dieux mythiques inventés par les hommes pour expliquer leurs propres comportements, certaines personnes ont commencé à se rendre compte que ce système n'apportait pas de réponses véritables au comportement humain. On pouvait toujours rejeter la responsabilité d'une bonne ou d'une mauvaise action sur les cieux ou sur les dieux, mais cela n'*expliquait* pas réellement l'action elle-même. Dire que les dieux vous ont rendu amoureux ne nous renseigne pas beaucoup sur les processus de l'a-mour; cela ne nous dit pas pourquoi les dieux voulaient que vous tombiez amoureux, ni quels changements biologiques et psychologiques sont alors survenus en vous, et encore moins quels mécanismes les dieux ont utilisés pour provoquer ces modifications. Il fallait trouver de meilleures réponses si l'on voulait que les gens comprennent leurs propres comportements.

Les Grecs

Aristote, le philosophe grec, s'intéressait aux causes du comportement humain. Il connaissait l'histoire des anciens dieux et déesses, bien entendu, mais il se rendait compte que cette conception du monde était fondée sur des mythes. Les dieux n'étaient pas réels et leurs actions ne pouvaient pas véritablement expliquer les comportements humains, tels que la pensée et l'amour. Aristote se disait que chaque personne devait sans doute posséder en elle-même quelque chose qui lui permettait de penser, de prendre des décisions, de ressentir des émotions et de maîtriser ses comportements. Par exemple, quelque chose à l'intérieur de chaque personne, plutôt qu'un dieu de l'amour, expliquerait pourquoi et comment les gens deviennent amoureux. Cette chose cachée et intérieure, Aristote l'a appelée *âme*.

C'est de cette notion aristotélicienne d'âme (et de la mythologie) que la psychologie tire son nom et sa première définition. Dans la mythologie classique, Psyché est une jeune femme d'une grande beauté qui est tombée amoureuse de Cupidon, dieu de l'Amour. Malheureusement Vénus, mère de Cupidon et déesse de l'Amour, n'aimait pas Psyché et ne voulait pas que son fils immortel épouse un simple être humain. Vénus a donc séparé les amoureux et les a maintenus à distance l'un de l'autre en imposant une série d'épreuves à Psyché. Mais l'amour que Psyché éprouvait était puissant, et sa détermination à revoir Cupidon a impressionné les autres dieux et déesses. Selon le mythe, ces dieux ont décidé d'aider Psyché à surmonter les épreuves imposées par sa belle-mère, tandis que Cupidon réussissait finalement à convaincre le roi des dieux de transformer Psyché en déesse et de la rendre ainsi immortelle. Le plaidoyer de Cupidon a produit les résultats attendus et les amoureux ont été réunis pour l'éternité.

L'histoire de Psyché et de Cupidon représentait la description classique de l'amour véritable. Et pour les Grecs, l'amour véritable était la plus haute réalisation possible de l'âme humaine. Par conséquent, Psyché est devenue le symbole de l'âme humaine. Aristote a donc formulé la première définition de la **psychologie** comme étant *l'étude de la psyché, c'est-à-dire l'étude de l'âme humaine.*

De l'Antiquité au moyen-âge

La définition aristotélicienne de la psychologie en tant qu'«étude de l'âme» a été utile pendant des siècles, mais on en est venu progressivement à ne plus s'en satisfaire parce qu'elle ne faisait que restituer les dieux et les déesses à l'intérieur du corps humain. L'âme demeurait insaisissable, intouchable; on ne pouvait que faire des suppositions sur ses actions et ses **attributs**. Ainsi, au cours du moyen-âge, les philosophes se rencontraient pour spéculer ou faire des hypothèses sur la nature de l'âme.

Les philosophes ont été les précurseurs de toutes les sciences modernes, y compris la psychologie. Ils échangeaient leurs opinions et leurs croyances et tentaient de trouver des explications sur la manière dont l'âme influençait le comportement humain. Ils ne pouvaient cependant pas réellement prouver ce qu'ils avançaient, car après des siècles de discussions et de recherches, ils n'avaient toujours pas réussi à localiser l'âme. Aristote croyait qu'elle circulait dans les vaisseaux sanguins; d'autres croyaient que le coeur en était le siège, d'autres encore affirmaient qu'elle n'avait aucune existence physique puisqu'elle était immortelle et que le corps, lui, ne l'était pas. Mais personne n'était réellement certain de ce qu'il avançait. Car devant l'impossibilité d'observer l'âme, ou en l'absence d'une manière de *mesurer* l'âme ou ses activités, même le philosophe le plus persuasif n'arrivait pas à fournir une description de l'âme qui soit satisfaisante pour tous.

POURQUOI LA PSYCHOLOGIE?

Tout au long de notre recherche des racines historiques de la psychologie, nous devons tenir compte d'un point important. Il est amusant d'observer les gens de temps à autre, mais l'étude scientifique du comportement peut être très exigeante et demander beaucoup de travail. Pourquoi, alors, devrait-on consacrer du temps et de l'énergie à étudier l'intellect, les sentiments et les actions des autres? Quels besoins cette connaissance satisfait-elle ou, autrement dit, à quoi sert toute cette information?

Il se peut que ces questions vous étonnent, et que vous répondiez que le besoin de se comprendre soi-même et de comprendre les autres vous paraît «assez évident». Après tout, il faut bien vivre et s'entendre avec les autres. Plus on en sait sur le comportement des êtres humains et sur le nôtre, plus on a de chances de réussir dans la vie, n'est-ce pas?

Mais se demander pourquoi quelqu'un voudrait se donner la peine d'en apprendre plus sur les pensées, les sentiments et les comportements humains revient à se demander pourquoi les gens respirent. Des questions de ce genre sont à la fois trop simples et trop complexes pour qu'on puisse y répondre rapidement et facilement. Il y a mille ans, les gens pensaient qu'ils respiraient parce que les dieux les faisaient respirer. Par la suite, les hommes ont décidé qu'ils respiraient grâce à un «**instinct** de vie» qui les obligeait à introduire de l'air dans leurs poumons, puis l'expulser. Maintenant, nous savons que certaines parties du système nerveux contrôlent la respiration. Ces «centres internes de contrôle de la respiration» répondent à des **stimuli** divers (par exemple, la quantité d'oxygène et d'oxyde de carbone qui se trouve dans votre sang) en faisant augmenter ou diminuer la quantité d'air que vous introduisez dans vos poumons. Mais il n'y a pas que cela: des stimuli d'ordre psychologique peuvent aussi influencer votre respiration. C'est ce qui se produit lorsqu'un choc ou une surprise vous «coupe le souffle». Vous respirez profondément lorsque vous sortez vous promener pour la première fois par une chaude et belle journée de printemps. Vous respirez bien différemment lorsque vous êtes anxieux ou excité et lorsque vous êtes calme ou très déprimé. Plus nous en apprenons sur notre corps, notre esprit et notre environnement social, plus nous nous rendons compte que le simple fait de *respirer* est un comportement extrêmement complexe.

On peut dire la même chose de la psychologie. De nombreuses raisons nous amènent à étudier les gens, et certaines d'entre elles demeurent encore assez vagues. Toutefois, nous savons que les gens semblent agir comme si un besoin instinctif les poussait à vouloir comprendre, prédire et parfois même maîtriser leurs propres comportements et ceux des autres. Non seulement cette connaissance nous aide-t-elle, mais souvent, elle nous permet également d'aider d'autres personnes. Ainsi, comme la respiration, l'observation systématique du comportement humain est probablement nécessaire à notre survie.

Pourquoi la psychologie? Pour nous aider à survivre! Il n'est donc pas étonnant que la psychologie ait abandonné les explications magiques (telles que: «c'est le diable qui m'a fait frapper mon petit frère») pour adopter des notions plus faciles à vérifier et à démontrer (telles que «mes parents me frappaient lorsque je les embêtais, alors il est probable que j'imite leur comportement quand quelqu'un comme mon petit frère me contrarie»).

Cependant, comme nous le verrons, il n'a pas toujours été facile d'adopter des attitudes objectives ou scientifiques devant la conduite de l'homme.

LA PSYCHOLOGIE AU XVIIIe SIÈCLE

Vers les années 1700, certaines des personnes qui cherchaient à comprendre le comportement humain ont abandonné l'étude de l'âme au profit de celle du corps et de l'environnement. Ces premiers psychologues ont laissé les notions spirituelles à la religion et se sont mis à rechercher des façons plus concrètes et mesurables d'expliquer les actions humaines. Puisqu'ils n'étaient plus tenus de rattacher toutes les pensées et les pulsions à l'âme, ils sont devenus libres d'examiner le comportement de façons nouvelles. Ils ont analysé les sens (la vue, l'ouïe, le toucher, etc.) et se sont efforcés de comprendre comment le corps humain traitait l'information provenant de l'extérieur. Ils ont ensuite mesuré les réponses humaines, telles que le temps qu'il faut à différentes personnes pour réagir à des stimuli déterminés. Certaines personnes réagissaient rapidement aux stimuli, d'autres plus lentement. Pourquoi? Et pourquoi la même personne répondait-elle à un signal d'alarme rapidement un jour et mettait-elle beaucoup plus de temps à répondre le lendemain?

Puisque les psychologues ne pouvaient plus attribuer de telles différences individuelles aux dieux ou à l'âme, ils devaient chercher une nouvelle façon d'expliquer la relation entre les stimuli et les réponses. Quand les premiers psychologues demandaient à quelqu'un: «Pourquoi réagissez-vous plus lentement aujourd'hui qu'hier?», la personne pouvait répondre: «Parce que j'ai moins porté attention aujourd'hui et je n'ai pas eu conscience du fait que le signal était apparu.». C'est ainsi que la notion de **conscience** a fait son apparition en psychologie, et avec elle, les notions d'esprit et d'activité mentale. Ainsi, au XVIIIe siècle, la psychologie est devenue *l'étude des actions mentales et de la conscience.*

Pour Aristote, l'âme était immortelle et n'avait aucune existence physique réelle. Elle pouvait exister indépendamment du corps. L'esprit était différent de l'âme parce qu'il était étroitement lié au corps; il vivait et mourait avec lui. Les psychologues pouvaient espérer mesurer ce qui se passait dans l'esprit puisque celui-ci faisait partie du corps, ou en était un prolongement. En ce sens, on supposait que les activités mentales étaient des processus internes qui déterminent quelle réponse ou réaction une personne donnée aura face à une stimulation ou à une information particulière. Mais cette façon d'aborder le comportement humain avait aussi de sérieux inconvénients. C'étaient l'esprit et la conscience qui intéressaient les premiers psychologues, et non pas la description des stimuli et des réponses. Et même s'il était plus simple de parler d'«activités mentales» que de dieux ou d'âme, ces actions mentales n'en devenaient pas pour autant plus visibles; or, voir, c'est croire.

LA MÉTHODE SCIENTIFIQUE

Pendant des siècles, les philosophes ont supposé que la meilleure façon de résoudre des problèmes et de répondre à des questions était de réfléchir et discuter de façon logique. Discuter et débattre d'une question peut être enrichissant et souvent même utile en science, mais la «logique pure» a ses limites. Par exemple, on dit qu'avant Aristote, des philosophes ont soulevé une grande controverse sur le nombre de dents que *devait* avoir un cheval. Certains d'entre eux supposaient que puisque les chevaux étaient plus gros que les hommes, ils devaient avoir plus de dents que nous; d'autres croyaient que puisque les chevaux étaient inférieurs et mentalement moins développés que les hommes, ils devaient avoir moins de dents que nous. Les deux points de vue sont «logiques», mais finalement des gens comme Aristote en sont venus à se dire (comme vous aujourd'hui, probablement) que la meilleure façon de régler la question serait plutôt d'aller compter le nombre de dents dans la gueule d'un cheval et de ne plus en parler. Encore mieux, on pourrait examiner la dentition de plusieurs chevaux différents et faire une moyenne. Pourquoi argumenter sur ce qui *doit* être alors qu'on peut mesurer ce qui *est* réellement?

La psychologie est devenue une science véritable lorsque les gens ont cessé d'utiliser la discussion philosophique comme seul outil intellectuel et ont commencé à faire des observations précises et des expérimentations sur le comportement humain.

Très tôt, l'observation et l'expérimentation se sont révélées des méthodes efficaces pour obtenir des réponses satisfaisantes à des questions que la logique ou le sens commun seuls ne pouvaient arriver à résoudre. Le fait de se fier à l'observation et à l'expérimentation s'appelle **empirisme**. À mesure que les méthodes empiriques devenaient plus populaires naissait un nouveau genre de penseur: le scientifique. Non pas que le scientifique méprise la philosophie, la logique, la raison ou le sens commun. Les scientifiques font encore des suppositions réfléchies sur des phénomènes, et il leur arrive de soulever des grandes controverses. Mais pour les empiristes, ces suppositions deviennent des **hypothèses**, c'est-à-dire qu'ils utilisent des faits déjà connus pour faire des suppositions ou des hypothèses sur le fonctionnement de l'univers; puis, ils vérifient leurs théories dans la réalité en faisant des expériences ou des observations contrôlées, desquelles résultent de nouveaux faits. Si les faits nouveaux ne correspondent pas à la théorie initiale, celle-ci doit alors être modifiée ou abandonnée. C'est cette combinaison de l'élaboration d'une théorie, puis de la *vérification de la théorie dans la réalité* qu'on appelle la **méthode scientifique.**

Cinq étapes

La méthode scientifique s'applique à presque tous les genres de problèmes et n'est pas du ressort exclusif des chercheurs. La plupart des gens l'utilisent quotidiennement, tout du moins en partie, sans même y penser. Supposons, par exemple, que vous allumez le téléviseur et qu'il ne se passe rien. La *première* étape de la méthode scientifique consiste à identifier et à définir le problème. Dans ce cas-ci, le problème est le suivant: habituellement, le téléviseur fonctionne et maintenant, il ne fonctionne pas.

La *deuxième* étape consiste d'ordinaire à formuler une hypothèse ou une supposition intelligente sur la cause possible du problème. Le téléviseur peut ne pas fonctionner pour une ou plusieurs raisons: l'appareil n'est pas branché; la lampe est brûlée; il y a un court-circuit quelque part dans l'appareil; un fusible a sauté; la province au grand complet est plongée dans le noir parce que les Martiens se sont emparés de la baie James et se nourrissent d'électricité. Chacune de ces possibilités est une hypothèse qui peut être considérée de deux manières importantes: premièrement, voir jusqu'à quel point l'hypothèse explique bien la cause du non-fonctionnement de l'appareil, et deuxièmement, voir si l'hypothèse prédit bien ce qu'il faut faire pour que la télé fonctionne à nouveau.

Les *troisième, quatrième* et *cinquième* étapes consistent respectivement à revoir chacune des hypothèses, à déterminer laquelle fournit la meilleure explication et à trouver le moyen de faire fonctionner l'appareil. Un philosophe établirait probablement une liste de toutes les raisons possibles pour lesquelles le téléviseur ne fonctionne pas, et pourrait ensuite passer des heures à se demander laquelle de ces raisons *doit* être la bonne. Un empiriste passerait à l'action, vérifierait chacune des possibilités et continuerait de vérifier jusqu'à ce que l'appareil fonctionne à nouveau.

LA PSYCHOLOGIE AU XIXᵉ SIÈCLE

Même si la physique, la chimie, l'astronomie et la biologie sont devenues des sciences empiriques au cours des XVIIIᵉ et XIXᵉ siècles, l'empirisme a fait son apparition assez tardivement en psychologie parce que beaucoup de chercheurs continuaient de voir le comportement humain en termes d'âme. Ce n'est qu'en 1879 qu'a été fondé le premier laboratoire de psychologie, mis sur pied par Wilhelm Wundt à l'Université de Leipzig en Allemagne. À peu près au même moment, aux États-Unis, William James établissait le premier laboratoire de psychologie expérimentale à l'Université Harvard. En appliquant la méthode scientifique à l'étude des comportements humains, ces deux hommes ont donné naissance à deux des premières grandes théories ou écoles de pensée de la psychologie: le **structuralisme** et le **fonctionnalisme**.

Le structuralisme

C'est en partie en essayant de décomposer la matière en ses éléments ou structures les plus simples que les physiciens et les chimistes ont réussi à faire progresser leur science respective. Plus les scientifiques se rapprochaient de la structure première de la matière, plus il leur était facile de comprendre le fonctionnement de l'univers physique et chimique, et plus ils étaient en mesure de prédire les résultats de leurs nouvelles expérimentations.

À Leipzig, Wilhelm Wundt et ses collaborateurs ont tenté d'utiliser ce même mode de fonctionnement pour aborder ce qu'ils appelaient la *matière mentale*. Ces psychologues sont reconnus comme les fondateurs de l'*école de psychologie structurale* parce qu'ils ont cherché à découvrir les structures les plus simples ou, si l'on veut, les «atomes» de l'esprit humain. Ils ont décidé que les éléments les plus fondamentaux de l'esprit étaient les **sensations** ou les informations sensorielles (ondes lumineuses, odeurs, sons, etc.) qui influençaient la conscience.

Pour décrire le contenu de l'esprit, les structuralistes utilisaient la méthode dite d'**introspection**, ce qui signifie *jeter un regard vers l'intérieur pour examiner sa propre expérience.* Dans le laboratoire de Wundt, on présentait aux sujets un stimulus donné ou une information sensorielle particulière, tel que le tic-tac d'une horloge. Puis les sujets faisaient une introspection par rapport à cette expérience, c'est-à-dire qu'ils essayaient de décrire le plus simplement possible leurs sentiments à l'égard du tic-tac ou la conscience qu'ils avaient de ce bruit. Ces descriptions *introspectives* pouvaient comprendre des termes tels que: fort, bruyant, rapide, agréable, etc. Wundt et ses associés comparaient ensuite les rapports des sujets et essayaient d'en arriver à une série de sensations ou d'éléments de base qui permettraient de décrire convenablement l'expérience mentale commune vécue par tous les sujets au moment où ils écoutaient le son du tic-tac.

Le structuralisme comporte deux grands inconvénients. Premièrement, il s'agit d'une manière très subjective d'examiner le comportement humain. En effet, dans les expériences de Wundt, chaque sujet rapportait sa propre expérience personnelle et les descriptions étaient rarement les mêmes d'un sujet à l'autre. Ce qui était perçu comme fort par une personne pouvait ne l'être que moyennement pour une autre. Ce qui était perçu comme agréable par une personne était désagréable pour une autre.

Deuxièmement, et cet inconvénient était peut-être le plus grave du point de vue de Wundt, l'expérience subjective variait de façon notable d'un jour à l'autre chez un même sujet. Un son perçu comme agréable le lundi se révélait parfois monotone le mardi et carrément agaçant le mercredi. Les atomes d'une masse de fer ne changent pas d'un jour à l'autre. Les «atomes» que Wundt recherchait dans l'esprit semblaient en continuel changement. La psychologie structurale de Wundt a eu ses moments de gloire, mais elle s'est mise à perdre de son éclat lorsque les psychologues se sont rendu compte que la conscience est un processus en constante évolution et non pas une série d'atomes mentaux rigidement maintenus en place de façon permanente.

Le fonctionnalisme

William James est le fondateur du fonctionnalisme, école de psychologie qui tentait d'expliquer le comportement humain en étudiant les liens de fonctionnement entre le corps et l'esprit.

Aux États-Unis, William James et ses partisans ont tenté d'éviter les erreurs du structuralisme en adoptant un point de vue plus large sur la conscience humaine et sur la vie mentale. Au lieu de mettre l'accent sur la structure, James et ses collaborateurs se sont intéressés aux fonctions ou aux processus de l'esprit. Ils se sont appelés fonctionnalistes, et James est habituellement considéré comme le fondateur de l'*école de psychologie fonctionnelle*.

James définissait l'esprit comme «la somme totale des expériences d'une personne». Il voyait bien que tout comme le corps, l'esprit humain fonctionne de façons variées, ce qui permet aux gens de changer ou de s'adapter à des situations différentes. Par exemple, vous vous levez un matin et décidez de boire un jus d'orange. S'il n'y a pas de jus d'orange dans le réfrigérateur, vous devez prendre une décision sur ce que vous allez boire. C'est une fonction de l'esprit que de prendre de telles décisions; vous pouvez ainsi décider de vous adapter et boire un jus de tomate. Du matin au soir, de la naissance à la mort, votre esprit doit prendre des décisions de ce genre et s'adapter aux situations changeantes dans lesquelles vous vous retrouvez. James affirmait que c'est ce mode de *fonctionnement* adaptatif, et non pas les *structures de base* de l'esprit, qui fait que nous nous retrouvons devant un si vaste répertoire de comportements humains.

Le structuralisme et le fonctionnalisme comparés

En un sens, les controverses entre structuralistes et fonctionnalistes peuvent se comparer aux controverses occasionnelles entre anatomistes et physiologistes. L'**anatomie** est l'étude des structures physiques de base du corps; la **physiologie** est l'étude du fonctionnement des différentes parties du corps et de leurs relations entre elles dans une situation donnée. Comme les structuralistes le font avec l'esprit, les anatomistes ont tendance à étudier le corps à un moment figé dans le temps, habituellement après la mort. Comme les fonctionnalistes, les physiologistes ont plutôt tendance à examiner les activités en évolution dans les **organismes** vivants.

Les psychologues qui inventent des tests de personnalité et d'intelligence s'inspirent des structuralistes, car ces types de tests visent habituellement à découvrir l'anatomie ou les éléments de base de l'esprit au moment précis où la personne passe le test. Les psychologues qui font de la thérapie ou qui aident les gens à apprendre de nouvelles techniques s'inspirent des fonctionnalistes, qui affirmaient que la vie est un processus caractérisé par le changement, l'adaptation et l'évolution.

LA PSYCHOLOGIE AU XXe SIÈCLE

Les fonctionnalistes mettaient l'accent sur l'observation du comportement extérieur plutôt que sur la description des sentiments ou des sensations intérieures parce que James et ses collègues considéraient que le comportement n'était guère plus qu'un **symptôme** ou une manifestation de l'activité de l'esprit. Cependant, au début du XXe siècle, quelques psychologues empiristes ont commencé à se détacher de la thèse de James. Les empiristes disaient que la vie de l'esprit ne peut pas s'observer directement, et que par conséquent, tout comme l'âme, elle ne peut pas se décrire avec précision. Seul le *comportement* (nos actions et nos réactions) se prête à une description. On ne peut pas observer vos pensées, mais on peut mesurer la rapidité avec laquelle vous solutionnez un problème; on ne peut pas mesurer vos émotions directement, mais on peut observer vos réactions physiques lorsque vous vous retrouvez devant un stimulus émotionnel (par exemple, quelqu'un que vous aimez ou détestez). L'esprit peut exister, tout comme l'âme, mais puisqu'on ne peut pas se servir d'une règle pour mesurer l'esprit (alors qu'on peut mesurer le comportement), certains chercheurs ont conclu que la science de la psychologie devrait se construire uniquement à partir de l'observable et cesser de spéculer sur ce qu'on ne peut ni voir, ni toucher, ni palper.

Cette insistance sur les faits empiriques a conduit à l'élaboration de la théorie du **behaviorisme**, l'une des premières grandes écoles de psychologie à faire son apparition au début du siècle.

Le behaviorisme

John B. Watson est le fondateur du mouvement behavioriste. Il a commencé par mettre de côté tout ce qui n'était pas directement observable ou quantifiable en psychologie. Le fait de boire un jus de tomate est observable; vous pouvez le voir, de même que tous les gens qui vous entourent. Votre main saisit le verre; votre bras dirige le verre vers votre bouche; vous avalez le jus, rapidement ou lentement, en faisant du bruit ou silencieusement. Nous pouvons mesurer vos actions si nous le désirons; par conséquent, votre comportement au moment où vous buvez peut faire partie de la psychologie scientifique. On ne peut cependant pas observer votre *décision* de boire du jus de tomate plutôt que du jus d'orange. Quels que soient les processus mentaux qui vous ont amené à décider de boire du jus de tomate, on ne peut les mesurer; par conséquent, ces processus ne peuvent pas faire partie de la psychologie empirique.

Comme vous pouvez l'imaginer, le behaviorisme de Watson a rendu les structuralistes et les fonctionnalistes furieux. Après tout, il doit vous paraître évident que vous *prenez* effectivement des décisions, qu'il *se passe* continuellement des choses dans votre esprit. Comment donc les behavioristes pouvaient-ils tout simplement balayer du revers de la main ce champ fertile de l'existence qu'on appelle les *activités mentales*?

En réalité les behavioristes n'ont pas vraiment mis de côté des processus comme la prise de décision. Ils ont plutôt expliqué ces processus internes en faisant appel à des expériences ou à des comportements antérieurs qu'il était possible de mesurer. Pourquoi avez-vous «décidé» un bon matin de prendre du jus de tomate? En termes behavioristes, vous avez bu le jus de tomate parce que vous avez été auparavant entraîné ou **conditionné** à le faire. La plupart du temps, par le passé, vous buviez du jus d'orange parce que vous vous sentiez récompensé de le faire: vous aimiez le jus d'orange, et le fait d'en boire s'avérait une expérience agréable, ou renforçante. Cependant, il vous est aussi arrivé parfois d'être conditionné (de vous sentir récompensé) à boire un jus de tomate plutôt qu'un jus d'orange. Par conséquent, lorsqu'un bon matin il ne restait plus de jus d'orange, vous avez bu du jus de tomate, comportement pour lequel vous vous sentiez légèrement moins récompensé. On peut aussi décomposer des comportements beaucoup plus complexes, tels que conduire une automobile, résoudre un problème d'algèbre, tomber amoureux, en une série de comportements appris. Selon Watson, peu importe la complexité de vos actions, vous faites ce que vous avez appris à faire. En outre, l'apprentissage ou le conditionnement sont toujours basés sur des *comportements observables et leurs conséquences*. Ainsi Watson et les behavioristes ont-ils défini la psychologie comme *l'étude scientifique du comportement.*

L'approche empiriste de Watson face au comportement humain a pris naissance au moment où plusieurs psychologues commençaient à sentir que leur science ne les menait nulle part. Les physiciens et les chimistes progressaient à grands pas parce qu'ils travaillaient sur des objets et des événements observables, physiques. Avant Watson, les psychologues discutaient surtout de ce qu'ils *devaient* étudier. Puisque Watson a procuré aux psychologues un cadre d'analyse empirique, soit l'étude des comportements observables, il est devenu l'un des chercheurs les plus influents de son époque et avec lui, la psychologie s'est engagée dans le XXe siècle en tant que science à part entière, quoiqu'encore très jeune.

D'autres réponses

Beaucoup de gens croient que l'expérience humaine ne se limite pas simplement au comportement. Considérons par exemple l'amour. Selon le point de vue où l'on se place, l'amour peut se définir comme un état intérieur, un processus ou une fonction, une émotion, un type de motivation ou encore un sentiment merveilleux qui fait soupirer et donne envie de cueillir des fleurs bleues. Peu importe comment on le définit, l'amour pousse les gens à se comporter de certaines façons qui sont quantifiables ou mesurables.

Le comportement amoureux manifesté par une personne envers une autre peut se mesurer, mais non pas l'amour lui-même. D'un point de vue purement objectif ou empirique, l'amour n'existe pas en tant qu'objet. L'amour est plutôt une expression que nous employons parfois pour expliquer pourquoi les gens se comportent comme ils le font. La haine, la bonté, la méchanceté, la dignité, l'honneur et beaucoup d'autres qualités similaires dont on dit qu'elles élèvent les humains au-dessus de l'existence animale sont aussi insaisissables et ne peuvent facilement s'expliquer en termes purement comportementaux. Pour tenter de tenir compte de quelques-unes de ces qualités humaines inobservables, plusieurs écoles de psychologie se sont développées parallèlement à la tradition behavioriste.

La psychologie gestaltiste

Le mot **Gestalt** vient de l'allemand et signifie «forme», «organisation» ou «configuration». Les psychologues gestaltistes croient que les expériences ne peuvent se décomposer en «atomes» ou en éléments simples (comme le propose le structuralisme) ou s'expliquer en termes de comportements simples ou de conditionnement (comme le propose le behaviorisme). Ils affirment plutôt que chaque expérience a une forme, une organisation ou une configuration particulière qui détermine les caractéristiques de toutes les parties de cette expérience. L'expérience comme un *tout*, disent-ils, est différente de la *somme de ses parties*. La psychologie de la Gestalt a été élaborée au début du siècle par des psychologues allemands qui s'intéressaient principalement à la **perception**, c'est-à-dire à notre façon de reconnaître le monde. On illustre souvent la psychologie de la Gestalt à l'aide de différents *schèmes perceptuels* tels que la vue, l'ouïe, le toucher, etc. (voir chapitre 3). Par exemple, considérez un film. Celui-ci se compose d'une série d'images statiques juxtaposées, mais regarder chaque image séparément constitue une expérience bien différente de celle qui consiste à regarder le film comme un «tout», c'est-à-dire de la manière dont le réalisateur a voulu qu'on le regarde. Les psychologues gestaltistes affirment qu'examiner séparément certains aspects du comportement humain est bien différent du fait de considérer le comportement dans sa totalité.

TABLEAU 1.1

Les grandes écoles de la psychologie

	ÉCOLE	FONDATEURS	OBJECTIF PRINCIPAL	MÉTHODE
XIXe siècle	Structuralisme	Wilhelm Wundt	Comprendre le comportement humain à partir de l'expérience propre, intérieure de la personne; découvrir les structures et les éléments les plus simples de l'esprit	L'introspection subjective; les tests mentaux

TABLEAU 1.1 (Suite)

Les grandes écoles de la psychologie

	ÉCOLE	FONDATEURS	OBJECTIF PRINCIPAL	MÉTHODE
	Fonctionna-lisme	William James	Comprendre le comportement humain en considérant les fonctions ou les processus de l'esprit et du corps	La mesure objective des pensées et des actions
XXe siècle	Behavio-risme	Ivan Pavlov John B. Watson	Connaître l'esprit par l'observation et la description du comportement	Les faits empiriques
	Psychana-lyse	Sigmund Freud	Connaître les forces inconscientes qui influencent le comportement	L'«association libre»
	Gestaltisme	Wolfgang Köhler Kurt Koffka	Connaître l'esprit par l'étude de la façon dont les gens perçoivent le monde	Les tests perceptuels

Sigmund Freud est le père de la psychanalyse. Il a essayé d'expliquer comment les forces inconscientes influencent le comportement humain.

La psychanalyse

À peu près au même moment où les psychologues gestaltistes étudiaient la perception, Sigmund Freud élaborait une théorie psychologique affirmant que les structures, les fonctions et le conditionnement antérieur sont insuffisants pour expliquer nos actions. Après avoir analysé les pensées, les émotions et les comportements de ses patients, Freud a conclu que certaines actions humaines résultaient de forces inconscientes cachées à l'intérieur de chaque personne. Dans ses nombreux écrits, Freud a donné des noms à ces forces et a tenté d'expliquer comment celles-ci influencent le comportement humain. Il a appelé **psychanalyse** le processus par lequel on tente de découvrir ces forces. Les théories de Freud, qui ont révolutionné la façon de voir le comportement humain, seront discutées plus longuement dans d'autres chapitres.

La psychologie cognitive

Le mot **cognitif** vient du latin et signifie «connaître». Les psychologues cognitifs affirment que les personnes ne sont pas de simples machines, c'est-

(*À gauche*) On associe le psychologue suisse Jean Piaget à la psychologie cognitive, qui étudie la façon dont l'esprit humain traite l'information. Piaget a fait des recherches approfondies sur le développement mental de l'enfant. (*À droite*) La psychologie cognitive nous aide à comprendre comment les enfants apprennent. L'enfant doit atteindre le stade de développement approprié avant d'être capable de réaliser certaines tâches.

à-dire que nous ne sommes pas de simples robots réagissant aveuglément et mécaniquement aux événements du monde extérieur. Du point de vue cognitif, l'esprit humain connaît plus de choses que simplement l'information qui provient de l'environnement. L'esprit traite l'information reçue à la manière d'un ordinateur, il fait des comparaisons et prend des décisions, produit des pensées et des idées nouvelles qui sont plus que de simples combinaisons des expériences passées.

Jean Piaget, le psychologue suisse, est bien connu pour son approche cognitive du comportement humain, et plus particulièrement pour ses recherches sur le développement mental de l'enfant. Ses expériences avec les enfants ont contribué à démontrer que l'esprit se développe (du moins en partie) en passant par différents stades qui ne semblent pas dépendre entièrement des expériences passées. Tant que l'enfant n'a pas atteint un certain niveau de développement mental, Piaget affirme-t-il, il sera incapable de comprendre certaines choses, par exemple comment faire des problèmes d'algèbre. L'enfant doit avoir atteint un niveau particulier de développement cognitif pour être en mesure de saisir des notions aussi complexes que les relations mathématiques. Une fois qu'il a atteint le stade approprié, il peut apprendre les mathématiques sans difficulté; avant qu'il n'ait atteint ce stade, par contre, aucun entraînement ne réussirait à lui apprendre la manière de résoudre un problème complexe de mathématiques. (Les travaux de Piaget seront exposés de façon plus approfondie au chapitre 7.)

Le point de vue de Piaget diffère considérablement de la théorie behavioriste, qui affirme que même un très jeune enfant serait capable de maîtriser l'algèbre s'il était suffisamment entraîné et conditionné. Même si ni la théorie de Piaget, ni celle de Watson n'a été universellement acceptée par les psychologues, il n'en reste pas moins que bien peu d'enfants réussissent des problèmes d'algèbre avant d'avoir atteint un stade de développement semblable à celui que Piaget juge nécessaire.

L'approche éclectique

Chacune des théories du comportement humain que nous venons de décrire nous apporte un point de vue particulier de la personne et une définition différente de ce qu'est la psychologie. Et il existe beaucoup d'autres théories et définitions analogues dont le psychologue contemporain peut s'inspirer. De plus en plus, toutefois, les psychologues tendent à ne plus se limiter à une seule école de pensée. Ils deviennent plus **éclectiques**: ils ont tendance à sélectionner et à utiliser ce qu'ils considèrent comme les meilleurs éléments de chacune des théories existantes. En devenant plus éclectiques et d'esprit plus ouvert, les psychologues peuvent se servir de la théorie behavioriste lorsque les circonstances s'y prêtent, et des théories cognitive ou freudienne lorsque cela leur paraît plus approprié. Par conséquent, une définition complète de la psychologie doit tenir compte à la fois des processus cognitifs et du comportement. La psychologie, telle que nous la définissons dans le présent manuel, est *l'étude scientifique des processus mentaux et du comportement.*

LES APPLICATIONS DE LA PSYCHOLOGIE

Non seulement les psychologues peuvent-ils utiliser différentes théories dans leurs travaux, mais ils possèdent aussi différentes méthodes d'ordre scientifique pour étudier les processus mentaux et les comportements. Parmi les méthodes les plus courantes, citons les tests, les enquêtes, questionnaires et entrevues, les observations naturelles et les expérimentations.

Les tests

Presque tout le monde au Canada a subi des tests psychologiques à un moment ou à un autre de sa vie. Les écoles font passer des **tests d'intelligence** pour tenter de mesurer les capacités mentales d'un élève. Les employeurs font passer des **tests d'aptitude** et **d'intérêt** dont les résultats peuvent indiquer le type de travail qui conviendrait le mieux à une personne donnée. Les tests d'aptitude tentent de mesurer la capacité d'une personne à apprendre ou à réaliser une tâche particulière. Les tests de performance sont conçus pour mesurer les connaissances ou les habiletés qu'une personne a déjà acquises dans un domaine délimité.

Les tests d'intérêt font exactement ce que leur nom sous-entend. Ils indiquent quels sont vos intérêts et essaient de prévoir quel type de travail vous conviendrait le mieux. Si vous aspirez à devenir avocat, vos résultats à un test d'intérêt l'indiqueraient sans doute. Cependant, si vous

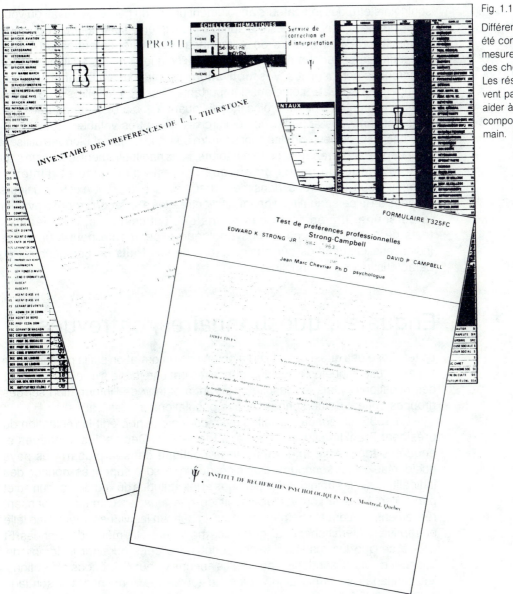

Fig. 1.1

Différents tests ont été conçus pour mesurer les aptitudes chez l'homme. Les résultats peuvent parfois nous aider à prédire le comportement humain.

voulez faire du droit votre profession et que vos résultats à un test d'aptitude ou d'intérêt révèlent que l'enseignement vous conviendrait probablement mieux, vous pourriez alors reconsidérer votre choix de carrière ou décider de rencontrer un orienteur. Vous devez toutefois tenir compte du fait que ces tests sont loin d'être des indicateurs absolument précis du genre de travail où vous réussiriez le mieux. Les tests d'aptitude et d'intérêt sont conçus pour être administrés à des milliers de personnes et votre satisfaction au travail dépendra de beaucoup plus de facteurs qu'uniquement vos aptitudes et vos préférences personnelles. Vos **motivations** et votre capacité d'adaptation au changement sont au moins aussi importantes que vos résultats à des tests. Mais si vous êtes plus ou moins indécis quant à vos projets de carrière, ces tests peuvent vous apporter des éclaircissements très valables.

Les tests de personnalité sont un autre outil que les psychologues utilisent pour décrire ou caractériser une personne. Mais habituellement, ces tests sont encore beaucoup moins précis que les tests d'aptitude et d'intérêt. Comme nous le verrons dans des chapitres ultérieurs, il existe plusieurs théories de la personnalité et chacune d'entre elles a sa façon propre d'évaluer la personne. Il n'en reste pas moins que l'utilisation appropriée des tests de personnalité par un psychologue expérimenté peut fournir des indications importantes sur quelques-uns de vos **traits** de personnalité, ou caractéristiques personnelles.

Enquêtes, questionnaires, entrevues

Le test pose des questions et sert à obtenir de l'information sur la personne qui le passe. Les enquêtes et les questionnaires ont une forme similaire (ils posent des questions), mais les résultats servent à obtenir de l'information sur des groupes entiers de personnes ou des populations en général.

En 1936, un sondage Gallup avait correctement prédit la réélection du président Franklin D. Roosevelt aux États-Unis. Depuis, les sondages et enquêtes font partie intégrante de la politique dans la plupart des pays occidentaux. Les *sondages* d'opinion publique sont supposés donner des indications sur les opinions, les pensées et les attitudes du «public» sur un sujet particulier. Mais si l'on voulait savoir ce que *tous* les Canadiens pensent réellement, il faudrait le demander à tous et chacun individuellement. Une telle entreprise coûterait cher et exigerait des mois, peut-être même des années. Et d'ici à ce que les résultats soient connus, les gens auraient le temps de changer d'avis: le sondage n'aurait plus aucune valeur. En période d'élections, les sondages sont mis à jour presque toutes les semaines. Un sondage politique réalisé il y a six mois se révélera inutile, surtout à une époque comme la nôtre, où l'opinion publique change presque aussi rapidement que la température.

Afin que les sondages d'opinion soient à jour, utiles et le plus **valides** possible, les enquêteurs tentent de sélectionner un **échantillon** de la population qui représente le mieux possible les différents points de vue de l'ensemble du pays. Il est possible d'interroger cette fraction de la population assez rapidement et, si l'échantillon est vraiment représentatif, les résultats du sondage peuvent être extrêmement justes. Mais puisque l'opinion publique est très difficile à cerner, même les résultats des sondages les plus méticuleux peuvent parfois être erronés. En 1948, aux États-Unis, tous les sondages prédisaient une défaite de Harry S. Truman aux mains de Thomas E. Dewey lors de l'élection présidentielle. Quelques journaux avaient même assez confiance dans les résultats de ces sondages pour publier en manchette, avant que les votes ne soient comptés: «Dewey défait Truman». Mais les enquêteurs avaient cessé de poser des questions trop longtemps avant l'élection; entre-temps, l'opinion publique avait changé, et Truman a défait Dewey.

Des sondages sur les pratiques sexuelles

L'opinion politique n'est qu'un des domaines du comportement humain que les sondages peuvent étudier. Vers les années 1940, Alfred Kinsey et ses collaborateurs ont commencé à utiliser la méthode du sondage et de l'entrevue pour se renseigner sur les expériences sexuelles des Américains. Les psychologues, tout comme beaucoup d'autres, avaient leurs propres théories et conceptions sur les pratiques sexuelles des gens. Ils n'avaient cependant jamais vérifié ces théories sur une grande échelle et, en 1940, personne ne savait vraiment ce qui se passait dans les chambres à coucher américaines. Kinsey a conclu que la seule façon d'en savoir plus consistait à interviewer le plus grand nombre de personnes possible pour leur demander de décrire en détail leur vie sexuelle. La sexualité peut sembler être un sujet dont les gens sont spontanément peu disposés à discuter avec un étranger et, dans certains cas, la chose est vraie. Mais après que Kinsey eut promis de ne pas publier de noms dans son rapport, il s'est rendu compte que la plupart des gens acceptaient de parler assez ouvertement de plusieurs aspects de leur vie privée.

Le premier rapport de Kinsey (sur le comportement sexuel des mâles) est paru en 1948. La publication de ce premier rapport a fait scandale, c'est le moins qu'on puisse en dire. Même les psychologues n'étaient pas préparés à certaines des constatations publiées par Kinsey. Celui-ci avait découvert entre autres que les jeunes hommes célibataires des niveaux socio-économiques et socio-éducatifs plus faibles avaient plus de chances de trouver le plaisir sexuel dans les rapports sexuels que des jeunes des niveaux socio-économiques et socio-éducatifs plus élevés, qui recherchaient plutôt le plaisir sexuel dans la masturbation et les attouchements. Une autre découverte étonnante de Kinsey a été que les rapports homosexuels étaient beaucoup plus répandus que la plupart des gens ne l'avaient cru. Jusqu'à 20% des femmes et 40% des hommes avaient déclaré avoir eu une ou plusieurs expériences homosexuelles.

Depuis 1940, époque où le groupe Kinsey a commencé ses travaux, les **moeurs** sexuelles des Nord-américains se sont passablement modifiées. Toutefois, des sondages plus récents de magazines tels que *Playboy*, *Psychology Today* et *Psychologie*, de même que des entrevues menées par des groupes de chercheurs sur de grands échantillons de la population, semblent indiquer que les premières constatations de Kinsey étaient assez justes.

L'observation naturelle

Il y a cependant bien des cas où il n'est pas possible de tester ou d'interroger les gens. Par exemple, on ne peut pas soumettre de très jeunes enfants à des tests écrits, ni leur demander de répondre à des questions difficiles au sujet de leur personnalité, leurs sentiments ou leurs attitudes devant la sexualité (s'ils en ont). Et, dans certains cas, les gens sont tout simplement réticents à répondre à des questions, ou encore, peuvent donner des réponses trompeuses. Lorsque les psychologues ont des raisons de croire que cela peut se produire, ils s'en remettent souvent à l'observation naturelle. Cela signifie qu'ils observent les gens dans leur environnement naturel et enregistrent le plus objectivement possible les comportements que ces gens manifestent. Piaget, le psychologue cognitif dont nous avons parlé, a ainsi observé le comportement de jeunes enfants pendant plusieurs années avant de pouvoir élaborer ses théories sur le développement mental de l'enfant.

L'expérimentation

Mais la plupart des formes d'observation et d'interrogation des gens comportent un grave inconvénient. Lorsque vous demandez à des gens leur intention de vote lors d'une prochaine élection et qu'ils répondent: «je voterai pour X», vous n'avez aucun moyen de vraiment savoir s'ils ne changeront pas d'opinion d'ici l'élection. Vous ne pouvez même pas être certain qu'ils iront effectivement voter. Les attitudes ou opinions que les gens expriment ne sont pas toujours directement reliées à ce qu'ils feraient réellement si la situation se présentait. De plus, si vous êtes intéressé à savoir comment les gens réagiraient dans une situation inhabituelle (par exemple, ce qu'ils feraient face à un acte d'agression dirigé contre leur famille), vous ne sauriez probablement jamais comment ils réagiraient effectivement parce que la probabilité est faible qu'une telle situation se produise dans la réalité.

Lorsque les psychologues n'ont pas l'occasion de tester ou de questionner les gens ou qu'ils ont des raisons de douter de la validité de leurs réponses, ou encore lorsqu'ils ne veulent pas attendre l'avènement de circonstances particulières dans la vie réelle, ils utilisent souvent une autre méthode de recherche. Ils élaborent une expérimentation qui tente de reproduire en laboratoire la situation qu'ils sont intéressés à étudier.

Chaque fois que c'est possible, les psychologues expérimentent pour vérifier leurs théories. Ces expérimentations ne prouvent pas vraiment qu'une théorie en particulier est *vraie*, mais une expérimentation bien construite peut démontrer qu'une théorie fournit une explication plus juste du comportement humain que ne le fait une autre théorie. En d'autres termes, une expérimentation peut parfois prouver qu'une théorie *fait erreur* (si la théorie ne prédit pas les résultats de l'expérimentation). Mais les expérimentations ne peuvent prouver la véracité absolue d'une théorie, parce que tout ce qu'on peut démontrer, c'est qu'une théorie prédit et explique mieux que n'importe quelle autre les résultats expérimentaux. Même si une théorie semble vraie, il existe quand même une possibilité qu'un jour surgisse une théorie tout à fait nouvelle qui pourrait expliquer les résultats expérimentaux avec encore plus de justesse.

Les mesures objectives

Lorsqu'on veut vérifier des théories, les expérimentations sont plus valables que les discussions pour plusieurs raisons; l'une d'entre elles, et non la moindre, est que l'expérimentation constitue en réalité un type d'*observation contrôlée* qui permet des *mesures objectives*. De façon générale, plus les chercheurs sont en mesure de contrôler les facteurs susceptibles d'influencer un comportement particulier, plus on pourra se fier aux résultats de leurs recherches. Puisque les laboratoires sont des environnements hautement contrôlés, un grand nombre de psychologues préfèrent, autant que possible, observer le comportement humain en laboratoire.

La plupart d'entre nous sommes biaisés dans nos observations; cela signifie que nous avons souvent tendance à voir chez les gens ce que nous voulons voir plutôt que ce qui est réellement. Afin d'éliminer la plus grande part possible de biais subjectif dans leurs observations, les psychologues utilisent toute une gamme d'appareils mécaniques et électroniques pour enregistrer le comportement de leurs sujets. Ainsi, dans une expérimentation conçue pour étudier la relation mère-enfant, un psychologue peut utiliser une caméra pour filmer le nombre de fois qu'une mère touche à son enfant, le regarde ou lui parle. Le film du comportement de la mère serait objectif, car quiconque le visionnerait par la suite pourrait compter de façon exacte le nombre de fois où la mère est entrée en interaction avec son enfant. Ni le souvenir personnel de la mère sur la façon dont elle a joué avec l'enfant, ni celui du psychologue ne fourniraient un compte rendu aussi précis que le film de ce qui s'est réellement passé. De plus, il est possible de revoir un film à maintes et maintes reprises, tandis qu'il est bien difficile de reproduire des événements de la vie réelle exactement de la manière qu'ils se sont déroulés la première fois.

Les groupes expérimentaux et les groupes témoins

Afin de rendre les mesures objectives du comportement encore plus fiables, les psychologues utilisent souvent plusieurs groupes de sujets lors d'une expérimentation. On soumet chacun des groupes à des conditions expérimentales légèrement différentes. La comparaison des données sur des groupes différents en dit souvent plus au psychologue que les données d'une expérimentation où un seul groupe de sujets a été étudié.

Supposons que vous vouliez étudier les effets de la marijuana sur le rythme cardiaque. Vous pourriez d'abord demander à des sujets volontaires de fumer de la marijuana pendant que vous enregistrez leur rythme cardiaque à l'aide d'un appareil électronique. Vous compareriez probablement leur rythme cardiaque avant, pendant et après l'action. Si le pouls de vos sujets augmentait significativement pendant qu'ils fument, vous pourriez en conclure que la marijuana accélère le rythme cardiaque. Et parce que ces sujets seraient les plus importants de votre étude expérimentale, vous les appelleriez les sujets du **groupe expérimental**.

Mair arrêtez-vous et réfléchissez un moment à votre étude. Les réactions de votre groupe expérimental ne pourraient-elles pas dépendre d'autres facteurs que la marijuana? Peut-être l'*action de fumer* comme telle, ou même simplement l'*impression* d'avoir inhalé de la marijuana, suffit à faire augmenter le rythme cardiaque chez vos sujets. Donc, si vous vouliez être plus sûr de vos résultats, vous utiliseriez probablement des groupes additionnels de sujets afin de contrôler ces possibilités. L'un de ces **groupes témoins** pourrait fumer des cigarettes ayant l'apparence, l'odeur et le goût de la marijuana, mais contenant en fait une autre substance. Les sujets d'un autre groupe témoin pourraient recevoir la consigne d'*imaginer* qu'ils fument de la marijuana pendant qu'un appareil enregistre leurs battements de coeur. Enfin, un troisième groupe témoin pourrait se composer de sujets à qui l'on demanderait d'observer quelqu'un en train de fumer de la marijuana.

Comme vous pouvez l'imaginer, si l'augmentation du rythme cardiaque que vous enregistrez sur les sujets du groupe expérimental ne se manifeste pas chez les sujets des groupes témoins, vous pourriez conclure avec une certitude raisonnable que la marijuana contribue effectivement à accélérer les pulsations cardiaques.

Dans la terminologie scientifique, l'action de fumer de la marijuana s'appelle la **variable indépendante** de votre expérience, puisque c'est quelque chose que vous (l'expérimentateur) manipulez. L'accélération du rythme cardiaque (la réponse du sujet) s'appelle la **variable dépendante** parce qu'elle dépend de vos manipulations expérimentales. Tous les autres facteurs qui sont maintenus constants sont les **facteurs contrôlés**. Les variables indépendante, dépendante et les facteurs contrôlés font partie de toute expérimentation. La **variable intermédiaire** se rapporte, pour sa part, à ce qui peut se passer chez le sujet lui-même.

Le biais de l'expérimentateur

Puisque les psychologues sont d'abord des êtres humains avant d'être des chercheurs, ils risquent autant que n'importe qui d'être biaisés dans certaines de leurs observations. Et parfois, les notions préconçues du savant quant à ce que *doivent* être les résultats d'une expérience peuvent fortement influencer ce que *seront* ces résultats. Par exemple, si vous étiez parfaitement convaincu avant le début de l'expérimentation que la marijuana accélère le rythme cardiaque, ne risqueriez-vous pas de transmettre de maintes façons subtiles ces attentes à vos sujets expérimentaux? Ce que vous transmettriez à vos sujets ne risquerait-il pas de les influencer?

Afin de se prémunir contre ce **biais de l'expérimentateur**, les savants ont souvent recours à des techniques particulières. Il s'agit de faire en sorte que les expérimentateurs qui parlent aux sujets et qui enregistrent les données ne soient pas mis au courant des conditions expérimentales avant la fin de l'expérimentation. Par exemple, dans votre étude sur la marijuana, vous pourriez demander à une tierce personne de préparer les deux types de «joints» et de ne pas vous indiquer avant la fin de l'expérience lesquels contenaient de la marijuana et lesquels n'en contenaient pas.

Certains sujets, quant à eux, croient que l'expérimentateur souhaite d'eux un certain comportement et essaieront de satisfaire ce souhait plutôt que d'agir comme ils le feraient normalement. C'est pour cette raison qu'on maintient souvent les sujets dans l'ignorance quant aux hypothèses réelles de l'expérience. Un bon exemple de cette **technique du simple aveugle** est le groupe de sujets à qui vous auriez remis des cigarettes dont l'apparence, l'odeur et le goût auraient ressemblé à de la marijuana, mais qui auraient contenu une autre substance.

Quand les sujets et les expérimentateurs sont tous plongés dans l'ignorance quant aux buts ou aux conditions de l'expérience, on parle alors de **technique du double aveugle**. En général, les résultats des études de ce genre sont plus fiables que ceux des études où les biais des expérimentateurs et des sujets ne sont pas neutralisés.

Les expérimentations sur les animaux

Pour plusieurs raisons, dont certaines sont évidentes, les psychologues ne peuvent pas toujours utiliser des sujets humains dans leurs expériences. Il ne serait pas très avisé, par exemple, d'évaluer les effets d'un nouveau médicament ou d'une nouvelle drogue sur des humains. Il est même illégal de le faire pour des raisons d'**éthique**. Le gouvernement a établi des conditions strictes auxquelles il faut se conformer avant de pouvoir administrer un nouveau médicament à des êtres humains. Entre autres, il faut d'abord expérimenter le médicament sur des animaux, généralement à de très fortes doses. Les chercheurs doivent ensuite attendre une période de temps déterminée afin d'en étudier les effets sur les animaux. Si, à ce moment-là, le médicament n'a produit aucune conséquence néfaste sur les animaux, il pourra alors être prescrit à des humains. Même dans ce cas, on le prescrit en petites doses et seulement à peu de personnes, jusqu'à ce que son caractère inoffensif soit prouvé.

Certaines études de comportement doivent aussi se faire avec des animaux. Le psychologue qui désire étudier les effets d'un complet isolement social pourrait difficilement se permettre d'enfermer quelqu'un dans une pièce obscure pendant six mois. Les animaux (les rats, les pigeons et les singes sont parmi les plus utilisés) servent souvent de sujets dans des expériences qui pourraient représenter un danger pour les humains. Par exemple, les psychologues ont longtemps soupçonné qu'un bébé séparé de sa mère pendant un temps délimité manifesterait vraisemblablement des comportements inhabituels pendant la période de séparation et quelque temps après. Mais comment le prouver? On pouvait difficilement séparer des bébés de leurs parents, les élever en isolement et ensuite les réinsérer dans le monde à l'âge adulte pour voir leurs réactions. Des expériences d'isolement ont donc été faites sur des bébés singes.

Dans l'une de ces expériences, des singes âgés de 21 à 32 semaines ont été séparés de leur mère pour des périodes de temps variables, le temps de séparation étant l'une des variables testées. (Rappelez-vous qu'une variable d'expérience est quelque chose qu'on peut varier ou manipuler. Dans cette expérience-ci, certains bébés ont été isolés six jours, d'autres 13. De cette

Certaines expérimentations sur le comportement doivent être réalisées avec des animaux. Ces bébés singes ont été séparés de leur mère pendant une période de temps assez prolongée. Le sens de l'éthique, empêcherait un psychologue de réaliser de telles expériences avec des bébés humains.

manière, les chercheurs ont été en mesure d'évaluer les effets de différentes périodes de séparation.) Les jeunes singes ont été observés pendant la période de séparation et après qu'ils aient été retournés à leur mère.

Les résultats de cette expérience semblent confirmer la théorie initiale des chercheurs. En effet, ils ont découvert que lorsqu'ils séparent le jeune singe de la mère pendant quelques jours, le bébé devient très vite bouleversé et crie beaucoup. Plus tard, il cesse de crier, mais manifeste une diminution des activités motrices et ludiques (de jeu) habituelles. Les tests de relance six mois et deux ans après l'expérience semblent indiquer que les conséquences néfastes de la séparation d'avec la mère perdurent: les jeunes singes démontrent des signes de perturbation mentale qui ne semblent pas s'améliorer avec le temps. Les groupes témoins qui n'avaient pas été séparés de leur mère ne manifestaient aucun de ces comportements inhabituels.

Évidemment, les singes ne sont pas des humains; c'est pourquoi il ne faut pas sauter à la conclusion que des bébés humains séparés de leur mère réagiraient de la même façon. Cependant, le comportement du singe se développe à peu près de la même façon que celui de l'homme, de sorte que les expériences sur les singes semblent indiquer qu'il serait imprudent d'enlever un nourrisson à sa mère, à moins d'une situation tout à fait spéciale (et même alors, il serait préférable d'introduire dans la mesure du possible une «mère substitut»). Par ailleurs, nous ne saurons pas *exactement* quelle serait la réaction des enfants humains à la séparation tant que quelqu'un n'aura pas entrepris avec des bébés humains des expériences semblables à celles qui ont été faites avec des jeunes singes.

L'utilisation de ces techniques: expérimentations, tests, enquêtes, questionnaires, entrevues et observations, a permis aux psychologues de ne plus spéculer autant qu'il y a cent ans sur le comportement humain. En appliquant la méthode scientifique, en étant objectifs et en neutralisant les biais et la subjectivité, les psychologues ont réussi en un siècle à en apprendre beaucoup plus sur l'existence humaine que leurs prédécesseurs au cours des dix mille années précédentes.

La psychologie expérimentale

Les psychologues expérimentaux sont plus intéressés à utiliser la méthode scientifique pour découvrir de nouveaux faits sur le comportement qu'à appliquer ces faits de manière à résoudre des problèmes de la vie courante. Certains chercheurs s'intéressent aux bases biologiques du comportement: ils essaient de préciser les changements physiologiques et chimiques qui surviennent à l'intérieur de l'organisme quand la personne apprend de nouvelles tâches, fait l'expérience de nouvelles émotions ou encore acquiert de nouvelles perceptions du monde. D'autres s'intéressent principalement aux expériences psychologiques et cognitives que les gens font au cours de leur vie. Ces scientifiques tentent de mettre au point les «lois de l'apprentissage» ou d'étudier les processus mentaux tels que les sentiments, les motivations, l'information sensorielle et la résolution de problèmes. Plusieurs psychologues expérimentaux privilégient l'utilisation d'animaux comme sujets, d'autres travaillent exclusivement avec des humains.

La psychologie industrielle et ergonomique

Les psychologues industriels utilisent les tests et les entrevues dans le but d'aider les gens à choisir le type de travail qui leur conviendrait le mieux. On les retrouve dans le domaine de la formation et de la supervision du personnel. Ils agissent en tant que consultants auprès des employeurs et des employés, et l'on fait parfois appel à leurs services pour désamorcer des conflits entre les syndicats et la direction.

Les psychologues ergonomistes utilisent les connaissances sur le comportement humain pour aider à concevoir la machinerie et l'équipement destinés à l'usage humain. Ils participent à des décisions telles que le choix de l'emplacement le plus pratique et le plus utile pour les boutons et les cadrans dans la cabine de pilotage d'un avion ou sur le tableau de bord d'une automobile, d'après leurs connaissances sur les temps de réaction, les fréquences de réaction, etc.

La psychologie scolaire et la psychopédagogie

En plus de faire subir des tests psychologiques et d'aider les étudiants individuellement à résoudre des problèmes, les psychologues scolaires participent aussi à l'élaboration de tests d'intelligence et d'examens d'admission. Les psychopédagogues, eux, s'intéressent principalement à l'amélioration des conditions d'apprentissage à l'école. Ils le font en appliquant leur connaissance d'un domaine particulier du comportement humain, à savoir l'apprentissage. Plus récemment, des psychopédagogues ont commencé à se spécialiser dans la «gestion des groupes en classe»; ils aident alors les enseignants à employer les techniques psychologiques et sociales nécessaires pour rendre l'environnement de la classe agréable et productif.

La psychologie sociale

La plupart des psychologues centrent leur attention sur les comportements individuels. Mais les psychologues sociaux se concentrent sur les actions de groupes ou les organisations humaines. Le psychophysiologiste étudie la manière dont les *interactions* entre le coeur, le cerveau, l'estomac et les poumons de la personne produisent telle ou telle réaction. Le psychologue social étudie les interactions ou les relations entre les personnes, et élabore des théories sur la façon dont ces relations contribuent à déterminer les actions de groupes d'individus qui travaillent ou vivent ensemble.

Après avoir rassemblé des données, élaboré des hypothèses et réalisé des expériences sur le comportement des groupes, les psychologues sociaux participent souvent à l'élaboration de programmes d'action sociale (exemple: des programmes sur les toxicomanies) qui ont pour objectif de s'attaquer aux nombreux problèmes de la société contemporaine.

LE DERNIER MOT

L'*Iliade* a fasciné des millions de lecteurs parce que dans cette oeuvre, la description objective des pensées, sentiments et actions des hommes révèle certains aspects de la nature humaine. Mais la littérature n'est qu'un des nombreux outils que nous avons à notre disposition pour en savoir plus sur nous-mêmes et sur les autres. Comme nous l'avons vu au cours de ce chapitre, il y a des millénaires que les gens se posent des questions sur le comportement humain. Les premières réponses sont apparues lentement et se sont avérées pour la plupart inutilisables. Avant Aristote, on pensait que les réponses aux questions sur le comportement humain se trouvaient dans les cieux, mais le fait de rendre les dieux, les déesses ou les étoiles responsables des actions humaines n'aidait personne à comprendre le comportement du voisin. Personne ne savait ce que les cieux nous gardaient en réserve et, tout comme devant la pluie et le beau temps, l'homme était passablement impuissant devant les étoiles (ou les dieux).

Les études de l'âme, de l'esprit et de la conscience n'ont pas donné des résultats plus concrets. Il était impossible de voir ces notions immatérielles, et donc de les comprendre vraiment. En l'absence de réponses satisfaisantes ou utilisables, on a continué de poser des questions; des esprits curieux voulaient comprendre les actions et les comportements des personnes de leur entourage, et voulaient comprendre leurs propres actions et comportements.

C'est la décision d'étudier le comportement lui-même qui a permis à la psychologie de faire un grand pas. Le comportement diffère de la pluie et du beau temps parce qu'il est habituellement possible d'intervenir pour le changer. Et c'est là le but de la plupart des sciences: comprendre un comportement particulier (que ce soient les actions des nuages ou des gens) et, par cette compréhension, en arriver à prédire et même contrôler des comportements futurs. Les météorologistes étudient le mouvement des nuages pour essayer de les comprendre et de prédire ou parfois même contrôler les conditions atmosphériques futures. Les psychologues étudient les types de comportement dans le but de les comprendre, de prédire ou parfois même contrôler les comportements futurs (y compris leurs propres comportements).

Vous est-il déjà arrivé qu'il pleuve lors d'un pique-nique? Même les meilleurs météorologues peuvent faire des erreurs. La position des nuages, le vent et la température laissent présager d'une journée ensoleillée et, pourtant, il se met à pleuvoir à cause de quelque facteur imprévu que le météorologue n'a pu prendre en considération. Le comportement humain est beaucoup plus complexe que le temps et les possibilités d'apparition de facteurs imprévisibles sont illimitées. Les psychologues peuvent donc eux aussi faire des erreurs.

La psychologie est relativement jeune en tant que science; elle enregistre un retard d'au moins cent ans sur les sciences pures comme la physique et la chimie. Elle a donc encore beaucoup d'expérimentations et de vérifications empiriques à entreprendre avant de même commencer à devenir une science exacte. Il n'en reste pas moins que si les prédictions de la psychologie se confirment plus souvent qu'elles ne s'infirment, elles peuvent servir à répondre à des questions ainsi qu'à résoudre des problèmes humains. En d'autres termes, les découvertes de la psychologie peuvent être appliquées aux problèmes humains. La psychopathologie traite des problèmes du comportement anormal. La psychologie sociale s'occupe des problèmes de la société.

Les psychologues n'ont pas toutes les réponses, mais ils ont apporté des réponses et continueront d'en apporter qui seront applicables à certains aspects du comportement humain. Les psychologues continuent de tester, d'expérimenter, de bâtir des hypothèses et de prédire, dans l'espoir d'élaborer des principes scientifiques qui puissent être appliqués avec profit par tous dans toutes les situations.

Ainsi le dernier mot de ce chapitre est-il le suivant: «application». Il vient compléter la définition qu'on donne de la psychologie au XXe siècle.

La psychologie est l'étude scientifique des processus mentaux et du comportement, et l'application des connaissances acquises par cette étude.

RÉSUMÉ

1. L'Iliade, comme la plupart des grandes oeuvres littéraires du monde, nous a fourni pendant des siècles une façon d'observer le comportement humain. Alors qu'Homère et d'autres poètes et écrivains ont fait de l'observation du comportement humain un art, la psychologie contemporaine a essayé d'en faire une science objective: la psychologie, science de l'homme.
2. Les questions et les réponses sur le comportement humain ont été formulées de plusieurs façons. On a d'abord pensé que les dieux contrôlaient toutes les actions humaines, mais cela ne nous en disait que très peu sur nous-mêmes. Les philosophes grecs, dont Aristote, ont cherché des réponses plus révélatrices et ont conclu que l'âme était responsable des pensées, sentiments et actions des hommes. Lorsque les tentatives d'étude de l'âme ont échoué, les gens intéressés à la compréhension du comportement humain ont regardé ailleurs et se sont en fin de compte tournés vers la science.

3. *Pourquoi la psychologie? Les réponses à cette question résident dans le besoin profond qu'éprouve l'homme de comprendre, de prédire et parfois de contrôler. Autrement dit, elles résident dans son besoin de survivre.*

4. *Au XVIIIe siècle, la psychologie est devenue l'étude des actions mentales et de la conscience. Elle avait fait un pas important dans la direction scientifique, mais elle était encore limitée dans ses méthodes de recherche.*

5. *Ce n'est qu'au XIXe siècle que l'on a utilisé la* **méthode scientifique**, *basée sur l'observation et l'expérimentation. Par cette méthode, on élabore des hypothèses ou l'on fait des suppositions calculées, en s'appuyant sur des faits. On réalise ensuite des expériences pour vérifier ou démontrer ces hypothèses.*

6. *L'utilisation de la méthode scientifique par les psychologues du XIXe siècle a produit deux théories importantes sur le comportement humain. Le* **structuralisme** *essayait de décrire les structures de base de l'esprit. Le* **fonctionnalisme** *s'intéressait au fonctionnement adaptatif de l'esprit. Ces deux approches se sont avérées inefficaces parce qu'il ne nous est pas encore possible d'observer, de mesurer ni de définir clairement l'esprit et les processus mentaux.*

7. *Au XXe siècle, le* **behaviorisme** *est devenu un modèle très populaire d'étude du comportement humain. Les behavioristes affirment que la psychologie, pour être vraiment scientifique, doit se baser uniquement sur des comportements objectifs, observables.*

8. *Le behaviorisme a permis à la psychologie de se tailler une place solide au sein du monde scientifique, mais ce faisant, il lui a fallu mettre de côté certains aspects du comportement humain dont l'existence semble certaine même s'ils ne peuvent s'observer. Parmi ces caractéristiques humaines, il y a l'amour, la haine, la bonté, la méchanceté, la dignité et l'honneur. La* **psychologie gestaltiste**, *la* **théorie psychanalytique** *et la* **théorie cognitive** *sont trois des écoles de pensée qui tentent d'expliquer les processus mentaux et quelques-uns des aspects cachés de la nature humaine.*

9. *Les outils de la psychologie les plus employés sont les tests, les enquêtes, les questionnaires, les entrevues, les observations naturelles et l'expérimentation. Ces outils permettent aux psychologues d'accumuler des informations de base sur le comportement humain.*

10. *Pour obtenir des preuves empiriques, les scientifiques divisent les sujets en* **groupes expérimentaux** *et* **groupes témoins.** *La manipulation de la* **variable indépendante** *permet à l'expérimentateur d'étudier la* **variable dépendante** *et toute* **variable intermédiaire.** *Il est possible d'obtenir une plus grande objectivité en faisant appel aux* **techniques du simple et du double aveugle**.

11. *Puisqu'il est impossible pour un seul psychologue d'expliquer le comportement humain dans sa totalité, plusieurs écoles spécialisées de psychologie se sont développées. Parmi ces écoles, citons: la psychologie industrielle et ergonomique, la psychologie scolaire, la psychopédagogie, la psychologie sociale. L'information recueillie à partir de ces champs d'étude nous procure une meilleure compréhension de nous-mêmes et trouve des*

applications dans la recherche de solutions à des problèmes de comporte-
ment humain.

12. En jetant un regard sur les réponses du passé aux questions sur le
comportement humain, et en examinant ce que font les psychologues
aujourd'hui et comment ils le font, nous pouvons parvenir à une meilleure
compréhension de ce qu'est la psychologie. **La psychologie est l'étude**
scientifique des processus mentaux et du comportement, et l'applica-
tion des connaissances acquises par cette étude.

guide d'étude

A. RÉVISION

Compléter les phrases suivantes:

1. Dans l'*Iliade*, Homère décrit de façon épique une guerre qui est survenue il y a ___3000___ ans.
2. Lorsque vous observez des gens, vous ne pouvez voir que leurs ___actions___ et non pas ce qui se passe dans leur ___esprit___.
3. L'observation de l'extérieur vers l'intérieur est une approche plus scientifique et plus ___objective___ que celle qui procède de l'intérieur vers l'extérieur.
4. Les civilisations anciennes ont conçu des systèmes d'___astrologie___ pour expliquer la façon dont les dieux influençaient les conduites humaines.
5. Blâmer ou créditer les dieux pour un comportement ne nous ___explique___ pas réellement le comportement lui-même.
6. Aristote a substitué aux anciens mythes sur les dieux la notion d'___âme___.
7. La science a finalement dû abandonner les notions de psyché et d'âme parce qu'on ne pouvait pas les ___toucher___.
8. Au cours du XVIIIe, siècle, la ___conscience___ ou l'___esprit___ sont deve- nus le concept central de la psychologie naissante.
9. Le fait de se fier à des observations et à l'expérimentation s'appelle l'___empirisme___.
10. Dans la terminologie scientifique, une supposition calculée s'appelle u- ne ___hypothèse___.
11. La toute première étape de la méthode scientifique consiste à ___identifier___ le problème.
12. ___Wilhelm Wundt___ a fondé le premier laboratoire de psychologie à l'Université de Leipzig en 1879.
13. Le mérite d'avoir fondé l'école de pensée connue sous le nom de ___fonctionnalisme___ revient à William James.
14. Les structuralistes du laboratoire de Wundt tentaient d'analyser la ___conscience___ en utilisant les méthodes employées par les physiciens et les chimistes.
15. La principale méthode d'étude de l'école structuraliste était l'___introspection___.

16. Selon William James et les fonctionnalistes, les énormes variations dans les comportements sont dues au fonctionnement _adaptif_ .

17. L'école _béhaviorisme_ fondée par _J. Pavlov_ affirme que la science de la psychologie doit se baser uniquement sur ce qui est observable.

18. Les psychologues gestaltistes considèrent que le tout est_____la somme de ses parties.

19. Les psychologues gestaltistes s'intéressent principalement à la _perception_.

20. Freud a appelé _psychanalyse_ le processus de découverte des forces inconscientes qui influencent le comportement.

21. Les psychologues _____ étudient entre autres comment la personne traite l'information, fait des comparaisons et prend des décisions.

22. Lorsqu'une personne choisit seulement certains éléments pertinents de différentes théories, elle adopte une position _éclectique_ .

23. Tandis que les tests nous renseignent sur la personne individuelle, les _enquêtes_ et les _questionnaires_ nous renseignent sur des groupes et des populations.

24. Au cours des années 1940, Kinsey a réalisé une enquête maintenant célèbre sur les _pratiques sexuelles_ en utilisant la méthode de l'entrevue et du sondage.

25. Piaget est un psychologue cognitif qui a beaucoup utilisé la méthode de l'_observation naturelle_ .

26. L'expérimentation est la manière la plus appropriée de prouver si une théorie est _____ .

27. Les sujets d'une expérience qui ne reçoivent *aucun* traitement expérimental font partie du groupe _témoin_ .

28. Dans une expérience, les réponses des sujets et l'enregistrement de celles-ci par l'expérimentateur sont les variables _____ .

29. Afin de neutraliser les biais de l'expérimentateur, les scientifiques utilisent souvent les techniques _____.

30. Les psychologues qui participent à la conception de la machinerie et de l'équipement destiné à l'usage humain s'appellent des psychologues _____
_____ .

B. VÉRIFICATION DES CONNAISSANCES

Encercler la bonne réponse (A, B, C ou D):

1. Dans l'*Iliade*, Homère expliquait les comportements de ses héros en les attribuant:
   A. aux caprices des dieux.
   B. aux mécanismes de la psyché.
   C. à la circulation des substances liquides dans le sang.
   D. à l'âme.

2. Les philosophes:
   A. étaient inactifs au moyen-âge.

    B. ne pouvaient prouver leurs affirmations au sujet de l'âme.

    C. font rarement appel à la logique ou au raisonnement.

    D. ne trouvent plus rien à dire sur le comportement humain depuis le début du XVIIe siècle.

3. Depuis le XVIIIe siècle, les psychologues, libérés des notions d'âme et de psyché, se sont mis à étudier:

    A. les sens.

    B. la conscience.

    C. les actions mentales.

    D. A, B et C à la fois.

4. Découvrir quelque chose par la mesure et l'observation consiste à appliquer:

    A. la méthode scientifique.

    B. la vérification d'hypothèse.

    C. l'empirisme.

    D. A, B et C à la fois.

5. Là formulation d'une hypothèse:

    A. est la première étape de la méthode scientifique.

    B. est une technique de la philosophie moderne.

    C. ne fait pas partie de la psychologie, mais plutôt des «vieilles» sciences telles que la physique.

    D. signifie la même chose que la formulation d'une supposition calculée.

6. L'introspection était une méthode courante de l'école de psychologie:

    A. structuraliste.

    B. behavioriste.

    C. fonctionnaliste.

    D. gestaltiste.

7. On peut s'attendre à ce que les psychologues _____ parlent en termes de «réponses conditionnées».

    A. gestaltistes

    B. behavioristes

    C. cognitifs

    D. psychanalytiques

8. Être «éclectique» signifie être:

    A. subjectif.

    B. scientifique.

    C. sélectif.

    D. traditionaliste.

9. Dans une expérience, la variable manipulée par l'expérimentateur s'appelle la variable:

    A. indépendante.

    B. intermédiaire.

    C. inconnue.

    D. dépendante.

10. Selon le texte, une définition de la psychologie devrait inclure:

    A. que la psychologie est une science.

    B. que la psychologie étudie le comportement et les processus mentaux.

    C. la notion d'application des connaissances psychologiques.

    D. A, B et C à la fois.

SUGGESTIONS DE LECTURES

Blatty, W. P., *L'exorciste*, Laffont, Paris, 1971.

Fourastié, J., *Les conditions de l'esprit scientifique*, Gallimard, Paris, 1966.

Fraisse, P., Piaget, J., *Traité de psychologie expérimentale*, volume 1: *Histoire et méthodes*, Presses Universitaires de France, Paris, 1963.

Henneman, R.H., *La psychologie et son champ d'action*, HRW, Montréal, 1975.

Homère, L'*Iliade*, Gallimard, Paris, 1963.

Mueller, F.-L., *La psychologie contemporaine*, Petite bibliothèque Payot, Paris, 1963.

Mueller, F.-L., *Histoire de la psychologie*, volume 1: *de l'Antiquité à Bergson*, volume 2: *la psychologie contemporaine*, Payot, Paris, 1976.

St-Arnaud, Y., *La psychologie, modèle systémique*, CIM, Montréal, 1979.

En anglais

American Psychological Association, *A career in psychology*, 1 200 17e Avenue N.W., Washington (D.C.), 20036.

Cohen, D., *Psychologists on psychology,* Taplinger, New York, 1976.

Malnig, L., *What can I do with a major in?,* Peter's College Press, boul. Kennedy, Jersey City (N.J.), 07306.

#

biologie et comportement

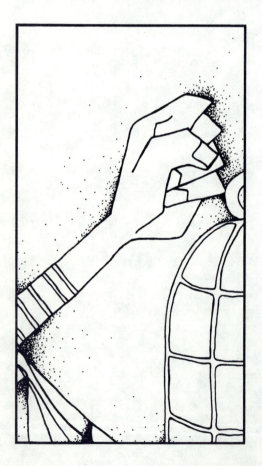

2

l'évolution, le cerveau et le comportement

Pourquoi les êtres humains agissent-ils parfois de façon agressive les uns envers les autres? Aprennent-ils un tel comportement de violence ou le possèdent-ils déjà en eux à la naissance? Avant d'apporter quelque réponse à ces questions, il nous faut considérer ce que sont le cerveau et le système nerveux de l'homme: comment ils se sont développés au cours de millions d'années d'évolution et comment ils fonctionnent. En parallèle, nous devons aussi considérer l'évolution de l'ordre social.

Après avoir étudié ce chapitre, vous pourrez:

- Discuter de la controverse de l'inné et de l'acquis;

- Exposer la théorie de Darwin sur l'évolution du comportement, le développement du langage et l'agressivité;

- Comparer et différencier les réflexes et les instincts;

- Expliquer comment fonctionnent l'empreinte et les mécanismes de déclenchement du comportement inné;

- Décrire la structure et le fonctionnement des neurones, des réseaux nerveux, et des cerveaux primitifs;

- Résumer les fonctions du cortex cérébral humain, en rapport avec les deux hémisphères du cerveau et les expériences effectuées sur la scission du corps calleux.

glossaire

Agression. Du latin *adgressio*, «attaque, assaut». Attaque non provoquée ou hostile, ou encore usurpation du territoire de quelqu'un d'autre, de son espace vital.

Agressivité. Manifestation d'une impulsion d'agression dans le comportement.

Assassinat. Un assassin est un tueur à gages. Il y a environ mille ans, un fameux chef mahométan a engagé des hommes pour tuer ses ennemis. Afin de les inciter à tuer, le chef les droguait avec du haschisch ou de la marijuana, puis leur laissait imaginer un merveilleux jardin, le ciel, où ils iraient après avoir obéi à ses ordres. Ces hordes de mercenaires ont été appelés haschischins, d'où notre mot «assassin».

Axone. La queue de la cellule nerveuse. Lorsque l'influx nerveux atteint l'axone, ce dernier libère certains médiateurs chimiques qui stimuleront d'autres cellules nerveuses.

Cerveau. Du latin *cerebrum*, «cerveau». La plus grosse partie de l'encéphale. Le cerveau, formé de deux hémisphères, repose sur le tronc cérébral. On utilise souvent ce mot pour désigner l'ensemble de l'encéphale.

Cerveau divisé. Lorsqu'on sépare l'un de l'autre les deux hémisphères du cerveau (en sectionnant le corps calleux), chacune des moitiés agit de façon plus ou moins indépendante.

Cils. En termes biologiques, les cils sont des sortes d'antennes qui ressemblent, en apparence, à des cheveux, et qui couvrent la surface de plusieurs cellules. Lorsque les cils battent, la cellule se déplace. Les dendrites et les axones de nos propres cellules nerveuses sont peut-être le fruit de l'évolution des cils que possédaient les cellules de type nerveux primitives.

Comportement de combativité. Cette expression tire son origine du penchant de l'être humain pour la lutte, la boxe et les jeux athlétiques en général, dont la plupart correspondent à une agression physique. Le comportement de combativité est une manifestation d'agressivité.

Congestion cérébrale. Type de dommage cérébral causé généralement par la destruction des vaisseaux sanguins qui irriguent une partie quelconque du cerveau.

Corps calleux. Pont de tissu nerveux reliant les deux hémisphères. Du latin *corpus*.

Corps de la cellule. Partie centrale du neurone.

Cortex. Mince couche périphérique du cerveau, ayant une épaisseur d'environ 0,64 centimètre. Les millions de cellules nerveuses de notre cortex jouent un rôle primordial dans nos pensées, sensations ou agissements.

Dendrites. Fibres sensibles qui prolongent le corps de la cellule nerveuse; «terminaison frontale» de la cellule nerveuse.

Électroencéphalogramme. Aussi appelé EEG. Reproduction graphique des ondes du cerveau, ou de l'activité électrique du cerveau.

Empreinte. Empreindre signifie «imprimer». Lorsque les canetons, oisons ou autres oisillons éclosent, ils ont tendance à suivre le premier objet en mouvement qui se présente à eux. L'image de cet objet semble «s'imprimer» dans leur cerveau, et devient pour eux, dans bien des circonstances, la «mère-objet». On utilise aussi les expressions «imprégnation» et «empreinte perceptive» pour désigner ce phénomène.

Encéphale. Du grec *kephalê*, tête. Ensemble des centres nerveux contenus dans la cavité crânienne. L'encéphale comprend le cerveau, le cervelet et le tronc cérébral.

Environnement. Ce qui entoure l'être humain et, par extension, les soins qu'il a reçus et les conditions qui l'ont amené à se développer. En psychologie, la controverse hérédité - environnement, appelée aussi la controverse de l'inné et de l'acquis, pose la question suivante: lesquelles de nos caractéristiques sont innées («hérédité»), et lesquelles sont apprises ou acquises par expérience («environnement»)?

Épilepsie. Du grec *epilêpsia*, «attaque». Lorsque les neurones du cerveau sont hyper-stimulés (généralement à la suite d'une maladie ou de dommages causés au cerveau), ils peuvent atteindre un niveau de surcharge et répondre d'une façon tout à fait anormale. Après toute crise d'épilepsie, la personne affectée reprend une vie normale pour une période variant de plusieurs jours à plusieurs semaines.

Espèces. Du latin *species*, «aspect, apparence», et au figuré, «nature, catégorie». Groupe d'animaux ou de plantes ayant en commun une ou plusieurs caractéristiques distinctes, physiques ou psychologiques.

Éthologie. Étude scientifique du comportement de l'animal. Se rapporte généralement à des observations scientifiques faites dans le milieu naturel plutôt qu'en laboratoire.

Excrétion. Du latin *excretio*, «action de séparer». Littéralement, ce mot signifie l'expulsion des déchets par l'organisme.

Foyer du miroir. Votre cerveau est doté de symétrie bilatérale, ce qui signifie qu'à chaque point de l'hémisphère gauche correspond un point dans l'hémisphère droit comme si l'un des hémisphères était l'image inversée de l'autre. Chaque point dans un hémisphère a un «foyer du miroir» dans l'autre hémisphère.

Hémisphère. Du grec *hêmi*, «à moitié». Votre cerveau est approximativement rond, ou sphérique. Chacun des deux hémisphères représente la moitié de votre cerveau.

Hérédité. Royaume de l'inné et de l'instinctif, par opposition à l'environnement, à partir duquel s'apprend ou s'acquiert un comportement.

Inné. Du latin *innatus*, «né avec». Tout ce qui, physiquement ou mentalement, est en vous à la naissance, peut être qualifié de chose innée.

Instinct. Désir, but ou mode de comportement héréditaires. Les instincts sont des modes innés de comportement généralement composites, qui peuvent être constitués de plusieurs réponses innées différentes déclenchées successivement.

Mécanisme de déclenchement du comportement inné. Ou M.D.C.I. Les éthologistes croient qu'il existe certains modes de comportement innés communs à toutes les espèces animales. Ces comportements sont généralement «déclenchés» par des stimuli qui proviennent de l'environnement de l'animal. De façon plus directe, ces stimuli peuvent être considérés comme étant des «mécanismes de déclenchement du comportement inné».

Moelle épinière. Voie nerveuse qui loge à l'intérieur des os de la colonne vertébrale. Les messages provenant des cellules nerveuses du corps remontent la moelle épinière et arrivent au cerveau. Les messages émis par les cellules nerveuses du cerveau suivent le chemin inverse, vers les différentes parties du corps.

Neurone. Cellule nerveuse individuelle.

Paramécie. Organisme unicellulaire petit, mais très complexe.

Planaire. Du latin *planus*, «surface plane, unie, égale». Ver plat long de 2,5 cm, vivant dans l'eau. C'est le plus simple animal vivant qui possède des neurones semblables aux neurones humains, un véritable cerveau et une symétrie bilatérale.

Rétroaction. Littéralement, action de renvoyer une information donnée à sa source originelle. En psychologie, information d'entrée qui dit au système dans quelle mesure il s'est rapproché du but désiré.

Réflexes. Réponses automatiques ou involontaires, pouvant être innées ou apprises.

Sélection naturelle. Théorie de Darwin selon laquelle l'environnement «sélectionne» les plantes et les animaux qui sont les mieux nantis pour survivre dans un environnement particulier.

Symétrie bilatérale. Le terme «bilatéral» provient des mots latins *bis* («deux») et *latus*, («côté»). Tout ce qui est bilatéral (votre corps par exemple) a deux côtés, le droit et le gauche. Le mot «symétrie» signifie: correspondance exacte en forme, taille et position des parties opposées. Puisque le côté gauche de votre corps est l'image inverse de votre côté droit, votre corps est doté de symétrie bilatérale.

Système vivant. Ensemble de composantes ou de sous-systèmes apparentés réunis par un but commun; le système est «auto-motivé» et contrôlé par rétroaction. Vous-même êtes un système vivant.

Théorie de l'évolution. Théorie élaborée en tout premier par Charles Darwin, et selon laquelle les animaux complexes (tels les hommes) ont évolué ou se sont développés à partir d'organismes très simples, par un processus de sélection naturelle.

Théorie de l'apprentissage social. Théorie ou croyance selon laquelle tous les comportements humains seraient appris ou acquis par l'expérience (en particulier par le contact avec d'autres individus). Selon la plupart des théoriciens de cet apprentissage, les deux façons principales dont nous apprenons à agir, sentir ou penser comme nous le faisons proviennent de notre imitation de l'action des autres, et du fait que nous sommes récompensés ou punis pour nos comportements.

Tronc cérébral. La base ou le tronc du cerveau qui repose sur la moelle épinière. Les diverses parties du tronc cérébral jouent un rôle considérable dans les comportements involontaires comme la respiration, le rythme cardiaque, etc.

INTRODUCTION:
SA MAJESTÉ DES MOUCHES

«Tue le cochon! Tranche-lui la gorge! Répand son sang... Tue le cochon! Tranche-lui la gorge! Écrase-le dedans!»

Une bande de sauvages aux longs cheveux, peinturlurés, répètent ces mots encore et encore, et dansent frénétiquement autour d'un cochon fraîchement tué qu'ils vont faire cuire et manger. Quelques mois plus tôt, ces mêmes jeunes sauvages couverts de sang prenaient leurs repas bien sagement, avec serviette de table et argenterie, comme de parfaits gentlemen. Il s'agit, en fait, d'un groupe de jeunes écoliers britanniques.

Le roman de William Golding intitulé *Sa majesté des mouches* raconte l'histoire effarante d'un groupe d'écoliers abandonnés sur une île déserte des Tropiques, et qui se métamorphosent en une bande de bêtes sauvages. À prime abord, les garçons perdus tentent de suivre l'exemple de leurs parents et de leur civilisation, et d'instituer sur cette île une société ordonnée. Ils élisent des chefs, établissent des lois et envoient différents groupes quérir de la nourriture. Toutefois, en très peu de temps, cette société s'effondre. Les garçons défient les lois et commencent à se battre entre eux. Leur soif de viande les force à chasser à l'épieu et à tuer les cochons sauvages de l'île. Au début, les garçons considèrent leur quête de nourriture comme un sport tout à fait justifié; mais bien vite, surtout lors des scènes de chasse, ils se montrent de moins en moins civilisés. L'ivresse de la première tuerie les rend de plus en plus barbares, de plus en plus sauvages. La lutte et la chasse ne sont plus un jeu, mais deviennent un mode de vie dont ils ne peuvent plus se passer.

«Tue la bête! Tranche-lui la gorge! Répand son sang! ... Tue la bête! Tranche-lui la gorge! Roule-le dedans!»

La sauvagerie de ces jeunes chasseurs s'accentue davantage une nuit, lorsqu'ils commencent à chanter et à entrer en transes. Ils attaquent un des leurs au moment où celui-ci sort de la jungle en rampant. Les chasseurs hurlent et dansent... Les épieux volent... Le sang gicle... Un être humain est mort.

Cette tragédie pourrait-elle réellement se produire? La race humaine n'est-elle au fond qu'une bande de sauvages assoiffés de sang? Les lois d'une société sont-elles la seule chose qui préserve les êtres humains contre leur tendance à se tuer les uns les autres? Y a-t-il une faille dans la nature humaine,

La violence et l'agressivité sont bien manifestes dans les sports d'équipe. Les spectateurs d'un match de hockey s'attendent généralement à assister à des bagarres.

comme le suggère le roman de Golding? Naissons-nous avec un instinct de tueur?

La plupart des gens répondront: «Non. Les hommes sont humains. Ils respectent la vie et se respectent entre eux.» L'histoire, pourtant, semble bien vouloir nous confirmer que les humains ne sont guère plus que des sauvages agressifs et violents. Quelques-unes des premières oeuvres de la civilisation occidentale, telle l'*Iliade*, oeuvre de la civilisation grecque classique, parlent de guerres sanglantes et brutales. Au moyen-âge, les croisés pillaient, violaient et tuaient tout au long de leurs voyages à travers l'Europe, l'Afrique et le Moyen-Orient. Pendant la Seconde Guerre mondiale, Hitler et les nazis ont torturé et exterminé de sang froid des millions de Juifs. L'ère atomique a débuté par l'explosion d'une bombe d'une puissance de 20 000 tonnes de TNT à Hiroshima, au Japon, et qui a tué environ 200 000 personnes. Plus près de de nous, John et Robert Kennedy, Martin Luther King et Malcolm X ont tous été **assassinés** en l'espace de quelques années.

Mais, direz-vous, il s'agit là de cas spéciaux. Les gens ne passent pas leur temps à s'entretuer. Quelques-uns essaient même d'éviter toute situation de violence et d'agression. Et pourtant, que nous voulions l'admettre ou non, les êtres humains peuvent être dangereusement agressifs. D'après les statistiques gouvernementales, il y a chaque année aux États-Unis jusqu'à 15 000 meurtres, 30 000 viols et plus de 300 000 cas d'agression et de voies de fait.

Tous, du petit enfant qui reçoit la fessée à l'étudiant qui assiste à une joute de football et au couple plus âgé qui aime bien regarder telle émission de télévision particulièrement violente, nous savons ce que sont la violence humaine et l'**agressivité.** Puisque la violence est manifeste dans le comportement humain, peut-être Golding avait-il raison; peut-être les hommes naissent-ils avec une tendance à l'agressivité, et peut-être sont-ce uniquement les lois de la société qui nous empêchent de devenir plus agressifs que nous ne le sommes.

Ce n'est pas tout le monde qui est prêt à accepter une image aussi belliqueuse de la race humaine. La plupart des gens affirment qu'ils détestent la violence. Aucun enfant n'aime recevoir une fessée, bon nombre de personnes sont terrifiées à l'idée de se battre, et personne ne désire particulièrement se faire violer, attaquer ou assassiner. Ces faits, aussi bien que l'existence chez l'être humain de qualités telles que la bonté et l'entraide, laissent supposer que nous ne naissons peut-être pas avec cette dose d'agressivité. Par contre, les scientifiques qui ne croient pas que la violence et l'agressivité soient des caractéristiques humaines innées se trouvent devant un grand problème à résoudre: si ces tendances à l'agressivité ne sont pas transmises par hérédité, d'où proviennent-elles? Selon les **théoriciens de l'apprentissage social,** les comportements agressifs *s'apprennent,* c'est-à-dire que la violence est une habitude qui s'acquiert à regarder vivre les parents, les professeurs, les amis, ou encore par le biais de la télévision ou de la société en général.

Hérédité ou environnement? Inné ou acquis? Si nous héritons des tendances agressives ou si elles sont partie intégrante de chaque individu, il est probablement impossible de les faire entièrement disparaître; nous devons plutôt trouver un moyen de réduire la fréquence et la force de nos violents accès de colère. D'un autre côté, si les tendances agressives sont, pour la plupart, des habitudes acquises, nous pouvons peut-être limiter la violence en découvrant comment notre société nous «façonne» et nous entraîne à devenir plus agressifs. Par exemple, en 1972, le collège des médecins des États-Unis a rapporté que quelque 75% des émissions de télévision diffusées aux heures de cote d'écoute maximale contenaient au moins une séquence de violence. Les psychologues estiment qu'en moyenne, l'enfant nord-américain est témoin de près de 1000 meurtres ou morts violentes chaque année, par le biais de la télévision. Les théoriciens de l'apprentissage social affirment que nous pourrions réduire de beaucoup la criminalité et les **agressions** dans notre société si nous pouvions réduire de quelque façon que ce soit les scènes de violence à la télévision, ou tout simplement les proscrire de l'écran.

LA CONTROVERSE DE L'INNÉ ET DE L'ACQUIS

Les causes fondamentales de l'agressivité humaine restent encore à déterminer, mais si important que soit le sujet, il n'est qu'une partie d'un problème beaucoup plus vaste: la controverse de l'inné et de l'acquis. Quels aspects de la nature humaine sont le résultat direct de l'inné ou d'une hérédité biologique, et lesquels sont le résultat de l'**acquis** ou de l'environnement? Nous nous consacrerons, dans ce chapitre, à l'agressivité humaine, mais l'intelligence, la créativité et plusieurs autres caractéristiques de l'homme ont été attribuées par le passé soit à l'inné, soit à l'acquis, selon les théories.

En fait, dans la majorité des aspects du comportement humain, l'inné et l'acquis sont probablement tous deux présents. Sans l'inné (le corps et le cerveau dont nous avons hérité) il ne serait pas question de comportement. Sans l'acquis (les soins et l'information reçus des parents et de la société) le nouveau-né ne survivrait pas. Donc, afin de comprendre l'agressivité ou tout autre comportement humain, il est nécessaire d'essayer de comprendre les effets à la fois de l'hérédité et de l'environnement. Il est nécessaire de comprendre quels modes de comportement sont au départ innés ou héréditaires et lesquels sont avant tout le résultat d'un apprentissage ou d'une expérimentation. Dans ce chapitre, nous tâcherons de cerner de quelle façon l'inné (par le corps, le système nerveux et le cerveau) contribue à influencer notre comportement.

LA THÉORIE DE L'ÉVOLUTION

La nature nantit chaque homme d'un corps physique, et chaque comportement humain est en quelque sorte le résultat du fonctionnement combiné du corps et du cerveau. L'une des façons de mieux comprendre la complexité du comportement humain et le fonctionnement de l'organisme consiste à étudier le développement et les comportements d'organismes (systèmes vivants) moins complexes. Le scientifique britannique Charles Darwin a été le premier à proposer une théorie aidant à comprendre le développement ou **l'évolution** des différents organismes qu'on retrouve dans le monde, incluant les plantes, les animaux et les hommes.

En 1831, Darwin s'est engagé en tant que naturaliste à bord d'un navire, le *Beagle*, qui entamait un voyage de cinq ans dans le but de cartographier la côte de l'Amérique du Sud. Il a été ébahi devant l'énorme variété des plantes et animaux qu'il y a découvert. Il a commencé à se demander comment il se pouvait que tant d'**espèces** et de variétés existent. La pensée traditionnelle du XIXe siècle soutenait que la terre, toutes ses plantes et tous ses animaux, y compris l'homme, avaient été créés en même temps, et peut-être en six jours, comme l'affirmait la Bible. Mais devant un tel foisonnement de variétés vivantes, Darwin est rapidement devenu persuadé que le monde n'avait pu être créé avec une collection unique d'espèces immuables. Au contraire, s'est-il dit, les espèces de plantes et d'animaux doivent se développer et *évoluer* de façon différente lorsqu'elles sont isolées les unes des autres. Un type particulier de plante poussant en Angleterre, par exemple, pouvait hériter de certaines caractéristiques et évoluer en une sorte de plante très différente de la première après plusieurs générations. La même plante se développant dans un milieu totalement différent, tel l'Amérique du Sud, pouvait hériter de caractéristiques différentes et évoluer en une sorte de plante totalement différente de celle qui poussait en Angleterre.

Mais pourquoi une plante évoluerait-elle dans une direction tandis qu'une autre évoluerait dans une toute autre direction? Darwin a trouvé une réponse à cette question après avoir lu un essai sur la population rédigé par le fameux économiste anglais Thomas Malthus. Malthus avait affirmé que les populations s'accroissaient généralement à un taux plus rapide que ne le faisaient leurs sources de nourriture; à cause de cette surpopulation, les individus devaient lutter pour la nourriture. Darwin a appliqué le même principe aux populations de plantes et d'animaux. Dans une forêt très dense, les arbres

La recherche de la nourriture a, tout au long de l'évolution, influencé le développement des animaux et des plantes. Pourquoi croyez-vous que les girafes aient un si long cou?

projettent beaucoup d'ombre et se coupent les uns les autres de leur source de base en énergie (l'énergie solaire). Mais si, peut-être par un heureux hasard de la nature, un arbre en particulier hérite d'une grande taille caractéristique, il poussera au-dessus des autres et captera plus de lumière. Il aura hérité d'une caractéristique lui permettant de *survivre* de façon plus efficace dans un environnement donné. Si cet arbre survit, il sera en mesure de se reproduire et, de là, pourra transmettre ses caractéristiques et permettre le développement d'autres grands arbres. À la longue, les arbres plus petits dépériront, et l'espèce de grande taille sera la seule à survivre.

Pour les arbres qui croissent dans des environnements différents, par exemple dans certaines régions de l'Amérique du Sud où le soleil brille plus souvent qu'en Angleterre, l'évolution peut prendre une autre direction. La caractéristique de grandeur peut ne pas être aussi importante que dans les forêts de l'Angleterre, et les grands arbres n'ont alors plus cet avantage primordial dans la lutte pour la survie. Les arbres dotés de grosses branches ou d'un certain type de racines, d'autre part, survivent peut-être mieux en Amérique du Sud. La nature «sélectionnera» ces arbres très résistants, et les caractéristiques particulières des branches et des racines seront celles qui seront les plus aptes à être transmises aux autres générations d'arbres.

Il en est de même pour les espèces animales. Lorsqu'il y a trop d'animaux et pas assez de nourriture, les animaux doivent se battre pour se nourrir. Ceux qui sont dotés de caractéristiques qui les aident dans la lutte pour l'énergie seront les plus à même de survivre. Ils transmettront ces caractéristiques à leur progéniture. Ainsi, la nature agit comme *force sélective*, éliminant les plus faibles et produisant de nouvelles espèces issues des survivants. Puisque l'agressivité et la combativité sont des caractéristiques qui favorisent la survie, on peut faire appel à la théorie de Darwin pour expliquer que ces caractéristiques se sont transmises héréditairement chez l'espèce humaine.

Au cours des années 1840, Darwin a rédigé une explication complète de sa théorie, mais ne l'a pas publiée. Il ne voulait sans doute pas être impliqué dans les controverses et les débats que sa théorie, il le savait, n'aurait pas manqué de soulever. La théorie de Darwin n'allait pas seulement à l'encontre du récit biblique de la création en suggérant que chaque plante et chaque animal existant résultait d'une évolution de plusieurs milliards d'années à partir d'une seule forme de vie; elle permettait également de conclure que les hommes étaient peut-être l'aboutissement d'une évolution de formes de vie plus primitives: les grands singes. Darwin se rendait compte que la majorité des gens se montreraient peu disposés à accepter une telle hypothèse.

Darwin n'est pas parvenu à éviter la controverse. Lorsqu'un autre naturaliste, Henry Wallace, a formulé exactement la même théorie, il a décidé de ne pas laisser quelqu'un d'autre remporter tous les honneurs (ou s'attirer tout le blâme) pour une recherche à laquelle il avait consacré vingt années de sa vie. En 1859, après que Darwin eut publié son livre désormais célèbre, *L'Origine des espèces*, la controverse prévue s'est manifestée; elle n'est pas encore complètement éteinte.

Malgré toute la polémique autour de la question, la théorie de l'évolution de Darwin a survécu. Elle a survécu parce qu'elle a été extrêmement utile pour expliquer non seulement l'origine des plantes et des animaux, mais aussi le développement de l'espèce humaine. La théorie de l'évolution explique comment les caractéristiques physiques et celles du comportement peuvent avoir évolué.

L'ÉVOLUTION DU COMPORTEMENT

D'après la **théorie de l'évolution**, les espèces animales les plus réussies sont celles qui peuvent s'adapter et changer de telle sorte que cela les aide à survivre quel que soit l'environnement où elles se trouvent. Les transformations physiques (par exemple, une fourrure plus épaisse en hiver) sont importantes, mais les *changements de comportement* (par exemple, apprendre à émigrer dans les pays chauds lorsqu'arrivent les temps froids) sont tout aussi nécessaires à la survie de l'animal.

De façon plus générale, les formes de vie les plus simples, ou les plus primitives, possèdent les types les moins compliqués de modes de comportement. Même les *systèmes vivants* les plus simples, que l'on appelle plantes, présentent une forme de comportement, bien que limité. Le tournesol, par exemple, tournera sa corolle pour suivre le soleil et étendra ses racines jusqu'à une source d'eau.

Les animaux unicellulaires affichent des comportements un peu plus complexes. Considérons la **paramécie**, un petit animal dont la forme rappelle celle d'une pantoufle, et que l'on retrouve dans les étangs et les mares d'eau un peu partout au monde. La paramécie est si petite que vous auriez besoin d'un microscope pour l'observer avec précision. Malgré sa petite taille, elle a plusieurs modes de comportement compliqués. Sans y avoir été entraînée, elle s'enfuira à l'approche d'un danger, mais s'approchera d'une source de nourriture. Autrement dit, la paramécie est, au départ, «programmée» pour s'approcher de certains stimuli et pour s'enfuir devant certains autres. Mais, avant de discuter d'où peut provenir une telle programmation **innée**, il faut jeter un coup d'oeil sur quelques propriétés générales de divers types d'organismes vivants.

Les systèmes vivants

Les plantes, les paramécies et les individus sont tous des **systèmes vivants**. En d'autres mots, le tournesol, la paramécie et vous-même avez tous certaines caractéristiques en commun. Par exemple, tous les organismes vivants sont constitués de sous-unités qui doivent travailler ensemble de façon coordonnée afin que le système puisse survivre. La paramécie est constituée d'une cellule unique, mais sa surface est couverte de particules de matière

Fig. 2.1
La paramécie est un animal unicellulaire. Elle capte la nourriture, la digère, puis part à la recherche d'une autre source de nourriture.

vivante ressemblant à des cheveux, appelées **cils**, qu'elle fait onduler d'avant en arrière lorsqu'elle veut se déplacer. Les paramécies ont également une bouche, un système digestif primitif et, sur la surface, des taches sensibles à la lumière, à la chaleur, au toucher et à divers produits chimiques. Certaines parties du corps de la paramécie détectent les changements dans l'environnement; d'autres parties traitent cette information en transmettant des ordres aux cils et aux muscles de l'animal, qui permettent à ce dernier de se déplacer. Donc, comme chez tout organisme vivant, le comportement de la paramécie est déterminé par ses informations d'entrée, ses mécanismes internes, ses «réponses» et par la **rétroaction** qu'elle reçoit de l'environnement sur ses propres comportements.

La paramécie mange des bactéries. Lorsque l'animal a avalé son repas, les différents processus digestifs internes extraient les parties comestibles de la bactérie et **excrètent** le reste dans l'eau. Les excrétions irritent les cils et, bien vite, la paramécie se déplace à la recherche d'autre nourriture.

Les organismes vivants, donc, possèdent divers *processus internes* qui permettent à l'animal de répondre de façon adéquate à diverses sortes de stimulus. Certains de ces stimuli ont le plus souvent un rapport direct avec l'*énergie* dont a besoin l'organisme pour survivre. Les bactéries elles-mêmes deviennent un stimulus d'entrée lorsqu'elles atteignent la bouche de la paramécie. Les autres stimuli fournissent l'*information* dont a besoin l'organisme pour approcher de la nourriture et s'éloigner de sensations désagréables comme le froid et le chaud.

Les réflexes

Les réflexes sont des modes de comportement simples et automatiques, où un stimulus donné (information d'entrée) est toujours suivi d'une même réponse (information de sortie). Les réflexes *innés* sont des processus internes héréditaires. Par exemple, si vous avez un récipient d'eau peu profond rempli de paramécies, et que vous approchez une source de chaleur d'un côté du récipient, presque tous les petits animaux se tortilleront aussitôt, entreprendront une danse spiralée qui leur permettra bientôt de s'éloigner de ce stimulus de chaleur. Les animaux qui ne se déplacent pas assez vite mourront rapidement sous l'effet de la chaleur; de cette manière, ils ne transmettront pas à leur progéniture leurs réflexes plus lents devant la chaleur. L'environnement de la paramécie contribue à sélectionner les animaux les mieux nantis pour survivre dans un tel environnement, en éliminant ceux dont les processus internes sont déficients. Si, pour quelque raison que ce soit, l'environnement changeait de façon radicale, il pourrait «sélectionner» les paramécies, et ne laisser survivre que celles qui possèdent des réflexes fort différents. Ce processus de **sélection naturelle**, parfois appelé «survie du plus apte», est la base même de la théorie de l'évolution de Darwin.

Bien que les modes de réflexes innés soient héréditaires, ils peuvent être modifiés par l'expérience. Le biologiste Philip Applewhite est l'un des nombreux scientifiques à avoir récemment démontré que même les organismes unicellulaires peuvent apprendre. Cet apprentissage consiste surtout à modifier les processus internes de l'animal, de telle sorte qu'il fournit une nouvelle réponse à un stimulus familier.

Par exemple, les paramécies ont tendance à fuir une lumière brillante. Mais si vous envoyez un rayon lumineux dans le récipient juste avant de déverser des bactéries à l'endroit même où se trouve la lumière, les paramécies apprendront peut-être à répondre au stimulus en s'approchant plutôt qu'en s'éloignant. On suppose que cette sorte d'entraînement «reprogramme» les réflexes innés des paramécies.

Les individus naissent avec quelques réflexes innés plutôt mécaniques. Si vous lancez une bouffée d'air froid à la figure d'un nouveau-né, il clignera des yeux par réflexe. Il n'a pas besoin d'apprendre cette réponse. D'un autre côté, si vous sonnez une cloche juste avant de souffler l'air dans les yeux du bébé, et que vous le faites à plusieurs reprises, il commencera bientôt à cligner des yeux au son de la cloche.

L'instinct

Les réflexes sont des modes de comportement simples et automatiques, où un stimulus donné entraîne toujours une réponse précise. Les animaux unicellulaires n'ont guère plus que des réflexes de base innés. Les espèces plus développées peuvent posséder des modes de comportement beaucoup plus compliqués; on estime qu'il y a un lien direct de cause à effet entre la taille et la complexité du système nerveux d'un organisme et la complexité de ses comportements. En général, plus le cerveau d'un animal est gros (ou plus il possède de cellules nerveuses), plus l'animal peut apprendre, et moins il dépend de ses réflexes innés pour sa survie.

Tous les systèmes vivants se comportent comme s'ils avaient certains buts, le plus important d'entre eux étant la survie. Lorsqu'on observe une paramécie s'approcher et dévorer un groupe de bactéries, on peut souvent déterminer chacun des réflexes qui la conduisent vers sa proie. Mais comment décrire le comportement de la lionne dans la jungle africaine qui flaire un zèbre, le suit pendant plusieurs kilomètres, se couche tranquillement jusqu'à ce que l'animal soit proche, le poursuit jusqu'à épuisement, le tue, mange une partie de la viande et ramène quelques-uns des restes à son repaire pour nourrir ses lionceaux? Cette séquence complexe de comportements d'alimentation est-elle composée uniquement d'une série de réflexes innés?

Il nous faut répondre *non* à cette question, parce que les comportements de la lionne ne sont pas tous «simples et automatiques». Et pourtant, ils ont le même but, le même dessein que les réflexes alimentaires de la paramécie.

Lorsqu'ils décrivent, chez les animaux supérieurs, les réactions très complexes orientées vers un même but, les psychologues se servent souvent du terme **instinct**. Les instincts sont donc des comportements assez compliqués dont le *but* semble être héréditaire, mais dont la *forme* varie énormément selon l'environnement où se trouve l'animal, son expérience antérieure et la taille de son cerveau.

L'un des exemples les plus connus du comportement instinctif est le comportement maternel de certains animaux, tel que l'empressement de certaines femelles à construire un nid et à s'occuper de leurs petits. Le filage géométrique de la toile d'araignée, la nage chez les poissons et l'accouplement des animaux supérieurs sont tous considérés comme étant des comportements instinctifs. Cependant, même les comportements qui semblent héréditaires peuvent être énormément dépendants de l'apprentissage. Lorsqu'on place une rate dans un milieu où elle ne peut pas travailler ou manier un matériau qui pourrait servir à la construction d'un nid et ce, dès son plus jeune âge, il se produit souvent qu'elle ne parvient pas à construire un nid ou à apporter les soins requis à ses petits lorsqu'elle atteint l'âge adulte. La rate peut avoir un instinct que l'on appelle maternel, mais cet instinct s'exprime toujours comme une séquence ou série fort complexe de réflexes simples dont les uns sont acquis et les autres, innés, mais qui dépendent tous de l'environnement immédiat et de l'expérience passée. Si elle n'a pas eu l'occasion d'acquérir une habileté simple devenant réflexe dans le maniement des matériaux qui servent à la construction du nid, la rate, apparemment, ne peut satisfaire son «instinct maternel». Le *besoin* peut être présent, mais la rate doit faire l'apprentissage de programmations internes pour atteindre le but instinctif, et cet apprentissage manque.

Plusieurs comportements humains ont été dits instinctifs. Il a été avancé, par exemple, que les enfants reconnaissaient instinctivement leur propre mère, ou que tous les êtres humains avaient un «instinct de tueur» (comme le prétend William Golding dans *Sa majesté des mouches*). Nous avons, il est vrai, des réflexes simples qui sont héréditaires: presque tous les nouveau-nés respirent avec peine et pleurent lorsqu'ils reçoivent une fessée. Mais lorsque l'enfant grandit, il gémit en espagnol, en chinois, en anglais ou en français, selon son contexte. Le réflexe initial d'une respiration haletante (inné) est très vite modifié en une réponse incroyablement complexe que nous appelons le *comportement du langage* (acquis). Votre besoin de parler peut être inné (instinctif), mais le langage grâce auquel vous vous exprimez est déterminé par votre environnement.

Les modes de comportement des paramécies sont presque tous des réactions innées, mais ceux de l'homme adulte sont presque tous des réponses apprises. Les comportements des autres espèces animales oscillent entre ces deux pôles extrêmes de l'inné et de l'acquis. Nous pouvons établir que la paramécie n'est guère plus qu'un siège de réflexes automatiques; que les poissons, les oiseaux et les chats ont déjà des réponses instinctives beaucoup plus complexes; que les hommes sont à ce point complexes que nous ne pouvons pas facilement déterminer ce qui, chez lui, est réflexe ou instinct, ou ne l'est pas.

L'empreinte

En observant soigneusement les animaux, nous pouvons quelquefois déterminer lesquels de leurs comportements sont innés ou prédéterminés, et lesquels sont fondamentalement acquis ou appris. L'**éthologie** est l'étude scientifique des caractéristiques et des comportements des animaux. En observant les animaux dans leur milieu naturel, les éthologistes essaient de comprendre les modes de comportement héréditaires produits par l'évolution.

Le premier objet en mouvement qu'ont vu ces oies après l'éclosion a été Konrad Lorenz. L'image de Lorenz s'est imprimée dans leur cerveau et elles se sont mises à agir comme s'il était leur vraie mère.

Les travaux d'un éthologiste allemand, Konrad Lorenz, ont aidé à expliquer quelques-unes des relations entre les comportements innés et acquis. Au cours d'une série d'expériences, Lorenz a élevé des oies qui avaient été couvées en incubateur. Le premier objet en mouvement que ces oisons ont vu après leur éclosion n'était pas leur mère, mais Lorenz. Instinctivement, ils se sont mis à le suivre et à agir tout comme s'il était leur véritable mère. Plus tard, lorsqu'il les a remis en présence de leur mère, les oisons ne se sont pas intéressés à elle et sont rapidement revenus vers lui pour qu'il les protège. Lorenz en a conclu que les oisons suivaient instinctivement le premier objet en mouvement qu'ils voyaient après leur éclosion, quel qu'il soit. Ils s'attachent à un objet et, selon la théorie de Lorenz, l'image de cet objet s'imprime dans leur cerveau, ou y laisse une **empreinte**. Lorenz a poursuivi ses expériences sur les mécanismes de l'empreinte et a découvert qu'il pouvait même imprimer des objets comme des ballons dans le cerveau des jeunes oies, simplement en agitant le ballon devant elles peu après leur éclosion.

Le processus de l'empreinte est de toute évidence lié à la survie. Les jeunes oies doivent avoir un *modèle* pour bien apprendre leur comportement d'oie. Le premier objet en mouvement que les jeunes oies devraient normalement avoir sous les yeux est leur mère; cette dernière devient habituellement le modèle imprimé dans leur cerveau. Les jeunes oies qui se sont attachées à Lorenz ou aux ballons n'ont pas pu apprendre les comportements propres à une oie qui les aurait préparées à leur vie adulte.

Les mécanismes de déclenchement du comportement inné

Les éthologistes et autres scientifiques qui ont étudié le comportement animal nous ont appris d'importantes leçons; l'une d'entre elles, et non la moindre, est la suivante: les animaux ne sont pas simplement des tas de chair immobiles qui doivent être animés ou stimulés par leur environnement pour passer à l'action. Au contraire, tous les organismes vivants emmagasinent de l'énergie qui est libérée ou *déclenchée* par les informations reçues de l'environnement. Les signes extérieurs qui déclenchent le comportement de l'accouplement chez

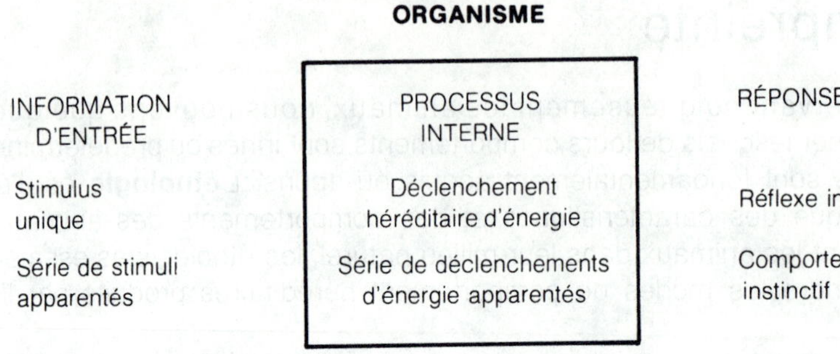

Fig. 2.2
Comme le suggère
ce diagramme, les
mécanismes de
déclenchement du
comportement inné
libèrent ou
déclenchent
l'énergie
emmagasinée, en
réponse soit à un
stimulus unique,
soit à une série de
stimuli apparentés.

ORGANISME

INFORMATION D'ENTRÉE	PROCESSUS INTERNE	RÉPONSE
Stimulus unique	Déclenchement héréditaire d'énergie	Réflexe inné
Série de stimuli apparentés	Série de déclenchements d'énergie apparentés	Comportement instinctif

les oies, par exemple, ne *stimulent* ou ne poussent pas le jars à courtiser une femelle réceptive où à s'accoupler avec elle. L'aspect et les cris de la femelle réceptive déclenchent plutôt (et, peut-être, guident) une danse compliquée que le jars exécute de façon particulière en présence d'une femelle sexuellement active. Quelques aspects de l'exécution de cette danse sont des réflexes **innés**; d'autres parties de la danse sont largement influencées par un apprentissage antérieur. Les réflexes innés et acquis ressemblent à des *programmes* que vous mettriez dans un ordinateur, afin que celui-ci puisse répondre correctement lorsque vous lui donneriez un problème à résoudre. Dans le cas de l'oie, la réponse de l'accouplement est déjà présente (pré-programmée) bien avant que cette réponse soit suscitée.

Les éthologistes ont donné le nom de **mécanismes de déclenchement du comportement inné** à ces stimuli qui suscitent ou déclenchent des modes de comportement instinctuels.

De façon plus scientifique, tous les systèmes vivants doivent recevoir deux types d'apport de leur environnement: 1) un apport énergétique, fournissant le «carburant» nécessaire pour que le système fonctionne (exemple: la capacité du jars à s'accoupler); et 2) un apport informationnel, qui déclenche cette énergie en guidant le système vers le but à atteindre (exemple: les manifestations de réceptivité chez l'oie). Les mécanismes de déclenchement du comportement inné sont des stimuli qui déclenchent des réponses instinctives vers un but, réponses déjà pré-programmées dans le système nerveux et le cerveau de l'organisme.

LE SYSTÈME NERVEUX

La première forme de vie est apparue sur terre il y a plus d'un milliard d'années. Et, à la lumière de toutes les connaissances scientifiques que nous possédons aujourd'hui, il est permis de croire que les premiers organismes vivants étaient unicellulaires et assez semblables à la paramécie. D'autre part, d'après certains indices, on a conclu que les organismes pluricellulaires ne sont probablement apparus que plusieurs millions d'années plus tard. Charles

Darwin a émis l'hypothèse qu'il y a eu *évolution* des organismes unicellulaires vers les organismes plus complexes, les animaux pluricellulaires ayant très souvent une meilleure chance de survie à la transformation du milieu.

Prenons quelques instants pour comparer votre organisme à celui de la paramécie. Votre organisme est constitué de milliards de cellules; la paramécie, elle, n'en a qu'une. Vous avez un estomac et d'autres organes qui vous permettent de transformer la nourriture en particules minuscules et riches en énergie; des poumons afin de capter l'oxygène et de rejeter le dioxyde de carbone; un coeur aidant à faire circuler les éléments nutritifs et l'oxygène à travers tout l'organisme; des yeux pour voir, des oreilles pour entendre; un système nerveux pour transmettre tout ce qui est vu et entendu au cerveau; un «ordinateur central», le cerveau, pour traiter et emmagasiner les informations, et décider des réponses adéquates à fournir; vous avez encore des jambes pour déplacer votre corps et des mains avec lesquelles vous agissez sur votre milieu ou encore changez ce même milieu, et une langue pour vous aider à communiquer avec d'autres individus. Il n'est guère étonnant que les paramécies aient des modes de réponse beaucoup moins nombreux et beaucoup plus rudimentaires que les vôtres. Il n'est guère étonnant non plus que vous puissiez survivre et vous reproduire dans des centaines de milieux qui causeraient instantanément la mort de la paramécie.

Le neurone

Au cours de l'évolution, au fur et à mesure que les organismes unicellulaires devenaient des organismes beaucoup plus complexes, les cellules elles-mêmes ont commencé à se différencier et à se spécialiser. Une paramécie doit se suffire à elle-même, alors qu'aucune des cellules nerveuses de votre cerveau n'a à sortir et se battre pour de la nourriture, pour de l'oxygène, pour se protéger ou pour s'accoupler à un partenaire. D'autres cellules ou groupe de cellules (organes) se chargent de ces besoins vitaux, ce qui laisse à la cellule nerveuse (ou **neurone**) toute liberté de «faire ce qu'elle veut dans la vie», c'est-à-dire de transmettre des informations d'une partie de votre organisme à une autre.

Fig. 2.3
Le neurone ou cellule nerveuse se compose de trois parties principales: a) les dendrites, qui reçoivent l'information d'autres cellules ou de l'environnement; b) le corps de la cellule, qui aide à traiter l'information; et c) l'axone, bras allongé qui entre en contact avec les dendrites des autres cellules.

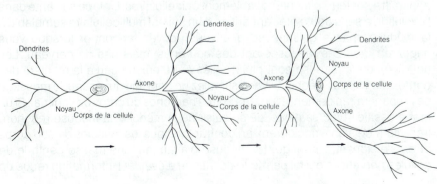

Fig. 2.4
La méduse fait
partie de l'un des
ordres d'animaux
les plus primitifs
possédant un
réseau nerveux; elle
n'a pas de cerveau.

Chaque neurone de votre corps se compose de trois parties principales: les **dendrites**, le **corps cellulaire** et l'**axone**. Les *dendrites* reçoivent les signaux nerveux provenant d'autres cellules ou de ce qui les environne. Cette information reçue est traitée par les différentes parties du neurone, incluant le corps cellulaire. La propagation de l'information se fait le long de l'*axone*, ou «queue» du neurone. L'axone de chacun des neurones entre en contact avec les dendrites (parfois même avec les corps cellulaires) des autres cellules, et transmet ainsi les signaux nerveux.

Lorsque quelqu'un vous frappe sur le bras sous le coup de la colère, la force du coup stimule les dendrites des différents neurones situés en profondeur dans la peau de votre bras. Les neurones réagissent à ce signal d'alarme et envoient un message par le biais des axones à un certain groupe de cellules nerveuses de la **moelle épinière**. Ces neurones de la moelle épinière transmettent à leur tour le signal d'alarme au cerveau, où une foule de neurones reçoivent l'information et se mettent à chercher (à toute vitesse) une bonne manière de réagir devant cette agression. En fonction de la situation et des expériences antérieures, votre cerveau pourra dicter telle ou telle réponse. Les cellules nerveuses du cerveau peuvent ordonner de toute urgence aux muscles de vos jambes de se sauver au pas de course. Elles peuvent encore ordonner aux muscles de vos bras de frapper l'agresseur, aux muscles de votre langue de se délier et dire quelques mots aimables ou moins aimables à l'hurluberlu qui vient de vous frapper.

Peu importe la sorte de stimulus reçu et peu importe la façon dont vous y répondez, les influx qui arrivent au cerveau et en repartent se propageront le long des fibres nerveuses, faites de centaines de neurones, chacun en contact avec un autre, «à la queue leu leu». Et comme les neurones transmettent caractéristiquement les influx dans une seule direction (des dendrites à l'axone), votre organisme possède deux réseaux de fibres nerveuses: l'un qui achemine les stimuli et l'autre qui transmet les réponses.

Les réseaux nerveux

Comme nous l'avons déjà mentionné, les premiers organismes vivants à apparaître sur terre étaient probablement unicellulaires. L'étape suivante dans l'évolution a sans doute été l'apparition d'un animal multicellulaire semblable à la méduse, masse gélatineuse que vous pouvez rencontrer lorsque vous nagez en mer. Les méduses ont des neurones, mais pas de cerveau. Les neurones de la méduse sont plutôt reliés entre eux un peu à la manière des cordes d'un filet de pêche. Si vous stimulez un neurone du réseau, le message se propagera rapidement à tous les autres neurones du corps de l'animal. Si un crabe essaie, avec sa pince, de se saisir de la méduse, la méduse répondra très vite à ce signal douloureux en contractant tous les muscles de son corps et en s'éloignant à la nage. La méduse n'ayant aucune masse centrale de cellules nerveuses qui lui permette de trier ou d'évaluer l'information reçue de l'extérieur, c'est généralement son corps tout entier qui répondra à une stimulation douloureuse, quel qu'en soit le type.

Les cerveaux primitifs

À notre époque, l'animal le plus rudimentaire doué d'un cerveau qu'on puisse trouver est un ver plat qui a pour nom *planaire*, et qu'on trouve un peu partout au monde dans les étangs et les rivières. On croit qu'il y a plusieurs millions d'années, une espèce sans cerveau comparable à la méduse a évolué pour devenir une espèce douée d'un cerveau comparable à la planaire. Ce dont nous sommes certains, c'est que tous les animaux plus complexes que la méduse, aujourd'hui, possèdent un cerveau.

L'importance du cerveau est liée à la manière dont celui-ci contribue à la survie de l'animal. La méduse ne peut pas distinguer ses amis de ses ennemis parce qu'il lui manque un cerveau pour faire un tel discernement. Ses neurones possèdent des réflexes programmés (innés), mais l'animal ne peut pas apprendre grand chose puisque, n'ayant pas de cerveau, il ne peut pas changer ses modes de réponse. Par contre, comme des douzaines de scientifiques l'ont démontré ces dernières années, la planaire peut acquérir plusieurs nouvelles habitudes fort complexes.

Le système nerveux de la planaire diffère de celui de la méduse de deux manières importantes. Tout d'abord, la planaire a un cerveau formé de deux amas, ou groupes, de cellules nerveuses. Même si les deux hémisphères sont reliés l'un à l'autre et échangent des informations, chaque hémisphère semble contrôler une seule moitié du corps de l'animal. (L'importance d'avoir un cerveau subdivisé en deux hémisphères bien distincts nous apparaîtra clairement plus loin dans ce chapitre).

Deuxièmement, le cerveau de la planaire comprend des fibres d'entrée, des zones où l'information est probablement analysée, traitée et emmagasinée, et des fibres de sortie. Les diverses zones de son cerveau ont des fonctions précises et des tâches différentes à accomplir. Le réseau nerveux de la méduse est limité dans son mode d'action, puisque presque tous les neurones répondent à l'excitation d'un ou deux neurones. La méduse a le réflexe de s'enfuir dès qu'elle reçoit le moindre stimulus inhabituel (autre que la nourriture). La planaire, quant à elle, peut s'enfuir, attaquer, ou tout simplement ne pas tenir compte du stimulus si elle appris auparavant qu'il était inoffensif.

En général, plus le système nerveux d'un animal est complexe, plus sa programmation interne le devient également. Et plus l'animal aura de tissus nerveux, plus il pourra apprendre, s'adapter et survivre dans différentes sortes de milieux. Il a probablement fallu un milliard d'années pour que le cerveau le plus simple, du type de celui de la planaire (formé d'environ 3000 neurones), suive la chaîne de l'évolution et donne naissance au cerveau humain (qui a plus de 10 000 000 000 de neurones). Cette différence dans le nombre de neurones est une des principales raisons qui fait que vous puissiez étudier une planaire, mais que celle-ci ne puisse pas vous étudier en retour.

Le plus simple animal à posséder un cerveau réel est la planaire.

LE CERVEAU DE L'HOMME

Votre cerveau est situé au sommet de votre colonne vertébrale. Si vous pouviez l'observer dans votre miroir, il vous apparaîtrait comme la calotte d'un gros champignon gris, dressé sur une maigre tige (la moelle épinière). Et comme il n'a pas de muscles, il ne bougerait pas pendant votre examen. Malgré son absence de musculature, le cerveau utilise environ 25% de l'énergie emmagasinée par le corps. Si ce pourcentage est élevé, c'est parce que le cerveau sert de «batterie» et emmagasine l'énergie qui sera utilisée par ses 10 milliards de cellules nerveuses pour recevoir et envoyer quantité de signaux afin de coordonner toutes vos pensées et chacun de vos mouvements.

Fig. 2.5

La structure de base de l'encéphale de l'homme comprend: a) la moelle épinière, qui achemine les messages provenant des nerfs vers le cerveau et renvoie les ordres aux muscles; b) le tronc cérébral, qui coordonne la circulation sanguine, la respiration, les réflexes; c) le cervelet, qui trie les messages sensoriels et influence les réponses de type émotionnel; et d) le cerveau, partie la plus longue et la plus épaisse de l'encéphale. Le cortex, ou surface du cerveau, est le siège des processus de parole, d'intelligence, d'apprentissage, et de prise de décision.

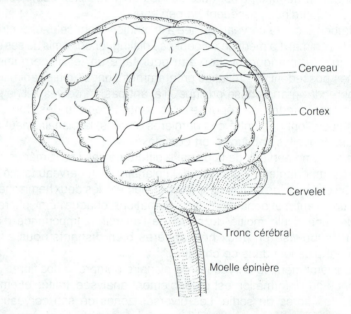

Cerveau

Cortex

Cervelet

Tronc cérébral

Moelle épinière

Votre moelle épinière contient des millions de fibres nerveuses qui acheminent les stimuli de la périphérie du corps jusqu'à l'**encéphale**, c'est-à-dire l'ensemble des centres nerveux de la cavité crânienne. La moelle épinière transmet également les «ordres» de l'encéphale aux muscles, leur commandant de répondre de telle ou telle façon selon l'environnement dans lequel vous vous trouvez.

La partie supérieure de la moelle épinière s'élargit quelque peu pour devenir le **tronc cérébral**. Le tronc cérébral agit sur quelques-unes des activités les plus essentielles de votre organisme, par exemple la circulation du sang, la respiration, ou encore certains réflexes.

Au-dessus du tronc cérébral, l'encéphale continue à s'élargir en un cervelet, sorte de «tableau de bord» qui contrôle la majorité des informations sensorielles arrivant au cerveau. Le cervelet a également un rôle important à jouer dans plusieurs types de réponses d'ordre émotionnel.

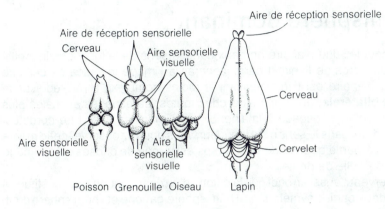

Aire de réception sensorielle
Cerveau
Aire sensorielle visuelle
Aire de réception sensorielle
Aire sensorielle visuelle
Aire sensorielle visuelle
Cerveau
Cervelet

Poisson Grenouille Oiseau   Lapin

Fig. 2.6

Les cerveaux des animaux plus primitifs sont faits principalement d'aires de réception sensorielle et d'aires de réponse motrice (par exemple, le cervelet). Plus le cerveau occupera d'espace par rapport au reste de l'encéphale, plus le comportement de l'organisme s'avérera complexe. Votre cerveau occupe la majeure partie de votre encéphale et est au moins 100 fois plus gros que celui d'un lapin.

Le **cerveau** proprement dit, ou la calotte du champignon, partie la plus large et la plus épaisse de l'encéphale, se trouve au-dessus du tronc cérébral et du cervelet. Si vous regardiez l'encéphale d'en haut, vous ne verriez que le cerveau.

La surface extérieure du cerveau, ou **cortex**, est formée d'une couche de cellules d'environ 0,6 cm d'épaisseur. Si vous pratiquiez une incision dans un cerveau humain, le cortex cérébral vous apparaîtrait comme une fine peau extérieure très semblable à celle qui recouvre la calotte d'un champignon.

La plupart des psychologues considèrent le cortex comme la partie la plus importante de l'encéphale puisque, d'après les recherches, le langage, l'intelligence, l'apprentissage, la perception et la capacité de prendre des décisions sont tous des fonctions du cortex. Les centres inférieurs de l'encéphale sont responsables des réponses émotionnelles, de la motivation et de certains mouvements du corps; mais le cortex est responsable, lui, de la finesse et de la précision de presque toutes vos réactions. Si nous pouvions, de quelque façon que ce soit, détacher cette fine pellicule de votre cerveau, vous seriez toujours, grossièrement, un être humain. Mais il ne vous serait plus possible de parler, de voir ou d'entendre aussi distinctement, vous ne pourriez plus apprendre ou vous souvenir, ou effectuer des mouvements précis avec les mains, les doigts, les pieds ou la langue.

En termes d'évolution, le cerveau a été la dernière partie de l'encéphale à se développer. Afin de vous donner un aperçu de cette évolution, notons que les humains ont un cerveau mieux développé que celui des singes; les singes ont plus de tissu cérébral que les chiens; les chiens en ont plus que les rats, les rats plus que les pigeons, les pigeons plus que les poissons rouges; et la planaire n'a pas de cerveau à proprement parler. De manière générale, plus le cerveau et le cortex d'un animal sont larges et complexes, plus il est probable que les modes de comportement de cet animal s'avéreront complexes.

L'hémisphère dominant

Si vous coupiez une planaire en deux dans le sens de la longueur, la moitié gauche du corps de l'animal correspondrait à l'image inversée de celle de droite. La planaire est l'animal vivant le moins complexe à posséder cette **symétrie bilatérale**; elle apparaîtra chez toutes les espèces animales plus évoluées, incluant l'espèce humaine. Si vous imaginez que votre corps est coupé en deux dans le sens de la longueur, vous pourrez observer cette même symétrie. La partie gauche de votre corps est, à peu de choses près, l'image inversée de celle de droite.

Le cerveau, aussi arrondi que la calotte d'un champignon, est constitué lui aussi de deux parties symétriques: l'hémisphère gauche et l'hémisphère droit.

L'hémisphère gauche contrôle directement les muscles de la partie droite de votre corps, tandis que l'hémisphère droit se charge de la partie gauche. Une telle subdivision pourrait devenir fort embarrassante si une moitié de votre cerveau n'avait pas le contrôle global sur tout ce que vous faites. Imaginez une situation où votre hémisphère droit ordonnerait à votre jambe gauche de se replier pour que vous puissiez vous asseoir, et où votre hémisphère gauche ordonnerait à votre jambe droite de courir! Fort heureusement, un côté de votre cerveau est *dominant*, c'est-à-dire qu'il prend généralement toutes les décisions importantes concernant votre organisme, alors que l'autre hémisphère lui obéit de façon plutôt passive.

Si vous êtes droitier, votre hémisphère gauche contrôle probablement vos mouvements (incluant le langage). Si vous êtes gaucher, la partie droite de votre cerveau est probablement votre hémisphère dominant. Il n'en reste pas moins que chez quelques gauchers, l'hémisphère gauche peut être dominant ou aucun des deux hémisphères peut n'avoir de contrôle global. (Pour votre gouverne personnelle, sachez qu'environ 90% des êtres humains sont droitiers.)

Si votre hémisphère dominant gauche décide que votre corps devrait courir, il transmet le message aux muscles de votre jambe droite qui amorcera le mouvement. En même temps, il ordonnera à l'hémisphère droit d'agir de telle sorte que la partie gauche du corps suive. Généralement, l'hémisphère droit obéit et renvoie un signal comme quoi le message a été reçu et exécuté.

Même si chaque moitié de votre cerveau est l'image inversée de l'autre et qu'elle contrôle les muscles d'une moitié de l'organisme, elle a certains «talents» que l'autre n'a pas. L'hémisphère gauche est (généralement) dominant; c'est également le siège des fonctions motrices de la parole. On peut s'en rendre compte, souvent, en observant une personne atteinte de **congestion cérébrale**. En particulier chez les personnes âgées, un caillot de sang dans les artères peut parfois bloquer l'irrigation des neurones de certaines régions du cerveau. Les neurones meurent, et les parties de l'organisme contrôlées autrefois par ces neurones sont atteintes de paralysie.

Avec beaucoup de temps et un entraînement approprié, la victime peut se réadapter, au moins partiellement, parce que les parties intactes du cerveau peuvent prendre en charge le contrôle des fonctions perdues. Par contre, si la

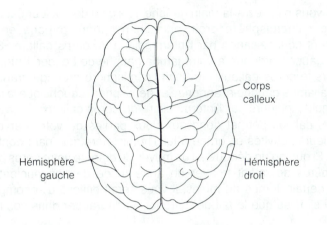

Corps
calleux

Hémisphère
gauche

Hémisphère
droit

Fig. 2.7

Votre cerveau est formé de deux hémisphères. L'hémisphère gauche contrôle la moitié droite de votre corps, et le droit en contrôle la moitié gauche. Les deux hémisphères sont reliés par le corps calleux, un large réseau de fibres nerveuses. Le corps calleux permet aux deux moitiés du cerveau de communiquer entre elles et aide à coordonner leurs activités.

congestion endommage la région de l'hémisphère gauche située juste à l'avant et au-dessus de l'oreille gauche, un droitier risque de perdre en permanence sa capacité de parler, de lire et de donner une signification aux mots. Ce contrôle de la parole est rarement recouvré, malgré bien des traitements.

D'autre part, si la partie du cerveau située à l'avant et au-dessus de l'oreille droite est endommagée, un droitier n'aura en général que des difficultés temporaires avec la parole et la lecture; il se peut même que la parole ne soit pas du tout affectée. Puisque la parole est l'un des rares comportements qui ne puisse être pris en charge par l'hémisphère droit lorsque le gauche est atteint, nous croyons que le «centre de la parole» est vraisemblablement localisé dans l'hémisphère gauche de votre cerveau (si vous êtes droitier, bien entendu). Vu sous un autre angle, si vous vous exprimez à haute voix, c'est votre hémisphère dominant qui parle. Votre autre hémisphère peut s'exprimer par des mouvements de votre corps et il a bien quelques autres petits trucs en réserve, mais il n'a pas l'usage de la parole.

Le corps calleux

La symétrie bilatérale est d'une importance extrême sur le plan de la survie. Que votre cerveau soit divisé en deux vous procure une certaine sécurité contre les coups et les blessures à la tête, et contre certaines maladies qui s'attaquent aux tissus nerveux. Un hémisphère intact peut prendre en charge une très grande partie des activités codées au départ pour l'hémisphère endommagé, puisqu'il a de toute manière participé étroitement à l'exécution de ces activités. Votre hémisphère droit contrôle rarement le côté droit de votre corps, mais il peut apprendre à le faire (sauf pour la parole). Une telle chose est possible parce que les deux hémisphères sont reliés l'un à l'autre par un large faisceau de fibres nerveuses appelé le **corps calleux**.

Si vous vous blessez à la main gauche, le signal de douleur est d'abord enregistré par l'hémisphère droit; puis l'hémisphère gauche en prend immédiatement connaissance par l'intermédiaire du corps calleux. Si votre hémisphère gauche ordonne à votre jambe gauche de bouger, l'information traverse alors le corps calleux et atteint l'hémisphère droit, qui transmet le message à la jambe gauche et annonce à l'hémisphère gauche que la mission a été accomplie, toujours par l'intermédiaire du corps calleux.

Le corps calleux permet donc aux deux parties de votre cerveau de coordonner leurs activités et, grâce à lui, l'hémisphère dominant contrôle le corps entier. Si quelqu'un découvrait un moyen de détruire votre corps calleux, vos hémisphères devraient trouver un autre mode de communication et, pendant un certain temps du moins, il vous serait difficile d'accomplir des gestes aussi simples que le fait de marcher ou de frapper dans vos mains.

LE CERVEAU DIVISÉ

Les psychologues Roger Sperry et R.E. Meyers ont découvert les premières données importantes sur ce qui se passe lorsque le corps calleux est détruit en effectuant une série d'expériences sur des chats à **cerveau divisé**. Ils ont tout d'abord tranché en deux le corps calleux du cerveau d'un chat vivant, de sorte qu'il ne s'établissait plus aucune communication entre les deux hémisphères du cerveau de l'animal. Cette opération permettait à chacun des hémisphères d'agir indépendamment de l'autre. Puis, les scientifiques ont effectué une opération d'un type assez spécial sur les nerfs optiques du chat. Quoique vous ne puissiez en être conscient, les stimuli captés par votre oeil gauche parviennent aux deux hémisphères de votre cerveau, et il en est de même pour les informations reçues par l'oeil droit. La vue fonctionne de la même manière chez les chats; mais, après l'opération effectuée par Sperry et Meyers, les informations provenant de l'oeil gauche n'étaient transmises qu'à l'hémisphère gauche du chat, tandis que celles reçues par l'oeil droit ne se rendaient plus qu'à l'hémisphère droit.

Après l'opération, l'animal a éprouvé un peu de difficulté à coordonner ses mouvements, puisque la partie gauche du corps ne «voulait» pas toujours suivre ce que faisait la partie droite. Par la suite, le chat a vaincu la difficulté. Ou les deux côtés du cerveau de l'animal collaboraient, ou ils se relayaient pour contrôler chacun sont tour l'organisme au complet.

Une fois que le chat eut appris à se mouvoir quasi normalement, Sperry et Meyers lui ont enseigné à résoudre une série de problèmes visuels. Dans certaines expériences, le chat pouvait se servir de ses deux yeux; dans d'autres, soit l'oeil droit, soit le gauche était bandé. Les résultats de ces premières expériences ont été étonnants.

Si vous enseignez à un chat normal à s'approcher d'un carré noir pour recevoir de la nourriture alors qu'il a les deux yeux ouverts, et que par la suite vous lui bandez un oeil, pensez-vous que le chat pourra encore exécuter le même mouvement? (Pouvez-vous, même avec un oeil bandé, reconnaître un de vos bons amis?) En fait, un chat normal et un chat dont on a sectionné le corps calleux peuvent tous deux, aussi bien l'un que l'autre, reproduire cet acte. S'ils ont appris en voyant des deux yeux, ils peuvent reproduire ce qu'ils ont appris même si l'un de leurs yeux est, par la suite, bandé.

Mais que se passerait-il si vous appreniez à un chat à s'approcher d'un carré noir lorsqu'il a l'oeil droit bandé, et que vous *testiez* la mémoire de l'animal en laissant l'oeil droit ouvert et le gauche (l'oeil entraîné) bandé? Un chat normal peut reproduire le comportement très facilement, puisque durant l'apprentissage, l'information au sujet du carré noir est emmagasinée dans les deux hémisphères. Par conséquent, on peut utiliser n'importe quel oeil pour l'apprentissage ou pour le test mnémonique, et cela n'a pas d'importance.

Or, le chat à cerveau divisé fonctionne d'une manière totalement différente. Lorsque Sperry et Meyers ont entraîné le chat avec l'oeil gauche découvert, puis ont bandé cet oeil pour tester l'animal avec son oeil droit, donc avec celui qui n'avait pas appris, ils ont découvert que le chat n'avait pas la moindre idée de ce qu'il devait faire. Il semble que les renseignements n'aient été emmagasinés que dans l'hémisphère gauche, celui qui avait appris, et qui ne pouvait plus communiquer directement avec l'hémisphère droit. Par conséquent, lorsque l'oeil droit était soumis à l'épreuve, l'hémisphère droit ignorait totalement ce qu'avait appris l'hémisphère gauche. La «mémoire» ne se transmettait tout simplement pas d'un hémisphère à l'autre, comme elle l'aurait fait chez un chat possédant un corps calleux normal.

Lorsqu'ils ont fait la synthèse de leurs recherches approfondies sur le cerveau divisé ches les animaux, Sperry et Meyers ont conclu que lorsque le corps calleux était sectionné, l'animal semblait posséder deux *esprits indépendants*, qui apprenaient et agissaient de façon totalement distincte.

Le cerveau divisé chez l'homme

Si, pour quelque terrible raison, votre propre corps calleux était sectionné ou abîmé, vous retrouveriez-vous avec «deux esprits indépendants»? Il semble que oui. Mais avant de discuter de ce à quoi ressembleraient vos deux esprits, examinons quelques malheureux cas où il a fallu sectionner le corps calleux chez des personnes souffrant d'**épilepsie**, afin de leur sauver la vie.

L'**électroencéphalogramme**, ou EEG, est un appareil qui permet de suivre en continu l'activité électrique dans diverses parties du cerveau. Un petit détecteur est fixé sur le cuir chevelu de la personne, et permet de lire assez exactement l'activité électrique du cerveau dans la région située sous le détecteur. Chez une personne dont le cerveau est endommagé, la région atteinte produit habituellement une lecture anormale de l'EEG.

L'épilepsie est un état du cerveau qui provoque périodiquement des crises ou attaques, et des convulsions de tous les muscles. Les lectures des EEG ont démontré que l'épilepsie était le résultat d'un dommage au cerveau souvent infligé à un seul hémisphère. Un peu avant que ne surviennent la crise ou les convulsions, les cellules de la zone endommagée envoient des impulsions anormales. Ces impulsions sont transmises par le corps calleux et excitent les cellules nerveuses qui leur correspondent exactement dans l'hémisphère opposé, au **foyer du miroir**. Les neurones situés au foyer du miroir renvoient immédiatement des impulsions à la région malade du premier hémisphère. Comme, de toute manière, les tissus endommagés sont déjà sur le sentier de la guerre, ces «messages rétroactifs» les excitent plus qu'ils ne le feraient dans des conditions normales. Les cellules endommagées renvoient des impulsions encore plus fortes au foyer du miroir de l'autre hémisphère, qui renverra les signaux immédiatement, et ainsi de suite jusqu'à ce que le cerveau entier soit en révolution et que les convulsions surviennent.

En ce sens, le cerveau d'un épileptique agit de la même façon que les garçons du roman de Golding, *Sa majesté des mouches*, lorsqu'ils dansent autour du feu, se stimulant psychologiquement jusqu'à se trouver dans un état tel qu'ils puissent attaquer et tuer un des leurs. Lorsque le premier garçon commence à danser et à dire les mots provocateurs, son comportement excite un deuxième garçon qui, alors, l'imite. Lorsque le deuxième garçon commence lui aussi l'incantation, son comportement encourage le premier à crier un peu plus fort et à devenir un peu plus pervers. À la longue, cette rétroaction de messages émotionnels d'un garçon à l'autre atteint un point critique, et l'attaque meurtrière s'ensuit.

La crise épileptique se produit généralement à cause des messages rétroactifs que chaque hémisphère renvoie à l'autre. Et, dans quelques cas extrêmes d'épilepsie, parce que tous les messages rétroactifs anormaux sont transmis par l'intermédiaire du corps calleux, des chirurgiens ont décidé de sectionner ce dernier chez des personnes pour lesquelles aucun autre traitement n'était plus possible. En coupant le corps calleux, ils empêchaient les cellules saines situées au foyer du miroir de transmettre de plus forts signaux aux cellules endommagées. D'autre part, si l'opération réduit la fréquence et la force des attaques, le fait de sectionner le corps calleux a des effets néfastes. L'hémisphère où réside le centre de la parole perd le contrôle de l'autre hémisphère, qui peut alors commencer à agir comme s'il devenait un

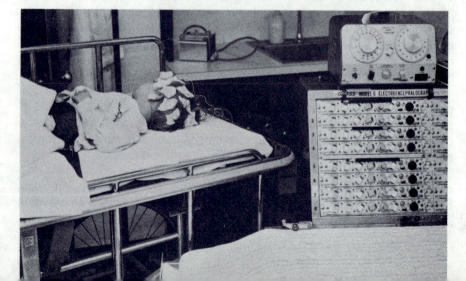

Cet enfant est relié à un électroencéphalogramme, ou appareil EEG. Les détecteurs fixés sur la tête enregistrent l'activité électrique du cerveau.

cerveau indépendant. Certains patients ont affirmé que leur main et leur jambe gauches n'effectuaient pas toujours les mouvements souhaités. Dans quelques cas, l'hémisphère gauche (centre de la parole) devait faire parler la personne à voix haute pour parvenir à transmettre ses ordres à l'hémisphère droit. Mais si l'hémisphère droit n'était pas d'accord, il ne pouvait pas le dire: il ne pouvait qu'agir pour manifester son refus. Ce genre d'action peut conduire à des situations bizarres, embarrassantes et parfois même dangereuses pour les personnes dont le cerveau a été divisé; c'est pourquoi l'opération n'est qu'un ultime recours.

Deux cerveaux pour un seul organisme

En travaillant étroitement avec des patients à cerveau divisé, les psychologues en ont appris énormément sur les différences entre les deux moitiés du cerveau. Auparavant, l'hémisphère droit était habituellement appelé hémisphère *secondaire* (pour les droitiers), parce qu'il n'était pas le siège de la parole, et parce que l'hémisphère gauche semblait le dominer ou le contrôler. Cependant plusieurs recherches récentes permettent de croire que, si l'hémisphère droit est silencieux, il n'en est pas pour autant inférieur ou secondaire. La moitié parlante du cerveau semble être la plus logique des deux, celle qui se charge avant tout de faire fonctionner l'organisme de façon ordonnée et coordonnée. L'hémisphère droit, muet, a d'autres attributs très importants. Il comprend le langage, même s'il ne peut pas parler. Il agit suivant des images, plus que selon la logique, et peut être le siège de la pensée artistique et créatrice. Il semble aussi «surveiller» ce que fait l'hémisphère gauche, ou emmagasiner de l'information à ce sujet; et il semble qu'il puisse renvoyer cette information à l'hémisphère abritant le centre de la parole.

L'ÉVOLUTION SOCIALE

Lorsque les garçons dont parle *Sa majesté des mouches* se sont transformés en sauvages, ce n'était pas à cause d'un mauvais fonctionnement de leur cerveau ou de leur système nerveux. Golding veut nous démontrer que leur comportement est devenu incontrôlable parce qu'ils n'avaient plus leurs parents, leurs professeurs, ou les lois de la société pour les guider. Il est vrai que la merveilleuse complexité du cerveau humain est responsable de la coordination et du contrôle de notre comportement. Mais, comme nous le notions au début de ce chapitre, à la fois l'inné (le cerveau) et l'acquis (ce que le cerveau apprend) jouent un rôle dans la plupart des aspects du comportement de l'homme. Et la plus grande part de ce que nous apprenons est issue de plusieurs générations d'évolution sociale.

Cela peut paraître incroyable lorsqu'on connaît toute la complexité du cerveau, mais la vie a probablement fait son apparition sur terre sous la forme d'une cellule unique. Après quelque temps, il est probable que ces organismes unicellulaires simples ont appris à se regrouper et à coopérer entre eux. Par la suite, ces groupes de cellules ont évolué pour devenir des organismes pluricellulaires semblables à la méduse.

Des cellules qui se sont «regroupées» ont une marge de survie beaucoup plus grande. Elles peuvent se protéger l'une l'autre, s'entraider pour obtenir de la nourriture, et se défendre entre elles contre des ennemis affamés. Mais pour coopérer ainsi (et, par conséquent, pour survivre) les cellules ont dû trouver des manières de communiquer entre elles. C'est de ce besoin, nous le présumons, qu'est né le système nerveux. La raison d'être du système nerveux est de faire passer des messages entre les cellules, dans un mouvement de va-et-vient. Certains de ces messages représentent de l'information provenant de l'environnement extérieur, de telle sorte que l'organisme puisse se nourrir ou se réfugier, selon le cas. Mais d'autres messages sont liés au *contrôle interne*. Les différentes parties de votre organisme communiquent entre elles, en partie par l'intermédiaire de votre système nerveux. Lorsque votre estomac est vide et que l'heure du dîner approche, votre estomac envoie des signaux à votre cerveau qui, lui, brise votre processus de pensée et vous encourage à rêver aux hamburgers et aux pizzas au lieu d'étudier la psychologie. Mais si vous êtes au milieu d'un examen très important, votre cerveau peut répondre à votre estomac de se tenir tranquille pour un petit moment. Si les parties de votre corps ne pouvaient pas communiquer entre elles, ce type de *contrôle réciproque* serait impossible, et vous auriez bien de la difficulté à «rester assemblé».

D'après les données scientifiques que nous possédons actuellement, nous pouvons affirmer que l'homme a fait son apparition sur terre il y a plusieurs millions d'années. Nous avons une vague idée de ce à quoi ressemblaient les premiers hommes, parce que nous avons découvert leurs ossements. Mais nous n'avons aucune réelle possibilité de savoir comment ils se *comportaient*, parce qu'ils en sont venus à inventer le langage écrit il y a 10 000 ans seulement. Nous pouvons toutefois poser des hypothèses assez vraisemblables sur la manière dont le langage, les us et coutumes et les comportements sociaux ont évolué au cours des âges.

Les premiers hommes étaient en principe des chasseurs; au début, ils devaient probablement attraper et tuer leurs proies avec leurs mains et leurs dents, comme le font aujourd'hui les lions et les tigres. Plus tard ils ont appris, semble-t-il, à se servir d'outils primitifs: couteaux et épieux en pierre, massues en bois. Ils ont commencé à se vêtir de peaux d'animaux pour se tenir au chaud, et à faire du feu pour cuire leur nourriture et tenir les animaux dangereux à l'écart. Ces découvertes leur ont sans doute permis de tuer des animaux de plus en plus gros, y compris d'autres hommes.

À un certain moment de cette époque reculée, les hommes se sont rendu compte eux aussi que vivre ensemble en familles, tribus ou groupes de chasseurs leur procurerait bien des avantages, les mêmes que ceux dont les premières cellules avaient bénéficié en se «regroupant». La nuit, un membre du groupe pouvait monter la garde pendant que les autres dormaient. Si le danger survenait, le veilleur pouvait donner l'alarme et réveiller les dormeurs.

En outre, dans un groupe, les enfants avaient plus de chances d'atteindre l'âge adulte. Un poulain peut courir derrière sa mère une heure ou deux après la naissance. Mais l'enfant de l'homme ne peut même pas ramper avant plusieurs mois. Et quelqu'un doit en prendre soin pendant plusieurs années avant qu'il ne puisse se défendre lui-même.

Nous supposons que l'*évolution sociale* a suivi une voie semblable à l'évolution physique des diverses parties et organes de l'organisme. Vos mains, vos jambes, vos dents et votre cerveau protègent votre estomac et vont lui chercher de la nourriture; votre estomac digère ces aliments et, par ce moyen, garde vos mains, vos jambes, vos dents et votre cerveau en vie. Au sein des premiers groupes sociaux, il est probable que les plus jeunes hommes et femmes chassaient et luttaient, alors que les membres les plus âgés de la famille ou de la tribu cuisaient les aliments, prenaient soin des enfants et ramassaient les fruits et les baies.

L'évolution du langage

Votre organisme survit parce que les messages transmis par votre système nerveux permettent à une partie de votre corps d'avoir une influence sur ce que font les autres parties. Plus ces «messages internes» sont précis, mieux vous vous en tirez. Donc, plus votre système nerveux est complexe, meilleures sont vos chances de vivre jusqu'à un âge avancé.

Pour qu'un groupe survive, ses membres doivent avoir un moyen de communiquer entre eux, une façon de guider et d'influencer les activités des uns et des autres. Le mâle dominant ou chef d'une bande de babouins contrôle tous les membres de son groupe en communiquant avec eux. Il les excite en leur signalant un danger ou en leur montrant où se trouve la nourriture. Il les calme en leur faisant savoir que le danger est passé. Il ramène les retardataires dans la bande lorsque celle-ci se déplace, et défend sa position contre les jeunes mâles qui, occasionnellement, le provoquent. Quelques grognements, quelques grimaces et des mouvements de bras sont tous les signaux dont a besoin le chef des babouins pour garder, sans difficulté, le contrôle de sa bande.

(Votre cerveau est le «chef» de votre organisme. À l'aide de quelques signaux, il peut accélérer les battements de votre coeur lorsqu'un danger est imminent, et en ralentir l'activité lorsque la menace s'éloigne. Mais votre cerveau ne pourrait pas exercer un tel contrôle s'il n'était pas au courant de ce que font les autres organes du corps. Alors, toutes les parties de l'organisme lui envoient des messages, lui laissant savoir comment elles fonctionnent et comment elles répondent à ses signaux de commande.)

Plusieurs animaux communiquent entre eux de façon très simple. Les oiseaux ont des signaux de danger et des appels d'amour. Les abeilles

TABLEAU 2-1

Les appels des rhésus[1]

SON	DESCRIPTION	SIGNIFICATION
Rugissement	Cri long, assez fort	Émis par un rhésus très sûr de lui, destiné à menacer un animal d'un rang inférieur
Halètement menaçant	Semblable au rugissement, mais entrecoupé en «syllabes»	Émis par un rhésus moins confiant qui cherche un soutien, un appui en attaquant
Aboiement	Comme l'aboiement du chien	Fait par un rhésus combatif qui n'est pas assez agressif pour se lancer dans la bataille
Grognement	Comme l'aboiement, mais plus doux, plus aigu et brisé en unités plus courtes	Poussé par un rhésus légèrement alarmé
Aboiement strident	Aucune description	Appel d'alarme, probablement contre les prédateurs sauvages
Cri perçant	Changement brusque de tonalité (haute, puis basse)	Poussé lorsque le rhésus menace un animal d'un rang plus élevé, lorsqu'il est en état d'excitation et légèrement alarmé
Cri perçant syncopé	Cri perçant découpé en syllabes	Poussé lorsque le rhésus est menacé par un autre animal
Cri de douleur	Plus court que le cri perçant et sans modulation	Poussé par le rhésus qui perd une bataille, au moment où il est mordu
Gémissement	Cris courts, très haut perchés	Émis par l'animal défait et exténué à la fin du combat

1. Adapté de la figure 2, dans Rowell, T.E. «Agonistic noises of the Rhésus monkey (Macaca mulatta)», *Symp. Zool. Soc. Lond.,* n° 8 (1962) : 91-96, avec la permission de la Zoological Society of London.

exécutent une danse qui pourrait être une forme de signal pour indiquer aux autres abeilles où trouver le pollen. Quelques bandes de singes ont plus de 20 «signaux sonores» à signification précise. Ils utilisent un cri d'avertissement pour signaler un danger venant des airs, par exemple un oiseau de proie. Ils poussent une autre sorte de cris pour prévenir d'un danger venant du sol, par exemple un serpent. Tous ces signaux aident les animaux dans leur constante lutte pour la survie.

Pour la plupart, ces sons qu'émettent les animaux servent de stimuli qui déclenchent des réponses innées déterminées. Les cris et grognements instinctifs sont situés dans l'«*ici et maintenant*». Les animaux sauvages semblent n'avoir aucun moyen de communiquer entre eux au sujet du passé et de l'avenir. Seuls les êtres humains ont franchi cet échelon: notre langage nous permet de décrire des événements passés avec force détails, et de prévoir pour l'avenir en étudiant avec circonspection les étapes à franchir. Le langage nous apporte une compréhension historique de l'existence, car il nous est possible de connaître ou d'expérimenter mentalement des événements qui se sont produits il y a des centaines d'années si quelqu'un nous les décrit assez clairement. Le langage nous permet également un certain *contrôle du futur*, car en parlant entre nous (ou en se parlant à nous-mêmes), nous sommes souvent en mesure de prédire ce qui *pourra* arriver si nous posons tel ou tel geste la semaine ou l'année prochaine. La plupart des scientifiques s'accordent à dire que c'est notre capacité de communiquer par le langage parlé ou écrit qui, en fin de compte, nous différencie complètement des autres animaux.

Une fois la possibilité de parler acquise, notre taux de survie a augmenté en flèche. Le langage nous donne en effet la possibilité de transmettre nos connaissances d'une génération à l'autre. Les bandes de babouins, aujourd'hui, ne sont probablement guère différentes de ce qu'elles étaient il y a plusieurs centaines d'années; par contre, la société humaine a terriblement évolué pendant la même période de temps. Il y a 500 ans, l'espérance de vie de l'être humain ne dépassait pas 30 ans. Maintenant, la majorité d'entre nous peut espérer vivre plus de 70 ans. Nous sommes plus grands, plus forts et mieux éduqués que jamais, avant tout parce que nous avons appris comment emmagasiner une information et l'utiliser plus tard, lorsque le besoin s'en fait sentir.

Chez la plupart des espèces animales (y compris les singes et les babouins), les cris et les grognements sont contrôlés par des tissus nerveux profondément enfouis dans le cerveau. Chez les êtres humains, la parole est contrôlée par certaines régions spécialisées du cortex. Les enfants qui naissent sans cortex ne pourront jamais vraiment parler. Les adultes qui perdent le fonctionnement des centres corticaux de la parole ne peuvent plus ni comprendre, ni utiliser un langage comme vous le faites. Très concrètement, donc, c'est la complexité de notre cortex qui nous a permis de trouver des manières de communiquer aussi élaborées et, par conséquent, d'édifier la civilisation incroyablement complexe dans laquelle nous vivons actuellement.

L'AGRESSIVITÉ

Pendant les millions d'années du développement de l'homme, alors que notre cerveau devenait de plus en plus gros et que notre cortex devenait de plus en plus complexe, l'agressivité semble avoir joué un rôle essentiel dans notre vie. Les premiers chasseurs humains devaient sûrement être violents et parfois brutaux dans leur lutte pour la survie. Ils devaient tuer les animaux et même d'autres êtres humains qui rivalisaient pour la même nourriture, la même femelle ou le même territoire. Comme l'agressivité était nécessaire à la survie des premiers hommes, quelques théoriciens estiment aujourd'hui que la violence est une partie instinctive ou inhérente de la nature humaine.

Vous n'avez pas besoin de gifler quelqu'un ou de lui piétiner les orteils pour savoir que de tels actes provoquent souvent une réponse tout aussi agressive, parfois même violente. Cette extériorisation de la violence en réponse à une information de violence est ce que Golding qualifie d'«inné»

Lorsque les animaux reçoivent un choc douloureux, ils peuvent devenir agressifs. Après avoir reçu un choc, ce raton laveur et ce rat répondent de manière agressive en s'attaquant l'un l'autre.

dans *Sa majesté des mouches*. Chez les animaux, l'agressivité conduit souvent à une contre-attaque. Le psychologue Nathan Azrin et ses collègues ont démontré comment il est facile de libérer l'agressivité des rats, alors même qu'ils entraînaient deux d'entre eux à devenir plus sociable. Les rats avaient été placés dans une boîte dont le fond était constitué d'une grille métallique qui pouvait émettre une décharge électrique douloureuse. Les chercheurs projetaient de récompenser les rats chaque fois qu'ils se rapprochaient l'un de l'autre en coupant le courant. Mais l'expérience n'a pas eu le succès escompté. Aussitôt que les décharges électriques recommençaient, les animaux devenaient instantanément agressifs et se battaient entre eux. Azrin et son équipe, se rendant compte qu'ils libéraient une forme innée d'agressivité, ont modifié l'objectif de leurs expériences. Au lieu de s'arrêter aux comportements sociaux, ils ont réalisé une série de brillantes études sur les réactions d'agressivité ou de **combativité**.

Azrin et ses collaborateurs en ont appris beaucoup sur l'agressivité des animaux. Ils ont découvert que plus le choc était fort, plus l'agressivité se maintenait longtemps. Plus le choc revenait fréquemment, plus les attaques des rats devenaient violentes et vicieuses. Ils ont aussi conclu que ce comportement de combativité semblait être instinctif. Même les rats élevés sans avoir eu de contacts avec leurs semblables, et donc n'ayant jamais eu la possibilité d'*apprendre* ce qu'était l'agressivité, s'attaquaient entre eux lorsqu'ils étaient enfermés dans une petite boîte sans issue dont le plancher était électrifié. Le choc était un exemple probant de mécanisme de déclenchement du comportement inné.

Les chercheurs ont aussi découvert que la frustration pouvait conduire au même type d'agressivité que le faisait la douleur. Azrin et ses associés ont enseigné à des pigeons comment donner un coup de bec sur un bouton pour avoir du grain. Après que les oiseaux eurent bien appris leur leçon, les scientifiques ont cessé de les nourrir lorsqu'ils heurtaient le bouton. Les pigeons donnaient et donnaient encore des coups de bec, mais n'obtenaient aucune nourriture. Comme, on le suppose, leur frustration augmentait, les oiseaux se sont mis à attaquer le bouton. Puis, ils en sont venus à attaquer tout ce qui se trouvait près d'eux, y compris un autre oiseau, lorsqu'il y en avait un. Cet autre oiseau, devant cette attaque, répliquait. Une telle rétroaction agressive ou combative, bien sûr, ajoutait à la douleur et à la frustration du premier oiseau, et, bientôt, une bataille en règle s'ensuivait.

Puis, Azrin et ses collègues ont étudié les façons de réduire ou de prévenir de telles explosions de violence innée, prédéterminée. Ils ont découvert que souvent, si l'animal avait la possibilité de sortir de la boîte, il s'en allait au lieu de combattre. En outre, s'ils récompensaient l'animal lorsqu'il répondait de façon non agressive, cet animal pouvait supporter la douleur et la frustration sans grand effort. Donc, même les animaux qui possèdent un instinct d'agressivité très marqué peuvent apprendre par expérience à éviter ou à prévenir des réactions violentes vis-à-vis des autres animaux.

Les guerres sont-elles inévitables?

Que dire de l'agressivité humaine? La majorité d'entre nous avons, à un moment ou à un autre, répondu à la douleur et à la frustration en attaquant une personne de notre entourage. Les études d'Azrin et la théorie de l'évolution de Darwin suggèrent-elles que la guerre, le meurtre, le viol et les combats sont «instinctifs» chez l'homme? Sommes-nous condamnés, de par la nature animale dont nous avons hérité, à continuer de nous entretuer indéfiniment? Ou notre cerveau a-t-il évolué suffisamment pour que nous nous servions de la parole pour édifier des civilisations pacifiques et productives, plutôt que belliqueuses et hostiles? En fait, il existe de nombreux exemples de peuples qui ont appris à être coopératifs et non agressifs.

En 1971, sur l'île de Mindanao, aux Philippines, on a découvert une peuplade primitive. Cette tribu, portant le nom de Tasaday, avait été presque totalement isolée du reste du monde pendant au moins 600 ans. Lorsqu'ils ont été découverts, les Tasaday vivaient comme devaient le faire nos ancêtres il y a des milliers d'années. L'une de leurs caractéristiques les plus remarquables est qu'ils sont totalement dénués d'agressivité. Leur langue n'a pas de mots pour désigner «arme», «hostilité», «colère», ou «guerre». Lorsque les enfants Tasaday deviennent agressifs, on ne tient pas compte d'eux ou on les réprimande doucement. Lorsqu'ils jouent tous ensemble et coopèrent, ils acquièrent l'approbation et l'amour des adultes autour d'eux. Les Tasaday, contrairement aux garçons de *Sa majesté des mouches*, sont un témoignage vivant du fait que la nature humaine n'est pas nécessairement agressive.

Considérant tous ces faits, pouvons-nous affirmer maintenant que l'agressivité de l'homme est apprise? Ou qu'elle est instinctive? En fait, l'inné et l'acquis entrent en jeu tous les deux à la fois, comme pour tous les agissements humains, influencés tant par les réflexes innés (l'inné, l'hérédité) que par l'expérience passée (l'acquis, l'environnement). Mais le point le plus important est celui-ci: même si nous héritons de tendances ou de réflexes agressifs, nous héritons aussi d'un cerveau qui peut apprendre d'autres façons de traiter la douleur ou la frustration. Nous observons sans arrêt les comportements des personnes de notre entourage et nous leur laissons savoir, par des rétroactions verbales ou non verbales, si oui ou non nous approuvons ce qu'elles font. Grâce à l'utilisation de la parole, nous avons édifié une civilisation qui définit des rôles sociaux et des attentes devant le comportement de l'individu. Si nous nous *attendons* à ce que les gens qui nous entourent soient violents de nature (comme Golding le fait, d'après la thèse de son roman), alors ils répondront probablement à nos attentes. Mais si nous utilisons nos capacités de parler et de porter des jugements pour apprendre aux autres que les solutions non violentes aux problèmes de l'homme sont préférables, alors nous préparons la voie à un comportement globalement moins hostile et moins combatif chez notre génération et celles qui la suivront. Lorsqu'on se rend compte que la civilisation ne tient qu'à des «programmes neurogènes» situés dans le cortex, et qu'il est possible de modifier ces programmes, on peut faire appel simultanément à l'inné et à l'acquis pour aider à construire une société dont les chances de survie sont meilleures que celles des sociétés précédentes.

Toutes les autres espèces animales ont évolué aveuglément, répondant au hasard des changements de leur environnement. Utilisant le don de parole et la complexité de leur cerveau, les hommes ont commencé à prendre en charge leur propre évolution. Nous ne devrions jamais avoir honte de notre hérédité animale, mais au contraire, mettre toute notre fierté à savoir que nous avons suffisamment de possibilités, avec notre cerveau, pour remodeler cet héritage dans le futur.

RÉSUMÉ

1. L'**agressivité** humaine est-elle une tendance innée ou suit-elle un mode de comportement dû à un apprentissage? Ce problème, qui peut se poser au sujet de nombreux aspects du comportement de l'homme, porte généralement le nom de **controverse de l'inné et de l'acquis** ou **controverse hérédité-environnement**. Dans ce chapitre, nous examinons la contribution qu'apporte l'inné (système nerveux et cerveau) à notre comportement.

2. La **théorie de l'évolution** de Darwin aide à comprendre comment les forces de la nature peuvent avoir travaillé pour nous doter d'un corps, d'un cerveau et de certains modes de comportement. En résumé, la théorie de l'évolution dit ceci: les plantes et les animaux ayant acquis certaines caractéristiques qui les aident à mieux survivre dans un environnement particulier ne seront pas uniquement plus aptes à survivre, mais seront en mesure de léguer ces caractéristiques à leur progéniture, ce qui se traduira à la longue par l'apparition d'une nouvelle espèce.

3. Les modes de comportement de tous les systèmes vivants sont déterminés par les informations reçues, leur traitement interne et les réponses ou informations de sortie. Les **réflexes** sont parmi les comportements les plus élémentaires. Ce sont le plus souvent des réponses non apprises et automatiques aux changements dans l'environnement. En d'autres mots, les réflexes sont des processus internes qui relient des stimuli précis à des réponses précises.

4. Les **instincts** sont des modes de comportement extrêmement complexes dans lesquels les buts du comportement semblent avoir été hérités, mais les manières d'atteindre ces buts peuvent varier. Cela dépendra de l'environnement de l'animal, de ses expériences passées et de la taille de son cerveau.

5. L'**empreinte**, phénomène tout d'abord démontré chez les oies, est un autre exemple de la façon dont les modes innés de comportement et d'apprentissage travaillent ensemble pour élaborer des comportements utiles chez certaines espèces. Les **mécanismes de déclenchement du comportements inné** sont les stimuli qui suscitent ou déclenchent les modes de comportement instinctifs.

6. *Le système nerveux produit un comportement en transmettant les informations d'entrée au cerveau et les informations de sortie au reste de l'organisme. Le* **neurone***, ou cellule nerveuse, est l'unité de base du système nerveux. Chaque neurone a trois parties principales:* **les dendrites, le corps de la cellule, et l'axone.** *Les messages se propagent dans une seule direction, des dendrites vers l'axone.*

7. *Plus le système nerveux d'un animal est complexe, plus ses programmes internes le sont, et plus son comportement peut l'être également. Les systèmes vivants rudimentaires, comme la méduse, ont des réseaux de nerfs. Les animaux plus complexes, comme la planaire, ont une masse centrale de cellules nerveuses (le cerveau) avec lequel ils peuvent traiter et évaluer les informations d'entrée. Le cerveau humain a plus de 10 milliards de cellules nerveuses.*

8. *Les structures principales de l'encéphale sont le* **tronc cérébral***, le* **cervelet***, le* **cerveau** *et le* **cortex***; c'est ce dernier qui est le siège des fonctions intellectuelles. Le cerveau se divise en deux moitiés presques identiques et chaque moitié, ou* **hémisphère***, contrôle le côté opposé de l'organisme. Les deux moitiés du cerveau sont reliées par un faisceau de fibres nerveuses appelé* **corps calleux***.*

9. *Chez la plupart des gens, les centres de la parole du cerveau sont localisés dans l'hémisphère gauche. Nous croyons aussi que cet hémisphère gauche est associé à la pensée logique et ordonnée et à d'autres concepts comme le temps. L'hémisphère droit travaille surtout avec les images et peut être le siège de la pensée artistique et créatrice.*

10. *Le cerveau humain a subi, pendant des millions d'années, une évolution physique et sociale. Les hommes primitifs ont probablement survécu parce qu'ils avaient appris à vivre et à chasser en groupes. La nécessité de la vie de groupe a mené à l'évolution des comportements sociaux, et la coopération et la communication sont devenues des aspects importants du comportement humain.*

11. *L'agressivité que l'on retrouve chez la plupart des êtres humains peut être expliquée comme étant une caractéristique innée. Mais le fait que quelques hommes semblent vivre sans aucune agressivité nous permet de croire qu'elle est apprise plutôt qu'innée. Il est probable que l'agressivité, comme plusieurs autres caractéristiques humaines, tienne à la fois de l'inné et de l'acquis. Dans les deux cas, que l'agressivité soit innée ou apprise, tous les hommes ont un cerveau capable d'apprendre plus... et d'apprendre à contrôler l'agressivité.*

guide d'étude

A. RÉVISION

Compléter les phrases suivantes:

1. Si les tendances à un comportement de violence ne sont pas attribuables à l'hérédité, elles sont attribuables à _____ .

2. La controverse au sujet des caractéristiques de la nature humaine, à savoir si elles sont ou non apprises ou héréditaires, est le plus souvent appelée controverse de _____ et de _____ .

3. Darwin suggère que ce sont les caractéristiques aidant les plantes ou les animaux à _____ qui seront transmises aux générations futures.

4. Même s'il l'avait écrit plusieurs années auparavant, Darwin n'a pas publié son livre *L'Origine des espèces* avant _____ .

5. Les organismes vivants possèdent différents types de _____ qui leur permettent de répondre de façon adéquate à diverses sortes de stimuli.

6. À la base de la théorie de l'évolution de Darwin se trouve la notion de _____ , que l'on appelle souvent la «survie du plus apte».

7. Les _____ sont des modes de comportement simples et automatiques, dans lesquels un stimuli donné est toujours suivi d'une réponse déterminée.

8. Le terme _____ peut être utilisé pour les comportements relativement compliqués où le but semble héréditaire, mais où la façon de l'atteindre ne l'est pas.

9. L' _____ est l'étude scientifique des particularités et des comportements des animaux.

10. Le processus d' _____ est démontré par la découverte de Lorenz sur le comportement des jeunes oies, qui suivent instinctivement le premier objet en mouvement qu'elles aperçoivent après l'éclosion.

11. Les stimuli qui suscitent ou déclenchent des modes de comportement instinctifs sont appelés _____ _____ par les éthologistes.

12. La cellule nerveuse, ou _____ , a comme fonction principale de transmettre les impulsions d'une partie du corps à une autre.

13. À l'intérieur de la cellule nerveuse, les messages sont transmis des _____ au _____ de la _____ , puis à l' _____ .

14. La méduse ne possède pas un cerveau à proprement parler, mais plutôt un système de cellules nerveuses reliées entre elles selon un modèle appelé _____ .

15. Les neurones, dans le cerveau simplifié de la planaire, sont au nombre de _____ alors que le cerveau humain en comprend _____ .

16. À la base du cerveau, ou en haut de la moelle épinière, se situe le _____ , qui influence la circulation, la respiration et d'autres réflexes fondamentaux.

17. De façon générale, plus le _____ de l'encéphale de l'animal est gros et complexe, plus ses modes de comportement seront complexes.

18. Les muscles du côté droit du corps sont contrôlés par les centres situés du côté _____ du cerveau.

19. La moitié _____ du cerveau est le côté dominant chez environ 90% des individus.

20. Chez la majorité des gens, les centres de la parole se situent dans l'hémisphère _____ du cerveau.

21. L'information d'un côté du cerveau peut être communiquée à l'autre côté à travers le _____.

22. L'_____ est un appareil qui permet de détecter l'activité électrique de diverses parties du cerveau.

23. Lors d'une crise d'épilepsie, les cellules endommagées d'un hémisphère excitent fortement les cellules situées au _____ du _____ dans l'hémisphère opposé.

24. Le processus par lequel une partie de votre corps se sert du système nerveux pour communiquer avec les autres parties du corps se nomme contrôle _____.

25. Contrairement aux animaux sauvages, les hommes ont développé un langage qui leur permet non seulement de communiquer dans l'ici et maintenant, mais aussi de saisir les notions de _____ et d'_____.

26. Chez les êtres humains, la parole est contrôlée par les régions spécialisées du _____.

27. Lors des expériences d'Azrin au sujet des comportements agressifs ou combatifs, on a pu déterminer que les chocs électriques agissaient en tant que _____ de _____ _____.

28. Azrin et ses collègues ont découvert que l'on peut manipuler le comportement agressif en variant la quantité de _____ ou de _____.

29. La tribu des _____ dans les Philippines semble être composée d'êtres humains totalement dépourvus de toute manifestation d'agressivité.

B. VÉRIFICATION DES CONNAISSANCES

Encercler la bonne réponse (A,B,C ou D):

1. Darwin a élaboré sa théorie de l'évolution:
   A. après s'être rendu compte de toute la violence et l'agressivité qu'il y avait sur terre.
   B. après avoir lu le livre d'Henry Wallace traitant de ce sujet.
   C. de façon à pouvoir expliquer les variations qu'il avait observées dans la vie végétale et animale.
   D. afin de réfuter les écrits des théoriciens de l'apprentissage social.

2. La théorie de l'évolution:
   A. peut être appliquée aux changements physiques, mais non aux variations de comportement.
   B. permet de croire que l'environnement n'a rien à voir avec la sélection naturelle.
   C. a été proposée pour la première fois dans les premières années du XXe siècle (environ 1908).
   D. a presque immédiatement fait l'objet d'une controverse.

3. Les processus internes simples qui relient des stimuli spécifiques à des réponses spécifiques sont les:
   A. réflexes.
   B. instincts.
   C. réponses imprimées.
   D. mécanismes de déclenchement du comportement inné.

4. L'élément de base du système nerveux est:
   A. le réseau nerveux.
   B. le neurone,
   C. la moelle épinière.
   D. le tronc cérébral.

5. Une cellule nerveuse:
   A. transmet de l'énergie.
   B. peut être reliée à plusieurs autres cellules nerveuses.
   C. n'est localisée que dans la moelle épinière ou le cerveau.
   D. peut faire passer l'information des dendrites à l'axone et de l'axone aux
      dendrites.

6. Les deux moitiés du cerveau sont reliées l'une à l'autre par:
   A. la symétrie bilatérale.
   B. un réseau nerveux.
   C. le corps calleux.
   D. le cortex cérébral.

7. Chez la majorité des droitiers, le comportement est contrôlé par:
   A. l'hémisphère gauche du cerveau.
   B. l'hémisphère droit du cerveau.
   C. le corps calleux.
   D. les deux hémisphères du cerveau.

8. L'hémisphère secondaire du cerveau:
   A. contrôle la parole,
   B. est habituellement l'hémisphère gauche.
   C. fonctionne par images et est probablement le siège de la pensée créatrice.
   D. ne sait pas ce que fait l'hémisphère dominant.

9. Les éthologistes nomment les stimuli qui suscitent les modes de comportement:
   A. mécanismes de déclenchement du comportement inné.
   B. stimuli instinctifs.
   C. réponses imprimées.
   D. stimuli réflexes.

10. L'organe qui agit sur la circulation, la respiration et d'autres activités réflexes
   fondamentales se nomme _____:
   A. corps calleux.
   B. tronc cérébral.
   C. moelle épinière.
   D. réseau nerveux.

L'émotivité est localisée dans l'hémisphère droit

Le cerveau de Phineas T. Gage représente une sorte d'événement marquant dans l'histoire de la médecine. En 1848, sur un chantier de construction, lors d'une explosion mal chronométrée dans une excavation, un pied-de-biche a été projetée en l'air et a traversé le côté gauche de la tête de Gage. Aussi surprenant que cela puisse paraître, l'homme blessé s'était assis et parlait quelques minutes à peine après l'accident. Le simple fait que Gage ait survécu tient du miracle. Mais le cas a également eu une importance capitale à cause des renseignements qu'il a permis d'obtenir sur le fonctionnement du cerveau. Après l'accident, en effet, Gage était devenu un tout autre homme. De tranquille et affable qu'il avait été auparavant, il était devenu fortement émotif, irrévérencieux, grossier et obstiné, selon les dires du docteur qui le soignait.

Le cas de Gage, comme d'autres incidents de dommages causés au cerveau, permet de croire que les hémisphères gauche et droit du cerveau remplissent différentes fonctions, et les chercheurs continuent encore de nos jours à découvrir des différences entre les deux. Gary Schwartz et ses collaborateurs, à l'Université Harvard, ont effectué des expériences indiquant que l'hémisphère droit pourrait avoir un rôle particulier à jouer dans le comportement émotionnel.

Une méthode relativement simple de mesurer l'activité de l'hémisphère consiste à observer les mouvements latéraux des yeux, d'un côté à l'autre. Lorsqu'on se fait poser une question, on jette souvent un coup d'oeil à gauche ou à droite avant de répondre. Regarder vers la droite refléterait une activité de l'hémisphère gauche, alors que regarder vers la gauche indiquerait que l'hémisphère droit est au travail. Les recherches ont démontré qu'un coup d'oeil vers la droite (hémisphère gauche) est généralement associé à des questions d'ordre verbal (par exemple: quelle est la différence entre les mots «reconnaître» et «se souvenir»?). Le coup d'oeil vers la gauche est, quant à lui, associé aux questions d'ordre spatial (sur la face d'une pièce de monnaie, Elizabeth II regarde-t-elle vers la droite ou vers la gauche?). Schwartz et ses collaborateurs suggèrent aujourd'hui que l'hémisphère droit joue aussi un rôle dans les processus émotionnels. Cela expliquerait pourquoi Phineas Gage est devenu si émotif après avoir perdu une partie de son hémisphère gauche.

Les chercheurs ont posé à un certain nombre de personnes différentes sortes de questions: verbales, spatiales, émotionnelles, et non émotionnelles. Les sujets, qui ne savaient pas que l'expérience avait quelque rapport avec les mouvements des yeux, ont été observés attentivement alors qu'ils répondaient à chaque question. Tous les mouvements des yeux ont été enregistrés. Comme prévu, les mouvements vers la droite étaient souvent associés aux questions de type verbal, alors que ceux vers la gauche étaient associés aux questions de type spatial. Les questions qui ne faisaient pas appel à l'émotivité étaient associées aux mouvements des yeux vers la droite et les questions d'ordre émotionnel (lorsque vous évoquez l'image de votre père, quel est le sentiment qui vous habite?) aux mouvements des yeux vers la gauche. Les résultats de ces expériences, au dire des chercheurs, viennent appuyer l'hypothèse selon laquelle l'hémisphère droit aurait un rôle à jouer dans la régulation des processus émotionnels.

C. À PROPOS DE L'ARTICLE...

1. Quels ont été les changements majeurs observés dans le comportement de Phineas Cage après son accident? _____

2. De quelle façon peut-on relier les mouvements latéraux des yeux et le fonctionnement du cerveau? _____

3. Si l'hémisphère droit du cerveau est associé aux relations de type spatial et émotionnel, à quoi peut-on associer l'hémisphère gauche? _____
_____

SUGGESTIONS DE LECTURES

Darwin, C., *Théorie de l'évolution*, Presses Universitaires de France, Paris, 1969.

Eibl-Eibesfeldt, I., *L'homme programmé*, Flammarion, Paris, 1976.

Golding, W., *Sa Majesté des mouches*, Gallimard, Paris, 1978.

Krech, D., Crutchfield, R.S., Livson, N., Krech, H., *Psychologie*, Renouveau pédagogique, Montréal, 1979.

Lorenz, K., *L'agression: une histoire naturelle du mal*, Flammarion, Paris, 1977.

Lorenz, K., *Évolution et modification du comportement, l'inné et l'acquis*, Petite bibliothèque Payot, Paris, 1979.

Moore, R. (dir. publ.), *L'évolution*, Time Life, Nederland (B.V.), 1962.

Morris, D., *Le singe nu*, Hachette, Paris, 1970.

Piaget, J., *Le comportement, moteur de l'évolution*, Gallimard, Paris, 1976.

3

sensation et perception, le sommeil et les drogues

Le cerveau contrôle une grande partie du comportement de l'homme, mais il ne peut le faire sans recevoir d'informations sur le monde qui l'entoure. Cette information est captée par les sens. Donc, pour comprendre le comportement humain, il devient nécessaire de comprendre les sens: le goût, l'odorat, le toucher, l'ouïe et la vue. L'une des façons de les étudier consiste à observer ce qui se produit lorsque des drogues ou des circonstances plus naturelles entravent les informations émises par les sens.

Après avoir étudié ce chapitre, vous pourrez:

- Donner la définition et des exemples de différents états de conscience perturbés, en incluant les effets de diverses drogues;

- Résumer les expériences faites à McGill sur l'isolement perceptif;

- Décrire le fonctionnement du système d'activation réticulaire;

- Tracer un diagramme des structures et fonctions des sens chimiques et des sens cutanés, de l'oeil et de l'oreille;

- Différencier sensation et perception;

- Dresser la liste des étapes du sommeil et discuter de l'importance du rêve et du stade MOR.

glossaire

Albinos. Du latin *albus*, blanc. Tout organisme qui naît sans pigmentation cutanée normale. L'albinos a les yeux rouges et la peau entièrement blanche.

Amphétamines. Type de stimulants. Aussi appelés psychotoniques.

Analgésiques. Du grec *analgêsia*, sans douleur. En langage technique, toute drogue réduisant la douleur sans provoquer une perte de conscience.

Auditif. Du latin *audire*, entendre. Tout ce qui est auditif se rapporte au sens de l'ouïe.

Barbituriques. Inhibiteurs nerveux tirés de l'acide barbiturique; utilisés fréquemment en tant que somnifères.

Bâtonnets. Récepteurs nerveux du blanc et du noir, dans la rétine de l'oeil.

Cécité nocturne. Incapacité de bien voir lorsque la clarté est faible, reliée d'habitude à quelque déficience des bâtonnets dans les yeux.

Coma. Du grec *kôma*, sommeil profond. État d'insensibilité profonde ou de non-conscience, souvent suite à une blessure, une maladie, une absorption de drogues ou de poisons.

Cônes. Cellules réceptrices de la couleur dans la rétine de l'oeil.

Conscience. État de la personne qui est éveillée, alerte et qui se rend compte de ce qui l'entoure.

Cornée. Du latin *cornea tunica*, tunique cornée. La partie extérieure, résistante et transparente, du globe oculaire.

Cristallin. Partie de l'oeil, juste derrière la pupille, qui fait la mise au point de l'image visuelle sur la rétine.

Daltonisme. Incapacité de voir une ou plusieurs couleurs. Quelques individus (par exemple les albinos) ne voient aucune couleur. Le type le plus courant de daltonisme est l'incapacité de discerner le rouge ou le vert.

Dilatation. Du latin *dilatatio*, de *dilatare*, élargir. S'oppose à contraction. Lorsque vous pénétrez dans une chambre sombre, les pupilles de vos yeux se dilatent pour laisser entrer plus de lumière.

Drogues psychédéliques. Drogues qui provoquent un état de conscience perturbé, ou créent un changement d'humeur souvent accompagné d'hallucinations. Le LSD est une drogue psychédélique.

Électromagnétique. Type d'énergie ou d'onde produite par les vibrations d'un courant électrique.

Endorphines. Substances sécrétées par l'organisme et qui soulagent la douleur. Découvertes dans le cerveau par des scientifiques américains et anglais. Aussi appelées «enképhalines».

État de conscience perturbé. Lorsque vous dormez, êtes inconscient, rêvez, êtes intoxiqué ou sous l'influence d'une drogue, hypnotisé ou follement euphorique, votre état de conscience est «perturbé», c'est-à-dire différent de l'état d'éveil normal.

Euphorisants. Du grec *eu*, «bien» et *pherein*, «porter». Les euphorisants sont des drogues qui vous excitent et font que vous vous sentez très bien.

Fovéa. Petit point au centre de la rétine où la vision est la plus nette pendant le jour. Elle contient plusieurs millions de cônes, mais aucun bâtonnet.

Génétique. Tout ce qui a trait aux gènes ou aux caractéristiques ou traits qui se transmettent selon un mode héréditaire.

Hallucination. Vision ou audition de choses qui n'existent pas vraiment.

Hallucinogènes. Drogues qui perturbent la capacité du cerveau de traiter les informations d'entrée.

Humeur aqueuse. Substance liquide entre l'iris et la cornée qui conserve à la partie antérieure du globe oculaire sa forme et sa taille propres.

Humeur vitrée. Du latin *humor*, liquide et *vitreus*, vitre. L'humeur vitrée est une substance claire, transparente, au centre du globe oculaire, permettant à l'oeil de conserver sa forme ronde.

Hypnose. Du grec *hupnoein*, «endormir». État de conscience perturbé, caractérisé par la suggestibilité et une profonde relaxation.

Iris. Partie colorée de l'oeil, qui se contracte ou se dilate selon qu'il fait clair ou sombre.

Isolement perceptif. État où l'on est privé de la plupart ou de la totalité des messages ou informations sensorielles d'entrée.

Maturité. État de ce qui a atteint son plein développement, soit physique, soit psychologique.

Mnémonique. Relatif à la mémoire.

Modèle. Dans la théorie de l'apprentissage social (voir chapitre 2), le modèle est une manière de montrer à quelqu'un quoi faire ou comment se comporter.

Nerf optique. Lorsque la lumière frappe un cône ou un bâtonnet, elle stimule ces récepteurs nerveux qui enverront un message au cerveau, par l'entremise du nerf optique.

Neurodépresseurs. Drogues ou produits chimiques qui inhibent, ralentissent ou abaissent l'activité nerveuse.

Neurotransmetteurs. Substances chimiques qui permettent la transmission des messages d'un neurone à l'autre.

Olfactif. Du latin *olfactus*, «odorat». Tout ce qui se rapporte au nez, ou à l'action de sentir.

Perception de la profondeur. Possibilité de voir le monde en trois dimensions.

Précipice visuel. Dispositif utilisé pour tester la perception de la profondeur chez les jeunes enfants.

Pupille. Ouverture de l'iris par laquelle la lumière pénètre dans l'oeil.

Récepteurs. Cellules nerveuses recevant des stimuli de l'environnement ou du corps même de la personne. Les cônes et les bâtonnets de l'oeil sont des récepteurs nerveux.

Réflexes. Réponses automatiques ou involontaires (voir chapitre 2).

Refouler. Rejeter ou chasser de la conscience un sentiment, une idée.

Rétine. Du latin *rete*, «filet, réseau». La rétine est un réseau de cellules étendu, couvrant la surface interne du globe oculaire. Contient les récepteurs visuels: les cônes et les bâtonnets.

Sens chimiques. Le goût et l'odorat sont appelés sens chimiques parce que les informations d'entrée qui sollicitent ces sens sont généralement des molécules chimiques.

Spectre visuel. Les couleurs de l'arc-en-ciel, qui composent la lumière visible.

Stade anal. Le deuxième des quatre stades freudiens du développement psychosexuel, où se situe l'apprentissage de la propreté.

Stade génital. Le quatrième et dernier des stades freudiens du développement psychosexuel. Se produit au moment de la puberté, alors que les jeunes adolescents atteignent leur maturité sexuelle.

Stade MOR du sommeil. Après chaque période cyclique de sommeil de 90 minutes, les yeux se déplacent rapidement pendant 8 ou 15 minutes. La majorité des rêves se déroulent pendant cette période. *MOR* signifie «mouvements oculaires rapides».

Stade oral. Le premier des quatre stades freudiens du développement psychosexuel, pendant lequel l'enfant reçoit la plupart de ses informations agréables par la bouche.

Stéréoscopique. Du grec *stéréos*, «solide» et *skopein*, «examiner, observer» (voir un objet solide et non une image, donc voir en trois dimensions). La perception de la profondeur nous procure une vision tridimensionnelle, ou stéréoscopique.

Stimulants. Drogues qui augmentent ou stimulent les activités de l'organisme, surtout au niveau du système nerveux.

Surdité de perception. Type de surdité qui survient lorsque les neurones de l'oreille interne ou ceux du nerf auditif reliant l'oreille au cerveau sont abîmés ou détruits.

Surdité de transmission. Type de surdité qui se produit lorsque les trois osselets de l'oreille moyenne ne fonctionnent plus comme ils le devraient.

Système d'activation réticulaire. Aussi appelé SAR. Partie du système cérébral qui «alerte» votre cortex lorsqu'un signal important est transmis par les récepteurs sensoriels. Garde votre cortex en état d'éveil et de vigilance.

Tranquillisants. Drogues qui diminuent ou réduisent les activités de l'organisme, ou qui diminuent les sensations de stress.

Ulcère. Toute plaie ouverte est appelée ulcère. Les ulcères de l'estomac peuvent être causés par le stress, qui provoque une sécrétion d'un surplus d'acide dans l'estomac.

INTRODUCTION:
Dr JEKYLL ET Mr HYDE

Le docteur s'approche d'un tiroir et en sort plusieurs fioles étranges, contenant des produits chimiques, en liquide ou en poudre. Il mesure une certaine quantité d'un liquide rouge et y ajoute l'une des poudres. Le liquide, de rouge qu'il était, se met à briller à mesure que la poudre s'y dissout. La potion commence à bouillonner bruyamment; des vapeurs colorées s'en échappent. Soudain, bouillonnement et vapeurs s'arrêtent; la couleur du mélange vire au pourpre sombre, pour s'atténuer et devenir vert eau.

Le docteur approche le verre de ses lèvres et boit la potion d'un trait. Un cri retentit; il trébuche, chancelle, saisit la table, s'y accroche, roule des yeux hagards, haletant, bouche ouverte. Alors survient une transmutation bizarre. Le respectable Dr Henry Jekyll se transforme en un Edward Hyde, mauvais et détesté.

L'étrange cas du Dr Jekyll et de Mr Hyde, fameuse nouvelle de Robert Louis Stevenson, raconte l'histoire d'un homme utilisant une drogue secrète pour changer son comportement. Le Dr Jekyll, médecin réputé de Londres, est reconnu pour son dur labeur et ses bonnes actions. Après qu'il ait ingurgité la drogue, ses pensées et ses modes de comportement sont bouleversés pour une courte période de temps, période pendant laquelle il change son nom pour celui de Mr Hyde. Hyde est un homme méchant, repoussant, n'ayant aucun respect d'autrui. Un jour, sans aucune raison apparente, il bat à mort un pauvre vieillard sans défense. Cet acte mène finalement à la chute et à la mort de Hyde (et de Jekyll).

LES ÉTATS DE CONSCIENCE PERTURBÉS

Le changement radical de la personnalité du Dr Jekyll qui s'est produit lorsqu'il a avalé la drogue peut être appelé un **état de conscience perturbé.** En d'autres mots, la drogue a perturbé ou changé la compréhension consciente qu'avait le docteur en temps normal de lui-même et du monde qui l'entourait. Lorsque quelqu'un fait une expérience du monde dans un état autre que l'état d'éveil normal, cette personne est dite dans un état de conscience perturbé.

Une des manières les plus connues de perturber la conscience est la consommation de drogues; mais bien avant que les humains n'apprennent à absorber de l'alcool et d'autres drogues, ils parvenaient à un état second par diverses expériences du monde qui n'avaient rien à voir avec les drogues. Plusieurs cérémonies religieuses, par exemple, contiennent des rituels qui peuvent effectivement provoquer des états de conscience perturbés. Les danses et les chants prolongés font partie des coutumes religieuses de quelques tribus primitives et de quelques Églises modernes. Si la danse et le chant sont exécutés d'une certaine manière, ils peuvent parfois provoquer des états seconds (des «highs») similaires à ceux produits par l'alcool, la marijuana ou le LSD.

Le chant et la danse ne représentent que deux des nombreuses façons de perturber la conscience. Dans *The Book of Highs* (Quadrangle, 1973), Edward Rosenfeld mentionne 250 façons de perturber la conscience sans avoir recours aux drogues. On y retrouve des expériences telles que la méditation, de longs séjours dans le désert, l'auto-hypnose, tourner sur soi-même, le silence volontaire, la douleur, flotter sur l'eau, la relation sexuelle prolongée, sauter en l'air à plusieurs reprises à partir de la position accroupie, les massages, le yoga, fixer un métronome, détruire une voiture. Ces méthodes et toutes les autres de la liste ont une chose en commun: *elles perturbent toutes la conscience en modifiant radicalement les stimuli parvenant aux sens.* C'est-à-dire qu'elles surchargent ou privent un ou plusieurs des sens de l'organisme. Chanter une litanie en est un exemple: le fait de se concentrer sur une litanie et de la répéter encore et encore provoque une convergence de l'attention et de la conscience sur la litanie et un rejet de la plupart des autres stimuli sensoriels (d'ordre visuel, sonore, olfactif, etc...). De ce fait, chanter une litanie produit une sorte **d'isolement perceptif**; on a découvert que cet isolement conduit à des états de conscience perturbés.

L'isolement perceptif

Quelques-unes des premières expériences sur les états de conscience perturbés ont été effectuées à l'université McGill, à Montréal, au cours des années 1950 par les psychologues W. Heron, W. H. Bexton, T.H. Scott et B. K. Doane. En vue d'étudier les effets de l'isolement sur les êtres humains, les psychologues payaient des étudiants volontaires 20 $ par jour pour passer le plus grand nombre de jours possible seuls dans une chambre à isolement perceptif spécialement conçue. Tout ce que les étudiants avaient à faire pour gagner de l'argent était de rester dans cette petite pièce expérimentale. Même la nourriture et le boire étaient fournis.

L'expérience ne faisait pas qu'isoler les étudiants du reste des gens: elle

Fig. 3.1
Voici une chambre
à isolement
perceptif
ressemblant à celle
utilisée lors des
expériences faites à
McGill. Les
stimulations
visuelles et
auditives sont
bloquées par les
lunettes spéciales
et le bruit du
climatiseur.

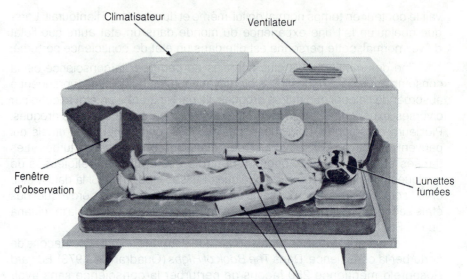

Climatiseur

Ventilateur

Fenêtre
d'observation

Lunettes
fumées

Tubes de carton

restreignait au strict minimum l'apport sensoriel en provenance du monde. Il était demandé aux étudiants de rester allongés sur un petit lit, de telle sorte que les stimulations par le mouvement devenaient presque nulles. Ils devaient encastrer leurs bras dans de longs tubes de carton: les perceptions cutanées par le toucher d'objets étaient pour ainsi dire inexistantes. Les stimuli visuels étaient réduits au minimum par le port de lunettes spéciales permettant de capter un peu de lumière mais empêchant de discerner avec netteté toute image. Les stimuli auditifs étaient totalement bloqués par le bruit incessant d'un climatiseur.

On pourrait croire que cette sorte d'expérience a été un bon moyen pour les étudiants, non seulement de gagner un peu d'argent, mais de prendre un bon et long repos. Toutefois, aussi étonnant que cela puisse paraître, la plupart des sujets n'ont pas pu supporter l'expérience, et ont abandonné au cours des deux premiers jours. Ce que les étudiants (et les psychologues) envisageaient au départ comme une expérience reposante se transformait en une expérience stressante, voire même affolante.

La première chose qu'ont fait la plupart des étudiants en entrant dans la chambre d'isolement perceptif a été de passer le temps en piquant un bon somme. Une fois leur corps bien reposé, ils se laissaient aller soit à la concentration, soit à un travail mental sur certains problèmes. Mais, selon leurs dires, cela ne durait pas longtemps. Très vite, leur esprit partait à la dérive. Ils perdaient tout d'abord la notion du temps, puis avaient de longs trous de mémoire. Ils étaient conscients et éveillés, mais il semble qu'ils ne pouvaient tout simplement plus contrôler le flot de leurs pensées. Au moins 80% de ceux qui ont pris part à l'expérience ont affirmé avoir eu des **hallucinations**, c'est-à-dire avoir vu et entendu des choses qui n'existaient pas réellement.

Votre cerveau, comme tout autre organe de votre organisme, a besoin de traiter des informations afin de fonctionner normalement. Lorsque votre estomac est privé de nourriture pendant une longue période, et si, en même temps, vous êtes soumis à un stress écrasant, votre estomac peut commencer à «digérer» ses propres tissus, ce qui peut mener au développement d'**ulcères**. Lorsque votre cerveau est coupé de ses stimuli sensoriels normaux, il se retourne souvent vers lui-même et commence à traiter (ou à digérer) ses propres activités internes, ce qui peut conduire à un état hallucinatoire.

Pour survivre, vous devez être capable de vous adapter à votre milieu. Votre cerveau doit, d'une façon ou d'une autre, produire des informations de sortie, sous forme de comportements, qui vous aideront à reconnaître les stimuli qui en valent la peine, comme la nourriture et l'abri, et de vous en approcher, et qui vous permettront d'éviter les dangers, par exemple les températures extrêmes ou les ennemis furieux. Tout ce que l'on entend généralement par «pensée» et «conscience» n'est que l'effort du cerveau pour concilier notre comportement et le milieu où nous nous trouvons. Et lorsque cet environnement est rigoureusement restreint ou fermé (comme c'était le cas lors des expériences d'isolement perceptif) le cerveau ne fonctionne tout simplement plus comme il le devrait.

Par exemple, les étudiants de McGill ont subi des tests mentaux avant, pendant et après leur séjour dans la chambre d'isolement. Presque tous les étudiants ont obtenu des résultats médiocres pendant l'isolement. Plusieurs d'entre eux présentaient des troubles **mnémoniques**, et éprouvaient des difficultés à résoudre de simples problèmes de mathématiques ou de raisonnement. Cette perte de capacité mentale n'était cependant que temporaire. Lorsque les étudiants ont subi à nouveau les tests quelque temps après avoir quitté les chambres d'isolement, ils avaient à peu près retrouvé leur rendement normal.

Les résultats des études faites à McGill suggèrent que les processus de votre pensée dépendent dans une mesure étonnante des stimuli provenant du milieu. Lorsque ces stimuli sont vraiment réduits, votre capacité de penser d'une façon logique se trouve elle aussi réduite. Lorsque vous êtes isolé de votre environnement, votre cerveau ne peut plus donner un sens à ce qui vous arrive. Vous commencez à avoir des hallucinations et interprétez mal le peu de stimuli qui parviennent à votre cerveau.

Selon les étudiants de McGill, ce qui, au cours de l'expérience, leur avait fait le plus peur était ce qu'ils appelaient «une perte de contrôle». Ils ne pouvaient plus contrôler le flot de leurs pensées, et souvent comprenaient mal ce que leur organisme essayait de leur dire. Quelques étudiants ont raconté que leur esprit semblait flotter à plusieurs pieds au-dessus de leur corps. D'autres étaient convaincus qu'ils s'étaient dédoublés, et qu'un sosie était étendu sur le lit à côté d'eux. Puisque leur perception de leur corps est redevenue normale après qu'ils aient quitté la chambre, nous pouvons supposer qu'en l'absence d'une stimulation normale provenant du milieu, le cerveau des étudiants ne pouvait tout simplement plus traiter ou contrôler les messages que lui envoyaient les diverses parties de l'organisme.

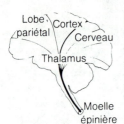

Fig. 3.2
Le système
d'activation
réticulaire est un
réseau de neurones
qui agit comme un
système d'alarme et
aide notre cortex à
sélectionner les
stimuli d'entrée les
plus importants.

Le système d'activation réticulaire

Les expériences sur l'isolement perceptif laissent supposer que l'une des principales fonctions du système nerveux est de prédire et contrôler les informations d'entrée sensorielles. Ce que nous appelons **maturité** ou croissance est en grande partie l'apprentissage de la façon de changer nos pensées et notre comportement afin d'obtenir de la vie tout ce que nous désirons. Pour être plus précis, nous apprenons à maîtriser nos processus mentaux et nos comportements de telle sorte que nous puissions maîtriser peu à peu notre environnement. Ce que nous entendons par «conscience» est dans une large mesure le résultat des efforts que fait le cerveau pour que coïncident les informations d'entrée et les réponses à ces informations.

Le flot de vos propres pensées, donc, est fortement dépendant du flot continu des stimuli sensoriels qui proviennent du monde environnant.

Une autre indication de la relation qui existe entre les stimuli et la conscience nous vient d'une série d'expériences menées par H. W. Magoun et ses collaborateurs à l'Université de la Californie à Los Angeles (UCLA). Ils ont découvert un réseau de neurones, appelé **système d'activation réticulaire**, qui débute au sommet de la moelle épinière, passe par le tronc cérébral et rejoint les parties inférieures du cerveau. Magoun et ses collaborateurs ont prouvé que le rôle du système d'activation réticulaire était de maintenir votre cortex en état de vigilance et de «conscience».

Votre système d'activation réticulaire reçoit des stimuli de presque tous vos sens. Toutes les fois qu'un message venant de l'extérieur parvient à votre système nerveux, il passe par le système d'activation réticulaire. Si le message est douloureux ou important d'une quelconque manière, votre système d'activation réticulaire donne l'alerte et votre cortex porte attention au stimulus qui arrive. Si le message n'est pas important, votre cortex a tendance à ne pas en tenir compte parce que votre système d'activation réticulaire n'aura pas donné l'alerte.

Pendant toute votre vie consciente, les messages sensoriels qui proviennent de vos yeux, de vos oreilles, de votre langue, de votre nez et de vos muscles bombardent votre cortex. Le cerveau ne peut pas, logiquement, tenir compte de chacun d'eux. Plutôt, à chaque unité de temps donnée, votre cortex est sûrement conscient d'un ou de deux stimuli, alors que des douzaines de stimuli sont captés dans ce même instant. Une des fonctions principales du système d'activation réticulaire est donc d'aider le cortex à sélectionner les messages de stimulation qui devraient lui parvenir et à **refouler** ceux qui ont peu ou pas d'importance, c'est-à-dire à ne pas en tenir compte.

Votre système réticulaire travaille aussi de concert avec votre cortex pour vous maintenir éveillé. Magoun et ses collaborateurs ont découvert que s'ils détruisaient le système d'activation réticulaire d'un chat, l'animal tombait dans le **coma** pour ne plus jamais en sortir. Il était vivant (tant que l'on satisfaisait ses besoins biologiques), mais restait plongé dans un profond sommeil. Des stimuli parvenaient toujours au cortex du chat, mais n'avaient aucun effet: le cortex

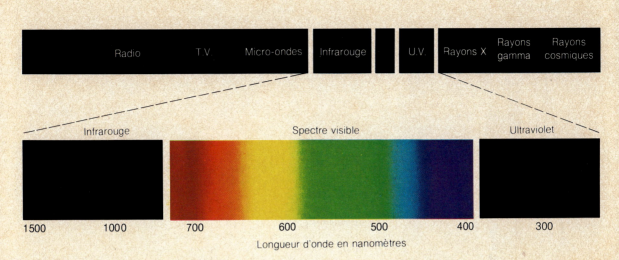

Infrarouge | Spectre visible | Ultraviolet

1500   1000   700   600   500   400   300

Longueur d'onde en nanomètres

Planche 1. Jusqu'où s'étend notre acuité visuelle? Ce diagramme montre la totalité du spectre électromagnétique, des ondes radio aux rayons cosmiques. L'oeil humain ne peut voir qu'une étroite bande s'étendant entre les longueurs d'onde 400 et 700 nanomètres, c'est-à-dire du violet sombre au rouge sombre. (Un nanomètre équivaut à un milliardième de mètre.)

Planche 2. Différentes longueurs d'onde de lumière permettent la perception de couleurs différentes. Les noms des couleurs et leur longueur d'onde correspondante sont indiqués tout autour du cercle. Les couleurs complémentaires se font face, et donnent du gris lorsque mélangées. Le mélange d'autres longueurs d'onde nous donne une couleur intermédiaire. Certaines couleurs, comme le violet, ne peuvent pas être produites par une seule longueur d'onde, ou lumière monochromatique. Nous pouvons obtenir toutes les couleurs de la roue en mélangeant soigneusement trois longueurs d'onde équidistantes autour du cercle.

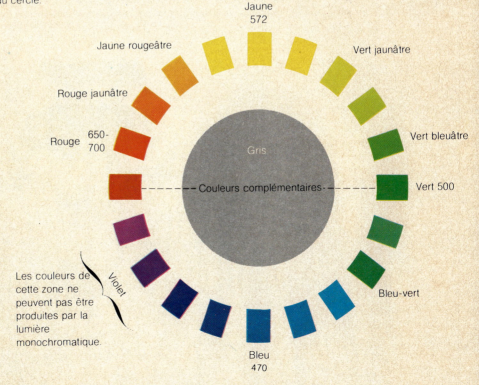

Planche 3. Quel chiffre distinguez-vous dans le cercle supérieur? dans le cercle inférieur? Les individus ayant une vision normale voient dans le cercle du haut le chiffre 6 alors que quelqu'un souffrant de daltonisme partiel n'y verra rien. Dans l'autre cercle, on peut distinguer le chiffre 12; les daltoniens y verront un seul chiffre, ou aucun chiffre. Ces deux illustrations font partie de toute une série de cartes utilisées pour dépister le daltonisme. (Tiré des test de couleurs AO pseudo-isochromatiques de l'American Optical Corporation.)

Planche 4. Cette peinture à l'eau ressemble aux taches d'encre colorées utilisées dans le test de Roschach. Un psychologue peut obtenir des données sur la personnalité d'un individu en lui demandant ce que représentent pour lui ces taches d'encre.

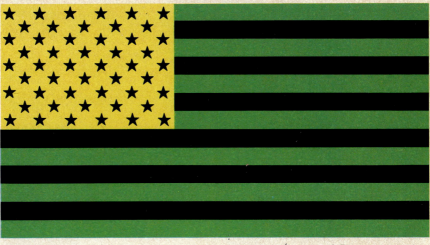

Planche 5. Est-ce bien le drapeau rouge, blanc et bleu des États-Unis? Fixez le centre du drapeau pendant trente secondes. Puis, regardez un mur blanc ou une feuille de papier. Vous verrez un négatif de cette image, dont les couleurs seront complémentaires à celles qui apparaissent ici.

Planche 6. Le peintre Georges Seurat a utilisé la technique connue sous le nom de pointillisme pour peindre *Port-en-Bessin, entrée du port.* Vos capacités perceptuelles vous permettent de regarder cette peinture, qui n'est en fait qu'une série de points et de taches, et d'y voir une scène complète. (Tableau de collection, Musée d'art moderne, New York, collection Lillie P. Bliss.)

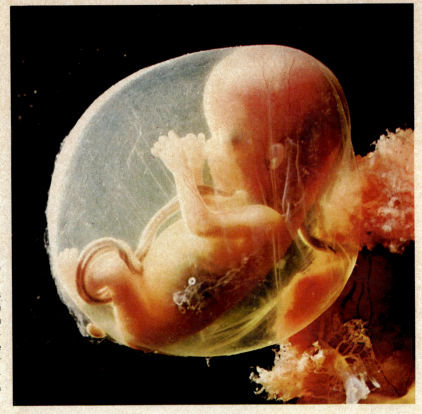

Planche 7. Dans la chaleur et la sécurité de l'utérus, chacun de nous grandit et se développe en un être unique. Ce fœtus de trois mois mesure environ 7,5 centimètres et pèse à peu près 28 grammes. (Photographie de Lennart Nilsson, tirée de *Behold Man*. © 1973 par Albert Bonniers Förlag, Stockholm, publié par Little, Brown & Company, Boston, 1974.)

Planche 8. On regarde les autres, on se côtoie, on établit certaines relations: la vie prend de l'intérêt et vaut la peine d'être vécue. La variété des environnements et des expériences se combinent et il en résulte une diversité de personnalités que l'on rencontre et observe pendant toute la vie. (Photo Copyright © Arthur Sirdofsky.)

était inconscient puisqu'il n'était plus *activé* par le système réticulaire endommagé.

Les scientifiques de l'UCLA ont aussi constaté qu'ils pouvaient éveiller un chat normal endormi, simplement en stimulant le système réticulaire par une brève décharge électrique. L'animal reprenait conscience aussitôt. Il bondissait sur ses pattes, les yeux grands ouverts, montrant les dents, comme si quelqu'un l'avait piqué avec une aiguille ou lui avait marché sur la queue. Magoun et son groupe ont stimulé presque toutes les autres parties du cerveau à l'aide de la même décharge électrique; dans tous les cas, le chat continuait à dormir comme si de rien n'était.

Dans des circonstances habituelles, le flot continu des stimuli qui proviennent de l'environnement garde le système réticulaire alerte, et ce système réticulaire maintient le cortex conscient de telle sorte qu'il puisse traiter les signaux d'entrée. Lorsque vous êtes privé de stimulation sensorielle (comme l'ont été les étudiants de McGill) votre système réticulaire réduit son activité; votre cortex ne peut ni prédire, ni contrôler ses informations d'entrée, et vous vivez dans un état de conscience perturbé qui peut devenir terrifiant. Il n'est pas étonnant que peu d'étudiants aient accepté de rester dans la chambre d'isolement perceptif plus d'un jour ou deux.

C'est un truisme psychologique de dire que quiconque contrôle vos informations sensorielles contrôle en grande partie le fonctionnement de votre cerveau. Comme ces stimuli sensoriels contribuent grandement à modeler vos pensées, vos sentiments et de vos comportements, il serait peut-être profitable d'observer en détail les merveilleux récepteurs que possède votre organisme et qui lui permettent d'être sensible à tout ce qui se passe autour de vous.

LES SENS

Imaginez une très petite chambre. Il n'y a pas de lumière et très peu de bruit. La chambre est trop petite pour que l'on puisse y circuler. La température y demeure à peu près constante et, à toutes fins utiles, il n'y parvient aucune stimulation sensorielle. S'agit-il d'une autre expérience d'isolement perceptif? Non. Cette chambre est un utérus et, pour chacun d'entre nous, la vie commence à l'intérieur de l'utérus, dans un état d'isolement perceptif presque total.

Des étudiants, lors des expériences à McGill, ont été soumis à plusieurs jours d'isolement, ce qui a eu pour résultat un amoindrissement temporaire de leurs capacités mentales. Il a fallu plusieurs jours à leur cerveau pour recouvrer un fonctionnement normal. Mais cette courte période n'est rien à comparer à ce que doit affronter un nouveau-né avant que son cerveau ne puisse donner un sens au monde qui l'entoure. Pour le nourrisson, tout est nouveau et rien n'a de sens. Des centaines de couleurs, formes, sens, odeurs et sensations corporelles le frappent d'emblée; il est soumis au bombardement le plus troublant qui puisse exister, et qu'il n'expérimentera plus jamais par la suite.

Cette explosion soudaine d'expériences sensorielles est probablement dénuée de tout sens pour le nouveau-né. Ce n'est que petit à petit que le monde commence à prendre sens. Graduellement, chaque individu développe une **conscience** ou une façon particulière d'expérimenter le monde. Comment cette conscience croît-elle? Malheureusement, les nourrissons ne peuvent pas nous expliquer exactement les étapes qu'ils franchissent. Les seules informations plausibles au sujet du développement de la conscience humaine nous viennent d'observations des nouveaux-nés, et de la façon dont ils répondent à l'environnement et aux stimulations sensorielles.

Au tout début, les enfants ne font guère plus que manger et dormir: ils captent, traitent et emmagasinent de l'énergie. Ils peuvent effectuer cela, et peu d'autre chose puisque c'est ce à quoi leur cerveau est préparé. En d'autres mots, certains groupes de cellules nerveuses du cerveau sont reliées d'une façon spécifique pré-établie, ce qui permet aux nourrissons de poser ces quelques gestes indispensables à la vie. Ces liaisons cervicales donnent à tous des **réflexes** innés, prêts à répondre à l'environnement. Les yeux du nouveau-né suivront, par réflexe, un objet en mouvement. Une caresse sur sa joue, et l'enfant tournera la tête dans la direction d'où vient la caresse. Une caresse sur ses lèvres «déclenchera» des mouvements de succion. Ces réflexes innés et d'autres encore sont suffisants pour que l'enfant trouve le sein maternel lorsqu'il a faim. À la naissance, de telles réponses naturelles sont essentielles; l'enfant n'a en effet pas le temps d'apprendre comment trouver sa nourriture.

La vie de l'enfant devenant plus compliquée, cependant, il devra apprendre d'autres réactions. On ne peut pas toujours obtenir de la nourriture en tournant la tête et en tétant l'objet le plus proche. Même si les enfants nouveau-nés, de façon naturelle, acceptent et avalent les liquides doux et sucrés, et rejettent les liquides amers, chaque enfant qui grandit doit apprendre quels aliments sont bons pour lui et lesquels ne le sont pas. Et plus l'enfant apprend à vivre avec son environnement, plus il élabore de nouveaux ensembles de liaisons nerveuses dans son cerveau. Et tout cet apprentissage et cette mise au point dépendent de l'information fournie par les sens de l'enfant.

Comment cette information est-elle fournie? L'environnement libère certaines formes d'énergie qui peuvent être détectées par des organes sensoriels humains bien spécifiques: des **récepteurs**. Pour le nourrisson, toute cette information est, au premier abord, sans signification. Il peut entendre, mais ce qu'il entend n'a pas de sens puisqu'il n'a encore aucun langage. Il peut voir, mais il lui faut quelque temps avant de commencer à comprendre ce qu'il regarde. Aussi surprenant que cela puisse paraître, la majorité des informations les plus importantes dont a besoin le bébé pour survivre ne proviennent pas de la vue ou de l'ouïe, mais beaucoup plus des sens de l'odorat, du goût et du toucher.

Les sens chimiques

L'odorat et le goût sont les **sens chimiques**. Ils répondent à des stimulations d'ordre chimique venant du milieu. Le nez, par exemple, possède plusieurs millions de cellules réceptrices de l'odeur ou **olfactives**. Ces récepteurs sont de petites terminaisons nerveuses qui sont sensibles à des substances chimiques et stimulées par elles. Chaque stimulus est codé par les récepteurs, comme le fait un télégraphiste lorsqu'il code les mots et les lettres sous forme de points et tirets. Le code est alors envoyé au cerveau; les points et tirets y sont décodés en un message que le cerveau «traduit» comme étant une odeur. Le cerveau ne peut pas sentir. Il peut seulement décoder les messages envoyés par l'odorat. De la même façon, le cerveau décode les messages qui proviennent de tous les organes sensoriels de l'organisme.

Le goût est un autre sens chimique très important pour les nourrissons. Vos récepteurs gustatifs sont localisés dans les papilles gustatives, ces petites bosses sur la surface de votre langue. Des centaines de ces récepteurs, dans chacune des papilles gustatives, répondent spécifiquement aux produits chimiques contenus dans la nourriture que vous mangez.

Les scientifiques croient qu'il existe quatre grands types de récepteurs gustatifs dans votre langue. Un type de récepteurs répond ou codifie les sucres et les autres produits chimiques «doux». Une deuxième sorte répond aux nourritures acides ou aigres, une troisième aux produits chimiques salés, tandis que la dernière réagit aux informations d'ordre chimique amères. Avec ces quatre qualités de base du goût: le sucré, l'aigre, le salé et l'amer, il est possible de rendre compte de la plupart des saveurs subtiles des aliments.

Par ailleurs, la plus grande partie de ce que nous appelons généralement la saveur ou le goût d'un aliment dépend beaucoup plus de notre nez que de notre langue. Toutes les fois que vous mastiquez de la nourriture, des molécules chimiques se libèrent et parviennent jusqu'aux récepteurs olfactifs du nez. Ces informations d'ordre olfactif augmentent énormément le plaisir que beaucoup d'entre nous avons à manger, et sans ces odeurs, la nourriture serait fade et deviendrait inintéressante. Lorsque vous avez le rhume, par exemple, et que votre nez est bouché, la nourriture perd souvent de sa saveur. Ce sont vos récepteurs olfactifs qui ne répondent plus correctement, et non pas les papilles gustatives de votre langue. La prochaine fois que vous serez congestionné à cause d'un rhume, essayez de porter une attention particulière à ce que vous mangez. Vous aurez là une excellente occasion d'apprendre la différence entre le goût et l'odeur de divers aliments, et votre rhume n'aura pas eu que des mauvais côtés.

Les sens chimiques sont quelquefois considérés comme étant des sens moins importants, parce que dans le monde adulte, ils ne semblent pas aussi nécessaires que la vue ou l'ouïe. Pour les nouveau-nés, pourtant, ils sont d'une extrême importance. Avec les sens cutanés, ce sont eux qui permettent le contact le plus significatif de l'enfant avec le monde. Les sens chimiques procurent la majorité des informations dont l'enfant a besoin pour connaître

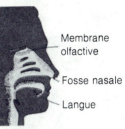

Membrane olfactive

Fosse nasale

Langue

Fig. 3.3
Les stimuli chimiques pénètrent dans les fosses nasales à travers le nez. Les récepteurs olfactifs codent ces messages et les envoient au cerveau, où ils sont interprétés comme odeurs. Les papilles gustatives de la langue fonctionnent de la même manière afin de nous aider à identifier toute une variété de saveurs.

son environnement, et permet de développer sa conscience de ce qu'est le monde.

La bouche (cavité orale) et les sens chimiques sont d'une si grande importance pour le nourrisson que Sigmund Freud a décrit la première étape du développement de l'homme comme étant le stade oral. Pendant les huit premiers mois, la vie du nouveau-né est axée sur la bouche. C'est la bouche qui est le siège de ses premières sensations de plaisir, c'est avec la bouche qu'il apprend à aimer. Freud croyait fermement que les expériences d'apprentissage du stade oral étaient très importantes pour la vie adulte. Si l'enfant n'a pas été pleinement satisfait pendant son stade oral ou s'il a été frustré en n'obtenant pas suffisamment de nourriture ou d'amour, dit Freud, il continue parfois à concentrer une partie de sa vie adulte à rechercher des plaisirs oraux. Tous les adultes, bien entendu, recherchent le plaisir avec leur bouche; quelques-uns, cependant, le font de façon exagérée. Suivant la théorie de Freud, quelques cas de boulimie, d'alcoolisme, de tabagisme, ou encore le fait de se ronger les ongles sont le résultat de frustrations survenues pendant le stade oral.

Les sens cutanés

La deuxième étape du développement humain, selon la théorie freudienne, est le **stade anal**, et est associée à un autre réseau de sens de l'organisme: les sens cutanés. Cette période s'étend de l'âge de 12 à 18 mois jusqu'à environ quatre ans.

Comme les sens chimiques, les sens cutanés incluent différents types de récepteurs qui, lorsqu'ils sont stimulés, envoient des informations au cerveau. Ces récepteurs sont localisés sur le corps et répondent à diverses énergies physiques plutôt que chimiques. Les sens cutanés, tout comme les sens chimiques, sont d'une très grande importance pour les enfants nouveau-nés. Les nourrissons n'ont pas besoin d'apprendre un langage, par exemple, pour être capables d'interpréter la sensation produite par la piqûre d'une aiguille. Le cerveau a généralement beaucoup de facilité à décoder de tels messages. L'association de plusieurs sensations cutanées peut mener à de plaisantes sensations telles que le doux et le chaud, ou à des sensations douloureuses ou déplaisantes, comme l'humide et la démangeaison.

Grâce aux informations provenant des sens cutanés, le nourrisson commence à apprendre que sa bouche n'est pas la chose la plus importante du monde. Quelques sensations: un bain chaud, une couverture douce, une couche mouillée, lui procurent une conscience du reste de son corps et lui apprend que sa bouche n'est pas le seul organe à fournir des sensations de plaisir ou de frustration.

Pendant le stade anal, les parents forcent généralement l'enfant à avoir une certaine maîtrise de son organisme. En plus de ressentir le mouvement et la pression des muscles de sa bouche, de ses bras et de ses jambes, le petit enfant devient conscient de ses organes internes. Peu à peu, il gagne suffisamment de coordination musculaire pour être en mesure de contrôler sa vessie et ses intestins. En apprenant à se maîtriser, l'enfant apprend également que son propre corps peut avoir un effet sur les gens qui l'entourent. Lorsqu'il est très jeune, il tire une satisfaction ou un soulagement du fait de libérer sa vessie ou ses intestins dès que le besoin s'en fait sentir; mais pendant l'apprentissage de la propreté, qui se situe d'habitude pendant le stade anal, il apprend qu'il est parfois nécessaire de plaire aux autres personnes en maîtrisant volontairement ses besoins biologiques d'excrétion.

Lors des stades phallique et **génital**, toujours selon Freud, la conscience sensuelle du corps se déplace de la région anale à la région génitale. Alors que les récepteurs sensitifs des régions génitales se développent, l'enfant commence à devenir plus conscient de sa propre sexualité. Le pénis du garçon et le vagin et le clitoris de la fillette deviennent des objets de plaisir sensuel. Les différences sexuelles deviennent petit à petit apparentes et l'enfant devient conscient du fait qu'il existe d'autres gens et d'autres sexes sur terre. Cette découverte renforce l'idée que la vie ne se résume pas à l'enfant lui-même, et qu'il existe beaucoup de gens dans le monde. De plus en plus, les autres sens (la vue et l'ouïe) prennent de l'importance et aident l'enfant à se renseigner sur ces autres gens et à communiquer avec eux.

L'ouïe

Au début, les sons remplissent une fonction unilatérale. Le nourrisson crie lorsqu'ils a faim ou mal. Il apprend à attirer l'attention sur lui en faisant du bruit. Par la suite, il se rend compte que les autres personnes font aussi du bruit. Lorsque certains sons (par exemple le nom de personnes ou d'objets) lui sont répétés (lorsqu'on lui fournit un **modèle**), il apprend à les associer aux personnes ou aux objets. En écoutant et en imitant les sons émis par les autres, il s'élabore un vocabulaire et apprend un langage. Le résultat en sera une communication bilatérale.

Pour que l'enfant puisse apprendre à parler un langage, trois conditions doivent généralement être remplies. Tout d'abord, l'enfant doit avoir un modèle à suivre ou un but à atteindre. Deuxièmement, quelqu'un (les parents) doit donner à l'enfant une **rétroaction** ou une évaluation quelconque de la manière dont il s'en tire. Troisièmement, l'enfant doit avoir une motivation pour apprendre; d'habitude il est encouragé à imiter le modèle fourni par les parents et reçoit une récompense pour ses progrès.

Si vous réfléchissez une seconde à ces trois conditions nécessaires pour l'apprentissage d'un langage, vous comprendrez vite pourquoi un enfant sourd arrive rarement à parler. Premièrement, il ne peut pas entendre les modèles de mots prononcés par ses parents. Deuxièmement, il ne peut pas entendre les sons qu'il émet lui-même et, donc, ne peut pas facilement jouer avec sa voix afin de bien imiter le modèle. Heureusement, les enfants sourds

Même les enfants souffrant de troubles auditifs peuvent apprendre à parler; ils le font en imitant les mouvements des lèvres d'un professeur.

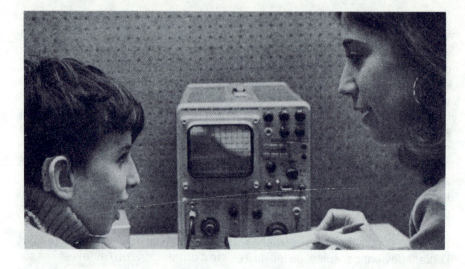

apprennent maintenant à se servir de leurs yeux au lieu de leurs oreilles; cela signifie que l'enfant apprend à communiquer par signes. Il peut observer ses propres mouvements des doigts et ceux des personnes qu'il essaie d'imiter. Malgré tout, bien des facettes du monde passionnant qui nous entoure échappent aux enfants sourds; ils ne peuvent écouter la musique, entendre les nouvelles à la radio ou avoir une conversation avec quelqu'un d'autre au téléphone. Mais ce qui les coupe encore plus du monde, c'est qu'ils ne peuvent pas «parler» à la majorité des gens: la plupart des individus n'apprennent pas le langage par signes, puisqu'ils peuvent entendre.

Les personnes qui deviennent sourdes à l'âge adulte font aussi face à des problèmes particuliers. Même si la plupart d'entre elles peuvent toujours parler, elles ne peuvent plus contrôler très bien leur voix et leur parler devient monocorde. Puisque la majorité des gens «normaux» ne connaissent pas le langage par signes, la personne sourde doit lire sur les lèvres pour comprendre ce qu'on lui dit. Si l'interlocuteur détourne la tête en parlant, ou accidentellement se cache la bouche, ou parle trop vite, même la personne la plus habile à lire sur les lèvres perd rapidement le fil de la conversation. Les gens qui entendent normalement trouvent souvent ennuyeux ou difficile de communiquer dans de telles circonstances et, donc, essaient d'éviter les personnes qui ont des troubles auditifs. Les employeurs font souvent preuve de discrimination vis-à-vis des handicapés physiques, de sorte que la personne sourde n'est pas seulement coupée de certains contacts sociaux, mais a aussi de la difficulté à assurer sa sécurité financière.

Il existe deux types principaux de surdité, et afin d'en percevoir les différences, il faut avant tout comprendre le fonctionnement de l'oreille. Lorsque vous parlez, vos lèvres, votre langue et vos cordes vocales émettent des sons en faisant vibrer les molécules de l'air, à peu près comme la vibration d'une corde de guitare lorsque vous la pincez. L'air qui vous environne porte ces vibrations mécaniques, ou sons, à l'oreille de quelqu'un d'autre. Lorsque les sons arrivent à l'oreille, ils frappent le tympan et le font vibrer, de la même

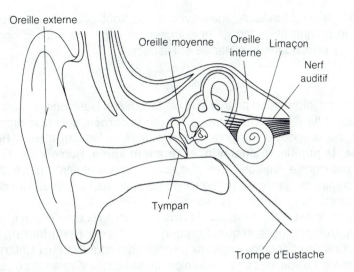

Oreille externe

Oreille moyenne   Oreille interne   Limaçon

Nerf auditif

Tympan

Trompe d'Eustache

Fig. 3.4
Les vibrations entrent dans l'oreille et frappent le tympan, qui actionne les osselets de l'oreille moyenne. Ces vibrations sont codées dans l'oreille interne sous forme de messages et envoyées au cerveau par le nerf auditif. Là, elles sont décodées en tant que sons.

manière que vous avez fait vibrer l'air lorsque vous avez parlé. Le tympan est relié à trois os minuscules (le marteau, l'enclume et l'étrier) situés dans l'oreille moyenne. Ces os transmettent les vibrations à l'oreille interne, où ils sont codés par des récepteurs nerveux spéciaux. Ces cellules nerveuses traduisent les «sons» en «messages neurogènes» et les envoient au système réticulaire et au cortex. Votre cerveau décode alors les messages et vous «entendez» ce que quelqu'un vous dit.

Au fur et à mesure que l'on vieillit, les trois osselets de l'oreille moyenne perdent leur souplesse et ne travaillent plus très bien. Ce type de surdité, appelé techniquement **surdité de transmission**, peut souvent être amélioré si la personne porte un appareil auditif.

Le second type de surdité est appelé **surdité de perception**. Cet état se produit lorsque, par maladie ou accident, il y a destruction de quelques-unes ou de toutes les cellules nerveuses réceptrices de l'oreille interne. Malheureusement, en général, les appareils auditifs n'aident pas ceux dont les cellules nerveuses ont été endommagées. Une personne atteinte de surdité de perception doit apprendre à utiliser ses yeux, ces derniers devenant l'outil primordial de communication avec les autres.

La vue

La vue est probablement le plus évident et le plus important des sens de l'homme. Les yeux non seulement enregistrent une grande variété d'informations, mais travaillent avec vos autres sens et les renforcent. Vous voyez un feu et vous savez qu'il sera chaud. Vous voyez une pomme et pouvez presque la goûter. Mais la vue ne fait pas qu'aider vos autres sens. C'est probablement le meilleur outil que vous puissiez avoir pour naviguer de par le monde. Vous pouvez bien sûr trouver votre chemin dans une pièce sombre, comme le ferait un aveugle; mais avec la vue, vous pouvez vous déplacer à travers le monde avec facilité et comprendre certaines réalités comme la couleur, la profondeur, la distance et l'espace.

L'oeil

Le stimulus d'information pour la vue est la *lumière*. Dans des circonstances normales, la lumière pénètre dans l'oeil par la **cornée**, qui est la membrane externe, ou la «peau», du globe oculaire. Puis la lumière atteint l'**humeur aqueuse, la pupille, le cristallin,** et l'**humeur vitrée.** Humeur vient du latin *humor*, qui signifie «liquide». Les humeurs aqueuse et vitrée permettent au globe oculaire de garder sa forme ronde normale, tout comme l'eau dans un ballon l'empêchera de se dégonfler.

La pupille est l'orifice central de l'**iris**; celui-ci agit comme le diaphragme d'un appareil photographique. Lorsque vous êtes à l'extérieur en pleine lumière, l'iris de chacun de vos yeux se contracte pour diminuer l'intensité de cette lumière. Le soir, ou dans une lumière tamisée, l'iris s'agrandit ou se **dilate** pour laisser pénétrer le plus de lumière possible. Lorsque l'iris se dilate, la pupille devient plus large; lorsque l'iris se contracte, la pupille rétrécit.

Le cristallin agit un peu comme la lentille ou l'objectif d'un appareil photographique. Tout comme on règle l'objectif pour mettre l'image au foyer, le cristallin se règle pour que les rayons lumineux soient au foyer lorsqu'ils atteignent la **rétine**. La rétine est la surface interne de l'oeil, composée des récepteurs visuels qui vous permettent de voir. Regardez autour de vous: d'abord un objet rapproché, puis un objet plus éloigné. Votre cristallin a changé de forme pour que l'image visuelle de ce que vous avez regardé soit bien au foyer sur la rétine.

Les récepteurs visuels sont les **bâtonnets** et les **cônes**. Ces cellules nerveuses minuscules se trouvent dans la rétine, et sont donc distribuées tout autour de la surface interne de l'oeil. Dans chaque oeil, il y a environ 100 millions de bâtonnets et 6 millions de cônes. Avant d'atteindre les cônes et les

Fig. 3.5
La lumière pénètre dans l'oeil par la cornée. Elle traverse ensuite l'humeur aqueuse, la pupille, le cristallin et l'humeur vitrée. Lorsqu'elle atteint la rétine, les récepteurs visuels envoient des messages au cerveau par le nerf optique.

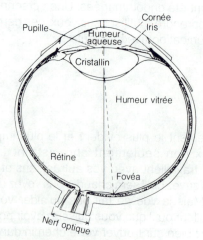

bâtonnets, la lumière doit tout d'abord traverser la cornée, l'humeur aqueuse, la pupille, le cristallin, et l'humeur vitrée. Lorsqu'un rayon de lumière frappe un cône ou un bâtonnet, il provoque une réaction chimique. Ces cellules nerveuses réceptrices transforment l'énergie lumineuse en signaux nerveux qui sont transmis au cerveau par le **nerf optique**.

La couleur

Vos bâtonnets voient le monde en noir et blanc, ou, en d'autres mots, ils sont *daltoniens*. Ils sont plus sensibles à la lumière que vos cônes. La nuit, lorsqu'il n'y a presque plus de luminosité, vos bâtonnets vous aident à voir certaines choses que vos cônes ne remarquent plus.

Les cônes voient le monde non pas uniquement en noir et blanc, mais aussi dans toutes les couleurs de l'arc-en-ciel, ou du **spectre visuel**. La lumière est en réalité une forme d'énergie **électromagnétique**, un peu comme le sont les ondes radio et les rayons X. Le spectre visuel des couleurs passe du violet sombre au bleu, au vert, au jaune et à l'orangé jusqu'au rouge sombre. Et tout comme chaque station de radio peut être captée sur une longueur d'onde différente (les chiffres marqués sur le syntonisateur), chaque couleur du spectre a sa propre fréquence ou longueur d'onde spécifique. (Voir la Planche I.)

Même si vos cônes sont moins sensibles que vos bâtonnets, ce sont eux qui traitent toutes vos expériences visuelles dans la lumière normale ou très claire. Les cônes sont surtout localisés au centre de la rétine, là où l'acuité visuelle est la plus grande. Les bâtonnets, eux, sont plus nombreux dans les zones périphériques plus éloignées de la rétine.

Si vous regardez quelque chose de près, sous une luminosité normale, le cristallin fera la mise au point de l'image visuelle de telle sorte qu'elle soit extrêmement précise sur la **fovéa**, petit point situé au centre de la rétine. Même si la fovéa n'est pas plus grosse qu'une tête d'épingle, elle renferme plusieurs millions de cônes, et *pas de bâtonnets du tout*. Donc, dans des circonstances normales, lorsque vous regardez quelque chose attentivement, vous le voyez en couleurs, puisque vous le voyez avec vos cônes.

La nuit, cependant, les bâtonnets voient beaucoup mieux que les cônes. Donc, lorsque vous regardez fixement quelque chose dans l'obscurité, il est possible que vous ne le distinguiez pas très bien parce que le cristallin essaiera de faire la mise au point de l'image visuelle sur la fovéa. La fovéa ne contenant aucun bâtonnet, l'objet que vous regardez peut vous apparaître trouble et flou, ou il peut disparaître complètement si vous le fixez directement! Si vous voulez regarder quelque chose dans l'obscurité, essayez de fixer un objet qui se situe à côté de ce que vous voulez réellement voir. Lorsque vous regardez ainsi («du coin de l'oeil»), l'image visuelle de ce que vous voulez réellement voir se réfléchira sur le bord périphérique de la rétine, où se situent les bâtonnets. De cette manière, la nuit, vous pourrez voir des objets sombres beaucoup plus nettement que si vous essayez de les regarder fixement.

La cécité nocturne et le daltonisme

Certaines personnes voient très bien le jour ou dans une lumière vive, mais difficilement la nuit, ou dans la pénombre. La plupart du temps, ces personnes ont des bâtonnets qui ne travaillent pas très bien. La **cécité nocturne** peut provenir de diverses causes, mais la plus commune est un manque de vitamine A. Les bâtonnets consomment de la vitamine A lorsqu'ils réagissent à la lumière. S'ils n'en ont pas assez, alors vous ne pourrez pas voir très bien le soir. Les végétaux jaunes, comme les carottes, contiennent souvent une grande quantité de vitamine A; les médecins les recommandent aux personnes souffrant de cécité nocturne.

Une personne sur 40 000, environ, souffre de **daltonisme**. La plupart sont **albinos**, c'est-à-dire qu'il y a absence héréditaire ou **génétique** de pigmentation dans le système pileux, la peau et les yeux. Chez les albinos, il semble qu'aucun cône ne fonctionne et, donc, leur fovéa est complètement aveugle. Lorsqu'ils regardent un objet de façon directe, ils ne peuvent le voir puisque leur cristallin fait la mise au point de l'image sur la fovéa, qui est hors de service. Les albinos ne peuvent donc voir clairement que s'ils regardent des objets «du coin de l'oeil».

Environ 5% des gens dans le monde entier sont presque totalement aveugles pour une ou deux couleurs de spectre visible, mais peuvent discerner parfaitement les autres couleurs. Ces personnes souffrent de *daltonisme partiel*. La plupart du temps, elles sont capables de discerner le rouge ou le vert. Pour une personne qui ne distingue pas le rouge, une rose rouge paraîtra noire, et un rayon lumineux d'un rouge pur n'existera pas. Cette personne peut aussi avoir des problèmes avec les différents tons de vert, mais distinguera généralement parfaitement bien les jaunes et les bleus.

Environ 10% des gens voient des couleurs atténuées. Ils peuvent voir toutes les couleurs de l'arc-en-ciel, mais une ou certaines d'entre elles leur apparaîtront plus atténuées qu'elles ne le sont normalement. Chez un individu voyant le rouge de façon atténuée (le type de trouble le plus usité), une rose rouge sera d'un rose fade et une lumière rouge vif lui apparaîtra rose pâle et terne.

Le daltonisme est généralement un trouble génétique et se retrouve plus souvent chez les hommes que chez les femmes. Plus de 90% des gens souffrant de daltonisme partiel ou voyant des couleurs atténuées sont de sexe masculin.

La perception visuelle

Lorsque la lumière frappe votre rétine, les bâtonnets et les cônes envoient des stimuli visuels au cerveau, par le biais du nerf optique. Le cerveau reçoit ces messages et sait que vos yeux voient quelque chose. Mais la vue, ou perception visuelle, est une opération beaucoup plus complexe que le simple fait de «voir» quelque chose. Votre cerveau doit traiter les stimuli visuels et leur donner un sens, sinon, la plupart du temps, vous ne sauriez pas ce que signifie la chose que vos yeux sont en train de fixer. (Nous étudierons cette question plus en détail au chapitre 4.)

La **perception** est le processus par lequel le cerveau décode toutes les informations reçues à tout moment, et transforme ces informations en une expérience psychologique sensée. Ce «**décodage**» fait grandement appel à la mémoire et aux expériences passées. La vision est innée, mais vous devez apprendre à percevoir presque toutes les choses que vous voyez. Un nouveau-né fixe la figure de sa mère et ne sait pas qui elle est, ni ce que signifie cette image. Vous regardez votre mère et vous pouvez percevoir non seulement une figure, mais une figure humaine, et la figure de quelqu'un que vous connaissez et que vous aimez depuis longtemps.

Lorsque nous regardons une autre personne, nous pouvons voir la couleur de ses yeux, de ses cheveux, de sa peau, de ses vêtements. Mais nous percevons que cette personne a une forme, une taille qui lui est propre; nous percevons à quelle distance elle se trouve de nous. Nous pouvons aussi percevoir que cette personne se tient derrière une chaise, mais devant une commode. Pour une grande part, cette perception de l'espace et de la profondeur semble être acquise par expérience.

Perception de la profondeur. Le monde est en trois dimensions: la hauteur, la largeur et la profondeur. La surface d'un écran cinématographique n'en a que deux: la hauteur et la largeur. Et pourtant, le film qu'on voit sur l'écran crée l'illusion d'un monde en trois dimensions. S'il y a des montagnes à l'arrière-plan dans une scène de cinéma, les montagnes semblent vraiment être à l'arrière-plan sur l'écran. La figure des gens n'apparaît pas plate sur l'écran: on en voit les contours, elles sont rondes, elles ont de la profondeur. Le cerveau humain, par un processus de **perception de la profondeur** qui fait appel aux expériences antérieures et à ce qu'il a appris au sujet du monde visuel, ajoute une troisième dimension (la profondeur) à l'écran cinématographique.

Le cerveau utilise un certain nombre d'indices ou de signes visuels afin de réaliser l'effet de profondeur. Si l'image d'une personne coupe la vue d'un gros rocher, votre cerveau conclut que cette personne se tient devant le rocher. Si deux personnes d'une taille semblable sont photographiées, mais que l'une d'entre elles semble beaucoup plus grande que l'autre, votre cerveau conclut que la plus petite se trouve beaucoup plus loin. Les lumières et les ombres aident aussi à créer une illusion de profondeur. Un cercle blanc parfait apparaîtra comme un disque plat; s'il est partiellement ombré sur un côté, il se transformera en une balle ou en un objet rond à trois dimensions.

Ce sont ces techniques qu'on utilise pour que votre cerveau perçoive la photographie, la peinture et le cinéma en trois dimensions, bien que les images soient bi-dimensionnelles. Mais le monde réel n'est pas plat, et une personne ayant de bons yeux ne le voit nullement plat.

Vision stéréoscopique. La rétine de l'oeil, c'est-à-dire l'endroit où les rayons lumineux frappent les cônes et les bâtonnets, est bi-dimensionnelle, tout comme l'écran cinématographique. Une personne qui n'a qu'un oeil en bon état de fonctionnement voit le monde de la même façon qu'une personne se servant de ses deux yeux voit un film. En premier lieu, tout est enregistré sur la surface bi-dimensionnelle de la rétine; puis le cerveau se sert de tous les indices visuels disponibles pour construire une image mentale du monde

Des études ont démontré que les nourrissons avaient une perception de la profondeur. Ce bébé refuse de ramper sur la vitre située au-dessus du précipice visuel parce qu'il perçoit que la surface en damier devant lui n'est pas à la même hauteur que celle où il se trouve dans le moment.

dotée de profondeur. Ceux qui peuvent se servir de leurs deux yeux possèdent un avantage: la **vision stéréoscopique**. Il s'agit du même effet que celui produit par un disque stéréophonique, lorsque les sons parviennent à l'auditeur de deux directions différentes. La vision stéréoscopique procure à la personne deux visions du monde légèrement différentes. Les sons différents arrivent à l'oreille de deux directions différentes et donnent à la musique stéréophonique une impression de profondeur. La vision stéréophonique agit de la même façon. Elle produit une image qui apparaît tri-dimensionnelle.

Les yeux et les oreilles de l'homme sont légèrement écartés pour permettre d'obtenir cet effet «stéréo». Chacun de vos yeux capte une vue légèrement différente du monde. Le cerveau réunit ces deux images plates, ou bi-dimensionnelles, pour créer une image tri-dimensionnelle. Les grenouilles et autres animaux dont les yeux sont situés de chaque côté de la tête au lieu d'être sur le front n'obtiennent pas cet effet. Chacun de leurs yeux voit quelque chose de totalement différent et les images ne peuvent se fusionner ou être réunies pour produire la troisième dimension, la profondeur.

Au cours des années 50, les réalisateurs de cinéma ont décidé que le monde était prêt à accueillir les films en trois dimensions. On produisait l'effet tri-dimensionnel en montrant deux images légèrement différentes sur l'écran en même temps; les spectateurs devaient porter des lunettes spéciales, permettant à l'oeil droit de voir une image, à l'oeil gauche une autre, les deux images ayant été filmées d'un angle légèrement différent. Le résultat était étonnant. Les animaux semblaient bondir en dehors de l'écran. Les événements se déroulaient là, au milieu de la salle. Mais apparemment l'effet produit ne valait pas tout ce travail et les films en trois dimensions n'ont pas eu le succès escompté. Il semble que le cerveau humain accomplisse un travail suffisamment bon, en construisant ses images tri-dimensionnelles, pour qu'on ne se donne pas la peine de faire des films spéciaux et de faire porter aux spectateurs des lunettes spécialement conçues pour créer l'illusion.

Le précipice visuel. La perception visuelle de la profondeur est fort importante. Si les nouveau-nés ne la possédaient pas, ils ne parviendraient pas à allonger le bras vers un objet, le prendre et le manipuler, séquence d'actions qui est nécessaire pour apprendre à connaître le monde qui nous entoure. Une expérience effectuée en 1960 par Eleanore Gibson a montré de façon évidente qu'à l'âge de six mois, au plus tard, les enfants comprenaient la profondeur. Gibson a utilisé pour son expérience ce qu'on appelle le **précipice visuel**. Il s'agit d'une planche centrale plate, avec une surface solide la prolongeant à une extrémité, et un trou, ou «précipice», de l'autre côté. Les enfants assez vieux pour ramper (six mois et plus) étaient placés au centre de la planche, puis appelés d'un côté ou d'un autre par leur maman. Les enfants pouvaient voir le précipice mais ne pouvaient pas tomber, car une surface de verre prolongeait la planche au-dessus du précipice.

Lorsque les mamans appelaient leur petit du côté plein de la planche, les enfants rampaient vers elles. Mais lorsqu'elles se plaçaient du côté du précipice, les enfants refusaient de se déplacer plus avant sur la surface de verre. Ils pouvaient sentir la surface solide de verre, mais ils voyaient aussi le précipice. Apparemment, ils pouvaient comprendre ou percevoir la hauteur de ce dernier et refusaient de ramper au-dessus du précipice.

Les scientifiques n'ont pas pu déterminer avec certitude si la réponse des enfants face au précipice visuel était apprise, innée ou les deux à la fois. Lorsque des animaux nouveau-nés ont été testés à ce sujet, plusieurs d'entre eux ont refusé d'avancer sur la vitre. Quelques animaux, les chatons par exemple, ne craignent pas le précipice lorsqu'ils commencent à marcher, mais le craindront généralement un peu plus tard après avoir acquis quelque expérience du monde qui les entoure. Bien que les expériences du précipice visuel permettent de croire que la perception de la profondeur serait innée chez le nourrisson, il reste probable que l'acquis, ou l'expérience, a une part de responsabilité égale à l'inné dans la réaction qui consiste à éviter le précipice.

LES PERCEPTIONS NORMALES ET ANORMALES

Un appareil photographique peut «voir» ou enregistrer un précipice visuel, mais seul le cerveau peut percevoir le danger qu'il y aurait à tomber dedans. La perception est donc une expérience psychologique interne qui, dans des circonstances normales, est fortement influencée par les informations sensorielles.

Mais après avoir appris à connaître le monde qui vous entoure, vous pouvez adapter vos souvenirs d'expériences passées pour les voir avec «les yeux de l'esprit». Vous pouvez «rêver en couleurs» (espérer ardemment que telle ou telle chose vous arrive); donc, vous pouvez «percevoir» mentalement, ou imaginer, des expériences que vous n'avez jamais vécues. Et la nuit, lorsque vous dormez, vous pouvez aussi faire d'horribles cauchemars et rêver à des monstres qui n'existent pas et, donc, pour lesquels vous n'avez reçu aucun stimulus du monde extérieur.

Si vous absorbez certains types de drogues, vous pouvez mal percevoir ou mal interpréter les informations que vos sens envoient au cerveau.

Votre perception ne dépend donc pas seulement de vos informations d'entrée actuelles et de vos expériences passées, mais aussi de l'état actuel de votre propre conscience.

Étant adulte, vous avez déjà expérimenté des milliards d'informations d'entrée sensorielles, et utilisé ces informations pour vous développer une conscience ou une perception normales du monde et de vous-même. Vous avez aussi expérimenté plusieurs états de conscience perturbés. Quelques-uns de ces états arrivent à tout le monde; d'autres, telle l'expérience de dédoublement de personnalité du Dr Jekyll qui s'est transformé en Mr Hyde après avoir bu sa potion, sont anormaux et ne sont perçus ou expérimentés que par quelques individus.

Le sommeil et les rêves

L'état de conscience perturbé le plus répandu parmi ceux qui se produisent de façon naturelle est le sommeil. Puisque cinq différents stades du sommeil ont été identifiés, nous supposons que le sommeil correspond à au moins cinq types différents de vigilance, ou de conscience. Les scientifiques peuvent détecter ces stades en utilisant un EEG pour surveiller l'activité cérébrale du dormeur. Les cinq stades représentent les niveaux de plus en plus profonds de sommeil qui se succèdent alors que le cerveau et le corps se reposent. Au cours de l'un de ces stades, cependant, le corps se repose alors que le cerveau se livre soudain à une activité accrue. Ce stade s'accompagne de mouvements oculaires irréguliers du dormeur; il est connu sous le nom de stade de mouvements oculaires rapides, ou **stade MOR**. La plupart des rêves se déroulent pendant le stade MOR. En fait quelques chercheurs ont affirmé que les mouvements oculaires rapides correspondaient aux regards que jette le dormeur sur ce qui se produit dans son rêve.

Tout le monde a besoin de sommeil, même si l'on a pu constater que certaines personnes pouvaient vivre sans difficulté en ne dormant pour ainsi dire pas. Chez la majorité d'entre nous, le manque de sommeil produit non seulement un état de fatigue, mais aussi une rupture des processus mentaux, des hallucinations et plusieurs des symptômes enregistrés lors d'un isolement perceptif. Le sommeil est nécessaire, bien entendu, mais le stade MOR et les rêves semblent avoir une importance particulière. Dans diverses études, des scientifiques ont surveillé l'activité cérébrale de sujets endormis et les ont réveillés chaque fois qu'ils commençaient à rêver. Même si les sujets pouvaient, en totalité, dormir le même nombre d'heures que d'habitude, ils étaient privés ou presque de leur faculté de rêver. Après quelques nuits sans rêves, on a noté chez plusieurs des sujets des formes variées de détresse mentale et émotionnelle. Quelques-uns se sont plaints d'hallucinations. Ils avaient aussi de la difficulté à se concentrer, et à se rappeler ce qui leur était arrivé pendant la période où ils n'avaient pas pu rêver.

Personne ne sait exactement pourquoi l'on rêve, ni pourquoi les rêves semblent être si importants pour notre santé. Mais Sigmund Freud, l'un des premiers scientifiques modernes à se soucier de ce problème, avait quelques idées bien établies sur les rêves. Notant que pas moins de 80% du contenu de nos rêves sont reliés à nos activités quotidiennes, Freud affirmait que nous nous servons du rêve comme d'un outil de travail sur les activités quotidiennes, afin d'emmagasiner des événements dans notre mémoire perceptive; c'est ce qu'il a appelé «le travail du rêve». Freud croyait que les autres 20% de nos rêves permettent de libérer par l'imaginaire plusieurs de nos désirs inassouvis.

Pendant plus de 50 ans, peu de scientifiques ont cru que les idées de Freud avaient un fondement solide. Par ailleurs, ces dernières décennies, plusieurs scientifiques ont effectué des expériences dont les résultats semblent appuyer les théories freudiennes. Par exemple, Ramon Greenberg, directeur de la recherche sur le sommeil à l'hôpital des Vétérans de Boston, fait rapport de plusieurs études où des animaux et des humains étaient privés du stade MOR de sommeil après avoir appris diverses tâches. Dans presque tous les cas, le jour suivant, les sujets ne pouvaient pas se souvenir aussi bien de ces tâches que les sujets du groupe témoin qu'on avait laissé rêver tout leur soûl. Greenberg croit que les rêves pourraient être la manière par laquelle le cerveau transférerait la mémoire des événements de la journée des aires d'information du cerveau aux parties de l'encéphale chargées de la mémoire à long terme.

Quant à la théorie de Freud selon laquelle certains rêves seraient l'accomplissement de désirs, nous n'avons pas besoin d'aller plus loin... reprenons le cas de Robert Louis Stevenson. Il a rêvé une nuit à l'histoire du Dr Jekyll et de Mr Hyde; le lendemain matin, il se levait et écrivait sa nouvelle.

L'hypnose

Le sommeil et le rêve sont deux états de conscience perturbés que chacun d'entre nous expérimente. Un état perturbé beaucoup moins courant est celui qui est produit par **hypnose**. L'état hypnotique présente des points communs avec le sommeil, et le mot hypnose vient du mot grec *hupnoein*, «endormir». Mais quiconque a vu une scéance d'hypnose, à la télévision ou en personne, sait qu'il ne s'agit pas là d'un sommeil ordinaire.

De bien étranges histoires ont été racontées au sujet de l'hypnose et du pouvoir de suggestion, des histoires où la personne hypnotisée agissait contre sa volonté ou devenait l'esclave d'un maître hypnotiseur. Bien que les gens accomplissent des choses singulières sous hypnose, ils ne feront rien qu'ils refuseraient d'accomplir dans des circonstances normales. Quelqu'un croyant fermement que le meurtre est immoral ne tuera pas une autre personne en état d'hypnose, à moins qu'il n'ait une bonne raison. Il peut y être amené si l'hypnotiseur le persuade qu'il est en état de légitime défense; mais il ne le fera pas sans raison.

L'état d'hypnose, comme tout état de conscience, dépend des messages perçus par les sens, et de la manière dont le cerveau perçoit ces messages. Le sommeil ressemble à une forme atténuée d'isolement perceptif. Les sens deviennent moins actifs, peu de messages sont envoyés au cerveau, et le dormeur peut prendre du repos. L'hypnose est un état similaire. Le sujet doit se concentrer sur un stimulus sensoriel spécifique («fixez-moi dans les yeux») et ne pas tenir compte des autres, comme dans le sommeil. Cette canalisation étroite de l'attention conduit le sujet à se détendre et à attacher une attention particulière aux suggestions de l'hypnotiseur. Si les suggestions se font sous forme d'ordres ou de commandements auxquels il est possible d'obéir et que le sujet pourrait normalement accepter d'accomplir, les ordres seront exécutés.

La **suggestibilité** hypnotique est plus difficile à atteindre lorsque l'hypnotiseur n'a pas l'entière confiance du sujet, parce que l'hypnotiseur ne fait pas simplement des suggestions; il doit persuader le sujet d'agir. Si ce dernier se méfie de l'hypnotiseur, rien ne se produit. La suggestibilité hypnotique dépend aussi du type de sujet: les personnes qui ont l'habitude de suivre des instructions et d'obéir aux ordres, comme les élèves de l'école élémentaire, sont généralement d'excellents sujets.

Les chercheurs n'ont pas encore réussi à expliquer l'hypnose de façon adéquate; quelques-uns ont tenté de le faire en disant que les sujets se leurraient eux-mêmes ou trompaient les hypnotiseurs. L'hypnose, qu'elle soit un phénomène réel ou une ruse inconsciente, devient un outil précieux pour les médecins et les thérapeutes. Elle a été utilisée en chirurgie dentaire pour remplacer les analgésiques ou les anesthésies, lors de certaines interventions chirurgicales, et même pendant des accouchements. On dit au sujet de ne ressentir aucune douleur, et le cerveau fait le reste.

L'auto-hypnose est semblable à l'hypnose. Lorsque quelqu'un a appris à entrer dans un léger état d'hypnose, il peut généralement le refaire sans l'aide d'un hypnotiseur. En apprenant à se concentrer et à se fermer à tout stimulus sensoriel, il peut s'auto-hypnotiser et se faire à lui-même des suggestions utiles. Quelques programmes destinés à aider les gens à ne plus fumer ou à contrôler d'autres habitudes procèdent par auto-hypnose. Les gens apprennent à s'auto-hypnotiser et le font tous les jours, deux ou trois fois, pendant 10 à 15 minutes. Alors qu'ils sont dans un état second, ils s'auto-suggestionnent sur les dangers de fumer ou de trop manger et sur les raisons pour lesquelles ils veulent arrêter. Cette technique a connu un certain succès; quoi qu'il en soit, même si les sujets ne parviennent pas ainsi à résoudre leurs problèmes, ils apprennent tout de même une façon agréable de se reposer.

La méditation

De plus en plus de gens perturbent leur état de conscience en faisant de la méditation. Par la méditation, la personne apprend à contrôler sa respiration et les postures de son corps; nous en discuterons de façon plus approfondie au chapitre 11.

Les drogues

Les états de conscience perturbés les plus connus sont probablement ceux engendrés par l'usage de drogues. Nous avons tous entendu maintes histoires au sujet de l'esclavage horrible de l'héroïne, des risques d'une surdose, du danger de la conduite en état d'ivresse, et de gens qui auraient perdu la tête ou qui seraient «restés accrochés» après consommation de **drogues psyché-déliques**. La plupart de ces histoires sont vraies dans une certaine mesure, mais la consommation de drogues continue. Et toute cette absorption, qu'elle soit sous ordonnance médicale ou non, est une tentative pour atteindre un certain état de conscience perturbé. Les gens malades ou qui souffrent prennent des drogues pour se sentir mieux. Le sommeil, l'hypnose et quelques autres états de conscience perturbés peuvent quelquefois effacer la douleur, mais les drogues sont généralement plus efficaces et agissent plus rapidement.

Comme les gens se sentent bien lorsqu'ils se droguent, des millions d'entre eux le font même s'ils ne souffrent pas et s'ils ne sont pas malades. La cigarette, le café et l'alcool sont probablement les drogues les plus utilisées aux États-Unis. L'héroïne, la cocaïne, le LSD, la mescaline, la marijuana et les amphétamines sont des drogues moins courantes et souvent illégales, mais restent largement utilisées. Mais qu'importe la sorte de drogue absorbée par un individu pour perturber sa conscience; les drogues agissent toutes soit en changeant les informations sensorielles, soit en modifiant la façon dont le cerveau traite ces informations.

L'énergie émise par l'environnement pousse les récepteurs sensoriels à envoyer des informations au cerveau, qui les traitera ou leur «donnera un sens». Mais avant qu'un message reçu de l'environnement puisse être traité ou décodé par votre cortex, le message doit faire son chemin à travers diverses voies nerveuses et diverses parties de cerveau. Puisque les neurones, ou cellules nerveuses, ne peuvent pas physiquement se déplacer pour aller livrer leurs messages, ils doivent les faire parvenir par d'autres moyens. Les cellules nerveuses de l'organisme communiquent entre elles en excrétant de très petites quantités de substances chimiques qui stimulent d'autres neurones. Ces produits chimiques sont appelés neuro-transmetteurs, puisqu'ils aident à transmettre les messages d'un neurone à un autre. Diverses drogues peuvent exercer sur les cellules nerveuses un effet semblable à celui des transmetteurs. Quelques-unes peuvent accélérer le rythme du cerveau et du système nerveux; d'autres peuvent diminuer l'activité du cerveau ou bloquer l'arrivée de certains types de messages sensoriels. D'autres drogues encore dérangent à un tel point les activités normales du cerveau que celui-ci ne parvient plus à donner quelque sens que ce soit aux informations qu'il reçoit. (Voir tableau 3.1)

TABLEAU 3.1
Les drogues courantes et leurs effets

	EFFETS	EXEMPLES

Neurodépresseurs («downers»)	Affectent les informations sensorielles en ralentissant le cerveau et en bloquant l'arrivée de certains messages; la plupart créent un état de dépendance	Alcool
		Barbituriques
		  Somnifères
		Tranquillisants
		Analgésiques (contre la douleur)
		  Aspirine, opium, morphine

Stimulants	Affectent les informations sensorielles en accélérant l'activité du cerveau et du système nerveux; peuvent entraîner un état de dépendance	Caféine Café, thé, cola Amphétamines

TABLEAU 3.1 (suite)

Les drogues courantes et leurs effets

	EFFETS	EXEMPLES
Hallucinogènes	Affectent les impressions habituelles en perturbant la capacité du cerveau de traiter les informations d'entrée	Acide d-lysergique diéthylamide (LSD) Mescaline
Euphorisants	Affectent les impressions habituelles en produisant un état second de bien-être; peuvent aussi provoquer de légères hallucinations ou des «pertes de contrôle»	Héroïne Cocaïne Marijuana

L'alcool

L'alcool est généralement classé comme **neurodépresseur** léger, c'est-à-dire comme une drogue qui diminue ou ralentit l'activité nerveuse. Lorsque l'alcool attaque la partie du cerveau qui contrôle les fonctions de l'organisme, la respiration du buveur et ses autres activités physiques ralentissent. Lorsque l'alcool agit sur les autres parties du cerveau, la capacité de penser logiquement et de prendre de justes décisions est amoindrie. La plupart des buveurs ne se rendent pas compte que leurs pensées et leur comportement sont affectés, parce que l'alcool ralentit aussi le fonctionnement de l'aire du cerveau qui contrôle les propres agissements de l'individu. Parce qu'ils ne peuvent pas toujours apprécier à sa juste valeur l'état dans lequel ils sont, les gens en état d'ivresse sont souvent persuadés qu'ils peuvent encore effectuer certaines tâches complexes, comme le fait de conduire une voiture. Conséquence navrante: quelque 25 000 personnes, aux États-Unis, sont tuées chaque année par des conducteurs ivres.

Bien des gens ne se rendent pas compte du fait que l'alcool est avant tout un neurodépresseur parce que son premier effet semble parfois être à l'opposé. Un verre ou deux, généralement, et les gens se sentent à l'aise, semblent plus vivants et plus animés que d'habitude. Cependant, ce «dégel» a lieu parce que le premier des effets de l'alcool est d'agir sur les zones du cerveau généralement inhibées ou refoulant certains comportements. La personne dont les inhibitions sociales sont libérées par l'alcool atteint un certain état d'euphorie, devient bruyante, excitée, et fait certaines choses qu'elle ne se permettrait probablement pas dans d'autres circonstances. Mais plus elle boit, plus l'alcool affecte le reste du cerveau; l'activité de l'organisme ralentit et l'effet neurodépresseur se fait sentir dans le parler et dans d'autres comportements.

Les stimulants et les neurodépresseurs

Comme nous l'avons noté, l'alcool rend une personne euphorique en ralentissant les aires inhibitrices de son cerveau. D'autres drogues portent à l'euphorie parce qu'elles activent la plupart des fonctions du cerveau. Ces substances chimiques, appelées **stimulants**, augmentent la vitesse à laquelle le cerveau traite les informations d'entrée et la vitesse à laquelle réagissent les muscles de l'organisme. Le plus courant des stimulants est la caféine, qu'on trouve dans le café, le thé et le cola. Une personne qui se sent endormie ou indolente en se levant le matin peut boire un café afin que son organisme réagisse et se mette en branle. Les plus puissants de ces **stimulants** sont souvent qualifiés de **psychotoniques**. De telles drogues (ce sont surtout diverses sortes d'**amphétamines**) sont quelquefois prescrites pour soins médicaux; mais occasionnellement, une personne en consomme uniquement pour devenir euphorique. Ce type d'euphorie peut être excitant momentanément, mais l'organisme ne peut supporter ce changement de vitesse que jusqu'à un certain point avant que des effets secondaires assez déplaisants ne fassent leur apparition.

Les **neurodépresseurs**, comme les **barbituriques**, les somnifères et les **tranquillisants**, sont l'inverse des stimulants. Ils retardent ou ralentissent les activités du cerveau et de l'organisme. Ils peuvent conduire à une grande relaxation mais, tout comme les stimulants, ils peuvent être mal employés. Ils deviennent particulièrement dangereux lorsqu'ils sont consommés en même temps que l'alcool qui lui aussi, comme nous l'avons vu, est un neurodépresseur.

Les analgésiques

Bon nombre des messages reçus par le cerveau sont douloureux ou déplaisants, mais certaines drogues peuvent bloquer ces messages. La plus courante de ces drogues «anti-douleur», ou **analgésiques**, est l'aspirine. Les plus fortes d'entre elles sont les drogues tirées du pavot somnifère.

L'opium, substance gommeuse provenant du pavot, est utilisée en Orient depuis des siècles. Cette matière peut être séchée, durcie puis fumée dans une pipe. L'opium est utilisé non seulement pour tuer une douleur physique, mais aussi pour échapper aux douleurs et frustrations psychologiques de la vie. Au XIXe siècle, la médecine occidentale a découvert que l'opium pouvait être raffiné et transformé en morphine, une drogue beaucoup plus forte. En réalité, la morphine n'empêche pas les messages de douleur d'atteindre le cerveau, mais elle fait en sorte que ces sensations ne soient pas interprétées comme elles le devraient.

La morphine calmait la douleur avec tant d'efficacité qu'elle a été administrée à un nombre considérable de patients avant que les médecins ne découvrent qu'elle avait un grave effet secondaire: elle créait un état de dépendance. Après un certain temps, l'organisme du patient s'habitue tellement à la drogue (et à la disparition de la douleur) qu'il ne peut plus s'en passer.

Jusqu'à tout récemment, personne ne savait exactement pourquoi la morphine menait à une telle toxicomanie. Cependant, au milieu des années 1970, des scientifiques aux États-Unis et en Angleterre ont découvert que le corps lui-même fabriquait des drogues ressemblant à la morphine, appelées

endorphines. En temps normal, votre corps garde sous la main une petite quantité d'endorphines pour aider à soulager ses maux et douleurs. Lorsque votre corps est gravement endommagé ou blessé, cette quantité d'endorphines n'est pas suffisante pour bloquer toute la douleur. Mais la morphine semble changer la perception de la douleur, comme le font les endorphines; et la dose médicale normale de morphine est plus analgésique que votre réserve entière d'endorphines. Mais pendant que la morphine réduit votre malaise, elle empêche aussi votre organisme de sécréter sa petite quantité habituelle d'endorphines. Si vous prenez de la morphine régulièrement, puis vous arrêtez, votre corps reste sans défense et il lui faut plusieurs jours pour reconstituer sa réserve normale d'endorphines. Pendant cette période de sevrage, où le corps est privé de tout analgésique, toute coupure ou égratignure, aussi minime soit-elle, peut être aussi douloureuse qu'une intervention chirurgicale sérieuse le serait pour une autre personne.

À la fin du XIXe siècle, les scientifiques qui cherchaient un moyen d'aider les morphinomanes ont découvert l'héroïne, qui calme la douleur plus que la morphine. L'héroïne (autre dérivé de l'opium) calmait les douleurs dont souffraient les morphinomanes, mais créait un état de dépendance encore plus grand que la morphine. Lorsque des endorphines artificielles ont été synthétisées en laboratoire, les scientifiques espéraient qu'elles aideraient les héroïnomanes. Mais, à leur grand désespoir, ils ont rapidement découvert que cette substance synthétique conduisait à un état de dépendance encore pire que celui de l'héroïne. La seule «cure» qui semble partiellement efficace pour les opiomanes est une thérapie psychologique: un traitement où l'individu apprend à se maîtriser suffisamment pour supporter la douleur pendant la désintoxication, et pour surmonter les obstacles douloureux auxquels on est susceptible de se heurter dans la vie courante.

Les hallucinogènes

Alors que certaines drogues empêchent certaines informations de type sensoriel d'atteindre le cerveau, d'autres perturbent la capacité du cerveau de manier ou traiter les informations reçues. Ces drogues sous l'effet desquelles le cerveau déforme la réalité, ou «hallucine», s'appellent les **hallucinogènes**; les plus connues d'entre elles sont le LSD et la mescaline.

«LSD» ou «acide» sont les noms courants dont on se sert pour désigner l'acide d-lysergique diéthylamide. Cette drogue a été synthétisée pour la première fois en Suisse en 1938; elle n'est devenue populaire en Amérique du Nord qu'au cours des années 1960. Parce qu'il amplifie ou déforme tous les messages sensoriels reçus, le LSD produit souvent de très étranges hallucinations. Les plus petits détails sur le plan sensoriel prennent une dimension démesurée, et la personne voit et entend des choses qui n'existent pas réellement. En déformant la majorité des informations sensorielles d'entrée, le LSD oblige la personne à expérimenter la réalité ou la conscience d'une façon totalement différente. Cet état de conscience perturbé peut être quelquefois plaisant surtout si la dose est faible, mais il peut aussi être terrifiant. L'aspect le plus alarmant du «bad trip» est que la personne perd contrôle sur le flot de ses pensées. Plus la dose est forte (et moins l'acide est pur), plus la personne risque de faire un «bad trip».

La mescaline, drogue extraite du peyotl, cactus du Mexique, est aussi un hallucinogène. Moins puissante que le LSD, elle a longtemps été utilisée par les Amérindiens pendant leurs cérémonies religieuses.

Les euphorisants

En plus d'affecter l'expérience physique qu'a une personne du monde qui l'entoure, les drogues peuvent changer ses impressions psychologiques. L'alcool le fait: il peut rendre les gens de bonne ou de mauvaise humeur. L'héroïne (qui est aussi utilisée en tant qu'analgésique), la cocaïne et la marijuana peuvent rendre les gens euphoriques, c'est-à-dire les mettre de bonne humeur. Ces drogues sont appelées **euphorisants**.

La cocaïne, comme beaucoup d'autres drogues, a une histoire longue et intéressante. Elle est extraite des feuilles de coca. Longtemps les Indiens de l'Amérique du Sud l'ont utilisée à des fins religieuses et pour leur permettre de travailler sans ressentir la fatigue. Elle a été découverte par la médecine occidentale en 1859, et elle est très vite devenue populaire. Les revues médicales de l'époque l'appelaient la «drogue-miracle». Elle était censée guérir de la gonorrhée, des nausées du matin chez les femmes enceintes, du mal de mer, du rhume des foins, de l'opiomanie, des douleurs mammaires, de la coqueluche, de l'asthme, de la syphilis et même du simple rhume.

Freud a été parmi les premiers utilisateurs de la cocaïne. Il en consommait lui-même, et en donnait à ses patients comme analgésique. Mais il s'est vite rendu compte qu'elle pouvait créer un état de dépendance psychologique; il a cessé d'en prendre et d'en prescrire. Robert Louis Stevenson, qui souffrait d'une maladie pulmonaire, peut en avoir pris comme médicament à l'époque où il a écrit l'histoire de Jekyll et Hyde. Cela expliquerait la vitesse étonnante à laquelle il a écrit, puis réécrit sa nouvelle (60 000 mots en six jours). Aujourd'hui, bien des gens reniflent de la cocaïne sous forme de poudre: elle produit un état second ou un état d'euphorie agréables.

En 1977, l'Institut national sur la consommation abusive de drogues a publié un rapport sur l'usage de la cocaïne aux États-Unis. Alors que le rapport soulignait le danger d'un abus de cocaïne, il affirmait qu'il n'existait aucune preuve formelle comme quoi la cocaïne était dangereuse lorsqu'on en consommait de temps à autre et à doses modérées.

Aujourd'hui, en Amérique du Nord, la marijuana est probablement la drogue illégale la plus populaire utilisée pour perturber la conscience. Elle provient du chanvre indien (le cannabis), une mauvaise herbe qui peut pousser à peu près n'importe où. À cause de sa popularité et de la facilité avec laquelle on peut s'en procurer, on a fait beaucoup d'études sur ses effets. L'un des rapports les plus complets à ce sujet est sans doute celui qu'a publié le Département de la Santé, de l'Éducation et du Bien-être aux États-Unis. Basé sur plus de cent études, le rapport conclut qu'une consommation modérée de marijuana n'a probablement aucun effet physique dangereux. Le rapport établit que l'usage de la marijuana ne porte pas vers la consommation d'autres drogues, et n'a pas de lien direct avec la criminalité. Des recherches sur les animaux faites en vue du rapport ont établi que la marge de sécurité du THC (delta-9-tétrahydrocan-nabinal), l'ingrédient actif de la marijuana, étais très grande; en d'autres mots, il y a bien peu de chances que quelqu'un meure à la suite d'une surdose de marijuana. Le rapport prévient toutefois que la marijuana peut avoir des effets de détérioration des performances mentales et physiques, et il déconseille de conduire sous l'effet de la marijuana.

Les derniers chapitres du rapport gouvernemental parlent de l'utilisation médicale ou thérapeutique de la marijuana. Certaines indications permettent de croire qu'elle pourrait représenter un traitement efficace de la dépression, l'alcoolisme et l'épilepsie. Elle pourrait être utile pour guérir certaines maladies de la peau et, parce qu'elle abaisse la pression à l'intérieur du globe oculaire, elle a déjà été prescrite pour le traitement du glaucome, maladie rendant aveugle, caractérisée par une augmentation de pression à l'intérieur de l'oeil.

LA RECHERCHE DE L'ÉTAT SECOND

Le paradis du toxicomane: voilà ce qu'étaient les États-Unis il y a une centaine d'années. La marijuana était légale, et elle était largement utilisée comme médicament. L'opium se vendait entre 10 $ et 12 $ l'once et entrait dans la fabrication de toute une gamme de médicaments que l'on pouvait se procurer à l'épicerie ou au magasin général. Selon Edward Breecher et les éditeurs de *Consumer Reports*, le sirop pectoral aux cerises Ayer, le sirop calmant de Mme Winlow, la potion carminative Darby, le cordial Godfrey, l'élixir d'opium McMann et la poudre Dover ne sont que quelques-uns des nombreux médicaments brevetés qui contenaient des narcotiques à cette époque. Ils nous racontent l'histoire intéressante de la consommation des drogues et font le point sur la situation actuelle dans leur livre *Licit and Illicit Drugs* (Little, Brown, 1972).

Dans ce livre de *Consumer Reports*, on affirme que la consommation de drogues est très courante dans notre société, bien sûr, mais on souligne également que le fait d'absorber des drogues pour atteindre un état second n'est pas un passe-temps (ou un problème) nouveau. Il y a des milliers d'années que les gens consomment des drogues de manière plus ou moins abusive. «Se geler», ce n'est qu'une nouvelle manière d'appeler une recherche de l'état second qui est aussi vieille que l'homme lui-même. L'Ancien Testament nous raconte que même Noé aimait bien boire un coup de temps en temps (et encore, c'est le seul homme de l'époque qui était assez méritant pour être sauvé du Déluge). Pendant des siècles, les gens ont cherché des façons toujours meilleures et plus excitantes d'expérimenter la vie ou de percevoir le monde. Ils ont essayé d'atteindre des états de conscience perturbés qui rendent la vie plus agréable et plus drôle, et ils continuent à le faire aujourd'hui avec les centaines de drogues que l'on peut se procurer.

Le matin, un café et une cigarette; une bière ou deux au dîner; un martini avant le souper; un joint ou un peu de «coke» à un party; une petite pilule avant de se coucher. L'absorption de drogues est devenue une habitude que de nombreux Dr Jekyll pratiquent pour se glisser eux-mêmes dans divers types de personnalités. Et tout laisse croire que la consommation de drogues ne peut qu'augmenter dans le futur. Mais toutes les fois que nous absorbons un produit chimique pour perturber notre conscience et changer notre perception des choses, nous aurions avantage à nous rappeler que la façon la plus simple et la plus efficace d'atteindre un état second ou d'avoir un «high» est peut-être de profiter pleinement des sensations et des expériences que nous offre déjà le monde qui nous entoure. Ou, comme le mentionne Rosenfeld dans son *Book of Highs*, le 250e moyen d'atteindre un «high», c'est de vivre.

RÉSUMÉ

1. *Le Dr Jekyll et Mr Hyde étaient une seule et même personne. Cependant, la substance chimique ingérée par le Dr Jekyll a perturbé la façon dont il percevait le monde. Comme résultat, son comportement était si différent qu'il est effectivement devenu une autre personne, le détestable Mr Hyde.*
2. *Les sens ont tous importance déterminante dans le comportement humain. Tout ce que nous faisons est lié d'une façon ou d'une autre aux informations reçues par les sens. En plus d'étudier les sens eux-mêmes, il est possible de comprendre l'importance d'une stimulation sensorielle en observant ce qui se produit lorsque le fonctionnement normal des sens est dérangé. Une surcharge sensorielle, un isolement perceptif ou l'usage de drogues peuvent déranger les sens et mener à des **états de conscience perturbés.***
3. *Toutes les fois qu'une personne expérimente le monde d'une façon qui diffère de l'état normal des choses, cette personne est dite en état de conscience perturbé. L'état de conscience perturbé provoqué par un isolement perceptif fait ressortir l'importance de la stimulation de type sensoriel. Même un isolement perceptif temporaire peut causer des **hallucinations** et d'étranges sensations corporelles, et nuire au rendement mental.*
4. *Le **système d'activation réticulaire** (SAR) est le système d'alarme de votre cerveau. Il s'agit d'un réseau de nerfs qui identifie les informations de type sensoriel importantes et s'assure que ces informations parviennent bien au cerveau. Sans ce système d'activation réticulaire, vous ne répondriez à aucun message. Vous tomberiez dans le coma et vous ne vous réveilleriez plus.*
5. *Les sens travaillent en répondant à divers types d'énergie du milieu. Les sens chimiques, le goût et l'odorat, répondent de différentes façons à diverses substances chimiques. Les réponses sont interprétées par le cerveau comme étant différentes sortes de saveurs et d'odeurs.*
6. *Les sens cutanés répondent aux stimulations physiques, et non pas chimiques. Les sens chimiques et cutanés sont d'une grande importance pour*

les nouveau-nés; à travers ces sens, ils commencent l'apprentissage de leur environnement. Les premières expériences que l'enfant a du monde sont si importantes que Freud a décrit les deux premières étapes du comportement humain **(stades oral et anal)** en termes de stimulations sensorielles. Des stimulations déplaisantes ou des mauvais traitements pendant ces stades de la première enfance peuvent conduire, selon lui, à des troubles de comportement au cours des étapes ultérieures de la vie.

7. Lors des étapes plus tardives du développement humain, les contacts sociaux prennent de plus en plus d'importance. Selon Freud, **le stade phallique, puis génital** suivent le stade anal, et l'enfant se préoccupe plus de ceux qui l'entourent. Les sens de l'ouïe et de la vue aident particulièrement à établir ces contacts sociaux, à apprendre des autres individus et à se conduire avec eux de telle ou telle façon. La faculté d'entendre et de parler rend possible une communication bilatérale entre les gens. Pour apprendre à parler, l'enfant, en principe, doit avoir un modèle, une rétroaction et une motivation. Cependant, là où la parole est physiquement impossible, on peut avoir recours au langage par signes. Il n'en reste pas moins que les troubles d'audition, de langage ou les troubles visuels provoquent des problèmes d'apprentissage et de communication qui mettent bien en évidence l'importance de ces facultés dans la vie de tous les jours.

8. La vue a une importance particulière pour vous aider à vous déplacer et à faire des expériences dans le monde. Par vos yeux, vous percevez les messages ou sensations provenant des choses qui vous entourent. Les différentes parties de l'oeil **(cristallin, rétine, fovéa, bâtonnets et cônes)** reçoivent les messages et les transmettent au cerveau par l'intermédiaire du nerf optique. La perception est le processus de décodage de toutes ces informations.

9. Les **cônes** permettent de voir les couleurs. Les gens dont les cônes ne fonctionnent pas très bien peuvent être atteints de **cécité nocturne** ou de **daltonisme**.

10. Parce que vous avez deux yeux **(vue stéréoscopique)** et des voies nerveuses allant au cerveau et en revenant, et à cause de vos expériences passées, vous pouvez percevoir le monde en trois dimensions grâce à la **perception de la profondeur**. Cet atout est important pour votre survie. Des études ont été effectuées à l'aide d'un **précipice visuel** afin d'évaluer la perception de la profondeur chez les nouveau-nés et les animaux.

11. Les sens aident l'individu à acquérir une conscience normale du monde, mais il y a plusieurs degrés ou états de conscience qui diffèrent de l'état normal d'éveil. Le sommeil, les rêves et l'état d'hypnose en font partie. Ces états sont tous influencés par des informations provenant des sens.

12. Le sommeil est nécessaire, mais le stade des mouvements oculaires rapides (MOR) du sommeil, état au cours duquel la majorité des rêves ont lieu, semble être d'une particulière importance. Les gens privés du stade MOR et des rêves montrent des signes de fatigue et d'irritabilité, et peuvent même être sujets à des hallucinations. Freud estime que les rêves sont la clef de la compréhension de nos désirs inconscients. Il est aussi fort possible que les *rêves jouent un autre rôle: nous permettre de nous souvenir des événements de la journée.*

13. *L'hypnose est un phénomène encore mal compris. Elle semble liée à une réduction de la conscience sensorielle, et à la concentration de l'attention sur l'hypnotiseur. En état d'hypnose, les suggestions faites par l'hypnotiseur peuvent avoir une grande puissance. L'hypnose a fait ses preuves en tant qu'outil médical utile, surtout dans le contrôle de la douleur. L'auto-hypnose permet à l'individu une certaine indépendance vis-à-vis du thérapeute, et aussi une faculté à s'auto-suggestionner selon le besoin.*

14. *Les états de conscience perturbés dont on parle le plus sont ceux provoqués par les drogues. Les drogues affectent la façon dont les messages provenant des sens sont interprétés par le cerveau. Les drogues peuvent accélérer, ralentir et même déformer complètement les messages provenant des sens.*

15. *L'alcool, problème de drogue numéro un en Amérique du Nord, est un* **neurodépresseur** *qui, en quantité limitée, plonge les individus dans une douce euphorie; avec une quantité plus grande, le jugement et la coordination sont altérés. Les* **amphétamines** *(stimulants), les* **barbituriques** *(neurodépresseurs), les* **analgésiques** *(pour calmer la douleur), et les* **euphorisants** *(drogues qui procurent du bien-être), sont des drogues qui, lorsque prescrites, sont valables du point de vue médical; mais, lorsqu'on en fait usage à d'autres fins, elles peuvent être illégales et destructrices, à la fois mentalement et physiquement. La marijuana, euphorisant dont on fait beaucoup usage dans nos pays, reste à l'étude. Les résultats semblent indiquer qu'elle peut être bénéfique du point de vue médical, qu'elle n'est pas léthale, mais qu'elle peut avoir des effets de détérioration sur les performances mentales et physiques.*

16. *On consomme des drogues depuis très longtemps, et il est probable qu'on en consommera de plus en plus à l'avenir. Les drogues aident à combattre la maladie, à contrôler la douleur, et à produire quelquefois des états de conscience perturbés agréables ou excitants. Cependant, elles ont ces effets parce qu'elles modifient notre conscience du monde, une conscience qui nous est nécessaire pour bien nous adapter à notre environnement.*

guide d'étude

A. RÉVISION

Compléter les phrases suivantes:

1. La transformation du Dr Jekyll en Mr Hyde a été causée par l'absorption d'une _____ .

2. C'est un groupe de psychologues de l'Université _____ qui a effectué les premières expériences sur l'isolement perceptif.

3. Lorsque quelqu'un souffre d'_____, il dit voir et entendre des choses qu'il ne peut pas réellement avoir vu ou entendu.

4. L'une des principales fonctions du système nerveux est de prédire et de contrôler les _____ .

5. Le réseau de neurones du cerveau qui contrôle notre état d'éveil, notre vigilance, ou notre conscience est le _____ .

6. Si le système d'activation réticulaire d'un organisme est détruit, ce dernier tombera dans le_____ .

7. L'utérus peut être considéré comme une chambre dans laquelle un animal expérimente un_____ perceptif presque total.

8. Même à la naissance, il existe dans le cerveau certaines connexions pré-établies, qui donnent à tous des _____ innés, et les rendent prêts à répondre à leur environnement.

9. Les sens chimiques sont plus communément appelés le _____ et l'_____ .

10. Les _____ sont les récepteurs du goût.

11. Les qualités élémentaires du goût sont le _____ , l'_____ le _____ , et l'_____ .

12. Les sens_____ permettent de percevoir certaines sensations, comme la pression, le chaud et le froid.

13. Il existe deux principaux types de surdité: la surdité de_____ et la surdité de _____ .

14. La lumière pénètre dans l'oeil en passant tout d'abord au travers de la _____ ; elle finit son trajet sur la_____ .

15. Les récepteurs visuels sur la rétine de l'oeil sont les _____ et les _____ .

16. La _____ de l'oeil contient plusieurs millions de cônes et aucun bâtonnet.

17. Les objets faiblement éclairés sont perçus facilement par les parties de la rétine contenant les _____ .

18. La cause la plus fréquente de la cécité nocturne est un manque de _____ .

19. Le daltonisme complet est un trouble _____ et se manifeste plus souvent chez les _____ .

20. Le fait que chaque oeil reçoive une vue du monde légèrement différente de celle reçue par l'autre oeil aide à expliquer les effets de la vision_____ .

21. Un moyen utilisé pour tester la perception de la profondeur chez les nouveau-nés est le _____ .

22. Nous surveillons l'activité cérébrale d'un dormeur à l'aide d'un_____

23. Lorsque nous rêvons, nous le faisons pendant le stade_____du sommeil.

24. Les drogues légales les plus courantes à être grandement consommées au pays sont la_____, le _____ et l'_____.

25. Les produits chimiques libérés par une cellule nerveuse dans le but de stimuler d'autres cellules nerveuses sont appelés _____ .

26. L'alcool est une drogue classée comme un _____ léger.

27. Les drogues appelées_____portent à l'euphorie en accélérant la plupart des fonctions du cerveau.

28. Les _____ , les _____ , et les _____ sont des exemples de neurodépresseurs.

29. Les drogues qui soulagent la douleur sont appelées _____ .

30. La mescaline et le LSD sont des exemples d'_____ .

31. Sans aucun doute, la _____ est l'euphorisant illégal le plus fréquemment consommé.

32. L'élément actif dans la marijuana est le _____

B. VÉRIFICATION DES CONNAISSANCES

Encercler la bonne réponse (A, B, C, ou D):

1. Les expériences de McGill:
   A. comportaient des études sur l'isolement perceptif.
   B. visaient à perturber les états de conscience à l'aide de l'hypnose.
   C. ont été menées à l'UCLA au cours des années 1950.
   D. avaient pour but de comparer l'état de méditation et les états provoqués par l'absorption de drogues.

2. Le système d'activation réticulaire:
   A. s'étend du sommet de la moelle épinière au cerveau.
   B. contrôle l'état d'éveil.
   C. vous aide à prêter attention à certains stimuli et à ne pas tenir compte des autres.
   D. A, B et C à la fois.

3. Pendant le stade _____ du développement, l'organisme se préoccupe des sens cutanés.
   A. oral
   B. anal
   C. sexuel
   D. génital

4. Laquelle des qualités mentionnées *n'est pas* une qualité élémentaire du goût?
   A. le sucré.
   B. l'aigre.
   C. le piquant.
   D. le salé.

5. Les ondes sonores sont transformées en messages nerveux dans:
   A. le tympan.
   B. l'oreille interne.
   C. les osselets de l'oreille moyenne.
   D. l'oreille externe.

6. Suivant quelle séquence la lumière traverse-t-elle l'oeil?
   A. cristallin, pupille, humeur aqueuse, rétine.
   B. pupille, cornée, cristallin, rétine.
   C. cornée, pupille, cristallin, rétine.
   D. cristallin, pupille, cornée, rétine.

7. Les rêves:
   A. sont bien intéressants, mais ne sont probablement pas nécessaires.
   B. se produisent pendant l'étape du sommeil le plus profond, le plus calme.
   C. peuvent être interrompus ou perturbés pendant des mois, sans qu'un gros changement du comportement de l'individu n'en résulte.
   D. peuvent être importants pour emmagasiner les nouvelles données dans la mémoire à long terme.

8. Quelles drogues parmi les suivantes peuvent être classifiées en tant qu'hallucinogènes?
   A. la mescaline.
   B. la cocaïne.
   C. tout analgésique.
   D. toute amphétamine.

9. Lorsqu'une personne entend ou voit des choses qui n'existent pas réellement, elle est probablement:
   A. extrêmement créative.
   B. déficiente.
   C. en train de faire des hallucinations.
   D. sous l'effet d'une drogue analgésique.

10. L'alcool peut être classé comme un_____léger.
   A. hallucinogène.
   B. neurodépresseur
   C. stimulant
   D. euphorisant

Les bébés Leboyer: protéger les sens moment de la naissance

Imaginez-vous sortir d'une salle de cinéma chaude et sombre, et vous retrouver par une après-midi d'hiver glaciale, sous un soleil éblouissant.

Ou encore, être éveillé d'un doux sommeil réparateur par le bruit claironnant d'une fanfare.

Si vos réflexes et vos sens sont normaux, ces changements radicaux peuvent non seulement provoquer un état de choc, mais aussi être extrêmement douloureux.

Maintenant, imaginez ce que signifierait d'expérimenter tous ces changements sensoriels si vous étiez un nouveau-né, nu et sans défense. Des chocs de ce genre sont ce qui accueille la plupart des bébés à leur naissance. Ils sont projetés dans une lumière aveuglante, du bruit, de l'air froid, des tissus qui peuvent paraître rugueux à leur peau sensible. On les prend par les pieds et on les tient en l'air: ils sont forcés d'un coup sec de quitter la position foetale pour se retrouver en position allongée. On leur donne une tape sur les fesses pour les faire pleurer. Ce n'est là qu'une partie de ce qu'un médecin français, Frédérick Leboyer, appelle la violence à la naissance, telle qu'elle se manifeste dans beaucoup des salles d'accouchement aseptisées et efficaces d'Europe et d'Amérique du Nord.

Il existe peut-être des façons plus douces de naître. Dans **Pour une naissance sans violence** (Seuil, 1974) Leboyer décrit ce qu'il croit être la douleur que subit un enfant lorsqu'il naît. «Est-il besoin de commentaires? deman-

de-t-il. Ce front tragique, ces yeux fermés, sourcils levés, noués... Cette bouche hurlante, cette tête qui se renverse... Ces mains qui se tendent, implorent, supplient, puis vont à la tête, ce geste de la calamité... Ces pieds qui repoussent furieusement, ces jambes qui reviennent protéger le tendre ventre... Cette chair qui n'est que spasmes, sursauts, secousses... C'est tout son être qui crie, c'est tout son corps qui hurle: «Ne me touchez pas! Ne me touchez pas!». Et, en même temps, implore, supplie: «Ne me laissez pas! Aidez-moi! Aidez-moi!». A-t-on jamais lancé appel plus déchirant?»

En réponse à cet appel, Leboyer propose une méthode rendant la naissance moins douloureuse et moins terrible pour l'enfant. Il s'agit d'une naissance lente, tranquille où tout est fait pour protéger les sens délicats de l'enfant contre un trop grand choc. On épargne aux yeux sensibles du nouveau-né l'éclat des lampes et des projecteurs de la salle d'accouchement. «Sans doute, admet Leboyer, il faut y voir pour surveiller la mère, éviter qu'elle ne se déchire lors de la sortie de la tête du bébé... Ne conservons qu'une veilleuse. C'est tout à fait assez. En outre, dans cette pénombre, la mère distinguera à peine les traits de son bébé. Et c'est tant mieux. Les nouveau-nés, quand ils arrivent, sont presque toujours laids... Que la mère, donc, découvre son enfant, d'abord en le touchant. Qu'elle sente avant de voir...»

Tout bruit inutile est aussi condamné. La méthode Leboyer demande un silence parfait dans la salle d'accouchement, remplaçant des ordres bruyants tels que «Poussez, poussez», qui peuvent indisposer la mère et être douloureux pour l'enfant.

Une fois la tête de l'enfant apparue, l'accouchement peut être facilité si le docteur place ses doigts sous chacune des aisselles. Ainsi supporté, le bébé est gentiment déposé sur le ventre de la mère. Là, pendant plusieurs minutes, il s'habitue lentement à son nouvel environnement, alors qu'il continue à recevoir chaleur et bien-être de sa mère (comme c'était le cas avant la naissance).

La méthode Leboyer bannit la traditionnelle position allongée que l'on inflige à l'enfant. «Cette colonne vertébrale, qui a été tendue, pliée, pressée, tordue aux limites du possible, voilà qu'on la lâche d'un coup! ... L'enfant est ivre d'angoisse... Et c'est dans ce paroxysme de désarroi, de désespoir, de chagrin, que saisi par un pied on le laisse pendre dans le vide!»

La tape traditionnelle provoque le cri, et l'enfant ainsi respire et se sert de ses poumons. Un manque d'oxygène à ce moment précis pourrait entraîner de sérieux dommages au cerveau. La méthode Leboyer évite cette tape et permet au bébé de rester étendu tranquillement sur le ventre de sa mère, le cordon ombilical le reliant encore à cette dernière. Le bébé continue donc à recevoir le sang et l'oxygène de sa mère comme avant sa naissance. Graduellement, après plusieurs minutes, les poumons de l'enfant et son système respiratoire commencent à fonctionner, et le cordon ombilical ne sert plus. L'enfant aura été approvisionné en oxygène continuellement, sans pour autant avoir été frappé.

Puis, au lieu de placer l'enfant sur une balance froide pour le peser, on le plonge doucement dans une eau à la température du corps. Le bébé y est lavé; par la suite, il ouvrira les yeux et bougera ses membres librement dans l'eau. «En naissant, le bébé porte un masque... le masque de la tragédie. Il en aurait un autre, conclut Leboyer, un masque de gaieté, de joie, avec une bouche détendue, aux commissures levées, des sourcils épanouis, des yeux plissés de plaisir.»

Même si l'on a peu de preuves à l'appui du fait que la méthode Leboyer ait des effets bénéfiques sur le développement, une étude sur les bébés Leboyer semble prometteuse; elle a été menée par Danièle Rapoport du Centre national de la recherche scientifique en France.

Dans un hôpital parisien de classe moyenne, 120 femmes ont été choisies au hasard pour accoucher selon la méthode Leboyer. Puis, pendant trois ans, les enfants ont subi des examens standard de coordination physique et ont été observés à diverses occasions par un groupe de chercheurs. Les parents ont aussi été interviewés. Les test ont indiqué que le développement physique de ces enfants était légèrement plus avancé que celui d'autres enfants nés de la manière habituelle. Les observations des enfants ont permis de constater qu'ils étaient exceptionnellement habiles des deux mains. Ils ont commencé à marcher plus tôt (en moyenne à 13 mois, au lieu de 14 à 15 mois). Ils ont eu moins de difficulté à faire l'apprentissage de la propreté et à apprendre à se nourrir. Ils ont semblé être exempts des coliques et de la respiration courte qui se produisent souvent durant les premiers mois de la vie.

Les parents aussi ont semblé avoir été influencés par cette façon d'accoucher. Les mères en parlaient comme d'une expérience profonde, extraordinaire, émouvante, remarquable, et se sentaient privilégiées. Elles avaient aimé tous les aspects de leur accouchement et avaient exprimé le désir d'avoir tous leurs autres enfants de la même façon.

Fait curieux à constater, les pères ont semblé prendre un intérêt exceptionnel à leurs enfants, surtout ceux qui avaient pénétré dans la salle d'accouchement (après que l'enfant ait été mis au bain). «Vous êtes plus attiré vers l'enfant lorsque vous le voyez si tôt», un père a-t-il affirmé. Donc, en plus d'aider au développement physique de l'enfant, la méthode Leboyer renforce peut-être les liens entre les parents et les enfants; cela peut avoir des effets positifs durables sur les rapports des parents avec leurs enfants.

C. À PROPOS DE L'ARTICLE...

1. Par comparaison avec les méthodes employées de nos jours, comment l'accouchement devait-il se passer à l'époque, disons, de la Nouvelle-France? _____

_____

2. Quel est le principe de base de la méthode Leboyer? _____

_____

3. A-t-on des indications selon lesquelles la méthode de Leboyer aurait certains effets sur le comportement de l'enfant au cours des étapes ultérieures de sa vie? _____

_____

SUGGESTIONS DE LECTURES:

Day, R.H., *La perception*, HRW, Montréal, 1976.

Fraisse, P., Piaget, J., *Traité de psychologie expérimentale*, volume VI: *la perception*, Presses Universitaires de France, Paris, 1967.

Fraisse, P., Piaget, J., *Traité de psychologie expérimentale*, volume II: *sensation et motricité*, Presses Universitaires de France, Paris, 1969.

Hebb., D.O., *Psychologie, science moderne,* HRW, Montréal, 1974.

Kalant, H., Kalant, O.J., *Drogues, société et option personnelle*, La Presse, Ottawa, 1973.

Kayser, C., *Le sommeil et le rêve,* Presses Universitaires de France, Paris, 1973.

Rosenfeld, E., *Le livre des extases,* La Presse, Ottawa, 1974.

Stevenson, R.-L., *L'étrange cas du Dr Jekyll et de Mr Hyde,* Gallimard, Paris, 1978.

En anglais

Brecher, E. et les éditeurs de *Consumer Reports, Licit and illicit drugs,* Little, Brown, Boston, 1972.

Gibson, J.J., *The senses considered as perceptual systems,* Houghton Mifflin, Boston, 1966.

McCord, W, McCord, J., *The origins of alcoholism,* Stanford University, Stanford (Californie), 1960.

4

le développement de la perception

Les sens nous permettent d'atteindre le monde et d'établir un contact avec lui. Cependant, seuls l'apprentissage et l'expérience rendent le cerveau capable d'interpréter l'information fournie par les sens et de lui donner une signification.

Après avoir étudié ce chapitre, vous pourrez:

- Définir ce qu'est la perception;

- Définir la surcharge informationnelle et la limitation sensorielle, et en donner des exemples;

- Expliquer ce qu'est l'adaptation sensorielle et en donner des exemples;

- Décrire comment nos besoins personnels et nos valeurs, alliés à notre expérience passée, peuvent influencer nos perceptions et, parfois, créer des trous noirs psychologiques;

- Résumer les méthodes de travail de Skeels et les résultats obtenus;

- Préciser ce qu'est une illusion, et citer quelques problèmes que rencontre un aveugle lorsqu'il recouvre la vue.

glossaire

Accoutumance. Le terme «coutume» provient du latin *consuetudo*, «habitude, usage». Lorsque votre environnement ne se modifie pas pendant un certain temps, votre système nerveux a deux principales façons de se maintenir alerte. L'une est l'adaptation sensorielle; l'autre est l'accoutumance. L'adaptation se produit au niveau même des récepteurs sensoriels. Si vous restez pendant un certain temps assis dans un bain chaud, les récepteurs cutanés s'adapteront finalement au stimulus constant de «chaleur» et n'enverront plus de message au cerveau. Donc, l'eau vous semblera de plus en plus froide, même si la température ne varie pas. L'accoutumance, quant à elle, a lieu au niveau cérébral. Si vous habitez près d'une raffinerie de pétrole, vous vous habituerez à l'odeur. Autrement dit, votre cerveau ne portera plus attention à l'odeur, même si les récepteurs olfactifs continuent d'envoyer des messages au cerveau chaque fois que vous rentrez chez vous.

Adaptation sensorielle. Voir «accoutumance».

Dilatation. Du latin *dilatatio*, «extension». Opposé à «contraction». Lorsque vous entrez dans une pièce sombre, les pupilles de vos yeux se dilatent pour laisser pénétrer le plus de lumière possible.

Illusion. Mauvaise perception provenant de la façon dont les récepteurs répondent à un stimulus. La cause de l'illusion se retrouve généralement dans le stimulus lui-même, ou dans la structure de l'organe récepteur. Les hallucinations, d'un autre côté, résultent d'un traitement incorrect des sensations normales d'entrée; ce sont donc des «erreurs de perception» faites par le cortex, et non pas par les récepteurs du stimulus externe. Si vous regardez un chat au profil bizarre et que vous «voyez» un chien, il s'agit d'une illusion. Si vous regardez un endroit désert et que vous pensez y voir un chien, peut-être sous l'effet de l'alcool ou d'une drogue, vous êtes alors l'objet d'une hallucination.

Inaudible. Audition signifie «action d'entendre». Un son est inaudible si, consciemment, vous ne pouvez l'entendre. Vous pouvez à l'occasion répondre à un bruit qui se situe à la limite de l'inaudible en tournant la tête dans la direction de la source de ce son, bien que vous ne sachiez pas pourquoi vous tournez la tête. Votre corps répond à beaucoup d'informations sensorielles qui ne sont pas suffisamment fortes ou importantes pour atteindre le niveau de la vigilance ou de la conscience.

Isolement perceptif. État dans lequel on est privé de toute ou presque toute information sensorielle provenant de l'extérieur. Sans de telles informations, le système d'activation réticulaire rend souvent le cortex inactif, de telle sorte que la pensée et la conscience chutent presque au point mort. Voir «surcharge informationnelle».

Limitation sensorielle. Vos organes sensoriels sont merveilleusement sensibles, mais ne sont pas parfaits. Vous ne pouvez pas «voir» les ondes radio, et ne pouvez «entendre» des tonalités musicales ayant une fréquence de plus de 20 000 Hertz (cycles par seconde). Afin de survivre dans votre environnement vous devez probablement en apprendre autant au sujet de vos limitations qu'au sujet de vos possibilités sensorielles.

Nerf optique. Voie de tissu nerveux (constitué avant tout d'axones) qui va du globe oculaire à l'arrière du cerveau. Les messages visuels captés par l'oeil parcourent le nerf optique jusqu'au cerveau avant que vous ne les «voyiez» ou que vous n'en preniez conscience.

Perception. Action de coupler des sensations avec des images. «Percevoir» signifie généralement «reconnaître».

Préjugé. Jugement anticipé. Se faire une idée de quelque chose avant de l'avoir expérimenté. Avoir une opinion préconçue pour ou contre quelque chose ou quelqu'un, basée sur des raisons émotionnelles ou sociales beaucoup plus que sur la logique.

Q.I. Quotient intellectuel. Âge mental divisé par l'âge chronologique, le tout multiplié par 100. Le Q.I. moyen est arbitrairement fixé à 100.

Stimulation sensorielle. Elle est nécessaire au développement de l'habileté perceptuelle. Les enfants doivent expérimenter une telle stimulation afin d'atteindre une intelligence et un niveau d'adaptation normaux.

Surcharge informationnelle; insuffisance d'information. Votre cerveau a besoin d'une quantité optimum de stimulations pour bien fonctionner. S'il est confronté à trop de stimuli arrivant tous en même temps, vous pouvez vous embrouiller et ne plus penser clairement et de façon précise. Cette situation stressante est appelée surcharge informationnelle. Si vous expérimentez une situation d'isolement perceptif (voir chapitre 3), votre cerveau recevra trop peu d'informations sensorielles, et vous pourrez avoir des hallucinations. Les pilotes d'avions à réaction subissent souvent une surcharge informationnelle lorsqu'ils doivent atterrir ou décoller et doivent prêter attention simultanément à toute une série de cadrans, de signaux radio et d'informations visuelles qu'il leur faut traiter dans un laps de temps très court. Lorsque l'avion atteint une altitude de croisière de 10 000 mètres et que le pilotage automatique est branché, le pilote n'a souvent plus rien à faire pendant de longues périodes; soumis à de telles conditions, les pilotes d'avions de combat affirment souvent avoir eu des hallucinations troublantes de vérité.

INTRODUCTION: *DON QUICHOTTE*

Elle est une fille de la campagne. Lui est un gentilhomme d'âge mûr, de bonne éducation. Elle se soucie de lui comme de sa première chemise. Il est amoureux fou de cette fille.

Cette situation renferme tous les éléments d'une histoire d'amour tout à fait banale. Mais dans ce cas particulier, l'histoire contient beaucoup plus que ce qu'on en aperçoit au premier abord. Même si la femme est pauvre, inélégante et vêtue de haillons, son amoureux la considère comme la plus belle femme du monde. À ses yeux, elle est une princesse royale dont la richesse, la beauté, les manières et le charme sont incomparables.

La beauté, dit-on souvent, est dans les yeux du spectateur. Ici, la beauté a pour nom Aldonza Lorenzo. Son amoureux l'appelle Dulcinée. Cet étrange spectateur s'appelle Quixano. Il se nomme lui-même Don Quichotte, chevalier de la Manche. L'histoire de ces deux personnages a été écrite il y a presque 400 ans, par un écrivain espagnol, Miguel de Cervantes Saavedra.

La vie amoureuse de Don Quichotte n'est pas son unique problème. Dulcinée est, pour lui, une princesse merveilleuse, et les autres femmes, même les servantes ou les prostituées, deviennent des dames de haut lignage. Il transforme les tavernes et les auberges qu'il aperçoit en châteaux et en forteresses. Il considère son vieux cheval maigre et poussif, Rossinante, comme un cheval de bataille fougueux. Mais, plus important encore, il s'imagine être un chevalier en armure resplendissante, et croit que son devoir est de redresser tous les torts du monde.

La façon particulière dont Don Quichotte voit le monde peut évidemment lui amener des problèmes; ce qui, du reste, se produit fréquemment. Dans l'une de ses plus fameuses aventures, Don Quichotte et son fidèle compagnon, Sancho Panza, arrivent dans un champ où s'alignent des moulins à vent. Aussitôt qu'il les voit, Don Quichotte s'écrie: «Vois-tu, mon cher Sancho Panza, ces géants démesurés? Il y en a bien trente, au moins. Je veux leur livrer bataille, et leur ôter la vie à tous... C'est servir Dieu que de retirer de dessus la face de la terre une telle engeance.»

Sancho voit les choses différemment. «Quels géants? demande-t-il. Prenez garde, monsieur, ce que vous voyez là, ce ne sont pas des géants, mais des moulins à vent; et ce qui vous paraît des bras, ce sont des ailes que le vent fait tourner et qui font mouvoir la meule.»

Don Quichotte n'est pas homme à discuter. Il y a, là, un champ plein d'horribles géants, et avec grand courage, il charge, la lance en avant. Au moment précis où le seigneur espagnol enfonce sa lance dans une aile du moulin à vent, le vent se lève et fait tourner les ailes. Don Quichotte, sa lance et son pauvre canasson sont entraînés dans les airs, puis projetés par terre; ils vont rouler dans un champ de pierres, culbutant encore et encore. Couvert de bleus et violemment secoué, le chevalier se ressaisit et déclare qu'un méchant magicien a transformé les géants en moulins à vent à l'instant même où il attaquait. Fièrement, Don Quichotte se relève, et lui et Sancho poursuivent leur chemin vers de nouvelles mésaventures.

Une autre fois, alors qu'ils chevauchent dans les plaines d'Espagne, le chevalier et Sancho voient au loin deux nuages de poussière. Immédiatement, Don Quichotte déclare que lui et Sancho vont être attaqués par deux grandes armées. Lorsqu'il contemple le vaste champ, Don Quichotte voit des armures d'or, des boucliers, des emblèmes, et des soldats de plusieurs nations qui s'approchent. Sancho regarde: il voit deux troupeaux de moutons et quelques bergers. Don Quichotte entend le son des charges de combat, des trompettes et des tambours. Sancho n'entend, lui, que le bêlement d'un mouton. De nouveau, Sancho essaie d'expliquer la situation à son maître, mais sans succès. Don Quichotte charge les pauvres moutons apeurés, et transperce courageusement sept rois ennemis avec sa lance. La vue d'un vieux chevalier maigrichon s'attaquant à des moutons sans défense paraîtrait sans doute bien drôle à un spectateur qui se trouverait là par hasard, mais les bergers ne sont pas d'humeur à rire. Ils lancent au seigneur une volée de pierres, le désarçonnent et lui cassent quelques dents. Comme dans d'autres occasions semblables, Don Quichotte se retrouve assis dans la poussière, battu et meurtri.

LE MÉCANISME DE LA PERCEPTION

Don Quichotte a un problème. Il ne voit pas les choses de la même façon que les autres. Ses yeux, ses oreilles et ses autres sens fonctionnent bien, mais il tient mordicus à ce que les prostituées soient des princesses, les moulins à vent des géants, et les moutons des soldats.

Le problème ne réside pas dans l'habileté de Don Quichotte à voir le monde, mais dans la façon dont les impressions fournies par ses sens sont traitées après être arrivées au cerveau. Les sens transmettent non pas vraiment des images ou des sons, mais plutôt des *messages codés* au cerveau. De tels messages ne sont pas toujours complets, et ne sont pas toujours traités de la même manière. Le cerveau de chaque individu traite une information sensorielle d'une façon légèrement différente. (Celui de Don Quichotte traite l'information d'une façon complètement différente de celle des autres.) Ce phénomène, appelé **perception**, a été défini au chapitre 3 comme étant le processus par lequel votre cerveau décode toutes les informations reçues à un moment donné et les convertit en une expérience psychologique cohérente. La perception peut différer d'un individu à l'autre parce qu'elle subit plusieurs influences: informations sensorielles, réflexes innés, expériences passées, et besoins personnels.

Les informations sensorielles

Lorsque Don Quichotte voit des géants, ce n'est pas parce que ses yeux envoient des messages erronés au cerveau. Après que la bataille soit terminée, il voit des moulins à vent tout aussi clairement que les voit son ami Sancho. Le problème ne se situe pas au niveau des sens du chevalier, mais au niveau de son cerveau, qui *perçoit* les moulins à vent comme des géants. La perception a sa source, quoi qu'il en soit, dans les sens. Et chacun de nous, de temps en temps, perçoit des choses qui ne sont pas tout à fait conformes à la réalité physique.

Le cinéma offre un des exemples les plus évidents d'une perception de quelque chose qui n'existe pas. Les images sur l'écran semblent se déplacer; pourtant, le film n'est rien de plus qu'une série d'images légèrement différentes, que l'on fait apparaître sur l'écran l'une après l'autre très rapidement: plus de 1 000 images par minute. L'oeil humain voit la succession des images, mais le cerveau perçoit une image en mouvement, une action qui se déroule en continu. De plus, comme nous l'avons vu au chapitre 3, le cerveau ajoute aux images en mouvement la notion de profondeur.

Aller au cinéma est une expérience sensorielle type. Dans la salle de projection, les spectateurs regardent le film, mais font beaucoup plus encore. Tous leurs sens sont en éveil pour capter le plus d'informations possible, de l'écran et des spectateurs autour d'eux. Ils regardent le film, mais s'ils prennent le temps d'observer, ils peuvent voir aussi les autres spectateurs. Ils entendent la bande sonore et les voix qui accompagnent l'image présentée sur l'écran, et s'ils écoutent bien, ils peuvent entendre autour d'eux des chuchotements et les froissements des papiers de bonbons. Ils peuvent goûter et sentir le pop-corn et peuvent trouver leur siège confortable ou non. Les spectateurs peuvent aussi prendre conscience de plusieurs autres stimuli, par exemple les sensations corporelles qui rappellent aux gens où sont leurs jambes et leurs bras et si leurs vêtements sont serrés ou amples, ou encore les gargouillements et les malaises provoqués par l'estomac, la vessie et l'intestin. Mais si le spectateur prêtait attention à chacun des stimuli arrivant à son cerveau à tout instant, il aurait beaucoup de mal à concentrer son attention sur le film lui-même.

Votre cerveau a pour tâche de recevoir les stimuli, de les traiter et d'y répondre; une des formes de ce «traitement» est de reconnaître ces stimuli et d'en comprendre la signification. Mais le cerveau travaille mieux quand il doit s'occuper d'un nombre relativement constant d'informations. Au chapitre 3, nous avons signalé quelques-uns des problèmes auxquels une personne en état d'isolement perceptif fait face. Dans de telles conditions, elle n'a qu'à se préoccuper du fonctionnement de son propre corps, et le cerveau commence à chercher désespérément quelque chose qu'il puisse percevoir ou dont il puisse s'occuper.

Le cerveau éprouve tout autant de difficulté lorsqu'il a une surcharge de travail à fournir, c'est-à-dire lorsqu'il doit traiter ou percevoir beaucoup trop d'informations importantes à la fois. Votre système d'activation réticulaire ne peut pas se permettre de passer sous silence ou de supprimer beaucoup de ces messages, puisqu'ils demandent tous une certaine attention. Votre corps se tend, et vous ressentez souvent le même effet de stress qu'expérimentent les gens lorsqu'ils ont ingurgité trop de stimulants. Les psychologues parlent alors de **surcharge informationnelle.**

Votre système d'activation réticulaire aide à déterminer quels sont les signaux sensoriels auxquels le cortex doit porter attention, ou qu'il doit percevoir consciemment. Dans certaines conditions, votre cortex et votre système réticulaire peuvent arrêter certains stimuli, pas uniquement en les bloquant lorsqu'ils arrivent au cerveau, mais en «éteignant» les récepteurs sensoriels comme on éteint la radio, de telle sorte que les récepteurs ne répondent plus à l'environnement comme ils le feraient normalement. Lorsque vous désirez écouter un morceau de musique que vous aimez, à la radio ou sur le tourne-disque, vous pouvez baisser la lumière ou fermer les yeux afin de ne pas être distrait par des stimuli visuels. Votre système réticulaire peut obtenir un résultat similaire en bloquant les messages visuels avant même qu'ils ne soient transmis par l'oeil.

Les limitations sensorielles

Le processus de la perception implique une expérimentation, une compréhension et l'octroi par le cerveau d'une signification propre aux messages qu'il traite ou dont il est conscient. La sensation est la première étape du processus, puisque vous ne pouvez pas porter attention à une information sensorielle inexistante ou qui n'a jamais atteint votre cerveau. Mais l'environnement est empli de millions de stimuli différents, et vos sens sont en réalité limités dans les types de stimuli auxquels ils répondent. En d'autres mots, nous sommes tous, à un certain degré, aveugles ou sourds. Même le meilleur des organes sensoriels, travaillant avec le meilleur des cerveaux, ne peut détecter tous les stimuli énergétiques du monde. Le son, par exemple, traverse l'air sous forme d'ondes d'énergie. Plus les ondes sont rapprochées, ou plus grande est leur fréquence, plus les sons produits seront aigus. Le crissement de la craie sur un tableau noir et le hurlement de la sirène d'une voiture de police sont le résultat d'ondes sonores à haute fréquence. Les sons très graves de la basse de guitare ou du ouaouaron résultent d'ondes sonores à basse fréquence. L'oreille humaine peut détecter ces sons, mais ne permet pas d'entendre des sons à plus haute ou plus basse fréquence. Il existe par exemple un certain sifflet pour chiens qui produit un son à très haute fréquence, et que l'homme ne peut pas entendre. Les chiens, eux, sont sensibles à ce son et accourent à l'appel du «sifflet silencieux».

Il en est de même pour la vue. Il existe des énergies à haute ou basse fréquence qui ne stimulent pas les récepteurs visuels des yeux et ne peuvent être vues. Les rayons cosmiques, les rayons gamma, les rayons X, la lumière ultraviolette, les ondes radar et les ondes de la radio et de la télévision sont des formes d'énergie similaires à l'énergie de la lumière visible. On ne peut pas voir ces ondes parce qu'elles sont de fréquence trop haute ou trop basse pour être détectées par les récepteurs visuels humains.

Il pourrait être intéressant de voir des ondes radio ou de pouvoir détecter quelques-unes des autres formes d'énergie existantes. Mais, si l'on considère le nombre de messages allant et venant dans l'air, être conscient de tout ce qui y voyage nous dérouterait certainement. Les sens de l'homme sont conçus de manière à répondre à certains types d'énergie qui sont indispensables pour que le monde devienne compréhensible. Une plus grande quantité d'informations sensorielles pourrait surcharger le cerveau. En fait, une certaine limite dans ce que peuvent percevoir les sens protège le cerveau et lui permet d'interpréter l'information qu'il reçoit.

L'adaptation sensorielle

Les sens ont d'autres caractéristiques que de protéger le cerveau d'une surcharge. Si vous quittez une salle de cinéma obscure en plein après-midi, vous affronterez peut-être la lumière brutale d'un soleil trop vif. Peut-être ressentirez-vous de la douleur et la trop grande clarté vous aveuglera-t-elle temporairement, mais en quelques minutes, vos yeux s'adapteront à la brillance du soleil. L'inverse, passer d'un soleil chaud, éclatant, à une salle de cinéma fraîche et sombre, demande une autre forme d'adaptation. Au début, la salle paraît aussi noire qu'un four et il semble y faire un froid de loup. Ce changement peut tout d'abord être douloureux ou embêtant, mais vos yeux et les récepteurs de chaleur de votre corps s'habituent graduellement et s'adaptent à la nouvelle situation.

Tous les sens peuvent, jusqu'à une certaine limite, s'adapter. Un voyageur peut trouver que l'eau de certaines villes a un goût bizarre, mais, après quelques jours, le système nerveux s'habitue à cet étrange goût. L'eau aura retrouvé une saveur normale. Un voyageur traversant Montréal-Est peut remarquer l'odeur forte dégagée par les raffineries de pétrole; les gens qui habitent dans le secteur, pour leur part, ne la remarquent plus. Ils ont eu suffisamment de temps pour s'y habituer. Il en est de même pour les

Fig. 4.1

Les ondes sonores peuvent être enregistrées et analysées. Une onde sonore se mesure d'un sommet à l'autre. Plus les ondes sont rapprochées l'une de l'autre, plus la tonalité du son produit sera haute.

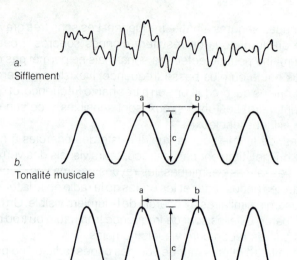

a.
Sifflement

b.
Tonalité musicale

C.
Même tonalité musicale qu'en b, mais avec une amplitude plus grande (plus fort).

sensations liées à la pression. Après un certain temps, on ne sent plus la pression des lunettes, d'un chapeau, d'une montre, des bagues et des vêtements, jusqu'à ce qu'on les enlève à nouveau. Alors, on se rend compte très rapidement du changement.

Vos sens travaillent avant tout en détectant les *changements dans votre environnement*. Une fois que vous avez détecté le changement (être entré à Montréal-Est, avoir quitté une salle de cinéma, avoir mis un chapeau), vos récepteurs sensoriels arrêtent petit à petit d'envoyer des messages au

Fig. 4.2

Les ondes électromagnétiques provenant du soleil contiennent des énergies de haute et basse fréquence; quelques-unes stimulent nos récepteurs visuels. Plusieurs de ces ondes peuvent être de fréquence trop basse (cosmiques) ou trop haute (ondes courtes) pour être perçues par l'être humain.

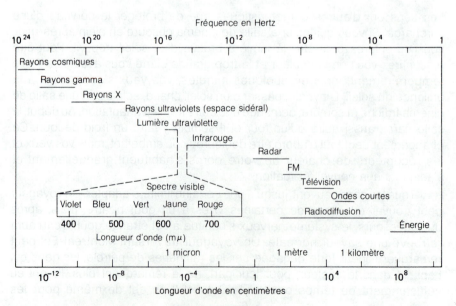

cerveau. Et votre cerveau ne tiendra probablement plus compte de ces messages très faibles qui lui parviendront. Il suffit qu'un stimulus soit constant pendant un certain temps pour qu'à la fois vos récepteurs et votre cerveau s'adaptent et soient plus à même de détecter tout autre changement dans l'environnement.

L'adaptation sensorielle est une forme de protection qui permet à votre cerveau de ne pas tenir compte des nombreux messages sensoriels non nécessaires et de se concentrer sur l'information plus importante. Plus le message est faible, plus il est facile pour le cerveau de le mettre de côté. Si un message sensoriel est trop fort, cependant, il n'est pas facile de s'y adapter. Une lumière trop vive, un froid ou une chaleur excessives, toutes ces informations d'entrée peuvent être extrêmement douloureuses et dangereuses. Quiconque est exposé à de tels stimuli trop forts ne s'adaptera probablement jamais; il devra trouver d'autres solutions pour fuir ce qui pourrait se transformer en une situation dangereuse.

LES BESOINS PERSONNELS

Lorsque votre système d'activation réticulaire est en bon état de marche, il est sans cesse sur ses gardes afin de capter tous les messages importants ou inusités provenant de votre environnement. Mais votre cerveau, de lui-même, ne peut pas entrer en contact avec le monde extérieur et y puiser l'information dont il a besoin. Les sens doivent le faire: ils sont le seul chaînon entre votre cerveau et la réalité. Vos sens ne peuvent s'asseoir sur leurs lauriers et espérer que les messages importants pourront être détectés sans effort. Ils doivent travailler pour obtenir l'information nécessaire.

Les yeux en sont un bon exemple. Ils recherchent sans cesse autour d'eux ce qui pourrait être important pour leur propriétaire. Une personne qui a faim et qui traverse une ville au volant d'une voiture prendra automatiquement note des annonces de restaurants ou de nourriture. Une personne qui vient de manger et traverse la même ville pourra voir les mêmes annonces, mais en aura probablement moins conscience. En résumé, vos sens recherchent l'information qui permettra de répondre à vos besoins spécifiques.

Cette action sélective du cerveau est vraie pour tous les sens. Deux personnes au coin d'une rue très animée peuvent engager une conversation sérieuse et oublier toutes les images, tous les sons et toutes les odeurs qui les entourent. Ce pouvoir de concentration sur une portion bien déterminée des informations qui viennent de l'extérieur est utile et nécessaire à la perception. Mais se fermer à l'information peut devenir dangereux si l'expérience est poussée trop loin. Une personne portant toute son attention à un film ou à la conversation de tel ami au coin d'une rue bruyante pourrait ne pas entendre un avertissement tel que: «Au feu!». Ce pourrait être très dangereux s'il y avait effectivement un incendie; mais le cerveau sait habituellement qu'il faut tenir compte des messages importants. Lorsque quelqu'un crie: «Au feu!», les gens en ont presque toujours conscience, même si leur attention n'est pas concentrée sur la personne qui envoie le message. Même ceux qui dorment trop profondément pour entendre leur réveille-matin répondront habituellement à des messages qu'ils ont appris à considérer comme importants («au feu!») et se réveilleront. Don Quichotte aurait probablement répondu au mot «géant», qu'il ait été ou non profondément endormi.

Les réactions de la pupille

Les pupilles des yeux ont une importance particulière dans la recherche de l'information. La pupille, petit rond noir au centre de l'oeil, est l'ouverture par laquelle entre la lumière. Elle s'ajuste pour laisser pénétrer plus ou moins de lumière, comme le photographe ajuste la lentille de son appareil afin d'obtenir le bon degré d'exposition. Lorsque vous sortez dehors au grand soleil, vos pupilles se contractent (se rétrécissent) et ne laissent pénétrer que la quantité de lumière nécessaire pour voir. Lorsque vous pénétrez dans une pièce sombre, vos pupilles se dilatent (s'élargissent) pour que le plus de lumière possible pénètre dans les yeux.

La contraction et la **dilatation** sont des moyens que possèdent les yeux pour s'adapter à l'environnement; mais les pupilles ne réagissent pas seulement à la lumière. Elles se dilatent parfois lorsqu'elles recherchent activement plus d'information. Plus une personne fixera un objet, plus ses pupilles seront dilatées. Les expériences menées par Eckhard Hess montrent comment les pupilles de différents individus réagissent de diverses manières à une même information. On a montré à un groupe d'étudiants de niveau collégial une série de photographies, en mesurant chaque fois la dimension de leurs pupilles. Les pupilles des filles se dilataient à la vue d'hommes nus ou de bébés. Elles se dilataient beaucoup moins devant des paysages ou des femmes nues. Les garçons quant à eux, réagissaient de façon différente. Leurs pupilles se dilataient à la vue de femmes nues, mais pas tellement à celle de bébés, de paysages ou d'hommes nus. Les expériences de Hess suggèrent que les intérêts personnels (comme les besoins sexuels et les sentiments maternels) des individus peuvent influencer la manière dont fonctionnent leurs organes sensoriels. Don Quichotte voulait voir un monde plein de chevaliers et de merveilleuses dames. Ses organes sensoriels étaient peut-être à la recherche d'un tel monde.

Les expériences sur les mots tabous

Les expériences faites par Elliott McGinnies et d'autres suggèrent que nos besoins personnels font plus qu'influencer les organes sensoriels. Les besoins

Lorsque vous observez quelque chose qui vous intéresse beaucoup, les pupilles de vos yeux se dilatent, c'est-à-dire deviennent plus larges, et permettent à plus de lumière de pénétrer dans vos yeux.

personnels de l'individu semblent aussi avoir un certain poids dans le choix de l'information qui sera perçue ou interprétée par le cerveau. Au cours des expériences de McGinnies sur les mots tabous, des mots étaient projetés sur un écran pendant un laps de temps très court. McGinnies mesurait exactement le temps qu'il fallait aux gens pour reconnaître ou percevoir les mots. Si un mot courant, par exemple «table» ou «chaise», apparaissait sur l'écran pendant un dixième de seconde, la plupart des gens pouvaient le reconnaître en un vingtième de seconde. Lorsque des mots faisant appel à l'émotivité, comme «putain», ont été projetés, quelques sujets ont semblé avoir besoin de deux fois plus de temps que les autres pour les reconnaître. Les résultats de ces expériences suggèrent que le cerveau peut parfois trier l'information et rejeter celle qu'il ne veut pas traiter. Les mots tabous utilisés au cours de l'expérience étaient des mots que certaines personnes auraient préféré ne pas voir ou ignorer. Lorsque les mots étaient projetés pendant un laps de temps très court, ces personnes pouvaient se permettre de ne pas les reconnaître; elles ne les percevaient que si les mots restaient sur l'écran plus longtemps. Quelques personnes, bien sûr, trouvaient les mots tabous fort intéressants et les reconnaissaient facilement. Ce type de réaction pourrait expliquer quelques-uns des comportements de Don Quichotte: il voulait croire que sa Dulcinée adorée était une dame bien éduquée, raffinée. Il se refusait à voir ses vêtements en lambeaux ou à entendre son parler vulgaire. Son cerveau était probablement capable de mettre ces faits de côté.

Valeurs et perceptions

D'après une autre série d'expériences, nos besoins personnels ne déterminent pas uniquement quelle information sera perçue mais influencent aussi la façon dont sera interprétée cette information. Au cours de ces expériences sur la perception, on demandait à de jeunes enfants d'évaluer la taille d'un jeton de poker. Ils le faisaient en ajustant la diamètre d'un rayon lumineux sur un écran jusqu'à ce que la tache de lumière leur semble être de la taille du jeton. La plupart des enfants en donnaient une évaluation relativement précise. Ils ne surestimaient la taille que d'environ 5%. On a alors annoncé à la moitié des enfants qu'ils pouvaient échanger leurs jetons pour des bonbons. Les autres enfants, qui constituaient un groupe témoin, n'en avaient pas la possibilité. Pour les enfants qui avaient reçu des bonbons, la valeur des jetons avait augmenté.

L'objet de cette expérience était de déterminer si la taille perçue des jetons augmenterait avec la valeur que le sujet leur accordait. Lorsque tous les enfants ont refait le test du rayon lumineux, ceux qui avaient reçu des bonbons surestimaient la taille des jetons dans une proportion de 13%. Les sujets qui n'accordaient pas une importance plus grande aux jetons en leur possession ont obtenu des résultats semblables lors des deux tests. Une valeur plus grande attribuée aux jetons avait influencé chez les enfants leur perception de la taille même de ces jetons.

LES EXPÉRIENCES PASSÉES

Les réactions telles que la dilatation de la pupille sont involontaires. Ce sont des mécanismes cérébraux et sensoriels qui aident les gens à obtenir de l'environnement toute l'information qui leur est nécessaire. Il y a, cependant, d'autres façons d'obtenir de l'information. La personne peut volontairement diriger ou fixer son attention sur certains aspects précis de l'environnement. Les spectateurs dans une salle de cinéma ne regardent pas l'écran parce que leur système d'activation réticulaire leur indique de le faire: ils fixent l'écran ou concentrent leur attention sur le film parce qu'ils le veulent. Les étudiants dans une salle de cours font la même chose lorsqu'ils décident d'écouter le professeur plutôt que de regarder par la fenêtre.

Dans une salle de cinéma ou de cours, les messages sensoriels qui parviennent au cerveau proviennent toujours de plus d'un sens. Mais votre cortex ne peut prêter attention à tous ces messages d'entrée, pas plus que vous ne pouvez regarder douze canaux de télévision différents en même temps. Votre cortex, aidé par le système d'activation réticulaire, choisit d'habitude un seul «canal» sensoriel et y porte attention pendant un laps de temps donné, de la même façon que vous choisiriez un canal de télévision afin d'en regarder les émissions pendant un certain temps. Les messages transmis par ce «canal» sont ceux que votre cerveau décodera ou traitera, et vous percevrez et comprendrez ces messages. Le processus de la perception n'est pas le même que celui de la sensation, ou que celui d'une concentration de l'attention sur quelque chose, bien que ces deux facteurs entrent en jeu dans la perception. Les nouveau-nés voient, mais ne peuvent percevoir ou comprendre la sensation qu'ils éprouvent. Ils peuvent fixer leur attention sur des objets pendant de courtes périodes de temps; cela ne signifie pas qu'ils ont conscience de ce qu'ils fixent. Les sens envoient des messages au cerveau du nourrisson, mais ces messages demeurent sans signification puisque le cerveau n'a pas encore appris à les décoder. Lorsqu'on regarde des mots dans un livre, on les voit; pour les lire et en percevoir la signification, il faut beaucoup d'apprentissage et d'expérience. Vous pouvez écouter une langue étrangère, mais pour la comprendre, il faut s'exercer et étudier: la compréhension s'acquiert par l'expérience. Ce n'est qu'avec une telle expérience que les messages provenant des sens peuvent être reconnus et pleinement interprétés.

Pourquoi l'expérience est-elle nécessaire? Parce que les sens ne se représentent pas toujours le monde tel qu'il est. L'écran de cinéma n'est rien d'autre qu'une surface plane réfléchissante. Néanmoins, l'écran peut parfois refléter tout un monde d'expériences: les animaux et les voitures de course semblent bondir hors de l'écran; Don Quichotte et Sancho pourraient s'engager dans une bataille rangée, filmée, contre les moutons; les personnages se parlent et font l'amour sur l'écran; les armées s'entrechoquent, les villes brûlent, les monstres sortent en rampant d'une sombre lagune, et quelquefois tout semble aussi réel que ce qui se déroule à l'extérieur de la salle de cinéma. Puis, la salle s'éclaire, et il ne reste plus qu'un immense écran plat. Et il n'y avait rien de plus, pendant la projection, que des séries de jeux de lumière et d'ombre de différentes formes et de diverses couleurs. C'est le cerveau humain qui, avec ses expériences d'interprétation de tels stimuli, a créé effectivement les situations presque réelles présentées sur l'écran. À l'extérieur de la salle de cinéma, tout se déroule de façon identique. Le cerveau fait appel à toutes ses expériences antérieures pour percevoir les informations sensorielles tirées du monde extérieur et pour leur «donner un sens».

Les capacités perceptives innées

Le cerveau doit-il apprendre à percevoir certaines choses comme la vitesse, ou les hommes naissent-ils avec la capacité de le faire? Quelques réponses nous sont apportées par les aveugles de naissance qui recouvrent la vue à l'âge adulte. Lorsque ces personnes voient, elles peuvent généralement choisir des objets parmi ceux qui les entourent et concentrer leur attention sur eux. Donc, elles peuvent distinguer l'objet de son arrière-plan. Elles peuvent aussi suivre des yeux un objet en mouvement, et peuvent généralement distinguer une couleur d'une autre. Mais elles ne peuvent pas, cependant, identifier des objets précis (un visage, un cube, un triangle, et d'autres formes courantes), et elles ne peuvent pas associer les différentes couleurs qu'elles voient et le nom de ces couleurs. Toutes ces perceptions demandent du temps, de l'entraînement, de la pratique, et de l'expérience.

Le travail avec des personnes autrefois aveugles permet de supposer que certains éléments de la perception (capacité de distinguer les couleurs ou de distinguer une silhouette de son arrière-plan) sont peut-être innés. Mais les résultats ne sont pas concluants, car il est possible que quelques-uns de ces processus soient parvenus à maturité même en l'absence de tout entraînement pendant les années de cécité. Les expériences du précipice visuel (voir chapitre 3) permettent de croire que la capacité de percevoir la hauteur est présente chez l'enfant peu de temps après la naissance. Mais malgré tout, la perception demande de la pratique, de l'expérience et un apprentissage. Si les individus n'apprenaient pas, ils auraient une perception du monde semblable à celle qu'ont les nouveau-nés, et ils resteraient au stade de la perception infantile.

La stimulation sensorielle et le développement de l'enfant

À partir de la naissance, tout ce que la personne voit ou expérimente avec ses autres sens l'aide à établir dans son cerveau certaines connexions qui lui sont nécessaires pour acquérir une compréhension et une conscience exactes du monde. Les expériences sur l'**isolement perceptif** montrent comment cette conscience peut être perturbée, même s'il y a manque de stimulation pendant un laps de temps très court. On peut en déduire qu'une certaine quantité de **stimulation sensorielle** est nécessaire à chacun. Le travail de H.M. Skeels démontre effectivement combien la stimulation sensorielle est importante pour le développement physique et mental.

Au cours des années 1930, Skeels a étonné bien des gens en soutenant qu'il avait pu améliorer les résultats de tests d'intelligence chez des enfants apparemment déficients mentaux, en les plaçant dans un environnement inhabituel. Cette découverte était particulièrement surprenante pour ceux, et ils étaient nombreux, qui croyaient que l'intelligence humaine était entièrement héréditaire, donc déterminée à la naissance. Si cela était vrai, il était impossible d'accroître l'intelligence des déficients mentaux de naissance. Un autre élément rendait les découvertes de Skeels encore plus incroyables: l'environnement spécial dans lequel il avait placé les enfants était un établissement de soins où ils étaient pris en charge par des femmes elles-mêmes déficientes mentales.

Skeels travaillait dans un orphelinat de l'Iowa. Les bâtiments qui abritaient les enfants étaient vieux; certains dataient des années 1860. À l'intérieur, les conditions étaient déplorables. Les nourrissons restaient dans des berceaux dont les côtés étaient tendus de draps. Ils ne pouvaient pas se voir les uns les autres, et recevaient très peu de stimulation d'ordre social. Ils avaient peu de jouets et leur seul contact humain était avec des infirmières occupées qui ne faisaient que leur donner à manger et changer leur couche à heures fixes. À l'âge de deux ans, les enfants étaient placés dans de petites maisons où ils mangeaient et dormaient selon des horaires très stricts. À l'âge de six ans les orphelins recevaient quelques bribes d'instruction scolaire à l'orphelinat même. Sous tous les rapports, leur environnement était abrutissant et peu stimulant.

Un jour, Skeels a remarqué plus précisément deux petites filles. Il les a décrites comme étant deux «petits êtres pitoyables»; elles étaient chétives, moroses et inactives. Elles passaient le plus clair de leur temps à se balancer d'avant en arrière sur leur lit. D'après les tests d'intelligence qui existaient alors, l'intelligence de ces filles était de beaucoup inférieure à la moyenne. Elles avaient un **Q.I.** de 50 ou moins (un Q.I. de 100 est considéré comme normal, ou moyen). À cause de leur piètre état aussi bien physique que mental, il était peu probable que ces enfants soient un jour adoptées. Elles ont donc été placées dans un établissement pour déficients mentaux.

Quelque temps plus tard, Skeels est allé travailler à ce même établissement pour déficients mentaux. Il a eu la surprise d'y trouver «deux fillettes remarquables. Elles étaient alertes, souriantes, elles couraient çà et là, répondaient à l'attention enjouée des adultes, se comportant exactement comme n'importe quel autre tout petit». Il s'agissait bien des mêmes petites filles qui avaient auparavant été considérées comme déficientes mentales. Skeels leur a fait passer un test d'intelligence; elles avaient un Q.I. normal. Tout d'abord, il n'a pas cru à l'exactitude des résultats; il a attendu un an, puis est revenu tester les fillettes. Leur quotient intellectuel restait normal.

Qu'était-il arrivé à ces enfants placées avec des groupes de femmes souffrant de déficience mentale? Skeels a constaté que chacune des fillettes avait été «adoptée» par une femme qui avait tout son temps à consacrer à l'enfant. Les autres avaient commencé à se considérer comme les «tantes» des petites et s'étaient partagé les tâches pour en prendre soin. Même les infirmières et les surveillants, contrairement à ceux de l'orphelinat, leur consacraient du temps. Les fillettes avaient cessé de se bercer d'avant en arrière sur leur lit.

Skeels était convaincu que le fait d'avoir placé ces filles dans un environnement stimulant et excitant, où on leur portait plus d'attention, était la cause de leurs progrès. Afin de le prouver, il a mis sur pied une expérience. Pendant plusieurs années consécutives, 13 nourrissons ont été retirés de l'orphelinat et placés dans un établissement pour déficients mentaux. Ils ont tous manifesté des signes d'amélioration. Marie Skodak Crissey, collaboratrice de Skeels, a maintenu des contacts avec bon nombre de ces personnes pendant 40 ans. De ce groupe, qui a expérimenté un milieu fort stimulant pendant une certaine période de la première enfance, aucun des membres ne s'est révélé déficient. Tous vivent par leurs propres moyens et aucun n'est en établissement de soins. La même chose n'est pas vraie pour un autre groupe d'enfants qui étaient tout à fait normaux à la petite enfance, mais qui, pour une raison ou une autre, n'ont pas été adoptés et sont demeurés à l'orphelinat. De ce groupe de 12, 10 ont passé presque toute leur vie dans des établissements pour déficients mentaux.

Plus récemment, le psychologue Rick Heber et ses collègues de l'Université du Wisconsin ont confirmé les découvertes de Skeels au sujet de l'importance du premier environnement de l'enfant. Heber et son groupe ont sélectionné 40 enfants en bas âge dans un quartier défavorisé de Milwaukee. Un groupe de ces enfants auxquels on a accordé un entraînement spécial et un environnement très stimulant ont obtenu des Q.I. de 20 points supérieurs à ceux du groupe témoin (voir chapitre 8).

La perception du familier

Les expériences menées par Jérôme Frank ont démontré l'importance qu'ont les expériences antérieures d'une personne pour la perception. Frank s'est servi d'un dispositif qui permettait à ses sujets de voir une image différente avec chaque oeil. Les deux yeux recevaient la stimulation visuelle en même temps, mais le cerveau avait du mal à interpréter deux informations visuelles totalement différentes en même temps. Lorsque les images sont ainsi montrées pendant un court laps de temps, une seule des images est généralement perçue. Les images utilisées lors de l'expérience de Frank étaient un joueur de base-ball et un toréador. Des élèves de l'école élémentaire provenant de deux milieux différents ont pris part à l'expérience. Les élèves américains avaient tendance à ne voir que le joueur de base-ball; les élèves mexicains voyaient presque toujours le toréador. Dans chacun des cas, les élèves percevaient l'objet qui leur était le plus familier, selon leur propre expérience.

Les perceptions varient

Les expériences de Frank sont un autre indice à l'appui du fait que la perception est une expérience personnelle et qu'elle peut différer d'une personne à l'autre. Même si l'on considère un seul individu, ses perceptions peuvent changer de temps en temps. Afin de le démontrer, Frank a analysé des sondages d'opinion publique effectués aux États-Unis en 1942. La majorité des gens percevaient ou pensaient que les Allemands et les Japonais étaient belliqueux, perfides et cruels. En 1966, c'étaient les Russes et les Chinois communistes qui étaient perçus comme belliqueux, perfides et cruels, et non plus les Allemands et les Japonais. Les perceptions des gens s'étaient transformées avec le temps et l'expérience.

Il est possible d'expliquer les problèmes de perception de Don Quichotte d'après ses besoins personnels et ses expériences antérieures. Quelque chose dans son expérience personnelle l'a influencé de telle sorte que, pour lui, les moulins à vent sont devenus belliqueux, perfides et cruels. Ce chevalier espagnol embrouillé n'avait aucun problème sur le plan des sens ou de l'adaptation sensorielle. Même son système d'activation réticulaire devait fonctionner normalement. Ce sont ses besoins personnels et ses expériences antérieures qui sont à l'origine de sa perception particulière du monde. Pendant des années, Don Quichotte a eu une vie tranquille, monotone. Le seul enthousiasme qu'il éprouvait provenait de la lecture d'un grand nombre de livres relatant l'époque de la chevalerie. Il a appris à aimer ce monde fictif de preux chevaliers et de gentes dames, de dragons et de géants, beaucoup plus qu'il n'aimait son propre monde. Dans le monde imaginaire dépeint par ces livres, il y avait toujours une heureuse fin, les bons triomphaient toujours des méchants, et le monde était un lieu de justice et de beauté. À la longue, l'ennui et l'insatisfaction que Don Quichotte éprouvait par rapport au monde qui l'entourait ont eu raison de lui. Il s'est mis à voir les choses comme il voulait qu'elles soient, et non pas comme tout le monde les voyait.

LE TROU NOIR

Les perceptions embrouillées de Don Quichotte l'empêchaient de voir une bonne partie de la réalité. Même s'il s'agit d'un cas exceptionnel, il n'en reste pas moins que chacun d'entre nous a des «trous noirs» aussi bien perceptuels que psychologiques. Sur la rétine, région à l'arrière du globe oculaire où sont localisés les récepteurs visuels, il y a un trou minuscule. En effet, au point où le **nerf optique** (le nerf allant de l'oeil au cerveau) entre en contact avec la rétine, il n'y a pas de récepteurs de lumière. Toute lumière qui tombe sur ce point n'est pas perçue. Il en résulte un trou noir dans chaque oeil: c'est la tache aveugle. Le cerveau, avec la pratique et l'expérience, apprend à combler ce trou visuel et il le fait si bien que la plupart des gens ne sont même pas conscients de son existence.

   Votre cerveau, au cours de sa vie, compense beaucoup de ces trous dans les informations sensorielles qu'il reçoit. Lorsque seule la moitié inférieure d'une ligne de caractères dactylographiés est visible, vous pouvez parfois lire les mots parce que le cerveau restructure la partie supérieure manquante des lettres. Lorsqu'un avion bruyant traverse le ciel alors que vous écoutez le téléjournal à la télévision, certains mots deviennent **inaudibles**. Votre cerveau fait de son mieux pour combler les trous laissés par ces mots. S'il y a une panne d'électricité pendant un orage, votre cerveau, habituellement, tend à élaborer une image mentale de la chambre, ce qui vous permet de trouver votre chemin dans l'obscurité. Mais les tentatives que fait votre cerveau pour aider vos sens ne sont pas toujours parfaites. Toutes les fois que votre cerveau doit travailler à l'aide d'information partielle ou incorrecte, vous risquez de faire des erreurs de perception. Vous pouvez «entendre» à la télévision des mots qui n'ont jamais été dits, ou vous pouvez buter contre une chaise et tomber en traversant une pièce sombre.

Les illusions

Apprendre à combler les trous noirs sensoriels est une capacité nécessaire et utile, mais qui comporte certains inconvénients. Une assiette sur une table, par exemple, sera plate et ronde pour la personne la regardant d'au-dessus. Si la personne voit la même assiette d'un bout de la table, elle lui apparaîtra ovale. Tenue horizontalement à la hauteur des yeux, elle semblera n'avoir plus aucune courbure. La plupart des gens ont vu bien des assiettes au cours de leur vie, et toutes les assiettes ont en général la même forme: elles sont plates

A. S'agit-il d'une montagne ou d'un cratère à la surface de la lune? Tournez le livre à l'envers, et regardez à nouveau.

B. Quelle est la forme de chacun de ces deux dessins? S'agit-il du même cadre vu sous deux angles différents?

C. Voyez-vous une vieille dame ou une jeune femme?

D. Voyez-vous deux visages de profil ou une coupe à vin?

A   B

C   D

et rondes. Le cerveau, de là, apprend à généraliser au sujet des assiettes. En d'autres mots, votre cerveau a une image mnémonique générale qui s'applique aux assiettes, quel que soit votre angle de vision. Donc, lorsque quelqu'un se fait demander quelle est la forme d'une assiette posée à l'autre bout de la table, la réponse sera généralement la suivante: «plate et ronde». Mais que se passe-t-il s'il s'agit d'une assiette ovale? La personne répondant «plate et ronde» aura été sujette à une perception fausse, ou **illusion**.

Le monde est plein d'illusions. Une porte, vue de face, projette une image rectangulaire sur la rétine. Lorsque la porte s'ouvre, l'angle de vision change et une image différente frappe la rétine. Malgré tout, quiconque regarde une porte entrouverte la percevra toujours comme étant rectangulaire. De la même façon, la plupart des adultes sont perçus comme ayant approximativement la même taille. Même lorsque vous voyez quelqu'un à une très grande distance, et donc qu'une très petite image frappe votre rétine, vous percevez généralement cette personne comme ayant une taille normale. Les généralisations (au sujet des portes, de la grandeur, et de toute autre chose) sont utiles, mais ne sont pas toujours exactes. Il existe des portes de forme bizarre (même s'il y en a peu) et des gens de différentes tailles. Quelquefois, il est nécessaire de plonger dans le monde et de tester la réalité de nos perceptions.

L'un de ces hommes est-il un nain et l'autre un géant? En fait, l'homme de gauche est de la même taille que l'homme de droite. Ces hommes sont tout simplement photographiés dans la chambre à perception déformée de Ames.

Les trous noirs psychologiques

Les illusions et les jugements perceptifs basés sur des généralisations ou sur des valeurs personnelles peuvent tous conduire à des erreurs de perception. Certaines personnes ont, tout au long de leur vie, des trous noirs psychologiques qui ne sont jamais comblés, ou qui sont comblés de manière incorrecte. Elles peuvent faire de faux jugements au sujet de la réalité, en se basant sur leurs illusions ou sur leurs généralisations. Elles peuvent se faire une idée préconçue sur certains aspects du monde sans jamais confronter leurs perceptions à la réalité pour les vérifier. Ces opinions préconçues, ou **préjugés**, ne tiennent pas toujours à la lumière de la réalité. Bien des gens, par exemple, se sont fait enseigner que leur race, leur religion ou leur sexe étaient supérieurs à une autre race, à une autre religion, à un autre sexe. Ils peuvent conserver toute leur vie des préjugés au sujet des croyances ou des convictions des autres, parce qu'ils ne prennent pas le temps de tester leurs généralisations et d'en apprendre davantage au sujet de la réalité.

Une grande partie de la réalité ne peut pas être testée et n'a pas besoin de l'être. Et personne ne peut apprendre tout ce qu'il y a à apprendre sur terre. Par conséquent, une grande partie de notre vie doit se baser sur des généralisations et des préjugés. Mais plus nous nous connaissons, et plus nous connaissons le monde qui nous entoure, plus nos perceptions seront basées sur des faits et non pas sur des fictions socialement acceptées. Et plus nous soumettrons nos perceptions au contrôle de la réalité, plus nous serons aptes à survivre malgré la complexité de notre environnement.

Le spychologue Roger Sperry, dont nous avons déjà parlé au chapitre 2, a souligné que notre système nerveux est construit de telle sorte qu'il puisse produire des informations de sortie sous forme de comportements; les perceptions que nous avons de la réalité ne sont qu'une étape importante du processus de sensation et de réponse au milieu. En effet, la plupart de nos perceptions engendrent l'idée d'une action que nous pourrions éventuellement entreprendre: les chaussures sont faites pour que le pied les porte, la musique est faite pour être écoutée, et les personnes qui nous entourent existent pour qu'on les aime ou qu'on établisse des relations d'une quelconque autre forme avec elles. Nous percevons les choses et les gens parce que nous sommes appelés à réagir face à eux à plus ou moins long terme, et les choses et les gens sont susceptibles de réagir face à nous et de nous influencer en retour. Une partie de ce que fait votre cerveau lorsqu'il perçoit le monde, donc, consiste à prédire mentalement la façon dont vos réactions influenceront le comportement des autres, et comment leurs réactions vous influenceront. Ainsi, lorsque vous vous confrontez au monde afin de tester la réalité, vous provoquez souvent d'importantes rétroactions sensorielles au sujet de la justesse ou de la véracité de vos perceptions. S'il en ressort que les gens ne répondent pas par rapport à vous comme vous pensez qu'ils le devraient, alors il est fort possible que votre perception d'eux (et de vous-même) soit fondée sur des préjugés.

La majorité des individus se servent de leurs sens pour apprendre, expérimenter et tester la réalité. Et ils apprennent ainsi à percevoir le monde d'une façon adéquate. Peu de gens ont des difficultés de perception ou des trous noirs psychologiques aussi accentués que ceux de Don Quichotte; d'autre part, il est rare qu'une personne accorde aussi peu d'attention que lui aux rétroactions provenant du monde extérieur (les remarques de son ami Sancho, dans son cas). Parce que Don Quichotte, ne tenait pas compte des informations que lui fournissaient ses sens, les situations auxquelles il se confrontait lui jouaient de vilains tours. Il ne voyait que ce qu'il voulait voir, et lorsque, finalement, il était obligé de tester la réalité et de lui faire face comme le faisaient les autres, il n'aimait pas ça et ne pouvait accepter ce qu'il voyait. Pour lui, le monde réel était laid et dénué de raison, et il refusait d'y vivre.

La plupart d'entre nous ne seraient pas d'accord avec Don Quichotte. Les illusions peuvent réconforter jusqu'à un certain point mais, à long terme, elles ne nous aident pas beaucoup à survivre. La réalité, dépouillée de préjugés et de trous noirs psychologiques, a une certaine beauté intrinsèque que bien peu d'illusions peuvent égaler. Mais pour expérimenter cette réalité, nous devons être prêts à tester constamment nos perceptions, et à modifier nos perceptions et nos comportements selon les informations que nous fournissent nos sens.

RÉSUMÉ

1. *Les capacités sensorielles de Don Quichotte égalaient celles de Sancho Panza. Ils pouvaient tous deux voir des moulins à vent. Sancho voyait effectivement des moulins à vent, mais son maître les percevait comme des géants. C'est la perception qu'avait Don Quichotte de la réalité qui lui a causé des problèmes.*

2. Les sens nous inondent d'informations venant de l'extérieur, mais le cerveau doit interpréter ces informations pour pouvoir en tirer une signification cohérente. Le traitement et l'interprétation des informations fournies par les sens est la **perception**. Les perceptions peuvent différer d'un individu à l'autre et d'une époque à une autre puisqu'elles sont basées sur des facteurs variables: les **informations sensorielles,** les besoins personnels et les expériences passées.

3. Les sens de l'homme répondent à différents types de stimuli de l'environnement, mais la **limitation sensorielle** protège le cerveau en faisant un tri des informations d'entrée. Si les sens détectaient tous les degrés d'énergie de l'environnement, le cerveau serait submergé d'informations sensorielles et subirait une **surcharge informationnelle.**

4. L'**adaptation sensorielle** protège le cerveau d'une surcharge et des informations inutiles. Les sens peuvent s'adapter, ou s'habituer, à de nombreux stimuli de l'environnement. Si un stimulus ne change pas, les sens peuvent ne plus envoyer de messages le concernant au cerveau. Cela permet au cerveau d'éviter de traiter des informations non nécessaires, le laissant libre de se concentrer sur des données plus importantes.

5. Le cerveau, tout comme les sens, a la capacité de s'adapter aux informations sensorielles. Après beaucoup d'entraînement et d'expérience, le cerveau apprend à rejeter certaines informations et à porter attention à la seule information pertinente dans une situation donnée.

6. Nos besoins personnels influencent nos sens et nos perceptions. Les yeux, par exemple, scrutent sans arrêt l'environnement à la recherche d'information qui puisse être importante pour l'individu. Une personne qui a faim sera beaucoup plus susceptible de remarquer un restaurant qu'une personne rassasiée. De la même façon, les yeux se dilatent ou se contractent en réponse à l'environnement et aux besoins de l'individu: la **réaction de la pupille** reflète les intérêts personnels.

7. Des expériences ont démontré que les gens peuvent parfois éviter de percevoir des informations sensorielles avec lesquelles elles préféreraient ne pas se confronter (telles que les mots tabous). D'autres expériences ont également démontré que nos propres valeurs peuvent influencer nos perceptions de la réalité.

8. Quelques capacités de perception peuvent être innées, mais la plupart d'entre elles sont le résultat de l'apprentissage et de l'expérience. Les nouveau-nés peuvent «sentir» le monde, mais ils ont une piètre perception (ou compréhension) de la plupart des sensations qu'ils éprouvent. Si nous étions dans l'incapacité d'apprendre, nous percevrions toujours le monde comme le font les nouveau-nés, et demeurerions de petits enfants.

9. Les perceptions sont apprises par expérience, mais cette expérience varie dans le temps et d'un individu à l'autre. Le fait que les expériences diffèrent aide à expliquer pourquoi des personnes ayant des antécédents différents peuvent percevoir différemment certains aspects de la réalité. Cela explique aussi pourquoi les perceptions d'un même individu peuvent changer avec le temps et l'expérience.

10. *La* **stimulation sensorielle** *est nécessaire pour aider les nouveau-nés et les enfants à développer leurs capacités de perception. Certaines études ont démontré qu'une stimulation des sens est d'une importance capitale pour un bon développement physique et mental.*

11. *Avec l'expérience, les gens commencent à établir certaines* **généralisations** *au sujet de la réalité: par exemple, les assiettes sont rondes. Les généralisations peuvent être utiles, mais parfois, elles sont erronées et conduisent à de fausses perceptions. Les perceptions qui ne sont pas conformes à la réalité sont appelées* **illusions.**

12. *On porte parfois des jugements basés sur des généralisations ou sur des illusions. Comme les généralisations et les illusions ne donnent pas toujours une représentation juste du monde, les jugements qui en découlent sont parfois erronés (* **préjugés** *). Devant une telle situation, nous devons tester la réalité afin d'expérimenter le monde tel qu'il est réellement.*

guide d'étude

A. RÉVISION

Compléter les phrases suivantes:

1. La distorsion de perception dont souffrait Don Quichotte se situait au niveau du _____ , non pas au niveau des sens.

2. Les sens ne font que fournir des _____ au cerveau.

3. La _____ est définie comme étant le traitement et l'interprétation de l'information sensorielle.

4. La perception commence au niveau des_____ .

5. Votre cerveau fournit un travail optimum lorsqu'il a à traiter un nombre relativement _____ de messages.

6. La _____ est le terme utilisé pour décrire la situation dans laquelle se trouve le cerveau lorsqu'il est stimulé par plus d'informations qu'il ne peut en traiter.

7. Le_____est la structure cérébrale qui aide à bloquer les informations sensorielles en surplus ou non désirées.

8. Nos sens sont _____ dans l'étendue des stimuli auxquels ils peuvent répondre.

9. Le fait de s'habituer ou s'accoutumer aux variations de degrés de stimulation s'appelle _____ .

10. Vos sens travaillent avant tout en détectant les _____ dans l'environnement.

11. Des études sur la taille de la pupille ont démontré que les _____

_____. des individus peuvent influencer la façon dont fonctionnent les organes sensoriels.

12. Les expériences sur les mots tabous ont été effectuées par Elliott _____ _____.

13. Lorsque les enfants savaient que les jetons pouvaient servir à acheter des bonbons, ils en _____ la taille.

14. Pour apprécier ou comprendre ce que nous voyons ou entendons, il nous faut faire appel à nos _____.

15. Deux capacités de la perception dont il est possible que nous soyons dotés à la naissance sont les capacités de discerner les _____, et de distinguer les_____ de leur_____.

16. Skeels affirmait qu'il pouvait augmenter le Q.I. d'enfants en les plaçant dans un environnement _____.

17. Les sujets des «expériences» de Skeels étaient des _____.

18. Lorsque l'on montre une image différente à chacun de nos yeux, nous avons tendance à n'en percevoir qu'une, celle qui nous est la plus _____.

19. Le point de la rétine de l'oeil où commence le nerf optique, et où il n'y a aucun récepteur de lumière, s'appelle la _____.

20. Une _____ peut être définie comme étant une perception fausse.

21. Les préjugés, ou opinions préconçues, peuvent influencer nos perceptions et être considérés comme des _____psychologiques.

22. Afin d'expérimenter une réalité dépouillée de préjugés, nous devons être prêts à _____ constamment nos perceptions pour qu'elles soient conformes au monde réel.

B. VÉRIFICATION DES CONNAISSANCES

Encercler la bonne réponse (A, B, C ou D):

1. Le problème de Don Quichotte provenait du fait:
   A. que ses récepteurs sensoriels ne fonctionnaient pas correctement.
   B. qu'il n'était pas très intelligent, tout simplement.
   C. que personne ne voulait l'aider lorsqu'il entreprenait quelque chose.
   D. qu'il percevait la réalité d'une façon différente de tout le monde.

2. Nos sens:
   A. transmettent les informations codées directement au cerveau.
   B. interprètent l'information qu'ils reçoivent.
   C. font une sélection de l'information qu'ils reçoivent.
   D. traitent et organisent l'information au récepteur sensoriel même.

3. Si votre cerveau est soumis à un trop-plein d'informations:
   A. vous serez en état de surcharge informationnelle.
   B. votre système d'activation réticulaire arrêtera de travailler.
   C. vous ne percevrez probablement rien de toute cette information.
   D. vous tomberez dans le coma.

4. Laquelle des sortes d'énergie suivantes n'est **pas** une forme similaire à l'énergie de lumière visible?

A. Les rayons X.

B. Le radar.

C. Les ondes sonores à haute fréquence.

D. L'énergie de radiodiffusion et de télédiffusion.

5. _____ est une forme de protection qui permet à votre cerveau de ne pas tenir compte des nombreux messages sensoriels non nécessaires et de se concentrer sur les messages importants.

A. La dilatation de la pupille.

B. L'adaptation sensorielle.

C. L'isolement perceptif.

D. La surcharge informationnelle.

6. Lorsque nous estimons la taille des objets qui nous entourent, nous sommes susceptibles de surestimer la taille des stimuli:

A. auxquels nous accordons de la valeur.

B. qui sont en mouvement.

C. qui nous sont familiers.

D. A, B et C à la fois.

7. Skeels a découvert que le Q.I. d'enfants orphelins augmentait de façon remarquable après qu'ils aient été confiés à _____ qui se chargeai(en)t de leur éducation.

A. des psychologues.

B. des femmes souffrant de déficience mentale.

C. leur propre mère.

D. une garderie pour orphelins.

8. Les illusions:

A. peuvent être aussi bien psychologiques que visuelles.

B. nous aident à survivre.

C. sont souvent basées sur des généralisations et des opinions préconçues.

D. A, B et C à la fois.

9. La tonalité d'un son est déterminée par:

A. l'amplitude des ondes sonores.

B. la fréquence des ondes sonores.

C. la sensibilité de l'oreille.

D. la taille des os de l'oreille moyenne.

10. Lorsqu'on présente l'image d'un toréador à l'un des deux yeux et celle d'un joueur de base-ball à l'autre:

A. les enfants voient ces images plus rapidement que les adultes.

B. les enfants mexicains voient presque toujours le toréador.

C. nous ne pouvons pas établir ce que représentent ces images.

D. A, B et C à la fois.

Le cas de S.B.

Le passage de l'obscurité utérine à la lumière éclatante du monde extérieur est sans nul doute stressant, mais personne ne peut s'en souvenir suffisamment pour en donner une quelconque description. Certains effets d'un changement sensoriel aussi brutal, quoi qu'il en soit, peuvent être examinés dans certains cas spéciaux. Le psychologue britannique Richard L. Gregory a rapporté le cas d'un homme aveugle de naissance. En quelque sorte, cet homme avait vécu toute sa vie comme s'il avait habité dans une caverne obscure. Tout ce qu'il savait du monde, il l'avait perçu par ses autres sens. Cet homme, connu sous les initiales S.B., pouvait toucher, sentir, goûter, et écouter le monde. Grâce à ses autres sens, il en avait certaines impressions, mais il ne pouvait pas le voir.

La cornée est la partie extérieure de l'oeil, épaisse et transparente, qui recouvre et protège le cristallin. La lumière pénètre dans la cornée d'un oeil normal et atteint les récepteurs visuels situés sur la rétine, à l'arrière de l'oeil. Dans le cas décrit par Gregory, les cornées de l'homme aveugle étaient gravement endommagées et couvertes de cicatrices. Aucune lumière ne pouvait y pénétrer et S.B. était complètement aveugle. La médecine, cependant, a évolué, et il est devenu possible de remplacer les cornées endommagées par de nouvelles. S.B. avait 52 ans. L'opération, une transplantation de cornée, a réussi, et il a pu voir pour la première fois de sa vie. Il pouvait quitter sa caverne obscure et contempler le soleil.

Au début, la lumière était trop forte. Il a fallu plusieurs jours à S.B. pour s'y habituer et s'adapter à sa nouvelle façon d'expérimenter le monde. Il pouvait, par exemple, reconnaître les gens par leur voix, mais il fallait qu'il apprenne à les distinguer d'après leur apparence. Il devait tâter certains objets de ses mains avant de pouvoir dire de quoi il s'agissait. Il devait apprendre à juger des distances et des hauteurs. Petit à petit, S.B. a appris à se sentir à l'aise dans ce monde de couleurs et de lumière. Il a appris une façon totalement nouvelle d'expérimenter la réalité et la vie.

Mais apprendre et faire face à la réalité n'est pas toujours agréable. S.B. ouvrait les yeux sur la beauté du monde, comme il l'espérait; en même temps, il prenait conscience de ce qui était laid. Une personne ayant une voix merveilleuse et des mains très douces pouvait avoir un visage ou un corps difformes. Une chambre confortable dans une maison chaude pouvait être située dans un taudis. Pendant des années, S.B. n'avait pensé qu'à toute cette beauté des choses qui lui était inaccessible. Il n'avait pas songé qu'il ouvrirait aussi les yeux sur la laideur. En maintes occasions, sa perception incomplète de la réalité avait été plus plaisante que la réalité elle-même. Il est devenu dépressif, et Gregory rapporte qu'il s'échappait parfois du monde pour s'enfermer seul pendant des heures dans une pièce obscure. C'était pour lui une manière de redevenir temporairement aveugle.

C. À PROPOS DE L'ARTICLE...

1. Dans cette histoire, quel était le problème de S.B. et comment a-t-il été résolu?

2. Lorsque S.B. a recouvré la vue, ses réactions ont-elles toutes été positives? Expliquez.

SUGGESTIONS DE LECTURES

Cervantes, M. De, *Don Quichotte*, volumes 1 et 2, Hatier, Paris, 1963.

Krech, D., Crutchfield, R.S., Livson, N., Krech, H., *Psychologie*, Renouveau pédagogique, Montréal, 1979.

Locher, J.L., *Le monde de M. C. Escher*, Chêne, Hachette, Paris, 1972.

En anglais

Gregory, R. L., *The intelligent eye,* McGraw-Hill, New York, 1970.

5

---

la motivation et l'émotion

Pourquoi agissons-nous comme nous le faisons? Pourquoi nous sentons-nous de telle ou telle manière? C'est le genre de questions que chacun de nous se pose de temps en temps. Plusieurs réponses peuvent y être apportées si l'on étudie les différentes théories qui essaient de cerner la motivation humaine.

Après avoir étudié ce chapitre, vous pourrez:

- Définir ce qu'est la motivation;

- Résumer les composantes principales de la théorie des pulsions biologiques et établir une distinction entre besoins et pulsions primaires et secondaires;

- Résumer les composantes principales de la théorie de l'activation et relier le tout au concept de l'homéostasie;

- Définir «émotion» et faire une liste de ses cinq composantes; établir une relation entre celles-ci et le système nerveux autonome;

- Comparer et opposer le contre-conditionnement et la désensibilisation;

- Décrire la théorie de Maslow au sujet de la motivation humaine.

glossaire

Actualisation de soi. Terme utilisé par Abraham Maslow pour désigner la réalisation maximale, le parachèvement du potentiel d'un individu.

Adrénaline. Une des deux hormones d'activation sécrétées par les glandes surrénales. Aussi appelée épinéphrine.

Affect. Signifie «état affectif». Une personne qui a peu d'affect est extrêmement froide, calme, maîtresse d'elle-même, peu émotive. Une personne qui a beaucoup d'affect peut devenir surexcitée et violente, ou très déprimée et malheureuse.

Anxiété flottante. Type de peur généralisée qui ne converge pas sur un objet ou un stimulus particulier.

Besoin d'accomplissement. Selon le psychologue David McClelland, le «besoin d'accomplir» est aussi primordial, quoique pas nécessairement aussi fort, que le besoin de manger. Et ceci, pour la majorité d'entre nous. Aussi appelé motivation d'accomplissement.

Besoins primaires. L'organisme «a besoin» de certaines choses pour vivre. Le manque d'une de ces substances provoque une pulsion primaire.

Besoins secondaires. Selon la théorie des pulsions, tous les besoins autres que physiologiques primaires sont acquis. Le besoin de nourriture est un besoin primaire inné qui crée une pulsion primaire: la faim. Le besoin d'un hamburger plutôt que d'un bol de soupe est un besoin secondaire acquis parce que les hamburgers ont plus souvent satisfait la faim de la personne par le passé.

Conditionnement. Sorte d'apprentissage. Les deux principaux types de conditionnement sont le conditionnement classique ou répondant (pavlovien) et le conditionnement opérant (skinnérien).

Contre-conditionnement. Pavlov conditionnait ses chiens à saliver au son d'une cloche. Si vous preniez un de ces chiens entraînés et que vous le reconditionniez afin qu'il aboie et s'excite lorsque vous sonnez la cloche, vous découvririez qu'il ne saliverait plus au son de la cloche. Le chien ne pouvant saliver et être dans un état d'excitation en même temps, votre entraînement serait une sorte de contre-conditionnement. Le contre-conditionnement implique toujours le fait d'apprendre à l'organisme une nouvelle réponse incompatible avec l'apprentissage antérieur.

Désensibilisation. Type de contre-conditionnement développé par le psychiatre Joseph Wolpe. Le client est entraîné à se détendre face à un stimulus redouté, tel un serpent. Lorsque le contre-conditionnement est effectif, le patient n'est plus «sensible» au stimulus redouté ou n'est plus activé par lui.

Émotions. Du latin, *motivus*, «mobile», et *movere*, «mouvement d'agitation ou mouvement vers un but».

Entraînement à la détente. Technique utilisée dans le contre-conditionnement ou la thérapie de désensibilisation; le sujet est entraîné à détendre ses muscles «sur commande».

Glandes surrénales. Les deux glandes surrénales sont situées au-dessus de chacun des reins. Elles sécrètent (libèrent dans le sang) des hormones qui influent sur le développement sexuel, la production de l'urine et l'activation physiologique.

Gonades. Glandes sexuelles principales: les ovaires chez la femme, les testicules chez l'homme. Les ovaires forment les ovules qui peuvent être fertilisées par le sperme provenant des testicules.

Hiérarchie des craintes. Utilisée en thérapie de désensibilisation. Cette hiérarchie est une liste de stimuli redoutés, allant du plus fort au plus faible.

Homéostasie. Tendance à atteindre un équilibre où l'organisme est dépourvu de besoins ou de pulsions. Toute action qu'entreprend l'organisme pour réduire ses pulsions est appelée «comportement homéostatique».

Hormones d'activation. Substances chimiques complexes sécrétées par les glandes surrénales, qui stimulent le système nerveux autonome et, donc, conduisent à l'activation.

Inanimé. Du latin *in-*, privatif, et *animatus*, «animé, vivant». Les Grecs et les Romains de l'Antiquité croyaient que chaque chose vivante (animée) possédait un esprit ou une âme qui lui donnait vie et la portait à satisfaire ses besoins.

Motifs sociaux. Motivations ou besoins en rapport avec les comportements sociaux, comme le besoin d'amitié, d'amour, d'accomplissement ou d'appartenance à un groupe.

Motivation. Tout comme le mot émotion, provient du latin *motivus*, «mobile». La motivation est l'«explication» que nous donnons de ce pourquoi nous faisons telle ou telle chose.

Noradrénaline. Une des deux hormones d'«activation» sécrétées par les glandes surrénales.

Oestrogènes. Hormones femelles.

Orgasme. Relâche subite de la tension ou de l'excitation, comme il s'en produit une au point culminant d'une relation sexuelle.

Palpitations. Du latin *palpitare*, «se mouvoir ou s'agiter rapidement». Série de pulsations rapides, battement du pouls ou du coeur plus rapide qu'à l'accoutumée.

Physiologiste. Praticien de la physiologie. L'anatomie est l'étude de la structure de l'organisme; la physiologie est l'étude du fonctionnement des diverses parties de l'organisme.

Polygraphe. Appareil qui trace un graphique de plusieurs réponses physiologiques différentes, simultanément. Bien qu'il soit parfois appelé «détecteur de mensonges», cet appareil retrace les réponses de type émotionnel, non point les mensonges.

Processus thermostatique. Processus selon lequel la température d'une machine, d'un endroit ou d'un organisme vivant est contrôlée. Certains centres nerveux du cerveau contrôlent notre température et nous motivent à maintenir cette température à 98,6°F ou 37°C.

Progestérone. Hormone sexuelle femelle.

Pulsion primaire. Selon la théorie des pulsions, pulsion innée, déterminée, telle que le besoin de nourriture, d'air ou d'eau.

Stress. Être stressé signifie en général être sous pression ou ressentir une tension intense.

Système nerveux autonome. «Autonome» provient du grec *autonomos*, «qui se régit par ses propres lois». Le système nerveux autonome est un groupe de centres nerveux qui prennent soin de la majorité des fonctions automatiques habituelles à l'organisme, sans que l'on ait à y penser.

Système nerveux parasympathique. Moitié du système nerveux autonome qui est opposée au système sympathique, et qui le contre. Le système parasympathique «court-circuite» ou ralentit la plupart des activités du type émotionnel.

Système nerveux sympathique. Moitié du système nerveux autonome responsable de la libération ou du déclenchement des réactions de type émotionnel.

Test d'aperception thématique. Connu par son sigle T.A.T. Test projectif élaboré par le psychologue Henry Murray. Il comprend une série de vingt images plutôt ambiguës. Le sujet répond à chacune des images en imaginant l'histoire qui arrive aux personnages illustrés.

Test projectif. Le matériel en est si vague, si indéfini, que le sujet doit y projeter sa personnalité pour y donner un sens.

Théorie. Supposition ou ensemble d'hypothèses expliquant certains faits de la nature ou de la vie. En sciences, les théories ne sont jamais «prouvées», quelque logiques qu'elles puissent être, mais sont acceptées jusqu'à ce qu'elles soient réfutées par des recherches plus approfondies.

Théorie de l'activation. (*Arousal theory.*) Théorie présentée en remplacement de la théorie pulsionnelle; soutient que l'homéostasie dans l'organisme est le point de stimulation optimale, qui varie suivant la situation.

Théorie des pulsions biologiques. Une des premières théories psychologiques de la motivation. Fondée sur l'hypothèse voulant que le manque ou le besoin de quelque chose de vital crée à l'intérieur de l'organisme une forte pulsion visant à satisfaire le besoin, donc à réduire la pulsion créée par le manque.

Tonalité affective. Partie de l'expérience émotionnelle qui fait qu'on perçoit cette dernière comme étant agréable ou désagréable.

INTRODUCTION:
LE JOURNAL D'ANNE FRANK

Pour son treizième anniversaire, Anne Frank reçoit un journal dans lequel elle relate tous les événements qui surviennent dans sa vie, aussi bien ses pensées que ses sensations, ses émotions.

Le quatorzième anniversaire d'Anne se fête dans un appartement secret, à l'arrière d'un entrepôt où les membres de sa famille et elle-même restent cachés dans la crainte constante d'être capturés et envoyés à la mort.

À son quinzième anniversaire, Anne se cache toujours, mais elle aspire ardemment à la liberté et attend beaucoup de la vie. Elle a reçu son premier baiser romantique et est tombée amoureuse de Peter Van Daan, le seul fils de la famille qui partage la cachette des Frank.

Anne n'aura jamais de seizième anniversaire. Elle meurt dans un camp de concentration allemand deux mois avant; et deux mois après, elle et sa famille auraient pu quitter librement leur cachette...

Anne Frank, la seconde fille d'une famille juive aisée, naît en Allemagne en 1929. Quatre ans plus tard, Otto Frank, le père d'Anne, décide que la vie en Allemagne n'est plus de toute sécurité pour les Juifs. Adolf Hitler, un homme extrêmement dangereux et qui déteste les Juifs, a pris le contrôle du gouvernement allemand et s'apprête à liquider de la contrée tous les gens de nationalité juive, par l'extermination s'il le faut. Afin d'échapper à Hitler, Otto Frank et sa famille déménagent à Amsterdam, capitale de la Hollande, aujourd'hui appelée les Pays-Bas. Les Frank vivent dans l'aisance et la sécurité au milieu des Hollandais pendant plusieurs années, jusqu'à ce que l'armée allemande occupe la Hollande. De nouveau, les Juifs sont persécutés.

Les Frank finissent par être forcés de se cacher. Pendant plus de deux ans, ils vivent secrètement dans un appartement camouflé. Les quatre Frank et quatre autres personnes qui partagent l'appartement ne mettent pas une seule fois le nez dehors. Quelques amis leur apportent le peu de nourriture qu'ils peuvent obtenir; les vivres sont en effet extrêmement rares pour le plupart des Hollandais pendant la guerre. Le journal qu'Anne a reçu pour son treizième anniversaire raconte comment les Frank et leurs amis survivent pendant ces deux années. Puis, quelque temps après le quinzième anniversaire d'Anne, le journal s'arrête.

Anne Frank n'a pas vécu jusqu'à la fin des hostilités et n'a jamais recouvré la liberté. Mais son journal demeure un témoignage vivant, et l'un des documents les plus émouvants de la Seconde Guerre mondiale. Lorsque Otto Frank est retourné à Amsterdam après la guerre, il a appris que des amis avaient retrouvé le journal de sa fille dans l'appartement, après le départ des Allemands. Le journal a été publié en 1947. Depuis, des millions de gens de toutes nationalités l'ont lu, ou l'ont vu adapté au cinéma, à la télévision ou au théâtre.

Le journal d'Anne Frank est devenu populaire et le demeure toujours pour diverses raisons. Non pas seulement qu'il soit l'un des rares comptes rendus de première main de ce qu'était la vie pour les Juifs sous Hitler; il s'agit de plus d'une description intelligente des pensées et émotions d'une jeune fille approchant de la maturité. Mais les questions que le journal soulève sont peut-être plus importantes encore que ce qu'il nous révèle au sujet d'Anne et de sa situation. Les premières et plus évidentes parmi ces questions sont celles concernant la guerre. «Mais à quoi, demande Anne, peut bien servir la guerre? Pourquoi les gens ne peuvent-ils pas vivre en paix tous ensemble? Pourquoi toute cette destruction?»

Le problème de la violence de l'homme et de l'agression est très complexe (voir chapitre 2), et Anne ne peut pas nous y fournir une réponse. Son journal, par ailleurs, est beaucoup plus qu'une histoire de guerre. Il s'agit d'un compte rendu extrêmement personnel et privé de deux années de la vie d'une jeune fille, et il nous amène à nous poser certaines questions intimes au sujet du comportement de l'homme. Par exemple, en quoi cela pouvait-il bien intéresser Anne d'écrire son journal? Pourquoi se donnait-elle la peine de noter soigneusement ses pensées, ses sentiments, ses émotions et ses comportements? Elle s'explique au début de son journal: «C'est pour moi une sensation bien singulière, dit-elle, que d'exprimer mes pensées, non seulement parce que je n'ai jamais écrit encore, mais parce qu'il me semble que, plus tard, ni moi, ni qui que ce soit d'autre ne s'intéresserait aux confidences d'une écolière de treize ans. Enfin cela n'a aucune importance. J'ai envie d'écrire, et bien plus encore de sonder mon coeur à propos de toutes sortes de choses.» En d'autres mots, le journal d'Anne était en quelque sorte un processus de découverte de soi. Afin d'écrire de façon sérieuse et véridique à son propre sujet, Anne a dû examiner et questionner son comportement. Elle a dû se demander pourquoi elle agissait comme elle le faisait et pourquoi elle ressentait telle ou telle émotion. Et pour quiconque, examiner et questionner son comportement et ses émotions peut devenir un processus d'auto-découverte, que les questions et les réponses soient ou non enregistrées dans un journal.

LA MOTIVATION

Pourquoi faisons-nous ce que nous faisons? Pourquoi les autres font-ils ce qu'ils font? Ce sont des questions qu'Anne s'est posée et que chacun d'entre nous se pose probablement de temps en temps, à plus forte raison les psychologues. Plusieurs réponses peuvent être apportées si l'on étudie la motivation humaine.

Le mot **motivation** vient du latin *motivus*, «mobile». Les anciens érudits étaient fascinés par le fait que quelques objets dans le monde semblaient se déplacer par eux-mêmes, alors que d'autres restaient stationnaires tant qu'une autre force extérieure ne leur était pas appliquée. Les anciens croyaient que les mouvements auto-déterminés dépendaient d'un esprit intérieur qui poussait l'objet à l'action. Non seulement les plantes, les animaux et les gens, mais aussi les rivières, les nuages et autres objets en mouvement étaient, pensait-on, habités par quelque force ou esprit interne qui les portait à se déplacer.

De nos jours, nous supposons que seuls les organismes vivants sont susceptibles de mouvements auto-déterminés; mais il a fallu attendre jusqu'au XVIIe siècle avant que les scientifiques occidentaux n'en apprennent suffisamment au sujet des lois de la physique pour expliquer le mouvement des objets **inanimés** (sans vie), tels que les rivières et les nuages. Ils ont alors pu les expliquer en termes purement physiques et non spirituels. La loi de la gravité, par exemple, beaucoup plus que l'«esprit de la rivière», permet d'expliquer le mouvement des rivières. D'autres lois physiques peuvent expliquer le mouvement des nuages, du vent, des étoiles. Une fois que les scientifiques eurent fait ces découvertes intellectuelles dans le domaine du mouvement physique, ils ont commencé à se demander si les activités des organismes vivants (personnes, plantes et animaux) ne pourraient pas être également expliquées en termes purement physiques, ou mécaniques, et non spirituels. Les tentatives de découverte de ces explications ont conduit à l'élaboration de plusieurs théories de la motivation, basées sur la croyance que toutes les activités humaines sont à peu près aussi mécaniques que les mouvements des rivières ou des nuages. Deux des systèmes les mieux connus d'analyse mécanique de la motivation humaine sont la **théorie des pulsions biologiques** et la **théorie de l'activation.**

LA THÉORIE DES PULSIONS BIOLOGIQUES

La physique est devenue une science lorsque les physiciens ont commencé à expliquer les mouvements des objets animés en termes de lois de physique relativement simples. Au siècle dernier, plusieurs psychologues ont tenté d'imiter les physiciens en réduisant la complexité du comportement humain à un ensemble de lois biologiques simples. Au lieu d'expliquer la motivation humaine en termes d'esprits ou de forces internes, ils ont essayé d'expliquer tout mouvement ou tout comportement humain en termes de processus

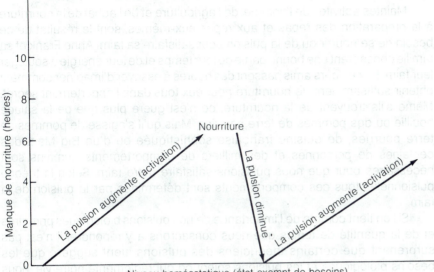

Fig. 5.1
Ce graphique illustre
la façon dont fonc-
tionne la théorie
pulsionnelle de la
motivation.

physiologiques ou biologiques. Plutôt que de tenir pour acquis que les personnes ou les animaux étaient capables d'actes auto-déterminés, ils ont émis l'hypothèse voulant que les organismes vivants soient entraînés ou poussés à agir par des forces externes; un peu comme les rivières et les nuages se déplacent sous l'action de forces physiques naturelles, ou comme la voiture démarre lorsqu'on tourne la clef de contact. Réduite à son plus simple élément, cette manière physiologique ou biologique d'envisager la motivation est appelée la *théorie des pulsions biologiques*. Elle soutient que tout comportement humain provient d'un besoin de réduire certaines pulsions biologiques.

Les besoins et les pulsions primaires

Que sont les besoins biologiques de l'être humain et comment motivent-ils ou provoquent-ils tel comportement? Un des exemples les plus évidents de besoin biologique est celui de la nourriture. Sans aliments, la survie biologique est impossible. De telles choses absolument essentielles pour rester en vie sont appelées **besoins primaires**, c'est-à-dire de première importance. Les besoins primaires incluent la nourriture, l'eau, l'oxygène et la chaleur.

Chaque besoin primaire est relié à une **pulsion primaire.** Par exemple, le besoin de nourriture est associé à la pulsion primaire de la faim. Lorsque vous ne mangez pas pendant un certain temps, une pulsion de faim se fait sentir. Plus vous attendez avant de manger, plus la pulsion devient forte; lorsqu'elle le devient suffisamment, elle vous motive, ou vous pousse, à satisfaire votre besoin de nourriture.

Maintes activités de l'homme: de l'agriculture et de l'achat de la nourriture à la préparation des repas et aux repas eux-mêmes, sont le résultat de ce besoin de se nourrir ou de la pulsion pour satisfaire sa faim. Anne Frank et sa famille consacrent une bonne partie de leur temps et de leur énergie à soulager leur faim. Eux et leurs amis passent des heures à essayer d'imaginer comment obtenir suffisamment de nourriture pour eux tous dans l'appartement secret. Même s'ils trouvent de la nourriture, ce n'est guère plus que de la salade bouillie ou des pommes de terre pourries. Mais qu'il s'agisse de pommes de terre pourries, de cuisine française sophistiquée ou d'un Big Mac, des centaines de personnes et des milliers de comportements humains sont nécessaires pour que nous puissions satisfaire notre faim. Selon la théorie pulsionnelle, tous ces comportements sont déterminés par la pulsion de la faim.

Si l'on tient compte de l'importance de nos pulsions biologiques primaires et de la quantité de temps que nous consacrons à y répondre, il n'est pas surprenant que certains théoriciens des pulsions aient suggéré que les besoins biologiques et les pulsions soient ce qui réglemente notre vie, nous motive et détermine nos comportements.

Les états pulsionnels et l'homéostasie

Aussi longtemps que nos besoins primaires sont satisfaits, notre corps, semble-t-il, poursuit son petit bonhomme de chemin dans un état de bien-être équilibré. Lorsque l'organisme a besoin de quelque chose d'indispensable pour sa survie, l'équilibre est rompu. Selon la théorie pulsionnelle, lorsque l'équilibre biologique est rompu, nous sommes activés et entrons dans ce qui est appelé un état pulsionnel primaire. De façon plus générale, plus nous sommes privés longtemps d'un besoin primaire, plus notre état pulsionnel augmente et plus nous sommes activés ou motivés. Par la suite, l'activation ou le mouvement engendré par l'état pulsionnel nous amène à satisfaire notre besoin. (Une personne qui a faim deviendra à la longue suffisamment motivée pour se lever et chercher de la nourriture.) Lorsque notre besoin biologique est satisfait, l'équilibre original est rétabli, l'état pulsionnel diminue de beaucoup, et l'activation (la motivation) disparaît. En d'autres mots, après avoir mangé un gros repas, on n'est plus activé ou motivé pour manger de nouveau.

Le processus biologique qui active ou arrête les états pulsionnels est connu sous le nom de *processus homéostatique*. L'état d'équilibre qui découle de ce processus s'appelle l'**homéostasie**, et toute action entreprise par l'organisme pour réduire un état pulsionnel est un comportement homéostatique.

Une façon très simple de comprendre le processus homéostatique de l'organisme est d'observer le **processus thermostatique** d'un climatiseur. Supposons que, le matin d'un beau jour d'été, vous fixez le contrôle thermostatique du climatiseur d'une pièce à 24°C; pendant quelque temps, rien ne se produit puisque la température de la pièce est inférieure à celle à laquelle vous avez fixé le contrôle. Mais plus le jour avance, plus l'atmosphère se réchauffe. Lorsque la température de la pièce dépasse 24°C, le thermostat de l'appareil le détecte et place le système de climatisation en «état pulsionnel»: le moteur et le ventilateur du système se mettent en marche pour refroidir la pièce. De l'air froid y est soufflé et la température diminue. Cet air froid réduit l'«état pulsionnel» du système. Lorsqu'on atteint 24°C, ce qui correspond à un état d'équilibre normal pour le climatiseur, le thermostat le détecte et l'état pulsionnel du système (son activation) s'arrête jusqu'à ce que la température grimpe de nouveau au-dessus de 24°C.

Les **physiologistes**, scientifiques qui étudient le fonctionnement physique de l'organisme, pensent que beaucoup de nos comportements déterminés de façon biologique sont déclenchés ou arrêtés par des thermostats internes qui détectent et nous aident à satisfaire les besoins de l'organisme, et à maintenir ce dernier dans un état dépourvu de besoins et d'activation. Le concept d'homéostasie, processus autorégulateur, qui maintient les états physiologiques du corps en équilibre, joue un rôle important dans les théories pulsionnelles. La figure 5.1 illustre bien cette théorie.

Les besoins et les pulsions secondaires

Pendant les deux années où Anne Frank et les membres de sa famille se cachent, ils répondent à leurs **besoins primaires** avec tout ce qui leur tombe sous la main. S'ils n'ont rien d'autre à manger que des pommes de terre pourries, ils les mangent. Leur processus homéostatique les avertit du besoin et, selon la théorie pulsionnelle, ils sont motivés à satisfaire ce besoin. La motivation humaine, toutefois, est beaucoup trop complexe pour n'être expliquée qu'en termes de besoins biologiques plutôt simples. Pourquoi, par exemple, certaines gens qui vont au restaurant commandent un hamburger et d'autres du poisson? Si nous n'étions motivés que par nos besoins primaires, nous serions probablement prêts à manger n'importe quoi, du moment que notre pulsion serait réduite. Mais ce n'est pas le cas: nous avons tous des préférences et des aversions, des aliments favoris et des boissons préférées. C'est ce qu'on appelle les **besoins secondaires**, qui sont probablement en relation directe avec nos besoins primaires.

Les besoins secondaires sont acquis ou appris, plutôt qu'innés. Selon la théorie pulsionnelle, la satisfaction d'un besoin primaire fournit un plaisir très fort. Le plaisir est *généralisé* à toute information d'entrée présente lorsque la pulsion primaire est réduite. Si une petite fille a faim et que sa mère lui donne un hamburger, la pulsion de faim est diminuée et elle en tire une satisfaction. Elle associe de par ce fait son plaisir avec le hamburger et, lorsqu'elle aura faim de nouveau, elle réclamera un hamburger de préférence à un autre aliment auquel elle n'aura jamais goûté. Et si la mère contribue très fréquemment à satisfaire les besoins primaires de sa fille, une partie du plaisir que celle-ci associe à la réduction du besoin se généralise à la mère. Donc, selon la théorie pulsionnelle, nous sommes portés à aimer les personnes et les choses associées à la satisfaction de nos besoins primaires, et à détester celles qui sont associées à une privation, à une douleur ou à une augmentation de nos pulsions primaires.

Étant donné que les besoins secondaires sont appris et qu'ils sont tributaires de l'expérience antérieure, ils varient énormément d'une personne à l'autre et d'une culture à l'autre.

En résumé, l'approche pulsionnelle de la motivation est une théorie simple et directe basée sur nos besoins biologiques. Selon elle, toutes les motivations et tous les comportements humains sont le résultat du besoin de satisfaire nos besoins primaires. Les diversités individuelles de la motivation proviennent de la nécessité de satisfaire nos besoins acquis, ou secondaires.

Il n'y a aucun doute là-dessus: les êtres humains sont fortement influencés par leurs besoins biologiques; mais, comme nous le verrons plus loin, il existe des motivations, des besoins et des pulsions de l'homme qui ne peuvent être expliqués par la théorie pulsionnelle.

LA THÉORIE DE L'ACTIVATION

Imaginez que vous passiez deux ans prisonnier dans un petit appartement, avec sept autres personnes, comme l'a fait Anne Frank. Même si vos compagnons d'infortune sont les plus intéressants du monde, vous vous en lasserez probablement, vous vous ennuierez et sentirez le besoin d'un changement. Vous serez probablement motivé à rechercher la compagnie d'autres personnes, bien sûr, mais vous voudrez également expérimenter d'autres aspects du monde: de nouveaux environnements visuels et sonores, de nouvelles sensations. Comment expliquer ce type de motivation?

À la fin des années 1950, Elizabeth Duffy et d'autres ont commencé à se rendre compte que la théorie pulsionnelle n'expliquait pas entièrement tous les types de motivation humaine. Duffy a fait remarquer que nos pulsions n'étaient pas toujours liées à nos besoins de nourriture, d'oxygène et d'eau. Il lui paraissait que nous avions aussi des *besoins informationnels* à satisfaire (voir les besoins de stimulation au chapitre 3). Ces besoins d'informations d'entrée, ou de stimuli, sont aussi fortement innés et motivants que la pulsion associée au manque de nourriture.

Les besoins d'activation ou de stimulation que l'être humain éprouve ont mené Duffy et d'autres scientifiques à proposer une nouvelle théorie de la motivation, que nous appellerons **théorie de l'activation**. On peut la résumer de façon suivante:

1. Le point de base homéostatique n'est pas un état où l'excitation est *nulle*, mais plutôt un point de stimulation **optimum**, ou de meilleure stimulation.
2. Ce point optimum peut varier de temps en temps, selon notre état biologique.

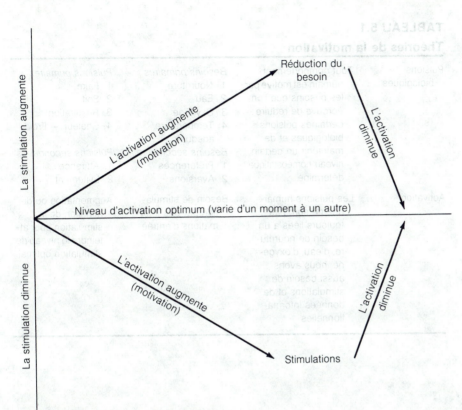

Fig. 5.2
Voici une représentation schématique de la théorie de l'activation.

3. Une diminution de la stimulation optimum peut devenir aussi motivante ou activante qu'une augmentation.

Activation et homéostasie

La théorie de l'activation prend sa source dans les expériences d'isolement perceptif faites à l'Université McGill et dans la découverte du système d'activation réticulaire par Magoun et son équipe (voir chapitre 3). Considérons les expériences d'isolement perceptif pendant quelques minutes. Les besoins biologiques des sujets de l'expérience étaient, selon toute apparence, constamment satisfaits; et pourtant, la plupart d'entre eux n'ont pas pu supporter l'isolement plus d'un jour ou deux. Tous avaient besoin de plus de stimulation qu'ils n'en recevaient. Mais ce «besoin de stimulation» n'est pas expliqué par le simple modèle homéostatique de la théorie pulsionnelle; cette dernière dit que nous sommes poussés par le besoin de *réduire* les stimulations du type de celle qui est associée à la faim. La théorie de l'activation adopte plutôt comme point de départ que nous avons besoin d'une certaine dose de stimulation, et que nous sommes parfois motivés par le besoin d'*augmenter* la stimulation.

TABLEAU 5.1

Théories de la motivation

Pulsions biologiques	Tout comportement humain est motivé par les besoins que l'on éprouve de réduire certaines pulsions biologiques et de maintenir un certain niveau homéostatique déterminé	*Besoins primaires* 1. Nourriture 2. Eau 3. Oxygène 4. Température adéquate *Besoins secondaires* 1. Préférences 2. Aversions	*Pulsions primaires* 1. Faim 2. Soif 3. Respiration 4. Chaleur — Froid *Pulsions secondaires* 1. Attirance 2. Évitement
Activation	Les pulsions humaines ne sont pas toujours liées à un besoin de nourriture, d'eau, d'oxygène: nous avons aussi besoin de stimulations et de données informationnelles	Besoin de stimulation par des informations d'entrée	Augmentation ou diminution de la stimulation pour atteindre le niveau de stimulation optimal

Duffy signale aussi que nous ne sommes pas dotés, à la naissance, d'un «niveau homéostatique unique» qui ne variera plus par la suite: notre besoin de stimulation change plutôt en fonction de nos expériences passées et de notre condition actuelle. Comme nous l'avons vu dans les chapitres précédents, les récepteurs sensoriels ont pour tâche de détecter les *changements* dans l'environnement. Lorsque l'on met en action le ventilateur dans une pièce parfaitement calme, il peut sembler particulièrement bruyant. Après un certain temps, toutefois, le système nerveux ne répond plus au bruit du ventilateur. De la même façon, si l'on mange un steak à chaque repas, on peut trouver qu'il n'a plus le même bon goût qu'il avait au début. Ces exemples (tout comme les résultats des expériences d'isolement perceptif) rendent évident que nous avons besoin d'une certaine quantité de stimulation. Mais comme notre organisme s'adapte à presque toute stimulation sensorielle constante, le niveau optimal de stimulation dont nous avons besoin varie d'un moment à l'autre. Nous avons besoin d'une certaine stabilité dans le monde qui nous entoure, tout comme le prédit le modèle homéostatique. Mais il nous faut aussi une certaine dose de variété dans la stimulation, comme le soutient la théorie de l'activation; sinon, notre système de réception sensorielle s'arrêtera et nous laissera sans aucune information d'entrée. Le système d'activation réticulaire semble avoir pour fonction de nous activer chaque fois que nos informations d'entrée deviennent trop différentes ou trop constantes. La figure 5.2 est un diagramme qui illustre la théorie de l'activation.

LES EXPÉRIENCES MENTALES ET LA MOTIVATION

Pourquoi vous arrive-t-il de manger même si vous n'avez pas faim? Pourquoi Hitler a-t-il ordonné l'extermination de millions de personnes? Pourquoi Anne Frank passe-t-elle des heures assise seule avec son ami Peter? Beaucoup de comportements humains peuvent être expliqués en termes de besoins et de pulsions primaires ou secondaires; par ailleurs, de nombreuses activités ne trouvent tout simplement aucune explication adéquate dans la théorie pulsionnelle ni dans la théorie de l'activation. Une tarte sortant du four, par exemple, peut sembler tellement délicieuse et sentir si bon que vous voudrez en manger bien que vous veniez de terminer un gros repas et que vous n'ayez aucun besoin biologique réel de nourriture. Hitler n'avait pas de besoin biologique qui lui dictait d'assassiner les gens. Plutôt, il semble avoir été motivé, entre autres choses par ses sentiments à l'égard des juifs: il les détestait. Anne Frank était motivée par ses sentiments à l'égard de Peter: elle l'aimait. Dans ces exemples, et dans plusieurs autres circonstances, ce sont les pensées, les sensations et les émotions beaucoup plus que les besoins biologiques qui semblent nous guider.

LES ÉMOTIONS

L'amour, la haine, la joie, la colère, la peur, la rage, ces mots nous viennent aussitôt à l'esprit lorsque nous parlons d'**émotions** humaines. Et l'expérience nous a appris que ces émotions et d'autres encore peuvent avoir une influence énorme sur notre vie, suffisamment puissante pour être la source de nombreux comportements. On peut aimer apprendre, par exemple, et essayer de réussir ses études à cause de cela. On peut détester certains aliments ou certaines activités et faire tout en son pouvoir pour les éviter. En fait, les pensées et les sensations puissantes appelées émotions comptent parmi les facteurs les plus importants de la motivation humaine. Le mot «émotion» a la même racine latine que le mot «motivation». «Émotion» signifie aujourd'hui «mouvement, agitation» ou encore «réaction affective généralement intense».

Comment les émotions provoquent-elles chez nous l'activité? Avant tout, il faut comprendre que les émotions sont beaucoup plus que des pensées et des sensations subjectives. Ce sont des réactions complexes qui peuvent être subdivisées en au moins cinq éléments:

1. *L'activation physiologique.* L'«excitation» physiologique qui accompagne une émotion provoque une activation ou parfois une dépression (détente). Lorsqu'on a peur, par exemple, la vitesse du pouls augmente et le coeur bat plus rapidement. Les muscles de l'estomac se contractent, la vitesse de respiration augmente généralement, on peut transpirer, les lèvres se dessèchent et une certaine tension gagne le cou et le bas du dos. Tous ces

Les émotions sont parmi les facteurs les plus importants de la motivation humaine. Pouvez-vous appliquer le mot approprié aux émotions qu'exprime chacune de ces personnes?

changements physiologiques sont visibles et peuvent être mesurés objectivement.

2. *La conscience cognitive.* Lorsque l'organisme devient plus excité ou plus dépressif, le cerveau est conscient du fait que quelque chose se passe. Par exemple, lorsque vous expérimentez une situation menaçante, vous pouvez vous rendre compte que vous devenez soudainement beaucoup plus préoccupé de votre environnement et des réactions de votre organisme. Si vous avez une certaine pratique de la chose, vous pouvez prendre conscience d'une certaine tension dans différentes parties de votre corps. Vous pouvez aussi remarquer que vous percevez l'objet menaçant ou la situation d'une façon plus claire et avec plus de détails.

La conscience cognitive d'un état émotionnel ne peut pas vraiment se mesurer de manière objective. Si un psychologue vous demande de décrire ce qui se passait dans votre esprit lorsque vous vous sentiez menacé, il vous sera sans doute facile de parler de vos perceptions; mais vous vous rendrez probablement compte, comme la plupart des gens, que le simple fait de décrire ce qui vous est arrivé change beaucoup la nature de l'émotion que vous avez expérimentée.

3. *La tonalité affective.* Les émotions sont rarement neutres. Plutôt, elles ont presque toujours une coloration ou une tonalité affective: elles sont agréables ou désagréables. On peut aimer et rechercher certains types d'expériences émotionnelles; d'autres peuvent être si douloureuses que l'on s'écarte du chemin pour les éviter. **La tonalité affective**, ou affect, est généralement une partie séparée ou distincte de l'expérience. Si vous marchez dans un marécage et voyez une couleuvre d'eau, vous êtes activé parce que vous percevez le serpent comme un danger qu'il vous faut éviter. Si, d'autre part, vous êtes un zoologiste en expédition à la recherche de serpents, vous pouvez être activé agréablement, parce que vous percevez l'animal comme un apport possible pour votre collection.

4. *Le comportement émotionnel.* Nous expérimentons rarement une émotion sans qu'elle ne provoque en nous une réaction. Les initiatives subites comme s'enfuir ou s'approcher à la vue du serpent, les violentes crises de larmes ou de fou rire, les cris, les réponses sexuelles de différentes sortes, ces réactions sont toutes des composantes *comportementales* de diverses émotions.

5. *La rétroaction.* Les émotions ne sont pas des expériences qui ont lieu et prennent fin en une ou deux secondes. Bien au contraire, elles ont tendance à augmenter, puis à décroître sur une certaine période de temps. La courbe que suit une émotion est fréquemment influencée par le type de rétroaction qu'elle provoque. Une partie de cette rétroaction provient de l'organisme, l'autre de l'environnement.

La peur en est un bon exemple. Si vous voyez un serpent, il se peut tout d'abord que vous reteniez votre souffle. Lorsque vous percevez le danger, votre rythme cardiaque s'accélère, votre respiration se fait plus haletante, vos cheveux peuvent se dresser sur votre tête et vous pouvez vous mettre à trembler. Vous faites toutes ces choses et vous remarquez souvent, presque inconsciemment, ce que sont vos réactions physiologiques. Le fait de percevoir que le battement de votre coeur est plus rapide peut en fait l'accélérer encore plus. Alors vous vous enfuyez au pas de course, et l'action de courir demande des efforts à votre organisme, ce qui amène le coeur à accélérer son rythme.

Mais si un de vos amis, un zoologiste, vous accompagne lorsque vous hurlez: «Un serpent!», les choses se passent autrement. Cet ami vous dit aussitôt que le serpent est inoffensif, le ramasse et commence à jouer avec. Alors vous vous détendez, ne vous enfuyez plus et votre rythme cardiaque diminue. Vous pouvez *percevoir* cette détente et vous détendre encore plus, et votre rythme cardiaque deviendra normal. Dans ce cas, la rétroaction venant d'abord de votre ami, puis de votre propre organisme vous a empêché d'éprouver une peur incontrôlable.

L'analyse des émotions

Anne Frank et sa famille ont connu la peur. Ils ont vécu en silence pendant le jour, craignant que quelqu'un dans l'entrepôt ne les entende et ne les dénonce. La nuit, lorsque l'entrepôt était désert, ils pouvaient parler et se déplacer, mais devaient néanmoins être très prudents. Plusieurs fois, par exemple, ils ont entendu d'étranges bruits tout près de la porte camouflée. Anne écrit, après avoir vécu une de ces expériences terrifiantes: «Je suis aussitôt devenue blême, et, de peur, mon estomac s'est contracté et j'ai eu des **palpitations**.» Anne était sous l'emprise de la peur. Ses réactions physiologiques, ses pensées et son comportement étaient influencés et contrôlés par la peur. L'une des raisons pour lesquelles plusieurs d'entre nous devenons «prisonniers» de nos émotions est que les émotions sont des expériences terriblement complexes. La plupart des mots utilisés pour les décrire, que ce soit amour, haine, anxiété, jalousie, joie, peur, convoitise ou colère, ne tiennent pas compte des cinq aspects de l'expérience émotive à la fois. L'amour est-il une réponse biologique? Les gens qui mettent amour et sexualité dans le même sac répondront peut-être oui. Ceux qui croient que l'amour est un état de conscience interne, ou une tonalité affective fort plaisante, peuvent avoir un autre avis. Or, l'amour est aussi un mode de comportement, et il est presque toujours énormément influencé par les actions de la personne dont nous tombons amoureux (rétroaction).

Des mots tels que «amour» ou «haine» sont tellement imprécis qu'ils nous embrouillent souvent, nous laissant croire que nous les comprenons alors que tel n'est pas le cas. Si une personne dit aimer Beethoven, détester les oeufs brouillés, aimer sa mère, détester les araignées, aimer son pays, détester la violence, aimer jouer au ballon, détester les études, que vous aura-t-elle appris au sujet des émotions d'amour et de haine? Aimer sa mère et aimer Beethoven, est-ce la même expérience psychologique qu'aimer jouer au ballon ou aimer son pays? Seriez-vous prêt à dire que détester la violence est la même expérience que détester les oeufs brouillés?

Nous ne pouvons pas commencer à comprendre nos émotions et la façon dont elles nous motivent avant de les avoir définies relativement bien et avec précision. Et toute définition quelque peu précise d'une réaction émotionnelle inclura les cinq aspects de l'émotivité déjà mentionnés: l'activation physiologique, la conscience cognitive, la tonalité affective, le comportement émotionnel et la rétroaction.

L'activation physiologique

Comme les physiciens l'ont découvert il y a quelques centaines d'années, plus il est possible de mesurer quelque chose avec précision, plus il devient possible de la contrôler ou de la changer. Les aspects biologiques des expériences émotionnelles sont en quelque sorte les plus faciles à mesurer avec précision. Parce que nous pouvons observer nos réponses physiologiques avec exactitude et objectivité, nous en connaissons beaucoup plus à leur sujet, nous pouvons savoir comment elles nous influencent et nous motivent, et comment il nous parfois est possible, en retour, de les influencer et de les maîtriser.

Les réactions biologiques à des situations de type émotionnel sont avant tout régies par le **système nerveux autonome**. Le mot *autonome* signifie dans ce contexte «automatique»: la plupart du temps, l'organisme répond de façon automatique à une émotion. On n'a pas besoin de dire à son coeur de battre plus vite lorsqu'on voit quelqu'un que l'on aime, car le système nerveux autonome prend la situation en main. Lorsqu'on est effrayé, les poumons inhalent plus fréquemment, qu'on leur dise ou non de le faire.

Le système nerveux autonome est constitué de deux parties: le **système nerveux sympathique** et le **système nerveux parasympathique**. La figure 5.3 présente un diagramme de ces deux systèmes.

Lorsque le système nerveux *sympathique* est plus stimulé que d'ordinaire, le rythme cardiaque s'accélère, la pression sanguine augmente, la respiration se fait plus rapide, la digestion diminue, les pupilles se dilatent pour laisser pénétrer la lumière, il y a plus de transpiration, et les cheveux peuvent se dresser sur la tête. Le système nerveux sympathique est associé à l'activation physiologique.

Lorsque le système nerveux *parasympathique* est stimulé, le rythme cardiaque et la pression sanguine diminuent, la vitesse de respiration aussi, les pupilles se contractent, l'estomac digère si l'on a ingéré de la nourriture, et l'on transpire moins. Le système nerveux parasympathique est associé à la détende ou à la dépression physiologiques.

De façon générale, les systèmes nerveux sympathique et parasympathique travaillent de pair; lorsque l'activité d'un système augmente, celle de l'autre, en général, diminue. L'état d'activation physiologique à un moment donné est avant tout le résultat d'un *équilibre* de l'activité dans les deux composantes du système nerveux autonome.

Les hormones et les émotions

L'organisme sécrète ses propres «stimulants» naturels, appelés **hormones d'activation**. Les hormones sont des substances chimiques complexes sécrétées ou fabriquées par diverses glandes de l'organisme. Les hormones d'activation sont avant tout sécrétées par les deux **glandes surrénales**, situées au-dessus de chaque rein. Les deux espèces d'hormones d'activation principales sont l'**adrénaline** et la **noradrénaline**.

Chaque fois qu'il y a excitation ou activation, le système nerveux sympathique entre en action presque instantanément, en réponse à ce **stress**. Il stimule les glandes surrénales qui, rapidement, commencent à libérer l'adrénaline et la noradrénaline dans le courant sanguin. Ces hormones affectent l'organisme de la même façon que le fait l'activité dans le système nerveux sympathique; mais l'effet des hormones dure généralement plus longtemps. Si une forte explosion vous fait sursauter, automatiquement le système nerveux sympathique active votre organisme et provoque une libération d'adrénaline et de noradrénaline. Si vous découvrez par la suite que

Fig. 5.3

Le système nerveux sympathique est associé à l'activation physiologique. Le système nerveux parasympathique est associé à la détente ou à la dépression physiologiques. Ces deux systèmes travaillent ensemble pour équilibrer l'état physiologique d'activation.

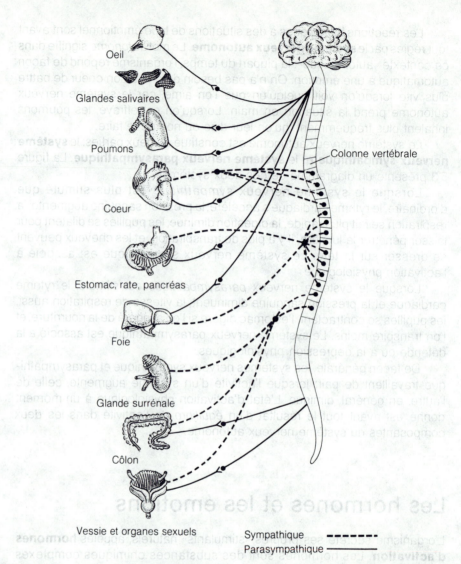

Oeil

Glandes salivaires

Poumons

Colonne vertébrale

Coeur

Estomac, rate, pancréas

Foie

Glande surrénale

Côlon

Vessie et organes sexuels

Sympathique - - - - - - -
Parasympathique ————

l'explosion n'était due qu'à un pétard, votre système sympathique retournera à son état normal en quelques secondes, mais les hormones peuvent vous laisser surexcité pendant quelques minutes encore.

L'organisme humain produit également ses propres «tranquillisants», qui travaillent avec le système parasympathique, tout comme le font l'adrénaline et la noradrénaline avec le système sympathique. Les hormones «tranquillisantes» agissent de la même manière que les neurodépresseurs ou les tranquillisants (voir chapitre 3). Peut-être parce que leurs effets sont moins théâtraux que ceux de l'adrénaline et de la noradrénaline, ces hormones ont suscité moins d'attention et d'études, et on les connaît beaucoup moins. Le tableau 5.2 montre en détail les réponses physiologiques et psychologiques de l'organisme au stress.

TABLEAU 5.2
Réponses physiologiques et psychologiques au stress

STADE	RÉPONSE PHYSIOLOGIQUE	PRIX DE LA RÉPONSE PHYSIOLOGIQUE	RÉPONSE PSYCHOLOGIQUE	PRIX DE LA RÉPONSE PSYCHOLOGIQUE
1. Réaction d'alarme	Activation du sympathique Ralentissement du parasympathique Libération d'hormones d'activation	Utilisation d'énergie	Perception de la menace Peur Prise en main, planification Peut être relativement agréable	Interférences avec les activités habituelles
2. Résistance	Suractivation du sympathique Activation du parasympathique Hypertension	Les ressources en énergie s'épuisent L'organisme a du mal à se rétablir L'organisme a de la difficulté à se défendre contre les nouvelles menaces ou maladies	Anxiété déplaisante Peur de l'échec Désespoir et hyperémotivité Début de dépression	Distorsions occasionnelles de la perception Régression vers des pensées et des modes de comportement moins mûrs
3. Épuisement	Effondrement du sympathique (dépression) Épuisement des hormones d'activation Suractivation du parasympathique (dépression)	Les ressources physiologiques sont épuisées L'organisme ne peut plus se défendre Possibilité de maladie et de mort	Forte dépression Repli sur soi Fort sentiment d'échec Indifférence à la plupart des stimuli extérieurs	Sentiment d'impuissance acquis Passivité acquise Le cerveau ne peut plus maîtriser ou commander les mouvements volontaires

De nombreuses autres substances chimiques sécrétées par l'organisme peuvent influencer le cours d'une expérience de type émotionnel. Les glandes surrénales et les **gonades** produisent des hormones sexuelles. Que vous soyez de sexe masculin ou féminin, votre organisme produit à la fois des hormones mâles, ou **androgènes**, et des hormones femelles, les **oestrogènes** et la **progestérone**. C'est l'équilibre relatif de ces types d'hormones qui procure à votre organisme les caractéristiques physiques et comportementales associées à la masculinité ou à la féminité.

Les hormones ont une influence sur le plaisir sexuel. Par exemple, des rates et des souris sont physiquement plus actives lorsqu'elles sont en chaleur que lorsqu'elles ne le sont pas. J.R. Udry et N.M. Morris ont établi, en 1968, que les femmes mariées sont plus susceptibles d'avoir des relations sexuelles et d'atteindre l'**orgasme** vers le milieu de leur cycle menstruel (lorsque le taux d'hormones est le plus élevé) qu'à tout autre moment du cycle (voir figure 5.4). Les hommes recherchent les expériences sexuelles et y participent plus volontiers lorsqu'ils viennent tout juste d'avoir une injection d'hormones mâles.

Donc, en résumé, les hormones et autres substances chimiques de l'organisme ont une influence sur les expériences émotionnelles car elles font augmenter ou diminuer le niveau d'activité normal d'une personne.

Fig. 5.4
Ce graphique montre le pourcentage de femmes mariées qui, selon les expériences de Udry et Morris, ont déclaré avoir eu des relations sexuelles et atteint l'orgasme selon le jour du cycle menstruel. Le taux d'hormones est au plus bas vers le jour 4 et le plus fort vers le jour 15. Comme on peut le remarquer, les courbes supérieures et inférieures du graphique suivent le même tracé, à peu de choses près.

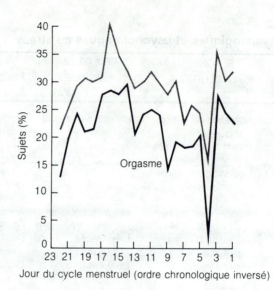

Jour du cycle menstruel (ordre chronologique inversé)

La conscience cognitive des émotions

L'activation et l'activité physiologique ont une grande influence sur nos émotions, mais nous ne pouvons expliquer à fond les expériences émotionnelles en termes d'hormones et de système nerveux autonome. Dans un certain nombre d'études, on a injecté de l'adrénaline ou de la noradrénaline à des sujets volontaires, alors qu'ils étaient très détendus. Quelques-uns n'ont ressenti aucun effet. D'autres ont affirmé qu'ils se sentaient excités, voire même émotifs, mais l'émotion ressentie était plutôt «froide», ou «vide». Plusieurs ont reconnu qu'ils se sentaient en colère à propos de quelque chose, ou effrayés par quelque chose, mais ne pouvaient pas dire ce qui les obsédait.

Presque toujours, la perception que l'on a de ce qui se passe lorsqu'on devient émotif *commande* ou *guide* le courant des expériences émotionnelles. Une exception possible à cette règle est l'**anxiété flottante**, état atténué de peur ou d'appréhension: les personnes qui l'éprouvent ne peuvent pas toujours, consciemment, percevoir ce qui les ennuie ou les effraie. De toute façon, même les grands anxieux peuvent percevoir qu'il existe sans aucun doute dans leur environnement ou dans leur inconscient quelque chose qui provoque chez eux une telle panique.

On peut aimer sa mère et en même temps aimer la grande musique. Mais nous nous comportons différemment vis-à-vis de notre mère et vis-à-vis d'une chaîne stéréo car nous les percevons toutes deux de façon différente. La perception de ce que nous aimons, détestons ou craignons influence donc énormément nos expériences intimes d'émotivité et nos comportements émotionnels.

En 1884, un psychologue de Harvard, William James, a affirmé que l'aspect cognitif ou mental de l'émotivité était presque entièrement déterminé par les réactions de l'organisme. Selon James, si nous marchons dans les bois et tombons nez à nez avec un ours énorme et affamé, nous déguerpissons. Nous nous enfuyons parce que notre système nerveux autonome, par apprentissage antérieur, entre immédiatement en action et nous éloigne de l'ours. Quelques minutes plus tard, lorsque nous sommes en sécurité, nous remarquons que nous nous sommes enfuis et que notre organisme est encore, physiologiquement parlant, activé. Nous supposons donc que nous avons été effrayés, puisque nous avons réagi de la sorte. James l'explique ainsi: «Nous ne courons pas parce que nous avons peur: nous avons peur parce que nous courons.»

La plupart des théoriciens réfutent l'idée de James. Le point de vue général accepté aujourd'hui en psychologie est que nos réactions biologiques à des situations émotionnelles n'ont qu'un effet essentiel: changer la façon dont le cerveau traite les diverses informations qu'il reçoit. Selon Robert Leeper, par exemple, la perception est l'aspect le plus important de toute expérience émotionnelle. Sans perception, signale Leeper, nos réactions physiques n'obéiraient à aucune commande et n'auraient, de par cela, pas plus de signification que la peur ou la colère froide expérimentées par les individus à qui l'on avait injecté de l'adrénaline. Notre organisme nous active, mais nos perceptions et nos expériences passées guident nos réactions émotionnelles face à cette activation.

La tonalité affective

L'activation et la perception sont des aspects fort importants de l'émotion, mais ce qui nous touche le plus dans une expérience émotionnelle est souvent l'**affect**, ou la tonalité qui teinte l'émotion. Quelques émotions sont très activantes, mais d'un agrément indescriptible; d'autres, sont tout autant activantes, mais incroyablement douloureuses. Pour la plupart d'entre nous, le caractère affectif des expériences émotionnelles est plus important que l'activation physiologique ou la conscience cognitive. Cependant, si nous sommes suffisamment lucides pour analyser nos expériences antérieures, nous pouvons constater que la coloration affective, qu'elle soit bonne ou mauvaise, est souvent en relation étroite avec notre état d'activation et nos perceptions.

Par exemple, si vous restez un certain temps sans nourriture, la quantité de sucre dans le sang diminue de façon considérable. Cette diminution du taux de sucre stimule certains centres nerveux du cerveau, et vous devenez physiologiquement activé. Si quelqu'un, alors, vous offre une énorme crème glacée, vous acceptez avec joie et vous la savourez avec délice. Après que vous en ayez mangé deux ou trois, le taux de sucre de votre sang redevient normal, et votre niveau d'activation diminue. Si vous étiez forcé de manger une quatrième ou une cinquième de ces énormes crèmes glacées, elles auraient le même goût sucré, mais elles ne seraient plus aussi délicieuses. D'un autre côté, si vous êtes tenaillé par la faim, et que quelqu'un vous offre un plateau de chair humaine crue, la *perception* que vous avez de la chair vous portera beaucoup plus à vomir qu'à manger avidement.

Le système nerveux autonome et les hormones préparent l'organisme à répondre. Les perceptions déterminent la direction que prendra cette réponse. Mais c'est la tonalité affective, agréable ou désagréable, qui détermine généralement l'*intensité* des réactions émotionnelles, et qui détermine en outre si vous serez attiré par ce même genre d'expérience ultérieurement, ou si vous chercherez à l'éviter.

Les comportements émotionnels

La liste des comportements émotionnels est pour ainsi dire sans fin. Quelquefois, le corps tout entier s'y implique: on se sauve d'un ours, on danse et l'on saute de joie, on embrasse quelqu'un que l'on aime. En d'autres occasions, nous pouvons exprimer nos émotions de façon plus subtile, en souriant ou en fronçant les sourcils, en transpirant ou en tremblant. Parfois, nous hurlons de douleur, d'autres fois, nous nous contentons de chuchoter: «je t'aime».

On peut mesurer objectivement les comportements émotionnels, mais chacun d'entre nous est beaucoup plus apte à observer de quelle façon répondent les autres qu'à observer ses propres réactions. Avez-vous déjà été enregistré sur film, sur vidéo ou sur bande magnétique alors que vous étiez fortement ému? Si c'est le cas, le comportement que vous avez pu visionner ou la voix que vous avez pu entendre une fois calmé vous ont sûrement étonné.

Il existe différents procédés scientifiques permettant de mesurer les réponses émotionnelles de l'organisme; le plus connu d'entre eux est probablement le **polygraphe**, ou détecteur de mensonges. Il s'agit de plusieurs instruments mesurant la respiration, la pulsion sanguine, la tension de certains muscles et la transpiration.

Le polygraphe est considéré par plusieurs experts comme un détecteur de mensonges efficace, puisqu'il indique le moment où l'individu a une réaction émotionnelle. La majorité des gens transpirent davantage, respirent différemment, ont une pression sanguine plus élevée et tendent leurs muscles lorsqu'ils se sentent coupables de mensonge. Puisque le polygraphe mesure les réponses émotionnelles, il peut souvent détecter lorsqu'une personne *répond de façon émotionnelle* et en déduire qu'elle ment. Mais les polygraphes ne peuvent pas détecter les mensonges à 100%. Certaines personnes sont très émotives et peuvent réagir énormément à chacune des questions qui leur sera posée pendant le test. Le polygraphe indiquera que ces personnes mentent, alors qu'elles disent effectivement la vérité. D'autres ne seront pas importunées du tout même si elles mentent. Puisque le polygraphe détecte les

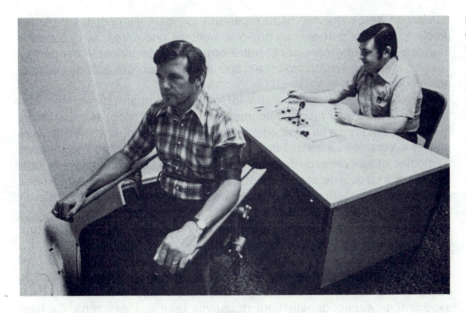

Le polygraphe, ou détecteur de mensonges, mesure les réponses émotionnelles de l'organisme, comme la respiration, la pression sanguine, la tension musculaire et la transpiration. Le polygraphe peut détecter un mensonge seulement si le sujet réagit de façon émotionnelle alors qu'il ment.

réactions émotionnelles, non pas les *mensonges*, plusieurs cours de justice refusent de l'accepter comme preuve irréfutable.

La majorité de nos réactions émotionnelles ne sont pas aussi subtiles que celles détectées par le polygraphe. Bien au contraire, la plupart des comportements sont relativement faciles à mesurer puisqu'ils impliquent un but à atteindre ou quelque chose de déplaisant à éviter. La plupart des comportements émotionnels, de par ce fait, sont en rapport avec ce que nous attendons de la vie, et ce qu'ont été nos récompenses et nos punitions antérieures.

La rétroaction et l'adaptation émotionnelle

L'activation, la perception, la tonalité et le comportement sont autant d'éléments importants dans l'*expérimentation* d'une émotion. Mais la rétroaction est l'élément qui permet de *s'adapter* ou de modifier la réaction émotionnelle en fonction de la situation. Lorsque nous voyons un ours et que nous nous enfuyons, nous n'avons aucunement conscience de tous les changements physiologiques que cela déclenche dans notre organisme. Nous ne percevons pas, en général, que notre coeur bat plus vite, que nos pupilles sont dilatées, que nos muscles sont tendus, que nous suons abondamment et que nos glandes surrénales libèrent de l'adrénaline dans le sang. Et nous ne le faisons pas parce qu'en général, on ne nous a pas appris à y porter attention. Nous n'avons donc aucune façon *directe* d'obtenir une rétroaction de ce que fait notre organisme pendant les périodes de fortes émotions. D'autre part, si nous arrivons à obtenir une rétroaction juste de la manière dont notre cerveau et notre organisme répondent, il est parfois possible d'apprendre à contrôler ces réponses et, par conséquent, de maîtriser nos émotions.

Plusieurs étudiants s'énervent lorsqu'ils doivent affronter un examen important. Plus le jour fatidique approche, plus ils deviennent anxieux, ce qui nuit à leurs études. La nuit précédant le test, ils sont si tendus qu'ils ne peuvent trouver le sommeil. Le matin même, ils suent abondamment, ont des crampes d'estomac et leur pression sanguine augmente. En se dirigeant vers la salle d'examen, il se peut qu'ils se mettent à trembler. Et pour clore en beauté cette situation accablante, il se peut qu'ils arrêtent et s'enfuient avant même d'avoir pénétré dans la salle. Si jamais ils se rendent jusqu'au lieu de l'examen, ils se trouvent dans l'impossibilité de penser clairement parce qu'ils sont tout simplement trop activés pour avoir une pensée claire et logique.

Les étudiants ne sont pas nés avec une crainte héréditaire des examens. Cette réponse émotionnelle paralysante aux tests *a donc été apprise*. Les étudiants qui l'éprouvent ont probablement subi, auparavant, une ou deux expériences exceptionnellement négatives face aux examens. Ce type d'apprentissage est connu sous le nom de **conditionnement** de l'émotion (voir chapitre 6). L'étudiant a appris à percevoir certains états, ici les examens, comme fort déplaisants. Et la réaction conditionnée aux examens est la peur. Les réactions conditionnées peuvent avoir leur utilité, par exemple lorsque nous nous enfuyons à la vue d'un serpent. Mais elles peuvent être embarrassantes, comme c'est le cas de l'étudiant qui panique aux examens. Fort heureusement, nous ne sommes pas toujours motivés par nos émotions. Il est parfois possible de désapprendre une réponse conditionnée. Et la façon la plus efficace de désapprendre implique une rétroaction d'une sorte ou d'une autre. Désapprendre une réponse conditionnée nécessite un **contre-conditionnement.**

Le contre-conditionnement et la désensibilisation

Examinons le cas de Paul, qui «panique» devant un examen de mathématiques. Le stimulus de conditionnement est l'examen de mathématiques. La réponse conditionnée implique l'activation du système nerveux sympathique, entre autres la transpiration, une tension musculaire et un rythme cardiaque accéléré. Paul sait qu'il déteste ces examens et qu'il essaie par conséquent de les éviter. Mais il ne sait pas comment s'adapter devant ce mode de réponse émotionnelle auto-pénalisant, ou le modifier.

Il y a plus de vingt ans, le psychiatre Joseph Wolpe a signalé qu'une façon de traiter une difficulté du type de celle que Paul éprouve serait de conditionner une *nouvelle* réponse au vieux stimulus, l'examen. Il est évident que Paul ne pourrait pas être à la fois énervé, indisposé et froid, calme, réfléchi. Rester calme est une réponse apprise au même titre que l'énervement, la surexcitation. Par conséquent, si l'on se fie à la thèse de Wolpe, il est peut-être possible de **contre-conditionner** Paul de telle sorte que, face à un examen de mathématiques, sa réponse conditionnée soit celle de la détente.

Wolpe commence souvent à soigner quelqu'un comme Paul en lui demandant d'observer la *rétroaction* que lui fournissent ses muscles lorsqu'il est détendu, et combien cette rétroaction est différente de celle laissée par des sensations musculaires associées à la tension et à l'anxiété. Au tout début de l'**entraînement à la détente**, Wolpe demanderait à Paul de crisper ses muscles délibérément et de porter attention à la rétroaction que ses muscles envoient au cerveau. Puis, Paul devrait se détendre volontairement et «écouter» de nouveau ce que lui racontent ses muscles lorsqu'ils sont au repos. Très rapidement, il apprendrait à percevoir la différence entre la tension musculaire et la détente. Il apprendrait aussi qu'il peut lui-même se détendre simplement en voulant que ses muscles deviennent mous et en continuant ainsi jusqu'à ce que la rétroaction musculaire émise par son organisme lui dise qu'il est effectivement détendu.

Puis Wolpe demanderait à Paul de décrire les perceptions qu'il a de la période des examens. Qu'est-ce qui le terrifie ou l'active le plus? Peut-être l'instant où il est assis et où le professeur distribue les feuilles d'examen. Qu'est-ce qui active le moins Paul? Peut-être est-ce de penser momentanément à cet examen de mathématiques qui viendra dans trois semaines. Entre ces deux extrêmes, il existe des centaines d'autres situations en rapport avec l'examen, qui déclenchent plus d'anxiété que le fait de penser à l'examen trois semaines avant celui-ci, mais moins de peur et de tremblements que le fait de recevoir les feuilles d'examen du professeur lorsqu'il est assis dans la salle de cours.

Wolpe demanderait à Paul d'établir une liste de tous les stimuli causant la peur, depuis le plus faible jusqu'au plus fort. Il appelle cette liste une **hiérarchie des craintes.**

Une fois que Paul aurait établi sa propre hiérarchie des craintes, Wolpe commencerait le contre-conditionnement. Il demanderait à Paul de penser au stimulus de peur le plus faible (penser momentanément à l'examen de mathématiques qui aura lieu dans trois semaines), d'ordonner à ses muscles de se détendre et de penser à des choses agréables. Paul répéterait cette opération plusieurs fois, jusqu'à ce qu'après un certain temps, le stimulus soit associé à la détente beaucoup plus qu'à l'activation et à la crainte. Aussitôt que ce premier contre-conditionnement aurait fait effet, Paul reprendrait l'exercice avec le stimulus suivant. Peut-être serait-ce de se plonger dans son livre de mathématiques deux semaines avant l'examen. De nouveau, il apprendrait à se détendre face à cette situation, et cette dernière deviendrait rapidement un stimulus conditionné pour la détente, plutôt qu'un stimulus qui provoque automatiquement une réponse d'activation.

Selon Wolpe, la plupart des gens passent au travers de leur liste de

Fig. 5.5

Paul subit un con-
tre-conditionnement
pour réduire sa
crainte face à un
examen de mathé-
matiques. Il a fait
une liste hiérarchi-
que de ses crain-
tes. Lors du contre-
conditionnement, il
travaille à se maîtri-
ser, allant de la plus
faible crainte à la
plus forte.

craintes en dix ou vingt heures de traitement. À la fin de la thérapie, la plupart des sujets peuvent maîtriser leurs réponses émotionnelles suffisamment pour qu'ils ne paniquent pour ainsi dire plus face à un examen. Wolpe nomme sa thérapie une **désensibilisation**, parce qu'elle semble provoquer une énorme réduction de cette sensibilité émotive que beaucoup de gens expérimentent lorsqu'ils sont mis en présence de stimuli qui induisent la peur. Parce que la technique de Wolpe demande l'utilisation du conditionnement et du contrôle volontaire des muscles en faisant appel à la rétroaction, plusieurs psychologues préfèrent le mot *contre-conditionnement* (nous parlerons du conditionnement de façon plus approfondie au chapitre 6).

LES INFLUENCES SOCIALES ET COMPORTEMENTALES SUR LA MOTIVATION

Anne Frank n'est pas le genre de personne à paniquer un jour d'examen. Avant d'être obligée de vivre cachée, elle était une excellente étudiante qui adorait apprendre. Même si quelquefois elle parlait un peu trop et s'amusait en classe, elle obtenait presque toujours le premier rang. Dans sa cachette, la chose du monde extérieur qui manquait le plus à Anne était l'école.

Pourquoi l'étude représente-t-elle une force de motivation si importante dans la vie d'Anne? Les besoins biologiques ne fournissent qu'une partie de la réponse. Les succès scolaires peuvent mener au succès sur le marché du travail, et avec un travail bien rémunéré, il est possible de prendre soin de ses besoins primaires. Selon la théorie des pulsions biologiques, on travaille et l'on apprend de telle sorte que l'on puisse manger et se protéger de l'environnement. La théorie de l'activation affirme, quant à elle, que le travail et l'étude ne peuvent pas se ramener à la simple satisfaction des besoins fondamentaux. Bien souvent, nous apprenons pour le plaisir de stimuler nos méninges. Les théoriciens de la perception soutiennent pour leur part qu'apprendre nous permet de percevoir et de mieux comprendre le monde; par conséquent, apprendre satisfait un «besoin fondamental de perception».

Et pourtant, aussi importants que soient les besoins biologiques, d'activation ou de perception, la majorité d'entre nous ont d'autres raisons très importantes d'aller à l'école, et qui relèvent de nos besoins *sociaux*. Certains étudiants entrent au collège ou à l'université parce que leurs parents veulent leur donner une bonne éducation. Les parents d'Anne Frank lui ont toujours dit qu'étudier était une expérience agréable et fort précieuse. Elle trouve que c'est la vérité et finit par aimer l'école et ses défis. D'autres vont à l'université parce que leurs amis y vont, parce qu'ils veulent côtoyer des personnes nouvelles et intéressantes, ou parce qu'ils espèrent établir des contacts qui auront une certaine valeur dans leur vie future. D'autres encore entrent à l'université parce qu'ils espèrent acquérir une chance de *réaliser* ainsi leurs buts sociaux tels que considération, prestige ou estime de la part d'autres individus. D'un point de vue psychologique, les **motifs sociaux** sont aussi forts et aussi importants que les motivations dérivant de besoins biologiques, d'activation ou de perception.

La motivation d'accomplissement

Les motifs sociaux influencent notre comportement en guidant nos perceptions. Les sociétés établissent certains buts, nous disent que ces buts sont précieux, et nous motivent à les atteindre. Un des buts sociaux les plus puissants de l'Amérique du Nord est le **besoin d'accomplissement**, le besoin de lutter pour atteindre de hautes performances, que ce soit à l'école, au travail, à l'intérieur de groupes sociaux, bref dans maintes situations. Le besoin d'accomplissement, au contraire du besoin de nourriture ou d'eau, diffère d'une personne à l'autre, d'un moment à l'autre, d'une société à l'autre. Alors que certaines personnes semblent extrêmement motivées par un besoin d'accomplissement, d'autres paraissent moins intéressées par le succès. Quel que soit le type de succès recherché, le besoin d'accomplissement peut devenir une des forces motivantes les plus puissantes et importantes qu'il soit donné de rencontrer dans la vie d'un homme. À cause de l'importance que revêt cette motivation sur le plan social, les psychologues se sont penchés de près sur la question et ont tenté de déterminer la raison des grandes différences dans la motivation d'accomplissement qui existent d'un individu à l'autre.

Une des façons utilisées pour sonder les forces motivantes dans une vie est le **test d'aperception thématique (T.A.T.)**. Ce test consiste en une série d'images qui représentent des personnes effectuant diverses actions. On demande au sujet de construire une histoire autour de chacune des images. Il doit expliquer les événements qui ont mené à cette scène, la scène elle-même

Une image semblable à celle-ci pourrait être utilisée dans un test d'aperception thématique (T.A.T.). Que se passe-t-il en ce moment? Qu'est-ce qui a provoqué cette scène? Quelle sera la suite?

et ce qui arrivera par la suite aux personnages fictifs. L'application de ce test repose sur le fait qu'une personne se révélera parfois au travers des thèmes qui se répètent dans les histoires qu'elle invente. Elle projette certaines de ses propres motivations sur l'histoire; de là le nom de **tests projectifs** appliqué à ce genre de tests. Par exemple, une image représentant deux individus qui discutent pourrait être perçue par une personne affamée comme étant une discussion au sujet de ce qu'ils mangeront au dîner.

Le psychologue David McClelland et son équipe ont pu constater que le T.A.T. était utile pour évaluer le besoin d'accomplissement d'une personne. Les gens qui obtiennent de forts résultats pour l'accomplissement, peut-être en racontant des histoires dont les thèmes évoluent autour du succès et de l'accomplissement, sont en général des travailleurs acharnés, qui avaient beaucoup de succès en classe et qui ont continué d'en avoir dans la carrière qu'ils ont entreprise. Des recherches au sujet des antécédents de ces personnes permettent de croire que la motivation d'accomplissement serait généralement apprise très tôt au cours de l'enfance. Les personnes dont les besoins sont forts dans ce domaine étaient souvent des enfants très indépendants. Leurs parents les laissaient lacer leurs chaussures, prendre soin de leurs objets personnels et apprendre à manger seuls très tôt, ou même les poussaient à le faire. Cette indépendance rapide chez les enfants était encouragée et récompensée par des sourires et une affection physique de la part des parents. Les personnes qui obtiennent un résultat moins fort au T.A.T. étaient souvent surprotégées durant l'enfance et n'avaient pas la possibilité de développer leur indépendance; les parents faisaient toute chose à leur place. Ils peuvent même avoir été réprimandés ou punis pour avoir essayé de poser des gestes indépendants.

Les mêmes études appliquées aux femmes ont révélé d'intéressants résultats. Les femmes font souvent face à un conflit entre un grand besoin d'accomplissement et la peur du succès, parce que la société n'attend pas d'une femme qu'elle récolte beaucoup de succès. Par ailleurs, une recherche en cours indique que certains hommes expérimenteraient un conflit similaire. Comme le suggèrent les résultats des recherches de McClelland sur l'accomplissement, les familles ne pourvoient pas leurs membres des mêmes buts et des mêmes motifs. Des données sociales différentes conduisent à différents buts, et cette diversité contribue à expliquer les différences individuelles qui se dessinent dans le besoin d'accomplissement.

L'ACTUALISATION DE SOI

Pourquoi agissons-nous de telle ou telle manière? Pourquoi les autres font-ils ce qu'ils font? Comme nous l'avons vu au cours de ce chapitre, la motivation humaine est un sujet complexe, et il existe au moins trois différents processus dans le phénomène de la motivation. Nous avons des motivations biologiques, psychologiques et socio-comportementales qui interagissent et s'influencent

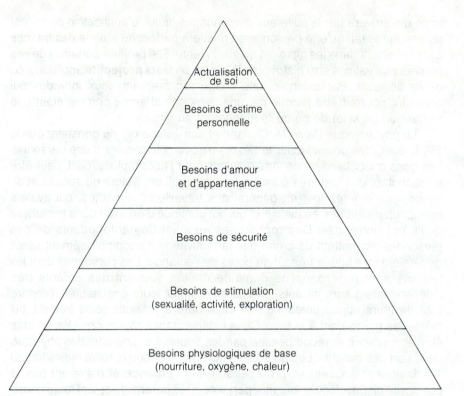

Fig. 5.6

Abraham Maslow établit, dans sa théorie, une pyramide des besoins humains. Quel niveau avez-vous atteint?

Dans la pyramide, de haut en bas :

Actualisation de soi

Besoins d'estime personnelle

Besoins d'amour et d'appartenance

Besoins de sécurité

Besoins de stimulation (sexualité, activité, exploration)

Besoins physiologiques de base (nourriture, oxygène, chaleur)

les unes les autres. Dans certaines situations, par exemple quelqu'un qui vous critique vertement, l'information sociale peut provoquer de fortes réactions émotives et physiques; dans d'autres, une information biologique, par exemple une drogue, peut influencer vos perceptions et vos comportements sociaux. La plupart du temps, les trois systèmes fonctionnent simultanément et en parallèle, dans une sorte d'interdépendance mutuelle. Surestimer l'importance de l'un de ces systèmes nous empêche de bien saisir toute la complexité qui se cache sous cette simple question: pourquoi agissons-nous de telle ou telle manière?

Le psychologue Abraham Maslow a élaboré une théorie de la motivation humaine qui nous aide à voir de quelle façon ces trois systèmes de base s'alimentent les uns les autres et travaillent ensemble pour influencer le comportement humain. La théorie de Maslow est souvent schématisée sous la forme d'une pyramide (voir la figure 5.6). Au bas de la pyramide, on retrouve les besoins biologiques expliqués par la théorie des pulsions biologiques. Lorsque ces besoins sont satisfaits, selon Maslow, on voudra et pourra répondre aux besoins du second palier de la pyramide. À ce second niveau sont les besoins de stimulation sensorielle, d'activité physique et d'expression sexuelle, sorte de besoins explicitée par la théorie de l'activation. Lorsque ces besoins d'activation sont satisfaits, il y aura possibilité d'être motivé pour répondre aux besoins du troisième niveau: sécurité et protection. Cet échelon comprend plusieurs des besoins émotionnels, comme le besoin de se sentir à l'abri du danger et exempt de peur.

Le quatrième palier de la pyramide de Maslow représente les besoins d'amour, d'appartenance et d'intimité. Ce sont certains des besoins les plus fondamentaux parmi les besoins sociaux. Une personne qui atteint cet échelon veut aimer et être aimée, avoir de bons amis et être considérée comme partie intégrante d'un groupe. Des recherches inédites faites dans l'État de l'Ohio affirment qu'environ 90% des étudiants se situent au troisième degré, soit celui du besoin de sécurité. Cependant, certains ont dépassé le quatrième échelon et se servent du milieu collégial ou universitaire comme tremplin vers le cinquième palier: celui du besoin d'estime de soi. À cet échelon, nous retrouvons l'accomplissement, la compétence, l'indépendance, la liberté et le prestige. Des succès à l'école ou au travail et la reconnaissance obtenue pour un travail bien fait aident à satisfaire les besoins du cinquième échelon et donnent à la personne la possibilité d'attaquer le but final, **l'actualisation de soi**, ou la réalisation de soi.

Selon Maslow, l'actualisation de soi implique la réalisation du degré le plus élevé possible d'accomplissement ou du potentiel personnel dans tous les secteurs de la vie. Il suggère même que l'être humain a une tendance innée à se perfectionner continuellement, à monter les échelons de la pyramide jusqu'à atteindre l'actualisation de soi.

Bien que le besoin de réaliser l'actualisation de soi ne puisse être mesuré ni même défini de façon adéquate, Maslow a décrit des exemples de personnes célèbres qui semblent avoir atteint un très haut degré d'actualisation de soi. On y retrouve entre autres Eleanor Roosevelt, Abraham Lincoln, Einstein et Beethoven.

Anne Frank peut aussi être considérée comme une personne ayant atteint un degré élevé d'actualisation de soi. Même s'il lui était difficile de satisfaire ses besoins fondamentaux alors qu'elle se cachait, elle semble n'avoir jamais perdu de vue les buts auxquels elle aspirait. Elle voulait bien écrire, connaître le monde et, surtout, se connaître elle-même. Il ne lui a pas été permis de vivre longtemps, mais son journal témoigne du fait qu'elle était en bonne voie d'accomplir ses buts les plus élevés. Dans des circonstances exceptionnellement difficiles, elle faisait tout ce qu'elle pouvait pour se comprendre, comprendre ses émotions et ses buts. Pour reprendre les termes de Maslow, elle essayait de réaliser son potentiel humain et d'atteindre l'actualisation de soi. Tout comme le dit Eleanor Roosevelt dans une préface qu'elle a déjà écrite pour le *Journal d'Anne Frank,* «Le journal d'Anne témoigne, d'une manière cuisante, de la noblesse ultime et éclatante de l'esprit humain. Malgré l'horreur et l'humiliation qui accompagna la vie quotidienne de tous ces gens, ils n'abdiquèrent jamais».

RÉSUMÉ

1. *Pourquoi fait-on ce que l'on fait? Pourquoi les autres agissent-ils de telle ou telle manière? Anne Frank se posait des questions semblables lorsqu'elle tentait de sonder ses propres pensées, sensations et comportements par le biais de son journal. Les psychologues s'interrogent aussi sur le pourquoi du comportement humain, et plusieurs des réponses résident dans l'étude de la* **motivation** *humaine.*

2. *Essayer d'expliquer le comportement humain en termes purement physiques mène à deux méthodes d'analyse mécaniques de la motivation humaine: la* **théorie des pulsions biologiques** *et la* **théorie de l'activation.**

3. *Afin de rester en vie, on doit satisfaire certains besoins biologiques. Les besoins primitifs les plus importants comprennent la nourriture, l'eau, l'oxygène et une certaine chaleur. À chacun de ces* **besoins primaires** *correspond une* **pulsion primaire**, *par exemple: la faim, la soif, la respiration, la chaleur ou le froid. Selon la théorie des pulsions biologiques, tout comportement humain est motivé par le besoin de réduire ces pulsions. Il existe un certain nombre de* **besoins secondaires**, *probablement en rapport avec les besoins primaires. Ils sont généralement acquis plutôt qu'innés.*

4. *Les processus biologiques qui entraînent une augmentation ou une diminution des* **états de pulsion** *sont les* **processus homéostatiques**. *Ils contribuent à détecter nos besoins et nous permettent de garder notre organisme dans un état de calme, libéré de tout besoin.*

5. *La théorie des pulsions biologiques n'explique pas entièrement la motivation. En plus des besoins primaires, il semble que l'on ait des besoins informationnels, ou des besoins de stimuli. Le besoin d'activation ou de stimulation a mené à l'élaboration d'une théorie de l'activation, selon laquelle nous serions parfois motivés par un besoin d'augmenter la stimulation; cela va à l'encontre de la théorie des pulsions, qui postule un besoin constant de diminuer la stimulation.*

6. *En plus des besoins biologiques, certaines expériences mentales ou cognitives nous motivent. Nos* **émotions** *sont parmi les plus puissantes de ces expériences. Afin de comprendre comment elles peuvent nous motiver, nous devons examiner cinq éléments de l'émotivité: l'activation physiologique, la conscience cognitive, la tonalité affective, le comportement émotionnel et la rétroaction.*

7. *Plusieurs réactions émotionnelles sont influencées par l'activité du système nerveux et par les hormones qui nous activent ou dépriment. Les perceptions et les expériences antérieures nous servent de guides dans nos réactions émotionnelles devant l'activation ou la dépression de l'organisme.*

8. *Plusieurs de nos réactions émotionnelles, la peur par exemple, sont apprises plutôt qu'innées. Le type d'apprentissage en cause est le* **conditionnement**. *Le* **contre-conditionnement** *ou la* **désensibilisation** *est un processus par lequel il est possible de désapprendre certaines réponses émotionnelles.*

9. *En plus des besoins physiologiques et cognitifs, nous sommes aussi motivés par divers besoins sociaux. Le besoin d'accomplissement en est un exemple.*

10. *Comme nous venons de le voir au cours de ce chapitre, la motivation est un sujet complexe qui englobe au moins trois systèmes de motivation: le physiologique, le cognitif et le social. La théorie de la motivation de Maslow aide à illustrer de quelle façon ces trois systèmes s'alimentent et s'influencent l'un l'autre pour modeler le comportement humain. Le besoin humain le plus élevé, selon Maslow, serait un besoin d'**actualisation de soi.***

guide d'étude

A. RÉVISION

Compléter les phrases suivantes:

1. Anne Frank était une Juive allemande qui s'est réfugiée en _____ avec sa famille afin d'échapper aux nazis.

2. Le mot «motivation» vient d'un mot latin signifiant: _____ .

3. Les anciens croyaient que les mouvements auto-déterminés étaient provoqués par une _____ ou un _____ .

4. La théorie _____ de la motivation suppose que tout comportement humain est motivé par un besoin de pallier certains manques biologiques.

5. La satisfaction des besoins biologiques ou _____ est nécessaire pour la survie de l'organisme.

6. Le besoin de nourriture peut déclencher une _____ de faim.

7. Lorsque l'équilibre biologique est rompu, on devient activé et l'on entre dans un _____ primaire.

8. Lorsque les fonctions, les besoins et les pulsions biologiques sont en état d'équilibre, la personne est en état d'_____ .

9. Les besoins _____ sont liés à nos préférences et à nos aversions.

10. Selon la théorie pulsionnelle, les besoins secondaires sont _____ plutôt qu'innés.

11. D'après la théorie pulsionnelle, nous aurions tendance à aimer les personnes et les choses associées à la satisfaction de nos _____ .

12. Le fait que nous ayons des besoins de stimulation ou d'information autant que des besoins biologiques est le point central de la théorie de l'_____ .

13. La théorie de l'activation a eu pour base les expériences d'_____ faites à l'Université McGill.

14. Parfois, nous sommes motivés par nos pensées, nos sensations et nos _____ plutôt que par nos besoins biologiques.

15. Une chose est sûre: lorsque nous devenons émotifs, nous expérimentons un changement dans nos processus _____ .

16. Dire que l'on sait ce qui arrive lorsque l'on est émotif, c'est affirmer que nous avons une _____ de la manière dont nous sommes influencés par l'émotion.

17. Lorsque nos propres réponses agissent en tant que stimuli, nous nous fournissons une _____.

18. Les réactions biologiques aux situations émotionnelles sont avant tout régies par _____.

19. Le _____, partie du système nerveux autonome, est associé à l'activation physiologique, alors que le _____ l'est à la détente ou la dépression.

20. Les _____ sont des substances chimiques complexes libérées par diverses glandes de l'organisme.

21. Les hormones d'activation sont sécrétées par les glandes _____.

22. L'anxiété _____ est un état atténué d'appréhension; la personne est alors incapable de percevoir consciemment ce qui la trouble.

23. William James aurait dit que lorsque nous nous enfuyons devant un ours, «nous avons peur parce que nous _____».

24. La tonalité affective agréable ou désagréable que laisse une émotion détermine généralement son _____.

25. Le détecteur de mensonges porte aussi le nom de _____.

26. Le détecteur de mensonges détecte les _____, et non pas les mensonges.

27. La _____ est l'élément le plus important qui joue lors de l'adaptation ou du changement des réponses émotionnelles.

28. L'apprentissage d'une réponse émotionnelle à certains stimuli est appelé _____ des émotions.

29. Le psychiatre Joseph _____ a peut-être été le premier à signaler les avantages possibles du contre-conditionnement.

30. Les motifs ou les besoins sociaux peuvent être évalués par un _____.

31. Abraham _____ estime que les besoins peuvent être hiérarchisés avec, au plus haut niveau, le besoin d'une _____.

B. VÉRIFICATION DES CONNAISSANCES

Encercler la bonne réponse (A, B, C ou D):

1. Anne Frank:
   A. a tenu son journal personnel pendant deux ans.
   B. est morte dans un camp de concentration nazi.
   C. était une Juive allemande.
   D. A, B et C à la fois.

2. La théorie pulsionnelle de la motivation:
   A. fait sourire les psychologues modernes.
   B. est identique à la théorie et l'activation.

C. s'appuie fondamentalement sur la notion d'homéostasie.

D. nie l'importance de la physiologie dans le comportement.

3. Lequel des éléments suivants n'est *pas* une pulsion primaire?
   A. attirance-évitement
   B. faim
   C. soif
   D. chaleur-froid.

4. Selon la théorie pulsionnelle, les besoins secondaires sont:
   A. biologiques.
   B. appris.
   C. peu importants.
   D. plus fréquents chez les animaux que chez les humains.

5. Lorsque votre système nerveux sympathique s'active:
   A. vous mentez.
   B. votre rythme cardiaque s'accélère.
   C. votre estomac commence à digérer.
   D. vous transpirez moins.

6. «Nous ne courons pas parce que nous avons peur: nous avons peur parce que nous courons». Cette affirmation est soutenue par:
   A. presque tous les psychologues.
   B. Robert Leeper.
   C. William James.
   D. les théoriciens de l'activation et du cognitif.

7. Selon Maslow, les besoins fondamentaux que nous satisfaisons en premier lieu sont les besoins:
   A. de sécurité et de protection.
   B. d'amour et d'appartenance.
   C. physiologiques.
   D. d'actualisation de soi.

8. La théorie de l'activation:
   A. est plus ancienne que la théorie pulsionnelle.
   B. associe les pulsions humaines aux besoins de nourriture, d'eau, etc.
   C. n'a rien à voir avec l'homéostasie.
   D. soutient qu'il existe chez l'être humain un besoin informationnel.

9. L'entraînement à la détente est une composante importante:
   A. de la tonalité affective.
   B. de l'entraînement à la désensibilisation.
   C. des expériences d'actualisation de soi.
   D. du besoin d'accomplissement.

L'électronique
permet d'évaluer les émotions

La plupart des gens le savent lorsqu'ils sont heureux ou de mauvaise humeur, mais les thérapeutes et les chercheurs ne peuvent pas toujours être sûrs que les personnes avec lesquelles ils travaillent rapportent leurs sensations avec justesse. Des chercheurs affirment à présent qu'une analyse des muscles faciaux permet de déceler les états émotionnels les plus subtils. Les recherches ont été effectuées par Gary E. Schwartz de l'Université Harvard et un groupe de scientifiques du Massachusetts General Hospital.

Il est possible de détecter au moins six émotions distinctes sur le masque facial: la joie, la tristesse, la colère, la peur, la surprise et le dégoût. Mais ces sensations ne sont pas toujours exprimées par un large sourire ou un froncement des sourcils indiscutable. Le mouvement d'un muscle facial est parfois trop rapide ou trop subtil pour être décelé par un simple observateur. Une faible activité musculaire faciale peut cependant être détectée électroniquement. Les chercheurs ont enregistré l'activité électromyographique (E.M.G.), ou mesure électrique de l'activité des muscles, dans le masque facial de leurs sujets.

Au cours d'une expérience, l'activité E.M.G., les expressions faciales et les émotions de vingt-quatre femmes ont été enregistrées. Ces femmes ont d'abord été classées selon une échelle de dépression: douze ont obtenu des résultats normaux, six se sont classées parmi les dépressives, et les six autres étaient très dépressives et sur le point d'entamer une chimiothérapie. On a placé des électrodes sur certains de leurs muscles, et on leur a demandé de revivre en souvenir des situations qui dans le passé avaient suscité chez elles de forts sentiments de joie, de tristesse ou de colère.

Les électromyogrammes étaient suffisamment clairs pour faire la distinction entre les femmes dépressives et les femmes non dépressives. Comme prévu, les femmes non dépressives avaient manifesté plus de sentiments joyeux et moins de sentiments tristes, même lorsqu'elles imaginaient une situation neutre. Les enregistrements vidéo du visage des femmes ont montré que ce que les E.M.G. révélaient n'aurait pas toujours pu être décelé visuellement. Les chercheurs sont d'avis que «l'E.M.G. facial peut fournir un moyen très sensible et objectif d'analyser les états d'humeur normaux et anormaux».

Les émotions
au bout du doigt

Les émotions humaines ont deux composantes: un état interne ou subjectif, et une expression externe ou physique. À cause de la complexité de ce système à deux volets, mesurer et comparer les émotions est un travail peu commode. Mais Manfred Clynes, du Rockland State Hospital à Orangeburg (N.Y.), a élaboré une méthode d'analyse qui simplifie et normalise la mesure des émotions.

La colère, par exemple, peut s'exprimer de diverses façons, mais il est difficile de comparer le coup de poing d'une personne au coup de pied d'une autre. Pour régler ce problème, Clynes mesure l'émotion sur un seul doigt. Il demande à une personne de penser à une émotion déterminée et de l'exprimer en appuyant sur un bouton. Les composantes horizon-

tales et verticales de la pression du doigt sont analysées par ordinateur; ce dernier les traduit en une courbe que Clynes nomme l'«essence» d'une émotion. Il a découvert que chaque émotion, que ce soit la colère, la haine, l'amour, le chagrin, le plaisir sexuel ou la joie, a une «essence» spécifique qui se retrouve dans toutes les civilisations du monde. Clynes a effectué ses tests à Bali, au Japon et au Mexique. En plus de pouvoir mesurer la profondeur de l'émotion, il croit que certaines formes graphiques peuvent être utilisées dans un contexte psychanalytique pour évaluer les relations interpersonnelles. Par exemple, les réponses aux questions suivantes: «Que ressentez-vous vis-à-vis de votre mère?», et «Que ressentez-vous vis-à-vis de votre père?» produisent des courbes différentes.

C. À PROPOS DE L'ARTICLE...

1. Les chercheurs de Harvard affirment qu'ils peuvent de manière certaine détecter six réactions émotionnelles distinctes qui ne sont pas toujours évidentes par observation visuelle. Comment s'y prennent-ils et quelles émotions peuvent-ils déceler? _____

2. Manfred Clynes, du Rockland State Hospital dans l'État de New-York, dit pouvoir détecter différents états émotionnels. Quelle méthode utilise-t-il? _____

Suggestions de lectures

Carnegie, D., *Triomphez de vos soucis, vivez que diable!,* Flammarion, Paris, 1949.
Delgado, J.M.R., *L'émotivité,* HRW, Montréal, 1975.
Frank, A., *Le journal d'Anne Frank,* Calmann-Lévy, Paris, 1950.
Maslow, A.H., *Vers une psychologie de l'être,* Fayard, Paris, 1972.
Read, P.P., *Les survivants*, Grasset, Paris, 1974.

En anglais

Read, P.P., *Alive!,* Avon, New York, 1975.

2^e partie

fonctions cognitives

l'apprentissage

L'apprentissage est l'un des aspect les plus importants du comportement humain. Si nous ne pouvions pas apprendre (acquérir de nouveaux comportements), nous ne serions même pas en mesure de survivre. Lorsqu'on étudie les processus qui entrent en jeu dans l'apprentissage, on parvient à comprendre les mécanismes de cette aptitude fondamentale de l'homme, et l'on découvre des manières pratiques de modifier son propre comportement.

Après avoir étudié ce chapitre, vous pourrez:

- Définir l'«apprentissage» et expliquer la «loi de l'association»;

- Dresser un tableau des principaux stimuli et réponses qui entrent en jeu dans le conditionnement classique et le conditionnement opérant, et en donner des exemples;

- Décrire le processus de l'extinction dans le conditionnement classique et le conditionnement opérant;

- Comparer et distinguer le renforcement positif, le renforcement négatif et la punition;

- Discuter de différentes formes de thérapies behaviorales;

- Comparer et distinguer la généralisation et la discrimination, et donner un exemple de chacun des deux mécanismes.

glossaire

Alcoolisme. Dépendance psychologique ou physiologique envers cette forme de drogue qu'est l'alcool. La plupart des médecins et chercheurs en sciences humaines considèrent l'alcoolisme comme le plus grave problème de drogue aux États-Unis à l'heure actuelle, car il coûte annuellement plusieurs milliards de dollars aux Américains en frais médicaux, pertes de salaires et services sociaux.

Apprentissage. Acquisition d'une nouvelle réponse, émotion, perception ou compréhension logique ou intuitive.

Approximations successives. Méthode selon laquelle on progresse vers un but par petites étapes graduelles qui sont toutes récompensées. Dans la modification du comportement, une fois le but fixé, on renforce habituellement l'organisme pour chaque action qui le rapproche de ce but.

Comportements opérants. Actions volontaires d'un organisme dans un environnement donné. Une réponse conditionnée (telle la salivation) n'est PAS un comportement opérant puisqu'elle est involontaire. Inviter quelqu'un à dîner pour le simple plaisir d'être en bonne compagnie est un exemple de comportement opérant.

Conditionnement classique. S'appelle aussi le conditionnement «répondant» ou «pavlovien». Lorsque Pavlov a commencé à entraîner ses chiens, il a découvert que ceux-ci salivaient spontanément lorsqu'on leur donnait à manger. Il a appelé la nourriture un stimulus «inconditionné» (**SI**) car elle provoquait automatiquement la réponse «inconditionnée» (**RI**) de salivation. En couplant le son d'une cloche (stimulus «conditionné», ou **SC**) à la nourriture, Pavlov a enseigné à ses animaux à saliver lorsqu'ils entendaient le son. Après un certain entraînement, la salivation devenait une réponse «conditionnée» (**RC**) car le son de cloche était devenu la «condition» qui déclenchait la salivation.

Conditionnement opérant. Technique d'entraînement mise au point par B. F. Skinner, qui consiste à consolider des comportements opérants en les renforçant. Si vous invitez une personne à dîner et que celle-ci manifeste beaucoup de gentillesse à votre égard, cette personne contribue alors à faire augmenter la probabilité que vous l'invitiez à nouveau.

Déclencher. Signifie «provoquer une mise en mouvement». Dans le conditionnement classique, après un apprentissage approprié, le stimulus conditionné déclenche, ou met en mouvement, la réponse conditionnée. Cette réponse n'est pas volontaire: elle est automatique, ou involontaire.

Extinction. Disparition d'une réponse apprise. Dans le conditionnement classique, l'extinction se produit principalement lorsqu'on présente, à maintes reprises, le stimulus conditionné sans le stimulus inconditionné qui l'accompagne généralement. Dans le conditionnement opérant, l'extinction se produit principalement lorsqu'on ne renforce (récompense) plus la réponse de l'animal.

Généralisation. Au cours d'une de ses expériences, Pavlov a d'abord montré un cercle à un chien, puis lui a donné de la nourriture. Après plusieurs essais, l'animal salivait à la vue du cercle. Pavlov lui a ensuite montré une ellipse (figure de forme ovale). Comme le chien se mettait de nouveau à saliver, Pavlov a supposé que l'animal avait «généralisé» sa réponse à un nouveau stimulus semblable au cercle. Mais quand Pavlov a continué de présenter le cercle avec la nourriture et l'ellipse sans nourriture, le chien a appris à «discriminer» (distinguer) les deux stimuli et à ne saliver qu'à la vue du cercle. Ce procédé s'appelle «entraînement à la discrimination».

Glandes salivaires. Petites glandes qui sécrètent de la salive dans la bouche. La salive contient des éléments chimiques qui font commencer la digestion de la nourriture avant même qu'on ne l'ait avalée.

Impulsions. Du latin *pulsare*, «pousser». Actions spontanées ou soudaines. L'excitation d'une cellule nerveuse provoque une série d'impulsions brèves de courant électrique.

Ingénierie du comportement. Tentatives systématiques de façonner ou de «construire» de nouvelles réponses à l'aide de récompenses et de punitions.

Loi de l'association. C'est la première loi de la psychologie behavioriste. Deux stimuli ou événements se présentant en même temps ou au même endroit ont tendance à être associés. Dans le conditionnement classique, c'est en présentant en même temps le SC (stimulus conditionné) et le SI (stimulus inconditionné) qu'on parvient à faire en sorte que le SC déclenche la réponse conditionnée.

Modèle (apprentissage par). Technique qui consiste à fournir à quelqu'un une série d'actions ou de comportements à imiter. Puisque la plupart des enfants grandissent en agissant à peu près comme leurs parents, on suppose que, souvent, les enfants imitent leurs parents (modèlent leurs comportements sur ceux de leurs parents). On utilise parfois, à tort, le terme «modelage» pour désigner cette forme d'apprentissage.

Modification du comportement. Technique thérapeutique qui vise à modifier les comportements de la personne plutôt que ses émotions, pensées ou perceptions.

Procédé d'extinction. Entraînement d'un organisme à ne pas émettre une réponse conditionnée, qu'on réalise en présentant plusieurs fois le SC sans le SI ou en refusant de renforcer une réponse qu'on avait récompensée auparavant.

Punition. Par le procédé d'extinction, l'expérimentateur fait habituellement disparaître une réponse indésirable en ne la renforçant plus. Par la punition, il fait plutôt disparaître la réponse indésirable en soumettant l'organisme à un stimulus douloureux chaque fois que la réponse est émise. En général, la punition *supprime* temporairement la réponse voulue, mais conduit rarement à une extinction complète. De plus, la punition occasionne souvent des effets secondaires indésirables que n'engendre pas le procédé d'extinction.

Renforcement. Action de consolider une réponse en récompensant l'organisme ou en faisant disparaître un stimulus douloureux dès que la réponse survient. La première méthode s'appelle le renforcement positif et la seconde, le renforcement négatif. Les deux types de renforcement augmentent la probabilité que l'organisme émette à nouveau la réponse.

Renforcement négatif. Action de récompenser quelqu'un en retirant de l'environnement de la personne un stimulus déplaisant ou douloureux. Si quelqu'un vous contraignait à recevoir un choc électrique jusqu'à ce que vous lui fassiez un sourire, alors cette personne vous «renforcerait négativement» à sourire.

Renforcement positif. Action de donner à un organisme quelque chose qu'il désire lorsqu'il produit la réponse attendue. Le renforcement positif augmente toujours la probabilité que la réponse soit de nouveau émise.

Salivation. Lorsqu'à la vue ou à la dégustation d'un aliment, vous avez «l'eau à la bouche», vous salivez. Saliver lorsqu'on *goûte* à l'aliment est une réponse inconditionnée (non apprise); saliver à la *vue* de l'aliment est une réponse conditionnée (apprise).

Système personnalisé d'enseignement. Forme d'enseignement qui provient des recherches de Skinner, et où chaque étudiant apprend à son propre rythme. Lorsque l'étudiant maîtrise une certaine quantité de matière, il passe un examen normalisé; s'il réussit à l'examen, on lui remet une nouvelle quantité de matière à étudier. S'il échoue, il doit réviser la matière et reprendre l'épreuve plus tard.

Thérapies behaviorales. Traitement psychologique fondé principalement sur les principes du conditionnement opérant ou du conditionnement répondant. Généralement, dans une thérapie behaviorale, on récompense ou l'on renforce le patient lorsqu'il modifie son comportement.

INTRODUCTION:
ORANGE MÉCANIQUE
ET *WALDEN II*

Endroit: Londres, Angleterre
Époque: XXIe siècle

Alex aime Beethoven: il peut passer des heures et des heures à écouter la musique émouvante de ce grand compositeur allemand. Mais il y a une chose qu'il aime par-dessus tout, et qu'il préfère à Beethoven: c'est ce qu'il appelle «se payer un peu d'ultra-violence». Alex a quinze ans. Avec ses amis, il traîne dans les rues de Londres et s'amuse à commettre des actes de violence gratuits, en se laissant guider par le hasard. Les agressions, le viol, le vandalisme, les combats de gangs et même le meurtre font partie du répertoire d'activités favorites d'Alex et ses amis.

Alex est le héros à la fois ignoble et pitoyable du roman d'Anthony Burgess intitulé *Orange mécanique*, l'un des nombreux ouvrages de science-fiction qui tracent un portrait possible du futur et tentent de nous alerter devant ses dangers éventuels. Le roman de Burgess et le film que Stanley Kubrick en a fait contiennent de nombreux passages d'une violence extrême. Cependant, Burgess ne cherche pas à dénoncer la violence en soi; il est plutôt préoccupé par les moyens possibles d'y remédier. Ainsi le roman nous présente-t-il un traitement assez spécial auquel on soumet Alex.

Arrêté après le meurtre particulièrement brutal d'une vieille dame, Alex est jugé et condamné à 14 ans de prison. Après avoir purgé deux ans de sa peine, il en a assez: les gardiens de la prison le battent à coups de poing et à coups de pied et le harcèlent sans cesse, tandis que les autres détenus le mettent à l'écart, se méfient de lui et lui font subir toutes sortes de brimades. Considérant la prison comme «un enfer et un zoo humain», Alex décide de profiter de la première occasion pour en sortir. C'est ainsi qu'il se porte volontaire pour participer à un programme de traitement expérimental. On lui promet qu'advenant la réussite du traitement, il pourra retrouver sa liberté en deux semaines; bien entendu, il accepte de coopérer.

Le traitement expérimental consiste d'abord à attacher Alex à une chaise de telle sorte que sa tête est maintenue immobile par des courroies et que ses paupières ne peuvent se fermer parce qu'elles sont retenues par des pinces de métal. Puis, les expérimentateurs lui présentent une série de films, la plupart portant sur la sexualité ou la violence, ou les deux à la fois. «Parfait! se dit Alex. C'est en plein ce que j'aurais choisi». Il déchante rapidement. En effet, les expérimentateurs lui administrent une drogue qui le rend violemment et douloureusement malade alors qu'il visionne ces films. Puisqu'Alex ne peut ni bouger la tête, ni fermer les yeux, il n'a d'autre choix que de regarder les scènes de violence, tout en se sentant terriblement malade.

Jour après jour, l'expérience se poursuit; on oblige Alex à visionner des films sur la sexualité et la violence et l'on continue à le rendre violemment malade. Il ne lui faut pas beaucoup de temps pour associer les films aux malaises qu'il éprouve. Il «*apprend*» à être malade chaque fois qu'il se trouve en présence de sexualité et de violence. Après deux semaines de traitement, Alex a si bien appris sa leçon qu'il se tord de douleur à la seule pensée de la sexualité ou de la violence. Les expérimentateurs de la prison concluent au succès de l'expérience. Ils sont convaincus qu'Alex fera désormais tout son possible pour éviter de même penser à des viols, à des agressions ou à des meurtres. Et même si de telles pensées lui venaient à l'esprit, il serait trop malade pour les réaliser et commettre quelque acte de violence que ce soit.

Les experts avaient raison. Alex a réagi exactement comme un mécanisme d'horlogerie. Comme un jouet mécanique. Il se comporte exactement comme les expérimentateurs l'ont programmé à se comporter.

Presque immédiatement après sa libération, Alex s'engage dans une bagarre avec ses anciens copains, ceux-là mêmes qui l'ont dénoncé à la police il y a deux ans. Mais à présent, Alex est incapable de se battre. Il devient tellement malade qu'il ne peut même plus se défendre. Quelques autres expériences du même genre ont tôt fait de le convaincre qu'il doit maintenant se comporter avec une prudence extrême. Mais malgré tous ses efforts, Alex ne peut éviter d'être témoin de la violence qui est omniprésente dans la société où il vit. Il est presque constamment malade, peu importe ce qu'il fait ou l'endroit où il se trouve. En outre, le traitement a produit sur lui un effet secondaire terrible. Pendant le visionnement des films de violence, il entendait constamment une musique de fond: c'était l'oeuvre de Beethoven, de sorte qu'après l'expérience, le pauvre Alex ne peut plus écouter son cher Beethoven sans être malade.

Orange mécanique dresse un tableau effroyable de ce que pourrait être la vie dans le futur. Burgess y exprime la crainte que la psychologie ne devienne une force trop puissante, qui soit un jour utilisée pour façonner les individus, les contrôler et leur enlever leur liberté.

Un autre roman de science-fiction adopte une thèse différente, soit que les connaissances et les techniques dans le domaine de la psychologie puissent s'utiliser non pas pour supprimer la liberté des individus, mais pour les rendre plus heureux dans un monde organisé d'une manière plus efficace.

Walden II, écrit par le psychologue B. F. Skinner, de Harvard, nous présente un groupe de personnes qui font appel aux principes de la psychologie pour édifier et maintenir une société idéale et parfaite. Les méthodes d'**ingénierie du comportement** utilisés dans *Walden II* sont entièrement basées sur un système de récompenses. La punition est bannie. Tous les biens sont partagés. Personne n'est surmené et tous sont heureux.

Qui a raison? Le futur ressemblera-t-il à *Orange mécanique* ou à *Walden II*? Probablement ni à l'un, ni à l'autre. La psychologie est un outil puissant, mais personne n'a encore trouvé le moyen de contrôler tout le monde en même temps, et il est bien peu probable que cela se produise un jour. Burgess et Skinner admettraient tous deux que pour réussir à contrôler le comportement d'une personne, il faudrait pouvoir contrôler complètement à la fois son héritage génétique, ses expériences passées et les stimuli actuels de son environnement. Aucun psychologue (ni aucun homme politique, ce qui serait beaucoup plus grave) n'a jamais eu ce genre de contrôle. Même le comportement nouvellement acquis d'Alex s'est graduellement éteint, possiblement parce qu'il était sorti de l'environnement premier de la prison.

On peut entraîner les gens à faire beaucoup de choses; mais, une fois qu'ils ne sont plus dans la situation d'entraînement, les nouveaux comportements acquis peuvent disparaître graduellement. Au mieux, la psychologie peut suggérer des moyens de contrôler *certains* comportements de l'individu (ou peut-être d'un groupe d'individus) à *certains* moments. Et parmi tous les processus psychologiques qui entrent en jeu dans le contrôle ou la modification du comportement d'une personne, le plus important est sans aucun doute l'**apprentissage**, c'est-à-dire le processus par lequel on acquiert de nouvelles connaissances, de nouvelles habitudes et de nouveaux comportements.

L'APPRENTISSAGE SIMPLE

William James, l'un des premiers psychologues américains (voir chapitre 1), disait qu'une confusion tout à la fois aveuglante et assourdissante nous accueillait à notre arrivée en ce monde. Par là, James voulait dire que le nourrisson fait face à une multitude de sons, d'images, de sensations et d'autres stimuli provenant de l'environnement et qui sont pour lui tout à fait nouveaux et dépourvus de signification. Comment apprend-il à donner un sens à cette confusion?

Le nouveau-né commence par répondre au monde de manière réflexe (voir chapitre 2). Il cligne des yeux face à une lumière trop forte, se recroqueville face à la douleur. Ses comportements réflexes résultent de connexions qui existent déjà à la naissance dans le système nerveux et le cerveau; ces connexions font partie d'un plan génétique que chaque individu possède déjà au moment de la naissance.

Chez plusieurs espèces inférieures, telles que les paramécies, les réflexes simples et les instincts sont à peu près les seuls comportements nécessaires à la survie. Les paramécies naissent avec un répertoire de comportements qui change très peu au cours de leur vie. Elles se comportent en paramécies et restent toujours paramécies. Si les bébés humains continuaient de se fier uniquement à leurs comportements réflexes déterminés génétiquement, alors ils resteraient bébés indéfiniment. Mais ils possèdent une capacité d'apprentissage immense. Les connexions neuronales pré-établies du cerveau peuvent facilement être modifiées, et lorsqu'elles le sont, le bébé se comporte de façons nouvelles. Les nouvelles connexions et les nouveaux comportements sont le résultat de l'apprentissage.

Les associations

On désigne souvent la première règle de l'apprentissage sous le nom de **loi de l'association**. Si deux stimuli parviennent au cerveau en même temps, ils ont de fortes chances de devenir liés ou associés l'un à l'autre. Alex a appris à associer la sexualité et la violence à la douleur; en d'autres termes, il a fait l'expérience d'un apprentissage par association. Nous apprenons tous à faire des millions d'associations entre différents aspects de l'environnement car nous voyons, entendons, goûtons ou expérimentons simultanément ces aspects. Ceux d'entre eux qui deviennent couplés avec régularité à des réponses observables ou à des changements dans le comportement sont des exemples d'apprentissage par association.

Le conditionnement classique

La formation d'associations constitue une partie importante de tout apprentissage, mais celui-ci comporte beaucoup plus d'éléments que la simple formation d'associations entre des stimuli et des réponses. L'une des formes les plus fondamentales ou traditionnelles d'apprentissage s'appelle le conditionnement classique (le conditionnement est un processus qui influence les *conditions* présentes au moment où une association se forme dans le cerveau).

Le physiologiste russe Ivan Pavlov a été l'un des premiers hommes de science à décrire le **conditionnement classique.** C'est en faisant des recherches sur le processus de digestion chez le chien que Pavlov a tout d'abord pris conscience du phénomène du conditionnement. La digestion débute dans la bouche par la production de salive. L'intérêt du physiologiste Pavlov pour le système digestif l'a conduit à tenter de mesurer la quantité de salive produite par ses chiens de laboratoire. Habituellement, lorsqu'un chien voit sa nourriture, il salive. De la même façon, lorsqu'une personne a faim, la vue de nourriture lui donne «l'eau à la bouche». Mais au cours de ses expériences, Pavlov s'est bientôt heurté à un problème; en effet, les chiens se mettaient parfois à saliver avant même d'avoir aperçu la nourriture. Si les chiens entendaient leurs gardiens entrechoquer les bols dans lesquels on leur servait leur repas, ils se mettaient à saliver. Pavlov a d'abord été contrarié par cette réaction, car il s'intéressait à l'étude de la **salivation** en relation avec la digestion, et non pas en relation avec le cliquetis des bols pour chiens. Mais, par la suite, Pavlov s'est rendu compte que le phénomène dont il était témoin pouvait présenter beaucoup d'intérêt par lui-même.

Habituellement, chez les chiens comme chez les humains, la nourriture stimule ou active les **glandes salivaires.** Mais au cours des expériences de Pavlov, les chiens réagissaient à une stimulation qui, normalement, n'aurait pas dû occasionner la salivation. Pavlov a appelé ce phénomène une «stimulation psychique» et a conçu des expériences pour l'étudier. Utilisant un

Fig. 6.1

Dans ses expérien-
ces sur le condi-
tionnement classi-
que, Pavlov utilisait
un dispositif sem-
blable à celui-ci
pour mesurer la sa-
livation chez le
chien. Le chien a-
vait appris à asso-
cier le cliquetis des
bols pour chiens et
la nourriture, et sali-
vait avant même
qu'on ne lui présen-
te de la nourriture.

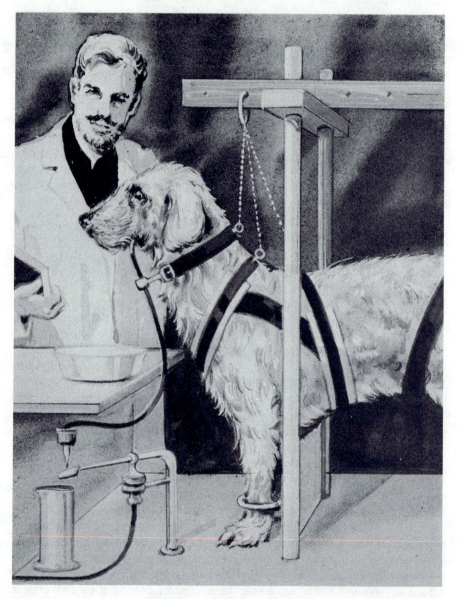

signal sonore comme stimulus, il faisait sonner une cloche immédiatement
avant d'apporter un peu de nourriture aux chiens. La nourriture provoquait
naturellement la salivation, mais bientôt, les chiens se sont mis à saliver au son
de la cloche (avant d'avoir reçu la nourriture). Les animaux avaient
apparemment appris que le son signalait l'arrivée imminente de la nourriture.
Ils avaient formé une association entre le son et la nourriture.

Dans des conditions normales, la nourriture est un stimulus qui déclenche
une réponse de salivation. Puisque la nourriture déclenche la salivation de
façon inconditionnelle (dans presque toutes les conditions), Pavlov a donné le

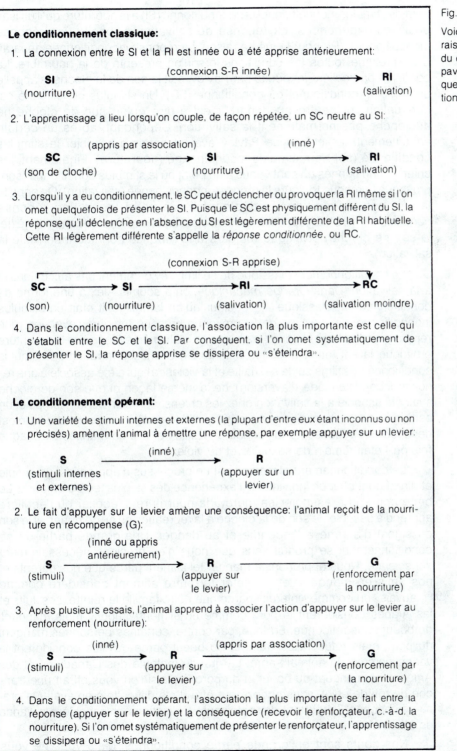

Le conditionnement classique:

1. La connexion entre le SI et la RI est innée ou a été apprise antérieurement:

```
                      (connexion S-R innée)
SI  ──────────────────────────────────────────────▶  RI
(nourriture)                                          (salivation)
```

2. L'apprentissage a lieu lorsqu'on couple, de façon répétée, un SC neutre au SI:

```
        (appris par association)              (inné)
SC  ──────────────────────▶  SI  ──────────────────▶  RI
(son de cloche)              (nourriture)            (salivation)
```

3. Lorsqu'il y a eu conditionnement, le SC peut déclencher ou provoquer la RI même si l'on omet quelquefois de présenter le SI. Puisque le SC est physiquement différent du SI, la réponse qu'il déclenche en l'absence du SI est légèrement différente de la RI habituelle. Cette RI légèrement différente s'appelle la *réponse conditionnée*, ou RC.

```
                    (connexion S-R apprise)
    ┌─────────────────────────────────────────────────┐
    │                                                  ▼
SC ──────▶ SI ──────────────▶ RI ──────────────▶ RC
(son)    (nourriture)      (salivation)       (salivation moindre)
```

4. Dans le conditionnement classique, l'association la plus importante est celle qui s'établit entre le SC et le SI. Par conséquent, si l'on omet systématiquement de présenter le SI, la réponse apprise se dissipera ou «s'éteindra».

Le conditionnement opérant:

1. Une variété de stimuli internes et externes (la plupart d'entre eux étant inconnus ou non précisés) amènent l'animal à émettre une réponse, par exemple appuyer sur un levier:

```
                (inné)
S  ───────────────────────▶  R
(stimuli internes            (appuyer sur un
et externes)                 levier)
```

2. Le fait d'appuyer sur le levier amène une conséquence: l'animal reçoit de la nourriture en récompense (G):

```
        (inné ou appris
        antérieurement)
S  ──────────────────────▶  R  ──────────────────▶  G
(stimuli)              (appuyer sur            (renforcement par
                       le levier)              la nourriture)
```

3. Après plusieurs essais, l'animal apprend à associer l'action d'appuyer sur le levier au renforcement (nourriture):

```
        (inné)                    (appris par association)
S  ──────────────▶  R  ──────────────────────────▶  G
(stimuli)      (appuyer sur                    (renforcement par
               le levier)                      la nourriture)
```

4. Dans le conditionnement opérant, l'association la plus importante se fait entre la réponse (appuyer sur le levier) et la conséquence (recevoir le renforçateur, c.-à-d. la nourriture). Si l'on omet systématiquement de présenter le renforçateur, l'apprentissage se dissipera ou «s'éteindra».

Fig. 6.2

Voici une comparaison schématique du conditionnement pavlovien (classique) et du conditionnement opérant.

nom de stimulus inconditionnel ou inconditionné (SI) à la nourriture qu'il utilisait pour ses expériences. La réponse de salivation s'appelle une réponse inconditionnée (RI) pour la même raison. La réponse inconditionnée apparaît dans presque toutes les conditions lorsqu'on présente de la nourriture. La condition particulière introduite par Pavlov, soit le son de la cloche, s'appelle un stimulus conditionnel ou conditionné (SC). Un stimulus conditionné est habituellement neutre au départ, c'est-à-dire qu'un son de cloche ne déclenche pas normalement la salivation. Cependant, après un certain entraînement, les chiens de Pavlov avaient appris à associer le stimulus conditionné (son) au stimulus inconditionné (nourriture). Finalement, les chiens conditionnés en sont venus à un point où le stimulus conditionné (son) provoquait presque toujours la réponse inconditionnée (salivation). On appelle la réponse inconditionnée déclenchée de cette façon une réponse conditionnée (RC). En conditionnement classique, un stimulus conditionné (tel le son de cloche) provoque toujours une réponse conditionnée (telle la salivation).

Le conditionnement classique ne se limite évidemment pas aux chiens et à la salivation. Dans *Orange mécanique*, on a soumis Alex à une forme de conditionnement classique. La douleur qu'on lui infligeait était un stimulus inconditionné, car ce type de SI provoque presque toujours l'aversion (une réponse inconditionnée) chez les humains, de la même façon que la nourriture provoque la salivation chez les chiens. On a ensuite introduit un stimulus conditionné (les films sur la sexualité et la violence) qui a été associé à une réponse inconditionnée (l'aversion), de la même façon que le son de cloche avait été associé à la salivation chez les chiens. Après un certain temps et un certain nombre d'expositions au traitement de conditionnement, l'aversion est devenue une réponse conditionnée chez Alex et elle se manifestait chaque fois qu'il était témoin de sexualité et de violence.

Le conditionnement classique est un processus d'apprentissage simple et direct dont chaque individu fait l'expérience dès sa plus tendre enfance. Le bébé apprend à associer sa mère à la nourriture. L'écolier ou l'écolière apprend à associer le son de la cloche à la récréation ou au déjeuner, et le son du signal d'alarme à l'incendie et au danger. Une grande partie de ce conditionnement se produit sans que nous n'en prenions nécessairement conscience. Nous apprenons à manger tel aliment parce que nos parents et nos amis en mangent, et à rejeter tel autre aliment considéré comme «mauvais» ou comme «interdit» parce que notre famille le rejette. Les Juifs et les Arabes considèrent le porc comme un aliment «impur», mais mangent du boeuf sans réticence. En Inde, par contre, certaines personnes mangent du porc, mais refusent de manger du boeuf parce qu'elles considèrent la vache comme un animal sacré. La grande majorité des Canadiens et des Américains mangent du boeuf et du porc, mais si l'on vous offrait une tranche de rôti de chiot, vous auriez peut-être de la difficulté à en avaler la première bouchée. Et pourtant, dans plusieurs civilisations, on considère la viande de chien comme un mets de connaisseur.

Nos goûts sont en grande partie conditionnés. Mais vous ne vous souvenez pas du jour où l'on vous a dit qu'il ne fallait pas manger du rôti de caniche, n'est-ce pas? Quels sont, alors, les facteurs qui influencent ce type d'apprentissage?

Comment réussir un conditionnement classique

Pavlov et plusieurs autres chercheurs ont découvert que certains facteurs favorisaient la réussite du conditionnement. Le plus important d'entre eux semble être la puissance du stimulus conditionné. Il n'aurait pas été facile pour les chiens de Pavlov d'apprendre à répondre à un son spécifique si ce son n'avait été ni assez fort, ni assez puissant pour qu'ils puissent l'entendre, ou encore s'il n'avait pas été assez distinct pour se détacher des autres sons produits dans le laboratoire. Alex, pour sa part, avait été soumis à des stimuli particulièrement puissants.

Un deuxième facteur important réside dans l'ordre de présentation du stimulus conditionné et du stimulus inconditionné. Le conditionnement produit de meilleurs résultats si le stimulus conditionné (son de cloche, sexualité et violence) se présente *avant* le stimulus inconditionné (nourriture, douleur). Si l'on nourrit les chiens avant de leur faire entendre le son de cloche, ils auront de la difficulté à faire l'association entre les deux et n'apprendront probablement pas à lier le son à la nourriture. L'intervalle de temps qui s'écoule entre la présentation du stimulus conditionné et celle du stimulus inconditionné constitue le troisième de ces facteurs. Si la cloche sonne vingt minutes avant la présentation de la nourriture, l'association entre les deux ne se fera probablement pas. Le chien ne comprendra probablement pas que le son a quelque chose à voir avec la nourriture. Pour de meilleurs résultats, il faut présenter le stimulus conditionné (son) une ou deux secondes avant le stimulus inconditionné (nourriture).

Le quatrième de ces facteurs est la répétition. Dans des circonstances normales, le son de cloche n'a aucune signification pour le chien. La première fois qu'il l'entend immédiatement avant d'être nourri, le son ne signifie toujours rien pour lui et il ne salive pas. Mais après plusieurs repas précédés d'un son de cloche, il commence à faire une association entre les deux. Après avoir été soumis, à une douzaine de reprises ou plus, au couplage du stimulus conditionné (son) et du stimulus inconditionné (nourriture), il fait une association tout à fait claire entre les deux. Si l'on fait alors entendre le son, le chien salivera (réponse conditionnée), qu'on lui donne de la nourriture ou non. Cependant, après un certain nombre de couplages du stimulus conditionné et du stimulus inconditionné, le chien n'apprend plus rien de nouveau, et poursuivre l'entraînement ne serait plus alors qu'une perte de temps.

L'extinction

Le conditionnement n'est pas toujours permanent, et il est habituellement possible de désapprendre ce qu'on nous a inculqué de cette manière. On avait enseigné à Alex à être malade chaque fois qu'il était en contact avec de la violence. Les expérimentateurs de la prison utilisaient des drogues pour rendre

Alex malade, mais une fois hors de prison, celui-ci n'était plus soumis à l'influence de ces drogues. Cependant, il a continué à être malade parce que les associations produites par le conditionnement étaient assez puissantes pour durer longtemps. Mais par la suite, après un certain temps sans drogues, la force de ses malaises devant la violence a commencé à diminuer, et finalement, il a atteint un stade où le spectacle de la violence n'avait presque plus aucun effet sur lui. Ce processus de disparition ou d'amenuisement des effets de conditionnement dans le temps s'appelle l'**extinction**. Il aurait été possible d'éteindre les effets de l'entraînement que Pavlov avait donné à ses chiens en présentant à maintes reprises le stimulus conditionné (son) sans le stimulus inconditionné (nourriture).

Le conditionnement opérant

Les expériences de Pavlov ont permis d'analyser une forme très simple d'apprentissage qu'on retrouve dans la vie de tous et chacun. En physique, on apprend que chaque action entraîne une réaction; Pavlov, lui, disait que chaque stimulus entraîne une réponse. Par un conditionnement approprié, un être humain ou un animal peut apprendre à répondre à différents stimuli. Devant les millions de stimuli du monde environnant et les millions de réponses possibles, l'apprentissage stimulus-réponse (S-R), ou conditionnement classique, peut rendre compte de nombreux comportements humains; mais il ne les explique pas tous.

Un chien affamé n'attend pas passivement au fond de la cour que quelqu'un sonne une cloche. De même, un être humain ne reste pas assis passivement à attendre qu'un stimulus de l'environnement le pousse à réagir. Le chien va quémander sa nourriture, et l'être humain va agir sur son environnement pour obtenir ce qu'il désire. En d'autres termes, l'être humain stimule son environnement, y compris les personnes qui font partie de cet environnement. Le fait d'agir sur l'environnement amène celui-ci à réagir. On appelle les actions qui stimulent l'environnement, ou agissent sur celui-ci, des **comportements opérants.**

Tout comme il est possible d'apprendre des comportements S-R par conditionnement classique, il est possible d'apprendre des comportements opérants par **conditionnement opérant.** B.F. Skinner, l'auteur de *Walden II,* est le psychologue qui a élaboré plusieurs des théories explicatives des mécanismes du conditionnement opérant.

Par le conditionnement classique, on peut enseigner à un animal ou à une personne à réagir par des réponses involontaires ou non apprises. Par exemple, la salivation n'est pas un comportement appris, mais bien un comportement qui survient naturellement. Le conditionnement classique ne modifie pas des comportements involontaires (comme la salivation); il ne fait que modifier les stimuli qui déclenchent ces comportements. Par contre, le conditionnement opérant agit sur des comportements volontaires. Il change ou modifie des comportements volontaires; aussi le désigne-t-on parfois sous le nom de **modification du comportement.**

Un rat dans une cage manifeste certains comportements volontaires. Il explore, sent, se tient debout, s'assoit et exécute d'autres actions naturelles. Si la cage contient un levier, sans doute le rat finira-t-il tôt ou tard par l'abaisser. Jusque-là, le rat a exécuté un certain nombre d'actions volontaires. Si, immédiatement après qu'il ait abaissé le levier, un morceau de nourriture tombe à l'intérieur de la cage, le rat mangera la nourriture, puis retournera à ses activités habituelles. Il est probable qu'après un certain temps, le rat abaissera de nouveau le levier accidentellement. Si un autre morceau de nourriture tombe alors dans la cage, le rat commencera peut-être à faire une association entre le levier et la nourriture. Si de la nourriture tombe dans la cage chaque fois que le rat abaisse le levier, l'animal finira par apprendre un nouveau comportement volontaire et abaissera le levier chaque fois qu'il désirera manger. De la même façon, une personne qui a soif apprend à déposer de la monnaie dans une machine distributrice de boissons gazeuses et à appuyer sur le bouton approprié.

Dans le conditionnement pavlovien ou classique, on utilise une série de stimuli, ou «données d'entrée», (son et nourriture) pour obtenir ou **déclencher** une réponse, «donnée de sortie» (salivation). Dans le conditionnement opérant, la réponse (le fait d'abaisser le levier) est volontaire et n'est déclenchée par aucun stimulus ni aucune donnée d'entrée; c'est un stimulus renforçateur (nourriture) apparaissant immédiatement après l'émission de la réponse qui incitera l'animal à émettre le même comportement par la suite.

Selon les principes du conditionnement opérant, le rat apprendra que, s'il appuie sur le levier, de la nourriture tombera dans la cage.

Comment réussir un conditionnement opérant

La cage spéciale équipée du levier et du mécanisme d'approvisionnement en nourriture a été conçue par B. F. Skinner pour ses expériences sur le conditionnement opérant. C'est à partir d'observations de rats, de pigeons et d'autres animaux placés dans des cages de ce genre (maintenant connues sous le nom de boîtes de Skinner) que le psychologue de Harvard a élaboré une série de principes qui expliquent comment se fait l'apprentissage des comportements opérants.

Si le rat qui se trouvait dans la boîte de Skinner n'avait jamais heurté le levier, il n'aurait jamais appris à s'en servir pour obtenir de la nourriture. Quelqu'un qui n'aurait jamais vu une machine distributrice ne penserait pas forcément à introduire une pièce de monnaie dans la fente. Ainsi, la première chose dont un rat qui a faim ou une personne qui a soif doit se rendre compte, c'est qu'un comportement particulier (abaisser le levier, introduire une pièce de monnaie dans une distributrice) peut produire les résultats désirés. Skinner avait laissé le rat procéder selon le mode essai-erreur (par tâtonnements). Le rat s'est promené librement dans la cage jusqu'au moment où il a heurté le levier accidentellement. Lorsque cette réponse s'est produite, le rat a obtenu de la nourriture et a commencé à faire le lien entre le levier et la nourriture. Le jeune enfant utilise une technique similaire d'essais et d'erreurs lorsqu'il acquiert le langage. Par exemple, l'enfant qui ne connaît que quelques mots peut les utiliser l'un après l'autre pour tenter d'obtenir un jouet. Lorsqu'il tombe sur le bon mot, les parents savent ce qu'il veut et répondent (quelquefois, du moins) en donnant le jouet au petit. L'enfant commence alors à apprendre qu'un mot particulier peut produire le résultat souhaité.

La méthode des essais et erreurs est efficace, mais elle demande parfois beaucoup de temps. Il peut s'écouler beaucoup de temps avant que le rat n'en vienne à appuyer sur le levier. Il peut se passer des heures avant que l'enfant ne parvienne à prononcer le bon mot, ou avant que l'étudiant ne découvre la solution d'un problème de mathématiques. C'est pourquoi les expérimentateurs et les enseignants utilisent divers moyens pour accélérer l'apprentissage ou l'acquisition de réponses appropriées. On peut dire à l'enfant ou à l'étudiant comment il doit se comporter ou quelle est la réponse appropriée. Les parents répètent continuellement des mots à l'enfant dans l'espoir qu'il apprendra ces mots et la façon de les employer. Les enseignants passent des heures à expliquer un sujet dans l'espoir que les étudiants seront en mesure de fournir les bonnes réponses à l'examen.

L'apprentissage par modèle

Il est impossible d'expliquer à un rat comment appuyer sur un levier. Il est difficile de dire à un enfant comment monter à bicyclette. Et il est parfois difficile de montrer comment on solutionne un type de problème en expliquant simplement la solution. Lorsque les instructions verbales semblent insuffisantes, on peut utiliser **l'apprentissage par modèle**. L'enseignant ou l'instructeur, dans ce cas, effectue le comportement désiré et sert ainsi de modèle.

Un rat dans une boîte de Skinner peut s'amuser pendant des heures avant de heurter le levier. Cependant, si l'on met dans la cage un deuxième rat qui a déjà appris comment abaisser le levier, l'apprentissage peut s'en trouver accéléré. Le premier rat voit le deuxième appuyer sur le levier et recevoir de la nourriture; avant longtemps, il aura probablement compris et commencera à abaisser le levier. Les parents accélèrent l'apprentissage de l'enfant lorsqu'ils lui montrent comment se maintenir en équilibre sur une bicyclette et la faire avancer. Les enseignants utilisent un tableau noir pour montrer à leurs étudiants comment faire un division complexe. Dans l'enseignement, la technique de la démonstration du comportement (c.-à-d. fournir un modèle approprié de comportement) s'utilise couramment et est très efficace. Les enfants sont de grands imitateurs, et beaucoup de ce qu'ils apprennent résulte directement d'imitations de leurs parents et d'autres personnes qu'ils côtoient et qui leur servent de modèles. Nous pouvons tous apprendre par imitation, et beaucoup de ce que nous apprenons dans la vie résulte de l'apprentissage par modèle. (Le chapitre 9 traite de cette question de façon plus approfondie.)

Le renforcement

Si l'on veut enseigner à un rat à appuyer sur un levier ou à un étudiant à diviser, il ne suffit pas d'attendre passivement qu'ils fournissent la bonne réponse.

L'étape la plus importante dans le conditionnement opérant consiste à amener le sujet à effectuer le comportement voulu. Obtenir cette réponse de quelqu'un constitue la première étape dans le «façonnement» ou l'apprentissage d'un comportement particulier. Et l'apprentissage par modèle est l'un des moyens utilisés pour façonner ou encourager un comportement. Une fois le comportement suscité, l'étape suivante du conditionnement opérant consiste à amener le rat, l'étudiant ou la personne en situation d'apprentissage à répéter le comportement. On ne peut pas dire qu'un rat a appris un nouveau comportement s'il n'appuie sur le levier qu'une seule fois. Solutionner un problème de division complexe ne garantit nullement que l'étudiant a maîtrisé la technique de la division complexe. On peut dire qu'il y a eu apprentissage seulement si le comportement désiré est répété.

Il existe une manière extrêmement efficace de s'assurer qu'un comportement sera répété; il s'agit du **renforcement**. Ce dernier adopte fréquemment la forme d'une récompense: on récompense le rat en faisant tomber de la nourriture dans la cage; le professeur récompense le jeune élève lorsqu'il colle une étoile sur sa copie, lui donne une bonne note, le complimente sur son travail; l'étudiant se sent récompensé lorsqu'il réussit un problème et sait qu'il a maîtrisé une nouvelle technique. Ces récompenses servent à renforcer le comportement et, en conséquence, rendent sa reproduction plus probable.

Lorsqu'un rat ou un être humain n'est pas renforcé ou récompensé pour un comportement, il y a peu de chances qu'il l'apprenne ou le réitère. Mais s'ils est récompensé, alors le renforcement consolide le comportement et la réapparition de celui-ci devient plus probable.

La récompense ou le renforcement profitables ou agréables sont appelés **renforcement positif**. Les os servent de récompense pour les chiens. Les chèques de paye récompensent les travailleurs. Les résultats scolaires et la conscience d'avoir appris quelque chose récompensent les étudiants. Et presque tout le monde se sent récompensé par les éloges et les compliments.

Il existe un autre type important de renforcement: c'est le **renforcement négatif**. Au lieu d'exécuter des comportements qui conduisent à une récompense agréable, un être humain ou un animal doit parfois se comporter de façon à faire disparaître un stimulus déplaisant. (La disparition d'un stimulus déplaisant peut devenir une récompense passablement agréable.) Un rat qui se trouve dans une cage où le plancher est électrifié essaiera par tous les moyens de fuir ou d'éviter la douleur que lui occasionne le courant. S'il s'y trouve un levier qui permet de couper le circuit électrique, le rat apprendra à abaisser le levier chaque fois qu'il y aura du courant dans le plancher.

Dans certains cas, les alcooliques semblent être poussés par une forme de renforcement négatif. S'ils sont insatisfaits de leur vie, ils peuvent boire pour oublier leurs problèmes, de sorte que l'**alcoolisme** devient une fuite. On absorbe un médicament pour faire diminuer la douleur, on étudie parfois uniquement pour ne pas avoir de mauvaises notes et, en général, on évite les situations perçues comme déplaisantes.

Fig.   6.3

Quand le rat abaisse le levier, il coupe le courant électrique. Le fait d'appuyer sur un levier amène une récompense, soit le retrait du stimulus douloureux (l'électricité). La récompense augmente la probabilité que le rat appuie de nouveau sur le levier. Ce processus s'appelle le renforcement négatif.

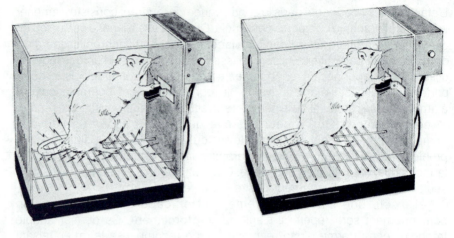

La punition

Le renforcement négatif n'est pas synonyme de la punition. Le renforcement, positif ou négatif, *fait augmenter* la probabilité de la reproduction d'un comportement ou d'une action; la **punition**, quant à elle, la fait *diminuer*. Par exemple, a-t-on déjà entendu parler d'un enfant qui aurait reçu une fessée (aurait été puni) pour avoir obtenu de bonnes notes à l'école?

Cependant, on a très souvent recours à des fessées et à d'autres formes de punition pour tenter d'amener les gens à changer leur comportement. On administre une fessée à un enfant s'il ne mange pas ses légumes ou s'il obtient de mauvaises notes à l'école. On punit et l'on emprisonne les criminels parce qu'ils ont commis des actes antisociaux ou des crimes.

Si l'usage de la punition semble assez répandu dans notre société, cela ne signifie pas pour autant qu'elle représente le meilleur moyen de modifier le comportement de quelqu'un. Même si certains enfants reçoivent des centaines de fessées, ils n'apprennent pas nécessairement à manger leurs épinards ou à réussir à l'école. Des milliers de criminels sont emprisonnés chaque année, et plusieurs d'entre eux recommencent à poser des gestes illégaux dès leur sortie de prison.

Il y a plusieurs raisons qui font que la punition n'est pas toujours efficace. La punition survient souvent de façon trop tardive pour que l'enfant apprenne ce que ses parents voudraient qu'il apprenne. Un écolier n'étudie pas et échoue à un examen; lorsque les parents reçoivent le bulletin deux semaines plus tard, ils décident d'administrer une fessée à l'enfant. Mais la fessée survient trop tard pour que la loi de l'association puisse s'appliquer, car la punition n'a pas été infligée au moment où l'écolier avait décidé de ne pas étudier pour l'examen. Une punition qui survient si tardivement après le comportement désapprouvé risque de n'avoir aucun effet sur les habitudes d'étude de l'écolier. Celui-ci risque plutôt d'associer la punition aux circonstances qui ont entouré la fessée, et il peut en venir à détester ses parents.

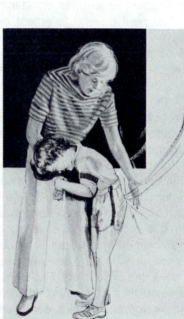

Fig. 6.4
La punition englobe toute action qui diminue la probabilité de réapparition d'un comportement. Si cet enfant associe la fessée aux résultats scolaires médiocres, il est probable qu'il étudiera plus fort pour obtenir de meilleurs résultats scolaires et éviter ainsi la punition. La punition est généralement plus efficace lorsqu'elle est jumelée à une récompense du comportement approprié.

La récompense prévue pour les rats de Skinner leur parvenait immédiatement. S'ils n'avaient pas été renforcés immédiatement, ils n'auraient probablement pas été en mesure d'associer correctement la réponse à la récompense. Cette séquence de temps est également importante pour la punition. Si l'enfant reçoit une fessée deux semaines trop tard, il se peut qu'il ne fasse simplement pas le lien entre la punition et le fait qu'il n'a pas étudié pour son examen.

Même si l'on administre la punition au moment du comportement désapprouvé, celle-ci peut s'avérer inefficace. Par exemple, si un enfant tente d'effectuer à la suite toutes les étapes d'une division complexe et que l'enseignant l'interrompt constamment pour le réprimander à chaque erreur, l'enfant peut devenir tellement nerveux et anxieux qu'il sera incapable de trouver la solution. Et même s'il réussit le problème, il peut fort bien en venir à associer (et ce, de façon durable) la division complexe et la punition. Il est possible que cet enfant ne sente plus jamais à l'aise devant un problème de division complexe ou même face à d'autres problèmes de mathématiques.

Puisque le conditionnement ou l'enseignement ont pour but d'amener les gens à acquérir de nouveaux comportements, il devrait être assez rare qu'on ait besoin de recourir à la punition. Lorsque le recours à la punition semble approprié pour faire disparaître un comportement indésirable, il serait préférable de la coupler à une récompense. Par exemple, si l'on veut enseigner à un enfant à manger ses épinards, on peut lui donner un choix: «Mange d'abord tes épinards, et tu pourras ensuite avoir du dessert. Si tu ne veux pas de dessert, alors tu peux ne pas manger tes épinards.» En présence d'un choix entre la récompense et la punition (pas de dessert), l'enfant préférera probablement l'action qui lui procurera la récompense à l'action qui lui vaudra la punition ou la perte de la récompense. De la même manière, on peut offrir un choix à des prisonniers. Plusieurs personnes récidivent à leur sortie de prison parce qu'elles n'ont pas vraiment le choix. Habituellement, le comportement le plus renforçant qu'elles connaissent est le comportement criminel qui leur rapportera un peu d'argent, mais peut les reconduire en prison. Si, par contre, on leur offrait la possibilité d'apprendre un métier ou d'étudier, elles pourraient découvrir que le crime et la punition ne sont peut-être pas le choix le meilleur ni le plus gratifiant qu'elles peuvent faire. En fait, dans *Walden II*, Skinner rapporte que si l'on a recours aux renforcements appropriés, il devient presque superflu d'infliger des punitions.

La rétroaction

Les expériences de Skinner et celles qui ont été menées par la suite ont fait ressortir certains facteurs importants du renforcement. Notamment, le renforcement doit être quelque chose que le rat ou la personne peut percevoir (même inconsciemment). Le rat n'abaissera pas le levier s'il ne reçoit aucune récompense et la personne ne travaillera pas si elle ne reçoit pas un salaire ou une rétribution quelconque. Ainsi, le rat et la personne doivent *savoir* qu'ils vont être récompensés. Il doivent être mis au courant du fait que leur comportement ou leur action produit les résultats désirés. La probabilité que

A

B

C

Fig. 6.5

A) Sans le savoir, les parents de Patti renforçaient ses comportements inappropriés. Lorsqu'elle faisait une razzia dans le réfrigérateur, elle recevait beaucoup d'attention. B) Par la suite, les parents de Patti lui faisaient quitter la pièce lorsqu'elle se comportait de façon inacceptable, entre autres lorsqu'elle faisait des dégâts en mangeant. C) Enfin, après que Patti eut appris à maîtriser ses impulsions et à demander la nourriture qu'elle voulait, elle était récompensée.

l'être humain ou l'animal reproduise le comportement volontaire ou opérant augmentera s'ils reçoivent une information positive, ou une rétroaction: nourriture pour les rats, bons résultats scolaires pour l'élève.

Pour que la rétroaction soit efficace, il faut que le rat ou la personne sache que tel comportement a eu tel effet. Cependant, il n'est pas nécessaire que la rétroaction se manifeste toujours sous la forme d'une récompense directe. La nourriture récompense directement un animal qui a faim, mais on a appris à des chimpanzés à travailler en échange de jetons qu'ils pouvaient utiliser par la suite pour obtenir des bananes. Tout comme les gens travaillent pour de l'argent, qu'ils peuvent ensuite utiliser pour obtenir des bananes (entre autres).

LES THÉRAPIES BEHAVIORALES

Quelle est l'utilité de toute cette information sur le conditionnement opérant? En premier lieu, les principes du conditionnement opérant nous expliquent comment se fait une grande partie de notre apprentissage. Deuxièmement, la connaissance des mécanismes du conditionnement a permis de concevoir des thérapies ou des traitements pour certains types de problèmes d'apprentissage ou de comportement. On appelle ces traitements les **thérapies behaviorales**; celles-ci s'avèrent particulièrement efficaces dans le traitement des troubles d'apprentissage chez les enfants. Le cas de Patti K., petite fille de quatre ans née avec une lésion au cerveau, en est un exemple frappant.

En plus de cette lésion cérébrale, Patti a été atteinte de nombreux maux physiques lorsqu'elle était bébé et au cours de sa première enfance. À 18 mois, elle est tombé gravement malade et elle a perdu près du quart de son poids normal. Pendant un certain temps, son corps a semblé paralysé du côté gauche et elle a eu de la difficulté à apprendre à marcher et à courir. Ces problèmes physiques ont eu pour effet d'empêcher Patti d'acquérir un répertoire de comportements normaux. Un médecin de famille a soigné les problèmes physiques de l'enfant, mais à cause de ses troubles de comportement, qui comprenaient une inaptitude à communiquer adéquatement et à s'adapter à l'école maternelle, on l'a confiée à deux thérapeutes behavioristes, Donald E. P. Smith et Timothy Walter.

Patti avait plusieurs mauvaises habitudes. Elle mangeait de façon impulsive et compulsive. À différents moments de la journée, elle se rendait au réfrigérateur, y prenait une variété de plats et s'en gavait. Peu importe que ses parents fassent appel à la raison ou lui administrent une fessée, rien n'avait d'effet sur son comportement.

Patti avait une deuxième série de comportements inacceptables: lorsqu'elle ne pouvait obtenir ce qu'elle voulait, elle se mettait à crier si fort et de façon si perçante qu'elle finissait habituellement par convaincre son entourage de lui donner ce qu'elle voulait.

Un troisième problème résidait dans l'apprentissage de la propreté. Souvent, lorsque Patti était contrariée, et particulièrement à la maternelle, elle s'écriait: «Oh! Oh! caca.», puis souillait sa culotte. Avant qu'on n'ait terminé de la laver et de lui changer ses vêtements, le conflit avait habituellement été réglé, en sa faveur.

Après avoir observé Patti pendant quelque temps et échangé avec ses parents et instituteurs, les thérapeutes ont conclu que le problème principal de Patti consistait à avoir, d'une manière ou d'une autre, appris diverses méthodes inappropriées d'obtenir ce qu'elle voulait. Le fait de crier et de souiller sa culotte étaient des **comportements opérants** qu'elle avait appris parce qu'ils lui permettaient d'obtenir ce qu'elle désirait. Puisque ces comportements avaient réussi une fois ou deux, Patti les avait réutilisés. Chaque fois que ces comportements produisaient la réaction attendue, il devenait de plus en plus probable que Patti les réutilise. Ses excès de nourriture étaient plus difficiles à analyser, mais Smith et Walter ont conclu qu'ils provenaient du fait qu'elle n'avait jamais appris à parler correctement. En effet, elle ne pouvait ni communiquer qu'elle avait faim, ni dire ce qu'elle voulait manger; aussi s'emparait-elle de tout ce qui lui tombait sous la main lorsqu'elle en avait la possibilité.

Afin d'aider Patti et ses parents à mieux se comprendre et pour augmenter ses chances de réussite à l'école, Smith et Walter ont décidé d'aider l'enfant à apprendre des façons plus appropriées et plus acceptables socialement d'obtenir ce qu'elle voulait. Le traitement consistait, dans un premier temps, à faire désapprendre à Patti certaines de ses mauvaises habitudes.

Le procédé d'extinction

Comme nous l'avons mentionné plus tôt, les comportements conditionnés et les habitudes acquises n'ont pas nécessairement un caractère permanent. Il est possible de les désapprendre par un processus connu sous le nom d'extinction. Si l'on ne renforce ou ne récompense jamais une habitude ou un comportement, celui-ci finira d'ordinaire par disparaître ou s'éteindre. Dans la thérapie élaborée pour Patti, Smith et Walter ont eu recours au **procédé d'extinction** en essayant de faire en sorte que ses comportements inappropriés ne soient jamais renforcés. D'après leurs observations, les thérapeutes étaient convaincus que les parents de Patti, ses professeurs et les autres écoliers contribuaient à maintenir les mauvaises habitudes de l'enfant en la récompensant, sans s'en rendre compte, quand celle-ci se conduisait mal. Les professeurs ont affirmé formellement qu'ils punissaient Patti quand elle criait, mais la punition était d'ordinaire très douce et probablement insuffisante pour faire un contrepoids sérieux au renforcement que constituait la satisfaction de ses désirs. Lorsque Patti criait, elle recevait beaucoup d'attention, ce qui devenait une récompense. De plus, elle obtenait généralement le jouet désiré ou réussissait à se soustraire à une activité qui lui rebutait. Quand Patti s'attaquait au réfrigérateur, ses parents se mettaient en colère et lui administraient une fessée, mais elle finissait habituellement par obtenir quand même les aliments qu'elle voulait, ainsi que toute l'attention de ses parents pendant un certain temps.

Tout en essayant de faire disparaître les comportements indésirables de Patti, les thérapeutes ont décidé de lui enseigner des façons plus appropriées d'obtenir ce qu'elle désirait. Le procédé d'extinction consistait à ne tenir aucun compte de tous les comportements antisociaux de Patti. Mais lui faire apprendre de nouveaux comportements s'est avérée une tâche un peu plus complexe. D'une part, le problème de Patti provenait dans une certaine mesure du fait qu'elle ne connaissait pas le nom de la plupart des aliments qu'elle désirait manger. D'autre part, elle avait de la difficulté à maîtriser ses **impulsions**. Lorsqu'elle voyait quelque chose qu'elle convoitait, elle ne pouvait pas attendre: il le lui fallait immédiatement. Smith et Walter ont conçu un programme d'entraînement pour aider Patti à élargir son vocabulaire et lui apprendre à accepter d'attendre avant d'obtenir les récompenses qu'elle désirait.

Les approximations successives

Les thérapeutes savaient qu'ils ne devaient pas s'attendre à ce que le comportement de Patti change du jour au lendemain. Mais ils espéraient faire un peu de progrès quotidiennement en lui enseignant quelques mots à la fois et en lui apprenant à attendre chaque fois quelques secondes de plus avant de recevoir ses récompenses. C'est ce qui s'appelle la technique des **approximations successives** vers un but donné. Le processus consiste à progresser par petites étapes, à partir du comportement émis par la personne au début de la thérapie, vers de nouveaux comportements considérés comme étant l'objectif de cette dernière. On récompense toute action, aussi minime soit-elle, qui représente un pas en direction de l'objectif; on ne tient aucun compte des réponses inappropriées ou qui ne se situent pas dans la direction souhaitée.

Puisque ce qui constitue une récompense pour une personne ne l'est pas nécessairement pour une autre, Smith et Walter ont cherché ce que Patti pourrait considérer comme des récompenses pour ses progrès. Ils ont découvert qu'elle aimait bien les céréales sucrées et les biscuits, et ont donc choisi de les utiliser lors de l'entraînement. Ils ont commencé par pointer un objet du doigt en le nommant: «Lait, Patti, c'est du lait. Peux-tu dire: «lait»?». Elle ne le pouvait pas, mais dès qu'elle émettait le moindre son, les thérapeutes lui donnaient un peu de céréales ou une bouchée de biscuit. Après que Patti eut appris à émettre un son à la demande des thérapeutes, ceux-ci ont commencé à récompenser sélectivement les sons qui ressemblaient à «lait», tels «léé» ou «laa». Ils ne tenaient pas compte des sons qui ne se rapprochaient pas du mot «lait». Bientôt, Patti s'est mise à émettre des sons ressemblant à «lait» de plus en plus souvent, et les thérapeutes ont pu l'amener à faire des approximations de plus en plus précises du mot avant de la récompenser. En employant la technique des approximations successives, Smith et Walter sont parvenus à enseigner des mots nouveaux à Patti en l'espace de quelques minutes. Ils ont commencé à l'emmener en promenade et à lui faire nommer plusieurs des choses qu'elle voyait. Plus tard, ils l'emmenaient dans un supermarché où ils lui enseignaient à nommer la plupart des aliments qui s'y trouvaient.

La maîtrise des impulsions

Pendant que l'entraînement verbal se poursuivait, les thérapeutes s'efforçaient aussi d'amener Patti à maîtriser ses impulsions. Les parents de Patti ont accepté de cesser de lui porter attention quand elle mangeait trop. S'ils la surprenaient devant le réfrigérateur, ils devaient tout simplement lui enlever la nourriture sans dire un mot et l'envoyer s'asseoir dans un coin pendant cinq minutes. Après que Patti eut acquis assez de vocabulaire, Smith et Walter ont pu lui enseigner à demander les aliments qu'elle voulait et à dire: «s'il vous plaît». Elle était récompensée pour ces comportements par l'aliment de son choix. Si elle ouvrait la porte du réfrigérateur sans dire: «s'il vous plaît», ses parents refermaient la porte et attendaient qu'elle le dise. Après que Patti eut appris à dire: «s'il vous plaît», on lui a enseigné à attendre un peu plus longtemps entre le moment où elle faisait sa demande et le moment où elle recevait ce qu'elle avait demandé. De cette façon, sachant qu'elle serait récompensée si elle attendait, Patti a appris à maîtriser ses impulsions. Toujours par approximations successives, les chercheurs ont enseigné à Patti à attendre qu'on lui dise de manger sa récompense avant de s'exécuter.

Au début de la thérapie, si Patti avait vu un biscuit, elle aurait été incapable d'attendre plus de quelques secondes avant de se mettre à crier pour l'obtenir. Après quelques semaines d'entraînement, elle pouvait tenir un biscuit dans ses mains pendant plusieurs minutes et attendre qu'on lui donne la permission avant de le manger. Mais c'est après six mois d'entraînement, lorsque Patti a accompagné ses parents dans une petite réception, qu'a été démontré le réel succès de l'entraînement: au lieu de se diriger vers le buffet et s'empiffrer, Patti, à la suggestion de ses parents, a commencé par présenter les plats aux autres invités et a attendu que chacun soit servi avant de manger.

L'APPRENTISSAGE COMPLEXE

Le conditionnement classique et le conditionnement opérant sont les mécanismes de base qui permettent de modifier des comportements et d'en apprendre de nouveaux. Mais, même si l'on tient compte de l'apprentissage par modèle ou de l'imitation, le conditionnement n'explique pas entièrement le phénomène de l'apprentissage chez l'homme. Il existe des formes encore plus complexes d'apprentissage; deux d'entre elles sont la généralisation et la discrimination.

Fig. 6.6

A) En couplant un rat blanc à un grand bruit, les expérimentateurs ont enseigné à Albert à avoir peur du rat blanc. B) Ensuite, Albert a généralisé sa peur du rat blanc à tous les objets couverts de poils blancs. C) Albert en est même venu à avoir peur du Père Noël.

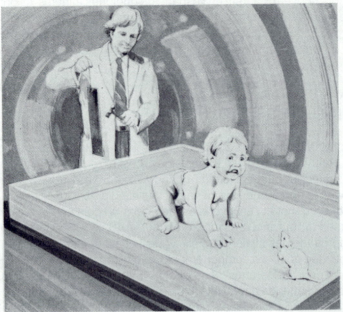

A

B

C

La généralisation

L'idée du traitement par conditionnement qui se retrouve dans *Orange mécanique* trouve probablement son origine dans une étude psychologique publiée en 1920 par John B. Watson et R. Raynor. On avait présenté un rat blanc à un enfant de 11 mois nommé Albert. Cet animal tout blanc et couvert de poils semblait intéresser Albert, et il voulait jouer avec lui. Mais chaque fois qu'Albert se traînait en direction de l'animal, les expérimentateurs produisaient un bruit retentissant qui effrayait l'enfant. Ils avaient recours au conditionnement classique. Après avoir tenté à quelques reprises de s'approcher du rat, Albert a commencé à associer le rat au bruit qui lui faisait peur. Finalement, il a appris à avoir peur du rat, bien sûr, mais un autre phénomène s'est produit: il s'est mis à réagir de la même façon lorsqu'on lui présentait un lapin blanc. En d'autres termes, le conditionnement d'Albert ne s'était pas limité aux rats. Albert avait appris à avoir peur de tous les objets couverts de poils blancs. La vue d'un manteau de fourrure ou d'un masque de Père Noël faisaient pleurer Albert tout autant que la vue d'un rat.

Le cas d'Albert nous présente les mécanismes de la **généralisation**: la réponse conditionnée s'est généralisée d'une peur spécifique des rats blancs à une peur générale de tous les objets couverts de poils blancs. On a montré seulement un certain nombre de films de violence à Alex, mais ce conditionnement était censé amener une réponse généralisée qui lui ferait craindre toutes les formes de violence.

La discrimination

La discrimination est le contraire de la généralisation. Pavlov avait conditionné un chien à saliver à la vue du dessin d'un cercle. Une fois le conditionnement solidement établi, il lui a montré divers dessins de formes différentes: carrés, étoiles, rectangles et triangles. Le chien a généralisé sa réponse initiale à la vue du cercle et s'est mis à saliver devant certaines autres figures; cependant, plus la figure ressemblait au cercle, plus il y avait de chances qu'il salive. Pavlov a ensuite entraîné le chien à faire la différence entre les diverses figures, c'est-à-dire à les «discriminer». Il présentait d'abord le cercle, puis donnait de la nourriture au chien. La présentation d'une ellipse n'était suivie d'aucune nourriture. Après un certain temps, le chien pouvait distinguer le cercle de l'ellipse et ne salivait plus qu'à la vue du cercle. Il a même fini par devenir expert dans la discrimination des cercles et des ellipses presque parfaitement rondes.

La généralisation et la discrimination s'avèrent très commodes dans la vie de tous les jours. Une personne qui a appris à être prudente avec un fusil sera probablement, par généralisation, prudente avec toutes les armes à feu. Une personne qui a appris à se préparer à manger au son de la cloche de midi à l'école sera probablement en mesure, par discrimination, de ne pas saliver au son de la cloche de l'église.

MODIFIER SON PROPRE COMPORTEMENT

Lorsqu'il y a environ vingt ans, la thérapie behaviorale a commencé à prendre de l'importance, bien des gens rejetaient cette forme de traitement parce qu'elle évoquait une déplaisante possibilité de manipulation. En effet, Pavlov et Skinner concevaient l'apprentissage comme quelque chose qu'on *impose* à une personne ou à un animal (comme on l'a imposé à Alex). Pavlov n'avait pas demandé à ses chiens s'ils voulaient apprendre à saliver au son d'une cloche, pas plus que Skinner n'avait demandé à ses rats s'ils désiraient apprendre à abaisser un levier pour obtenir de la nourriture. Les premiers behavioristes ont riposté à cette objection en soulignant que la plupart des chercheurs travaillaient uniquement avec des volontaires qui décidaient eux-mêmes des buts à atteindre. Malgré tout, ce n'étaient pas tous les patients qui étaient heureux d'obtenir un renforcement de quelqu'un d'autre pour les progrès qu'ils faisaient. Certains se plaignaient souvent du fait que le traitement était trop «mécanique». Après tout, c'étaient toujours les thérapeutes eux-mêmes qui «façonnaient» les nouvelles réponses.

D'autres patients s'amélioraient quand le thérapeute était là pour les récompenser, mais perdaient beaucoup de ce qu'ils avaient appris lorsque le thérapeute était absent. Comme les thérapeutes ne voyaient leurs patients en moyenne qu'une heure par semaine, ces derniers ne faisaient jamais vraiment de progrès réels.

Les bénéfices de l'«auto-modification»

Au cours des quinze dernières années, les thérapeutes behavioristes ont, dans une large mesure, modifié leur attitude face au traitement. Plutôt que de façonner les comportements des patients, ils leur enseignent à modifier eux-mêmes leurs comportements. Les patients apprennent à se fixer leurs propres objectifs de changement, à mesurer et surveiller leur propre évolution et à se récompenser eux-mêmes pour leurs approximations successives en direction de ces objectifs.

En enseignant des techniques de maîtrise de soi à leurs patients, les thérapeutes behavioristes ont pu surmonter plusieurs des problèmes que comportait ce type de traitement. Premièrement, personne ne manipule les patients, ni ne les force à changer, de sorte que moins de personnes considèrent la thérapie comme «mécanique».

Deuxièmement, une fois que les patients ont appris comment se changer par eux-mêmes, ils n'ont plus besoin d'une présence extérieure pour renforcer leurs actions. Ils se renforcent eux-mêmes. Personne ne peut vous surveiller ou vous guider constamment 24 heures par jour ... si ce n'est vous-même. Par conséquent, vous êtes de loin votre meilleur «thérapeute» si vous voulez vraiment modifier en profondeur la façon dont vous pensez, ressentez ou agissez.

Troisièmement, quand les patients commencent à se charger de leurs propres renforcements, ils découvrent souvent une chose surprenante: leurs amis et leur famille ont l'habitude de renforcer leurs comportements inappropriés. Les amis ou la famille n'ont habituellement pas conscience du fait qu'ils procurent ces renforcements au patient; mais, à ce compte-là, les rats de Skinner savaient-ils qui était cet homme et ce qu'il faisait? Par ailleurs, lorsque les patients comprennent la situation, ils peuvent souvent amener leurs amis et leur famille à les aider, plutôt que de les laisser entraver in-consciemment leurs progrès.

Des épouses obèses et des époux anxieux

Que vous vous en rendiez compte ou non, les gens autour de vous renforcent certaines des choses que vous dites et certains des gestes que vous posez. Même si vous n'avez pas conscience de ces renforcements, ceux-ci n'en ont pas moins une influence très efficace sur vos comportements.

Il y a quelques années, le behavioriste Richard B. Stuart a mis cette question en lumière d'une manière très frappante alors qu'il faisait de la recherche à l'Université du Michigan. Stuart travaillait avec des femmes mariées qui semblaient incapables de perdre du poids. Il soupçonnait les maris d'être au moins partiellement responsables de ces excès de table; aussi a-t-il demandé aux couples d'enregistrer les conversations qu'ils avaient pendant les repas. Stuart a découvert entre autres que dans ces couples, le mari était susceptible de proposer des plats à sa femme quatre fois plus souvent qu'il ne s'en faisait proposer par elle, et ce, même s'il savait que sa femme était au régime.

Stuart a ensuite rencontré 55 hommes mariés à des femmes qui tentaient de perdre du poids. Il a découvert que bon nombre d'entre eux semblaient prendre plaisir à démontrer ce qu'ils considéraient être leur supériorité masculine en encourageant ou en forçant leur épouse à devenir obèse. Il a également constaté que certains maris se servaient de l'embonpoint de leur femme pour avoir le dessus au cours d'une querelle. Le mari aura plus facilement le dernier mot dans une dispute s'il traite sa femme de «grosse torche». Les maris dont il est question ici avaient peur (peut-être inconsciem-ment) de ne pas avoir le dernier mot aussi souvent si leurs épouses se mettaient à perdre du poids.

En plus d'utiliser l'embonpoint pour gagner une dispute ou pour s'assurer que leur femme restait fidèle, Stuart a constaté que certains maris qui n'éprouvaient plus d'attirance sexuelle envers leur femme se servaient de l'embonpoint comme prétexte de leur indifférence. Dans la plupart des cas, les maris avaient d'abord perdu leur désir, puis avaient contribué à rendre leurs épouses obèses.

La perte de poids: l'approche behavioriste

Les gens mangent pour plusieurs raisons, et non pas uniquement parce qu'ils n'ont pas eu de nourriture depuis un certain temps. Une personne peut manger parce que le niveau de sucre dans son sang a diminué, parce que des mécanismes de son cerveau la poussent à manger, parce que son estomac se contracte, parce que l'heure du dîner approche ou parce qu'elle vient de voir un plat qu'elle aime, de le sentir ou d'en entendre parler. Il y a encore d'autres raisons: elle peut manger parce que ses parents croyaient qu'un bébé gras était un bébé en santé, et parce que la nourriture et l'alimentation sont liées à toute une gamme de valeurs symboliques et sociales. Il est évident qu'un bon régime ne doit pas seulement tenir compte des calories et de l'exercice; il doit aussi tenir compte des motivations, des habitudes ou des manies et des facteurs de l'environnement.

Tandis que le taux de succès des méthodes médicales de traitement de la boulimie se situe autour de 10%, les behavioristes revendiquent un taux de succès de près de 70%. Pour les gens qui n'ont pas un problème de poids trop grave, les behavioristes suggèrent la démarche suivante:

1. D'abord, pendant une semaine ou deux, faites une liste de tout ce que vous mangez. Inscrivez les endroits où vous mangez, les événements (ou pensées) qui précèdent ou suivent vos repas et prenez note des personnes qui sont autour de vous pendant que vous mangez de même que de leurs réactions à votre consommation de nourriture.
2. Faites une liste de toutes les récompenses et punitions que vous apporterait une meilleure maîtrise de votre comportement face à la consommation de nourriture.
3. Brisez vos habitudes alimentaires en vous imposant un horaire de repas très irrégulier pendant les quelques semaines qui vont précéder le début de votre régime.
4. Votre tentative sera probablement plus efficace si vous augmentez votre activité physique pour brûler l'excès de graisses. Si vous n'avez pas le caractère d'un athlète, déterminez les types d'activité physique que vous préférez et essayez de vous organiser pour faire en sorte de les pratiquer plus souvent.
5. Impliquez toutes les personnes que vous pouvez dans votre programme. Si quelqu'un qui vous est proche semble, consciemment ou inconsciemment, vouloir que votre corpulence se maintienne, pensez à des moyens de fournir des récompenses qui encourageraient cette personne à vous aider à perdre du poids. Vous pourriez, à la limite, offrir à quelqu'un de l'argent ou des services pour chaque kilo qu'il vous aiderait à perdre.

6. Au début du programme, faites un tableau ou un diagramme sur lequel vous enregistrerez quotidiennement votre poids et des détails sur vos habitudes, y compris la quantité d'aliments que vous consommez et l'exercice que vous faites. Affichez le tableau dans un endroit bien en vue afin que tous puissent constater et commenter vos progrès. Prenez des dispositions pour que quelqu'un vous récompense régulièrement (par de l'argent, des privilèges ou des paroles d'encouragement) chaque fois que vous atteignez vos objectifs quotidiens. Un tel tableau peut représenter la partie la plus importante de votre programme, car il vous procure une rétroaction immédiate.

7. Ne cherchez pas à obtenir des résultats mirobolants immédiatement, et ne vous fixez pas des objectifs irréalistes. On perd en moyenne 500 grammes par semaine dans des circonstances normales. La difficulté pour la plupart des gens est de continuer à perdre du poids à long terme à cause des nombreux facteurs qui entrent en jeu. Mais le succès est encourageant; par conséquent, assurez-vous que les premiers objectifs, c'est-à-dire les changements de comportement que vous visez pour les premiers jours, soient faciles à atteindre.

Évidemment, il n'est pas toujours possible de perdre du poids sans avoir recours à des services professionnels. Certaines personnes peuvent avoir besoin de recourir à un psychologue ou à un médecin pour s'assurer que leur programme tient compte en même temps de leurs besoins symboliques et de leurs besoins physiques. De plus, puisque environ 5% de tous les problèmes de poids résultent de maladies physiques, tout programme de perte de poids devrait habituellement être précédé d'un examen médical.

Quiconque a déjà tenté de perdre du poids ou de changer l'une de ses habitudes sait à quel point cette tâche peut parfois s'avérer difficile. Mais si la méthode behavioriste peut aider les gens à apprendre de nouvelles façons de répondre dans 70% des cas, alors la modification du comportement se révèle un outil très puissant ... peut-être aussi puissant que les auteurs d'*Orange mécanique* et de *Walden II* nous l'ont dépeint. Mais ces romans se voulaient des représentations d'un futur dans lequel les psychologues conditionnent ou manipulent des gens sans leur consentement. D'après les résultats d'études récentes, il semble que l'avenir de la modification du comportement ne réside pas dans la manipulation des gens par renforcement ou par punition, mais plutôt dans la possibilité d'aider les gens à apprendre des techniques de maîtrise de soi afin qu'ils puissent devenir ce qu'ils veulent être, et non pas ce que les psychologues pensent qu'ils devraient être.

RÉSUMÉ

1. *En appliquant des procédés psychologiques, il est possible de modifier le comportement d'une personne. On peut utiliser la psychologie pour restreindre la liberté personnelle comme les médecins l'avaient fait avec Alex dans* Orange mécanique. *D'un autre côté, on peut l'utiliser pour aider les gens à apprendre des comportements nouveaux et renforçants et bâtir ainsi un monde meilleur, comme l'avait imaginé B. F. Skinner dans* Walden II. *Les possibilités de la psychologie sont grandes et les horizons qu'elle nous ouvre sont captivants, mais les effets secondaires et la disparition de la liberté de l'individu risquent d'être le prix qu'il nous faudrait payer en contrepartie des bienfaits qu'elle pourrait nous apporter.*

2. *L'***apprentissage.** *Processus d'acquisition de connaissances, d'habitudes et de comportements nouveaux, il est l'un des aspects les plus importants du comportement humain. Si nous ne pouvions pas apprendre, nous serions limités à un répertoire de comportements instinctifs et de réflexes, et nos comportements ressembleraient toute notre vie à ceux que nous avions à la naissance.*

3. *La première règle de l'apprentissage est souvent désignée sous le nom de* **loi de l'association.** *Si deux stimuli parviennent au cerveau en même temps, ils deviennent souvent associés. Nous apprenons tous à faire des millions d'associations entre différents aspects de l'environnement parce que nous les voyons, entendons, goûtons ou expérimentons simultanément.*

4. *Le* **conditionnement** *est l'une des formes fondamentales de l'apprentissage; on en fait l'expérience régulièrement dans la vie quotidienne. Dans le* **conditionnement classique** *ou* **pavlovien,** *il se produit une association entre un stimulus et une réponse. Dans le* **conditionnement opérant,** *il se produit une association entre un comportement et ses effets sur l'environnement.*

5. *Dans le conditionnement classique, la formation d'une association dépend de la puissance et de la synchronisation du stimulus, et de l'ordre de présentation du stimulus et de la réponse. Dans le conditionnement opérant, c'est le type et le moment de la réponse qui permettent au stimulus (le comportement initial) de se consolider ou de se renforcer. Dans le conditionnement opérant, le renforcement correspond parfois à la rétroaction.*

6. *En manipulant le moment de la rétroaction et le type de* **renforcement,** *il est parfois possible de consolider des associations et de modifier le comportement. Le processus connu sous le nom d'***extinction** *permet habituellement de désapprendre des comportements appris par conditionnement.*

7. *Le conditionnement rend compte d'une bonne part mais non pas de la totalité de l'apprentissage. L'***apprentissage par modèle,** *ou* **imitation,** *est un autre processus important d'acquisition de nouveaux comportements.*

8. *On considère qu'il y a eu apprentissage lorsque le sujet peut réitérer le comportement nouvellement acquis. Le renforcement est une méthode qui peut aider à s'assurer qu'un comportement sera répété. Le* **renforcement positif** *est un renforcement agréable ou une récompense. Le* **renforcement négatif** *constitue un deuxième type de renforcement: au lieu de nous* comporter de façon à obtenir une récompense agréable, nous devons quelquefois nous comporter de façon à faire disparaître un stimulus déplaisant, et c'est le renforcement que représente la disparition de ce stimulus déplaisant qui s'appelle un renforcement négatif.

9. Le renforcement (positif ou négatif) sert à augmenter la probabilité qu'un comportement ou une action soit répété. La **punition** est un type de stimulus qui sert à diminuer la probabilité qu'un comportement soit répété.

10. Les thérapeutes behavioristes peuvent aider les gens à apprendre des comportements plus appropriés et plus satisfaisants. Pour ce faire, ils fournissent une rétroaction qui renforce les comportements souhaitables et qui ne tient pas compte des comportements inacceptables. Le **procédé d'extinction** peut également être utilisé, de même que la technique des **approximations successives**, par laquelle l'individu progresse graduellement vers de nouveaux comportements désirables. Les thérapeutes behavioristes essaient aussi d'enseigner la maîtrise des impulsions.

11. La **généralisation** et la **discrimination** sont des exemples de formes d'apprentissage plus complexes. La généralisation est le mécanisme qui permet à des comportements appris dans une situation d'être appliqués à d'autres situations. La discrimination est le mécanisme qui permet de ne pas fournir des réponses à des stimuli comparables.

12. La découverte des mécanismes de l'apprentissage nous a aidés à comprendre ce que veut dire «l'apprentissage», mais ce n'est pas sa seule utilité. Elle a conduit à l'élaboration de thérapies qui ont fait leurs preuves dans le traitement de certains types de troubles d'apprentissage et de comportement. Depuis une quinzaine d'années, bon nombre de behavioristes n'utilisent pas tant ces connaissances pour façonner eux-mêmes des comportements que pour enseigner au patient l'auto-modification des comportements. Chacun d'entre nous n'est-il pas le meilleur thérapeute possible pour lui-même?

guide d'étude

A. RÉVISION

Compléter les phrases suivantes:

1. Le problème d'Alex dans *Orange mécanique* venait du fait qu'il prenait un grand plaisir à émettre des comportements _____.

2. Les ingénieurs du comportement dans *Walden II* de Skinner utilisaient un système de _____ pour modifier le comportement.

3. L'_____ peut se définir comme étant le processus d'acquisition de connaissances, d'habitudes et de comportements nouveaux.

4. Les bébés humains doivent être capables d'_____ pour survivre.

5. D'après la loi de _____, lorsque deux stimuli parviennent au cerveau en même temps, ils peuvent être liés l'un à l'autre.

6. Le physiologiste russe Ivan _____ a été le premier à décrire le _____.

7. Dans les expériences de Pavlov, la _____ était le stimulus inconditionné, tandis que la _____ était la réponse inconditionnée.

8. Lorsqu'un chien apprend à saliver au son d'une cloche, comme dans le conditionnement classique, la salivation s'appelle alors _____ _____ .

9. Le facteur le plus important dans le conditionnement classique est sans aucun doute la _____ du stimulus conditionné.

10. Le conditionnement classique réussit le mieux si le stimulus _____ se présente avant le stimulus _____ .

11. Le processus par lequel les effets du conditionnement diminuent ou s'amenuisent dans le temps s'appelle _____.

12. Les actions qui stimulent l'environnement ou ont un effet sur lui s'appellent des comportements _____ .

13. Le mérite d'avoir élaboré la plupart des théories qui expliquent les mécanismes du conditionnement opérant revient au psychologue _____ .

14. Dans le conditionnement opérant, on pense que la réponse émise par le sujet est _____ plutôt que provoquée.

15. Une méthode efficace d'enseignement comprend la démonstration du comportement à apprendre ou l'_____ .

16. Les récompenses servent à _____ le comportement et à augmenter ainsi la probabilité qu'il réapparaisse.

17. Le renforcement _____ consiste à retirer un stimulus déplaisant.

18. La punition sert à faire _____ la probabilité qu'un comportement soit réitéré.

19. Pour que la punition ou la récompense soient efficaces, il faut les administrer _____ après la réponse qu'on veut modifier.

20. Les renforcements sont utiles lorsqu'ils permettent au sujet de recevoir de l'information ou une _____ sur ses progrès.

21. L'application de la théorie de l'apprentissage à la résolution des troubles de comportement porte le nom de _____ .

22. Si l'on ne renforce jamais un comportement, celui-ci risque de disparaître ou de _____ .

23. Il est probable que l'_____ que Patti recevait était en soi une récompense assez puissante.

24. La méthode des _____ permet au sujet d'avancer vers un but par petites étapes.

25. Quand Albert a démontré qu'il avait peur de tous les objets couverts de poils blancs au lieu de n'avoir peur que du SC, il _____ .

26. Le fait d'apprendre à «annuler» une généralisation en ne répondant qu'à certains

stimuli et non pas à d'autres comparables, s'appelle la _____.

27. Stuart a étudié des femmes qui étaient _____ et a découvert que leur _____ contribuait à maintenir cette situation.

28. Les behavioristes revendiquent un taux de succès de l'ordre de _____ % pour la perte de poids.

B. VÉRIFICATION DES CONNAISSANCES

Encercler la bonne réponse (A, B, C ou D):

1. Dans *Walden II*, Skinner prétend qu'on peut utiliser _____ pour maîtriser _____ .
   A. la punition; les comportements violents
   B. la psychologie; uniquement les comportements peu importants
   C. la récompense; tous les comportements
   D. l'hypnose; les comportements déplaisants

2. Pavlov a tout d'abord fait la démonstration du conditionnement classique en utilisant un son de cloche; ce son était:
   A. un SC
   B. un SI
   C. une RC
   D. une RI

3. Dans l'expérience d'Albert, le stimulus inconditionné était:
   A. la peur
   B. un animal couvert de poils blancs
   C. un grand bruit
   D. le fait de pleurer

4. On obtient l'extinction en:
   A. renforçant une réponse donnée
   B. laissant disparaître les effets du conditionnement
   C. avançant par approximations successives
   D. présentant le SC et le SI simultanément

5. Le rat qui, en appuyant sur un levier, peut couper un courant électrique qui passe dans le plancher de sa cage, nous fournit un exemple:
   A. de punition
   B. de renforcement négatif
   C. d'extinction
   D. de renforcement positif

6. En tant que moyen de modifier le comportement, la punition:
   A. est identique au renforcement négatif
   B. doit être immédiate pour être vraiment efficace
   C. ne permet pas vraiment de maîtriser le comportement
   D. est généralement préférable à la récompense

7. La thérapie behaviorale fait appel:
   A. aux principes du conditionnement opérant et du conditionnement répondant
   B. à la maîtrise des impulsions

C. au processus d'extinction
D. à A, B et C à la fois

8. Dans *Orange mécanique*, on a modifié les comportements d'Alex en:
A. le rendant plus violent
B. récompensant les changements positifs dans ses comportements
C. le rendant malade toutes les fois qu'il était témoin de violence
D. lui procurant un entraînement à l'affirmation de soi

9. Les comportements opérants:
A. ont un effet sur l'environnement
B. ne peuvent pas être modifiés
C. équivalent à des RC et à des RI
D. incluent la peur des grands bruits

10. Un programme d'amaigrissement qui fait appel aux techniques de la modification du comportement:
A. n'est pas aussi efficace que les méthodes médicales
B. nécessite des thérapeutes expérimentés qui agissent en tant que modificateurs
C. réussit dans environ 70% des cas
D. A, B et C à la fois

Le Foyer de la réussite: un programme de traitement behavioriste qui s'adresse à des jeunes délinquants.

Au cours des années 1950, les jeunes délinquants se reconnaissaient à leurs cheveux coiffés à la Elvis, leurs blousons noirs, leurs chaînes de bicyclette et leurs couteaux de poche. Maintenant, au cours des années 80, on trouve de moins en moins de gens qui répondent à cette description, sauf, bien sûr, au cinéma; mais la délinquance juvénile existe toujours et continue d'être un problème grave. Elle se caractérise par des comportements antisociaux tels que l'école buissonnière, la rébellion, l'incorrigibilité. On considère que les parents ont perdu le contrôle sur leurs enfants, et que ces comportements justifient des procédures judiciaires. Pour plusieurs de ces contrevenants (habituellement entre 11 et 18 ans), les poursuites en justice aboutissent souvent à la réclusion dans des établissements de détention. De cette manière, on les retire de la circulation; mais on ne les amène pas à rectifier leurs comportements délinquants ou à apprendre des comportements plus socialement acceptables. Des chercheurs à Lawrence (Kansas) tentent présentement de changer la situation en rééduquant des délinquants dans un milieu contrôlé créé expressément pour les aider à surmonter leurs difficultés de comportement.

L'environnement modèle qu'ils ont conçu porte le nom de Foyer de la réussite[1]. Il se compose d'une maison résidentielle, de deux parents-enseignants et de sept ou huit garçons ou filles (entre 11 et 16 ans) envoyés par la cour juvénile ou le service du bien-être social de leur région. Le foyer est organisé selon les principes de la modification du comportement et ses objectifs sont de fournir aux «pensionnaires» des nouvelles aptitudes tant scolaires que sociales, personnelles et professionnelles.

La plupart des jeunes qu'on envoie au Foyer ont des difficultés à l'école. L'école buissonnière, les retards et les comportements perturbateurs les avaient souvent conduits à des suspensions temporaires ou à l'abandon de l'école. De nombreux facteurs contribuent à produire de tels comportements, mais le plus souvent, c'est le manque de motivation qui constitue le problème principal. Ces étudiants ne se soucient guère de l'éducation qu'on leur dispense et ne voient aucun lien entre un bon rendement scolaire et la réussite dans la vie. L'une des manières de changer la situation est de faire en sorte que les récompenses liées à la réussite à l'école soient plus immédiates et plus tangibles. Au Foyer de la réussite, les étudiants retournent ou demeurent à leur école habituelle, mais un système de jetons ou de points leur fournit une rétroaction immédiate et un renforcement positif. Chaque étudiant reçoit une fiche de rapport quotidienne. Les professeurs signent la carte et y indiquent si l'étudiant s'est bien comporté ou non en classe, s'il a remis ses travaux, s'il a eu des résultats satisfaisants aux examens et aux tests. De retour au foyer, l'étudiant reçoit des points pour tous ses comportements acceptables. Ces points peuvent ensuite servir à acheter toutes sortes de privilèges (temps libre, voyages, argent de poche).

Elery L. Phillips, Dean L. Fixsen et Montrose M. Wolf de l'Université du Kansas à Lawrence ont participé à la conception et à la réalisation du Foyer de la réussite. Selon leurs constatations, avant l'utilisation des fiches quotidiennes, environ 25% des comportements d'étude des «pensionnaires» étaient appropriés; après l'application du système de fiches et de jetons, cette proportion est passée à près de 90%. Après neuf semaines de ce régime, il était courant de constater une augmentation substantielle des résultats scolaires chez la plupart des étudiants. Progressivement, au fur et à mesure que les étudiants apprenaient des comportements appropriés, on retirait ce système d'encouragement et l'on revenait au système de rétroaction habituel.

Mais l'école n'est qu'une partie du problème chez de nombreux délinquants. Au Foyer de la réussite, les parents-enseignants (ayant reçu une formation en développement humain à l'Université du Kansas) enseignent à leurs «pensionnaires» des interactions sociales convenables, la propreté personnelle et la participation à la vie de la collectivité. On assigne des objectifs de comportement à chacun des jeunes après avoir consulté les membres de la famille, de l'école, de la communauté et les parents-enseignants sur les comportements qui, d'après eux, doivent être modifiés. Les comportements souhaitables font gagner des points tandis que les attaques verbales, les actes de désobéissance, les retards, les

---

1. Achievement Place

vols, les mensonges et les actes de tricherie en font perdre.

Le système de points permet une rétroaction immédiate qui aide les jeunes à apprendre à répondre à des récompenses plus naturelles. Lorsque le jeune a démontré son aptitude à travailler de façon productive au Foyer et à l'école, il est prêt à retourner dans son milieu. Les «pensionnaires» restent en moyenne un an au Foyer de la réussite.

Les statistiques démontrent que les effets bénéfiques de ce programme sont durables. Voici une comparaison des résultats obtenus selon que les jeunes délinquants avaient été placés au Foyer de la réussite, envoyés dans un établissement de détention ou mis en liberté conditionnelle par les tribunaux:

	Foyer	Détention	Liberté conditionnelle
Délits par année			
Avant	3,8	3,6	2,6
Pendant	0,4	0,5	1,3
Année suivante	0,7	2,4	2,5
2e année	0,0	1,4	0,8
Récidive (%)			
Année suivante	6	13	31
2e année	19	53	54
Fréquentation scolaire (%)			
Avant	75	75	77
Pendant	100	100	84
Semestre suivant	84	58	69
2e semestre	90	9	37

C. À PROPOS DE L'ARTICLE...

1. Quelle est la première raison pour laquelle on interne les jeunes délinquants dans des établissements spécialisés?_____

_____

2. Comment le Foyer de la réussite tente-t-il de modifier le comportement de ses étudiants en milieu scolaire?_____

_____

3. Le Foyer de la réussite a-t-il des effets autres que sur le comportement à l'école? Commenter_____

_____

SUGGESTIONS DE LECTURES

Burgess, *Orange mécanique,* Laffont, Paris, 1977.

Dolinski, R., *L'homme et l'apprentissage*, HRW, Montréal, 1975.

Gagné, R.M., *Les principes fondamentaux de l'apprentissage,* HRW, Montréal, 1976.

Malcuit, G., Granger, L., Larocque, A., *Les thérapies behaviorales,* Presses de l'Université Laval, Québec, 1972.

Skinner, B. F., *Par-delà la liberté et la dignité*, Hurtubise, HMH, Montréal, 1972.

Smith, F., *La compréhension et l'apprentissage*, HRW, Montréal, 1979.

En anglais

Bandura, A., *Principles of behavior modification*, Holt, Rinehart and Winston, New York, 1969.

Lazarus, A.A., *Behavior therapy and beyond*, McGraw-Hill, New York, 1971.

Liberman, R.P., «Learning interpersonal skills in groups: harnessing the behaviorist horse to the humanistic wagon», dans P. Houts et M. Berber (dir. publ.), *After the turn-on, what?*, Research Press, 1972.

Skinner, B.F., *Walden Two*, Macmillan, New York, 1948.

Thoresen, C.E., Mahoney, M.J., *Behavioral self-control*, Holt, Rinehart and Winston, New York, 1974.

7

le langage, la pensée et la mémoire

La plupart de nos comportements ont pour objectif la résolution de différents types de problèmes. Dans ce chapitre, nous examinerons trois aspects du comportement humain qui sont nécessaires à presque toutes les formes de résolution de problèmes, et qui sont essentiels à la survie: ce sont le langage, la pensée et la mémoire.

Après avoir étudié ce chapitre, vous pourrez:

- Définir le «langage» et résumer deux théories du développement du langage;

- Définir les termes «adaptation», «assimilation» et «accommodation»;

- Donner un compte rendu des quatre stades du développement intellectuel selon Piaget;

- Définir «entreposage d'informations sensorielles» et «imagerie éidétique»;

- Discuter de la structure et des fonctions de la mémoire à court terme et de la mémoire à long terme;

- Résumer les expérimentations réalisées avec des planaires et démontrer l'importance de l'ARN et des protéines dans la mémoire;

- Exposer les principales étapes de la résolution de problèmes.

glossaire

Abstrait. Du latin *abstractus*, «tiré de». Isolé par la pensée. En psychologie, le terme désigne habituellement une idée ou un principe qui ne s'applique pas à quelque chose de concret ou à un objet particulier de l'environnement. Selon Piaget, la pensée abstraite implique la capacité de manipuler des symboles au niveau de l'esprit.

Accommodation. Du latin *accommodatio*, « adaptation au milieu». On dit d'une personne qu'elle est accommodante lorsqu'il n'est pas difficile de satisfaire ses besoins ou ses désirs. En termes piagétiens, les enfants s'accommodent lorsqu'ils apprennent à adapter leurs actions en fonction des exigences du milieu.

Acronyme. Terme d'origine grecque qui désigne un mot constitué par la première lettre des mots composant une expression complexe. Par exemple, URSS est un acronyme d'«**U**nion des **r**épubliques **s**ocialistes **s**oviétiques».

Adaptation. Adapter veut dire modifier ou changer quelque chose en fonction d'un but. Le scénario du film «Les dents de la mer» était une *adaptation* d'un livre écrit par Peter Benchley.

Amnésie. Du grec *mnêsis*, «mémoire». Diminution ou perte de mémoire. Une personne qui souffre d'amnésie ne se souvient pas de certaines choses qui lui sont arrivées antérieurement.

Anthropologie. Du grec *anthrôpos*, «homme», et *logos*, «science». Étude scientifique de l'homme. L'anthropologie est une science sociale qui traite principalement de l'évolution de l'homme et des civilisations.

Anxiété. Forme de nervosité ou de peur diffuse ou flottante.

Archéologie. Branche de l'anthropologie qui étudie les vestiges des civilisations anciennes. Les savants qui font des fouilles ou qui étudient les cités anciennes et les sites de sépulture sont des archéologues.

ARN. Abréviation de l'acide ribonucléique. Molécules génétiques complexes habituellement produites par l'ADN, ou acide désoxyribonucléique, laquelle contient le matériel génétique. Dans certains organismes microscopiques tels que le virus du rhume ou de la grippe, les gènes peuvent être constitués d'ARN plutôt que d'ADN.

Assimilation. Du latin *assimilare*, «rendre semblable». Selon Piaget, les enfants assimilent la civilisation dans laquelle ils sont nés en apprenant les règles et les lois de la société, puis en élaborant leurs propres normes morales ou comportementales.

Calculatrice. Du latin *calculus*, «petit caillou». Dans les temps anciens, les gens utilisaient des petits cailloux pour compter des sommes d'argent ou pour faire des additions et des soustractions. Aujourd'hui, nous avons remplacé les cailloux par des impulsions électriques, mais le principe reste le même.

Cannibale. Ce mot nous vient de la langue caraïbe et signifie «quelqu'un qui mange de la chair humaine». Il s'applique donc à tout animal qui mange sa propre espèce.

Entreposage d'informations sensorielles (EIS). Premier stade d'entreposage de la mémoire. Capacité que possèdent les récepteurs sensoriels de «se souvenir» des stimuli pendant une courte période de temps même après que ces derniers aient disparu du champ perceptuel. On peut aussi dire «mémoire sensorielle».

Imagerie éidétique. Du grec *eidos*, «forme». Si vous avez une mémoire photographique, vous pouvez projeter sur une sorte d'«écran mental» une photo exacte (image éidétique) de ce que vous avez vu auparavant.

Linguistique. Du latin *lingua*, «langue». La linguistique est l'étude scientifique des langues et des différents aspects du langage.

Maturation. Du latin *maturare*, «mûrir». Processus de croissance; action de devenir adulte physiquement et mentalement.

Mémoire à court terme. Tous les jours, vous faites l'expérience de millions d'informations d'entrée sensorielles différentes. À mesure que ces messages sensoriels parviennent au cerveau à partir de la mémoire sensorielle, celui-ci les interprète, puis «s'en souvient» pendant quelques secondes. Si ces messages ne sont pas importants, ils sont bientôt oubliés.

Mnémotechnique. Du grec *mnêmê*, «mémoire». Les procédés mnémotechniques sont des formules ou des trucs employés pour vous aider à mémoriser quelque chose.

Molécule de mémoire. Chaque fois que vous apprenez quelque chose ou modifiez votre comportement, il se produit nécessairement un certain changement physique à l'intérieur de votre corps qui vous permet de vous en souvenir ou de vous comporter d'une façon nouvelle. Certains chercheurs croient que l'apprentissage est associé à des changements dans des molécules chimiques spécifiques à l'intérieur des cellules nerveuses. Quoique plusieurs expérimentations en laboratoire semblent appuyer ce point de vue, de nombreux psychologues préfèrent des explications différentes du fonctionnement de la mémoire.

Originalité. Capacité de créer de nouvelles choses ou d'en redisposer des anciennes de façon à ce qu'elles paraissent nouvelles ou différentes. Trait psychologique souvent loué dans l'abstrait, mais réprimé dans les situations concrètes de la vie quotidienne.

Prédisposition mentale. Tendance à faire l'expérience du monde de façon pré-déterminée. En d'autres termes, nous avons tendance à voir ce que nous voulons voir, ou ce que nous nous attendons à voir.

Refoulement. Action d'étouffer ou d'oublier, provoquée par une motivation profonde. Le refoulement de souvenirs désagréables est inconscient; lorsqu'il est conscient, on parle de répression. Selon Freud, ce type d'oubli est presque toujours un acte délibéré du moi pour protéger l'estime de soi.

Régénérer. Reconstituer ou rétablir ce qui était détruit. Certains animaux très simples, tels que les planaires, ne meurent pas lorsqu'on les coupe en deux. Chaque partie régénère plutôt toutes les autres parties nécessaires pour redevenir un animal complet. Chez les êtres humains, certains tissus (tels que la peau) se régénèrent, mais la plupart des tissus (tels que les cellules du cerveau) ne se régénèrent pas.

Regroupement. Votre mémoire à court terme ne peut retenir qu'environ sept éléments simultanément. Mais vous pouvez vous rappeler beaucoup plus d'éléments si vous les rassemblez, ou les regroupez.

Rigidité fonctionnelle. Difficulté de penser, sentir ou se comporter de façon différente lorsqu'on a l'habitude de fonctionner d'une certaine manière. Si vous avez appris à résoudre un problème d'une

certaine façon, il se peut que vous essayiez d'appliquer cette solution à chaque nouveau problème rencontré. Même si cette façon de résoudre le problème ne réussit pas, vous continuerez obstinément à l'utiliser parce que votre esprit a une notion rigide de la «bonne» manière de procéder.

Scotophobine. Du grec *skotos,* «obscurité» et *phobos,* «crainte». C'est une «molécule de mémoire» synthétisée (produite) par Georges Ungar et son équipe et qui serait censée provoquer la peur de l'obscurité chez les animaux à qui elle est injectée.

Sénilité. Série de problèmes psychologiques et biologiques liés à la vieillesse.

Stade des opérations concrètes. Dans la théorie de Piaget, troisième stade de développement au cours duquel l'enfant commence à se représenter des séries d'opérations indépendantes de ses propres actions.

Stade des opérations formelles. Dernier stade de développement intellectuel qu'on franchit vers l'âge de 12 à 16 ans. Selon Piaget, c'est à ce stade que l'enfant peut maîtriser des notions abstraites comme la vérité, l'honneur et la personnalité.

Stade pré-opératoire. Dans la théorie de Piaget, deuxième stade de développement au cours duquel l'enfant apprend à parler et à utiliser des symboles pour se représenter des objets.

Stade sensori-moteur. Dans la théorie de Piaget, premier stade de développement au cours duquel l'enfant essaie de faire des liens entre les informations sensorielles qui lui parviennent et les comportements moteurs qu'il émet.

Syntaxe. Du latin *syntaxis,* «mise en ordre». La syntaxe d'une phrase est l'ordre dans lequel apparaissent les parties de la phrase. Dans la langue française, le sujet apparaît habituellement en premier, suivi du verbe, puis du complément.

Transformation. Transformer quelque chose consiste à changer la condition ou l'état (la forme) de cette chose en un autre. Les cônes et les bâtonnets de l'oeil transforment l'énergie lumineuse en énergie chimique. La maturation est le processus par lequel un jeune enfant démuni se transforme en un adulte actualisé.

INTRODUCTION:
UN SCANDALE EN BOHÊME

«Élémentaire, mon cher Watson», Holmes dit-il à son compagnon ébahi. Puis, il continue d'exposer le raisonnement qu'il a suivi pour résoudre un problème particulièrement difficile. Holmes démontre au Dr Watson comment il a découvert tous les indices et les a organisés pour leur faire prendre tout leur sens. Le médecin est stupéfait: il n'a pas remarqué certains indices, et a mal interprété les autres.

Sherlock Holmes, le grand détective, est connu et respecté pour son esprit froid, calculateur et précis. Habituellement, il accepte seulement les cas que d'autres n'ont pas réussi à résoudre, mais peu importe la difficulté du problème, il trouve toujours la bonne solution. À l'étonnement général, cependant, Irène Adler s'avère plus astucieuse que Holmes dans l'aventure intitulée *Un scandale en Bohême*.

Un soir de 1888, alors que Watson rend visite à Holmes dans son appartement de Baker Street, se présente un visiteur de grande taille, à l'allure distinguée et portant un masque. En quelques secondes, Holmes a rassemblé assez d'information pour en déduire que le distingué visiteur n'est nul autre que le jeune roi de Bohême (cet ancien royaume fait maintenant partie de la Tchécoslovaquie). Le roi admet alors son identité et poursuit en expliquant pourquoi il faut à tout prix que sa visite demeure secrète. Cinq ans plus tôt, le roi s'est entiché d'une actrice du nom d'Irène Adler. Il l'aimait et la respectait, mais ni sa famille, ni son rang ne lui permettaient d'épouser quelqu'un qui n'était pas de sang royal. Cependant, Irène Adler voulait épouser le roi et était déterminée à faire en sorte que si elle-même ne pouvait pas l'épouser, personne d'autre ne le pourrait non plus. Elle a fait savoir au roi que si jamais il se mariait, elle dévoilerait leur aventure au monde entier. Comme preuve, elle pouvait montrer une photographie sur laquelle ils se trouvaient tous deux ensemble. Et cela ferait sûrement scandale.

Le roi de Bohême s'apprête maintenant à épouser une princesse scandinave. Il ne veut pas de scandale et ne veut pas que sa future épouse découvre qu'il a déjà eu une liaison avec Irène. À plusieurs reprises, ses agents ont tenté sans succès de récupérer la photographie, mais Irène, consciente de la valeur de celle-ci, la garde cachée dans un endroit sûr. À trois jours de l'annonce de son mariage, le roi se décide finalement à faire appel à Sherlock Holmes.

Holmes se passionne pour le défi que lui pose ce problème, tout comme les aventures fictives de Sherlock Holmes et son ami le Dr Watson passionneront des millions de lecteurs. Ces aventures, écrites par sir Arthur Conan Doyle, tournent toujours autour d'un problème complexe que le maître détective réussit à résoudre à l'aide de ses étonnantes capacités d'observation et de raisonnement.

Si les aventures de Sherlock Holmes demeurent si populaires près d'un siècle après avoir été écrites, c'est entre autres parce qu'elles sont axées sur la résolution de problèmes, sujet qui nous concerne tous d'une manière ou d'une autre depuis notre naissance. Au cours des premiers mois de la vie, nous sommes plutôt démunis ou impuissants devant la vie, mais nous laissons habituellement percer un cri si nous avons faim, si nous avons mal ou si nous nous ennuyons. Nous apprenons assez tôt à résoudre nos problèmes en attirant l'attention de ceux qui sont susceptibles de nous aider. Au moment où nous commençons l'école, nous avons déjà appris des manières plus directes de faire face à nos problèmes et nous nous préparons alors (par l'éducation) à solutionner beaucoup d'autres problèmes. En fait, si l'on y réfléchit, un grand nombre de nos comportements peuvent être considérés comme des actions qui ont pour objectif de solutionner un type quelconque de problème. Non contents de faire face à des millions de problèmes, la plupart d'entre nous faisons des efforts pour chercher à en résoudre encore d'autres. Par exemple, certains aiment faire des mots croisés. D'autres lisent des romans policiers et essaient de démasquer le coupable avant le détective. Il semble que la résolution de problèmes soit une partie nécessaire et importante de notre vie. Alors, plus nous en apprenons sur ce phénomène, mieux nous sommes équipés pour résoudre nos propres problèmes.

Le Dr Watson décrit le détective scientifique qu'est Sherlock Holmes comme un homme aux facultés mentales extraordinaires. L'esprit est bien sûr de la plus haute importance dans la résolution de problèmes, mais les «facultés mentales» se composent de plusieurs aptitudes qu'on se doit de considérer si l'on veut comprendre comment Holmes ou nous-mêmes procédons pour solutionner des problèmes. Premièrement, il y a le langage. Nous utilisons le langage pour communiquer et pour obtenir de l'information. Et, exception faite des personnes qui ont de graves problèmes de langage, la plupart d'entre nous utilisons le langage dans nos processus de pensée. En plus du langage et de la pensée, un autre aspect du comportement mental est particulièrement important dans la résolution de problèmes: c'est notre capacité de nous souvenir. Sans la mémoire, ou sans cette aptitude à retenir dans notre esprit les indices que nous avons accumulés, nous n'arriverions probablement pas à résoudre la plupart de nos problèmes. Voilà donc les aspects du comportement humain que nous allons examiner dans ce chapitre: *le langage, la pensée* et *la mémoire*. Ils sont essentiels non seulement à la résolution de problèmes, mais à la survie en général.

LE LANGAGE

Sherlock Holmes n'aurait pas essayé de résoudre ses problèmes avant d'avoir accumulé suffisamment d'information pour formuler une hypothèse raisonnable. «C'est une erreur grave, disait-il, d'élaborer des hypothèses avant d'avoir recueilli les données suffisantes». Mais comment rassemble-t-on ces données?

Toute information parvient au cerveau par l'intermédiaire des sens, mais il n'est pas nécessaire de faire l'expérience d'une chose directement pour savoir qu'elle existe. Vous pouvez apprendre que le feu brûle en mettant votre main dans les flammes ou, de façon moins dangereuse, en écoutant une personne qui vous prévient que vous risquez de vous brûler. Une fois qu'un jeune enfant a appris la signification du mot «brûlant», souvent lors d'une expérience douloureuse, il ne touche habituellement pas à un objet si ses parents lui disent que celui-ci est brûlant. Il comprend le message: il apprend de ses parents ou d'autres personnes que certains objets sont trop chauds pour être manipulés. Et dans la plupart des cas, nous utilisons le langage pour transmettre de tels messages.

Le langage est un système de signes et de symboles qu'une personne peut utiliser pour communiquer avec une autre. D'une façon très simple, le son de cloche que Pavlov utilisait dans ses expériences était une forme de langage auquel les chiens avaient appris à répondre. Le son était un signe ou un signal d'avertissement qui informait les chiens de l'arrivée imminente de leur nourriture. Les animaux inférieurs, tels les planaires, ne peuvent apprendre qu'un nombre limité de signes de ce genre. Les chiens peuvent en apprendre davantage, et les animaux ayant des cerveaux complexes peuvent apprendre un très grand nombre de signes et de signaux. Par exemple, on a pu enseigner à des chimpanzés à communiquer en se servant de plus d'une centaine de signaux.

Un symbole est qualitativement différent d'un signe ou d'un signal. Le symbole est une abstraction: un mot, un nombre ou un dessin qui représente une certaine idée ou expérience complexe. Un panneau d'arrêt est un signal: il vous indique que vous devez freiner jusqu'à ce que la voiture soit totalement immobilisée. La contravention que vous pourriez recevoir si vous ne freinez pas est aussi un signal: elle vous indique que vous devrez payer une amende, ou comparaître devant un tribunal. Mais des mots comme *vitesse, loi, justice, culpabilité, indulgence, espoir, haine* et *amour* sont des notions abstraites qui ne représentent pas une action ou un objet spécifique; de tels mots ne sont que des symboles pour des idées complexes. Bien des gens ont de la difficulté en mathématiques parce que les nombres ne correspondent pas vraiment à des objets concrets de l'environnement, mais ont une fonction symbolique. Le chiffre 9 ne correspond pas à neuf enfants, neuf hamburgers ou neuf juges de la Cour suprême. Le chiffre 9 n'est qu'un concept abstrait.

Il y a de nombreuses discussions parmi les chercheurs à savoir si les animaux sont assez intelligents pour utiliser des symboles et des signes pour communiquer entre eux (et avec nous). Mais tous admettent sans contredit notre capacité d'utiliser des symboles. Notre langue en est remplie. On retrouve aujourd'hui plus de 200 langues importantes dans le monde. Plusieurs de ces langues, telles que le français, comprennent plus de 75 000 mots. Et chacun de ces mots, dans chacune de ces langues, est un signe ou un symbole que les hommes ont appris à utiliser. Comment des systèmes aussi complexes de communication se sont-ils développés?

Les origines du langage

Il est impossible de voir l'esprit humain, mais en étudiant cette aptitude qu'est le langage, ainsi que ses origines, on peut se faire une idée assez précise de la façon dont notre esprit fonctionne. Au cours de l'histoire, les grands penseurs ont souvent considéré que pour comprendre l'espèce humaine, il fallait nécessairement se pencher sur la question de l'origine du langage. Le fait de posséder le langage et la parole a toujours été considéré comme la caractéristique principale qui distingue l'homme de tous les autres animaux; en fait, le langage a été associé de près à des caractéristiques humaines essentielles telles que l'apprentissage, la pensée, le comportement social et la possibilité de posséder et de transmettre de l'information.

L'absence de preuves solides ne nous permet pas d'avoir une compréhension claire de l'origine et de l'évolution du langage. Puisqu'il est impossible de retourner des millénaires en arrière et d'observer l'évolution de nos ancêtres, notre compréhension du langage comportera sans doute toujours une bonne part de spéculation. Il n'en reste pas moins qu'au cours de l'histoire, on a tenté à de multiples reprises d'étudier l'origine du langage.

Il y a près de 2 500 ans, l'historien grec Hérodote a décrit une des premières expérimentations connues sur le langage. Un roi égyptien voulait découvrir quelle était la plus ancienne nation de la terre. Ainsi, prenant deux bébés naissants, il les a isolés de tout contact avec le langage pour découvrir quelle langue ils parleraient d'eux-mêmes. On pensait que le langage des nourrissons serait le «vrai» langage ou le langage «naturel» de la race humaine. Le premier mot que les enfants en isolement ont prononcé n'était pas égyptien, mais plutôt quelque chose qui ressemblait à la langue parlée en Phrygie (pays d'Asie mineure). Le roi égyptien était déçu, car pour lui, cela voulait dire que la plus ancienne nation de la terre était la Phrygie, et non pas l'Égypte. Par la suite, l'histoire rapporte d'autres expériences semblables, au cours desquelles le premier mot prononcé ressemblait souvent à de l'hébreu. On tentait encore ce type d'expériences même au cours du XVIIIe siècle, mais la plupart des gens, à cette époque, s'étaient rendu compte qu'il fallait les interrompre à cause des dommages que l'isolement pouvait occasionner chez les enfants (voir chapitre 3).

Dans cette recherche d'une langue première ou naturelle, on s'est ensuite intéressé aux enfants qui, pour une raison ou une autre, avaient été abandonnés et avaient grandi avec des animaux (voir les enfants sauvages au chapitre 14). De tels cas étaient rares et, même quand ils se présentaient, ils offraient peu d'indices sur l'existence d'une langue première. On a finalement abandonné la recherche de la langue naturelle lorsqu'on s'est rendu compte que si un enfant n'apprend pas à utiliser le langage dès les premières années de sa vie, il ne sera probablement jamais en mesure de dépasser le stade des formes de communication les plus rudimentaires. Récemment, on a découvert que le babillage des nourrissons lors des premiers mois de la vie contenait tous les sons nécessaires à l'acquisition de n'importe quelle langue, que ce soit le phrygien, l'égyptien, l'hébreu, l'anglais ou le français.

Condillac, un psychologue du XVIIIe siècle qui s'intéressait à la philosophie du langage, a entrepris d'étudier les origines du langage d'une manière différente. Il croyait que l'origine du langage se trouvait dans les cris naturels exprimant une sorte de passion intérieure: cris de peur, soupirs de plaisir, etc. Il a donné à ces conduites vocales le nom de «langage d'action». Après avoir produit ces sons involontaires à de multiples reprises, les premiers hommes les auraient retenus et utilisés à volonté. Ils pouvaient ainsi avertir les autres de l'imminence d'un danger, par exemple l'approche d'une bête féroce. Condillac pensait que cette utilisation continuelle de cris naturels avait conduit à la création intentionnelle de symboles verbaux, ou au langage.

Après Condillac, la philosophie du langage a été mise en veilleuse pendant un certain temps. Au cours du XIXe siècle, l'étude de l'origine du langage a même à certains moments été interdite pour des raisons religieuses: en effet, le langage étant considéré comme un don de Dieu, il était «péché» de parler de l'*évolution* du langage plutôt que de son origine divine.

L'étude scientifique du langage

Au XXe siècle, Darwin avait publié sa théorie sur l'évolution des espèces depuis longtemps et l'étude de l'origine du langage a connu un nouvel essor, cette fois à titre de science plutôt que de philosophie. L'étude scientifique de la nature et de la structure du langage appartient à la **linguistique**, mais plusieurs autres domaines de recherche ajoutent présentement à notre compréhension du langage: ce sont l'**archéologie**, l'**anthropologie**, la biologie, le comportement animal, la recherche sur le cerveau et la psychologie.

La théorie de Montagu

Où, quand et comment le langage humain est-il apparu? L'anthropologue Ashley Montagu propose une réponse. Il prétend qu'une étude approfondie des procédés de fabrication des premiers outils humains peut nous fournir des indices sur les processus de la pensée des hommes primitifs et sur l'origine et l'évolution du langage et de la parole. Montagu croit que la parole a son origine dans la fabrication d'outils; en effet, la diversité des outils fabriqués par nos ancêtres démontre d'après lui une capacité de

Fig. 7.1

Montagu croit que le langage est apparu lorsque nos lointains ancêtres ont commencé à fabriquer des outils. Il pense que la diversité des outils fabriqués par les premiers hommes nécessitait une capacité de communiquer à un niveau symbolique.

communiquer à un niveau symbolique qui aurait requis l'usage de la parole. Selon Montagu, il y a probablement eu un lien entre la chasse aux grands fauves, la fabrication d'outils et l'apparition du langage parlé. (Si les chasseurs peuvent verbalement se signaler entre eux un changement de plan ou de stratégie, la chasse en devient beaucoup plus efficace.) Montagu pense que ces trois grands aspects de la vie des hommes primitifs ont probablement évolué simultanément, à l'intérieur d'une relation de mutualité qui forçait chacun des trois à se développer encore davantage. Si sa théorie sur la fabrication d'outils est juste, une certaine forme de langage humain peut avoir existé il y a un ou deux millions d'années, ce qui correspond à l'âge de quelques-uns des plus anciens outils de pierre que l'on a retrouvés.

La théorie de Jaynes

Le psychologue Julian Jaynes de l'Université Princeton n'est pas d'accord avec Montagu. Jaynes dit que le langage n'était pas nécessaire pour enseigner des techniques aussi simples que la fabrication et l'utilisation d'outils. Cet enseignement, dit-il, se faisait uniquement par imitation, exactement de la même manière que les chimpanzés enseignent à leurs petits le truc d'insérer une branche de vigne dans une fourmilière pour prendre des fourmis. Dans notre propre civilisation, poursuit-il, il est même douteux que le langage soit nécessaire pour transmettre des techniques comme la nage ou la capacité de monter à bicyclette.

Par conséquent, Jaynes estime probable que le développement de la parole et du langage soit beaucoup plus récent que les deux millions d'années proposés par Montagu. Il prétend que leur apparition date d'une époque où une certaine portion de la population humaine s'est vue forcée de s'intégrer à un nouvel environnement auquel elle n'était pas entièrement adaptée. Toute aptitude qu'on retrouve universellement chez une espèce, comme c'est le cas du langage chez l'homme, doit selon lui s'être développée à une époque où elle aurait eu une grande valeur pour la survie ou la résolution de problèmes.

Il est probable que les changements les plus dramatiques auxquels l'espèce humaine a eu à faire face dans l'environnement sont ceux de la période glaciaire. Les changements importants dans les conditions de vie occasionnés par l'avance des glaciers peuvent avoir créé suffisamment de pressions pour rendre le langage nécessaire à la survie. Jaynes estime que le langage s'est probablement développé au cours de la période glaciaire la plus récente, soit des années 70 000 à 10 000 avant notre ère. Avant cette date, dit-il, les membres de l'espèce humaine communiquaient probablement entre eux de la même manière que le font les singes et les anthropoïdes modernes, soit à l'aide de signes visuels, vocaux et tactiles. Il est aussi très probable que le langage d'alors ait été dépourvu de **syntaxe** (manière d'agencer les mots pour construire une phrase).

Comment le langage a-t-il commencé? Comme Condillac, Jaynes croit qu'il peut tirer son origine du «langage d'action». Ce type d'aptitude à communiquer se retrouve chez plusieurs espèces; c'est souvent une communication visuelle-gestuelle (langage par signes). Mais l'efficacité des signes visuels a sans doute diminué quand les populations primitives se sont déplacées vers les climats nordiques où l'obscurité portait plus à conséquence, et quand l'utilisation des outils a rendu nécessaire de communiquer tout en ayant les mains occupées. Dans ces contextes, il est possible que les signes vocaux aient assumé la fonction auparavant remplie uniquement par les signaux visuels.

Jaynes estime que les premiers rudiments véritables du langage ont été l'introduction de variations dans la terminaison des cris intentionnels, ces variations s'associant à des significations différentes. C'était un premier pas vers le langage syntaxique. Il apporte également une explication sur la manière dont les différentes parties du langage et de la syntaxe se sont développées au cours de la période relativement courte de 70 000 ans qui nous sépare de l'apparition du langage.

La théorie de Jaynes sur l'évolution du langage est fondée sur un dosage entre l'information que nous possédons sur le passé et un certain nombre de spéculations. Comme toute théorie, il ne faut pas la considérer comme le mot final en la matière. Il est toujours possible que des faits nouveaux nous amènent à modifier nos conceptions. Cependant, une théorie de ce genre est utile, car elle nous offre un cadre de référence à l'intérieur duquel il nous est possible de réfléchir sur la nature du langage, et sur toutes les implications que celle-ci peut avoir sur la nature de l'humanité.

L'APPRENTISSAGE D'UNE LANGUE

Personne ne naît en parlant une langue déterminée. Chacun doit apprendre à utiliser des mots et des phrases. Et quiconque a déjà essayé d'apprendre une langue étrangère connaît les difficultés qu'une telle tâche peut représenter. De façon générale, un enfant a besoin de quatre ans pour maîtriser sa langue maternelle. Au cours des premiers mois de la vie, un nourrisson n'émet que des sons sans signification. À mesure que les organes de la parole et le cerveau du bébé se développent, les sons deviennent plus complexes. Vers l'âge de six mois, la plupart des enfants peuvent émettre des sons diversifiés, et semblent même prendre plaisir à entendre les sons qu'ils produisent.

Les gazouillis et les babillages des enfants sont les mêmes partout au monde; les humains semblent génétiquement programmés à produire de tels sons. Les sons plus complexes que l'enfant de six mois commence à émettre correspondent à un début de langage. Mais aucune langue déterminée n'est programmée chez l'être humain; toute langue doit donc être apprise. Personne n'est vraiment certain de l'étendue des processus qui entrent en jeu dans l'apprentissage d'une langue, mais un facteur semble y jouer un rôle de première importance: c'est l'*imitation*. Très tôt déjà, les enfants commencent à imiter les sons qui sont prononcés autour d'eux; à force de tenter d'imiter le langage, ils finissent par produire des sons qui ressemblent à des mots. Et lorsqu'un enfant (habituellement autour de son premier anniversaire) réussit à exprimer quelque chose comme «ma-ma» ou «pa-pa», les parents l'encouragent habituellement à redire ce mot à maintes reprises.

Vers l'âge de deux ans, l'enfant a habituellement appris le nom de plusieurs objets qui se trouvent dans son environnement. Un jeune enfant pointera une balle du doigt et dira «balle» (dans une famille espagnole, l'enfant dira «pelota»). Les parents sourient et récompensent l'enfant pour son exploit, et l'encouragent à nommer encore d'autres objets. Les énoncés en un mot deviennent progressivement des phrases de deux et de trois mots. À mesure qu'il continue d'imiter ses parents ou d'autres enseignants, et que les parents continuent de le récompenser et d'encourager ses bonnes réponses, l'enfant acquiert un vocabulaire de plus en plus étendu et apprend à composer des phrases grammaticalement correctes. L'imitation, la pratique et les encouragements lui permettent habituellement d'apprendre à utiliser efficacement sa langue maternelle vers l'âge de quatre ans. Au moment où la plupart des gens atteignent le niveau collégial, ils connaissent au moins 15 000 mots. Et avec ce langage, le jeune enfant tout autant que le collégien acquièrent de l'information, communiquent, pensent et solutionnent des problèmes.

L'aptitude à apprendre une langue est-elle innée?

Certains savants croient que notre cerveau possède un programme prédéterminé de telle sorte que tous les humains apprennent à parler plus ou moins de la même façon. Ces chercheurs constatent que la plupart des langues ont une structure relativement semblable, c'est-à-dire que nous avons tous tendance à nous exprimer avec des phrases qui ont un sujet, un verbe et un ou plusieurs compléments. De ce point de vue, si toutes nos langues ont une grammaire ou une structure sous-jacente semblable, il est probable que notre cerveau ait imposé cette structure aux langues. En ce sens, certains aspects de l'apprentissage d'une langue sont certainement déterminés génétiquement.

D'autres chercheurs ne sont pas d'accord. Ils croient qu'il est possible d'enseigner au cerveau des milliers de manières de traiter les informations d'entrée et que les humains sont tout à fait capables d'apprendre des langues qui n'ont pas la même logique ou structure de base que leur langue maternelle.

Comme c'est typiquement le cas dans ces débats sur l'inné et l'acquis, la vérité semble se trouver quelque part entre les deux extrêmes. La plupart des cerveaux humains acheminent l'information d'entrée de manière assez standardisée, c'est-à-dire que nous associons deux événements parce qu'ils se produisent en même temps et que nous avons besoin d'une rétroaction de l'environnement pour apprendre de nouveaux mots et de nouvelles façons de nous comporter. Mais il n'existe à l'heure actuelle aucune donnée prouvant que nous ne pourrions pas apprendre une langue dont la structure de base serait différente du français, à condition bien entendu que quelqu'un puisse imaginer un tel langage. Il semble plus plausible de penser que notre capacité d'apprendre à communiquer est innée, mais que les signes et les symboles que nous employons pour échanger entre nous sont déterminés davantage par notre environnement et nos antécédents que par les structures de notre cerveau.

LA PENSÉE

Le psychologue John B. Watson a déjà décrit la pensée comme n'étant rien d'autre qu'une manière silencieuse de parler. Et, de fait, la pensée ressemble parfois à une sorte de «dialogue intérieur», parce que les pensées dont nous sommes conscients impliquent toutes une manipulation interne de mots et de phrases ou tout au moins de notions et de concepts qui s'expriment de façon consciente par des mots. Mais nous devons nous rappeler que la pensée consciente survient principalement dans l'hémisphère du cerveau qui est le siège de la parole. L'autre hémisphère peut avoir sa propre façon non verbale de traiter l'information.

Nous avons certes bien des preuves qu'il est souvent possible de penser sans avoir recours au langage. Par exemple, certaines personnes pensent par images. D'autres, comme les musiciens, pensent parfois par sons. Cependant, la plupart du temps, c'est le langage qui est notre outil de réflexion. Et à mesure que nous apprenons à parler, notre capacité de penser se développe.

Le psychologue suisse Jean Piaget a consacré de nombreuses années à l'étude du développement cognitif, ou mental, de l'enfant. À partir de ses études et observations, il a élaboré une théorie du développement intellectuel de l'enfant et défini les stades mentaux que celui-ci semble franchir.

Selon Piaget, l'**adaptation** est le processus le plus important des activités intellectuelles. S'il fait froid dehors, on s'adapte à la température en mettant un manteau. S'il fait chaud, on s'adapte en enlevant un chandail. Mais la température n'est qu'une des conditions de l'environnement auxquelles on apprend à s'adapter. Il y a des millions de sensations et d'expériences avec lesquelles on doit apprendre à vivre.

Il existe un grand nombre de manières concrètes de s'adapter à l'environnement, mais Piaget explique qu'il n'y a essentiellement que deux processus de base dans l'adaptation: ce sont l'**assimilation** et l'**accommodation**. L'assimilation est un processus orienté vers l'intérieur: assimiler signifie intégrer ou incorporer, et c'est ce que fait l'enfant lorsqu'il écoute parler des personnes de son entourage. L'enfant *assimile* ou intègre les différents sons et les diverses parties du langage, et élabore progressivement son propre langage.

L'accommodation est un processus orienté vers l'extérieur, et qui consiste à agir en fonction de l'environnement. Après avoir assimilé quelques mots, l'enfant commence à les employer. Au départ, les mots prononcés n'ont habituellement aucune signification. Pour parler de façon adéquate et communiquer efficacement, l'enfant doit apprendre à modifier les sons qu'il émet. Il doit apprendre à accommoder son langage afin de le rendre conforme au langage des gens qui l'entourent, sinon personne ne saura ce qu'il veut. Par assimilation et accommodation, l'enfant apprend donc à s'adapter au langage particulier de son environnement. Et chaque assimilation, de même que chaque accommodation, contribue au développement mental.

L'expérience et l'aide des parents permettent à l'enfant d'apprendre à ne pas toucher à des objets trop chauds. En touchant à quelque chose de chaud et en entendant le mot «chaud» à plusieurs reprises, la plupart des enfants assimilent la signification du mot et s'accommodent en ne touchant pas à certains objets. Il en résulte une adaptation utile qui empêche l'enfant de se brûler. Le mot «chaud» n'est alors plus un son sans signification pour l'enfant. Celui-ci apprend que le terme «chaud» s'applique à plus d'un objet. Le monde est rempli d'objets chauds et auxquels il ne faut pas toucher. L'enfant commence à se construire un concept mental ou une catégorie des objets chauds. Il élabore bientôt des concepts analogues pour des choses comme la nourriture, l'eau, les jouets et les personnes. (Voir figure 7.2.)

Piaget affirme que trois éléments sont nécessaires à la formation de concepts ou de notions sur le monde. Le premier est l'*expérience*; dans notre

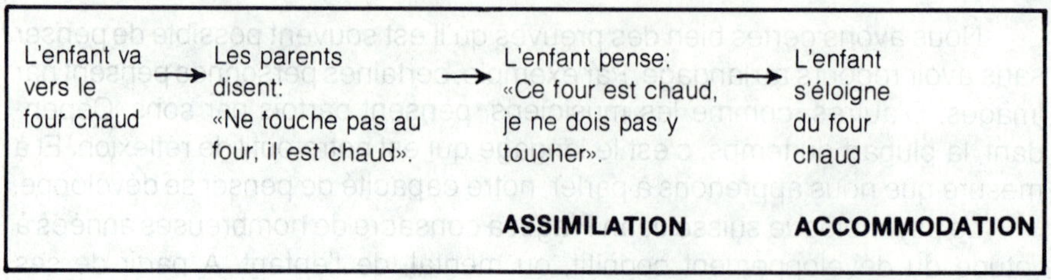

Chapitre 7   Le langage, la pensée et la mémoire

Fig. 7.2

Les enfants apprennent en assimilant ou en intégrant les sons et les actions dont ils ont conscience autour d'eux. Puis, ils «accommodent» leur langage ou leurs actions en fonction de l'environnement.

L'enfant va vers le four chaud	→	Les parents disent: «Ne touche pas au four, il est chaud».	→	L'enfant pense: «Ce four est chaud, je ne dois pas y toucher».	→	L'enfant s'éloigne du four chaud
		ASSIMILATION		**ACCOMMODATION**		

exemple, cela correspond à toucher à quelque chose de chaud. Le deuxième est la *transmission sociale*, ou la circulation d'informations à partir des parents ou des enseignants: «Attention! ne touche pas à cela, c'est chaud!». Le troisième est la *maturation*: un petit enfant d'un mois n'a tout simplement pas assez de maturité pour comprendre le mot «chaud», ou former une catégorie mentale des objets chauds.

Les quatre stades de Piaget

Selon Piaget, la **maturation** sur le plan du développement intellectuel se divise en quatre stades, ou périodes: 1) le stade sensori-moteur, 2) le stade pré-opératoire, 3) le stade des opérations concrètes et 4) le stade des opérations formelles. Piaget croit que tous les enfants franchissent chacun de ces stades dans l'ordre, peu importe le contexte culturel dans lequel ils sont élevés, l'étendue de leur expérience et la formation qu'ils reçoivent. Certaines parties des stades peuvent se chevaucher, et certains enfants peuvent aller plus rapidement que d'autres (spécialement si leur répertoire d'expériences est plus vaste et s'ils bénéficient d'un enseignement plus poussé), mais les étapes se franchissent toujours dans le même ordre.

Toutes les recherches ne confirment pas nécessairement la théorie de Piaget et certains enfants semblent effectivement capables de résoudre des problèmes intellectuels plus tôt qu'ils ne le devraient normalement selon la théorie piagétienne. Cela s'explique probablement par le fait que la maturation et le développement intellectuel sont continus. Il est possible qu'il n'existe pas réellement de stades bien circonscrits. Cependant, le processus de développement mental est plus facile à comprendre si on le subdivise en stades.

Le stade sensori-moteur

Au cours du stade sensori-moteur (de la naissance à environ deux ans), les premiers signes visibles d'intelligence semblent liés aux perceptions sensorielles et aux activités motrices de l'enfant. Un enfant au stade sensori-moteur peut suivre des yeux un objet en mouvement, tourner la tête en réponse à un bruit et commencer à aller chercher, palper et saisir des objets. Au départ, un enfant n'est conscient que de lui-même; mais progressivement, en explorant les objets et les personnes de son monde, il commence à se construire des images mentales qui englobent des éléments extérieurs à lui-même. Vers l'âge de deux ans, avec les débuts du langage et la capacité de communiquer et d'utiliser le symbolisme, les enfants ont habituellement accumulé assez d'expériences sensori-motrices pour se rendre compte qu'ils ne sont pas le centre de l'univers.

Le stade pré-opératoire

Au cours du stade pré-opératoire (d'environ deux à sept ans), l'enfant commence à acquérir la capacité d'exécuter des activités ou des opérations mentales internes, par opposition à des opérations purement physiques. Par exemple, au cours du stade sensori-moteur, un enfant ira chercher un jouet ou un objet qu'il veut; au stade pré-opératoire, il apprendra à penser à un objet et à le demander. Une fois capable d'imaginer et de construire des symboles, l'enfant du pré-opératoire commence à jouer à «faire semblant». En faisant semblant d'être quelqu'un d'autre (que ce soit un parent, un professeur ou un médecin), il assimile et commence à apprendre les coutumes et les manières d'être des personnes de son entourage; en imitant un professeur, un médecin ou une autre personne avec laquelle il est en contact, il «s'accommode» à des expériences nouvelles et inexplorées.

Personne ne peut voir l'esprit ou l'évolution mentale, mais certaines expériences de Piaget avec de jeunes enfants démontrent d'une manière flagrante les changements intellectuels qui semblent survenir chez l'enfant. Par exemple, Piaget présente à un enfant deux boulettes d'argile molle de même dimension. Une fois que l'enfant a reconnu que les deux boulettes sont de la même grosseur, Piaget roule l'une des boules en forme de saucisse allongée. Il demande ensuite à l'enfant si les deux morceaux d'argile sont encore de la même grosseur et s'ils contiennent toujours la même quantité d'argile. L'enfant au stade pré-opératoire dira habituellement que la saucisse contient plus d'argile parce qu'elle est plus longue. Si la saucisse est ensuite retransformée en boulette, l'enfant dira à nouveau que les deux boules contiennent la même quantité d'argile. Piaget conclut que l'esprit d'un enfant du stade pré-opératoire n'en est pas encore rendu au point où il peut saisir les **transformations** ou les changements de forme.

Vers l'âge de six ou sept ans (parfois dénommé âge de raison), l'enfant ne semble pas éprouver autant de difficulté à comprendre les transformations. Si la saucisse est très longue et très mince, il dira peut-être encore qu'elle est plus grosse que la boulette. Mais si elle est plus courte et plus épaisse (se rapprochant davantage de la forme de la boulette), il se rendra compte que la saucisse et la boulette contiennent la même quantité d'argile. L'enfant peut même s'étonner qu'on songe à lui poser une question aussi stupide.

Le stade des opérations concrètes

Lors du stade de développement suivant, la période des opérations concrètes (d'environ 7 à 11 ans), la pensée de l'enfant commence à se faire plus rapide. L'enfant peut regarder une boulette d'argile, et se rendre compte du fait qu'elle

Fig. 7.3

Même si les deux morceaux contiennent la même quantité d'argile, les enfants au stade pré-opératoire disent souvent que le morceau roulé en saucisse est plus gros parce qu'il est plus long.

contient la même quantité d'argile peu importe la forme qu'on lui donne. Il comprend graduellement d'autres genres de modifications. Par exemple, un quart de litre de lait dans un bol représente la même quantité de lait qu'un quart de litre de lait dans un grand verre mince, même si les contenants sont de forme différente. Au cours du stade des opérations concrètes, un enfant utilise ses capacités mentales pour réfléchir sur des objets concrets sans avoir à expérimenter directement avec ces objets. Puisque l'enfant peut mentalement se permettre de passer par-dessus les parties physiques ou sensori-motrices d'une expérience, ses opérations mentales peuvent être beaucoup plus rapides. Un enfant du pré-opératoire cherchera un objet perdu dans toutes les pièces de la maison, mais un enfant au stade des opérations concrètes peut prendre un temps d'arrêt et réfléchir à l'endroit où pourrait se trouver le jouet sans nécessairement entreprendre tous les mouvements physiques liés à la recherche comme telle. De façon générale, un enfant au stade des opérations concrètes peut réfléchir sur tout objet concret ou physique avec lequel il a déjà eu une certaine expérience. Le même enfant ne peut habituellement pas élargir sa sphère de réflexion à des objets non concrets ou **abstraits.**

Le stade des opérations formelles

La pensée abstraite survient au cours du stade final du développement mental, soit la période des opérations formelles (après l'âge de 11 ou 12 ans). Piaget nomme cette dernière période le stade des opérations formelles parce que les adolescents apprennent alors à suivre un raisonnement, ou une *forme* de pensée. Au stade des opérations formelles, l'adolescent peut réfléchir sur la pensée, ou faire des opérations sur des opérations. Piaget explique ce stade principalement en termes mathématiques. Quelqu'un au stade des opérations formelles peut comprendre des notions comme «un milliard d'années», sur lesquelles il n'est possible de réfléchir qu'en termes abstraits. Les personnes au stade des opérations formelles peuvent généraliser et élaborer des hypothèses sur des sujets comme la justice, la vérité, l'honneur et la personnalité. Ce sont des gens qui pensent au niveau des opérations formelles qui lisent les aventures de Sherlock Holmes et solutionnent des problèmes intellectuels complexes.

Selon Piaget, notre développement mental est parachevé vers l'âge de 14 à 16 ans, tout comme notre développement physique est généralement complet vers l'âge de 17 ou 18 ans. Plus tard, il est possible que nous prenions du poids ou maigrissions, que nous développions nos muscles ou les laissions s'affaiblir graduellement, mais après 18 ans ou environ, nous ne «grandissons» plus vraiment. De la même manière, le stade des opérations formelles de Piaget marque la fin de la croissance des processus mentaux de base. Après cela, nous pouvons encore apprendre (et oublier) des tas de choses, mais d'après Piaget, ce type d'apprentissage n'est pas plus lié au *développement* que le fait de prendre du poids ou d'exercer ses muscles.

LA MÉMOIRE

Lorsque nous atteignons le stade des opérations formelles, la résolution de problèmes est une chose qui nous est très familière. Par exemple, quiconque est passé par le système scolaire nord-américain connaît une forme particulière de résolution de problèmes: l'examen. La plupart d'entre nous savons que la réussite aux examens dépend de plusieurs aptitudes importantes. Nous devons: 1) recueillir des éléments d'information, 2) les retenir ou les entreposer jusqu'à ce que nous en ayons besoin et enfin 3) nous rappeler les données qui nous aideront à répondre aux questions au moment de l'examen.

Toute cette information nous parvient par les sens. Nos récepteurs codent les messages d'entrée et les envoient ensuite au cerveau qui peut interpréter l'information, ou en saisir la signification. Mais l'information arrive si rapidement et de tant de sources à la fois que même le cerveau le plus efficace ne peut traiter ou interpréter toutes les données captées par les sens. À l'aide du système d'activation réticulaire (voir chapitre 3), nous mettons de côté de nombreux stimuli pour nous concentrer sur ceux qui sont les plus importants pour nous. De façon générale, tout élément d'information auquel nous ne portons pas beaucoup d'attention ne reste pas dans la mémoire très longtemps.

L'entreposage des informations sensorielles

Votre cerveau a parfois besoin d'une seconde ou plus pour décider si une information d'entrée est assez importante pour que vous y portiez attention. À cause de ce court délai, vos sens possèdent un mécanisme qui leur permet de retenir un certain nombre de stimuli. En d'autres termes, vos sens possèdent une sorte de mémoire primitive. Lorsqu'on vous photographie au flash, les récepteurs d'images de l'oeil retiennent ou enregistrent l'image du flash pendant quelques secondes ou plus, ce qui explique en partie pourquoi vous êtes aveuglé pendant quelques instants. Vos sens retiennent aussi des stimuli moins intenses pendant un laps de temps très court. Cette forme de mémoire s'appelle l'**entreposage d'informations sensorielles (EIS)** ou encore la mémoire sensorielle.

Normalement, vos sens ne retiennent pas les informations d'entrée très longtemps; des recherches ont cependant démontré que l'EIS peut durer jusqu'à plusieurs minutes. Au cours d'une de ces expériences, des sujets dans une pièce obscure regardaient une diapositive de couleur vive pendant un très court moment, soit $1/50^e$ de seconde. On laissait ensuite la pièce dans l'obscurité. Un certain nombre de sujets pouvaient conserver l'image de la diapositive et véritablement la voir devant leurs yeux pendant plusieurs minutes. En appliquant une légère pression sur le globe oculaire, quelques

Fig. 7.4
Le cerveau retient certains stimuli sensoriels pendant quelques secondes seulement; les stimuli sont ensuite transmis à votre mémoire à court terme, ou MCT, puis oubliés. Mais si l'information est assez importante, le cerveau la traitera et la retiendra plus longtemps; il la transmettra à votre mémoire à long terme, ou MLT.

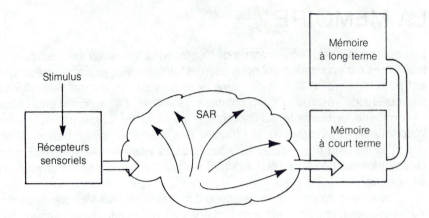

sujets ont été capables de ramener l'image jusqu'à 30 minutes après la présentation de la diapositive.

Quand vous regardez quelque chose, les récepteurs sensoriels de l'oeil continuent d'envoyer à votre cerveau la photo ou l'image de cet objet pendant une courte période de temps. Cependant, aussitôt que vous regardez autre chose, les informations d'entrée de ce nouvel objet «effacent» l'image de l'objet précédent de votre EIS et font parvenir un nouveau message au cerveau. Mais tant et aussi longtemps que l'EIS de l'oeil retient une image, votre cerveau peut extraire de l'information de cette image et décider si vous devriez porter davantage attention à cette information. Une fois que l'information d'entrée a été effacée de votre EIS visuel, votre cerveau ne peut plus extraire aucune information de l'objet par l'intermédiaire direct de vos yeux.

La mémoire à court terme

Une fois qu'une information d'entrée arrive au cerveau, c'est la **mémoire à court terme (MCT)** qui la retient pendant que le cerveau l'interprète de façon plus approfondie. Mais votre mémoire à court terme peut seulement retenir l'information quelques secondes de plus que votre EIS ne le fait habituellement. Généralement, cependant, ces quelques secondes sont suffisantes pour permettre au cerveau de décider quoi penser de l'information d'entrée et, tout aussi important, si oui ou non vous devriez classer cette entrée dans votre mémoire de façon plus permanente.

Votre MCT peut se comparer à un seau dont le fond serait percé. Les informations pénètrent dans le seau par le dessus et s'échappent continuellement par le fond et ce, en quelques secondes. De plus, votre «seau» est très petit. Il ne peut contenir qu'environ cinq à neuf éléments d'information à la fois. Mais tant qu'un de ces éléments se trouve dans votre MCT, vous pouvez le retirer pour l'examiner ou vous le rappeler dans tous ses détails.

La plupart des gens connaissent bien les rouages de la MCT. Par exemple, vous êtes en train de lire un livre lorsque quelqu'un s'approche et vous pose une question. Vous levez les yeux et dites: «Quoi?». Mais avant même que la personne n'ait répété sa question, votre cerveau a extrait la question du seau et prépare déjà une réponse. Cependant, si l'on vous pose six questions, vous ne pourrez probablement pas vous les rappeler toutes ou fournir toutes les réponses. Certaines questions se seront échappées du seau au cours du laps de temps dont vous aurez eu besoin pour répondre aux autres.

Votre MCT fonctionne presque constamment. Dans bien des cas, par exemple la question qu'on se rappelle immédiatement, elle fonctionne par elle-même sans aide consciente. Il existe cependant plusieurs circonstances où il est important que vous vous rappeliez quelque chose plus longtemps que quelques secondes. Dans ces circonstances, il y a plusieurs façons de contourner les insuffisances de votre MCT. Lorsque vous avez besoin d'un numéro de téléphone, vous le cherchez dans le bottin; puis, vous le composez et attendez une réponse. Dans la plupart des cas, le numéro s'échappera du seau avant même que la personne ne réponde au bout du fil. Mais qu'arrive-t-il si la ligne est occupée? Vous devez alors chercher le numéro à nouveau avant de le composer. Après avoir recommencé la manoeuvre à plusieurs reprises, vous déciderez peut-être de mémoriser le numéro, ou de faire un effort conscient pour le retenir dans votre mémoire. Il vous est habituellement possible de retenir un numéro de téléphone dans votre MCT pour une période de temps assez prolongée simplement en bloquant l'entrée de nouvelles informations dans le seau, c'est-à-dire en vous concentrant sur le numéro et en ne tenant pas compte des autres stimuli susceptibles de vous distraire. Mais si, pendant que vous vous concentrez, quelqu'un arrive et vous pose une question, vous oublierez peut-être le numéro en répondant à la question. Dans de tels cas, vous pouvez choisir de *répéter* le numéro à plusieurs reprises. Cette répétition réinsère le numéro dans votre MCT; c'est également une façon très efficace de conserver de l'information dans la MCT pendant une courte période.

Vous pouvez très probablement retenir au moins cinq éléments à la fois dans votre MCT à n'importe quel moment. Mais si vous aviez à vous souvenir d'une liste de provisions de 15 articles, vous pourriez éprouver de la difficulté à vous les rappeler tous. Il existe une manière de résoudre ce problème et de vous rappeler plus de cinq ou six éléments à la fois: c'est d'effectuer des **regroupements**. En divisant la liste de 15 articles en trois groupes de cinq éléments chacun, il est souvent possible de faire entrer toute la liste dans le seau. Ainsi, vous pourriez diviser la liste de provisions en trois catégories principales ou plus, par exemple: les fruits, les légumes et les viandes. Vous pouvez ensuite réorganiser la liste en entier en inscrivant plusieurs articles dans chaque catégorie. Cela fait, vous n'avez plus qu'à vous souvenir des trois grandes catégories. Si vous vous rappelez ces catégories, vous pourrez habituellement vous remémorer les articles que vous y avez classés.

Les procédés mnémotechniques

Toutes les listes ne se prêtent pas aussi facilement à une catégorisation ou à un «regroupement» que ne le fait une liste de provisions. Cependant, il existe un certain nombres de «trucs de mémoire» que vous pouvez employer pour vous aider à mémoriser certaines choses. On appelle **mnémotechnique** (du mot grec signifiant «mémoire») un procédé ou un truc qui facilite la mémorisation. Une forme de procédé mnémotechnique ou de truc de mémoire est l'**acronyme**. Un acronyme est un terme composé de la première lettre de plusieurs mots. Par exemple, URSS est un acronyme qui signifie «Union des républiques socialistes soviétiques». Si vous avez à mémoriser une longue liste de mots sans rapport entre eux, vous pouvez songer à forger votre propre acronyme. «EIS» et «MCT» sont tous deux des acronymes qui devraient vous aider à mémoriser «entreposage d'informations sensorielles» et «mémoire à court terme».

Les abréviations sont un autre procédé mnémotechnique employé assez fréquemment. Une autre technique consiste à inventer une chansonnette pour se souvenir d'éléments d'information; les enfants qui perfectionnent leur capacité de compter en chantant «un, deux, trois, quatre, cinq, six, sept, Violette...» en sont un exemple. Le rythme et les rimes de la chanson servent de points de repère qui facilitent le rappel de la séquence entière. Se donner des points de repère pour retenir quelque chose est souvent efficace. Par exemple, on peut retenir le nombre de jours dans les mois de l'année en

---

Pourriez-vous vous rappeler tous les articles de cette liste de provisions?

Boeuf haché
Carottes
Pommes de terre
Oranges
Haricots
Côtelettes de porc
Pommes
Laitue
Bananes
Pois
Poulet
Raisin
Côtelettes de veau
Pêches
Steak

Vous pourrez probablement vous souvenir d'un plus grand nombre d'articles si vous les regroupez en catégories:

Fruits	**Légumes**	**Viandes**
Pêches	Carottes	Boeuf haché
Pommes	Pommes de terre	Côtelettes de veau
Bananes	Pois	Côtelettes de porc
Raisin	Haricots	Steak
Oranges	Laitue	Poulet

utilisant les jointures de la main. Le dessus des jointures correspond à 31 jours et le creux correspond à 30 (ou 28 pour le mois de février); on nomme alors les mois de l'année dans l'ordre et l'on a tout de suite le nombre de jours correspondants.

Un autre procédé mnémotechnique consiste à utiliser délibérément la loi de l'association. La plupart d'entre nous avons de la difficulté à nous souvenir des noms, mais pas des visages. Quand vous rencontrez quelqu'un pour la première fois, vous pouvez essayer d'associer le nom de cette personne à l'une de ses caractéristiques physiques. Ainsi, si l'on vous présente à quelqu'un de grand et mince à la chevelure raide du nom de Lépine, vous pouvez associer son nom au fait qu'une épine est longue, mince et raide.

La mémoire à long terme

L'organisation de l'information en «groupements» et l'utilisation de procédés mnémotechniques permettent souvent de conserver cette information en mémoire pendant plusieurs minutes, plusieurs heures ou même plusieurs années. Mais ces formules ne suffisent pas pour expliquer comment il se fait que nous nous souvenons de certains événements pendant des dizaines d'années sans aucun effort. Des noms, des visages, des chansons, des formules mathématiques, des faits historiques, nous emmagasinons toutes ces informations et des milliers d'autres dans notre cerveau et nous nous les remémorons ensuite à volonté. La portion de votre mémoire capable de retenir tant d'informations aussi longtemps s'appelle la mémoire à long terme (MLT).

Votre mémoire à long terme, ou MLT, semble pratiquement illimitée. C'est-à-dire qu'elle est assez vaste pour contenir autant d'informations que vous voulez bien y faire entrer. Contrairement à votre MCT, votre seau «MLT» n'a pas, à proprement parler, de fuites.

Personne n'est réellement certain de la manière dont la mémoire à long terme fonctionne, mais elle semble dépendre d'une forme d'organisation spéciale. L'organisation de la MLT ressemble à celle d'une grande bibliothèque. En comparaison à cette bibliothèque du cerveau, la MCT ne serait que l'étagère de revues du marchand du coin: les revues et les livres vont et viennent, sont disposés au hasard, et aucun n'y reste très longtemps. Cependant, certains articles sont parfois retirés des étagères de la MCT et placés dans la bibliothèque de la MLT. Le transfert à la MLT ne se fait toutefois pas au hasard. Avant qu'un élément ne soit entreposé, il faut qu'il soit correctement codé. Il faut qu'il soit identifié d'une certaine façon, puis placé sur le bon rayon dans une section déterminée de la bibliothèque du cerveau. Par exemple, l'information sur les trombones ne se trouve géné-ralement pas dans la section «Histoire» de la bibliothèque du cerveau. Si cela se produisait, personne ne pourrait retrouver l'information sur les trom-bones. En d'autres termes, les éléments d'information concernant les trom-bones doivent être emmagasinés dans la MLT d'une certaine manière, sinon il ne sera pas possible de se les remémorer ou de se les rappeler au moment opportun. L'information sur les trombones devrait être correcte-

Fig. 7.5

Dans la mémoire à long terme, l'information est classée par catégories et emmagasinée dans le cerveau de telle sorte qu'elle soit facile à extraire, un peu comme dans le fichier d'une bibliothèque.

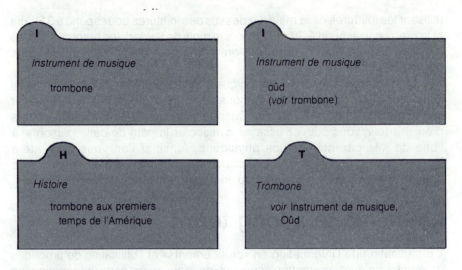

ment entreposée dans la section «Instruments de musique».

Mais les trombones ont quand même une histoire. Par conséquent, lorsque les renseignements sur les trombones parviennent à la bibliothèque du cerveau et sont placés sur le rayon approprié, une fiche est préparée pour la section d'Histoire. Des fiches similaires comprennent de l'information sur la couleur, la forme, l'utilisation et le son des trombones. D'autres fiches pourraient contenir de l'information sur des joueurs de trombone. Chaque fiche est ainsi remplie, puis classée au bon endroit dans la MLT; chacune des fiches comporte des renvois à toutes les autres informations sur les trombones. De cette façon, lorsque le bibliothécaire veut un renseignement sur les trombones, il peut consulter plusieurs fiches. Et chaque fiche contient théoriquement les renseignements qui renvoient le bibliothécaire non seulement à la section des instruments de musique, mais aussi à toutes les autres sections contenant de l'information sur les trombones. Compléter cette codification et ces renvois requiert du temps, mais c'est là le facteur le plus important dans l'enregistrement des nouveaux «livres» ou des nouvelles informations dans la MLT. Une information insuffisamment codée est difficile à extraire et se soustrait parfois à un rappel conscient, un peu comme un livre de bibliothèque qui aurait été classé sur le mauvais rayon.

L'information qui repose sur plusieurs associations ou plusieurs fiches se trouve ou se remémore très facilement. Certaines personnes peuvent ainsi avoir fait de nombreuses associations pour le mot trombone. Dès qu'elles entendent le mot trombone, elles sont en mesure de se rappeler ce qu'est un trombone, et aussi de se rappeler beaucoup d'autres informations qu'elles ont emmagasinées sur les trombones.

Pour la plupart des Nord-Américains, le mot oûd n'évoque pas beaucoup d'associations. En fait, la plupart des gens n'ont probablement jamais entendu parler d'un oûd. Et s'ils n'ont pas entendu ce mot, ils ne peuvent certainement pas en connaître la signification. Cependant, dans certaines régions d'Afrique du Nord, presque tout le monde connaît le oûd. C'est une guitare, ou une sorte de mandoline qui est aussi populaire en Afrique du Nord[1] que le trombone en Amérique. Dès que les Nord-Africains entendent le mot oûd, il leur vient aussitôt une série d'associations (ils ont vu ou entendu le son d'un oûd à plusieurs reprises, en maints endroits, et ils ont peut-être des amis qui en jouent) et ils ont un souvenir précis de ce qu'est un oûd. Plusieurs de ces mêmes Nord-Africains ne sauraient cependant pas ce qu'est un trombone. Même s'ils ont entendu parler des trombones, ils n'ont probablement pas fait d'associations ou de fiches mentales à leur sujet.

La MLT semble suivre la règle générale suivante: plus vous avez fait d'associations avec un élément donné, plus il est facile d'extraire cet élément de la MLT. Ainsi, chaque fois que vous désirez garder un élément en mémoire pour utilisation ultérieure, par exemple le nom d'une personne intéressante dont vous venez de faire la connaissance, vous devriez faire un effort conscient pour relier cet élément (le nom) au plus grand nombre possible d'expériences familières. Car plus vous produirez d'associations et de liens entre les éléments nouveaux et les éléments déjà entreposés dans la MLT, plus il vous sera facile par la suite d'extraire ce nom de votre mémoire à long terme.

LE SOUVENIR ET L'OUBLI

Vous rappellerez-vous le mot oûd si vous le retrouvez dans un examen demain? C'est probable. Vous en souviendrez-vous l'an prochain? Seulement si vous prenez des leçons de oûd ou si vous déployez un effort conscient pour former un certain nombre d'associations puissantes avec l'instrument. Il n'en reste pas moins que certains souvenirs emmagasinés dans votre MLT sont des plus difficiles à extraire. Par exemple, dans des circonstances normales, la plupart des gens ne peuvent se rappeler grand-chose de leur petite enfance. Cette incapacité de se remémorer ses toutes premières années de vie vient probablement du fait que la plupart de nos fiches de MLT se composent de mots ou d'expressions de la langue parlée. Il est possible qu'un jeune enfant qui ne comprend pas le langage soit incapable de coder correctement un événement pour le mémoriser. De plus, les jeunes enfants ont accumulé bien peu d'expériences; par conséquent, ils ne peuvent habituellement pas former assez d'associations pour bien coder leurs souvenirs. Cependant, quelques psychologues rapportent qu'il est possible d'utiliser certaines drogues qui peuvent parfois aider les gens à se rappeler leurs expériences de la première enfance. Il semble que les hypnotiseurs soient aussi en mesure d'obtenir les mêmes résultats. Il est probable que les drogues et l'hypnose ne font tout au plus qu'aider les gens à se concentrer et à entreprendre une recherche systématique de leurs fiches; quoi qu'il en soit, il semble qu'en général il soit beaucoup plus facile de faire *entrer* de l'information dans la MLT que de l'en faire *sortir*.

---

1. Le oûd est un instrument à quatre cordes qui tirerait son origine à la fois du *rabab* persan et du *mizhar* arabe. Il est l'ancêtre du luth. (*Histoire de la musique, Tome* 1, Pléiade, 1960) (N. du t.)

L'imagerie éidétique

L'**imagerie éidétique**, ou mémoire photographique, est un type de mémoire dont les gens ont souvent entendu parler, mais dont peu ont fait l'expérience. Certaines personnes, le plus souvent des enfants, sont capables de regarder une page d'imprimerie ou une image pendant quelques secondes et se souvenir ensuite de tous les détails de cette page ou de cette image. Ou bien ces personnes peuvent retenir une image complexe pendant un très long moment, ou bien leur cerveau est capable de former une quantité incroyable d'associations en un temps très court. On n'a pas encore totalement expliqué l'imagerie éidétique, mais les quelques personnes qui semblent posséder une mémoire photographique ne s'avèrent pas nécessairement mieux équipées que les personnes douées d'une mémoire normale. Lors des tests scolaires habituels, les enfants qui possèdent ce type de mémoire ne réussissent pas mieux que les autres.

L'oubli

On oublie pour plusieurs raisons. Les informations de l'EIS sont oubliées dès qu'une nouvelle information sensorielle les remplace ou les efface. Celles de la MCT sont oubliées après un court laps de temps ou quand trop d'éléments nouveaux s'y sont ajoutés. Celles de la MLT sont oubliées pour plusieurs autres raisons. Certaines formes de dommages cérébraux, notamment la perte graduelle de tissus cérébraux qui survient au cours de la vieillesse ou par suite de la **sénilité**, peuvent occasionner des pertes de mémoire. Un choc grave ou un coup sur la tête peut parfois faire oublier à une personne les événements qui se sont produits immédiatement avant sa mésaventure. Ce type de perte de mémoire s'appelle l'**amnésie**. Les chercheurs croient que l'amnésie survient parce que le choc ou l'accident empêchent le cerveau d'effectuer le transfert des informations de la MCT à la MLT. Votre cerveau requiert environ 30 minutes pour enregistrer les informations dans la MLT; tout événement qui vient perturber le fonctionnement chimique normal de votre cerveau a de bonnes chances d'effacer ou de supprimer le souvenir de ce qui est arrivé lors des 30 minutes précédant la perturbation.

Puisque le fonctionnement de la MLT semble impliquer au moins en partie des processus biochimiques, plusieurs drogues peuvent provoquer l'amnésie ou l'oubli. Il semble que l'alcool, la marijuana et certains types d'antibiotiques puissent empêcher le cerveau de coder des informations destinées à la MLT.

L'amnésie peut aussi survenir parce que les gens veulent oublier. Freud a expliqué certaines formes d'amnésie comme étant une sorte de mécanisme de défense inconscient. Cette forme d'oubli pour des causes inconscientes s'appelle le **refoulement**. Par exemple, un des patients de Freud ne semblait jamais capable de se souvenir du nom d'un de ses associés d'affaires. Freud a découvert que l'associé en question avait épousé la femme que ce patient aimait. Chaque fois que le patient pensait à son associé depuis cet événement, tout son drame intérieur lui revenait en mémoire et le faisait souffrir. Afin d'éviter cette douleur, une certaine partie de l'esprit inconscient du patient bloquait tous les souvenirs concernant cet associé, même son nom.

Depuis Freud, des expérimentations ont démontré que la douleur peut provoquer l'oubli ou le refoulement de certains souvenirs. Par exemple, au cours d'une expérience, on a présenté à des sujets une liste de syllabes dépourvues de sens (habituellement trois lettres n'ayant aucune signification, telles que «xod» ou «acz»). À chaque syllabe dépourvue de sens, on avait jumelé un mot normal, et les sujets devaient mémoriser les paires ainsi associées. Au cours de la période d'entraînement ou d'apprentissage, on a administré aux sujets un léger choc électrique lors de la présentation de certaines syllabes dépourvues de sens. Plus tard, on a testé les sujets afin de voir quelles associations ils avaient retenues. Pour ce, on présentait les syllabes dépourvues de sens et les sujets essayaient de se rappeler le mot qui leur avait été jumelé. Dans bien des cas, les gens ne pouvaient pas se souvenir des mots jumelés aux syllabes dépourvues de sens dont la présentation avait été suivie d'un choc électrique.

LES RECHERCHES SUR LA MÉMOIRE

Les chercheurs ont découvert des façons d'entraver les processus de la mémoire, mais ils travaillent aussi beaucoup à des projets de recherche qui pourraient éventuellement nous aider à améliorer notre mémoire et à faciliter la résolution de problèmes. L'ordinateur électronique en est une illustration: il s'agit d'un des plus grands progrès techniques du XXe siècle. Il y a cinquante ans, les ordinateurs n'existaient même pas. Il y a trente ans, la plupart des ordinateurs étaient des machines gigantesques, coûteuses et compliquées qui n'étaient accessibles qu'à très peu de gens et dont seule une élite encore plus restreinte savait se servir. Aujourd'hui, la plupart des hôpitaux, des universités et des grandes entreprises possèdent ou se partagent des ordinateurs. Il y a aussi les **calculatrices** de poche que la plupart des gens peuvent se payer et apprendre à utiliser. Dans un avenir rapproché, nous n'aurons pas seulement des calculatrices de poche: les experts prédisent que le jour viendra où chacun, même le jeune écolier, aura son mini-ordinateur personnel qui pourra résoudre plusieurs de ses problèmes quotidiens et pourra même, s'il est utilisé de façon appropriée, aider à répondre à des questions d'examen.

Les souvenirs à l'intérieur d'une molécule?

Un autre type de recherche qui pourrait s'avérer prometteur dans la solution de problèmes est une tentative de la part des chercheurs d'isoler ce qu'on a appelé une **molécule de mémoire** (une substance chimique ou molécule qui contient en fait un ou plusieurs souvenirs). Si de telles molécules existent et si l'on pouvait les fabriquer en grand nombre, on pourrait vraisemblablement recevoir un jour une injection d'algèbre, d'histoire ou même de chinois. De toute évidence, une injection des molécules de mémoire appropriées rendrait l'étude, les examens et la résolution de problèmes beaucoup plus faciles.

La recherche de molécules de mémoire ressemble à de la science-fiction, mais des chercheurs ont trouvé certains faits empiriques qui permettent de croire à l'existence de telles substances chimiques. Ce type de recherche a été entrepris vers le début des années 1960, lorsque des psychologues de l'Université du Michigan ont commencé à réaliser des expériences avec des vers plats (planaires). Comme nous l'avons vu au chapitre 2, les planaires sont des animaux très simples, mais dont le cerveau est capable d'apprendre. Elles possèdent de surcroît un talent assez exceptionnel: elles peuvent **se régénérer**. Si vous coupez une planaire en deux, la partie de la tête régénérera une nouvelle queue, tandis que la partie de la queue régénérera une nouvelle tête complète avec cerveau, yeux et récepteurs sensoriels. Si vous taillez une grosse planaire en cinq morceaux, tous les morceaux développeront bientôt les parties manquantes et redeviendront des vers complets. Si, à l'aide d'une lame, vous scindez la tête en deux, chacune des parties se régénérera et vous aurez un ver à deux têtes. Chaque tête aura alors un cerveau fonctionnel; les deux têtes entreront en concurrence et se disputeront le contrôle du corps.

Les psychologues de l'Université du Michigan ont utilisé les méthodes pavloviennes (présentées au chapitre 6) pour conditionner les planaires à répondre à la lumière; cette dernière représentait le stimulus conditionné. Le stimulus inconditionné consistait en une décharge électrique. Si vous faites passer une légère décharge électrique dans de l'eau contenant une planaire non entraînée, elle se contractera ou se recroquevillera spontanément en réaction à cette décharge. La décharge est un stimulus inconditionné, puisqu'il n'est pas nécessaire d'enseigner à la planaire à se recroqueviller lorsqu'elle la reçoit: elle se contracte d'emblée la première fois qu'elle est stimulée électriquement. Les savants ont utilisé la lumière comme stimulus conditionné parce qu'ils avaient constaté que les planaires se recroquevillent rarement d'emblée face à la lumière. Ils ont donc commencé à coupler la lumière à la décharge, c'est-à-dire qu'ils allumaient une lumière pendant deux secondes avant d'administrer la stimulation électrique. Les planaires ne se recroquevillaient d'abord qu'à la décharge, mais après 150 essais, elles répondaient régulièrement d'emblée à la lumière en se contractant. L'action de «se recroqueviller» était devenue une réponse conditionnée que les vers plats manifestaient dès que le stimulus conditionné (la lumière) apparaissait.

Une fois les planaires conditionnées, les psychologues ont coupé les animaux en deux et les ont laissés se régénérer. Un mois après, les chercheurs testaient les planaires pour voir quelle moitié avait gardé le souvenir du conditionnement initial. À leur grande surprise, toutes les planaires, soit les queues à tête neuve ou les têtes à queue neuve, se souvenaient du conditionnement.

Si l'on scinde la tête d'une planaire en deux, chaque partie régénérera une nouvelle tête dotée d'un cerveau fonctionnel.

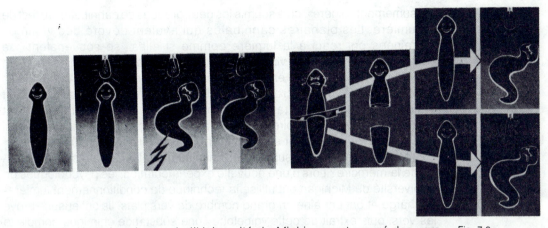

Ensuite, les chercheurs de l'Université du Michigan ont coupé des vers entraînés en trois ou quatre morceaux et les ont laissés se régénérer. Un mois plus tard, lorsque les morceaux régénérés avaient fini de remplacer toutes leurs parties manquantes, on a testé les animaux. Tous les animaux régénérés semblaient se rappeler l'entraînement qui avait été donné aux vers originaux.

Fig. 7.6

Tous les animaux régénérés semblent se rappeler l'entraînement donné à la planaire initiale.

Les études sur le ver cannibale

Comment la queue ou la section du milieu d'un ver plat entraîné peuvent-elles se rappeler autant de choses que la tête elle-même (qui comprend le cerveau de la planaire initiale)? Les psychologues de l'Université du Michigan en déduisent que lorsqu'un ver apprend, ce souvenir s'enregistre non seulement dans le cerveau de l'animal, mais aussi à travers tout son corps. On peut concevoir une seule façon dont un tel entreposage de souvenirs puisse se produire: c'est que les souvenirs du ver plat soient d'une certaine manière enregistrés à l'intérieur d'une molécule chimique. En d'autres termes, les chercheurs supposent que lors du conditionnement d'un ver plat, il s'opère un changement chimique particulier dans tout son corps.

Les psychologues font une supposition additionnelle. Ils présument que si deux vers apprennent la même tâche, les changements chimiques à l'intérieur de chacun de leur corps seront à peu près identiques. Si, donc, on retrouve la même substance chimique dans le corps de deux vers ayant reçu le même entraînement, alors il devrait être possible de transmettre la «mémoire» de la tâche à une planaire non entraînée, à condition de trouver une manière d'introduire la substance chimique de l'animal entraîné dans le corps de l'animal non entraîné. Dans leur tentative de vérification de cette notion plutôt extravagante, les chercheurs de l'Université du Michigan ont tiré parti du fait qu'un grand nombre de planaires sont **cannibales.**

Aucun des cannibales utilisés dans cette expérimentation n'avait reçu d'entraînement. La moitié des cannibales ont été nourris de «victimes» qui avaient reçu un entraînement lumière-décharge; l'autre moitié a été nourrie de «victimes» non entraînées. Deux jours plus tard, c'est-à-dire une fois le repas présumément «digéré», on a soumis les deux groupes de cannibales au test de la lumière. Les planaires cannibales qui avaient dévoré des victimes entraînées ont réagi à la lumière comme si elles «se souvenaient» de l'entraînement donné aux victimes. Pour leur part, les vers cannibales ayant mangé des victimes non entraînées réagissaient à la lumière comme s'ils n'avaient jamais vu celle-ci auparavant. En supposant que les résultats soient valides, ces expérimentations semblent indiquer que non seulement l'entreposage de la mémoire se fait en partie de façon chimique, mais aussi que les souvenirs peuvent se transférer d'un organisme à un autre.

Mais quelles sont les substances chimiques impliquées dans l'entreposage de la mémoire? Lors d'une nouvelle expérimentation, les psychologues de l'Université du Michigan ont utilisé la technique de conditionnement lumière-décharge et ont entraîné un grand nombre de vers plats. Ils ont ensuite broyé les vers, puis extrait de cette «gibelotte» une substance chimique complexe appelée l'**ARN**. Ils ont ensuite injecté cet ARN directement dans le corps de planaires non entraînées. Un deuxième groupe d'animaux recevait une injection d'ARN qui provenait de vers non entraînés. On a ensuite soumis les deux groupes de planaires au test de la lumière. Les vers qui avaient reçu l'ARN de planaires entraînées semblaient «se souvenir» de la signification de la lumière; les vers qui avaient reçu l'ARN de planaires non entraînées ne manifestaient aucunement qu'ils «se souvenaient» que la lumière annonçait une décharge électrique. Ces résultats semblent indiquer que l'ARN peut être une des substances chimiques impliquées dans l'entreposage de la mémoire.

La transmission de la mémoire chez les rats et les poissons rouges

Dans des expériences plus récentes, Georges Ungar rapporte une forme similaire de *transmission de la mémoire* chez les rats et les poissons rouges. Ungar a entraîné des rats à avoir peur de l'obscurité. Il a ensuite broyé leur cerveau et a extrait des substances chimiques variées de la «gibelotte» produite. Lorsqu'il injectait une de ces substances chimiques dans le corps de rats non entraînés, ceux-ci réagissaient alors comme s'ils avaient eux aussi été entraînés à avoir peur de l'obscurité.

La substance chimique isolée par Ungar est une protéine à laquelle il a donné le nom de **scotophobine** (des mots grecs signifiant «peur de l'obscurité»). Des protéines similaires, mais légèrement différentes ont été extraites du cerveau de rats entraînés à ne pas s'occuper du son d'une cloche et du cerveau de poissons rouges entraînés à éviter certaines couleurs. Ungar prétend que ces substances chimiques sont aussi des molécules de mémoire et que, si elles sont injectées dans le corps d'animaux non entraînés, elles aideront ceux-ci à «se souvenir» d'un entraînement qu'ils n'ont pas reçu.

La recherche sur les molécules de mémoire est fascinante, mais elle est loin d'être concluante. Quoique des chercheurs dans plus d'une centaine de laboratoires aient répété avec succès les études sur les vers plats et les rats, d'autres scientifiques n'ont pas réussi à obtenir de bons résultats. De nombreux chercheurs prétendent que la scotophobine et les autres molécules dites de mémoire n'ont rien à voir avec la mémoire. Certains d'entre eux affirment que ces substances chimiques ne font que modifier le comportement de l'animal (tout comme les drogues) et ne contiennent aucun souvenir. La question soulève donc encore des doutes et suscite encore des discussions intenses parmi les chercheurs.

Même s'il existe des molécules de mémoire, nous sommes encore loin du jour où vous pourrez étudier pour un examen en recevant une injection de la mémoire du professeur. En attendant que les molécules de mémoire soient développées pour les humains, si jamais elles le sont, les gens devront se fier à des méthodes plus conventionnelles pour résoudre leurs problèmes. Comme Sherlock Holmes, nous devrons utiliser l'«ordinateur» ou le cerveau avec lequel nous sommes nés, de même que l'information et les souvenirs qui sont emmagasinés dans cet ordinateur. Il n'en reste pas moins que cet outillage nous permet de résoudre la plupart de nos problèmes.

LA RÉSOLUTION DE PROBLÈMES

Comment nous y prenons-nous pour résoudre nos problèmes? Il n'y a pas une méthode unique pour résoudre tous les problèmes, mais il y a une manière générale d'aborder des problèmes. La *première étape* de la résolution de tout problème consiste à prendre conscience de l'existence de celui-ci. Prenons trois exemples: un étudiant, un artiste et Sherlock Holmes. Un étudiant sait que lors de l'examen, il devra inscrire la bonne information à l'endroit approprié sur la feuille de réponses. Un peintre sait qu'il doit dessiner sur une toile vierge. Sherlock Holmes sait qu'il dispose de trois jours pour trouver une photographie bien dissimulée. Dans chacun de ces cas, le problème est facilement identifiable.

La *deuxième étape* de la résolution de problèmes fait appel à la pensée et à la mémoire. L'étudiant lit les questions d'examen, puis réfléchit et essaie de se remémorer toute l'information dont il a besoin pour y répondre. Le peintre se rappelle d'autres peintures et les techniques de son art, et réfléchit à la façon d'appliquer ces techniques à une nouvelle oeuvre. Sherlock Holmes rassemble le plus de renseignements possibles sur Irène Adler, puis tente de déterminer où elle a pu cacher une photographie à laquelle elle tient énormément.

La *troisième étape* de la résolution de problèmes consiste à faire l'essai de la solution choisie. Une fois qu'une personne confrontée à un problème a accumulé toutes les informations disponibles, elle imaginera habituellement diverses solutions, puis arrêtera son choix sur l'une d'entre elles. L'étudiant se remémore le plus grand nombre de faits possible, puis inscrit ses réponses sur la feuille d'examen. Le peintre décide d'un thème et d'un style, puis se met à travailler. Holmes conclut qu'Irène Adler a probablement caché la photo dans sa maison; il se déguise alors en prêtre et se sert d'un subterfuge pour qu'Irène le fasse entrer chez elle.

L'*étape finale* de la résolution de problèmes commande une évaluation de la solution qu'on a trouvée. L'étudiant qui passe l'examen se rappelle certains faits et en oublie d'autres; un professeur fait l'évaluation finale. Le peintre produit une peinture abstraite et fort originale qui s'évalue de plusieurs façons: certaines personnes perçoivent le tableau comme une création artistique qui représente le monde de façon magnifique et radicalement différente; d'autres n'y voient qu'un mélange de couleurs bizarres et de formes étranges. Holmes vérifie sa théorie sur l'endroit où se trouve la photo d'une manière assez astucieuse. Le Dr Watson s'est caché non loin de la maison d'Irène Adler, et attend un signal de Holmes. Au signal, Watson lance une bombe fumigène à travers la fenêtre. Aussitôt, Holmes s'écrie: «Au feu!». Lorsqu'elle entend ce cri d'alarme, Irène accourt immédiatement vers l'endroit où elle a caché son trésor le plus précieux. Holmes ne la quitte pas un instant des yeux, de sorte qu'il sait bientôt où se trouve la photographie. Avant qu'Irène ne retire la photo de la cachette, Holmes lance: «Fausse alerte!», en faisant disparaître la bombe fumigène. Irène se détend et laisse la photo dans sa cachette, mais Holmes sait maintenant où celle-ci se trouve. Son plan consiste à revenir avec le roi plus tard dans la soirée pour reprendre la photo scandaleuse. Malheureusemen pour Holmes et le roi, la solution ne se révèle pas tout à fait assez bonne.

La motivation

Comment se fait-il que certaines solutions échouent et que d'autres réussissent? Plusieurs facteurs importants entrent en jeu dans la résolution de problèmes et peuvent influencer le succès de toute solution. Parmi ces facteurs, il y a la motivation (voir chapitre 5).

La motivation a presque toujours une fonction dans la résolution de problèmes. Les étudiants très motivés à obtenir de bonnes notes, que ce soit pour faire plaisir à leurs parents, à leurs professeurs, à leurs amis ou à eux-mêmes, consacrent généralement suffisamment de temps à l'étude. Si leur manière d'étudier est appropriée, ils peuvent former des associations

Fig. 7.7

Les étapes de la résolution de problèmes sont les suivantes: 1) prendre conscience de l'existence du problème, 2) réfléchir sur la manière de résoudre le problème, 3) essayer une solution et 4) évaluer la solution.

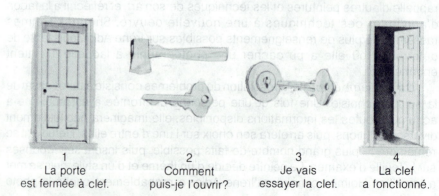

1	2	3	4
La porte est fermée à clef.	Comment puis-je l'ouvrir?	Je vais essayer la clef.	La clef a fonctionné.

pertinentes et introduire de nouvelles informations dans leur MLT. Lors d'un examen, un étudiant très motivé se remémore habituellement plus d'informations et a un meilleur rendement qu'un étudiant qui n'est pas particulièrement intéressé à obtenir de bonnes notes et qui n'a pas étudié de façon appropriée.

D'autre part, la motivation peut parfois avoir un effet inverse sur la résolution de problèmes. Un niveau de motivation trop élevé peut éveiller de l'**anxiété**. Par exemple, un étudiant qui a peur de la punition ou de l'embarras causés par de mauvais résultats peut être très motivé à produire un bon rendement. Mais l'anxiété parfois associée à ce type de motivation peut paralyser la personne et l'amener à avoir un mauvais rendement. Les tourments psychologiques associés à l'échec ont un effet analogue à celui du choc électrique qui amenait les sujets dans l'expérience sur la mémoire à oublier quels mots étaient associés à quelles syllabes dépourvues de sens. Une personne qui fait continuellement l'expérience de l'échec peut devenir encore plus anxieuse à l'avenir face à d'autres tests, et obtenir des résultats encore pires.

Sherlock Holmes est très motivé. Il veut solutionner le problème du roi; aussi travaille-t-il très fort à trouver la photographie. Il a sa réputation à sauvegarder, mais il n'en devient pas pour autant hyper-anxieux. Il a rarement fait l'expérience de l'échec dans sa vie; il a la certitude qu'il trouvera la bonne solution en se servant tout simplement de sa tête. C'est ce qu'il fait, et il réussit presque à atteindre son but. L'artiste qui crée le tableau abstrait, lui, est motivé à réaliser une interprétation originale et esthétique du monde. Il met à contribution toutes ses aptitudes, tout son talent et toutes ses expériences antérieures lorsqu'il crée sa toile, que bien des gens par la suite vont juger réussie.

La prédisposition mentale

L'expérience antérieure occupe une place importante dans la résolution de problèmes; les gens ont en effet tendance à rechercher des types de solutions qui ont connu du succès par le passé. Par exemple, une personne qui a appris à utiliser des moyens mnémotechniques aura tendance à réutiliser ces procédés face à du matériel qui nécessite de la mémorisation, surtout si l'emploi de ces procédés a réussi par le passé. Notre système d'éducation est en grande partie basé sur l'enseignement et l'élaboration de types particuliers de solutions, ou de **prédispositions mentales.** Dans les cours de mathématiques, on apprend une série de principes qui peuvent s'appliquer à des problèmes mathématiques. Lorsqu'on applique les mêmes principes à maintes reprises, on en vient généralement à se définir une manière habituelle d'aborder un problème, ce qui nous fait acquérir une prédisposition à régler le problème. Une fois bien établie, cette prédisposition s'avère très utile pour résoudre de nouveaux problèmes. Lorsqu'ils disposent d'une manière pré-établie d'aborder certains types de problèmes, les gens peuvent tout de suite trouver une solution à un problème donné sans qu'il leur soit nécessaire d'étudier toutes les manières possibles de le résoudre. Un peintre peut étudier la perspective et acquérir une méthode habituelle de reproduction de la profondeur dans ses tableaux. Holmes, quant à lui, a une méthode habituelle qui lui permet de trouver des objets cachés.

Les prédispositions mentales sont utiles, mais elles peuvent aussi créer certaines difficultés. Lorsqu'un problème requiert une solution d'un genre différent, l'ancienne prédisposition peut entraver la découverte d'une nouvelle solution. Un détective ayant une seule façon habituelle de trouver des objets dissimulés, celle qu'utilise Holmes dans *Un scandale en Bohême*, échouera toutes les fois qu'il ne pourra pas observer le propriétaire cherchant à protéger son bien. Ceux qui parviennent le mieux à résoudre des problèmes possèdent une gamme variée de prédispositions mentales parmi lesquelles ils peuvent choisir lorsqu'ils s'attaquent à leurs problèmes.

La rigidité fonctionnelle

Un autre facteur mental influence la résolution de problèmes: c'est la tendance qu'ont les gens à employer certains objets de façon déterminée pour solutionner certains problèmes. Par exemple, une paire de pinces sert à empoigner des objets. La fonction d'une paire de pinces est fixée dans la tête de la plupart des gens et ceux-ci ont tendance à oublier que les pinces peuvent avoir d'autres utilisations. N.R.F. Maier, de l'Université du Michigan, a conçu un problème qui démontre ce qu'est la **rigidité fonctionnelle.**

Le problème est le suivant: deux cordes pendent du plafond à 15 pieds de distance l'une de l'autre. La solution au problème consiste à attacher les deux extrémités ensemble. La manière habituelle d'aborder le problème consiste à prendre le bout d'une des cordes et, tout en la tenant, à se diriger vers l'autre corde, la saisir et attacher les deux cordes ensemble. Cependant, dans le cas que nous soumet Maier, les cordes sont trop éloignées l'une de l'autre, et la personne qui tient une corde ne peut pas s'étirer assez pour atteindre la deuxième corde sans lâcher la première. La solution habituelle ne fonctionne pas.

Dans un coin de la pièce où l'on a suspendu les deux cordes, il y a une paire de pinces. Il est probable qu'une personne ayant une notion rigide de la fonction habituelle des pinces ne verra pas comment les utiliser pour lier les deux cordes ensemble. Mais une personne à l'esprit plus souple verra peut-être les pinces sous un autre aspect. Elle pourra prendre les pinces et les attacher à l'extrémité d'une des cordes, puis faire osciller celle-ci en un grand mouvement pendulaire. Pendant que la corde oscille, cette personne peut aller prendre l'autre corde et attendre que la corde chargée d'un poids soit assez rapprochée pour la saisir. Les deux cordes en main, elle n'aura plus aucune difficulté à les attacher ensemble.

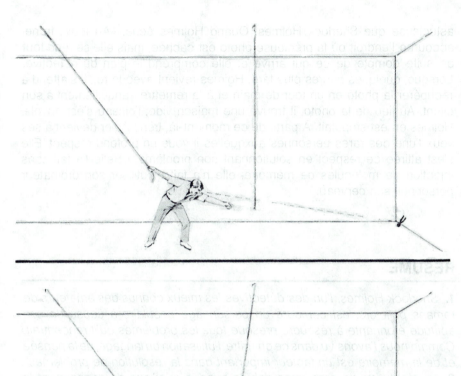

Fig. 7.8

Les gens ont tendance à utiliser certains objets de façons habituelles pour solutionner des problèmes. Ce dessin illustre comment une personne créatrice utilise des pinces d'une manière originale pour solutionner le problème qui consiste à attacher ensemble deux cordes suspendues à 15 pieds de distance l'une de l'autre.

L'originalité et la créativité

On solutionne la plupart des problèmes en faisant appel à un mode de pensée organisé. En d'autres termes, la plupart des gens suivent des étapes précises lorsqu'ils réfléchissent ou s'attaquent à leurs problèmes. Cependant, il arrive parfois que la pensée organisée ne soit pas suffisante, et qu'il faille essayer des façons nouvelles et différentes de répondre. Sherlock Holmes fait preuve d'**originalité** quand il essaie de trouver la photo. En réfléchissant de façon créatrice, il réussit presque à résoudre son problème. Bien que la créativité et l'originalité soient souvent utiles, elles ne réussissent cependant pas toujours. L'originalité de Holmes n'a pas les résultats escomptés dans ce cas parce qu'Irène Adler aussi fait preuve de créativité. Elle possède tout l'outillage mental nécessaire pour solutionner ses propres problèmes et pour être aussi astucieuse que Sherlock Holmes. Quand Holmes écrie: «Au feu!», Irène accourt à l'endroit où la précieuse photo est cachée, mais elle se rend tout de suite compte de ce qui arrive et elle comprend le plan du détective. Lorsque, quelques heures plus tard, Holmes revient avec le roi, il s'attend à récupérer la photo en un tour de main et à la remettre tranquillement à son client. Au lieu de la photo, il trouve une maison vide; l'oiseau s'est envolé. Holmes en est stupéfait. À partir de ce moment-là, Irène Adler devient à ses yeux l'une des rares personnes auxquelles il voue un profond respect. Elle s'est attirée ce respect en solutionnant son problème, et elle l'a fait sans injection de molécules de mémoire; elle n'a fait qu'utiliser son ordinateur personnel: son cerveau.

RÉSUMÉ

1. Sherlock Holmes, l'un des détectives les mieux connus des amateurs de romans policiers, est demeuré un personnage populaire à cause de son aptitude étonnante à résoudre presque tous les problèmes qu'il rencontrait. Comme nous l'avons vu dans ce chapitre, l'utilisation du langage, de la pensée et de la mémoire est un facteur important dans la résolution de problèmes.
*2. La résolution de problèmes débute avec la cueillette de données, et le **langage** est l'un des moyens les plus importants que nous ayons pour amasser de l'information. Le langage est un système de signes et de symboles qu'une personne utilise pour communiquer avec une autre.*
*3. On n'a pas encore pu déterminer si la capacité de l'homme d'apprendre le langage est innée ou acquise. Mais il semble que l'hérédité et l'environnement entrent tous deux en jeu, et qu'ils soient tous deux nécessaires. L'aptitude à apprendre une langue est programmée dans le cerveau humain, mais l'apprentissage, spécialement sous forme d'**imitation**, est probablement une composante indispensable de l'acquisition du langage.*
4. La pensée est l'une des plus importantes capacités humaines. La description de Piaget du développement intellectuel de l'enfant nous aide à mieux comprendre notre propre fonctionnement intellectuel.
*5. Selon Piaget, l'adaptation est le processus le plus important du fonctionnement intellectuel. L'**assimilation** et l'**accommodation** sont deux formes d'adaptation. L'assimilation est un processus orienté vers l'intérieur, comme lorsqu'on écoute ou recueille de l'information. L'accommodation est un processus orienté vers l'extérieur et qui consiste à agir en fonction de l'environnement.*
*6. Piaget affirme que la maturation du développement mental survient au cours de quatre stades: le **stade sensori-moteur**, le **stade pré-opératoire**, le **stade des opérations concrètes** et le **stade des opérations formelles**. Piaget croit que chaque enfant doit franchir ces stades dans l'ordre. Il croit aussi que notre développement intellectuel se termine vers l'âge de 14 ou 15 ans.*

7. *La résolution de problèmes dépend de notre capacité d'obtenir de l'information, de la retenir ou l'entreposer et de se la rappeler ou remémorer par la suite quand c'est nécessaire. Les principaux processus de la mémoire que nous utilisons pour emmagasiner et récupérer l'information sont l'**entreposage d'informations sensorielles (EIS)**, la **mémoire à court terme (MCT)** et la **mémoire à long terme (MLT)**.*

8. *Les procédés **mnémotechniques** sont le nom donné aux méthodes ou aux trucs qui peuvent aider la mémorisation. L'**imagerie éidétique** est un type de mémoire connu plus couramment sous le nom de mémoire photographique.*

9. *On oublie pour plusieurs raisons. Les dommages cérébraux, la sénilité, les drogues, l'hypnose et les chocs graves sont tous des éléments qui peuvent occasionner l'**amnésie** ou la perte de mémoire. L'amnésie peut aussi survenir parce qu'inconsciemment, la personne veut oublier. Cette forme d'oubli motivé s'appelle le **refoulement**.*

10. *La recherche sur la mémoire, qui pourrait éventuellement faciliter la résolution de problèmes et la faculté de se rappeler, a permis d'avancer une hypothèse selon laquelle les souvenirs seraient entreposés dans des molécules chimiques. Cependant, la recherche sur les molécules de mémoire n'est pas concluante et il peut s'écouler encore beaucoup d'années avant que quelqu'un ne puisse recevoir une injection de molécules de mémoire, si cela se produit un jour.*

11. *Même sans injections de molécules de mémoire, la plupart des humains sont experts dans la résolution de problèmes. Les principales étapes de la résolution de problèmes (comparables aux étapes de la méthode scientifique; voir chapitre 1) sont les suivantes: 1) prendre conscience de l'existence d'un problème, 2) réfléchir au problème, 3) essayer différentes solutions et 4) évaluer les solutions.*

12. *Même si la motivation peut parfois créer de l'anxiété, elle est toujours importante dans la résolution d'un problème. La **prédisposition mentale** et la **rigidité fonctionnelle** facilitent aussi la résolution de problèmes, mais elles peuvent nous gêner si elles nous empêchent d'être souples et originaux dans nos modes de pensée.*

guide d'étude

A. RÉVISION

Compléter les phrases suivantes:

1. Le _____, la _____ et la _____ sont essentiels à la fois pour la résolution de problèmes et pour la survie.

2. Une langue est un système de _____ et de _____ qu'une personne emploie pour communiquer avec une autre.

3. Un _____ est une abstraction, c'est-à-dire quelque chose qui représente une idée ou une expérience complexe.

4. Il y a environ 2 500 ans, l'historien grec _____ a décrit l'une des premières expériences connues sur le langage.

5. Le _____ du nourrisson au cours des premiers mois de la vie contient tous les sons nécessaires à l'apprentissage de n'importe quelle langue.

6. Condillac a nommé «langage d'_____» les conduites vocales et les cris qui seraient à l'origine du langage.

7. La _____ est l'étude scientifique de la nature et de la structure du langage.

8. Ashley Montagu croit que le langage tire son origine de la _____.

9. Jaynes croit que les premières langues se présentaient sous la forme d'une communication _____.

10. Un enfant requiert habituellement _____ ans pour maîtriser sa langue maternelle.

11. Les tentatives de l'enfant d'_____ le langage l'amènent finalement à produire des sons qui ressemblent à des mots.

12. Si l'on découvrait que toutes les langues possèdent des composantes semblables (telles que des similitudes grammaticales), on aurait alors des indices nous permettant de croire que l'acquisition du langage est en partie _____.

13. Pour _____, la pensée ressemble à un dialogue intérieur.

14. Le psychologue suisse Jean Piaget a étudié le développement mental, ou _____, de l'enfant.

15. Selon Piaget, l'_____ est le processus le plus important du fonctionnement intellectuel.

16. L'_____ et l'_____ sont deux processus de base dans l'adaptation.

17. Le stade _____ - _____ est le premier des quatre stades de développement intellectuel selon Piaget; il englobe les deux premières années de la vie.

18. Lorsqu'un enfant est en mesure de réaliser des activités mentales internes par opposition à des opérations purement physiques, il est au stade _____.

19. La pensée abstraite se développe au cours du dernier stade de développement, appelé la période des _____.

20. Vos sens possèdent un mécanisme qui leur permet de retenir certains stimuli pendant de brèves périodes; ce mécanisme s'appelle l'entreposage d'_____ .

21. Votre mémoire à court terme ne peut retenir qu'environ_____ à_____ éléments d'information à la fois.

22. Si nous voulons retenir de l'information plus longtemps que d'habitude dans la MCT, alors nous la_____.

23. L'action de rassembler des éléments en catégories de façon à emmagasiner plus d'information dans la MCT constitue ce qu'on appelle un _____.

24. Les_____ sont des trucs ou des méthodes qui facilitent la mémorisation.

25. La capacité d'emmagasiner de notre mémoire à_____ semble illimitée.

26. Quand l'information est emmagasinée dans notre MLT d'une manière organisée et logique, nous pouvons dire qu'elle est _____ correctement.

27. Le nombre d'_____ faites avec un élément d'information est un facteur qui semble favoriser le repérage et l'extraction de cet élément de la MLT.

28. Il semble beaucoup plus facile de faire_____ de l'information dans notre MLT que de l'en faire_____ .

29. Les psychologues appellent la mémoire photographique véritable de la manière suivante: _____ .

30. Le choc ou l'accident qui provoque l'amnésie empêcherait le cerveau de transférer l'information de la _____ à la _____ .

31. Le mécanisme freudien du_____ est essentiellement une forme d'oubli motivé.

32. Tel que les études sur des planaires l'ont démontré, l'_____est une substance chimique importante dans l'étude de la mémoire.

33. La troisième étape de la résolution de problèmes consiste à _____ la solution choisie.

34. La motivation peut avoir un effet défavorable sur la résolution de problèmes quand elle devient trop élevée et éveille _____ .

35. Le fait de se définir un modèle ou une manière habituelle d'aborder le même type de problèmes peut engendrer une _____ .

36. La tendance à percevoir les objets comme n'ayant qu'une ou deux fonctions particulières s'appelle la _____ .

B. VÉRIFICATION DES CONNAISSANCES

Encercler la bonne réponse (A, B, C ou D):

1. On sait que le langage:
   A. ne devrait pas être utilisé dans la résolution de problèmes.
   B. est un système de signes et de symboles.
   C. existe chez les dauphins et les chimpanzés.
   D. se retrouve dans plus de 60% des civilisations humaines.

2. L'origine du langage:
A. fait encore l'objet de discussions.
B. remonte directement à l'utilisation d'outils.
C. se situe en Grèce il y a environ 2 500 ans.
D. est une question qui n'a que récemment intéressé les linguistes et les psychologues.

3. Qu'est-ce qui est important dans le développement du langage?
A. le babillage
B. l'imitation
C. les prédispositions innées
D. A, B et C à la fois

4. Un enfant requiert environ _____ pour maîtriser sa langue maternelle.
A. un an
B. deux ans
C. trois ans
D. quatre ans

5. Selon Piaget, lequel des éléments suivants n'est pas nécessaire à l'élaboration d'un concept?
A. l'expérience
B. le langage
C. la transmission sociale
D. la maturation

6. Parmi les séquences suivantes, laquelle, selon Piaget, correspond au développement cognitif de l'enfant?
A. sensori-moteur, pré-opératoire, opérations concrètes, opérations formelles
B. opérations formelles, opérations concrètes, pré-opératoire, sensori-moteur
C. sensori-moteur, opérations formelles, pré-opératoire, opérations concrètes
D. opérations concrètes, opérations formelles, sensori-moteur, pré-opératoire

7. Lorsque nous cherchons un numéro de téléphone dans le bottin pour ensuite le composer, ce numéro est alors emmagasiné dans:
A. la mémoire sensorielle (l'entreposage d'informations sensorielles).
B. la mémoire très courte.
C. la mémoire à court terme.
D. la mémoire à long terme.

8. Laquelle des composantes de la mémoire semble avoir une capacité illimitée?
A. l'EIS
B. la MCT
C. la MLT
D. aucune de ces réponses

9. Se servir des jointures de la main pour se rappeler le nombre de jours qui correspondent aux mois de l'année est un exemple:
A. de procédé mnémotechnique.
B. d'acronyme.
C. d'assimilation.
D. de regroupement.

10. L'aptitude à enregistrer dans votre esprit une image complète et détaillée correspond à:

A. l'amnésie.

B. l'imagerie éidétique.

C. une prédisposition mentale.

D. un refoulement.

La vérité,
toute la vérité, rien que...

Une voiture freine brusquement et... bang! On entend des cris. Quelqu'un a été frappé. Une voiture vient tout juste de renverser un piéton et vous êtes témoin de l'accident. Vous avez vu exactement ce qui s'est passé et vous serez probablement appelé à témoigner devant le tribunal. Mais avez-vous réellement vu tout ce qui est arrivé? Et même si vous avez effectivement tout vu, serez-vous en mesure de vous remémorer les événements avec précision?

Plusieurs personnes répondraient «oui» sans hésitation et seraient disposées à prêter serment sur la foi de leurs souvenirs. Les gens ont tendance à faire beaucoup confiance à la capacité de la mémoire d'enregistrer des faits objectivement, et l'on pense habituellement que la mémoire est un instrument assez stable et fidèle. La déposition d'un «témoin oculaire» est souvent le facteur décisif lors d'un procès.

Mais un témoin oculaire peut-il se tromper? La mémoire fait-elle parfois une erreur lorsqu'elle enregistre les données qui lui proviennent des sens? La mémoire confond-elle parfois sensation et imagination? Les gens inventent-ils inconsciemment ou s'imaginent-ils des choses à partir des informations d'entrée? À toutes ces questions, on peut répondre par l'affirmative. Les témoins oculaires rapportent souvent des versions différentes des événements. Pourquoi et comment cela se produit-il? Des recherches menées par Elizabeth Loftus de l'Université de l'État de Washington à Seattle suggèrent quelques réponses.

La recherche de Loftus débute sur la scène d'un accident. Elle utilise le film d'un accident dans un but expérimental. Sa thèse est la suivante: «Les questions qu'on pose sur un événement peu de temps après qu'il se soit produit peuvent influencer le souvenir que le témoin gardera de cet événement; elles peuvent amener une modification ou une distorsion du souvenir». Les questions qu'on pose à un témoin sont importantes pour plusieurs raisons. Des études ont démontré que la formulation d'une question peut avoir un effet considérable sur les réponses apportées. Dans une expérience, Loftus et ses collègues montraient d'abord des films d'accidents de voiture puis, immédiatement après, posaient des questions aux spectateurs sur ce qu'ils avaient vu. À certains sujets, on demandait: «À quelle vitesse les voitures allaient-elles lorsqu'elles se sont écrasées l'une contre l'autre?» À d'autres, on demandait: «À quelle vitesse les voitures allaient-elles lorsqu'elles sont entrées en contact?» L'utilisation du mot «écraser» dans la question résultait immanquablement en des estimations plus élevées de la vitesse que les mots «entrer en contact», «entrer en collision», «heurter» ou «frapper».

Dans une autre expérimentation, 100 étudiants visionnaient un court segment de film qui présentait une collision multiple de voitures. Les sujets remplissaient ensuite un questionnaire où six questions sur 22 étaient particulièrement importantes; trois d'entre elles se reportaient à des détails qui apparaissaient dans le film, et trois à des détails qui n'y étaient pas présents. Pour la moitié des sujets, les questions critiques commençaient par les mots: «Avez-vous vu un (une) ...», par exemple: «Avez-vous vu un phare brisé?». Pour l'autre moitié, la question critique commençait par les mots: «Avez-vous vu le (la) ...», par exemple: «Avez-vous vu le phare brisé?». Les témoins à qui l'on avait posé les questions où l'article «le (la)» était utilisé étaient plus susceptibles que les autres de répondre par l'affirmative même si l'objet n'apparaissait pas dans le film. En conséquence, la formulation d'une question, même la modification d'un article, peut avoir un effet mesurable sur les réponses données.

Mais la préoccupation principale de Loftus ne réside pas dans «l'effet de la formulation d'une question sur les réponses, mais plutôt son effet sur les réponses apportées à d'autres questions posées ultérieurement, souvent beaucoup plus tard». En d'autres termes, elle étudie la mémoire, ou

ce qu'elle appelle un «phénomène mnémonique d'une certaine importance». Elle a exploré ce phénomène dans le cadre d'un certain nombre d'expériences.

Dans une étude, on a présenté à 150 étudiants le film d'une collision multiple dans lequel une voiture (Voiture A), après avoir omis de freiner à un panneau d'arrêt, faisait un virage à droite et s'engageait dans le flot principal de circulation. Les automobilistes coupés par la voiture A freinaient brusquement et il s'ensuivait une collision mettant en jeu cinq voitures. Après la présentation du film, on a fait remplir aux étudiants un questionnaire comportant 10 questions. Pour la moitié des sujets, la première question était la suivante: «À quelle vitesse la voiture A allait-elle lorsqu'elle a omis de faire son stop?». L'autre moitié des sujets devait répondre à la question suivante: «À quelle vitesse la voiture A allait-elle lorsqu'elle a fait le virage à droite?». La dernière question était la même pour tous les sujets: «Avez-vous vu un panneau d'arrêt auquel aurait dû obéir la voiture A?».

Plus de 50% des sujets du premier groupe ont rapporté avoir vu le panneau de signalisation dans le film; seulement 35% de ceux du deuxième groupe ont rapporté l'avoir vu. Loftus en conclut que «la formulation d'une supposition à l'intérieur d'une question posée à un témoin immédiatement après qu'il ait vu un événement peut influencer la réponse qu'il donnera à une question sur cette supposition, et qu'on lui pose même très peu de temps après».

Une explication possible de cet effet peut être l'«hypothèse de la construction». En répondant à la question initiale à propos du panneau d'arrêt, les sujets peuvent évoquer ou reconstruire mentalement la portion de l'incident dont ils ont besoin pour être en mesure de répondre à la question. Si la présupposition est acceptée, alors les sujets peuvent introduire un panneau d'arrêt dans leur évocation, que celui-ci ait été ou non réellement enregistré dans la mémoire. Plus tard, lorsqu'on interroge les sujets à propos du panneau de signalisation, ils peuvent répondre en se basant sur le signal qu'ils ont évoqué ou construit plutôt que sur le souvenir réel qu'ils ont de l'incident. Si c'est ce qui se produit, alors certaines parties de la mémoire pourraient être des éléments construits plutôt que des représentations objectives basées sur des faits. Mais le panneau de signalisation existait réellement.

Le travail de Loftus soulève des questions intéressantes pour les théoriciens de la mémoire, mais il comporte aussi des implications pratiques pour tous et chacun. S'il est possible de se remémorer un panneau d'arrêt inexistant, il est alors très possible de se souvenir d'un fusil, d'un couteau, d'un mot ou de presque n'importe quoi d'autre qui n'était pas là au moment où l'événement s'est produit. De tels souvenirs peuvent être extrêmement importants, surtout dans le système judiciaire. Le travail de Loftus rappelle aux juges, aux avocats, aux interrogateurs de la police, aux enquêteurs d'accidents et à tous les témoins éventuels d'incidents qu'il faut être conscient de la malléabilité de la mémoire.

C. À PROPOS DE L'ARTICLE...

1. Les recherches de Loftus permettent de croire que deux facteurs peuvent influencer le compte rendu des témoins occulaires d'un accident. Quels sont-ils? _____

2. Quel exemple Loftus apporte-t-elle de ce qu'elle appelle l'«hypothèse de la construction»? _____

SUGGESTIONS DE LECTURES

Bartz, W.H., *La mémoire*, HRW, Montréal, 1976.
Clifford, T., Morgan, T., Deese, J., *Comment étudier*, McGraw-Hill, Montréal, 1968.
Doyle, C., «Un scandale en Bohême», dans *Sherlock Holmes*, volume 1, Laffont, Paris, 1956.
Luria, I., *Une prodigieuse mémoire*, Colin, Paris, 1970.
Osborn, A.F., *L'imagination constructive*, Dunod, Paris, 1964.
Piaget, J., *Six études de psychologie*, Denoël-Gonthier, Paris, 1964.

En anglais

Gordon, W.J., *Synectics*, Harper & Row, New York, 1961.
Lorayne, H., *Good memory, good student*, Stein and Day, New York, 1976.
Luria, A.R., *The mind of a mnemonist*, Basic Books, New York, 1968.
Wickelgren, W.A., *How to solve problems*, Freeman, San Francisco, 1974.

8

---

l'intelligence

La plupart des gens conviendront que l'intelligence est l'une des plus importantes des caractéristiques humaines. Si nous jetons un coup d'oeil sur la façon dont les psychologues essaient de la mesurer, nous comprendrons un peu plus la complexité et la variabilité de cette valeur intrinsèque. D'après les études effectuées jusqu'à présent, l'intelligence peut, parfois, être améliorée.

Après avoir étudié ce chapitre, vous pourrez:

- Définir l'intelligence;

- Décrire le test d'intelligence de Binet-Simon et évaluer un score de Q.I.;

- Résumer le point de vue de Spearman et de Thurstone au sujet de la nature de l'intelligence;

- Énumérer les caractéristiques des bons tests psychologiques;

- Résumer la manière dont le dilemme hérédité-environnement s'applique à l'intelligence;

- Énumérer et décrire au moins cinq causes de déficience mentale;

- Décrire et évaluer le Projet Milwaukee.

Âge chronologique. Chronos était le dieu grec du temps. L'âge chronologique est le temps vécu depuis la naissance.

Âge mental. Selon Simon et Binet, un enfant moyen de sept ans devrait avoir un développement mental moyen, c'est-à-dire qu'il devrait avoir un âge mental de sept ans. L'âge mental est donc l'évaluation de la maturité mentale.

Capacité intellectuelle générale (facteur G). Certains psychologues, notons en particulier Charles Spearman, croient que l'intelligence est déterminée par deux types de facteurs: 1) une capacité intellectuelle générale appelée «facteur G», commune à toutes les personnes; et 2) des aptitudes spécifiques qui n'ont pas un lien direct avec la «capacité intellectuelle générale». D'autres psychologues, entre autres J.P. Guilford, réfutent l'existence du «facteur G» faute de preuves.

Chitling Test. Les tests de Q.I. les plus usités dans les écoles américaines ont été établis par des blancs de la classe moyenne. Ils peuvent donc donner des scores biaisés au détriment des enfants noirs, et des enfants blancs ou autres issus de quartiers défavorisés. Le Chitling Test (test des andouillettes) a été conçu pour les noirs; il faut donc être imprégné de culture noire pour le réussir. Les andouillettes, mets dégusté par les noirs du sud des États-Unis, sont constituées de petits morceaux d'intestins de porc, servis bouillis ou frits.

Chromosomes. Du grec *khrôma*, «couleur». Les chromosomes lient les gènes d'une cellule ensemble comme les brins de fil lient les perles d'un collier. Chaque chromosome peut être formé de plusieurs milliers de gènes.

Cognitif. Qui se rapporte aux expériences ou activités mentales.

Corrélation. Se dit des choses qui «vont ensemble» ou qui sont en relation entre elles d'une certaine façon. La majorité des blondes ont les yeux bleus; la couleur des yeux et celle des cheveux sont donc en corrélation. Cependant, il n'y a pas de lien de cause à effet entre les yeux bleus et les cheveux blonds; les deux traits sont plutôt déterminés par des facteurs génétiques apparentés.

Courbe en forme de cloche. Courbe qui illustre la distribution des scores de Q.I. calculés sur un échantillon de plusieurs personnes. On l'appelle

aussi courbe normale de probabilité. Puisque la plupart des étudiants se situent théoriquement dans la moyenne, les scores se regroupent au milieu de la courbe de distribution et sont moins nombreux aux extrémités; de là la forme caractéristique de la courbe.

Déficience mentale. D'après les définitions traditionnelles, il s'agit d'une «carence dans le développement intellectuel, qui provoque l'incompétence sociale, est le résultat d'une défectuosité du système nerveux central et, donc, est incurable». Cependant, nous croyons aujourd'hui que plusieurs types de déficience mentale peuvent être améliorés, sinon complètement guéris.

Échelle d'intelligence pour adultes de Wechsler (W.A.I.S.). Test de Q.I. largement utilisé, normalisé pour les adultes et mis au point par le psychologue américain David Wechsler.

Enzyme. Protéine retrouvée dans la plupart des tissus vivants, qui accélère les réactions chimiques. Sans les enzymes de la salive et des sucs gastriques, on ne pourrait pas digérer aussi bien la nourriture.

Fidélité. Les amis fidèles sont ceux sur qui vous pouvez compter lorsque les choses tournent mal; leur comportement envers vous reste le même en toutes circonstances. La fidélité d'un test mental se définit comme la corrélation entre les scores d'un test répété par un même sujet.

Fratrie. Supposons que vos parents ont eu huit enfants: trois filles et cinq garçons. La fratrie se compose de huit membres. C'est la totalité des membres d'une famille qui sont réunis par un lien frère-soeur, soeur-soeur ou frère-frère.

Gènes. Unités de base de l'hérédité. On retrouve ces molécules chimiques complexes, constituées avant tout d'ADN, dans presque toutes les cellules; elles contrôlent les activités à l'intérieur des cellules, et assurent le mécanisme de reproduction des cellules.

Intelligence. Bien qu'il y ait plusieurs définitions différentes de l'intelligence, elles s'entendent toutes sur un point de base: les gens qui survivent et se développent dans un environnement donné sont généralement considérés comme intelligents; ceux qui ont des problèmes de survie dans le même environnement sont considérés comme moins intelligents.

Méthode Montessori. Méthode éducationnelle mise au point par une éducatrice italienne, Maria Montessori. Selon cette théorie, les enfants sont encouragés à se développer à leur propre rythme, dans un milieu très stimulant et accueillant.

Phénylcétonurie. Type d'invalidité rare mais guérissable qui affecte certains nourrissons. Si le bébé n'est pas soigné immédiatement, il peut devenir déficient mental. Aussi nommée P.C.U.

Phonétique. Du grec *phônêtikos*, qui signifie «produire un son». Étude scientifique des sons du langage des diverses langues.

Projet Milwaukee. Étude menée par le psychologue Rick Heber et ses collaborateurs, à l'Université du Wisconsin, qui permet de croire que les expériences vécues au cours de la tendre enfance ont une profonde influence sur les scores de Q.I.

Psychométricien. Du grec *psukhê*, «l'âme sensitive», et *metron*, «mesure». Le psychométricien est une personne qui fait passer des tests mentaux à d'autres personnes.

Quotient intellectuel. Ou Q.I. Dans la majorité des tests, on l'obtient en divisant l'âge mental de la personne par son âge chronologique, et en multipliant le tout par cent. Notons que les scores obtenus dans un test de Q.I. peuvent varier de vingt points ou plus, suivant l'âge de la personne, son expérience, sa motivation, son état général de santé et le type de test qu'on lui fait passer.

Syndrome de Down. Aussi appelé «mongolisme» ou «trisomie 21». Variété de maladie congénitale relativement courante dans laquelle l'enfant, dès sa naissance, présente un faciès oriental ou mongolique. Certaines formes de déficience mentale sont souvent rattachées au syndrome de Down, bien que le développement intellectuel de la personne atteinte soit souvent retardé tout aussi bien par des techniques d'apprentissage défectueuses que par des malformations physiologiques.

Test de Binet-Simon. Premier test d'intelligence qui a eu une certaine notoriété; il a été mis au moint par Alfred Binet et Théophile Simon au début des années 1900, afin de tester les écoliers français.

Test de Stanford Binet. Première version américaine du test de Q.I. de Binet-Simon. Elle a été élaborée par le psychologue L.M. Terman à l'Université Stanford.

Test normalisé. Test où la façon de procéder et d'enregistrer les résultats a été rendue uniforme.

Trait. Un talent, une habileté ou une manière d'exécuter quelque chose. L'intelligence est reconnue comme un trait de la personnalité.

Validité. Tout ce qui est valide est digne de foi ou exact. Un test de Q.I. valide est celui qui mesure réellement l'intelligence, et non un autre trait quelconque.

INTRODUCTION: *PYGMALION*

Pygmalion déteste les femmes. Il est malchanceux en amour. Et puisqu'il ne peut trouver de femmes qui le satisfassent, il décide de les rejeter d'un bloc. Il s'isole volontairement sur l'île de Chypre et se consacre à son travail de sculpteur. Mais il ne peut effacer totalement les femmes de sa mémoire et commence à modeler la statue d'une jeune fille superbe. Plus il y travaille, plus elle devient belle et «vivante».

Pour Pygmalion, sa statue est plus qu'un bloc de pierre ou qu'une oeuvre d'art. Elle est l'incarnation de ce qu'il considère être la représentation physique de la femme idéale. Sa statue est d'une rare perfection, et le jeune sculpteur s'en éprend. Il lui parle, la caresse, l'embrasse, lui apporte même des cadeaux.

Pauvre Pygmalion! Il aime désespérément un bloc de pierre inerte. Heureusement pour lui, les dieux décident de donner un coup de main aux mortels, comme ils le font dans tout mythe grec qui se respecte. Vénus, la déesse de l'amour, fait en sorte que la statue de Pygmalion prenne vie.

C'est, bien sûr, une idée fascinante d'imaginer que l'on puisse façonner un compagnon idéal dans de la pierre ou quelque autre matériau. Mais l'être humain n'est pas constitué que d'un corps. L'histoire de Pygmalion n'est pas terminée, car sa statue adorée ne possédait qu'une chose: la beauté. Une personne complète doit être dotée de tout un ensemble de traits ou de caractéristiques psychologiques individuelles; en d'autres mots, elle doit être dotée d'une personnalité.

George Bernard Shaw, fameux intellectuel et auteur dramatique anglais, s'est inspiré de l'histoire de Pygmalion et lui a donné une allure plus réaliste. En 1913, il a écrit une pièce mettant en scène une femme, Eliza Doolittle, et un homme, Henry Higgins. (Cette pièce a été adaptée en comédie musicale à Broadway et au cinéma, sous le titre de *My Fair Lady*.) Dans le *Pygmalion* de Shaw, Henry n'est pas un sculpteur, mais il façonne en quelque sorte les intelligences. Il est expert en **phonétique**, c'est-à-dire dans la prononciation des mots, et il apprend aux gens comment parler et prononcer la langue anglaise. Eliza n'est pas un bloc d'argile ou de pierre; au contraire, elle a, comme n'importe quel individu, la capacité d'apprendre ou de se développer, et de changer ou d'être modelée.

Eliza est une pauvre vendeuse de fleurs des bas quartiers de Londres, et sa manière de parler est pour ainsi dire inintelligible. Au tout début de la pièce, elle parle ainsi:

Ah! alors c'est votre fils!... Eh ben, si vous aviez fait vot'devoir de daronne, y serait pas ballot au point que d'abîmer les fleurs d'une pauv'fille et pis de se cavaler sans payer!

En entendant parler Eliza, Henry se vante auprès d'un ami:

Vous voyez cette créature, avec son français de trottoir, le français qui la maintiendra dans le ruisseau jusqu'à la fin de ses jours... Eh bien, monsieur, en trois mois, je pourrais faire passer cette jeune fille pour une duchesse à un «garden party» chez un ambassadeur.

Trois mois ne seront pas tout à fait suffisants, mais en six mois, Henry réussira tout de même ce tour de force. Il prend Eliza chez lui, lui fait prendre son premier bain, lui donne des vêtements neufs et lui fait apprendre un tout autre langage. En fait, Henry transforme Eliza. Il lui apprend à bien parler, mais lui donne aussi une nouvelle personnalité et l'amène à envisager la vie autrement.

L'histoire d'Eliza est tout à fait exceptionnelle. Il n'existe aucun cours avec des professeurs tels qu'Henry qui peuvent créer de nouveaux individus totalement différents, et ce, en six mois. Mais une personne change en grandissant et en apprenant. Chacun des ensembles propres à un individu tels que les **traits** physiques, **cognitifs** et sociaux se développe pendant les années de croissance, d'entraînement et d'éducation. À cause de la différence des gènes, de la diversité des formes d'éducation et de la variété infinie des expériences biologiques, psychologiques et sociales, chaque personne est unique.

Puisque l'on doit être en rapport avec les autres, donc avec toute une diversité de personnalités, il est essentiel de comprendre ce que peuvent en être les différences et à quoi elles sont dues. Chaque être humain, par ailleurs, est une combinaison complexe d'un grand nombre de traits qui doivent être examinés un par un.

L'intelligence, c'est-à-dire la capacité de résoudre les problèmes de la vie et d'acquérir un certain succès, est un facteur important de l'individualité d'une personne. Cette «intelligence pratique», pourtant, n'est pas toujours celle qui est mise en évidence par les tests de Q.I. Observons quelques-unes des définitions de l'intelligence, et voyons pourquoi, de nos jours, ce concept soulève une certaine controverse.

L'INTELLIGENCE

Même les gens les plus intelligents ne sont pas encore parvenus à définir précisément l'intelligence. Et presque tous ceux qui ont étudié l'intelligence en sont arrivés à une définition différente. En général, on peut dire que l'**intelligence** est la combinaison des traits ou des caractéristiques mentales qui rend quelqu'un capable de survivre dans un environnement donné.

Il fut un temps, il y a de ça peut-être 50 000 ans, où l'intelligence consistait à savoir faire le feu, à chasser pour se nourrir et à survivre malgré les souffrances qu'infligeaient les éléments. Eliza Doolittle, pour sa part, fait preuve d'un certain type d'intelligence qui lui permet de se comporter d'une certaine façon et de bien subsister comme vendeuse de fleurs à Londres. Henry Higgins a, lui, un ensemble bien différent de traits mentaux, qui lui permet de survivre dans une couche sociale bien différente de Londres. Ce ne sont pas tout à fait ces types de capacités intellectuelles qui sont nécessaires pour survivre aujourd'hui en Amérique du Nord.

L'un des aspects les plus importants de l'intelligence est la capacité d'utiliser à bon escient la mémoire et le raisonnement afin d'apprendre et de s'adapter aux nouvelles situations. Les enfants se servent de leurs capacités mentales pour survivre dans une garderie, mais ils doivent développer leurs facultés de mémorisation et de raisonnement afin d'acquérir la dextérité nécessaire pour survivre dans le monde des adultes. C'est en se servant de ces aptitudes mentales générales qu'Eliza parvient à apprendre les comportements qui sont nécessaires pour survivre dans une société différente de celle dans laquelle elle est née et a été élevée.

COMMENT MESURER L'INTELLIGENCE?

Eliza s'avère une élève douée et intelligente. Même Henry Higgins, professeur égoïste et insouciant, doit admettre qu'elle est intelligente. Mais on ne peut «voir» l'intelligence en tant que tel. Seuls les résultats, c'est-à-dire les comportements intelligents ou non, peuvent être observés. Il en découle que toute discussion au sujet de l'intelligence, ou même toute définition de celle-ci, se fonde nécessairement sur des comportements plus ou moins intelligents selon le cas. Ainsi, ce sont les *comportements* qu'on a essayé de mesurer, depuis plusieurs années, afin de mieux comprendre ce qu'est exactement l'intelligence.

À tort ou à raison, certains psychologues ont longtemps été convaincus que l'intelligence d'une personne était reliée d'une façon ou d'une autre à la vitesse de ses réactions, ou à la rapidité avec laquelle elle résolvait des problèmes mentaux. Les premières tentatives scientifiques en vue de comprendre les capacités mentales sont venues d'un premier essai pour calculer le temps que mettait le cerveau humain à réagir à un éclair lumineux. En 1816, F.W. Bessel, astronome allemand, a remarqué que certains de ses assistants mettaient une fraction de seconde de plus que d'autres à y répondre. Bessel croyait que ceux qui réagissaient plus rapidement étaient plus intelligents que les autres. En 1883, Sir Francis Galton, scientifique et inventeur anglais, a suggéré que l'intelligence était peut-être reliée à la rapidité de bien d'autres réactions mentales et physiques. Il a même inventé plusieurs instruments afin de tester diverses sortes de réponses sensorielles qu'il croyait importantes. Vers 1890, un psychologue américain en recherche expérimentale, James McKeen Cattell, a poussé plus avant les thèses de Galton en

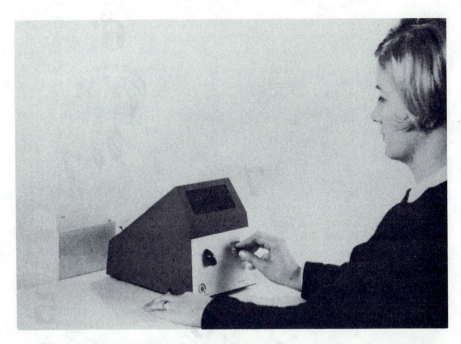

On pense souvent que la rapidité des réactions aux stimuli sensoriels est un signe d'intelligence. Cette femme passe un test destiné à mesurer la vitesse de ses réactions. Elle doit appuyer sur un bouton dès qu'elle détecte le stimulus.

mettant au point un «test mental» permettant de mesurer des capacités très simples comme les réactions d'un individu à des expériences sensorielles. Encore aujourd'hui, plusieurs tests de Q.I. accordent des points supplémentaires aux sujets qui répondent rapidement à des questions difficiles.

Le test Binet-Simon

Les premières études et mesures importantes de l'intelligence ont débuté en France en 1905. Alfred Binet a observé les réactions intellectuelles de ses enfants et en a conclu que les réactions physiques que Cattell et plusieurs autres étudiaient ne suffisaient pas à expliquer des capacités mentales complexes telles que l'imagination, la mémoire et le compréhension. Binet s'est alors mis à travailler sur diverses méthodes qui pourraient peut-être tester ou mesurer quelques-unes de ces fonctions intellectuelles «supérieures».

Alors que Binet était plongé dans ses études, le gouvernement français lui a demandé de créer un test qui permettrait de différencier les enfants déficients mentaux de ceux qui, ayant des possibilités mentales normales, n'étudiaient pas suffisamment.

Binet a adopté comme hypothèse de base que les enfants déficients apprenaient très lentement et, donc, ne connaissaient pas autant de choses que les enfants normaux du même âge. Si cela s'avérait exact, ce dont on avait besoin était un test auquel la plupart des écoliers français d'un certain âge répondraient avec succès. Tout enfant qui aurait cet âge et ne pourrait passer le test souffrirait peut-être de déficience mentale. Travaillant avec Théophile Simon, Binet a mis au point un ensemble de tests qui pourraient établir une

Fig. 8.1

L'âge chronologique de chaque enfant est indiqué dans son dos; l'âge mental est écrit au-dessus de sa tête. En utilisant la formule de Terman, pouvez-vous calculer le Q.I. de chacun de ces enfants?
(réponses: 85,7, 116,6, 100)

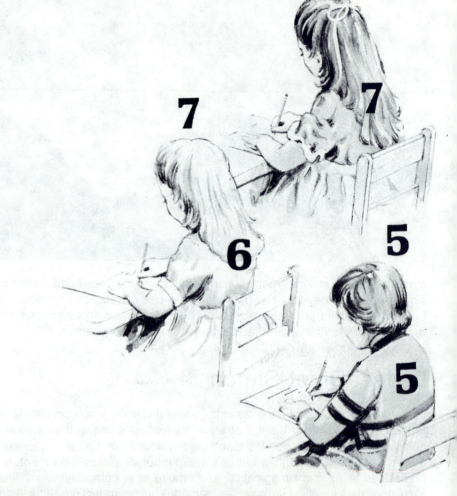

différence entre les enfants d'âge différent. Une série de tests, par exemple, comprenait un ensemble de questions auxquelles la plupart des écoliers français de cinq ans pouvaient répondre. D'autres questions ont été étudiées pour les enfants de six ans, et d'autres encore pour les enfants de sept ans. Un enfant de cinq ans devrait pouvoir compter jusqu'à quatre et dessiner un carré; un enfant de huit ans devrait savoir compter à l'envers, de 20 à 0. Un grand nombre d'enfants ont été soumis à tous les tests, jusqu'à ce que Binet et Simon sachent exactement à quel groupe d'âge correspondait telle ou telle question. (Voir figure 8.1).

Grâce au **test Binet-Simon**, les professeurs français pouvaient évaluer l'**âge mental** d'un enfant. Si un enfant de cinq ans répondait à toutes les questions d'un test s'adressant aux enfants de six ans, cet enfant avait un âge mental de six ans alors que son **âge chronologique** était de cinq ans. Mais si un enfant de dix ans ne pouvait répondre qu'au test d'un enfant de cinq ans, alors le professeur pouvait en déduire que cet enfant avait un âge mental de cinq ans, qu'il souffrait donc d'une certaine déficience mentale ou avait d'autres problèmes.

Ces premiers tests d'intelligence ont donné de si bons résultats que les professeurs pouvaient les utiliser pour autre chose que le dépistage de la **déficience mentale**. Ils ont commencé à s'en servir pour voir à quel point les enfants normaux travaillaient bien ou mal. Si un enfant de sept ans passait un test pour ceux de sept ans, il était considéré comme normal. Si, au contraire, il ne pouvait passer que le test pour enfants de six ans, alors il avait peut-être besoin d'une aide additionnelle. Et s'il passait les tests pour enfants de huit ans, il était considéré comme supérieur à la normale.

Le Q.I.

Les tests de Binet-Simon ont eu tellement de succès auprès des professeurs français et les ont tant aidés que L.M. Terman et un groupe de psychologues de l'Université Stanford ont décidé de les traduire et les adapter en américain. Ce qu'ils en ont tiré, le **test Stanford-Binet**, est devenu l'un des tests d'intelligence les plus répandus sur le continent nord-américain.

En plus de traduire les tests en anglais et de les adapter, Terman y a introduit la notion de **quotient intellectuel**, ou Q.I. Il s'agit d'une formule numérique appliquée à l'intelligence. Terman espérait, à l'aide de cette formule, pouvoir dire à quel point un enfant se développait bien ou mal. Il a calculé le Q.I. d'après une formule simple:

$$\frac{\text{Âge mental}}{\text{Âge chronologique}} \times 100 = \text{Q.I.}$$

La multiplication par cent permet d'éliminer les décimales. Un enfant de sept ans qui peut passer un test pour enfants de sept ans a donc un quotient de 100, score considéré comme normal, ou moyen, puisque presque tous les enfants de sept ans sont censés pouvoir l'obtenir. Un enfant de sept ans qui peut passer le test réservé aux enfants de neuf ans a un excellent quotient de 128. Un enfant de neuf ans qui ne peut passer que le test pour enfants de sept ans a un quotient plutôt faible de 77.

La normalisation

Si, jeunes étudiants, Eliza et Henry avaient été soumis à des tests de Q.I. réservés aux écoliers anglais de classe supérieure, Eliza aurait probablement obtenu un Q.I. très faible tandis qu'Henry aurait eu un score bien supérieur à la moyenne. Pourtant, peu importe leur Q.I., Eliza et Henry étaient tous deux intelligents, et tous deux survivaient très bien, chacun dans son environnement particulier. Eliza aurait obtenu un faible Q.I. uniquement parce qu'elle n'avait pas été exposée au même type d'écoles, de situations d'apprentissage et d'environnement que Henry. Le vocabulaire d'Eliza, par exemple, l'aurait énormément limitée, non seulement pour répondre aux questions et se faire comprendre de l'examinateur, mais aussi pour comprendre les instructions du test. Aucun de ces problèmes n'aurait troublé Henry. D'un autre côté, si le test avait été établi de manière à pouvoir évaluer avec fidélité l'intelligence d'Eliza et des gens de la rue, Henry aurait sûrement obtenu un score très faible. Même s'il pouvait comprendre leur langage, il y avait des tas de choses de cette vie de la rue auxquelles Henry n'aurait pu réagir correctement puisqu'il n'en avait pas l'expérience ni l'entraînement.

Pour évaluer avec justesse l'intelligence de quelqu'un, un test doit tenir compte des antécédents de cette personne. Mais deux individus ne sont jamais exposés à des expériences ou à des environnements identiques. Donc, pour répondre à toutes les différences individuelles, il faudrait établir un test différent pour chaque personne, ce qui ne serait pas très pratique. Des **tests normalisés** sont donc institués pour pouvoir s'appliquer à un large public. Les tests de Binet, par exemple, étaient établis pour tous les écoliers français. Pour pouvoir être utilisé aux États-Unis, le test a du être adapté pour répondre aux antécédents et aux expériences que les enfants américains vivaient dans leur enfance et à l'école.

De façon à instaurer un test qui conviendrait aux écoliers français, Binet a dû tester beaucoup d'enfants français. Afin que le test soit un instrument exact pour un groupe d'âge donné, beaucoup de personnes de cet âge devaient être testées, et le Q.I. de la majorité d'entre elles devait se situer autour de 100, c'est-à-dire du résultat normal. Pour qu'un test ait une courbe de distribution normale, seuls quelques individus doivent obtenir un score très supérieur ou très inférieur à la moyenne. Lorsque les résultats d'un test avec une courbe de distribution normale sont reproduits sur un graphique, cela donne une courbe en forme de cloche. (Voir la figure 8.2 et l'appendice traitant des statistiques.)

Plusieurs psychologues croient que tout test de Q.I. qui ne conduit pas à une **courbe en forme de cloche**, lorsqu'il est appliqué aux personnes d'un groupe donné, n'est probablement pas un indicateur valide de l'intelligence pour les personnes de ce groupe. Si un grand pourcentage de personnes obtiennent un score de plus de 100, le test est sûrement trop facile. Si, au contraire, trop de personnes obtiennent un résultat inférieur à 100, le test est trop difficile.

Depuis l'entrée en vigueur du test Stanford-Binet, les scientifiques en ont beaucoup appris au sujet de l'intelligence. À une certaine époque, par exemple, l'intelligence au sens large était considérée comme un type spécial d'énergie ou de force, et chacun en possédait plus ou moins. En 1904, le psychologue anglais Charles Spearman a appelé cette force le facteur G. En 1938, L.L. Thurstone a perfectionné la théorie de Spearman et a affirmé que le facteur G, ou **capacité intellectuelle générale**, n'était pas une force unique, mais bien qu'il était constitué de sept capacités mentales primaires:

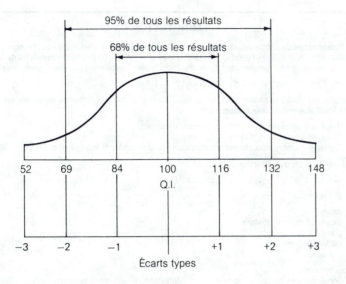

Fig. 8.2

Cette courbe en forme de cloche il- lustre une distribu- tion normale des résultats de Q.I. Comme on peut s'en rendre compte, 68% de tous les ré- sultats se situent entre 84 et 116, d'où la courbe en forme de cloche.

— la capacité numérique
— la facilité de parole
— la signification verbale
— la mémoire
— le raisonnement
— les relations spatiales
— la vitesse de perception

Même ces sept capacités ne sont pas suffisantes pour expliquer en détail l'intelligence. Au cours des années 1960, J.P. Guilford est allé jusqu'à proposer l'existence de 120 capacités intellectuelles différentes. Peu importe ce qu'est intrinsèquement l'intelligence, les tests de Q.I. mesurent l'*habileté* qu'une personne manifeste à se servir de ses capacités mentales.

Le Q.I. et l'âge

Plusieurs de ceux qui font passer les tests supposent que le Q.I. est avant tout déterminé par les gènes. Les scores de Q.I. d'une personne, par conséquent, ne devraient guère varier durant la croissance. Malheureusement, les faits purs et simples ne viennent pas vraiment appuyer cette théorie. Si une centaine de personnes sont testées à l'âge de deux ans, puis de nouveau à 22 ans, il n'existera pas une grande relation, ou **corrélation**, entre les deux résultats. Il est vrai que plusieurs des individus ayant des scores élevés à l'âge de deux ans auront aussi de forts Q.I. 20 ans plus tard; mais un nombre égal de personnes obtiendront des scores considérablement plus bas. De la même façon, bon nombre de ceux qui, à deux ans, ont de mauvais résultats afficheront une augmentation remarquable de Q.I. 20 ans plus tard. Donc, au moins une partie de l'intelligence de quelqu'un, comme ce qui est mesuré par un test de Q.I., est déterminée par la façon d'apprendre en grandissant.

Fig: 8.3

On peut se servir de toutes sortes de tests pour mesurer le Q.I. Ce mini-test est tiré d'un test de la société américaine Mensa. L'unique qualification que l'on demande aux membres de cette société est d'obtenir 98% ou plus à un test de Q.I. validé. Combien obtiendriez-vous à ce mini-test? (réponses: 1-d; 2-c; 3-e, code: a = 1, b = 2, c = 3, d = 4, etc.; 4-d; 5-b; 6-a; 7-c)

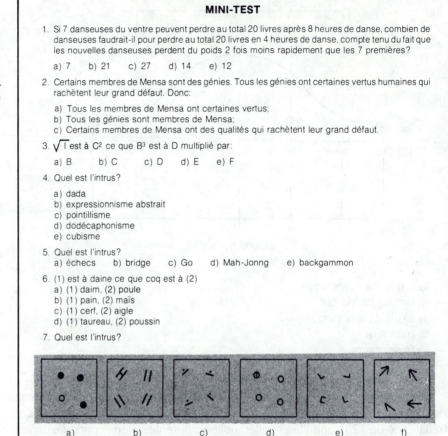

MINI-TEST

1. Si 7 danseuses du ventre peuvent perdre au total 20 livres après 8 heures de danse, combien de danseuses faudrait-il pour perdre au total 20 livres en 4 heures de danse, compte tenu du fait que les nouvelles danseuses perdent du poids 2 fois moins rapidement que les 7 premières?

   a) 7   b) 21   c) 27   d) 14   e) 12

2. Certains membres de Mensa sont des génies. Tous les génies ont certaines vertus humaines qui rachètent leur grand défaut. Donc:

   a) Tous les membres de Mensa ont certaines vertus;
   b) Tous les génies sont membres de Mensa;
   c) Certains membres de Mensa ont des qualités qui rachètent leur grand défaut.

3. $\sqrt{I}$ est à C^2 ce que B^3 est à D multiplié par:

   a) B   b) C   c) D   d) E   e) F

4. Quel est l'intrus?

   a) dada
   b) expressionnisme abstrait
   c) pointillisme
   d) dodécaphonisme
   e) cubisme

5. Quel est l'intrus?
   a) échecs   b) bridge   c) Go   d) Mah-Jonng   e) backgammon

6. (1) est à daine ce que coq est à (2)
   a) (1) daim, (2) poule
   b) (1) pain, (2) maïs
   c) (1) cerf, (2) aigle
   d) (1) taureau, (2) poussin

7. Quel est l'intrus?

   a)   b)   c)   d)   e)   f)

Il est également vrai que le score que l'on obtient pour un test de Q.I. dépend d'une certaine façon de la sorte de test que l'on passe et de l'âge auquel on le passe. Si un psychologue fait passer un test de Stanford-Binet à un enfant de dix ans et que celui-ci répond à toutes les questions correctement et rapidement, il peut obtenir un Q.I. de plus de 200. Si la même personne le passe à l'âge de vingt ans, et répond de nouveau de façon impeccable, le score ne sera que de 150. Le test de Stanford-Binet est avant tout un test pour enfants, et le score maximum qui puisse être obtenu est beaucoup plus faible pour les adultes que pour les enfants. Cependant, un adulte de vingt ans qui obtient un score de 150 pour un test Stanford-Binet peut très bien avoir 200 lors d'un test conçu pour les adultes.

Le W.A.I.S.

En 1939, David Wechsler, du Centre hospitalier Bellevue à New-York, a conçu un test d'intelligence pour adultes. **L'échelle d'intelligence de Wechsler pour**

adultes (W.A.I.S.) a été établie non pas pour tester les habiletés nécessaires aux écoliers, mais pour mesurer les capacités mentales qui s'avèrent utiles dans un monde adulte. On a quelquefois à passer le W.A.I.S. ou d'autres tests de Q.I. pour adultes lorsqu'on fait une demande d'emploi.

Les tests de groupe

Les tests psychologiques, principalement les tests d'intelligence, sont devenus très populaires ces 50 dernières années. Mais les tests du type Stanford-Binet ou W.A.I.S. sont conçus pour être appliqués sur une base individuelle: une seule personne est testée à la fois. Afin d'accélérer le processus des tests, les examinateurs de l'armée américaine ont eu l'idée de faire passer des tests à plusieurs personnes à la fois. Les tests de groupe sont ceux que les étudiants nord-américains connaissent le mieux. Aux États-Unis, l'armée détermine, en se basant sur de tels tests, qui sera officier, qui sera simple soldat, et qui elle n'acceptera pas dans ses rangs. Des tests de ce genre servent aussi à déterminer qui accédera au niveau collégial ou universitaire. Plusieurs tests de groupe sont devenus très populaires aux États-Unis, au niveau scolaire (le S.C.A.T., le S.A.T., le G.R.E.).

   Les tests de groupe épargnent beaucoup de temps et d'énergie aux examinateurs, mais ils présentent aussi certains inconvénients. Les tests individuels permettent une relation et une communication entre l'examinateur et la personne testée. Les tests de groupe, souvent évalués par machine, n'offrent pas un tel contact personnel. Ceux qui ne comprennent pas les instructions ou qui font face à d'autres difficultés n'arrivent pas toujours à obtenir l'aide requise lorsqu'ils font partie d'un groupe. Les examinateurs n'ont souvent ni le temps nécessaire, ni la compétence voulue pour répondre aux problèmes de chaque personne.

LA FIDÉLITÉ ET LA VALIDITÉ

Eliza Doolittle, sa famille et ses amis sont tous pauvres. Et, à cause de cela, ils sont souvent considérés avec mépris par des gens comme Henry Higgins. Dans nombre de sociétés, la fortune a toujours été une des façons les plus usitées de mesurer la supériorité, voire même l'intelligence. Les riches se sentent souvent meilleurs et plus intelligents que les pauvres tout simplement parce qu'ils ont de l'argent. Mais Eliza prouve qu'elle est aussi intelligente que n'importe qui. Elle ne se fait pas simplement passer pour une duchesse; elle épouse par la suite quelqu'un de la haute bourgeoisie et devient finalement une femme d'affaires avertie.

   La richesse et la classe sociale sont encore, parfois, utilisées comme mesure de la supériorité et de l'intelligence, mais la majorité des gens savent de nos jours que l'argent a bien peu de choses à voir avec le cerveau. Une personne née dans une famille riche a, au départ, certains avantages; mais cela ne veut pas dire qu'elle est plus intelligente qu'une autre née dans un ghetto. Les enfants, riches ou pauvres, aboutissent souvent sur le même campus universitaire, et les étudiants plus fortunés ne sont pas nécessairement ceux qui réussissent le mieux.

De nos jours, le test de Q.I. remplace souvent l'argent et la classe sociale comme instrument de mesure d'un certain degré de supériorité. Les personnes qui ont un Q.I. faible souffrent souvent de discrimination et celles qui obtiennent un Q.I. élevé accèdent aux premiers rangs à l'école, ou occupent des fonctions supérieures dans la vie en général. Parce que les tests de Q.I. sont souvent à la base de décisions qui peuvent influencer la vie toute entière des personnes, les **psychométriciens**, experts qui choisissent et font passer les tests psychologiques, mettent un soin spécial à établir des tests qui seront clairs et justes pour quiconque s'y présentera.

Avant tout, les tests de Q.I. devraient être normalisés par rapport au groupe de personnes auquel ils seront appliqués: cela signifie qu'un test doit être établi de telle sorte qu'il donne des résultats vraiment représentatifs ou normalisés et justes pour quiconque le passe. La courbe en forme de cloche, ou courbe de distribution normale, est une des façons qui permettent de dire si un test est normalisé de façon convenable.

La normalisation n'est cependant qu'un aspect de la justesse d'un test psychologique. Deux autres facteurs doivent toujours être envisagés lorsque l'on fait passer un test de Q.I.: sa fidélité et sa validité.

La fidélité d'un test

Une règle est une mesure fidèle de la distance: un mètre vaut toujours 100 cm, et chaque mètre est toujours exactement de la même longueur. Si un chemin mesure 100 m lors d'une première mesure, il restera de 100 m la deuxième, la troisième et la quatrième fois qu'il sera mesuré. Quelqu'un qui a un Q.I. de 110 le lundi obtiendra le même résultat le mardi, le mercredi et le jeudi. Un test qui donne toujours les mêmes résultats sera, selon toute probabilité, *fidèle*.

Malheureusement, les tests de Q.I. ne sont pas aussi fidèles qu'une règle. Bien qu'on ait obtenu un Q.I. de 110 le lundi, on peut, le mardi, souffrir d'un mal de tête ou être préoccupé par un problème personnel. Ces nouveaux facteurs peuvent nuire à une bonne concentration et les résultats du Q.I. seront de 100 le mardi. Il se peut aussi qu'on soit très motivé et qu'on se sente beaucoup mieux le mercredi, et qu'on obtienne alors 120. Le jeudi, le score peut être encore plus élevé parce qu'on a passé le test plusieurs fois et qu'on s'y est habitué; ou encore, le test peut être devenu ennuyant et le résultat peut être pire que celui du lundi.

Les psychométriciens essaient d'atteindre cette **fidélité** en faisant passer le même test deux fois ou plus à la même personne. Malgré cela, un test de Q.I. parfaitement fidèle n'a pas encore été découvert. Trop de facteurs, comme la motivation, la santé et l'expérience, entrent en jeu et compromettent la fidélité du test. Au contraire d'une mesure métrique, les tests de Q.I. ne donnent presque jamais les mêmes résultats deux fois de suite.

La validité d'un test

Dans le cas des tests de Q.I., la **validité** est aussi difficile à obtenir que la fidélité. Un test valide est un test qui mesure exactement ce qu'il veut mesurer. Un test de Q.I. a pour but de mesurer l'intelligence; or, cette intelligence n'a pas la même signification pour tout le monde. Les membres des tribus primitives du désert africain, ceux qui habitent dans les bas quartiers de Londres ou de New-York, les enfants de la classe moyenne des banlieues nord-américaines, les cadres supérieurs du monde des affaires, tous ont une idée différente de ce qu'est l'intelligence. Et parce que cette dernière signifie tant de choses différentes pour tant de gens, aucune méthode valide de mesure de l'intelligence n'a encore été découverte.

Si les tests de Q.I. ne peuvent être ni valides ni fidèles, pourquoi demande-t-on à presque tous les écoliers nord-américains de s'y soumettre? Les tests de Q.I., comme le Stanford-Binet, sont utiles parce qu'ils peuvent parfois indiquer le potentiel d'un étudiant pour réussir dans un système scolaire donné.

La plupart des tests de Q.I. sont établis par et pour les gens qui passent par un certain système scolaire. Ils sont généralement normalisés selon les

TABLEAU 8.1
Les tests d'intelligence

Tests individuels	Sujets	Description
Binet-Simon	Enfants	Mise au point en France afin de pouvoir différencier les enfants qui ont des capacités mentales de ceux qui souffrent de déficience mentale; détermine l'âge mental.
Stanford-Binet	Enfants	Traduction anglaise du test Binet-Simon utilisée aux États-Unis; introduit la notion de «quotient intellectuel», ou Q.I.
Échelle d'intelligence de Wechsler pour enfants (W.I.S.C.)	Enfants	Un des tests de Q.I. les plus répandus pour enfants.
Échelle d'intelligence de Wechsler pour adultes (W.A.I.C.)	Adultes	Conçu de manière à tester les aptitudes mentales nécessaires dans le monde adulte; on est quelquefois appelé à le passer lorsqu'on fait une demande d'emploi.

Tests de groupe	Sujets	Description
Barbeau-Pinard	À partir de 10 ans	Même structure que le Wechsler-Bellevue, mais normalisé sur une population exclusivement canadienne-française (1951).

Fig. 8.4

THE CHITLING TEST

1. A "handkerchief head" is:
    (A) a cool cat
    (B) a porter
    (C) an Uncle Tom
    (D) a hoddi
    (E) a preacher

2. Which word is most out of place here?
    (A) splib
    (B) blood
    (C) gray
    (D) spook
    (E) black

3. A "gas head" is a person who has a:
    (A) fast-moving car
    (B) stable of "lace"
    (C) "process"
    (D) habit of stealing cars
    (E) long jail record for arson

4. "Bo Diddley" is a:
    (A) game for children
    (B) down-home cheap wine
    (C) down-home singer
    (D) new dance
    (E) Moejoe call

5. If a man is called a "blood," then he is a:
    (A) fighter
    (B) Mexican-American
    (C) Negro
    (D) hungry hemophile
    (E) Redman or Indian

6. Cheap chitlings (not the kind you buy at a frozen-food counter) will taste rubbery unless they are cooked long enough. How soon can you quit cooking them to eat and enjoy them?
    (A) 45 minutes
    (B) two hours
    (C) 24 hours
    (D) one week (on a low flame)
    (E) one hour

normes intellectuelles des enfants blancs de la classe moyenne, qui forment la majeure partie du système scolaire nord-américain. Parce qu'ils sont conçus par des gens moulés dans un système donné, pour des gens de ce même système, les tests de Q.I. reflètent les valeurs du système. En d'autres mots, la plupart des tests mesurent les capacités mentales qui mènent au succès dans les écoles nord-américaines de classe moyenne.

Établis pour un groupe particulier, soit les étudiants blancs de la classe moyenne, les tests de Q.I. sont plus fidèles et plus valides lorsqu'ils sont appliqués à ce groupe. Ils sont beaucoup moins révélateurs lorsqu'on les applique aux groupes minoritaires, que ce soient les noirs, les gens de langue espagnole, les orientaux ou les enfants provenant d'un milieu défavorisé, peu importent leur race et leurs antécédents ethniques. Les noirs, par exemple, obtiennent des résultats plus faibles que les blancs de la classe moyenne, et les orientaux réussissent généralement mieux que les blancs.

Le fait que les enfants blancs de la classe moyenne surpassent généralement les enfants noirs des milieux défavorisés ne signifie pas qu'un enfant blanc est plus intelligent qu'un enfant noir, ou que tous les blancs sont plus intelligents que tous les noirs. Cela veut dire, par contre, que la plupart des enfants blancs des classes moyenne et bourgeoise sont mieux préparés à réussir dans les écoles blanches de classe moyenne que les enfants noirs des milieux défavorisés. Si les noirs possédaient des tests conçus pour les noirs et que les indiens créaient des tests pour les indiens, les blancs auraient probablement du mal à y répondre. C'est ce qu'a démontré au cours des années 60 le sociologue Adrian Dove, qui s'est servi de sa connaissance de la culture du ghetto noir de Watts à Los Angeles pour créer un test culturellement biaisé au détriment des blancs de la classe moyenne: le **Chitling Test** (voir fig. 8.4). Ce test se compose de questions portant sur le vocabulaire et d'autres sur des connaissances générales, auxquelles seuls les noirs peuvent répondre correctement. L'une de ces questions porte sur le nombre d'heures pendant lesquelles il faut faire cuire les andouillettes afin de leur faire perdre leur consistance caoutchouteuse. Sauriez-vous y répondre?

Les tests de Q.I. sont les plus valides lorsqu'ils servent à prédire comment certains enfants vont se comporter à l'école; ils sont, d'autre part, très peu efficaces lorsqu'il s'agit de déterminer le degré de succès de l'individu une fois sorti de l'environnement scolaire. Le simple fait que l'on ait un Q.I. élevé ne signifie aucunement que l'on réussira dans le monde des affaires. En fait, beaucoup de gens ont un Q.I. élevé et n'ont jamais eu de succès après avoir quitté le monde des études. D'autres, malgré leur faible Q.I., se révéleront très habiles dans le monde des affaires ou de l'industrie. Un test de Q.I., par exemple, ne serait probablement pas parvenu à refléter les succès qu'a eus Eliza Doolittle dans la vie.

LES RACINES DE L'INTELLIGENCE

Pendant de nombreuses années, l'intelligence a été considérée comme une qualité statique. On en avait, ou l'on n'en avait pas. Quel que soit le quotient intellectuel d'une personne durant l'enfance, elle conservait le même durant l'âge adulte. Les esclaves devaient rester des esclaves parce qu'ils n'avaient pas une intelligence suffisante pour faire autre chose. Quelqu'un comme Eliza devait passer sa vie entière dans les bas quartiers puisque cette sorte de vie était tout ce que lui permettait son cerveau. Mais des études récentes ont prouvé que l'intelligence, ou au moins l'aspect cognitif de la vie humaine, ne sont pas complètement déterminés par les gènes. Les facteurs biologiques, environnementaux et sociaux agissent réciproquement afin de façonner ce que l'on appelle l'intelligence humaine.

Les influences biologiques

On ne peut encore définir précisément ce qu'est l'intelligence, ni la mesurer aussi exactement qu'on le désirerait. Mais grâce à toutes les expériences scientifiques de ces dernières années, nous pouvons comprendre beaucoup mieux qu'il y a 25 ans les facteurs biologiques qui entrent en ligne de compte.

Au moins un type de déficience mentale est probablement héréditaire ou a des causes génétiques. La **phénylcétonurie (P.C.U.)** est un trouble biologique provoqué par l'absence d'un certain type d'**enzyme**, substance chimique qui remplit des fonctions importantes dans le corps humain. Sans l'enzyme dont il est question ici, l'organisme ne peut transformer une autre substance chimique, la phénylalanine, que l'on retrouve dans plusieurs aliments. Chez les personnes qui souffrent de phénylcétonurie, la phénylalanine est dégradée en acide phénylpyruvique qui s'accumule dans le sang et, éventuellement, endommage le cerveau. La majorité des enfants qui naissent en Amérique du Nord passent un test de phénylcétonurie. Si cette dernière est détectée de 10 à 20 jours après la naissance, l'enzyme qui manque peut être injectée, et on peut ainsi éviter des dommages au cerveau. En se soumettant à une diète spéciale, les gens souffrant de phénylcétonurie peuvent généralement avoir un fonctionnement intellectuel normal.

Un autre type de déficience, le **syndrome de Down** ou mongolisme, peut se manifester dès la naissance, mais il ne s'agit probablement pas d'une maladie héréditaire. Le syndrome de Down résulte d'une anormalité génétique: on retrouve, chez la plupart des personnes atteintes, 47 **chromosomes** au lieu de 46. La cause exacte de cette anormalité n'est pas connue. Elle pourrait résulter de la présence de gènes défectueux ou du mauvais fonctionnement du processus de croissance. Parce que les femmes de plus de 40 ans sont très sujettes à accoucher d'enfants atteints de syndrome de Down, certains experts ont supposé que la maladie pourrait être due à des dommages génétiques causés par une exposition à certains types de radiations. Plus une femme est âgée, plus elle est susceptible d'avoir été exposée à des radiations nuisibles. Grâce à la technologie moderne, cependant, on peut examiner les chromosomes et dire à une femme si elle est ou non susceptible de donner naissance à un enfant atteint du syndrome de Down.

Alors que certains types de déficience mentale, et par conséquent une bonne partie de l'intellect humain, peuvent être liés à des facteurs génitiques ou chromosomiques, la majorité des cas de ce que nous appelons déficience mentale sont probablement dus à d'autres types de facteurs biologiques. Des dommages causés au cerveau de l'enfant avant, pendant et après la naissance peuvent provoquer une déficience mentale. Si une femme enceinte contracte la rubéole pendant les trois premiers mois de grossesse, par exemple, elle peut donner naissance à un enfant déficient mental ou souffrant de lésions au cerveau. La malnutrition ou l'abus de certaines drogues comme l'alcool chez une femme enceinte ont dans certains cas conduit aux mêmes résultats. Des chocs physiques violents infligés à la jeune femme enceinte, un accident de voiture ou une chute, par exemple, peuvent provoquer une déficience mentale chez l'enfant qu'elle porte.

Pendant l'accouchement, surtout s'il est difficile, un bébé peut subir des lésions au cerveau. Un manque d'oxygénation juste au moment de la naissance peut détruire certaines cellules cervicales du bébé. Des dommages peuvent aussi être causés par l'emploi d'instruments chirurgicaux, comme les forceps, utilisés pour faciliter l'accouchement.

Les influences de l'environnement

Les dommages physiques ne sont pas la seule cause de la déficience mentale. On peut en effet apprendre à être déficient. Des expériences faites sur des singes et des rats prouvent que l'isolement peut entraîner la déficience mentale, et la même chose peut arriver à un être humain. Les enfants indésirés ou mal aimés par leurs parents apprennent à s'isoler psychologiquement du reste du monde. Un tel isolement peut les protéger de ce qui les entoure, mais, tout comme un isolement physique, il peut conduire à la déficience mentale.

Quelles que soient les causes de la déficience mentale, il est maintenant certain que l'on peut aider et éduquer les gens qui en sont atteints. Ils ont généralement du mal à apprendre parce qu'ils ont des motivations et des façons d'apprendre légèrement différentes des autres individus dits normaux. On dit d'un enfant qu'il est «doué» lorsqu'il apprend à lire et à écrire rapidement

TABLEAU 8.2

La déficience mentale

Influences biologiques	
1. Déséquilibre chimique	P.C.U.
2. Anormalité génétique	Syndrome de Down ou mongolisme
3. Dommages physiques	Dommages causés au cerveau lorsque la mère souffre de malnutrition, de rubéole, fait une consommation abusive de drogues ou subit un violent choc physique pendant la grossesse; manque d'oxygène à la naissance.

Influences de l'environnement
1. Isolement (physique ou psychologique)
2. Manque de stimuli intellectuels

sans qu'on ne lui fournisse beaucoup d'attention ni d'enseignement. On pourrait appeler cet enfant «déficient» si, dans les mêmes circonstances, il ne pouvait pas apprendre. Mais des études récentes faites par des psychologues du comportement laissent entendre que cet enfant «déficient» pourrait nous surprendre si on lui fournissait tout simplement un type d'entraînement différent.

Si nous montrons à un jeune enfant d'intelligence moyenne la lettre «C» et lui demandons de l'écrire, il prend un crayon et, après quelques erreurs, peut reproduire la lettre assez correctement. Visiblement, il perçoit la lettre «C» en tant qu'unité et sait ce que signifie la requête suivante: «S'il te plaît, écris cette lettre». Mais l'enfant souffrant de déficience mentale peut ne pas considérer la lettre «C» comme une unité. Il peut ne pas savoir comment prendre un crayon et le tenir correctement, et ne pas comprendre ce qu'on lui demande. Cependant, si l'on consacre deux semaines à l'enfant pour lui apprendre comment ramasser et tenir le crayon, comment tracer sur une feuille de papier, il peut y parvenir. Si nous subdivisons la lettre «C» en plus petites unités et si nous lui expliquons plusieurs fois ce que signifie: «S'il te plaît, écris cette lettre», l'enfant peut en fait vaincre la difficulté. Les résultats seront plus concluants si nous fournissons à l'enfant une rétroaction positive constante lorsqu'il accomplit quelque chose et le récompensons d'une manière conséquente parce qu'il a porté attention à la demande et a suivi les instructions.

Les enfants qui ont du mal à apprendre rapidement sans beaucoup d'aide se rendent compte très vite du fait qu'ils sont «différents des autres». Nombre de parents et de professeurs s'impatientent avec ces enfants et renforcent leur lenteur d'apprentissage en leur faisant comprendre qu'ils sont déficients. C'est ainsi que l'enfant n'apprend jamais à porter attention aux stimuli intellectuels, parce que personne ne lui a appris la façon de le faire. En fait, les enfants déficients mentaux peuvent apprendre beaucoup si nous consacrons suffisamment de temps et d'effort à adapter les méthodes d'enseignement à leurs propres capacités, et si nous les convainquons qu'ils peuvent apprendre.

Il fut un temps où les déficients mentaux étaient relégués dans des établissements de soins où, souvent, on les laissait s'asseoir dans leur coin et végéter jusqu'à la fin de leurs jours. Les personnes qui sont handicapées *physiquement* à un point tel qu'elles ne peuvent plus s'occuper d'elles-mêmes auront toujours besoin d'une aide extérieure. Mais en nous servant des techniques d'entraînement élaborées ces dernières années, nous pouvons souvent les aider à se nourrir et à se vêtir seuls. Dans bien des cas, les mêmes méthodes peuvent être utilisées pour leur apprendre des activités pratiques qui leur permettront de se tailler une place en tant que membres à part entière de la société.

L'intelligence et le rang dans la fratrie

Des études sur le rang dans la fratrie et la taille de la famille ont presque toujours démontré que les premiers-nés étaient souvent plus intelligents que

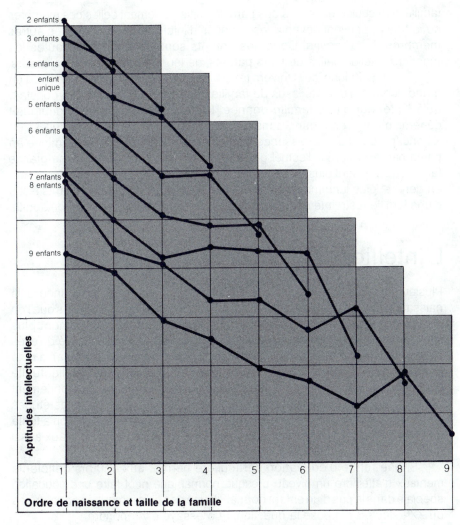

Fig. 8.5

Selon les études de Robert Zajonc, les aptitudes intellectuelles sont inversement proportionnelles au rang dans la fratrie. Les enfants les plus intelligents sont issus des familles les moins nombreuses, et sont ceux qui naissent les premiers. La différence estimée entre le résultat le plus élevé, pour l'aîné d'une famille de deux enfants, et le plus bas, pour le cadet d'une famille de neuf enfants, est de dix points de Q.I.

(axe vertical) Aptitudes intellectuelles

(axe horizontal) **Ordre de naissance et taille de la famille**

Étiquettes de l'axe vertical : 2 enfants, 3 enfants, 4 enfants, enfant unique, 5 enfants, 6 enfants, 7 enfants, 8 enfants, 9 enfants

les derniers. (La **fratrie** est l'ensemble des frères et soeurs au sein d'une même famille.) Et les enfants d'une famille restreinte ont tendance à être plus intelligents que ceux issus d'une grande famille. Diverses explications ont été proposées pour de telles différences. Les parents qui n'ont qu'un seul enfant ont une certaine quantité de temps, d'attention, voire même d'argent à consacrer à cet enfant. Lorsqu'un second enfant arrive, les parents doivent répartir leur temps et leurs ressources entre les deux enfants. Et chaque enfant additionnel fait que les parents ont de moins en moins de temps et d'énergie à consacrer à chacun individuellement. Mais le temps et l'énergie que les parents passent à créer un environnement intellectuel pour leurs enfants n'est pas le seul facteur qui entre en jeu dans le développement intellectuel. Les individus dans une unité sociale (une famille) sont influencés par tous les autres individus qui en font partie. Les réactions de tous les membres de la famille: non seulement celles des parents, mais également celles des membres de la fratrie, peuvent devenir des données d'information pour tous les autres membres de la famille. Donc, les enfants sont influencés par toutes les réactions intellectuelles de leurs parents, de leurs frères et de leurs soeurs.

Robert B. Zajonc, de l'Université du Michigan, a étudié les tests de Q.I. d'un grand nombre d'enfants issus de familles de tailles différentes. Il a constaté qu'à l'intérieur d'une famille donnée, la capacité intellectuelle diminuait généralement avec le rang dans la fratrie. Le déclin du Q.I. se produit, selon Zajonc, parce que la croissance intellectuelle d'un enfant est déterminée en partie par le climat intellectuel global de la famille. Les enfants d'une grande famille, qui passent plus de temps dans un monde d'enfants, se développeront en général plus lentement et auront un Q.I. plus faible que les enfants issus d'une famille restreinte et qui auront plus de contacts avec un monde adulte.

L'intelligence s'accroît

Plusieurs études ont prouvé que l'intelligence n'était pas déterminée à la naissance. Skeels, par exemple, a fait sortir de l'orphelinat des fillettes que l'on disait déficientes mentales pour les placer dans un environnement plus stimulant; leur Q.I. s'est amélioré énormément et elles ont démontré qu'elles avaient pour le moins une intelligence normale (voir chapitre 4). Kagan a noté la même possibilité d'augmenter de beaucoup la capacité intellectuelle d'enfants du Guatemala qu'il étudiait. Dans les deux cas, c'est l'environnement qui a changé la vie intellectuelle de ces enfants. Puisque de telles études avaient prouvé qu'une déficience n'était pas toujours permanente, on a tenté des expériences pour essayer d'accroître le Q.I. des enfants normaux aussi bien que celui des déficients mentaux.

Si une forme d'éducation particulière permet aux enfants déficients mentaux d'atteindre un niveau presque normal, que peut faire une éducation spéciale dans le cas d'un enfant normal? L'une des plus fameuses éducatrices du XXe siècle s'est posé la question, et a essayé d'y répondre.

La méthode Montessori

Maria Montessori (1870-1952) a été la première femme diplômée d'une école de médecine en Italie. Jeune médecin, elle a commencé à passer le plus clair de son temps avec les jeunes enfants déficients mentaux des quartiers défavorisés de Rome. Elle a porté une attention particulière à leurs besoins et à leurs problèmes d'apprentissage, et est arrivée à rendre plusieurs de ces enfants normaux. Ses succès l'ont amenée à expérimenter certaines de ses méthodes éducatives avec des enfants normaux.

Lorsqu'elle a commencé ses travaux, on considérait qu'une classe bien disciplinée était une classe où un groupe d'élèves assis, parfaitement immobiles, écoutaient les paroles d'un professeur trop souvent inintéressant.

Au début du siècle, pédagogie et discipline étaient synonymes à l'école. Le professeur forçait l'élève à réciter des leçons par coeur et n'essayait pas de le faire profiter d'un environnement stimulant.

Montessori avait une idée bien différente de l'apprentissage. Les gens ne passent pas leur vie assis tranquilles, disait-elle; le monde réel est plein de mouvement, d'action et de choses intéressantes à faire. Pour apprendre comment survivre dans un monde réel, l'enfant devrait être exposé à un environnement tout aussi actif à l'école.

Maria Montessori n'obligeait pas les enfants à rester immobiles dans sa classe. Elle leur laissait une certaine liberté de mouvement, de jeu et d'interaction entre eux. La plupart des éducateurs américains et européens ont été choqués par ses méthodes. Ils pensaient que les enfants, dans une telle ambiance d'indiscipline, joueraient au lieu d'apprendre. Mais Montessori a introduit un autre facteur important dans ses classes: les enfants étaient entourés de toute une variété de jouets et de matériaux intéressants et stimulants qui retenaient leur attention. Elle a constaté que la plupart des enfants s'asseyaient devant le matériel éducatif, travaillaient et se concentraient beaucoup plus que s'ils avaient été dans une classe normale. Parce qu'ils exécutaient au lieu d'écouter, ils apprenaient beaucoup plus.

Le système Montessori était bon. Maria Montessori est arrivée à apprendre aux enfants normaux à lire, à écrire et à compter avant même qu'ils n'aient six ans.

Le projet Milwaukee

Presque toutes les définitions admises de l'intelligence, aussi bien que les tests permettant de mesurer cette dernière, sont culturellement «biaisés». La recherche de Rick Heber et de ses collaborateurs, à l'Université du Wisconsin (voir chapitre 4), est un exemple de l'importance de cette sorte de biais culturel et de la manière dont il est possible de s'en défaire grâce à un entraînement particulier. En 1967, Heber et ses collaborateurs ont sélectionné 40

Dans les classes à aire ouverte, de nos jours, les enfants sont libres de se déplacer et de participer à telle ou telle activité s'ils la trouvent intéressante.

nourrissons noirs qui vivaient dans un des quartiers les plus défavorisés de Milwaukee. Bien que Milwaukee soit, dans son ensemble, un endroit où il fait bon vivre, les gens de ce quartier ont le revenu familial et le niveau d'éducation les plus faibles de la ville; ils ont aussi le plus haut taux de chômage et la plus forte densité de population. Bien que moins de 3% de la population de la ville y vive, on y retrouve environ 33% du nombre total d'enfants déficients mentaux. Les mères des 40 enfants du projet Milwaukee avaient toutes un Q.I. inférieur à 75 et, dans bien des cas, le père ne vivait pas avec la famille.

De ces 40 enfants, 20 ont été choisis au hasard pour faire partie de ce qu'Heber considérait être le groupe expérimental, et les 20 autres ont constitué le groupe témoin. Les familles du groupe expérimental recevaient une aide professionnelle intense et un entraînement sur l'entretien d'une maison et les soins à apporter aux enfants; et ce, dès la naissance de l'enfant. Lorsque les enfants de ce groupe ont eu 30 mois, ils ont été placés 35 heures par semaine dans un centre spécial d'éducation. L'entraînement s'attachait surtout au développement du langage et des habiletés cognitives. Les enfants sont restés dans ce centre à longueur d'année jusqu'à ce qu'ils aient six ans et puissent entrer à l'école. Les familles et les enfants du groupe témoin n'ont reçu aucun de ces avantages.

Les enfants des deux groupes ont passé des tests de Q.I. régulièrement. À l'été de 1976, alors que les jeunes avaient à peu près tous neuf ans, ceux qui avaient suivi le traitement expérimental ont obtenu un Q.I. de 110; ceux du groupe témoin avaient des scores inférieurs à 80. Pendant la période de neuf ans où ils ont été testés, les différences de scores des deux groupes étaient d'au moins 20, et atteignaient souvent 30 points. Le docteur Heber croit que cette supériorité découle de l'entraînement spécial que l'on a donné aux enfants du groupe expérimental et à leur famille. L'apprentissage se composait des mêmes types d'habileté mentale que les enfants blancs de la classe moyenne acquièrent de par leur tradition culturelle normale.

LE Q.I.: INNÉ OU ACQUIS?

Le projet Milwaukee et d'autres programmes d'éducation spéciale semblables, comme le projet Head Start, se basent sur la théorie selon laquelle l'intelligence est pour une large part un produit de l'environnement, c'est-à-dire de l'acquis. Les enfants élevés dans un environnement appauvrissant, comme les orphelines de Skeels le démontrent, ont des scores de Q.I. inférieurs à ceux qui profitent d'un environnement stimulant. Les rats enfermés dès leur naissance dans de petites cages vides apprennent moins rapidement que les rats laissés dans de grandes cages pleines de jeux amusants. Un environnement stimulant, c'est exactement ce que Henry Higgins a procuré à Eliza Doolittle.

Mais qu'en est-il de l'inné (l'hérédité)? Ce facteur doit sûrement jouer un rôle dans la constitution de l'intelligence. En fait, plusieurs études laissent croire que *certains aspects* de l'intelligence sont fortement influencés par les gènes de l'organisme. Des parents de grande taille auront de grands enfants, ceux de petite taille en auront de petits. Pourquoi les parents intelligents n'auraient-ils pas des enfants intelligents, et les parents moins bien dotés par la nature n'auraient-ils pas une progéniture à leur image?

Comme nous l'avons déjà noté lorsque nous avons parlé de la controverse de l'inné et de l'acquis, la vérité se situe généralement quelque part entre les deux extrêmes. L'intelligence est liée à la façon de détecter, percevoir, se souvenir et répondre aux stimuli extérieurs. Elle dépend donc de la façon dont votre cerveau peut traiter les informations et réagir, quel que soit l'environnement qui vous entoure. Certaines gens naissent sûrement avec un cerveau potentiellement meilleur que celui des autres. Si, à cause de vos gènes ou d'un accident survenu à votre naissance, votre cerveau est endommagé, vous ne pourrez probablement jamais comprendre la physique aussi bien qu'Albert Einstein. Mais le cerveau dont vous avez hérité n'est pas tout à fait le même que celui qui lit ces mots. Votre cerveau (qu'il soit normal ou endommagé) a eu à grandir et à mûrir; il a eu à apprendre des signes et des symboles, et des façons de bien résoudre les problèmes. Les rats élevés dès leur naissance dans de petites cages vides apprennent plus lentement, mais ont aussi un cerveau plus petit que ceux des rats placés dans un environnement stimulant. Un enfant mal nourri ne grandira pas autant que ses parents si ces derniers ont été élevés dans un environnement où l'on ne manquait pas de nourriture; un enfant privé de connaissances et de stimulation intellectuelle n'aura pas un Q.I. aussi élevé que celui de ses parents si ces derniers ont été élevés dans un environnement où l'on ne manquait pas de stimulation intellectuelle.

Il paraît qu'Einstein avait un Q.I. d'environ 185. Mais même un cerveau aussi extraordinaire que le sien a dû grandir et parvenir à maturité, tout comme son intelligence. Si Einstein avait vécu sur une île déserte et avait été élevé par des sauvages, il aurait connu bien moins de choses en physique moderne que vous n'en connaissez aujourd'hui. Et son score de Q.I. aurait été beaucoup plus proche de 85 que de 185.

Vos **gènes** sont les architectes qui fournissent la structure physique de base qui abrite votre intelligence, et certains naissent sûrement avec une structure de base plus solide, donc avec un potentiel mental plus grand. Mais l'environnement est le constructeur qui érige la maison et détermine l'importance que prendra finalement votre vie mentale. L'architecte établit les limites; le constructeur, lui, monte la meilleure maison qui puisse tenir à l'intérieur de ces limites, en utilisant tous les matériaux qui sont à sa disposition.

Qu'est-ce qui, des gènes ou de l'environnement, détermine l'intelligence, et dans quelle proportion? On ne peut pas répondre à cette question parce qu'elle n'a aucune signification. L'intelligence n'est pas un *objet* fixe et défini irrémédiablement dès la naissance; elle est un *processus* en évolution constante, résultant de l'*interaction* entre l'hérédité et l'environnement, ou entre l'inné et l'acquis.

Chacun d'entre nous naît avec des gènes quelque peu différents de ceux des autres et, à cause de cela, il est probable que chacun atteindrait son plus

Même Albert Einstein a connu des difficultés d'apprentissage lorsqu'il était petit. Cependant, l'hérédité et l'environnement l'ont aidé à devenir le grand physicien que l'on connaît.

haut potentiel possible dans des environnements légèrement différents. Une fois conçus, il y a bien peu de choses que nous puissions faire pour modifier nos gènes. Mais nous pouvons faire en sorte que notre environnement soit riche sur le plan intellectuel, et le plus enrichissant possible, pour nous-mêmes tout autant que pour les autres membres de notre société.

De ses parents, Eliza Doolittle a reçu de bons gènes, mais peu d'apprentissage et de stimulation pendant son enfance. Henry Higgins lui a fourni un environnement différent et elle s'y est épanouie tout comme une fleur qui aurait été privée d'eau. Après avoir compris ce que signifiait le développement intellectuel, elle a pu faire entrer en action sa capacité innée de rechercher l'environnement qui lui conviendrait le mieux, et devenir ce qu'elle voulait être vraiment.

RÉSUMÉ

1. L'intelligence est la combinaison des traits mentaux ou des caractéristiques qui permettent à une personne de survivre dans un environnement donné. Dans Pygmalion, *Eliza Doolittle, la vendeuse de fleurs, n'était pas nécessairement moins intelligente qu'Henry Higgins, l'expert en phonétique. Avant qu'ils ne se rencontrent, tous deux fonctionnaient très bien dans leur environnement respectif.*

2. L'intelligence est une chose qu'on ne peut pas «voir». Seuls les résultats de l'intelligence, c'est-à-dire les comportements plus ou moins intelligents, peuvent être observés. Les tests d'intelligence servent à mesurer ces résultats.

3. Les premières tentatives qu'on a faites de mesurer l'intelligence ont consisté en des tests de rapidité mentale. Le calcul du temps d'une réaction, cependant, ne donne de l'information que sur un des multiples aspects de l'intelligence. Alfred Binet a été le premier à mettre au point des façons de tester ou de mesurer quelques-unes des fonctions intellectuelles «supérieures».

4. Les tests Binet-Simon mesurent l'**âge mental** d'un enfant. Cette information permet de déterminer si un enfant réussit bien ou mal par comparaison aux autres enfants de son âge.

5. Le test Stanford-Binet est utilisé aux États-Unis. Il permet d'établir un score numérique, le **quotient intellectuel** ou Q.I. (Le Q.I. est l'**âge mental** divisé par l'**âge chronologique**, multiplié par 100.)

6. Les tests de Q.I. doivent avoir une distribution normale, qui sera représentée sur un graphique par une **courbe en forme de cloche**. Cela signifie que la plupart des individus d'un groupe d'âge donné obtiendront un score proche de 100, ou du résultat dit «normal». Si le test est **normalisé** de cette façon, quelques individus seulement obtiendront un score bien supérieur ou bien inférieur à la moyenne de 100. (Consulter l'appendice sur les statistiques par un exposé plus complet sur les facteurs mathématiques de la **normalisation**.)

7. Le test **Stanford-Binet** et l'**échelle d'intelligence de Wechsler pour adultes** (W.A.I.S.) sont des tests individuels. Des examinateurs entraînés spécialement à cette fin font passer les tests aux gens un par un. Il existe cependant un certain nombre de tests d'intelligence utilisés couramment, conçus afin de s'appliquer à de larges groupes de personnes en même temps.

8. La **fidélité** et la **validité** sont deux qualités importantes que les psychométriciens essaient d'introduire dans leurs tests. Un test qui donne les mêmes résultats lorsqu'il est passé à deux reprises est probablement fidèle. S'il mesure exactement ce pour quoi il était conçu (ici, l'intelligence), il peut alors être considéré comme valide. Il est difficile de satisfaire à ces deux qualités dans les tests d'intelligence parce que l'intelligence humaine est un trait extrêmement complexe et changeant.

9. Les facteurs biologiques, environnementaux et sociaux agissent réciproquement pour bâtir l'intelligence, caractéristique humaine fort complexe. On ne peut généralement pas faire grand-chose à l'égard du patrimoine génétique; il est cependant possible de manipuler l'environnement et les stimuli.

10. Le biais culturel est un problème auquel se heurtent tous les tests qui essaient de mesurer l'intelligence de personnes qui possèdent un bagage intellectuel différent. Auparavant, les tests de Q.I. ne s'adressaient qu'à une population blanche de classe moyenne, et jamais on n'avait essayé de résoudre le problème que posait la culture. Le **Chitling Test** a été établi pour *montrer à une personne blanche de classe moyenne comment un test peut être injuste de par son biais culturel.*

11. *Deux types de déficience mentale sont liés aux influences biologiques: la* **phénylcétonurie (P.C.U.)** *et le* **syndrome de Down (mongolisme).** *Parmi les autres facteurs biologiques de la déficience, mentionnons les dommages que peut subir le cerveau du bébé avant la naissance, une malnutrition de la femme enceinte, la rubéole, un choc physique ou certains problèmes survenus lors de l'accouchement.*

12. *Les facteurs de l'environnement qui jouent sur l'intelligence sont, entre autres, l'isolement psychologique et physique pendant l'enfance et le manque de stimulation intellectuelle au foyer. De nouvelles techniques d'entraînement nous permettent d'être optimistes: de plus en plus, les déficients mentaux peuvent, avec une aide adéquate, devenir membres à part entière de la société.*

13. *Des études récentes, telles que le* **projet Milwaukee,** *permettent de croire qu'une manipulation de l'environnement, c'est-à-dire une augmentation du nombre et de la qualité des stimuli, pourrait favoriser le développement intellectuel. La* **méthode Montessori,** *élaborée par Maria Montessori, s'est avérée bénéfique non seulement pour les enfants déficients mentaux, mais aussi pour les enfants normaux. Cette méthode met l'accent sur la variété du matériel éducatif, permettant une stimulation, et la liberté d'interaction et de mouvement dans la classe.*

14. *La controverse au sujet du Q.I. est basée sur un désaccord quant aux origines de l'intelligence. Celle-ci est elle innée ou acquise? La vérité se situe probablement entre les deux. À cet égard, il est important de se rappeler que l'intelligence n'est pas une valeur fixe, mais bien un processus en constante évolution.*

guide d'étude

A. RÉVISION

Compléter les phrases suivantes:

1. Dans *Pygmalion* de Shaw, Henry Higgins est un expert en _____.

2. Ce qui ressort de *Pygmalion* est que non seulement Henry apprend à Eliza à bien parler, mais il lui donne aussi une nouvelle _____.

3. De tous les _____ de la personne humaine, l'un des plus importants est celui que l'on appelle l'intelligence.

4. L'intelligence peut être définie comme une combinaison des caractéristiques mentales qui permet à chacun de _____ dans un environnement donné.

5. Lorsque l'on essaie de mesurer l'intelligence, on ne parvient en fait à mesurer que _____.

6. Les premiers tests de mesure de l'intelligence se sont tout d'abord attardés à calculer le _____ qu'une personne mettait à _____ .

7. En élaborant son test d'intelligence, Binet s'est rendu compte que les enfants déficients mentaux apprenaient plus _____ que les enfants normaux.

8. Si un enfant de six ans agit comme un enfant de cinq ans, on peut dire que son _____ est de cinq.

9. Le Q.I. d'un enfant de huit ans qui a un âge mental de six est _____ .

10. Un psychologue de l'Université Stanford, _____ , a implanté et adapté le test Binet-Simon aux États-Unis.

11. Une courbe de distribution normale décrit les scores obtenus par plusieurs personnes qui ont passé un test de Q.I.; il s'agit d'une courbe en forme de _____ .

12. Thurstone dit que l'intelligence se subdivise en sept _____ .

13. Si le Q.I. est déterminé par les _____ d'une personne, il ne doit pas varier beaucoup durant la croissance.

14. Le _____ est un test d'intelligence conçu spécifiquement pour les adultes.

15. Les premiers tests d'intelligence qui pouvaient s'appliquer en une seule fois à un groupe de personnes ont été mis au point par _____ .

16. Les _____ sont des experts qui choisissent et font passer les tests psychologiques.

17. Si un test fournit une même mesure plusieurs fois de suite, il est qualifié de _____ .

18. Si un test mesure effectivement ce qu'il devait mesurer, on le dit _____ .

19. La plupart des tests d'intelligence sont reconnus pour être particulièrement utiles aux étudiants _____ de la classe _____ .

20. Les tests de Q.I. sont les plus _____ lorsqu'ils prédisent un succès scolaire, mais sont _____ lorsqu'ils s'appliquent au monde du travail.

21. La phénylcétonurie (P.C.U.) est provoquée par un manque d'_____ , ou substance chimique présente dans l'organisme.

22. La plupart des gens atteints du syndrome de Down ont _____ chromosomes au lieu de 46.

23. Un isolement psychologique pendant la petite enfance et l'enfance peut être une cause de _____ .

24. La méthode _____ réfute l'importance accordée à la discipline en classe.

25. Le projet Milwaukee, qui avait pour objet d'enrichir l'environnement des enfants, a démontré que le Q.I. d'enfants que l'on place dans un environnement enrichi peut augmenter de _____ ou de _____ points.

26. L'intelligence est-elle avant tout innée, ou est-elle fonction de l'expérience? Il s'agit de l'un des aspects de la grande controverse de _____ et de _____ .

27. Votre intelligence est un _____ en continuel changement, résultat d'une _____ entre l'hérédité et l'environnement.

B. VÉRIFICATION DES CONNAISSANCES

Encercler la bonne réponse (A, B, C ou D):

1. La personnalité découle du développement:
A. des traits physiques
B. des traits cognitifs
C. des traits sociaux
D. d'A, B et C à la fois.

2. L'intelligence est la capacité:
A. de résoudre des problèmes de mathématiques.
B. de survivre dans un environnement donné.
C. d'apprendre par coeur des listes de mots.
D. d'utiliser un vocabulaire étendu.

3. Alfred Binet a élaboré son test d'intelligence afin:
A. de voir lequel de ses trois enfants était le plus intelligent.
B. de déterminer la différence intellectuelle entre un enfant déficient mental et un enfant normal.
C. de prouver que la théorie de James McKeen Cattell était fausse.
D. d'évaluer la relation entre le temps qu'une personne met à réagir et les fonctions intellectuelles «supérieures».

4. Le Q.I. d'un enfant de six ans qui a un âge mental de huit est de:
A. 75
B. 100
C. 133
D. 150

5. _____ a affirmé que l'intelligence se composait de sept capacités mentales primaires.
A. J.P. Guilford
B. L.L. Thurstone
C. Alfred Binet
D. Louis Terman

6. Qui a conçu les premiers tests d'intelligence de groupe?
A. Alfred Binet
B. le gouvernement français
C. l'Université Stanford
D. l'armée américaine

7. Si un test mesure ce qu'il doit mesurer, on dit de lui qu'il est:
A. valide.
B. fidèle.
C. normalisé.
D. aucune de ces réponses.

8. Les déficients mentaux:
A. le sont par hérédité uniquement.
B. peuvent apprendre à être déficients.

C. ne peuvent pas réellement profiter d'un entraînement ou de l'éducation.

D. devraient être placés dans des établissements de soins, et ce, pour leur propre bien.

9. Le projet Milwaukee:
   A. a étudié la croissance intellectuelle de 40 enfants noirs provenant d'un milieu défavorisé.
   B. impliquait l'entraînement de diverses variétés de rats à l'Université du Wisconsin.
   C. a testé l'intelligence de tous les citadins de Milwaukee et en a conclu que les blancs étaient plus intelligents que les noirs.
   D. a confirmé la notion voulant qu'une grande partie de ce que l'on appelle l'intelligence soit héréditaire.

10. Le test d'intelligence W.A.I.S.:
    A. a été conçu avant le test Binet-Simon.
    B. est utilisé dans l'armée américaine pour tester le Q.I.
    C. est plus approprié pour les adultes que ne l'est le test Binet-Simon.
    D. a été conçu pour évaluer les capacités des enfants de réussir à l'école.

L'intelligence artificielle

Les robots et les monstres mécaniques ont hanté les pages des romans de science-fiction bien avant que les progrès technologiques tels que les transistors, la télévision et les ordinateurs ne permettent à ces petites merveilles d'entrer dans le monde de la réalité scientifique. Et quand cela s'est produit, au cours des années 50 et 60, bien des gens ne considéraient ces réalisations scientifiques guère plus que comme des jouets dispendieux. Leurs inventeurs ne s'en sont pas pour autant découragés. Le domaine de l'**intelligence artificielle** ou mécanique s'est développé à un rythme régulier ces vingt dernières années, et les efforts pour créer une machine pensante se sont poursuivis. Les mathématiciens et les ingénieurs du Laboratoire de l'intelligence artificielle de l'Institut de technologie du Massachus-

sets (M.I.T.), par exemple, ont assemblé un ordinateur, une caméra de télévision et un bras mécanique en un système doté d'une intelligence artificielle suffisante pour reconnaître des cubes de taille, de couleur et de forme différentes, et pour les assembler en diverses structures sans qu'un opérateur ne lui en donne les instructions étape par étape. Un bras en avancé a été mis au point pour accomplir les tâches plus complexes; ce bras a huit articulations et peut contourner les obstacles. À l'Université Stanford, un bras mécanique semblable a été programmé pour ramasser les pièces d'une pompe à eau, les assembler et les visser. De tels engins pourront un jour accomplir des tâches trop minutieuses ou trop délicates pour les mains de l'homme. Mais encore aujourd'hui, on ne peut pas vraiment dire que ces machines pensent. D'autres, cependant, semblent avoir une certaine intelligence de base.

Les ordinateurs programmés pour jouer aux échecs et aux dames ont même la possibilité de tirer leçon de leurs erreurs. L'un d'eux, au M.I.T., a été classé comme joueur d'échecs supérieur à la moyenne lors d'un tournoi d'échecs. De telles recherches ont été critiquées comme une perte de temps frivole et sans aucune valeur, puisque ces machines ne pourront probablement jamais «penser». Mais les chercheurs dans le domaine de l'intelligence artificielle affirment que les robots ne sont que des outils qui permettent l'étude de l'intelligence. Essayer d'apprendre l'anglais à une machine, par exemple, permet de décortiquer les problèmes auxquels se heurte l'homme et les méthodes qu'il utilise pour apprendre une langue, éléments qui ne sont pas toujours évidents dans un laboratoire de langues. Seymour Papert, co-directeur avec Marvin Minsky du Laboratoire d'intelligence artificielle du M.I.T., compare l'étude de l'intelligence à celle du vol. Il souligne que, tout comme le vol ne pourrait pas être analysé sans que soient éclaircis les principes de l'aérodynamique, l'intelligence humaine ne peut être étudiée tout à fait sans que les principes de base de l'intelligence ne soient formulés. Piaget (voir chapitre 7) examine les principes de l'intelligence en observant le développement mental de l'enfant. Papert et ses collaborateurs font de même en cherchant comment les machines peuvent apprendre. Ce qui en résultera, dit Papert, ce sont des théories de l'intelligence qui s'appliqueront tant aux hommes qu'aux machines.

Papert et Minsky croient que l'intelligence artificielle est suffisamment connue pour servir de base à la conception de nouveaux environnements d'apprentissage pour les enfants. Un de leurs projets démontre comment la technologie de l'intelligence artificielle peut être utilisée en éducation. Il ne s'agit pas de remplacer les professeurs par des machines, mais plutôt d'utiliser ces dernières pour donner aux enfants l'habitude de penser. Pour ce faire, il ne suffit pas que l'enfant possède un ordinateur; il faut créer des situations où il utilisera l'ordinateur pour résoudre des problèmes qui font partie de sa réalité. Plusieurs dispositifs ont été conçus à cette fin. L'un d'eux est un générateur de musique qui permet à l'enfant de reproduire des chansons et de faire ses premières armes en composition musicale; Un autre est un système graphique qui permet de produire des dessins animés. L'ordinateur peut être programmé pour composer des histoires et des poèmes. On a aussi conçu un animal mécanique appelé «la tortue», programmé pour faire certaines choses comme se déplacer dans une salle de classe, y tracer une piste ou un dessin sur le plancher. Apprendre à programmer un ordinateur de manière à produire de la musique, des dessins ou une activité physique quelconque est censé permettre à l'étudiant de développer des capacités mentales qui l'amèneront à saisir la signification du temps, de l'espace, du son et de l'environnement physique.

Bien des projets visent à amener les enfants à programmer les machines de manière à ce que celles-ci imitent certains aspects de leur propre comportement. Afin de comprendre comment faire marcher la tortue, par exemple, l'enfant doit étudier sa propre façon de se déplacer. Pour faire faire à l'ordinateur des phrases correctes, il étudie ses propres phrases. En programmant l'ordinateur pour qu'il puisse jouer convenablement à un jeu d'adresse, il commence à comprendre les processus impliqués dans ce phénomène et améliore ainsi ses propres habiletés mentales. L'expérimentation de la musique peut l'amener à avoir des idées très nettes sur le temps et sur ses implications dans d'autres domaines que celui de la musique. Dans un avenir plus ou moins rapproché, Papert et ses collaborateurs espèrent pouvoir utiliser la technologie des ordinateurs et ce qu'ils ont appris sur l'intelligence pour mettre au point des méthodes qui aideront les enfants à étudier des sujets tels que la physique, la linguistique, la biologie et la psychologie.

C. À PROPOS DE L'ARTICLE...

1. Qu'il soit possible ou non de mettre au point une machine qui permette de «penser», quelles sont les deux raisons, ou applications, qui encouragent les chercheurs à poursuivre les essais?

a) _____

_____

b) _____

_____

SUGGESTIONS DE LECTURES

Krech, D., Crutchfield, R.S., Livson, N., Krech, H., *Psychologie*, Renouveau pédagogique, Montréal, 1979.
Rosenthal, R., Jacobson, L., *Pygmalion à l'école*, Casterman, Paris, 1972.
Shaw, G.B., *Pygmalion*, Aubier-Montaigne, Paris, 1967.

En anglais

Terman, L.M. Oden, M., *The gifted group at midlife,* Stanford University Press, Stanford (Californie), 1959.

3e partie

personnalité

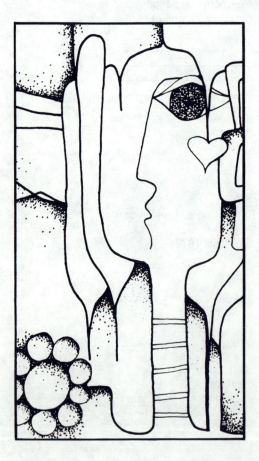

9

le développement de la personne

Chaque être humain est unique et complexe. Par l'examen des influences d'ordre biologique, cognitif, social et environnemental que nous subissons, les théoriciens du développement tentent d'expliquer la manière dont se forme notre personnalité propre. Dans ce chapitre, nous examinerons quelques théories du développement de la personne et nous verrons que lorsque nos besoins de base sont comblés, nous sommes tous en mesure de prendre en charge notre propre développement mental, moral et comportemental.

Après avoir étudié ce chapitre, vous pourrez:

- Nommer et décrire les cinq stades du développement psychosexuel et les trois composantes de la personnalité selon Freud;

- Nommer et résumer les huit stades du développement psychosocial selon Erikson;

- Discuter des liens entre les modes de développement moral selon Piaget et selon Kohlberg;

- Résumer le point de vue des théoriciens de l'apprentissage social sur le développement de la personne;

- Décrire le point de vue de Bandura sur l'apprentissage par modèle ou imitation;

- Caractériser les psychologues humanistes en partant de l'actualisation de soi.

glossaire

Actualisation de soi. Terme que Maslow emploie pour désigner le plus élevé des besoins supra-immédiats. En général, l'actualisation de soi implique l'acquisition d'une compréhension et d'une maîtrise de soi suffisantes pour devenir ou réaliser ce qu'on désire être.

Autonomie. Le mot *auto* signifie «de soi-même»; ainsi, une automobile est un véhicule qui se déplace par lui-même, sans l'aide d'une force motrice extérieure. En termes psychologiques, l'autonomie constitue la liberté de diriger ses propres actions, de prendre ses propres décisions et de faire ses propres choix sans ingérence de l'extérieur.

Ça. Portion primitive, instinctuelle, infantile et inconsciente de la personnalité qui obéit au principe du plaisir et qui, par conséquent, est continuellement en guerre contre le moi.

Crise d'identité. L'une des huit crises auxquelles chaque personne doit faire face dans le développement de la personnalité selon Erikson. Au cours de la puberté, la crise consiste à acquérir une identité propre. L'adolescent(e) doit penser à l'avenir et décider de ce qu'il ou elle deviendra.

Développement moral. Selon Lawrence Kohlberg, chaque personne franchit trois niveaux de développement moral, chaque niveau étant divisé en deux stades.

Fixation. Mécanisme de défense freudien qui se manifeste par l'interruption du développement psychosexuel normal. Si les besoins oraux d'un nourrisson ne sont pas satisfaits, il peut y avoir une perturbation dans son évolution et sa personnalité peut s'arrêter, ou rester fixée, au stade oral.

Générativité. «Génération» signifie production. La générativité est la capacité de produire ou de créer.

Grivois. Qui est d'une gaieté licencieuse, qui utilise des mots hardis. Un roman grivois est un texte où l'on parle ouvertement de comportements érotiques ou sexuels, d'une manière généralement satirique.

Intégrité du moi. Du latin *integritas*, «virginité». Selon Freud, notre moi possède des mécanismes de défense variés qu'il utilise pour se garder intact ou se préserver face aux impulsions et commandements du ça et du sur-moi.

Masturbation. Autostimulation sexuelle.

Modèle. De *mode*, «façon, manière de faire quelque chose». Nous apprenons des façons de nous comporter en imitant les actions des autres, particulièrement celles de nos parents.

Moi. Partie consciente de la personne. Le moi obéit à ce que Freud appelle le «principe de réalité» et essaie de garder le ça sous contrôle.

Moi conscient. Correspond à la notion freudienne de «moi». Les pensées, comportements, sentiments et attitudes que vous avez font partie de votre moi conscient individuel.

Niveau de moralité conventionnelle. Deuxième stade de développement moral chez Kohlberg, au cours duquel l'enfant se conforme aux principes moraux de la société.

Niveau de moralité postconventionnelle. Dernier des trois stades de développement moral chez Kohlberg, au cours duquel la personne se comporte selon sa conscience ou selon ce qu'elle considère comme des principes éthiques abstraits.

Niveau de moralité préconventionnelle. Premier stade de développement moral chez Kohlberg, au cours duquel l'enfant «se comporte bien» dans le seul but d'éviter la punition ou de récolter des récompenses. Piaget appelle ce stade le «stade prémoral».

Période de latence. Selon Freud, les fantasmes sexuels dont les enfants font l'expérience au cours du stade phallique éveillent tant de culpabilité et d'anxiété que l'enfant entre dans une période de répression sexuelle appelée période de latence. Ce stade de développement débute vers l'âge de cinq ou six ans et se termine à la puberté.

Phobie. Peur intense et irraisonnée de quelque chose.

Psychologie humaniste. Les humanistes, dont Carl Rogers et Abraham Maslow, croient que chaque personne tend intuitivement à s'améliorer et à se réaliser pour devenir une personne mûre et heureuse lorsqu'elle en a la possibilité. Ce processus de développement est souvent appelé l'actualisation de soi.

Puberté. Début de la maturité sexuelle, lorsque la personne devient physiquement capable d'activités sexuelles reproductrices.

Rôles sexuels. Un *rôle social* est une série de réponses stéréotypées dans certaines situations sociales, ou encore une série de façons appropriées de se comporter dans une culture ou un environnement donnés. Les rôles sexuels sont les attentes culturelles qui gouvernent la manière dont un homme ou une femme devraient se comporter dans la plupart des situations sociales.

Stade anal. Deuxième stade psychosexuel de Freud, au cours duquel l'enfant tirerait principalement son plaisir à la fois de la rétention et de l'expulsion de l'urine et des selles. Ce stade commence à l'âge de 12 à 18 mois et se termine vers l'âge de trois ou quatre ans.

Stade de moralité autonome. Stade final de développement moral selon Piaget, au cours duquel l'on suit les directives de sa propre conscience.

Stade de réalisme moral. Deuxième stade de développement moral selon Piaget, au cours duquel l'enfant se comporte de manière à plaire aux autres.

Stade génital. Dernier stade freudien de développement psychosexuel, au cours duquel une personne apprend que procurer du plaisir à un partenaire sexuel est aussi satisfaisant que de recevoir soimême une stimulation génitale.

Stade oral. Premier stade de développement psychosexuel selon Freud, dans lequel les satisfactions de l'enfant proviendraient principalement de sa bouche.

Stade phallique. Du grec *phallos*, «pénis». Freud a dénommé le troisième stade de développement psychosexuel le stade phallique, au cours duquel l'enfant tire son plaisir de stimulations génitales.

Stade prémoral. Premier niveau de développement moral chez Piaget. Il est analogue au niveau de moralité préconventionnelle de Kohlberg.

Stades psychosociaux. Selon Erik Erikson, chaque être humain doit franchir huit stades de développement pour atteindre une maturité complète.

Sur-moi. Portion de la psyché humaine qui, selon Freud, se préoccupe des lois morales de la société dans laquelle la personne se développe. C'est la conscience.

Table rase. Du latin *tabula rasa*, «ardoise blanche» ou «tablette vierge». Croyance, selon John Locke, que l'esprit humain est une «tablette vierge» sur laquelle s'inscrit l'expérience humaine. Locke niait que nous naissions avec des notions ou des croyances instinctives. Nous apprenons plutôt tout ce que nous savons.

Théoriciens de l'apprentissage social. Psychologues d'orientation behavioriste, qui basent leurs théories sur le fait que la majeure partie des comportements s'apprennent ou s'acquièrent, habituellement par imitation et renforcement.

Thérapie par modèle. Forme de traitement behavioriste qu'Albert Bandura a élaborée et qui consiste à encourager le client à modeler son comportement sur celui du thérapeute, c'est-à-dire à imiter ce dernier. Si le client a peur de manipuler des serpents, le thérapeute «démontre comment le faire» au client en manipulant des serpents d'une manière calme, détendue et renforçante.

Traumatisme. Du grec *trauma*, «blessure». Blessure physique ou psychologique, ou expérience profondément blessante.

INTRODUCTION:
PORTNOY ET SON COMPLEXE

Portnoy a un problème. Il ne s'aime pas et il n'aime pas ce qu'il est en train de devenir. Aux yeux du monde, il est un assistant social prospère et intelligent, mais à ses propres yeux, il n'est qu'un raté. Il vit seul, mais ne veut pas être seul. Il a des maîtresses, mais aucune femme ne le satisfait. Il est envahi par le doute, la peur et la culpabilité; il est complètement insatisfait de lui-même. Dans l'espoir de connaître les causes de son état et, si possible de trouver une solution à son problème, Portnoy va consulter un psychiatre.

Portnoy et son complexe est un roman de Philip Roth. Alex Portnoy y raconte longuement tous ses problèmes passés et présents. Il en résulte un roman satirique et **grivois**, mais parfois très humoristique, sur la vie familiale et l'adolescence au cours des années 1940.

Portnoy considère que sa famille, et plus particulièrement son écrasante mère, sont responsables de ce qu'il est devenu. Dès sa naissance, sa mère tenait à lui comme à la prunelle de ses yeux. Elle lui répétait sans cesse qu'il était un parfait petit prince et un génie unique et brillant. Au début, Alex prenait plaisir à être le centre d'attention de sa famille et l'objet d'estime de sa mère. Il essayait de répondre aux attentes de tous en faisant exactement ce qu'on lui demandait. Lorsqu'il est devenu premier de classe, sa mère s'est mise à l'appeler «Einstein II».

Mais tout en traitant Alex de petit génie, sa mère le faisait se sentir incompétent et impuissant. Elle le nourrissait, le protégeait et le dorlotait sans répit. Il n'avait jamais un moment à lui. Sa mère était au courant de tout ce qu'il faisait. Il la comparait à un gros oiseau qui voltigeait autour de lui et l'étouffait. Même une fois adulte, sa mère l'appelait «l'amour de ma vie» et disait: «Pour nous, tu es encore un bébé, mon chéri».

Plus Alex approchait de l'adolescence, plus il détestait le traitement que sa mère lui infligeait. À la sortie d'un restaurant, par exemple, elle n'en finissait plus de répéter combien il avait été un bon garçon. Il avait bien utilisé sa petite serviette de table et ses ustensiles, et il n'avait pas répandu ses pommes de terre sur la nappe. Un parfait petit gentleman, disait-elle. «Une *fillette*, maman, Alex pensait-il pour lui-même, ce que tu as vu à l'oeuvre, c'est une parfaite petite fillette accrochée aux jupes de sa mère, et c'est exactement ce que tu voulais produire avec ton programme d'éducation.»

Alex n'avait pas l'intention d'être une «fillette». Son ressentiment s'est bientôt transformé en rébellion et il a cessé d'être un petit garçon obéissant et démuni. Il a commencé à se disputer avec ses parents. Il refusait de manger ce qu'il était supposé manger. Il n'allait plus à la synagogue. Il a adopté un nouveau passe-temps: la **masturbation**. Il disait que c'était la seule activité qui lui appartenait vraiment.

Mais la masturbation n'était pas la réponse aux problèmes de Portnoy. En fait, cela ne faisait qu'empirer les choses. Après des années de parfait conformisme, il faisait maintenant quelque chose qui le rendait coupable. Alex vivait dans la peur continuelle de se faire prendre sur le fait et il était terrifié à l'idée qu'il risquait d'avoir le cancer. Il continuait malgré tout à se masturber avec passion. Ses désirs sexuels étaient si forts qu'ils étaient continuellement en lutte avec son désir d'être un bon petit garçon.

Maintenant qu'il est parvenu à l'âge adulte, Portnoy continue d'avoir des problèmes similaires. D'une part, il a fait tout ce que sa mère voulait: il a obtenu d'excellents résultats au collège, il était le premier de sa promotion lorsqu'il a terminé ses études de droit et il est devenu un membre hautement respecté de sa profession, où il excelle à solutionner les problèmes des autres. D'autre part, il n'a pas réussi à résoudre ses problèmes personnels. C'est là son complexe. Ses désirs sexuels sont toujours en conflit avec ses autres besoins personnels, et les besoins de sa famille et de la société. Portnoy voudrait se marier et avoir des enfants. Ses parents veulent qu'il demeure le parfait petit garçon de sa maman. La société veut que Portnoy soit un citoyen travailleur et productif, mais il continue d'errer d'une femme à l'autre, de liaison en liaison, en quête d'aventures sexuelles toujours plus nombreuses. Il se sent coupable de sa vie sexuelle. Il déteste vivre seul et être une cause de peine pour ses parents. Mais il refuse toujours de s'établir et de changer sa façon de vivre. Portnoy n'arrive pas à trouver une solution satisfaisante qui tienne compte à la fois de ses désirs sexuels, de ses parents, de la société et de ce que lui-même veut être. Face à toute cette confusion, il ne peut pas réellement se trouver lui-même. Pourquoi? Voilà la question que Portnoy pose à son psychiatre.

Portnoy et son complexe, comme tout bon roman, comporte un certain nombre de vérités sur la condition humaine. Cette recherche de lui-même que Portnoy a entreprise, même si elle paraît plus ou moins exagérée, ressemble à ce que plusieurs d'entre nous traversons pour nous doter d'une identité acceptable.

Nous avons tous des besoins biologiques, des besoins cognitifs ou intellectuels et des besoins sociaux. Certains de ces besoins sont déterminés génétiquement, d'autres le sont par l'environnement social dans lequel nous avons grandi, et d'autres encore par notre situation présente. La hiérarchie des besoins caractéristique à une personne donnée diffère un peu de celle de tous les autres. Quoi qu'il en soit, nous avons tous plus ou moins tendance à satisfaire nos besoins en recherchant des stimuli biologiques, cognitifs et sociaux dans notre environnement. Mais pour satisfaire certains de nos besoins, il nous faut parfois en nier d'autres. Par exemple, si l'on recherche une certaine forme de satisfaction spirituelle (cognitif), il est possible qu'on ait à délaisser certains types de mets ou à jeûner pendant un certain temps (biologique), ou encore à s'isoler de ses amis pendant de courtes périodes (social).

La façon dont chaque personne réalise une forme quelconque d'équilibre entre les stimuli biologiques, cognitifs et sociaux qu'elle désire a son importance dans la détermination de son individualité. Étant donné le très grand nombre de besoins et de sources de satisfaction possibles, et étant donné le très grand nombre de conflits possibles, il est presque impossible pour quiconque d'avoir en tout temps une identité parfaitement équilibrée.

LE DÉVELOPPEMENT DE L'INDIVIDUALITÉ

Il y a plusieurs théories connues de la personnalité, c'est-à-dire des théories sur la manière dont les gens développent des façons qui leur sont propres de faire face à leurs besoins et à leurs problèmes. Certaines théories soulignent les influences biologiques ou héréditaires de la personnalité, certaines mettent plutôt l'accent sur les influences cognitives ou intellectuelles et d'autres encore sur l'apprentissage social et les facteurs de l'environnement. En général, les théories plus traditionnelles supposent que le développement de la personnalité est plus ou moins complet à l'adolescence. Plusieurs des théories plus récentes supposent que nous continuons de nous développer et de nous adapter tout au long de notre vie.

Parmi tous les modèles théoriques, le plus connu est sans doute celui de Sigmund Freud. Freud était un physiologiste qui supposait que les gènes étaient les principaux déterminants de notre personnalité. Peut-être est-ce pour cette raison qu'il a insisté tout particulièrement sur nos besoins biologiques et émotionnels, et qu'il a prétendu que notre individualité est à peu près établie ou fixée vers l'âge de 15 ans.

Selon Freud, nous franchissons cinq grandes étapes au cours du développement de notre personnalité (nous en avons déjà parlé au chapitre 3). La première étape est le **stade oral**. Au cours de cette période, Freud dit que la personnalité de l'enfant est presque entièrement rattachée à sa bouche ou à son besoin biologique de sources orales de gratification (nourriture et eau). La deuxième période s'appelle le **stade anal**. À mesure que l'enfant apprend à maîtriser ses fonctions biologiques, c'est-à-dire à se retenir ou à éliminer, il prend intellectuellement conscience de son individualité. Au cours du troisième stade, le **stade phallique** qui débute vers l'âge d'environ trois ans, l'enfant apprend que les autres personnes ont une existence indépendante de ses propres perceptions. Il prend conscience des différences sexuelles et établit une relation chaleureuse avec le parent de sexe opposé, soit le garçon avec sa mère et la fille avec son père. Au stade phallique, l'enfant apprend aussi que ses organes sexuels peuvent lui procurer des plaisirs sensuels. Mais ses besoins de plaisir entrent en conflit avec les exigences parentales ou sociales. Selon Freud, la plupart des enfants résolvent ce conflit en

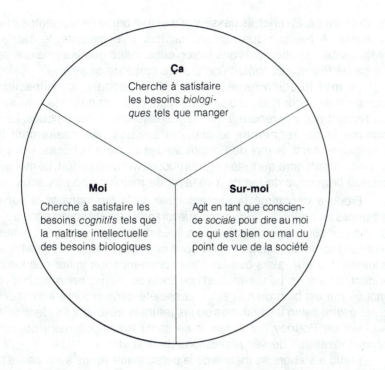

Ça
Cherche à satisfaire
les besoins *biologi-*
ques tels que manger

Moi
Cherche à satisfaire les
besoins *cognitifs* tels que
la maîtrise intellectuelle
des besoins biologiques

Sur-moi
Agit en tant que conscience *sociale* pour dire au moi
ce qui est bien ou mal du
point de vue de la société

Fig. 9.1

Selon Freud, une
personne bien adap-
tée est en mesure de
trouver un équilibre
entre ses besoins
biologiques, cogni-
tifs et sociaux.

abandonnant l'autostimulation (masturbation) lors de la **période de latence**.
Au cours de cette période, les enfants solutionnent leurs problèmes de
relations avec le parent de sexe opposé en établissant des rapports étroits
avec d'autres jeunes de leur âge et de même sexe. (La période de latence en
étant une de «repos», elle n'est pas à proprement parler un stade.) Le dernier
stade, ou **stade génital**, débute au moment où l'enfant atteint la **puberté**. À ce
stade, le jeune commence à rechercher son plaisir dans des contacts avec le
sexe opposé.

À chacun de ces quatre stades, les besoins biologiques, cognitifs et
sociaux de l'enfant risquent de subir des bouleversements et d'être en conflit.
L'enfant bien adapté résout les conflits et devient adulte au cours du stade
génital. L'enfant qui ne peut s'adapter risque de subir une **fixation**: un aspect
de son développement peut rester bloqué à l'un ou l'autre des stades
antérieurs et il peut traîner jusqu'à l'âge adulte certains problèmes ou certaines
habitudes infantiles. Nous parlerons davantage des fixations au chapitre 10.

Le ça, le moi et le sur-moi

Freud a divisé la personnalité humaine en trois composantes. Le **ça** est le
terme qu'il a employé pour désigner la partie inconsciente de la personnalité
qui recherche continuellement et égoïstement le plaisir et la gratification
biologiques. Les jeunes enfants au stade oral ne se comporteraient qu'en

fonction du ça. En effet, ils passent la majeure partie de leur temps à manger et à dormir. À mesure que l'enfant parvient à la maturité, le ça deviendrait responsable d'autres pulsions biologiques, telles que les pulsions sexuelles. Le ça de Portnoy contrôlait une grande partie de sa vie.

Le **moi** freudien représente la partie cognitive ou consciente de la personnalité. Il commence à se développer au cours du stade anal, au moment où l'enfant doit apprendre à maîtriser ses fonctions biologiques. Le moi, tout comme le ça, recherche le plaisir, mais pas nécessairement le plaisir biologique. Ainsi, le moi de Portnoy voulait plusieurs choses: entre autres, il voulait comprendre qui il était et pourquoi il avait un ça si fort. Le moi de Portnoy passait beaucoup de temps à essayer de maintenir son ça sous contrôle.

Freud a dénommé la partie sociale de la personnalité le **sur-moi**, qui s'élabore au cours du stade phallique lorsque l'enfant commence à s'identifier à un parent ou à une personne plus âgée du même sexe. Ainsi, à mesure que leur sur-moi se développe, les garçons commencent à imiter des hommes et à s'identifier à eux, alors que les filles commencent à imiter des femmes et à s'identifier à elles. Le sur-moi est une sorte de «conscience sociale» qui dit au moi ce qui est bien ou mal selon la société dans laquelle il s'est développé, c'est-à-dire selon les hommes ou les femmes auxquels il s'identifie. C'était le sur-moi de Portnoy qui le faisait se sentir continuellement coupable et le rendait insatisfait de ses réalisations dans la vie.

Freud a élaboré sa théorie de la personnalité après avoir passé plusieurs années à travailler avec des personnes qui avaient des troubles mentaux, et les avoir étudiées. Puisque plusieurs des patients qu'il a traités avaient des complexes sur le plan de la sexualité, Freud a eu tendance à accorder de l'importance aux influences biologiques sur le développement humain. Certains disciples de Freud ont par la suite repris ses théories et élaboré davantage pour essayer de tenir compte de quelques-uns des autres facteurs importants dans le développement de la personnalité. L'une de ces théories, sans doute la plus connue, est celle d'Erik H. Erikson.

Les stades psychosociaux d'Erikson

Avant d'immigrer aux États-Unis, Erik H. Erikson a étudié à Vienne avec Freud et sa fille Anna. Erikson est en grande partie d'accord avec Freud sur l'importance de la sexualité, mais il rejette l'idée que le développement de la personnalité s'arrête à l'adolescence. Il affirme que le moi est beaucoup plus important que le ça ou le sur-moi. Et les interactions du moi avec l'environnement et la société ont beaucoup plus d'importance que ses interactions avec certains désirs sexuels inconscients (le ça). Selon Erikson, ce sont une société donnée et l'environnement qui façonnent le moi et la personnalité. Et puisque les gens sont en contact avec la société tout au long de leur vie, celle-ci façonne constamment leur moi.

Erikson propose huit stades dans le développement de la personnalité. Chacun d'entre eux se rattache directement à des forces présentes dans la société; c'est pourquoi Erikson les appelle les **stades psychosociaux**. Au cours de chacun des stades, la personne fait face à une crise ou à un conflit d'une nature précise. Ces conflits sont analogues à des examens qu'il faut passer: à mesure que chaque conflit est résolu, ou que chaque test de personnalité a été réussi, la personne passe au stade de développement suivant. Les gens peuvent échouer ou réussir un ou plusieurs tests, mais un échec ne signifie pas un arrêt dans le développement de la personnalité. Il est possible de passer le test à nouveau n'importe quand, puisque la société et les conflits qu'elle suscite sont toujours présents. Les gens peuvent en tout temps acquérir, dans leur personnalité, les aptitudes qui leur permettront de résoudre une crise antérieure ou de réussir un test auquel ils ont échoué au préalable.

1. Confiance ou méfiance fondamentales (de la naissance à un an)

Le premier stade psychosocial d'Erikson est similaire au stade oral de Freud et s'appelle le stade sensoriel. C'est la période au cours de laquelle le nourrisson doit se fier à d'autres personnes de son environnement social pour satisfaire presque tous ses besoins. Si, à ce stade, l'enfant reçoit suffisamment d'attention et d'amour, il apprendra à faire confiance à sa mère et au monde. La crise de ce stade survient lorsque l'enfant reçoit une attention médiocre et inconstante. Il peut alors apprendre à se méfier des autres plutôt qu'à leur faire confiance.

2. Autonomie ou honte et doute (vers deux ans)

Le deuxième stade de développement psychosocial d'Erikson s'appelle le stade musculaire ou anal. Au cours de cette période, l'enfant apprend à maîtriser ses propres mouvements musculaires. Il apprend à se traîner, puis à marcher et à utiliser l'indépendance que lui procure la liberté de mouvement nouvellement acquise. Cette prise de conscience de la liberté physique résulte en un sentiment d'**autonomie** ou d'indépendance. La crise du stade musculaire a lieu si les parents ont peur de laisser leurs enfants manifester des comportements indépendants. Selon Erikson, si l'on ne permet pas aux enfants d'acquérir une certaine autonomie dès la petite enfance, ils peuvent commencer à douter de leurs aptitudes ou à se sentir honteux d'eux-mêmes.

3. Initiative ou culpabilité (de trois à cinq ans)

Le troisième stade d'Erikson, celui de la maîtrise de la locomotion, est semblable au stade phallique de Freud. À cette période, l'enfant devient plus affirmatif et actif. Si on l'encourage alors à explorer son monde, il acquerra le sens de l'initiative. Si les parents (ou d'autres personnes) sont trop punitifs, l'enfant fera face à une crise et pourra se sentir coupable de s'exprimer.

4. Travail ou infériorité (de six ans à la puberté)

Le quatrième stade en est un de développement latent. Ses premiers conflits sexuels résolus, l'enfant est prêt à apprendre des habiletés sociales et intellectuelles. Si on le récompense pour ses réalisations, il deviendra

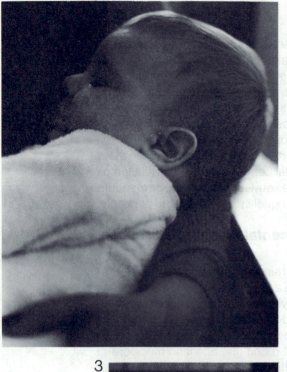

Selon Erikson, il y a huit stades psycho-sociaux de déve-pement 1) Au cours de la première an-née de sa vie, le nourrisson doit se fier à d'autres per-sonnes. 2) Au cours de la deuxième an-née, l'enfant doit apprendre à maîtri-ser ses propres mouvements mus-culaires. 3) Au cours du troisième stade, l'enfant ac-quiert la maîtrise de la locomotion et de-vient plus actif. 4) Au cours du qua-trième stade, l'en-fant apprend des habiletés sociales et intellectuelles.

5

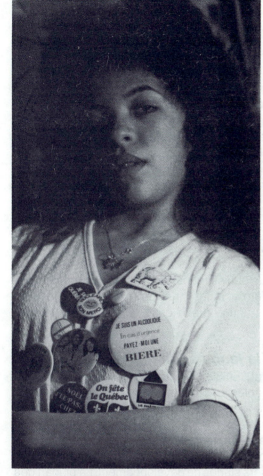

6

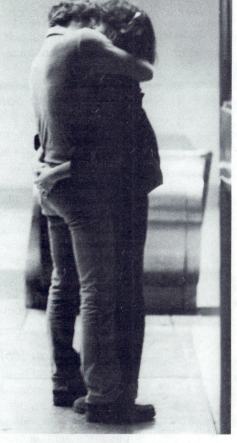

7

8

5) Au cours de l'adolescence, la plupart d'entre nous expérimentons une crise d'identité. 6) Après que la personne se soit formée une identité solide, elle est prête à partager son intimité avec une autre personne. 7) Les adultes qui réussissent sont productifs et continuent à se développer. 8) Avec la maturité vient l'aptitude à intégrer tous les stades de développement et à regarder le passé avec un sentiment de réalisation ou d'accomplissement.

travailleur. S'il échoue dans toutes ses entreprises, il risque de vivre une crise qui peut l'amener à se sentir inférieur sur le plan de ses talents et ce, pour le reste de ses jours.

5. Identité ou confusion dans les rôles (l'adolescence)

Une des forces de la théorie d'Erikson réside dans le fait qu'il a reconnu les problèmes auxquels on fait face au cours de l'adolescence, au moment où l'on essaie de se trouver soi-même. Erikson affirme qu'à cette période, la plupart d'entre nous traversons une **crise d'identité**. À ce moment de notre vie, nous devons non seulement découvrir notre identité et nos préférences sexuelles, mais aussi choisir une carrière. Nous devons également déterminer quelles valeurs sociales et économiques influenceront la plupart de nos activités pendant le reste de notre vie. Si nous sommes encouragés à «nous rassembler en un tout et à devenir nous-mêmes», nous nous créons alors une identité propre, ou ce que Freud a appelé un moi sain. Mais si nous vivons des conflits sociaux, si les gens de notre entourage nous punissent parce que nous sommes nous-mêmes et essaient de nous conformer à des modèles sociaux impraticables, alors nous ferons peut-être face à une grave crise concernant notre rôle possible dans la vie.

6. Intimité ou isolement (le jeune adulte)

Contrairement à Freud (et à Piaget), Erikson croit que le développement de la personnalité se poursuit après l'adolescence. Si la personne s'est formée une identité solide au début de sa vie de jeune adulte, elle sera en mesure de partager son intimité avec une autre personne. Cependant, si elle ne réussit pas à résoudre la crise d'identité, elle risque de s'isoler des formes les plus intimes de «partage» psychologique avec d'autres. Peu de gens franchissent avec un succès total les six premiers stades de développement. La plupart des gens font l'expérience de certains succès et de certains échecs aux différents stades. Selon Erikson, la recherche de l'intimité n'est par conséquent pas toujours un succès total. Cela expliquerait peut-être, entre autres, que quatre mariages sur 10 se terminent par un divorce.

7. Générativité ou stagnation (l'adulte)

La crise de l'âge mûr survient quand la personne s'arrête et ne poursuit pas son développement sur le plan social et intellectuel. La **générativité** signifie la capacité de reproduire et d'être productif. Les adultes qui ont réussi ne font pas qu'avoir des enfants. Ils sont capables de produire du travail et des idées. Les gens qui continuent d'être productifs sont attentifs à eux-mêmes, à leur famille et à la société en général. Ceux qui ne continuent pas de produire ou qui produisent seulement ce dont ils ont eux-mêmes besoin sont habituellement égocentriques. Ils sont souvent suffisants et ne continuent pas de se développer sur le plan social ou intellectuel. Ces personnes se dessèchent ou stagnent.

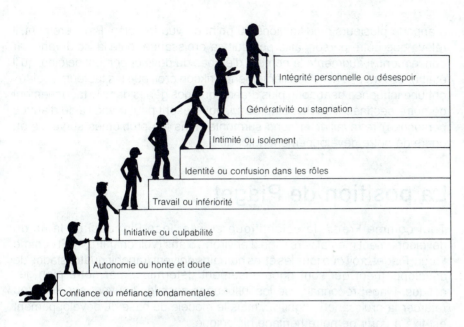

Intégrité personnelle ou désespoir

Générativité ou stagnation

Intimité ou isolement

Identité ou confusion dans les rôles

Travail ou infériorité

Initiative ou culpabilité

Autonomie ou honte et doute

Confiance ou méfiance fondamentales

Fig. 9.2
Les huit stades de développement de la personnalité d'Erikson peuvent se voir comme des étapes qui nous guident tout au long de notre vie.

8. Intégrité ou désespoir (la vieillesse)

La maturité survient avec l'unification ou l'intégration des sept premiers stades de développement. Le peu de gens qui résolvent de façon fructueuse toutes les crises ou tous les conflits de la vie réalisent ce qu'Erikson appelle l'**intégrité du moi**. Ils peuvent jeter un regard sur le passé, sur leur vie avec un sentiment de satisfaction ou d'accomplissement devant leurs réalisations. Ceux qui n'ont pas eu autant de succès regardent souvent derrière eux avec le sentiment que leur vie n'a eu aucune signification ou qu'elle a été inutile et gaspillée. Ces gens qui ont l'impression que leur vie est incomplète voient souvent venir la mort avec désespoir.

Si l'on considère le nombre de crises ou de conflits auxquels nous devons faire face lors des différents stades de développement, il semble presque impossible pour quiconque de jamais parvenir à une maturité complète, ou à ce qu'Erikson appelle l'intégrité du moi. Mais la plupart des gens atteignent un certain degré de maturité. Et les gens peuvent toujours, à tout moment, revenir en arrière et retravailler les échecs passés, tout comme Alex Portnoy l'a fait à l'âge mûr. Seule la perfection, en réalité, s'avère difficile à atteindre.

LE DÉVELOPPEMENT MORAL

Freud s'intéressait principalement au développement affectif et biologique; il voyait le développement du moi comme une façon pour le corps de se défendre contre les impulsions affectives du ça. La pensée ou la partie cognitive de la maturation n'était donc, pour Freud, rien d'autre qu'une résultante du développement de l'héritage biologique d'une personne. Erikson a apporté plusieurs modifications au point de vue freudien. Premièrement, il relève que notre personnalité poursuit sa croissance toute la vie durant; par conséquent, il augmente le nombre d'étapes du développement de cinq, qu'il était chez Freud, à huit. Deuxièmement, Erikson croit que les facteurs sociaux ont une influence beaucoup plus grande que nos gènes dans le façonnement de notre destinée d'adulte. D'après lui, notre esprit peut (avec l'aide d'autres personnes) retravailler et donc surmonter tous les problèmes survenus au cours de notre développement antérieur.

La position de Piaget

Tout comme Freud, le scientifique suisse Jean Piaget situe la fin du développement mental vers l'âge d'environ 15 ans (voir chapitre 7). Et comme Freud, Piaget croit que tous les êtres humains doivent franchir quatre stades de développement qui sont rigoureusement déterminés par notre plan génétique. Piaget reconnaît que les influences sociales peuvent accélérer ou retarder la croissance cognitive, mais le modèle de base du développement est fixé à partir de notre héritage biologique.

Récemment, le psychologue de Harvard Lawrence Kohlberg a élaboré davantage la théorie de Piaget, de la même manière qu'Erikson avait élargi la théorie de Freud. Piaget affirme qu'une partie du développement mental consiste à distinguer le bien du mal, ce qui est moral de ce qui ne l'est pas. Le très jeune enfant obéit uniquement parce que ses parents ou d'autres adultes l'y obligent. Le premier stade, ou **stade prémoral**, correspond aux stades sensori-moteur et pré-opératoire. L'enfant se soumet aux règles, mais uniquement pour éviter la punition ou obtenir des récompenses. Cependant, une fois que l'enfant a atteint le stade des opérations concrètes, il s'intéresse généralement aux règles et normes pour elles-mêmes. Au cours de ce **stade de réalisme moral**, l'enfant se conforme aux règles de la société et les perçoit souvent comme sacrées et immuables.

Plus tard, quand l'enfant atteint le stade des opérations formelles, il a assez de maturité pour se rendre compte que les règles sont décidées par des hommes et que, par conséquent, elles sont modifiables. L'enfant a atteint le **stade de la moralité autonome**; il est capable de réfléchir sur des concepts aussi abstraits que la *justice sociale*. Selon Piaget, à ce stade final, l'enfant peut saisir que les lois existent pour aider les gens à se côtoyer d'une manière honnête et équitable, et il est en mesure d'apprécier cette règle d'or: «Ne fais pas à autrui ce que tu ne voudrais pas qu'on te fasse».

Les niveaux de moralité de Kohlberg

Lawrence Kohlberg a élargi la théorie de Piaget de plusieurs façons, principalement en tenant compte (tout comme Erikson) de l'influence prépondérante des facteurs sociaux sur le développement humain. À la suite de Piaget, Kohlberg établit trois niveaux de développement moral, mais il divise chacun d'entre eux en deux stades.

1. *Niveau de moralité préconventionnelle*

Stade 1. L'enfant obéit aux règles parentales dans le but d'éviter la punition.

Stade 2. L'enfant acquiert assez de maturité pour se rendre compte qu'il peut également obtenir des récompenses s'il se conforme aux règles. Mais il ne comprend pas encore le vrai sens moral du bien et du mal, et il se soumet à ce qu'on lui demande uniquement pour satisfaire son propre besoin égocentrique de plaisir.

2. *Niveau de moralité conventionnelle*

Stade 1. Stade de la «bonne fille» et du «bon garçon». Les récompenses ne sont plus exclusivement d'ordre biologique; elles deviennent plus sociales. L'enfant se comporte bien en vue d'obtenir l'approbation ou d'éviter la désapprobation des autres.

Stade 2. Stade de «la loi et l'ordre». L'enfant a maintenant assez de maturité pour connaître la culpabilité personnelle ou la honte. Il commence à reconnaître la nécessité de «l'autorité» et se soumet strictement aux règles afin de satisfaire son propre besoin d'ordre et éviter de se sentir coupable.

3. *Niveau de moralité postconventionnelle*

Stade 1. Stade des contrats ou des droits individuels. Selon Kohlberg, seules les personnes ayant accédé au stade des opérations formelles de Piaget peuvent atteindre le troisième niveau de développement moral. À ce niveau, le premier stade correspond à une sorte de «démocratie en action» selon laquelle la personne se sent liée par les contrats qu'elle conclut avec d'autres. Les actions sont «bonnes» ou «mauvaises» parce que certaines personnes en ont jugé ainsi dans un contexte culturel particulier. La personne de ce niveau obéit aux lois, à la fois pour se gagner le respect des autres et pour éviter que la société ne la perçoive comme immorale.

Stade 2. Stade de la conscience personnelle. Kohlberg prétend que très peu de gens réussissent à atteindre ce point culminant du développement moral. Une personne ayant atteint ce stade possède l'aptitude à réfléchir sur le bien et le mal en termes purement abstraits et se comporte selon ses propres critères d'éthique ou de justice, même si ces critères personnels signifient parfois aller à l'encontre des règles de la société. À ce stade, les principes moraux sont intériorisés et les comportements sont orientés en vue d'éviter une auto-condamnation.

Piaget et Kohlberg croient tous deux que le développement moral (tout comme le développement perceptuel) est déterminé principalement par notre héritage génétique. Par conséquent, tous les membres de toutes les civilisations devraient franchir les stades dans le même ordre (quoique plus ou moins rapidement). Tous les faits ne confirment cependant pas nécessairement ce point de vue. En effet, plusieurs psychologues croient que le développement moral et perceptuel diffère radicalement selon les expérien-

TABLEAU 9.1   Stades de développement personnel

Psychosexuel (Freud)	1. Oral		2. Anal		3. Phallique		4. Latence	5. Génital			

Psychosocial (Erikson)	1. Confiance ou méfiance	2. Autonomie ou honte et doute	3. Initiative ou culpabilité	4. Travail ou infério-rité	5. Identité ou confu-sion des rôles	6. Inti-mité ou isole-ment	7. Géné-rativité ou stagna-tion	8. Inté-grité ou déses-poir

Développe-ment cognitif (Piaget)	1. Prémoral (lors des stades sen-sori-moteur et pré-opé-ratoire du développe-ment cogni-tif)		2. Réalisme moral (lors du sta-de des opé-rations con-crètes du développe-ment co-gnitif)		3. Moralité autonome (lors du stade des opé-rations formel-les du dévelop-pement cognitif)

Développe-ment moral (Kohlberg)	1. Préconven-tionnel A. Obéit aux règles pa-rentales pour éviter la punition B. Se con-forme aux règles pour ob-tenir des récom-penses			2. Morali-té con-vention-nelle A. Stade de la «bon-ne fil-le», du «bon gar-çon» B. Stade de «la loi et l'ordre»	3. Morali-té post-conven-tionnelle A. Stade des con-trats, des droits indivi-duels B. Stade de la con-science person-nelle

ces personnelles de chacun et selon le contexte culturel dans lequel on est élevé.

LA THÉORIE DE L'APPRENTISSAGE SOCIAL

La vie d'Alex Portnoy a débuté par une cellule unique. Son plan génétique a été décidé au moment où le sperme de son père a fertilisé l'oeuf à l'intérieur du corps de sa mère. Cette simple cellule s'est ensuite divisée à des millions de reprises sans que sa mère n'ait aucunement à intervenir. Neuf mois plus tard,

Alex naissait: c'était un mâle de race blanche, ayant un grand nez (qu'il n'aimait pas), des cheveux noirs, frisés (qu'il ne détestait pas) et possédant des gènes qui allaient déterminer sa croissance en un adulte de stature moyenne, au corps bien développé.

Les gènes de Portnoy ont également déterminé le cours général du développement de son corps pendant sa croissance jusqu'à la maturité. Chez un enfant, la coordination musculaire se fait progressivement «de la tête aux pieds». L'enfant acquiert la maîtrise des muscles de sa tête et de son cou au cours du premier mois de la vie, mais il ne peut pas saisir ni retenir des objets dans ses mains avant le troisième ou le quatrième mois. À mesure que les connexions entre son cerveau et ses muscles continuent de se développer selon le plan génétique pré-établi, l'enfant en vient à s'asseoir (sixième et septième mois) puis à se tenir debout avec appui et à se traîner (du septième au dixième mois).

La plupart des enfants commencent à marcher entre le douzième et le dix-huitième mois après la naissance; c'est aussi ce qui s'est produit dans le cas d'Alex. Puisque ses parents ne pouvaient guère influencer sa maturation physique, que ceux-ci l'aient ou non encouragé à marcher n'aurait rien changé. Alex s'est mis à marcher une fois que son corps était prêt à le faire; il n'aurait pas pu le faire avant.

Mais que dire de son développement mental et moral? Freud et Erikson auraient dit qu'Alex avait un ça naturellement fort et difficile à maîtriser, un moi confus et un sur-moi qui le faisait continuellement se sentir coupable. Piaget aurait constaté qu'Alex avait franchi les quatre stades du développement cognitif, tout comme la plupart des enfants européens de classe moyenne que lui-même avait étudiés. Kohlberg aurait sans doute remarqué qu'Alex Portnoy avait atteint au moins le premier stade du niveau de moralité postconvention-nelle typique des jeunes adultes instruits de classe moyenne qu'il avait étudiés aux États-Unis.

Mais la question primordiale pour bon nombre de psychologues est la suivante: Alex aurait-il connu le même type de développement mental et moral s'il était né en Chine dans une famille de niveau économique faible, ou en Afrique dans une famille de niveau économique élevé? Peu importe l'endroit où ses parents auraient vécu ou leur niveau de vie, Alex aurait quand même marché vers l'âge d'un an. Mais son ça aurait-il été aussi puissant si le jeune homme avait grandi dans une île du Pacifique où l'on encourage les jeux sexuels dès le bas âge? Et aurait-il atteint le même niveau de développement moral de la même manière si ses parents avaient fait partie de la classe dirigeante d'un pays où des gens sont mis à mort avec désinvolture pour ce que nous considérerions comme une faute peu grave?

Alex était un mâle de race blanche, de taille moyenne avec les cheveux noirs et un grand nez. Ces caractéristiques physiques lui étaient données, il n'avait aucun contrôle dessus, mais elles ont quand même influencé la façon dont son esprit s'est développé et la perception qu'il avait de lui-même. Mais bon nombre de psychologues prétendraient que son nez, ses cheveux et la couleur de sa peau n'avaient pas d'importance en soi. Ces caractéristiques avaient plutôt un effet sur lui de par les réactions qu'elles suscitaient chez les

Fig. 9.3

La coordination musculaire se développe graduellement à partir de la tête jusqu'aux pieds.

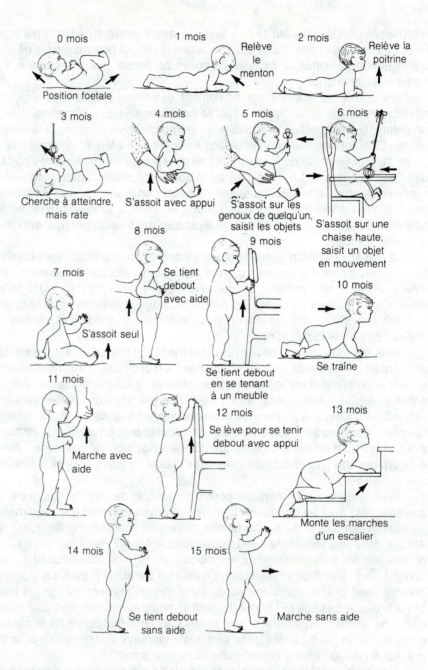

0 mois
Position foetale

1 mois
Relève le menton

2 mois
Relève la poitrine

3 mois
Cherche à atteindre, mais rate

4 mois
S'assoit avec appui

5 mois
S'assoit sur les genoux de quelqu'un, saisit les objets

6 mois
S'assoit sur une chaise haute, saisit un objet en mouvement

7 mois
S'assoit seul

8 mois
Se tient debout avec aide

9 mois
Se tient debout en se tenant à un meuble

10 mois
Se traîne

11 mois
Marche avec aide

12 mois
Se lève pour se tenir debout avec appui

13 mois
Monte les marches d'un escalier

14 mois
Se tient debout sans aide

15 mois
Marche sans aide

gens de son entourage. Dans certaines civilisations, un grand nez est perçu comme attrayant; dans d'autres, la peau blanche est un signe d'infériorité. Jusqu'à quel point ce qu'est devenu Alex Portnoy est-il déterminé par la manière dont on lui a *enseigné* à réagir à lui-même et aux autres?

La table rase

Le grand philosophe anglais John Locke (1632-1704) croyait que les gens naissent tous bons, indépendants et égaux. Il croyait aussi qu'à la naissance, l'esprit de chaque être humain est semblable à une **table rase** (une tablette vierge sur laquelle s'inscrit l'expérience). En d'autres termes, Locke disait qu'à la naissance, notre esprit est vierge, et tout ce que nous pensons ou croyons, tout le développement mental et moral nous est enseigné par les personnes que nous côtoyons au cours de notre développement.

Freud, Erikson, Piaget et Kohlberg (et sans doute aussi Alex Portnoy) ne seraient peut-être pas d'accord avec le point de vue de Locke. Néanmoins, plusieurs psychologues contemporains acceptent, tout au moins en partie, la théorie de la table rase. Même s'il n'est à peu près pas possible d'accélérer le développement biologique de quelqu'un, le contexte social dans lequel la personne naît influence fortement la façon dont son esprit se développera. Le nourrisson commence à apprendre dès la naissance. Il se nourrit instinctivement, mais ce qu'il mange, quand et comment il le mange, sont des comportements qui dépendent largement des attitudes et actions des personnes responsables de son alimentation. L'enfant apprend de plusieurs manières: en imitant les autres, en recevant des récompenses ou punitions pour ses actions et ses paroles, en expérimentant certains événements simultanément (voir la loi de l'association, chapitre 6). Une partie de cet apprentissage est concrète et bien précise: on conditionne le nourrisson à aimer le jus d'orange ou à détester la douleur et la violence. Une autre partie de cet apprentissage est plus abstraite et générale. Par exemple, quand on dit à un petit garçon «d'agir comme un homme», celui-ci acquiert graduellement la notion de ce que signifie être mâle ou masculin dans le contexte culturel qui lui est propre.

Des théoriciens comme Freud et Piaget ont remarqué les *similitudes* entre les gens (particulièrement s'ils ont été élevés dans des environnements similaires). Nous commençons tous à marcher et à parler vers le même âge; nous sommes tous pubères à peu près au même moment. Freud et Piaget en ont donc conclu que le développement mental devait aussi être semblable d'une personne à l'autre, peu importe l'endroit et la méthode d'éducation. John Locke, et les psychologues contemporains qui portent le nom de **théoriciens de l'apprentissage social**, ont plutôt remarqué les *différences* entre les gens (même si ceux-ci ont été élevés dans des environnements similaires). Les gens qui se ressemblent physiquement manifestent souvent des attitudes et des actions tout à fait différentes. De plus, certaines personnes parviennent à modifier leurs valeurs et leurs comportements en très peu de temps. La Bible rapporte que Saül de Tarse avait longtemps éprouvé de la haine envers les chrétiens; il s'était donné comme mission de les arrêter et de les jeter en prison. Or, un jour qu'il se rendait à Damas (ville de Syrie, au Moyen-Orient), il a vécu une expérience mystique tout à fait exceptionnelle. Trois jours plus tard, il est lui-même devenu chrétien et a consacré le reste de sa vie à aider ces mêmes personnes qu'il persécutait avec tant d'acharnement auparavant. Aujourd'hui, cet homme est connu sous le nom de saint Paul, l'un des fondateurs de l'église catholique romaine. Comment Freud et Piaget expliqueraient-ils les changements mentaux et spirituels dramatiques que saint Paul a connus sur le chemin poussiéreux de Damas, il y a près de 2 000 ans?

Comme bon nombre de chercheurs d'orientation biologique, Freud et Piaget s'intéressaient principalement à l'influence de la croissance physique sur le développement mental. Les théoriciens de l'apprentissage social s'intéressent principalement aux influences familiales et culturelles sur les changements individuels et l'adaptation personnelle.

L'apprentissage par modèle

Comment les gens apprennent-ils? Le psychologue Albert Bandura, de Stanford, est l'un des théoriciens modernes les mieux connus de l'apprentissage social. Selon lui, une des principales raisons pour lesquelles nous devenons la personne que nous sommes vient du fait que nous avons tous tendance à imiter les comportements des gens avec lesquels nous vivons. Ainsi, nos parents nous servent souvent de **modèles**: nous avons tendance à adopter leurs actions et leurs croyances sans même nous en rendre compte. Un garçon préfère peut-être un aliment particulier pour le petit déjeuner parce qu'une célébrité rock endosse ce produit. Une fille choisit peut-être une marque de raquette de tennis parce qu'elle associe celle-ci à une championne de tennis célèbre.

Les théoriciens du développement conviennent tous que l'apprentissage par modèle a lieu, et que nous apprenons bon nombre de choses en imitant d'autres personnes ou en nous identifiant à elles. Mais pour Freud et Piaget, l'apprentissage par modèle est moins important que notre héritage génétique, et est toujours limité par lui. Par conséquent, si un adulte a des peurs irrationnelles (ou des **phobies**), la cause de la peur remonte probablement à un **traumatisme** quelconque ou à un bouleversement *émotif* qui serait survenu au cours de l'enfance. Cet événement traumatisant a sûrement entravé le développement normal de la personne. Pour guérir la peur, il faudrait alors aider la personne à confronter ses souvenirs de l'événement émotif.

Bandura ne serait pas d'accord. Pour un théoricien de l'apprentissage social, les phobies s'acquièrent parce que l'objet de la peur s'est, d'une manière ou d'une autre, associé à un stimulus déplaisant ou punitif. Dans ce contexte, les phobies sont donc une série de réactions *apprises* qui peuvent le mieux se guérir en encourageant la personne à modeler son comportement sur celui d'une personne qui n'a pas peur. En 1969, Bandura et ses collègues ont publié une étude qui semble le démontrer.

La thérapie par modèle

Bien des gens ont peur des serpents. Pour Freud, cette peur est naturelle et quelque peu innée puisque, selon lui, le serpent serait un symbole inconscient du pénis, ou de l'organe sexuel mâle. Si, au cours du développement mental, la

L'apprentissage par modèle trouve des applications dans des situations thérapeutiques. Cette série de photos montre comment une petite fille a appris à surmonter sa peur des chiens en observant un autre enfant jouer avec un chien, puis en imitant son comportement.

personne vit une expérience sexuelle traumatisante, il se peut qu'elle finisse par avoir peur des serpents, et que cette peur soit l'expression symbolique d'une peur de la sexualité ou des organes sexuels. Cependant, les tentatives pour guérir des gens de leur phobie des serpents à l'aide de techniques freudiennes nécessitent beaucoup de temps et ne sont pas toujours couronnées de succès.

Pour leur part, Bandura et ses collègues ont fait appel à la **thérapie par modèle** pour aider 32 sujets à surmonter leur peur irrationnelle des reptiles. Les sujets ont été recrutés par le biais d'une publicité dans un journal offrant une aide à tous ceux qui étaient désireux de se débarrasser de leur phobie des serpents. Trente-deux sujets ont répondu à l'annonce. Parmi eux, l'on retrouvait un administrateur de musée qui avait peur de pénétrer dans la salle d'exposition des reptiles de son propre musée. Plusieurs autres sujets avaient peur d'aller à la chasse, à la pêche ou en excursion parce qu'ils risquaient d'y rencontrer un reptile. D'autres encore étaient des enseignants dont les jeunes élèves apportaient souvent des serpents en classe pour les montrer et en parler. Enfin, une femme avait un voisin qui gardait un boa constrictor comme animal domestique; la seule idée de la présence du serpent dans les parages de sa maison suffisait à la rendre malade, et elle en avait presque fait une crise cardiaque.

Bandura et ses collègues ont comparé plusieurs types de traitement différents. Des sujets ont été choisis au hasard pour faire partie du groupe qui ne recevait aucune thérapie lors de la première partie de l'expérimentation; ces sujets composaient le groupe témoin. D'autres sujets ont simplement visionné des films dans lesquels des adultes et des enfants jouaient avec des serpents; d'autres encore ont échangé et discuté à propos de leurs peurs dans un climat très détendu.

Un quatrième groupe a reçu une thérapie par modèle. Au début du traitement, les sujets de ce quatrième groupe n'ont fait qu'observer à travers une partition vitrée le thérapeute jouant avec un serpent, afin qu'ils voient que le serpent n'était pas dangereux. Le thérapeute servait alors de modèle et tentait de démontrer tous les comportements de manipulation d'un serpent qu'il souhaitait que les sujets apprennent. Ensuite, les sujets sont entrés dans la pièce où se trouvait le thérapeute, mais ils restaient à une certaine distance du reptile redouté. Graduellement, le thérapeute les a encouragés à approcher, puis à toucher au serpent de la même manière qu'il l'avait fait précédemment. Au fur et à mesure que les sujets ont acquis de la confiance et se sont mis à jouer avec le serpent, le thérapeute s'est retiré.

Le «test final» de l'efficacité de la thérapie s'est révélé assez spectaculaire. Le sujet devait rester assis, les mains sur le côté, pendant 30 secondes tandis que l'on déposait un serpent sur ses cuisses et qu'on laissait celui-ci se glisser partout sur son corps. Tous les sujets du groupe de la thérapie par modèle ont réussi à passer le test avec aisance. Quelques sujets des groupes de traitement par films et par «conversations» ont également réussi le test, mais presque personne du groupe témoin, qui n'avait subi aucun traitement, n'a pu tolérer de toucher au serpent.

À la fin de leur étude, Bandura et ses collègues ont fait quelque chose d'inhabituel: ils ont offert la thérapie par modèle à tous ceux des autres groupes qui ne s'étaient pas améliorés. Les psychologues rapportent un taux de «guérisons» de 100% chez ces sujets.

Comme Bandura le fait remarquer, l'apprentissage par modèle (ou par imitation) a lieu que nous le sachions ou non. Les théoriciens de l'apprentissage social ont démontré que les jeunes enfants manifestaient plus d'agressivité après avoir visionné des films de violence. En outre, plus de la moitié des parents qui sont arrêtés au cours d'une année pour avoir maltraité leurs enfants ont eux-mêmes été violentés ou battus quand ils étaient jeunes. Un enfant maltraité n'aime peut-être pas que ses parents lui fassent du mal, mais ceux-ci sont habituellement le seul «modèle» qu'il a eu. Ainsi, lorsque l'enfant devient grand, il agit comme ses parents et maltraite ses propres rejetons. Bien peu d'enfants provenant de foyers chaleureux maltraitent leurs propres enfants par la suite. Alex Portnoy est devenu confus sexuellement sans doute en grande partie parce que ses parents étaient eux-mêmes confus.

L'apprentissage des rôles sexuels

Nous apprenons à nous percevoir en tant qu'homme ou femme, et à nous comporter de la manière dont la société définit ce qui est masculin ou ce qui est féminin. Cet apprentissage se fait en partie par modèle. Mais nous maintenons ces **rôles** tout au long de notre vie parce que les gens de notre entourage nous récompensent lorsque nous nous conformons aux attentes culturelles.

On a traditionnellement encouragé les petites filles à imiter les rôles «féminins» de leur mère. Dans bien des contextes culturels, les jouets qu'elles reçoivent sont des poupées et des services à thé. En société, l'on renforce habituellement les filles pour des comportements passifs et dépendants. Depuis des siècles, la société s'attend à ce que la femme devienne épouse et mère et qu'elle n'envisage pas de faire carrière hors du foyer.

D'un autre côté, l'on a traditionnellement favorisé chez les garçons le développement de traits «masculins» tels l'indépendance et les capacités de chef. Dans la civilisation occidentale, les garçons reçoivent des fusils-jouets en cadeau et ils apprennent à participer à des sports violents. On s'attend à ce qu'ils aient l'esprit de décision et qu'ils travaillent à l'extérieur pour pouvoir subvenir aux besoins de leur famille.

Chaque être humain, qu'il soit un homme ou une femme, est une personne unique qui peut apprendre à développer pleinement ses capacités et qui peut s'acquitter de n'importe quel rôle social qu'il ou elle désire accomplir. Une fille peut devenir une femme indépendante et une femme d'affaires prospère et influente. Et un garçon peut devenir un soutien et un père aimant qui passe la majeure partie de son temps à la maison.

Les récompenses et punitions sociales

Même s'il est possible que certains aspects des rôles sociaux soient déterminés génétiquement, bon nombre de nos comportements sont appris. Les récompenses et les punitions reçues par le passé, de même que nos efforts pour obtenir des récompenses et éviter les punitions dans un avenir plus ou moins rapproché, influencent fortement presque toutes nos actions. Alex Portnoy avait des problèmes de relations avec les autres, particulièrement avec les femmes pour lesquelles il éprouvait une attirance sexuelle. Il a mis beaucoup de temps à comprendre la façon subtile, sinon inconsciente, dont ses parents et ses amis l'avaient amené à se sentir confus et à éprouver des difficultés à s'entendre avec les autres.

Mais, comme les théoriciens de l'apprentissage social se plaisent à l'affirmer, qu'un comportement (ou un rôle social) soit appris ou qu'il soit déterminé génétiquement, il est habituellement possible de le modifier par un entraînement approprié, c'est-à-dire par l'application judicieuse de récompenses et de punitions. D'après une étude que K. E. Allan et d'autres behavioristes ont publiée en 1964, on a enseigné à une petite fille de quatre ans du nom de Anne à mieux s'entendre avec les autres enfants de son âge. Les instituteurs de l'école maternelle s'inquiétaient du fait qu'Anne semblait préférer leur compagnie à celle des autres enfants; ils ont par conséquent décidé de faire appel à des psychologues behavioristes. Ces psychologues ont d'abord méticuleusement observé les actions d'Anne et la façon dont les personnes de son entourage lui répondaient. Anne était une petite fille intelligente et éveillée que les instituteurs aimaient bien. Chaque fois qu'elle s'adressait à eux, ils lui répondaient d'une manière très chaleureuse, c'est-à-dire qu'ils récompensaient Anne lorsqu'elle venait leur parler. Les autres enfants n'étaient pas aussi renforçants. Aussi Anne passait-elle près de 50%

de son temps à interagir avec les enseignants, et moins de 20% de son temps à jouer avec les autres enfants. Même s'ils ne s'en rendaient pas compte, les enseignants maintenaient en fait le «problème» d'Anne parce qu'ils lui portaient attention et lui parlaient gentiment lorsqu'elle s'adressait à eux, et la punissaient en ne s'occupant pas d'elle quand elle interagissait avec un enfant de son âge.

Les psychologues ont alors suggéré aux enseignants d'intervertir les récompenses et les punitions. Les instituteurs ont donc commencé à ne pas s'occuper d'Anne quand elle s'approchait d'eux, mais à lui porter tout de suite attention et à la complimenter dès qu'elle s'approchait d'un autre enfant ou jouait avec lui. En deux jours, Anne jouait avec les autres enfants environ 70% du temps et n'interagissait avec les instituteurs que 20% du temps. Dès qu'Anne a commencé à passer plus de temps avec les autres enfants, ceux-ci se sont mis à la récompenser en étant plus chaleureux et attentifs envers elle. Anne en est venue à tant aimer les autres enfants de quatre ans que les enseignants n'avaient plus à faire d'efforts délibérés pour la complimenter lorsqu'elle jouait avec les autres enfants. Quelque deux mois plus tard, bien après la fin de l'expérimentation, Anne passait encore environ 70% de son temps à l'école à jouer avec les autres enfants.

LE DÉVELOPPEMENT DU «MOI»

Freud nous considère comme des prisonniers de nos gènes; certains behavioristes et théoriciens de l'apprentissage social nous considèrent comme des prisonniers de notre culture ou des récompenses et punitions que nous avons reçues dans le passé. Mais entre ces deux extrêmes, il y a une position intermédiaire. Les **psychologues humanistes**, dont fait partie Abraham Maslow (voir chapitre 5), reconnaissent que le développement de notre personnalité dépend en partie de notre plan génétique, et en partie de nos expériences passées. Mais Maslow considère que les gènes et la société contribuent à la création en chacun de nous d'un **moi conscient** capable de diriger son propre développement mental, moral et comportemental.

Selon Maslow, nous avons tous des besoins de base; certains d'entre eux sont biologiques, d'autres sociaux. Au fur et à mesure que nous grandissons et satisfaisons nos besoins, notre esprit prend conscience de notre être et de notre devenir. Si nous avons la chance de satisfaire nos besoins de base, il nous est alors possible de poursuivre un défi encore plus grand, celui que Maslow appelle l'**actualisation de soi**. C'est-à-dire que nous pouvons devenir ce que nous-mêmes souhaitons réellement devenir.

Maslow croit que pratiquement toute personne qui a comblé ses besoins de base peut s'actualiser. En ce sens, l'actualisation de soi est une sorte de stade final de développement qui est biologiquement déterminé de la même manière que le stade de moralité autonome de Piaget. Il ne faut cependant pas perdre de vue les milliers d'expérimentations réalisées par les théoriciens de l'apprentissage social, et qui suggèrent que l'actualisation de soi est une habileté qui doit s'apprendre.

Le «moi» peut-il s'actualiser? Les faits scientifiques et empiriques donnent fortement à penser que les gens peuvent se fixer des objectifs personnels et les réaliser même lorsque la société tend à punir ces comportements. Mais ces mêmes faits démontrent que le développement personnel n'apparaît que chez les personnes à qui l'on a enseigné (à l'aide de modèles, par association d'événements ou par punitions ou récompenses) à contrôler ou à mesurer les conséquences de leurs propres actes. Autrement dit, l'actualisation de soi serait une caractéristique des personnes qui comprennent quels stimuli de l'environnement ont une influence sur eux et quel effet leurs comportements et leur intellect ont sur les autres. Les gens qui se considèrent prisonniers de leurs gènes ou de la société maintiennent habituellement ce rôle de «prisonnier» toute leur vie; ils deviennent victimes de leur propre apprentissage à l'impuissance (voir chapitre 11). Par ailleurs, les gens qui apprennent à se percevoir et à percevoir les autres objectivement peuvent d'ordinaire acquérir les habiletés nécessaires pour atteindre le stade final de développement personnel que Maslow appelle l'actualisation de soi et que Kohlberg appelle le niveau de moralité postconventionnelle.

Portnoy et son complexe

Portnoy et son complexe est un livre amusant, mais aussi une histoire triste sur les carences dans le développement de la personnalité d'un individu. L'héritage génétique d'Alex lui donnait la possibilité de croître et de s'adapter, et de prendre en charge sa propre destinée. Mais ses parents et ses amis ne lui ont pas fourni les modèles ou l'encouragement dont il avait besoin pour s'actualiser. C'est seulement une fois au désespoir qu'Alex s'en est allé consulter un psychiatre pour recevoir de l'aide. Il existe plusieurs formes de thérapies et toutes peuvent aider un certain nombre de personnes de plusieurs façons. La plupart des formes de traitement reviennent à aider la personne à comprendre son passé de sorte qu'elle puisse apprendre les habiletés, les habitudes ou les rôles qu'elle n'a pas acquis antérieurement. L'important à se rappeler est qu'il n'est jamais trop tard pour commencer à se sentir mieux, et même un long voyage de mille kilomètres débute par un premier pas.

Ou, comme le psychologue de Portnoy le lui a dit: «Commençons maintenant, si vous le voulez bien.»

RÉSUMÉ

1. *Alex Portnoy avait un problème. Il n'aimait pas le genre de personne qu'il devenait. Il n'était pas heureux avec sa personnalité et il voulait changer. Comment Portnoy est-il devenu l'homme qu'il était? Comment chacun d'entre nous devient-il ce qu'il est? Comme nous l'avons vu dans ce chapitre, la manière dont nos besoins biologiques, cognitifs et sociaux sont satisfaits et le degré d'équilibre auquel nous parvenons dans la satisfaction de ces besoins déterminent dans une large mesure notre développement personnel.*

2. *Les théories sur la manière dont nous acquérons des façons personnelles de répondre à nos besoins mettent l'accent tantôt sur les facteurs biologiques et cognitifs, tantôt sur les facteurs sociaux et environnementaux. Une des théories les mieux connues du développement de la personnalité nous vient de Sigmund Freud. Celui-ci a mis l'accent sur les besoins biologiques et affectifs.*

3. *Selon Freud, nous franchissons cinq principales étapes dans le développement de la personnalité: les **stades oral, anal** et **phallique,** la **période de latence** et le **stade génital.** Un enfant dont les besoins ne sont pas satisfaits de façon adéquate peut subir une **fixation** et rester bloqué à l'un des stades antérieurs de développement, et ainsi traîner avec lui certains problèmes et certaines habitudes infantiles au cours de sa vie adulte.*

4. *Freud a divisé la personnalité humaine en trois composantes, **le ça, le moi** et **le sur-moi**, qui représentent nos besoins biologiques, cognitifs et sociaux. Mais parce que Freud a mis l'accent sur les besoins biologiques au détriment des autres besoins, quelques-uns de ses disciples ont élaboré davantage ses théories dans le but de tenir compte de nos autres besoins.*

5. *Contrairement à Freud, Erik Erikson croit que le moi (ou la prise de conscience cognitive de nous-mêmes) a une influence plus grande que le ça dans le développement de la personne. Selon Erikson, les interactions du moi avec l'environnement et la société sont plus importantes que ses interactions avec nos désirs sexuels inconscients (le ça).*

6. *Erikson prétend que le développement de la personnalité ne s'arrête pas à l'adolescence (stade génital de Freud), mais comprend huit **stades psychosociaux** qui englobent toute la vie humaine jusqu'à la vieillesse. À chacun des stades, la personne doit affronter une crise ou un conflit d'un type particulier dont la résolution lui permet d'accéder au stade suivant de son développement personnel.*

7. *Le développement moral, ou les changements dans notre perception du bien et du mal, peut aussi s'expliquer en termes d'une progression à travers des stades. Jean Piaget, qui fait ressortir les influences biologiques, décrit trois stades de développement moral: le **stade prémoral**, le **stade de réalisme moral** et le **stade de moralité autonome.***

8. *Kohlberg a élargi l'explication du développement moral de Piaget en tenant compte de la forte influence des facteurs sociaux sur le développement humain. Kohlberg décrit trois niveaux de développement moral dont chacun comprend deux stades spécifiques. Les niveaux de Kohlberg sont le **niveau***

de moralité préconventionnelle, le niveau de moralité conventionnelle et le niveau de moralité postconventionnelle.

9. *Même si les gènes et d'autres facteurs biologiques sont importants dans le développement personnel, l'environnement dans lequel nous sommes élevés demeure un facteur déterminant dans ce que nous allons devenir. Ou, comme le disait le philosophe John Locke, à la naissance l'esprit humain est une **table rase**, une tablette vierge sur laquelle s'inscrivent nos expériences et les enseignements que nous recevons. Les théoriciens de l'apprentissage social étudient comment les expériences (y compris les effets de la famille et de la culture) influencent le développement de la personne.*

10. *D'après le théoricien de l'apprentissage social Albert Bandura, l'une des principales raisons pour lesquelles nous devenons ce que nous sommes est notre tendance à imiter les comportements des gens avec lesquels nous vivons, tels nos parents qui nous servent souvent de modèles. L'**apprentissage par modèle** (ou par imitation) est à la source d'un bon nombre de nos comportements. Bandura et d'autres ont aussi démontré que la **thérapie par modèle** peut se révéler une méthode efficace pour modifier certains modes de comportement non désirés.*

11. *En plus de l'apprentissage par imitation, bon nombre de nos comportements sociaux, y compris les rôles sexuels stéréotypés, sont influencés par les récompenses et les punitions. Nous sommes enclins à répéter les actions que la société, avec justice ou non, renforce. Mais les comportements non désirés peuvent se modifier par une application judicieuse de récompenses et de punitions, comme dans le cas d'Anne.*

12. *Les théories humanistes du développement de la personne reconnaissent généralement l'importance des influences biologiques et socio-environnementales, mais les humanistes considèrent que le développement humain ne se résume pas à cela. Ainsi Abraham Maslow prétend-il que les influences génétiques et sociales se combinent pour former à l'intérieur de chacun de nous un moi conscient capable de diriger son propre développement mental, moral et comportemental. Lorsque tous nos besoins biologiques de base trouvent leur satisfaction de façon adéquate, nous continuons d'avancer et essayons de réaliser le stade final de développement personnel, ou ce que Maslow appelle l'**actualisation de soi**. En d'autres termes, nous avons la possibilité de devenir ce que nous-mêmes désirons devenir.*

guide d'étude

A. RÉVISION

Compléter les phrases suivantes:

1. Portnoy a opté pour la _____ parce que c'était la seule chose (disait-il) qui lui appartenait vraiment.

2. Nous sommes tous enclins à satisfaire nos besoins en recherchant des stimuli _____ , _____ et _____ dans notre environnement.

3. En tant que physiologiste, Freud croyait que les _____ étaient les principaux déterminants de la personnalité.

4. D'après Freud, nous franchissons cinq étapes dans le développement de la personnalité: les stades _____ , _____ , _____ , la période de latence et le stade génital.

5. Le début du stade génital freudien coïnciderait avec la _____ .

6. Freud a divisé la personnalité en trois composantes: le _____ , le _____ , et le _____ .

7. Pour Freud, la composante consciente, cognitive de la personnalité est le _____ .

8. Le point de vue d'Erikson sur la personnalité est basé sur des stades _____ _____ ; le premier de ces stades se caractérise par la _____ ou la _____ .

9. Le stade de l' _____ ou la _____ d'Erikson correspond au stade phallique de Freud; à ce stade, l'enfant devient plus affirmatif et plus ouvert au monde.

10. Contrairement à Erikson, Freud et Piaget croient que le développement de la personnalité se termine au cours de l' _____ .

11. Les personnes qui ont résolu avec succès toutes les crises ou tous les conflits de leur vie réalisent ce qu'Erikson appelle l' _____ .

12. Pour Piaget, les gens franchissent quatre stades de développement qui sont rigoureusement déterminés par leur plan _____ .

13. Le stade final de développement moral de Piaget porte le nom de stade de la _____ .

14. Pour Kohlberg, le développement moral comporte _____ niveaux dont chacun comprend _____ stades.

15. La plupart des enfants commencent à marcher entre le _____ et le _____ mois après la naissance.

16. Locke prétend que lorsqu'on vient au monde, notre esprit est une _____ _____ ou une tablette vierge.

17. Les théoriciens de l'apprentissage social ont tendance à s'intéresser aux _____ entre les gens, et non pas à leurs similitudes.

18. Bandura estime que nos parents nous servent souvent de _____ et que nous sommes portés à adopter leurs actions et leurs croyances.

19. Pour aider les gens à surmonter une phobie, Bandura emploie souvent la thérapie par _____.

20. Les parents qui brutalisent leurs enfants ont probablement été eux-mêmes _____ au cours de leur enfance.

21. Le fait d'acquérir des caractéristiques masculines ou féminines implique l'apprentissage des _____.

22. L' _____ est, selon Maslow, le processus par lequel nous devenons le genre de personne que nous désirons réellement devenir.

B. VÉRIFICATION DES CONNAISSANCES

Encercler la bonne réponse (A, B, C ou D):

1. Même s'il avait plusieurs sources de doléances, Portnoy se plaignait surtout du fait:
A. que son psychiatre ne reconnaissait pas ses vrais problèmes.
B. qu'il avait une image très positive de lui-même.
C. que sa mère était trop envahissante.
D. qu'il éprouvait beaucoup de plaisir à se masturber.

2. Les stades freudiens du développement de la personnalité:
A. ont un fondement génétique.
B. mettent en lumière les influences cognitives ou intellectuelles.
C. surviennent au cours des quatre premières années de la vie.
D. se terminent par l'actualisation de soi.

3. Pour Freud, laquelle des composantes de la personnalité recherche la gratification biologique?
A. le ça
B. le moi
C. le sur-moi
D. A, B et C à la fois

4. Les stades de développement de la personnalité d'Erikson:
A. se poursuivent jusqu'à la puberté ou l'adolescence.
B. sont appelés stades psychosociaux.
C. traitent principalement du développement physique et sexuel.
D. ont servi de base à l'élaboration des stades freudiens de développement.

5. Lequel parmi les stades suivants d'Erikson correspond à un développement latent, qui se caractérise par l'apprentissage d'habiletés sociales et intellectuelles?
A. initiative ou culpabilité
B. confiance ou méfiance fondamentales
C. intimité ou isolement
D. travail ou infériorité

6. Le dernier stade de développement d'Erikson:
A. concerne l'établissement de la confiance fondamentale.
B. est atteint lorsque la personne surmonte une crise d'identité.
C. se termine généralement vers la fin de l'adolescence.
D. comporte la réalisation de l'intégrité du moi.

7. Les enfants qui se conforment aux règles parce qu'ils y sont contraints (par exemple, pour éviter la punition) se situent à quel stade développement moral selon Kohlberg?
   A. le stade prémoral
   B. le stade de réalisme moral
   C. le stade de moralité autonome
   D. le stade de la justice sociale

8. Laquelle de ces associations semble la plus appropriée?
   A. Freud — la théorie de l'apprentissage social
   B. Piaget — les niveaux psychosociaux
   C. Kohlberg — le développement moral
   D. Locke — les influences innées

9. Bandura prétend que la thérapie par modèle pour le traitement des phobies s'avère utile dans _____ % des cas.
   A. 0
   B. 25
   C. 50
   D. 100

10. Que penserait Bandura des phobies?
    A. Elles sont des représentations symboliques de traumatismes sexuels.
    B. Elles sont essentiellement incurables.
    C. Elles sont innées.
    D. Elles sont apprises.

L'énigme.
D'un sexe à l'autre.

J'avais trois ou peut-être quatre ans quand je me suis rendu compte que j'étais venue au monde dans un corps étranger, et qu'en réalité, j'aurais dû être une fille. Je me souviens très bien de ce moment-là. C'est le plus lointain de mes souvenirs d'enfance.

‹Et s'il vous plaît, Mon Dieu, faites que je sois une fille. Amen.›

Cela me tracassait beaucoup, car malgré le fait que mon corps avait envie de donner, de s'abandonner, de s'exprimer, la machine ne fonctionnait pas comme elle aurait dû le faire.

J'ai même envisagé le suicide à quelques reprises, ou pour être plus précise, j'ai espéré que quelque accident imprévisible me ferait mourir sans que j'aie trop mal, ce qui aurait gentiment réglé mon cas.

Mon mariage n'avait aucune chance de réussir, et pourtant il s'est déroulé comme un charme, comme un témoignage vivant, pourrait-on dire, du pouvoir de l'esprit sur la matière, ou de l'amour dans sa forme la plus pure sur tout le reste. Nous avons eu cinq enfants, trois garçons et deux filles, mais de par la nature des choses, la sexualité était accessoire dans notre mariage. C'était une amitié, une union entre deux êtres égaux, car dans notre ménage, il n'y avait aucune place pour un mâle dominant ou une femme soumise. Si nous nous partagions les responsabilités, ce n'était pas d'après les sexes, mais selon les besoins de la situation ou les aptitudes.

Mon dilemme m'obsédait de plus en plus, et ce, malgré tous mes efforts pour me concentrer davantage sur mon travail, et malgré l'aspect réconfortant de ma famille et de mes amitiés. La tension que je vivais commençait à transparaître, non seulement la tension de jouer un rôle, mais la tension aussi de vivre dans un monde d'hommes.

Mais cela ne pouvait durer ainsi éternellement. Mon instinct de lutte s'affaiblissait; à mesure que je vieillissais, et comme une chatte à la veille d'accoucher de ses petits se prépare une niche dans la grange ou près de la cheminée, de même le moment approchait où cette aventure devait cesser. Le moment approchait. Ma virilité n'avait plus aucun sens. Avec l'aide et l'amour d'Elisabeth, j'ai entrepris les premiers pas vers un changement physique de sexe... un Jekyll et Hyde au ralenti.

Je n'ai jamais regretté cette décision de changer. Je ne voyais pas d'autre solu-

tion et je suis plus heureuse... J'étais prête à parcourir le monde pour trouver un chirurgien, j'étais prête à soudoyer un barbier ou un avorteur, j'étais prête à prendre un couteau et à le faire moi-même, sans peur, sans le moindre scrupule, sans la moindre arrière-pensée.

Si la société m'avait permis de vivre comme je le désirais, est-ce que je me serais donnée la peine de changer de sexe? ... Je l'espère ... mais je ne le crois pas, parce que je crois que l'intensité du désir transsexuel, du moins tel que je l'ai ressenti, est beaucoup plus qu'une contrainte sociale: c'est un besoin biologique, c'est un besoin de l'esprit et c'est essentiellement un besoin de l'âme.

Ces paroles sont celles de Jan Morris, une journaliste anglaise bien connue qui était de sexe mâle à la naissance, mais qui a toujours désiré être une femme. Dans sa biographie intitulée **L'énigme. D'un sexe à l'autre**[1] (énigme veut dire mystère ou question pour lesquels il n'y a pas de réponse), Morris raconte l'histoire de sa vie confuse. Jeune homme du nom de James Morris, il fait son service militaire, puis entreprend une brillante carrière de correspondant à l'étranger. En 1953, à l'âge de 26 ans, il devient célèbre dans le monde entier pour un reportage qu'il fait d'une expédition sur le mont Everest. James Morris se marie, devient le père de cinq enfants; sa vie est celle d'un hom-

---

1. Gallimard, Paris, 1974. Traduction française de *Conundrum* (N. du t.)

me. Mais pendant tout ce temps, il est convaincu qu'il devrait en réalité être une femme, et il décide finalement d'agir en conséquence.

En 1964, Morris entreprend une série de traitements aux hormones qui durent huit ans. Les hormones sont les substances chimiques responsables du développement des caractéristiques sexuelles. Au cours de cette période, Morris absorbe jusqu'à 12 000 capsules d'hormones; celles-ci modifient graduellement le métabolisme chimique de son corps et lui donnent l'apparence extérieure d'une femme. Morris commence à porter des vêtements féminins et, en 1972, se rend à Casablanca au Maroc pour y subir une opération chirurgicale qui modifiera son sexe. Depuis ce temps, Jan Morris vit en tous points comme une femme.

C. À PROPOS DE L'ARTICLE...

1. Quelle explication Jan Morris donne-t-elle de son désir d'abandonner le sexe masculin, qui était le sien de naissance, pour devenir une femme? _____

_____

2. Quelles étapes Morris a-t-elle franchies pour compléter le changement dont elle se souvient avoir saisi l'importance vers l'âge de trois ou quatre ans? _____

_____

SUGGESTIONS DE LECTURES

Decroux-Masson, A., *Papa lit, maman coud,* Denoël-Gonthier, Paris, 1979.

Erikson, E., *Adolescence et crise*, Flammarion, Paris, 1972.

Freud, S., *Métapsychologie*, Idées, Gallimard, Paris, 1940.

Gouin-Décarie, T., *De l'adolescence à la maturité*, Fidès, Montréal, 1955.

Herlock, E.B., *La psychologie du développement*, McGraw-Hill, Montréal, 1978.

Maslow, A., *Vers une psychologie de l'être,* Fayard, Paris, 1972.

Osterrieth, P., *Introduction à la psychologie de l'enfant*, Presses Universitaires de France, Paris, 1972.

Papalia, D.E., Olds, S.W., *Le développement de la personne*, HRW, Montréal, 1979.

Roth, P., *Portnoy et son complexe*, Gallimard, Paris, 1973.

Schell, R.E., Hall, E., *Psychologie génétique*, Renouveau pédagogique, Montréal, 1980.

Sheehy, G., *Passages*, Belfond, Paris, 1977.

En anglais

Bandura, A., Walters, R.H., *Social learning and personality development*, Holt, Rinehart and Winston, New York, 1963.

Wolfe, L., «The dynamics of personal growth», dans *House and Garden*, mai 1976.

10

la personnalité: théories et évaluation

Qui êtes-vous? L'étude de la personnalité humaine peut aider à répondre à cette question. Et, comme nous le verrons, il est possible d'apporter des changements significatifs à notre personnalité une fois qu'on l'a comprise. Dans ce chapitre, nous envisagerons les principales théories de la personnalité humaine et quelques façons d'évaluer cette dernière.

Après avoir étudié ce chapitre, vous pourrez:

- Définir la personnalité;

- En décrire les trois types qui figurent dans la théorie de la personnalité de Sheldon;

- Résumer la théorie de Allport au sujet des traits de la personnalité;

- Expliquer le fonctionnement de la libido dans la théorie de Freud;

- Énumérer sept mécanismes de défense et en donner des exemples;

- Décrire les points de vue de Rogers et de Maslow sur le développement du moi;

- Comparer et différencier les évaluations objectives et subjectives de la personnalité, en donnant des exemples.

glossaire

Besoins supra-immédiats. Selon Maslow, besoins instinctuels pressants que nous essayons de satisfaire après avoir répondu aux besoins biologiques fondamentaux. Le plus élevé de ces besoins est l'actualisation de soi.

Ça. Terme freudien pour désigner la partie inconsciente, instinctuelle de la personnalité.

Catharsis. Mot grec signifiant «purification», Freud croyait qu'une psychothérapie pouvait agir en tant que catharsis psychologique pour vider le cerveau d'un trop-plein d'émotions.

Déplacement. Mécanisme de défense freudien; une émotion qui ne peut être manifestée à l'endroit d'une personne est transposée sur une autre personne ou un autre objet.

Échelle de localisation du contrôle sur le destin. (Locus of Personal Control Scale). Test mis au point par le psychologue américain Julian Rotter. Classe les personnes en extéroceptifs et intéroceptifs.

Ectomorphe. Personne maigre et nerveuse.

Endomorphe. Personne ronde, grosse, avec un estomac important.

Extéroceptifs. Personnes qui croient que leur vie est d'abord et avant tout déterminée par la fatalité.

Fixation. Mécanisme de défense freudien. Le développement psychosexuel de la personne reste fixé à un des premiers stades, par exemple au stade oral.

Formation réactionnelle. Mécanisme de défense freudien. La personne agit exactement à l'opposé de ce qu'elle ressent.

Hétérosexualité. Intérêt marqué et constant pour les personnes du sexe opposé. S'oppose à l'homosexualité où l'intérêt se porte sur les personnes du même sexe.

Hiérarchie des besoins. Abraham Maslow croyait que les besoins humains pouvaient être hiérarchisés, des besoins biologiques fondamentaux aux besoins supra-immédiats comme l'actualisation de soi.

Hormones. Substances chimiques complexes sécrétées par diverses glandes qui contrôlent la croissance et le développement sexuel.

Humanistes. Psychologues, tels Abraham Maslow et Carl Rogers, qui croient que l'individu a un besoin inné de s'améliorer et de devenir le plus sain possible.

Identification. Mécanisme de défense freudien où le moi s'identifie à des valeurs ou à des comportements semblables à ceux d'une personne qu'il admire ou craint.

Intéroceptifs. Personnes qui croient que ce qui leur arrive est avant tout le résultat de leurs propres agissements.

Inventaire de personnalité multiphasique de Minnesota (I.P.M.M.). Test de personnalité composé de plusieurs centaines de questions auxquelles la personne doit répondre par «oui», «non» ou «je ne sais pas».

Libido. Mot latin; signifie «désir». Selon Freud, la libido est la force de vie, l'énergie instinctuelle qui permet de satisfaire les besoins biologiques essentiels.

Mécanismes de défense. Selon Freud, divers procédés dont le moi se sert pour se défendre, en particulier contre l'impulsion du ça.

Mésomorphe. Personne dotée d'un corps fort, carré, osseux et athlétique.

Métabolisme. Ensemble des processus biologiques qui entrent en jeu dans la constitution des cellules, des organes et de l'organisme entier.

Moi. Dans la théorie freudienne, portion consciente de la personne.

Morphologie. Étude des formes biologiques, de leur taille, c'est-à-dire de la typologie de l'organisme. Ernst Kretschmer et W.H. Sheldon croyaient que le type d'organisme d'une personne influençait énormément le type de personnalité qu'elle aurait à l'âge adulte.

Personnalité. Du latin *personalis*, «personnel». La personnalité est la somme des pensées, des sensations et des actions; c'est la façon de vivre caractéristique d'une personne.

Phrénologie. Interprétation des bosses et des dépressions sur le crâne d'une personne de façon à pouvoir supposer ses habiletés psychologiques.

Principe du plaisir. Notion freudienne. Nous sommes tous portés à satisfaire nos besoins. Le ça agit afin de réduire le besoin et de procurer ainsi un certain plaisir.

Principe de la réalité. Freud estimait qu'il nous faut apprendre le monde en tant que réalité en soi, séparée de ce que nous souhaiterions qu'il soit. Le moi agit pour retarder le plaisir lorsque les conséquences d'une réduction trop rapide du besoin s'avéreraient destructrices.

Projection. Mécanisme de défense freudien. La personne projette sur une autre les désirs ou émotions qu'elle éprouve et qu'elle juge inacceptables.

Psychanalyse. Freud a créé la psychanalyse, thérapie qui amène les patients à se détendre suffisamment pour exposer leurs problèmes et discuter des racines profondes de ceux-ci. En écoutant ses patients, Freud a élaboré la *théorie* de la psychanalyse, qui inclut les stades de développement psychosexuel et les mécanismes de défense.

Refoulement. Mécanisme de défense freudien. Dénégation des vérités désagréables.

Régression. Mécanisme de défense freudien. Retour à un stade inférieur de l'évolution psychosexuelle.

Roturier. Au moyen-âge, toute personne qui ne faisait pas partie de la noblesse était considérée «de basse condition», ou roturière.

Stéréotype. Attitude ou perception fixe ou inconsciente. Façon de répondre à une personne ou à un objet uniquement en fonction de leur appartenance à une catégorie.

Sublimation. Mécanisme de défense freudien le plus mature. Utilisation de l'énergie sexuelle, libidinale, dans des buts créatifs ou sociaux.

Sur-moi. Conscience, en langage freudien.

Test d'aperception thématique (T.A.T.). Test de personnalité developpé par Henry Murray. Il s'agit d'une série de vingt images plutôt ambiguës; le sujet doit bâtir une histoire autour des personnages.

Test Roschach. C'est le fameux test des taches d'encre. Test projectif de personnalité développé par le psychiatre suisse Hermann Rorschach.

Test objectif. Test où les réponses aux questions sont soit bonnes, soit mauvaises; test qu'il est possible d'évaluer en accordant des points objectivement.

Test projectif. Test, tel celui des taches d'encre, dont la forme est si ambiguë que la personne doit projeter sa propre personnalité pour y donner un sens.

Test subjectif. Test où il n'y a pas une bonne et une mauvaise réponse aux questions; le psychologue doit interpréter les réponses lors de l'évaluation.

Théories de l'apprentissage social. Théories du comportement qui soutiennent que la majorité des actions et des valeurs sont apprises, avant tout par imitation ou renforcement.

Théories des traits. Théories qui soutiennent que la personnalité est au départ déterminée par l'ensemble de tendances comportementales générales, ou traits, de la personne.

Théories des types. Théories fondées sur la croyance que toute personnalité humaine est un mélange de deux ou trois tendances fondamentales héréditaires.

Théories psychodynamiques. Théories de la personnalité, comme celle de Freud, qui s'appuient sur le fait que la personnalité est un équilibre s'établissant entre diverses forces ou sources d'énergie puissantes.

Trait fondamental. Trait primaire très important. Selon Allport, la plupart des gens n'ont qu'un seul trait fondamental.

Traits centraux. Selon Allport, bien que chaque personne n'ait qu'un seul trait fondamental, elle possède jusqu'à 10 autres traits centraux ou principaux qui déterminent sa personnalité.

Traits communs. Traits mineurs ou secondaires qui se manifestent dans certaines situations bien spécifiques.

INTRODUCTION:
UN NOIR À L'OMBRE

Qui suis-je?
Eldridge Cleaver, un révolutionnaire à part entière dans la lutte pour la libération des noirs.
D'où est-ce que je viens?
Je suis né à Little Rock, Arkansas, j'ai été élevé dans les ghettos de Los Angeles et j'ai fait mon éducation en prison.
Où suis-je maintenant?
En prison pour viol.
Où est-ce que je vais?
Je vais sortir de prison et travailler pour que le monde me fasse une meilleure place au soleil, pour moi, pour tous les noirs, pour tous les hommes.

Un jour ou l'autre, chacun se pose le même genre de questions. Les réponses que chacun y trouve sont différentes et elles aident à définir notre personnalité, chaque personne étant unique en soi. Cependant, il existe certaines régularités ou similarités dans les réponses, ce qui laisse croire que les psychologues devraient pouvoir étudier la personnalité humaine de façon objective ou scientifique. Regardons ces questions de plus près.

Qui suis-je?

Si vous regardez votre permis de conduire ou toute autre carte du genre, vous êtes un nom, un numéro, vous êtes membre d'une race et d'un sexe spécifiques, on vous décrit à l'aide de toute une collection de statistiques physiques: grandeur, poids, couleur des cheveux et des yeux. Eldridge Cleaver est le prisonnier numéro A.29498 lorsqu'il se décrit dans *Un noir à l'ombre*.

Mais personne n'est qu'un numéro ou qu'un ensemble de données statistiques. Chacun est un être humain unique, que ce soit sur le plan physique, intellectuel ou social.

D'où est-ce que je viens?

Un certificat de naissance ou un passeport vous indique d'où vous venez, géographiquement parlant. Mais cette information n'est pas suffisante. Chaque personne provient d'un environnement physique, économique, intellectuel et social différent. Cleaver est issu d'un environnement où l'argent et l'éducation sont difficiles à obtenir. Et son environnement social le considère comme pire qu'un citoyen de seconde classe.

Où suis-je maintenant?

Chacun est physiquement quelque part, que ce soit à l'école, à la maison, au travail ou en prison. Mais chacun se situe aussi quelque part sur l'échelle du *développement* physique, intellectuel et social.

Dans *Un noir à l'ombre*, Eldridge Cleaver examine où il en est. Il fait de la prison dès l'âge de 18 ans pour possession de marijuana. Déjà à cette époque, Cleaver est pleinement conscient du fait qu'il est un noir vivant dans un monde de blancs, et que beaucoup de blancs font preuve de discrimination à l'endroit des noirs. À son premier séjour en prison, lui et quelques autres se rendent compte qu'eux et toute leur race sont traités injustement. Cleaver, comme plusieurs autres noirs, commence à détester et à maudir la société qui agit comme si elle le détestait. «Nous maudissions tout ce qui est américain, dira-t-il plus tard, y compris le baseball et les hot-dogs». Cleaver maudit surtout ce qu'il nomme la race des diables blancs conçus par leur créateur pour faire le mal et le faire apparaître comme un bien. Il prêche que la race blanche est l'ennemi naturel, irréconciliable de la race noire.

Cleaver obtient une libération conditionnelle, mais sa haine lui amène de nouveaux problèmes. Il est à nouveau emprisonné, cette fois pour viol.

De retour en prison, Cleaver se demande qui il est. Il n'aime pas la réponse qu'il trouve à cette question. Quelque chose sonne faux quelque part, et il l'admet. Il n'approuve pas le viol et il se rend compte que sa haine de la société s'étend beaucoup plus loin: il se hait lui-même. Il entreprend de s'auto-analyser et de s'auto-critiquer pour savoir qui il est, d'où il vient, où il est à l'heure actuelle et où il va.

Où est-ce que je vais?

Les réponses aux trois premières questions: «Qui suis-je? d'où est-ce que je viens? où suis-je?», soulignent que nous sommes uniques, avec certaines réalisations et certains échecs passés, avec des valeurs et des responsabilités actuelles. La connaissance de ces valeurs et de ces responsabilités nous donne des besoins ou des buts physiques, intellectuels et sociaux qui guident notre vie.

Pendant neuf ans d'emprisonnement, Cleaver a suffisamment de temps pour réfléchir et savoir qui il est et où il va. «Il fallait que je découvre qui j'étais, expliquera-t-il, ce que je voulais être, quelle sorte d'homme je devrais être, et ce que je devais faire pour arriver au mieux de ce que je pouvais faire. Je comprenais que ce qui m'était arrivé était déjà arrivé à bon nombre d'autres noirs et arriverait encore à beaucoup, beaucoup d'autres par la suite.» En prison, Cleaver s'établit des objectifs personnels. Il décide de travailler pour changer le système et se rend compte que si lui change, d'autres peuvent changer aussi.

Il y a cent ans, la réponse à la question: «Où est-ce que je vais?» aurait été simple. La plupart des gens pensaient alors que l'hérédité et les expériences du jeune âge se chargeaient elles-mêmes de déterminer le futur de la personne. Mais les psychologues modernes se rendent compte que presque tous les individus peuvent changer, grandir, devenir autres. Les gènes et l'environnement influencent sans aucun doute les buts choisis. Mais il est aussi certain que chacun a sa propre façon d'établir certains de ses objectifs et de les atteindre.

D'une manière très simple, votre **personnalité** est votre propre manière de vous adapter à votre environnement. Nous recevons tous des informations d'entrée physiques, cognitives et sociales que le cerveau traite d'une façon qui lui est propre. Quelques-uns de ces processus ou «programmes» internes sont déterminés par le patrimoine génétique; d'autres le sont par les expériences passées. L'objet de ces «programmes» internes est de transformer les informations reçues en réponses. Nous avons tous des façons caractéristiques de penser et de répondre aux informations. Si nous devons changer nos réponses, c'est-à-dire nos pensées et nos comportements, afin d'atteindre les buts que nous nous sommes fixés, il faut changer d'une quelconque façon les programmes internes qui relient les informations reçues aux réponses fournies. Les êtres humains semblent être les seules créatures vivantes capables de reprogrammer délibérément leurs processus internes afin d'atteindre de nouveaux buts. Ainsi, l'étude de la personnalité est en grande partie l'étude de la façon dont les gens apprennent qui ils sont, d'où ils viennent, ce qu'ils veulent faire et comment ils peuvent parvenir à se reprogrammer pour atteindre des buts nouveaux et plus satisfaisants.

LES THÉORIES DE LA PERSONNALITÉ

Les changements et la maturation sont des éléments importants de toute personnalité. Eldridge Cleaver, par exemple, n'aime pas ce qu'il est: un raciste haineux et un violeur emprisonné. Il veut changer sa façon de penser et son comportement. Mais se contenter de vouloir changer n'est, d'habitude, pas suffisant. Se reprogrammer demande certaines habiletés et connaissances spécifiques. Cleaver doit tout d'abord trouver ce qu'il n'aime pas en lui et ce qu'il veut devenir. Puis, il doit découvrir ce qu'il fait en réalité actuellement, c'est-à-dire comment ses pensées et ses comportements influencent les autres et sa propre image de lui-même. Il lui faut ensuite voir quels types d'information son environnement lui fournit, c'est-à-dire comment les gens autour de lui répondent à ses pensées et à ses agissements. Une fois qu'il aura tous ces éléments en main, il pourra décider lesquels de ses «programmes internes» il doit changer et comment il peut y arriver. En d'autres mots, lorsqu'il se connaîtra lui-même, il sera en mesure de découvrir comment il peut devenir différent de ce qu'il est.

Ce faisant, Cleaver élabore sa propre théorie de la maturation et du changement de la personnalité. Tous ceux qui ont essayé d'expliquer la personnalité en sont venus à une théorie différente sur sa nature et sur les manières dont on pouvait éventuellement la transformer.

Les théories les plus importantes et les plus populaires de la personnalité dans le champ de la psychologie peuvent, en gros, se subdiviser en trois catégories d'après le type de «programme interne» sur lequel elles sont fondées. Les théories qui mettent l'accent sur les processus physiologiques et biologiques sont souvent appelées **théories des types**. Un deuxième groupe de théories, qui accentuent les programmes cognitifs et mentaux, sont les **théories des traits**. Les **théories de l'apprentissage social,** comme on les appelle généralement, sont quant à elles fondées sur les programmes sociaux. Nous avons déjà parlé de ce dernier type de théories au chapitre 9; nous les aborderons ici d'un point de vue humaniste.

Mais chaque personne est un organisme vivant complexe, et ses manières de coupler les informations d'entrée et les informations de sortie (ses programmes internes) ne sont pas exclusivement biologiques, ou cognitives, ou sociales; donc, toute théorie qui ne prend pas en considération ou n'explique pas les trois types de processus internes à la fois est incomplète. Jusqu'à maintenant, les psychologues ne sont pas parvenus à établir une théorie entièrement satisfaisante. Par conséquent, si vous désirez avoir une idée globale de ce qu'est votre personnalité, il vous faudra examiner à la fois les trois catégories ou types de théories de la personnalité.

Les théories des types

On associe souvent le physique d'une personne à sa personnalité. On dit souvent que les gens corpulents sont des bons vivants, gais et enjoués. Ceux dont les yeux sont très rapprochés sont censés appartenir au type du criminel. Mais la véracité de tels arguments n'a jamais été prouvée. Certaines grosses personnes sont gaies, mais beaucoup d'autres sont passablement tristes, surtout si elles sont incapables de perdre du poids. La distance entre les yeux n'a rien à voir avec l'instinct criminel. Malgré cela, tout un folklore a hanté pendant longtemps ce prétendu rapport entre le type physique et la personnalité. Ceux qui lisent dans les lignes de la main affirment qu'ils peuvent y découvrir la personnalité et le comportement d'une personne. La **phrénologie** est une pseudo-science, ou fausse science, qui consiste à lire dans les bosses et les creux sur le crâne d'une personne. Au XIXe siècle, plusieurs phrénologues affirmaient pouvoir interpréter la personnalité de quelqu'un suivant la forme de sa tête. Ni la lecture dans les lignes de la main, ni la phrénologie ne se sont avérées des instruments utiles dans la description de la personnalité.

Non seulement les apparences extérieures, mais aussi des traits génétiques plus subtils ont parfois été associés aux caractéristiques de la personnalité. Pendant des siècles, la politique européenne a été basée sur la génétique. Les rois et les reines étaient censés posséder les qualités génétiques requises pour régner, et léguer ces qualités à leurs enfants ou descendants, de génération en génération. Le citoyen ordinaire, qui n'avait pas ces «gènes royaux», n'était supposément bon à rien d'autre qu'à travailler, à se battre à la guerre ou à payer les impôts. Les politiques génétiques facilitaient les questions de succession, mais les «gènes royaux» ont fourni autant de mauvais dirigeants que de bons.

Les théories des types sont aussi responsables en grande partie de nombreux stéréotypes raciaux. Un **stéréotype** est une croyance ou une caractéristique simpliste qui est censée s'appliquer à tous les membres d'un groupe donné. Selon le point de vue d'où l'on se place, presque tout groupe racial ou ethnique du monde a un stéréotype négatif. Les noirs manquent d'énergie et sont stupides; les Amérindiens sont des soûlographes invétérés et des paresseux; les Allemands sont froids et distants; les juifs sont arrivistes; les orientaux sont fourbes; les Irlandais boivent et sont bagarreurs; les Italiens et les Latino-américains sont des maniaques sexuels et ont une apparence graisseuse; les W.A.S.P., protestants blancs anglo-saxons, sont conservateurs, froids et calculateurs; les *honkies* (terme péjoratif utilisé par les noirs pour désigner les blancs) n'ont pas de sensibilité et n'ont pas «d'âme». Se comporter devant certains groupes de gens et prédire leurs réactions devient une tâche facile si elle est basée sur de tels stéréotypes. Mais les stéréotypes s'avèrent presque toujours faux. Ils ne tiennent pas compte des différences individuelles, et deux individus sont aussi dissemblables que le peuvent être les groupes ou les races.

C'est un stéréotype qui est à l'origine de la tentative hitlérienne d'éliminer tous les juifs de l'Europe. Un stéréotype est aussi responsable de plusieurs des problèmes rencontrés par Eldridge Cleaver et par les autres noirs d'Amérique ou d'ailleurs.

La biologie et la génétique ne sont pas responsables des types de personnalité de races ou de groupes entiers d'individus. Mais la biologie est un des facteurs importants de la personnalité. Les **hormones**, par exemple, sont des substances chimiques sécrétées par diverses glandes de l'organisme. Elles peuvent affecter des éléments tels que la taille, l'activité sexuelle et le **métabolisme** (ensemble de transformations physiques et chimiques de l'organisme). En retour, ces éléments contribuent à déterminer la personnalité. Une personne qui a une forte carrure, qui sécrète de grandes quantités d'hormones sexuelles et a un métabolisme élevé peut être agressive et hyperactive. Une personne possédant la même typologie physique, mais un faible métabolisme, sera obèse, léthargique et morose.

La théorie de Kretschmer

Ernst Kretschmer, psychiatre allemand, croyait que les hormones influençaient la taille d'une personne et sa personnalité. Après avoir travaillé avec des patients en psychiatrie, il a mis sur pied une théorie de la personnalité basée sur la **morphologie**, ou sur le type physique. Il a mesuré les formes et la taille d'un grand nombre de patients et a essayé de catégoriser l'espèce humaine en trois types physiques fondamentaux. Pour chaque type, affirme Kretschmer, il existe des caractéristiques de personnalité bien spécifiques.

La théorie de Kretschmer n'a pas donné de très bons résultats. Trop de gens, en effet, ne répondent pas exactement à l'une des catégories morphologiques décrites; et même les gens qui possèdent l'un des trois types de Kretschmer n'ont pas toujours les caractéristiques de personnalité que celui-ci attribuait au type en question.

La théorie de Sheldon

W.H. Sheldon, à l'Université Harvard, a approfondi la théorie de Kretschmer au cours des années 1940 et 1950. Sheldon a établi une typologie beaucoup plus scientifique. S'appuyant sur 4 000 photographies de collégiens de sexe masculin, Sheldon, comme l'avait fait Kretschmer, a identifié trois types physiques fondamentaux:

1. **L'endomorphe:** Une personne toute en rondeur, qui a tendance à devenir grasse, et dont les muscles sont souvent sous-développés.
2. **Le mésomorphe:** Une personne carrée, forte, avec des os et des muscles solides; le type «athlète», qu'il soit du sexe masculin ou féminin.
3. **L'ectomorphe:** Une personne mince, souvent grande, avec un cerveau et des récepteurs sensoriels bien développés: le type «intellectuel».

Sheldon ne s'en est pas tenu à cela. Il a subdivisé chaque type en sept degrés et affirme qu'il existe une combinaison de tous les types et de tous les degrés. Ce qui nous donne 343 types physiques possibles.

Sheldon a sélectionné par la suite un certain nombre de caractéristiques de la personnalité qui semblaient représenter la majorité des caractéristiques de l'être humain. En observant un groupe de jeunes hommes pendant un an, il en est venu à établir un lien entre des combinaisons de caractéristiques et certains types physiques. Et bon nombre de ses prédictions semblent être justifiées, du moins en partie. Des personnes très mésomorphes (fortes, musclées) ont tendance à se montrer athlétiques, agressives et dominantes, comme le prédisait Sheldon. Certains endomorphes (doux, ronds) sont gais et sociables, et certains ectomorphes (minces, grands) sont effectivement portés vers la tranquillité et les travaux intellectuels.

Les gènes peuvent être responsables de certaines des relations qu'a trouvées Sheldon, mais les informations d'entrée cognitives et sociales peuvent aussi expliquer pourquoi tel type de morphologie est quelquefois relié à tel type de personnalité. La façon dont les gens se voient, c'est-à-dire la conscience cognitive qu'ils ont d'eux-mêmes, peut leur tracer une ligne de conduite. Les personnes grasses ou obèses, par exemple, peuvent ne pas aimer l'activité physique. Afin d'être mieux acceptées à l'intérieur d'un groupe, il se peut qu'elles essaient d'être particulièrement sociables et gaies. La société peut renforcer ce trait en attendant toujours d'une personne bien en chair qu'elle lance des blagues et soit un boute-en-train.

Les ectomorphes (personnes minces), d'un autre côté, peuvent se considérer comme physiquement défavorisés. Pour suppléer à ce qui leur semble être une déficience physique, ils se concentreront peut-être sur la matière grise. Si, alors, ils fuient l'activité physique et se réfugient dans les livres, leur entourage peut répondre en les évitant. Ils deviennent alors des intellectuels solitaires et tranquilles.

Les mésomorphes (taille et muscles d'athlète) peuvent se sentir compétents ou capables sur le plan physique. Parce qu'ils se savent bons dans les épreuves sportives, qu'il s'agisse de lutte ou de tennis, ce sont eux qui s'adonnent à de telles activités le plus volontiers. La société voit quelquefois dans ce dynamisme du courage et de la bravoure, et peut se tourner vers de telles personnes pour en faire des dirigeants.

La théorie de Sheldon est beaucoup plus utile et exacte que celle de

En vous appuyant sur la théorie des types de Kretschmer et Sheldon, vous pourriez probablement conclure que parmi ces trois hommes, on trouve un ectomorphe, un mésomorphe et un endomorphe.

Kretschmer, mais elle est incomplète, comme toutes les théories de la personnalité. Il existera toujours des gens qui ne colleront pas à la théorie.

Les théories typologiques présentent un autre inconvénient. Elles sont limitatives sur le plan des possibilités de changement. Elles suggèrent bien peu de thérapies qui permettraient de transformer la personnalité. Selon les théories des types, les léopards ne peuvent changer leur robe tachetée et, de la même façon, les gens ne peuvent changer de gènes. Les personnes sont ce qu'il était écrit qu'elles seraient. Les enfants royaux seront rois, les enfants **roturiers** resteront roturiers.

Les traitements hormonaux et certaines thérapies physiques sont susceptibles de changer certaines des conditions physiques, mais en principe, les théories des types ne croient pas qu'il soit possible de beaucoup modifier la personnalité après l'adolescence ou après la fin de la croissance physique.

Eldridge Cleaver est né noir, et ne peut changer ce trait génétique. Or, il parvient à changer sa façon de penser et de se comporter; par conséquent, il en vient à transformer sa personnalité. Les théories typologiques ne peuvent pas, en général, expliquer l'évolution d'Eldridge Cleaver.

Les théories des traits

Eldridge Cleaver ne change pas du tout au tout. Certains traits ou certaines caractéristiques de sa personnalité restent toujours les mêmes après qu'il ait entrepris de s'auto-analyser. Toutes les personnes ont ainsi certains traits qui semblent persistants et stables, quoi qu'il advienne. Par exemple, les étudiants calmes, intelligents et travailleurs feront souvent preuve des mêmes qualités pendant toute leur vie. Les gens agressifs pendant leur jeunesse demeureront généralement agressifs, l'agressivité pouvant se révéler sous différentes formes. La haine que Cleaver voue aux blancs se transpose en agressivité

physique au cours de sa jeunesse, et en agressivité intellectuelle à l'âge adulte
alors qu'il lutte pour les droits de l'homme.

L'ensemble des traits de personnalité qui marquent un individu ne saute
pas toujours aux yeux. On peut facilement mesurer les traits physiques, la taille
et le poids par exemple, mais ce n'est pas le cas des traits psychologiques
comme l'intelligence, l'amour et la haine. Tout ce qu'il est possible de faire à ce
sujet est d'observer le comportement de la personne et de lui faire passer
différents tests, de lui fournir des informations normalisées et de deviner quel
trait, ou programme interne, a poussé la personne à répondre de telle ou telle
façon. Bien qu'il soit difficile de mesurer directement des traits psychologiques,
des théories entières de la personnalité ont été basées sur la croyance que nos
agissements sont avant tout déterminés par un nombre restreint de traits
mentaux.

La théorie des traits de Allport

Les premières théories des traits de quelque importance, notamment celle
qu'a élaborée le médecin grec Hippocrate 400 ans avant J.-C., ne faisaient état
que de quelques traits primordiaux. Mais les traits, comme les types, sont
nombreux. Au cours des années 1930, Gordon Allport, de l'Université Harvard,
et Henry S. Odbert ont compilé une liste de traits tirés d'un dictionnaire. Ils ont
ainsi recueilli 17 953 traits ou mots tels que bon, affectueux, vil, mesquin,
courageux et audacieux.

Certains traits, selon Allport, se retrouvent chez beaucoup de gens. Des
données biologiques, cognitives et sociales semblables peuvent susciter des
comportements très similaires chez bon nombre de personnes. Allport a
appelé ces types de programmes internes les **traits communs**. Mais aucune
personne n'est identique à une autre, et Allport s'intéressait surtout aux
personnalités individuelles. Par conséquent, il s'est plongé dans l'étude de ce
qu'il a nommé les *traits individuels*.

Certaines personnes, dit Allport, sont guidées toute leur vie par un **trait
fondamental**, ou principal. Elles sembleront, par exemple, consacrer la totalité
ou une bonne partie de leurs pensées et de leurs comportements à la
réalisation d'un objectif unique. La recherche inlassable de la richesse, de la
puissance ou de la sainteté peut être considérée comme un trait fondamental.
D'autres gens, cependant, suivront un groupe de traits moins puissants, plus
communs. Allport les appelle les **traits centraux**. Chacun, souligne Allport,
possède de 2 à 10 traits centraux importants. Un fort intérêt pour la musique,
l'éducation ou la sexualité peut être un trait central. Finalement, toujours selon Allport, chaque personnalité se complète d'un certain nombre
de traits secondaires moins importants. Les préférences que l'on a pour
certains aliments ou certains vêtements, certaines manières de se comporter
ou certaines habitudes sont des traits secondaires.

Chacun des traits ou chacune des structures de personnalité qui sont
propres à une personne a de l'importance, croit Allport, puisque les traits
déterminent ce qu'a été la personne, mais aussi ce qu'elle sera. Selon lui, le
trait est une manière caractéristique de répondre aux stimuli de l'environne-

ment. Si nous pouvions arriver à identifier un trait particulier chez un individu, alors nous pourrions prédire comment, grâce à ce trait, il réagirait dans les situations à venir. La théorie d'Allpôrt, par conséquent, se tourne vers le futur et tâche de déterminer comment une personnalité va croître, changer et se développer.

Les traits sont évidemment des parties importantes de la personnalité et ils permettent parfois de prédire le comportement d'une personne. Mais ils ne sont pas aussi stables que certains psychologues l'ont déjà cru. L'honnêteté, par exemple, a longtemps été considérée comme un trait fondamental, permanent et immuable. Hugh Hartshorne et Mark A. May, de l'Université Columbia, ont fait certaines expériences entre 1928 et 1930, et ont constaté qu'il n'existe probablement pas de comportements honnêtes et malhonnêtes stables. Lors de ces expériences, ils ont fait passer des tests à des milliers d'enfants. Les professeurs ramassaient les copies, prenaient en note les réponses de chaque étudiant sans que ceux-ci le sachent; puis, ils rendaient les feuilles aux élèves pour qu'eux-mêmes corrigent le test. Or, presque tous ont triché ou essayé de remplacer les mauvaises réponses lorsqu'ils en avaient la possibilité.

Hartshorne et May en ont conclu que la présence ou l'absence du trait d'honnêteté, comme de la plupart des autres traits, semblait dépendre de la situation. La plupart des étudiants trichaient lorsqu'il y avait peu de chances pour qu'ils se fassent pincer (le professeur ne les surveillant pas de près), lorsqu'il était facile pour eux de changer les réponses et lorsque tous leurs camarades semblaient le faire.

En 1974, les psychologues D.J. Bem et A. Allen ont fait ressortir un autre problème qui affectait la théorie des traits: la plupart des traits dont nous parlons couramment, dans la vie de tous les jours, ont un sens trop large ou indéfini pour être significatif. Prenons comme exemple la propreté. Beaucoup de gens croient que la propreté est un trait bien spécifique qui devrait se retrouver dans tout ce qu'une personne «propre» entreprend. Mais lors d'une recherche effectuée auprès d'un grand nombre d'étudiants au niveau collégial et universitaire, Bem et Allen ont découvert que la «propreté» n'était pas du tout un trait général. Bon nombre des étudiants questionnés rendaient à leurs professeurs des travaux propres, dactylographiés de façon impeccable; et pourtant, ils portaient généralement des vêtements débraillés et ne peignaient leurs cheveux que rarement. D'autres avaient presque toujours une tenue soignée en public, mais leur chambre était un véritable capharnaüm. Selon Bem et Allen, nous décrirons probablement mieux la personnalité si nous nous servons de traits spécifiques plutôt que de traits généraux.

Les théories psychodynamiques

De nombreuses expériences psychologiques, et aussi certaines expériences personnelles comme celle d'Eldridge Cleaver, laissent supposer que les traits ne sont pas toujours stables et que la personnalité peut changer de façon radicale. Depuis 50 ans, on a élaboré maintes théories qui ont essayé d'expliquer les changements de personnalité et de traits. Ces théories, souvent nommées **théories psychodynamiques**, ne s'intéressent pas uniquement à la *structure* de la personnalité, mais aussi aux *fonctions* ou aux processus internes qui interviennent lors du développement de la transformation de la personnalité.

Vous vous rappelez sans doute que «psycho» vient du nom de la déesse grecque Psyché, et signifie «âme» (voir chapitre 1). Le mot «dynamique» vient du mot grec *dunamis,* «force». Les théories psychodynamiques tentent d'expliquer la personnalité en termes de juxtaposition de diverses forces psychologiques à l'intérieur de la personne.

Freud est le père de la théorie psychodynamique. Sa description de trois principales articulations de la personnalité (le ça, le moi et le sur-moi; voir chapitre 9) et des stades du développement de la personnalité (oral, anal, phallique, période de latence, génital; voir chapitre 9) est une véritable révolution de la pensée psychologique. Avant cette époque, seuls les facteurs d'ordre génétique et spirituel étaient considérés comme ayant une certaine influence sur l'individualité et la personnalité. Sigmund Freud est le premier à avoir essayé d'expliquer les processus cognitifs et émotionnels qui pouvaient être impliqués dans la maturation de la personnalité humaine. Les choses dont il parlait étaient à ce point inconnues qu'il a dû inventer la majorité de son vocabulaire explicatif, et plusieurs de ces termes sont encore utilisés aujourd'hui.

La libido

Freud a expliqué la personnalité en termes de *tension*, c'est-à-dire d'accumulation, blocage et libération de l'énergie psychologique. Selon lui, la **libido** est une dynamo psychique qui engendre la force de vie, ou le combustible qui garde l'esprit alerte. La libido crée constamment une nouvelle énergie; cependant, cette énergie doit se libérer par l'intermédiaire des pensées, des rêves et des comportements, sans quoi l'esprit «éclatera» comme un ballon trop gonflé.

À la naissance, seul le **ça** peut libérer l'énergie libidinale, parce que c'est la façon dont le plan génétique l'a prévu. En libérant cette énergie, le ça tend à rechercher le plaisir et à fuir la douleur. Donc, le ça obéit à ce que Freud appelle le **principe du plaisir**; il laisse la vapeur s'échapper en s'engageant dans des comportements qui procurent une satisfaction sensuelle. Pendant le stade oral du développement, le ça libère l'énergie libidinale par la bouche. Manger, boire et d'autres activités orales comme téter ou crier sont des sources primaires de plaisir et de libération d'énergie libidinale. Mais l'enfant doit vivre avec les autres, et ces autres personnes, tout d'abord les parents, obligent l'enfant à apprendre les réalités de la vie. La plupart des enfants savent très vite qu'ils ne peuvent pas obtenir tout ce qu'ils veulent quand ils le veulent. Ce contact de l'enfant avec la réalité entraîne le développement du **moi**, qui semble obéir à ce que Freud appelle le **principe de la réalité**. Plus le moi se développe, plus il prend contrôle de l'énergie engendrée par la libido. Le moi prend contrôle du ça en bloquant ou en inhibant les façons utilisées généralement par le ça pour libérer son énergie libidinale. Plus l'individu acquiert une certaine maturité, plus le ça apprend à libérer son énergie et à rechercher le plaisir de façons socialement plus acceptables. Ainsi, pendant le stade anal, l'enfant apprend à contrôler ses fonctions organiques pour répondre aux exigences de ses parents; l'apprentissage de la propreté devient alors une autre bataille entre le ça et le moi. Et, plus l'enfant apprend à se contrôler, plus le moi devient fort et apte à imposer son propre principe de la réalité au ça qui, lui, recherche le plaisir.

Pendant le stade phallique, une nouvelle force entre en jeu: le **sur-moi**. Vers l'âge de quatre ans, l'enfant, selon Freud, développe une affection naturelle pour le parent du sexe opposé: la fille pour le père, le garçon pour la mère. Cet amour sensuel de l'enfant pour son père ou sa mère est inacceptable pour le moi (et généralement pour le parent). L'enfant résout le dilemme en s'identifiant au parent du même sexe, c'est-à-dire en incorporant certaines des valeurs ou certains des comportements de ce parent. Ce processus d'**identification** crée le sur-moi, une représentation de la société dans l'esprit de l'enfant. Le sur-moi prend le contrôle d'une quantité limitée d'énergie libidinale et essaie de libérer cette énergie en obligeant l'enfant à se comporter selon des règles approuvées par la société, quelques douloureux qu'en soient les résultats pour le moi et le ça.

Pendant un certain temps, appelé par Freud la période de latence (de cinq ans à la puberté), le sur-moi fait en sorte de refouler ou d'inhiber la majorité des comportements sexuels. Mais lorsque l'adolescence commence, un accroissement soudain de la quantité d'hormones sexuelles dans l'organisme du jeune augmente l'énergie libidinale disponible pour le ça et le moi. L'adolescent bien adapté résoudra le conflit entre le sur-moi, le moi et le ça: il apprendra à libérer ses énergies sexuelles en entretenant des rapports **hétérosexuels**. Par exemple, le jeune homme substituera au désir de la mère l'amour des femmes de son âge. Pendant la même période, le moi prime de nouveau et aide à libérer quelque énergie libidinale par le biais de certains comportements approuvés par le sur-moi, tels le travail, la création artistique et l'étude.

Freud croit que chaque personnalité est déterminée par l'issue de la bataille entre le ça, le moi et le sur-moi. Et puisque chacun d'entre nous a vécu différentes expériences personnelles et est doté de différentes qualités d'énergie libidinale, nous sommes tous différents.

Les mécanismes de défense

Freud n'a jamais vu un ça ou un moi, et n'a jamais inventé de machine capable de mesurer directement l'énergie libidinale. Il rencontrait ses patients, les écoutait et voyait leurs réactions face à telle ou telle situation. Tous les termes qu'il a inventés n'étaient qu'une façon de décrire ce qui, selon lui, se passait dans chaque personnalité; ce vocabulaire, en d'autres mots, n'était que la façon freudienne de désigner les programmes internes que chacun de nous possède.

Freud a découvert que ses patients avaient diverses façons de venir à bout des conflits de personnalité, et d'y réagir. De tels comportements caractéristiques, qui peuvent être considérés comme une expression des traits de la personnalité, adoptent habituellement la forme d'une sorte de défense contre l'anxiété. Certains de ses patients craignaient que leurs besoins physiques ne soient trop forts et ne les portent à mal agir. Selon Freud, ces personnes étaient anxieuses parce qu'elles craignaient que leur ça ne prenne le dessus sur le moi. D'autres semblaient découragées et bouleversées parce qu'elles se laissaient trop influencer par les gens autour d'eux. Ces gens, donc, souffraient d'anxiété parce qu'ils craignaient que leur sur-moi ne contrôle leur moi et leur ça. Toujours d'après Freud, les tentatives que faisaient ces personnes pour éliminer ou réduire leur anxiété étaient en réalité des défenses psychologiques que leur moi créait pour libérer la tension. Freud a appelé **mécanismes de défense** ces comportements de reproduction de l'anxiété.

Le **refoulement**, a dit Freud, est le plus courant des mécanismes de défense. Un moi fort refoule, ou cache, les désirs du ça dans la partie inconsciente de l'esprit. Tant que le moi possède suffisamment de force et d'énergie, les désirs du ça qui sont une source d'anxiété peuvent être tenus à l'écart de l'esprit conscient. Si le moi n'est pas assez fort, ou si l'énergie libidinale du ça s'accumule, les désirs refoulés ou inconscients peuvent redevenir conscients. Les désirs refoulés ou inconscients peuvent refaire surface en rêve ou dans les lapsus ou autres comportements inconscients du genre.

Cleaver, comme beaucoup de noirs, refoule sa haine de la race blanche pendant des années. «Nous avons vécu dans une atmosphère de novocaïne, dit-il, sans ressentir le problème ou y penser. Les noirs se devaient, afin de conserver au moins une certaine forme de santé mentale, d'avoir une attitude détachée par rapport au problème.» Mais Cleaver ne parvient pas à garder ses sentiments enfermés ou refoulés indéfiniment. Les horreurs de la vie de ghetto et les humiliations infligées par les blancs provoquent chez lui une explosion de l'énergie refoulée.

Comme conséquence de son geste, Cleaver passe neuf années en prison, pendant lesquelles il a le temps de penser à ce qu'il est, d'où il vient et où il va. Il apprend à ne pas refouler son énergie libidinale, mais à la canaliser dans des activités socialement acceptables, productrices et créatrices. «C'est pourquoi j'ai commencé à écrire, explique-t-il: pour me sauver moi-même.»

Une autre forme de mécanisme de défense est appelée la **fixation**. Certains enfants demeurent fixés ou attachés à un niveau immature du développement psychosexuel de la personnalité. Les enfants, au stade oral, qui n'apprennent pas à venir facilement à bout des problèmes de croissance peuvent ne pas développer un moi très fort. Alors, ils préfèrent (inconsciemment) se fixer à ce stade du développement de la personnalité parce qu'ils ont peur de faire face aux défis des autres stades (voir chapitre 9).

La **régression**, troisième mécanisme de défense, ressemble à la fixation en ce sens qu'elle provient d'une anxiété à l'idée de faire face aux problèmes de la croissance. Par exemple, un enfant au stade phallique peut croire qu'il est incapable de faire face à ses pulsions sexuelles de plus en plus fortes. Si le moi se sent menacé par de tels problèmes, il peut reculer ou régresser à un stade antérieur, stade dont les problèmes ont déjà été résolus.

Un quatrième mécanisme de défense est la **formation réactionnelle**; les gens l'utilisent parfois pour faire face à des sentiments ou des désirs qu'ils n'approuvent pas ou qui leur causent de l'anxiété. L'amour, par exemple, est un sentiment très fort que certaines gens ont peur de montrer ou d'afficher ouvertement. Ces personnes, ressentant de l'anxiété face à de fortes émotions, réagiront parfois en cachant leurs véritables sentiments et en affichant les sentiments inverses. Les amoureux peuvent quelquefois, inconsciemment, se montrer cruels l'un envers l'autre. Les ennemis peuvent s'obliger à être entre eux pleins de déférence et affectueux à l'excès.

La **projection** est un cinquième mécanisme qui permet de se débarrasser des sentiments que l'on rejette. Un professeur qui déteste les enfants, par exemple, peut tenter inconsciemment de nier ce sentiment de haine en affirmant que ce sont les enfants qui ne l'aiment pas.

Le **déplacement**, sixième mécanisme de défense, a pour résultat le développement de nombreux traits de personnalité. Puisque le ça ne peut pas toujours se procurer ce qu'il veut, le moi apprend à transposer un peu de trop-plein d'énergie libidinale du ça en comportements plus acceptables. Plusieurs personnes qui arrêtent de fumer se rendent bientôt compte qu'elles mangent davantage. La théorie freudienne propose comme explication que les désirs de plaisir oral du ça sont satisfaits par la libération de l'énergie libidinale qu'amène le fait de sucer le bout de la cigarette. Si les cigarettes ne sont plus disponibles, le moi peut déplacer cette énergie libidinale vers une autre habitude orale. Certains mâcheront de la gomme, d'autres mangeront ou parleront davantage. Freud affirme qu'un bon nombre d'habitudes ou de traits de la personnalité résultent du fait que les gens apprennent à déplacer leur énergie libidinale.

Un septième mécanisme est celui de la **sublimation**, une forme de déplacement plus mature, contrôlée par le sur-moi. Au lieu de déplacer l'énergie libidinale d'une activité vers n'importe quelle autre activité adéquate, le sur-moi canalise de l'énergie psychique vers des activités socialement acceptables. En prison, Cleaver a beaucoup d'énergie sexuelle en trop qu'il lui faut brûler. Une partie de cette énergie est déplacée: il fait des poids et haltères et beaucoup d'exercice. Mais une autre partie en est sublimée: il s'engage dans une activité créatrice, l'écriture. Toutes les personnes productrices sur le plan artistique, créateur ou culturel, selon Freud, subliment l'énergie libidinale en se livrant à des activités valorisées par la société.

La catharsis

En travaillant avec ses patients en thérapie, Freud a essayé de soigner des problèmes émotionnels ou de changer des pensées ou des comportements bizarres; pour ce, il aidait le patient à libérer l'énergie accumulée. La libération de cette énergie est la **catharsis**. Ce mot signifie nettoyage ou purge. Freud a essayé de nettoyer ou de purger ses patients de leur énergie libidinale bloquée.

Freud croyait que s'il pouvait trouver quelle expérience perturbatrice sur le plan émotionnel avait pu provoquer le blocage de l'énergie, il pourrait amener le patient à comprendre son problème et à libérer cette énergie en revivant la situation. Revivre une expérience émotionnelle et libérer l'énergie subséquente, voilà ce qu'est la catharsis.

Tout d'abord, Freud s'est servi de l'hypnose pour atteindre la catharsis. Certaines personnes, sous hypnose, pouvaient remonter très loin dans leur mémoire et recréer les circonstances de l'expérience à l'origine de leur problème. Mais l'hypnose n'était pas toujours efficace, et Freud a trouvé une autre méthode. Il a découvert que s'il pouvait établir un rapport personnel très fort avec ses patients, s'il pouvait les amener à avoir une confiance totale en lui, il pouvait parfois les amener à parler ouvertement de leurs problèmes et des expériences passées qui pouvaient être la source de ces problèmes. Freud était souvent capable de provoquer une catharsis en discutant de ces expériences avec le patient. Le système d'examen des expériences passées et des problèmes actuels est appelé **psychanalyse**. (Au chapitre 13, nous discuterons de la psychanalyse d'une façon plus détaillée.) Freud a analysé un grand nombre de personnes, toutes perturbées d'une façon ou d'une autre, et a pu élaborer la première théorie de la personnalité qui ne soit pas entièrement construite sur la programmation génétique.

LES HUMANISTES

Une des différences entre les êtres humains et les animaux est que nous nous demandons qui nous sommes, d'où nous venons et où nous allons. Lorsqu'un chien naît, ses gènes le condamnent à grandir pour devenir un chien. La société et l'environnement peuvent lui apprendre quelques tours d'adresse, mais un chien sera toujours un chien. En d'autres mots, il répondra aux données environnementales de façon plutôt automatique, sans jamais s'arrêter pour se demander qui il est et ce qu'il devrait faire pour devenir un meilleur chien.

Lorsque Eldridge Cleaver est né, ses gènes lui dictaient qu'il grandirait et serait un être humain. Il a appris, lui aussi, certains tours d'adresse. Mais puisqu'il était humain et non pas chien, il pouvait s'observer objectivement et changer délibérément de personnalité. La plupart des êtres humains s'efforcent de s'améliorer physiquement, cognitivement et socialement. Ce désir d'amélioration est appelé le désir d'*actualisation de soi*. Les psychologues qui s'intéressent à cette question sont souvent appelés les **humanistes.**

Les théories humanistes de la personnalité tendent à mettre l'accent sur l'individualité et le développement conscient de soi. Carl Rogers et Abraham Maslow ont contribué à mettre sur pied les deux théories les plus populaires de la psychologie humaniste.

TABLEAU 10.1

Les théories de la personnalité

THÉORIE	DESCRIPTION	PRINCIPAUX THÉORICIENS
Théorie des types (biologique)	Le type physique (la morphologie) de la personne est associé à la personnalité. Le type physique d'une personne peut influencer la façon dont les autres réagissent face à elle; mais une adhérence trop stricte à cette théorie mène à des stéréotypes.	Ernst Kretschmer W.H. Sheldon
Théorie des traits (cognitif)	La personnalité d'un individu est déterminée par des traits psychologiques; l'identification d'un trait particulier peut aider à prédire la façon dont cette personne se comportera, placée dans une situation future, mais les traits peuvent changer et sont souvent trop généraux pour être significatifs.	Gordon Allport
Théorie psycho-dynamique (cognitif et émotionnel)	La personnalité peut s'expliquer en termes de juxtaposition de diverses forces psychologiques à l'intérieur d'une personne; se concentre sur les processus internes qui jouent un rôle pendant le développement et le changement de la personnalité.	Sigmund Freud
Théories humanistes (cognitif)	La personnalité peut être changée consciemment par une accentuation de l'individualité et du développement du moi; encourage l'actualisation de soi.	Carl Rogers Abraham Maslow

Carl Rogers

Les théories psychodynamiques soutiennent qu'une grande partie du comportement humain résulte des désirs inconscients. Rogers ne nie pas les désirs de l'inconscient, mais il dit que le moi conscient est plus important. Rogers a commencé à élaborer sa théorie du moi après avoir écouté plusieurs clients qui venaient le consulter pour résoudre des problèmes émotionnels. Ces personnes peuvent très bien avoir eu des problèmes inconscients, affirme Rogers, mais ils parlaient toujours en terme de «moi»: «J'ai l'impression de ne pas être moi-même.» «Je me demande qui je suis vraiment.» «Je ne voudrais pas que qui que ce soit sache qui je suis au fond de moi-même.» «Je n'ai jamais eu la chance d'être moi-même.» Pour Rogers, il semblait clair que le moi occupait une part importante de l'expérience de chaque personne, et que les gens qui avaient des problèmes souffraient de ne pas pouvoir devenir vraiment «eux-mêmes» ou de ne pouvoir atteindre l'actualisation de soi.

Les gens s'embrouillent, dit Rogers, lorsqu'ils sont trop souvent obligés d'oublier leurs propres sentiments et d'accepter les valeurs des autres. Le moi commence alors à se développer d'une manière différente du moi réel ou du moi idéal. En d'autres mots, la société dit à une personne de devenir telle chose, alors que son expérience personnelle et ses sentiments véritables lui dictent d'en devenir une autre: le moi idéal. Si le moi est continuellement

Société ⟶

Moi idéal ⟵

MOI RÉEL

Fig. 10.1
Lorsque la société pousse une personne à se développer dans une direction et que les sentiments personnels de celle-ci la poussent vers un autre moi idéal, le moi réel peut devenir embrouillé.

écartelé entre deux directions différentes, l'actualisation est contrecarrée. Le moi commence à se sentir mal à l'aide et menacé. Cleaver, lorsqu'il se sent menacé, se bat contre la société. D'autres peuvent réagir en devenant perturbés sur le plan émotionnel et en adoptant des pensées et des comportements non réalistes.

Mais il n'est pas nécessaire, selon Rogers, que les gens perdent contact avec la réalité. On peut apprendre aux jeunes enfants à exprimer leurs sentiments réels de telle sorte qu'ils n'entrent pas en conflit avec la société. Si les valeurs de l'enfant sont les mêmes que celles de ses parents et de sa société, les parents auront rarement l'occasion de dire à l'enfant que ce qu'il fait est mal. Le moi ne deviendra pas embrouillé. Et toute leur vie, dit Rogers, les gens doivent réexaminer sans cesse leurs valeurs et leurs comportements. Les gens doivent être souples et prêts au changement s'ils veulent garder une vision réaliste d'eux-mêmes et de la société. Dans le cas de Cleaver, cependant, c'était la société qui avait une vision irréaliste, et c'était elle qui devait changer.

Changer est possible, dit Rogers. Les gens forment leur propre personnalité, affirme-t-il, en découvrant ce qu'ils sont et ce qu'ils veulent devenir. Lorsque des réponses réalistes sont trouvées, les gens peuvent choisir les valeurs et les comportements qui les aideront dans leur actualisation de soi.

Abraham Maslow

La meilleure manière de définir le terme «actualisation de soi» consiste à donner la liste des personnes qui, selon Abraham Maslow, sont parvenues à cette actualisation de soi: Abraham Lincoln, Thomas Jefferson, Walt Whitman, Beethoven, Eleanor Roosevelt et Albert Einstein.

Maslow, à la différence de Freud, de Rogers et de plusieurs autres, a élaboré une théorie de la personnalité basée sur les gens psychologiquement sains et créatifs. Si l'on n'étudie que les personnes malades ou perturbées, dit-il, on obtient une vision malade ou perturbée de la personnalité. Une vraie théorie de la personnalité doit tenir compte du bon autant que du mauvais. Maslow, par conséquent, a essayé de découvrir ce qui portait certaines personnes à utiliser tout leur potentiel, c'est-à-dire à atteindre l'actualisation de soi.

Nous avons vu au chapitre 5 que Maslow avait proposé un ordre spécifique, ou une **hiérarchie des besoins**, que chacun doit franchir pour atteindre l'actualisation de soi. Il y a d'abord les besoins fondamentaux, tels que la nourriture, l'eau, le gîte, la sexualité et la sécurité. Si l'environnement social et physique peut satisfaire ces besoins physiques et psychologiques fondamentaux, dit Maslow, une personne peut essayer de satisfaire ses **besoins supra-immédiats**. Les besoins supra-immédiats sont, par exemple, le désir de justice, de beauté, d'ordre et d'unité. Les besoins fondamentaux mènent au développement physique; les besoins supra-immédiats mènent au développement psychologique et à l'actualisation de soi.

Peu de sociétés sont parfaites, cependant, et peu de personnes utilisent tout leur potentiel humain. Mais, dit Maslow, il y a des périodes dans la vie de chaque individu où le plein potentiel, à un moment en particulier, est atteint. Maslow les appelle les «expériences culminantes». Les points culminants d'une parfaite actualisation de soi peuvent par exemple être atteints par le biais d'une expérience religieuse, de la musique, de la sexualité, d'un accouchement naturel ou de n'importe quelle expérience pleinement satisfaisante.

ÉVALUER LA PERSONNALITÉ

Au fur et à mesure que les théories de la personnalité se développaient, les psychologues travaillaient sur divers moyens de mesurer ou d'évaluer les programmes internes qui composent la personnalité. Comme on peut l'imaginer, chacune des théories nécessite l'emploi d'instruments de mesure différents.

De façon générale, les théories dynamiques et les théories du développement prônent les **tests subjectifs**, qui permettent à l'individu d'exprimer ses pensées, ses sentiments et ses émotions. Ces tests sont *subjectifs* puisque les expériences intérieures telles que la pensée ou les sensations ne peuvent être observées directement. Le psychologue doit faire passer un test puis *interpréter* les réponses du sujet de façon à définir quelle sorte de personne est le sujet d'après lui.

Les théoriciens de l'apprentissage social, d'un autre côté, ont eu tendance à se fier aux méthodes de mesure objectives: ils préfèrent l'enregistrement des comportements visibles, y compris la parole, ou l'utilisation de **tests objectifs** normalisés, comme le Q.I. Le sujet passe un test objectif et le psychologue juge habituellement les réponses en les comparant aux réponses apportées par un groupe de personnes supposées normales.

Les tests subjectifs

Le test Rorschach

Les théories dynamiques de la personnalité, comme les théories freudiennes, se basent souvent sur les aspects inconscients de l'expérience humaine. Les théoriciens de cette école, par conséquent, ont créé plusieurs tests dont le but était d'amener les gens à *projeter* une partie de leurs pensées et de leurs sensations inconscientes dans leurs réponses. Les techniques subjectives sont souvent appelées **tests projectifs**; le plus connu de ces tests est le Rorschach.

Le **test Rorschach**, ou **test des taches d'encre**, a été établi par un psychiatre suisse, Hermann Rorschach (1884-1922). Le test est basé sur la supposition que les gens ont tendance à réagir devant des formes ambiguës en projetant leurs propres besoins sur ces formes. Par exemple, les réactions spécifiques suscitées par ces taches d'encre étranges devraient révéler quelques-uns des aspects les plus cachés de la personnalité de l'individu.

Rorschach a soumis de nombreuses taches d'encre à différentes personnes pendant dix ans. Il a sélectionné finalement dix taches qui lui semblaient provoquer les réponses les plus émotionnelles.

Les taches d'encre, dont certaines sont noires et grises, et d'autres colorées, sont imprimées sur cartes. On demande aux gens de regarder chacune des cartes et d'essayer de donner une signification à ces formes irrégulières. L'évaluateur recueille les réponses, trois ou quatre par carte, et les interprète selon une des diverses méthodes possibles.

Le test Rorschach semble fournir beaucoup d'explications au sujet de la personnalité de quelqu'un, surtout s'il s'insère dans une série d'autres tests. Cependant, il n'est pas un test entièrement valide ou fidèle. (Voir chapitre 8.) Puisqu'il n'existe aucune réponse juste ou précise, chaque examinateur peut interpréter les résultats différemment.

Fig. 10.2
Bien qu'il ne s'agisse pas d'une tache d'encre utilisée dans le test de Rorschach, elle est caractéristique de celles qui s'y retrouvent. Que voyez-vous dans cette tache?

Le test d'aperception thématique (T.A.T.)

Henry Murray a mis au point un test projectif lors duquel les sujets inventent des histoires autour d'un groupe d'images et sont censés, ainsi, révéler les caractéristiques de leur personnalité. Le **test d'aperception thématique (T.A.T.),** comme le test des taches d'encre, n'a pas de réponses justes ou précises. (Voir chapitre 5.)

On demande aux gens qui passent le T.A.T. d'expliquer ce qui a amené l'action telle que représentée sur l'image, de décrire l'action qui s'y passe et ce qui se produira après. Les histoires sont enregistrées, étudiées et interprétées. Les thèmes particuliers soulevés par les gens lorsqu'ils racontent l'histoire sont censés révéler leurs besoins, leurs émotions et les caractéristiques de leur personnalité.

Les études du T.A.T. ont révélé que ce test était utile pour détecter les sentiments d'agressivité, les besoins d'appartenance et de réalisation, et les sentiments d'hostilité qui existent chez les personnes de groupes minoritaires issus de ghettos. Mais, bien qu'il soit exact dans certains cas, le T.A.T., comme tout autre test projectif, est une mesure très subjective de la personnalité. La façon dont les tests sont analysés en dit souvent plus sur l'évaluateur que sur le sujet.

Les tests objectifs

Les tests objectifs, à la différence des tests subjectifs et projectifs, comportent des réponses vraies ou fausses, ou tout au moins des réponses qui peuvent être comparées à une certaine norme ou à certaines réponses d'un groupe de référence. À cause de cela, les résultats obtenus lors d'un test objectif ne peuvent guère être influencés par l'attitude de l'évaluateur vis-à-vis du sujet. Le test de Q.I. est un bon exemple d'un moyen de mesure de type assez objectif. Parmi les autres tests objectifs, on retrouve les deux suivants.

L'inventaire de personnalité multiphasique de Minnesota (I.P.M.M.)

L'**I.P.M.M.** est formé de 550 énoncés auxquels il faut répondre par «vrai», «faux» ou «je ne sais pas». Les énoncés couvrent 26 domaines, entre autres la vie de famille, les problèmes conjugaux, la vie sexuelle, la religion et les activités sociales. Le psychologue compare les réponses du sujet à celles d'un groupe dit «normal» et peut souvent découvrir dans lequel de ces 26 domaines le sujet est susceptible d'éprouver des difficultés.

L'I.P.M.M. a été mis au point par J.C. McKinley et R. Starke Hathaway de l'École de médecine de l'Université du Minnesota. Ils ont créé le test afin qu'il soit utilisé dans les établissements de soins psychiatriques. Au départ, il s'agissait de différencier les personnes bien adaptées de celles qui avaient certains troubles de la personnalité. Le test a donné de tels résultats qu'il est maintenant largement répandu afin d'évaluer la personnalité des gens; il n'est plus réservé aux établissements psychiatriques. On fait souvent passer l'I.P.M.M. aux étudiants, aux employés, dans l'armée. Le test est censé indiquer, selon le cas, quel genre d'étudiant la personne sera, quel type de travail lui conviendrait et si elle a besoin d'une aide psychiatrique quelconque.

Lorsqu'on demande à un certain type de gens de passer l'I.P.M.M., ce dernier s'avère être un outil fidèle pour l'évaluation de la personnalité. L'I.P.M.M., cependant, a été normalisé pour un groupe de gens du Minnesota. Par conséquent, les réponses normalisées ou normales ne sont pas nécessairement valides pour d'autres groupes. L'I.P.M.M. est quand même utilisé des centaines de fois par jour en Amérique du Nord, que ce soit par les éducateurs, les employeurs ou les psychologues, afin d'évaluer la personnalité des gens issus de différents milieux. Bien des gens s'opposent à une utilisation aussi répandue d'un test qui a été normalisé pour un petit groupe de personnes d'une seule ville.

Échelle de localisation du contrôle sur le destin (L.O.C., ou Locus of Personal Control Scale)

Le psychologue Julian Rotter croit que les gens peuvent être catégorisés selon le niveau de contrôle individuel qu'ils pensent avoir sur leur propre destin. Ceux que Rotter appelle les **extéroceptifs** ont tendance à croire que leur vie est contrôlée par des forces extérieures, telles que Dieu, la nature ou le hasard. Et les **intéroceptifs** semblent localiser le contrôle de leur destin à l'intérieur d'eux-mêmes. C'est-à-dire qu'ils croient avoir un certain effet sur ce qui leur arrive et pouvoir atteindre l'actualisation de soi s'ils y travaillent suffisamment. Rotter a établi un test, le L.O.C.; on y retrouve 20 questions ou plus de ce genre: «Croyez-vous que votre vie est fortement influencée par des forces sur lesquelles vous n'avez aucun contrôle?». Selon les réponses de la personne, Rotter peut placer l'individu quelque part sur une échelle de localisation dont les deux extrêmes sont l'extéroceptif et l'intéroceptif.

Quoique Rotter ait pensé tout d'abord que la localisation du contrôle individuel était un trait plutôt général, des recherches récentes affirment qu'il n'en est pas ainsi. Certaines gens sont intéroceptifs lorsqu'il s'agit de leur propre vie personnelle, et seront extéroceptifs au travail. Ces gens savent comment se comporter avec les autres dans un certain contexte social, mais ils sentent qu'ils n'ont pas ou presque pas d'influence sur ce qui leur arrive dans l'entreprise pour laquelle ils travaillent.

Lors d'une récente étude à l'Université du Michigan, la psychologue Carolyn Mills a constaté que les personnes qui étaient extéroceptives au travail semblaient moins bien tirer parti de la formation qui leur était dispensée que les personnes intéroceptives. Cependant, lorsqu'elle a fourni un entraînement spécial aux extéroceptifs et leur a appris comment avoir plus de poids dans l'entreprise pour laquelle ils travaillaient, plusieurs d'entre eux se sont classés à l'extrémité intéroceptive de l'échelle de localisation du contrôle en situation de travail de Mills.

L'ÉTHIQUE DE L'ÉVALUATION

Plusieurs objections morales peuvent être soulevées contre l'utilisation des tests de personnalité. En premier lieu, les tests de personnalité sont, en général, encore moins fidèles et moins valides que les tests d'intelligence. (Voir chapitre 8.) Ainsi, aucun test n'a pu jusqu'à aujourd'hui être préparé de telle sorte qu'il fournisse une image réelle de la personnalité de tout individu.

Bien que les tests de personnalité soient fréquemment utilisés dans le milieu scolaire et dans le milieu des affaires, ils peuvent constituer ce que les gens considèrent comme une violation de la vie privée. Ces tests posent souvent des questions au sujet des habitudes sexuelles, des croyances religieuses et politiques, et de plusieurs autres pensées ou comportements intimes. Bien des gens croient que les éducateurs et les employeurs n'ont aucun droit d'obtenir de telles informations.

En plus, lorsque mal utilisés, les tests de personnalité peuvent devenir des outils de discrimination. La majorité des tests à large distribution, comme l'I.P.M.M., sont normalisés d'après les attitudes et les valeurs des blancs de la classe moyenne américaine. Ils ne peuvent donc évaluer avec justesse la personnalité et le potentiel réels de la plupart des noirs ou des autres membres de groupes minoritaires. Par conséquent, lorsque blancs et noirs passent le test, les blancs obtiendront presque toujours de meilleurs résultats. Si le test est utilisé pour trier les candidats à un certain poste, les blancs auront généralement plus de chances d'être choisis que les noirs.

On arrivera peut-être un jour à mettre au point un test de personnalité vraiment valide et fidèle. En attendant, les tests qui existent devraient être utilisés avec précaution, et ne devraient être administrés et interprétés que par des experts qui sont conscients des limites de ces instruments de mesure.

Un noir à l'ombre

Eldridge Cleaver est un intéroceptif optimiste. Il analyse sa propre personnalité, détermine ce qu'il est et décide qu'il a un certain contrôle sur ce qu'il veut devenir. Se servant de sa propre théorie de la personnalité, il entreprend de faire quelques changements. Il change les uns après les autres ses programmes internes et s'engage sur la route conduisant à l'actualisation de soi, plein d'espoir. Mais la route est longue. Recherché par la police, Cleaver quitte les États-Unis en 1968. Après avoir vécu à Cuba, en Algérie et en France, il abandonne finalement et rentre aux États-Unis en 1975. Entre-temps,

TABLEAU 10.2
Les tests de personnalité

TYPE	TEST	DESCRIPTION
Subjectif Analyse les expériences intérieures; doit être interprété par un psychologue; approprié pour les théories psychodynamiques de la personnalité et les théories du développement de la personnalité.	1. Rorschach	Mis au point par Hermann Rorschach. Les sujets regardent des taches d'encre et décrivent ce que cela représente pour eux; pas totalement fidèle ou valide.
	2. Test d'aperception thématique (T.A.T.)	Mis au point par Henry Murray. Les sujets regardent un ensemble d'images et bâtissent une histoire autour d'elles; très subjectif; l'interprétation dépend énormément de l'évaluateur.
Objectif Analyse les comportements visibles; les résultats doivent être comparés à ceux d'un groupe de référence; approprié pour les théories de l'apprentissage social.	1. Inventaire de personnalité multiphasique du Minnesota (I.P.M.M.)	Mis au point par J.C. McKinley et S.R. Hathaway. Comporte 550 énoncés auxquels il faut répondre par «vrai», «faux» ou «je ne sais pas»; fait la distinction entre les gens bien adaptés et ceux qui souffrent de troubles de la personnalité; pas entièrement fidèle parce qu'il a été normalisé à partir d'un groupe de personnes du Minnesota.
	2. Échelle de localisation du contrôle sur le destin (L.O.C.)	Mis au point par Julian Rotter. Comporte 20 questions ou plus devant déterminer à quel point le sujet a le sentiment d'avoir un certain contrôle sur sa propre destinée. La localisation du contrôle n'est pas un trait général: certaines gens sont extéroceptifs dans certaines situations et intéroceptifs dans d'autres.

Cleaver a beaucoup changé. Il parle de lui-même comme d'un chrétien qui a recouvré la foi; en 1977, il fait de la publicité télévisée au nom du Christ.

L'amélioration et l'actualisation de soi ne sont pas réservées à quelques personnes comme Eldridge Cleaver. Alors qu'il est toujours en prison, Cleaver commence à remarquer que nombre de jeunes blancs s'enrôlent dans la lutte des noirs pour les droits de l'homme, et que les blancs marchent et s'assoient aux côtés des noirs dans les manifestations organisées aux États-Unis. Si je peux changer, se dit Cleaver, et si les jeunes blancs le peuvent aussi, alors il y a de l'espoir pour la société américaine.

Et pour chacun, l'espoir et le changement commencent lorsqu'on répond à ces questions:

Qui suis-je?
D'où est-ce que je viens?
Où suis-je?
Où est-ce que je vais?

RÉSUMÉ

1. Qui suis-je? D'où est-ce que je viens? Où suis-je actuellement? Où est-ce que je vais? Eldridge Cleaver s'est posé ces questions, n'en a pas aimé les réponses et a décidé de faire quelques changements. En d'autres mots, il a décidé de changer sa personnalité et c'est ce qu'il raconte dans Un noir à l'ombre. Comme nous avons pu le remarquer au cours de ce chapitre, un changement de personnalité est possible, mais il faut se connaître soi-même, comprendre sa personnalité avant de pouvoir devenir autre.
*2. Les théories de la personnalité les plus populaires peuvent être divisées en trois catégories: les **théories des types,** les **théories des traits** et les **théories de l'apprentissage social.** Elles s'appuient respectivement sur les informations d'entrée et de sortie biologiques, cognitives et sociales. Mais toute personnalité humaine est le résultat d'un mélange complexe de ces trois types d'informations d'entrée. Par conséquent, si nous voulons comprendre notre personnalité, nous devons tenir compte des trois types de théories de la personnalité à la fois.*
*3. Le type physique d'une personne a souvent été relié à la personnalité. Kretschmer croyait que les hormones influençaient la forme du corps et la personnalité, et il a élaboré une théorie de la **morphologie** basée sur trois types de corps. Sheldon a approfondi sa thèse, et a identifié trois types fondamentaux: l'**endomorphe,** le **mésomorphe** et l'**ectomorphe**, et sept degrés à l'intérieur de chacun de ces types. Il a essayé par la suite de rapprocher les combinaisons des caractéristiques de la personnalité et certains types de corps. La biologie et les gènes, c'est un fait, jouent un rôle important dans le développement de la personnalité, mais les théories des types sont incomplètes. Plusieurs personnes ne concordent pas avec les*

catégories décrites et même si quelqu'un répond à une catégorie donnée, il n'en a pas pour autant les caractéristiques de personnalité présupposées.

4. Malgré les difficultés que nous avons à mesurer les traits psychologiques ou cognitifs, toute une gamme de théories de la personnalité se basent sur la croyance que la personnalité humaine est déterminée par un nombre limité de traits mentaux. Les traits décrits par ces théories sont importants, et les connaître peut aider à prédire comment une personne répondra à tel ou tel stimulus. Mais les traits cognitifs sont beaucoup moins immuables que ce que l'on a déjà pu croire.

5. Étant donné que les traits ne sont pas immuables et que la personnalité peut changer radicalement, on a proposé des théories qui visaient à tenir compte de ces changements. Les **théories psychodynamiques** mettent l'accent sur les fonctions ou sur les processus internes qui président au développement et au changement de la personnalité. La théorie psychodynamique la plus connue est celle de Sigmund Freud.

6. Freud a expliqué la personnalité en termes de tension, c'est-à-dire d'accumulation, de blocage et de libération de l'énergie psychologique engendrée par la **libido**. Au fur et à mesure que la personnalité se développe, dit Freud, l'énergie libidinale se libère à travers les activités du **ça**, du **moi**, puis du **sur-moi**, les trois composantes de la personnalité humaine. Au début, l'organisme est guidé par le **principe du plaisir** et, par la suite, il en vient à suivre le **principe de la réalité.**

7. Freud a décrit plusieurs des comportements ou traits de personnalité caractéristiques qu'il a observés chez ses patients comme des manières de se défendre contre l'anxiété que provoquait un conflit quant aux manières dont l'énergie libidinale devait être libérée. Les **mécanismes de défense** comprennent le **refoulement**, la **fixation**, la **régression,** la **formation réactionnelle**, la **projection**, le **déplacement** et la **sublimation.**

8. Freud a essayé de soigner des problèmes émotionnels ou de faire changer des pensées et des comportements étranges en aidant ses patients à libérer l'énergie accumulée. L'action qui consiste à libérer cette énergie s'appelle **catharsis**. En amenant les patients à parler de leurs problèmes et des expériences passées qui pouvaient être à la source de ces derniers, Freud pouvait bien souvent provoquer une catharsis. Le procédé par lequel on examine les expériences passées et les problèmes présents s'appelle la **psychanalyse**.

9. D'après la théorie de l'apprentissage social, la plupart des gens peuvent s'améliorer sur les plans physique, cognitif et social. Ce désir d'amélioration est appelé désir d'**actualisation de soi**. Les psychologues qui s'y intéressent sont les **humanistes**. Les humanistes comme Carl Rogers et Abraham Maslow soulignent qu'il est important de comprendre le moi réel. Maslow a proposé une **hiérarchie des besoins** où l'on retrouve au départ les besoins fondamentaux, puis à un niveau supérieur les besoins **supra-immédiats**.

10. Il y a deux manières fondamentales de mesurer ou d'évaluer la personnalité: l'évaluation subjective et l'évaluation objective. Les **tests subjectifs,** ou **test projectifs**, tels le **Rorschach** ou le **test d'aperception thématique (T.A.T.),** permettent à la personne d'exprimer ses pensées, ses *sentiments et ses émotions. Les psychologues interprètent ensuite les réponses des sujets. Les **tests objectifs**, comme l'**inventaire de personnalité multiphasique de Minnesota (I.P.M.M.)** et l'**échelle de localisation du contrôle sur le destin (L.O.C.)** demandent des réponses précises, vraies ou fausses, qui sont comparées aux réponses d'un groupe de référence. Puisqu'aucun de ces tests n'est entièrement valide ou fidèle, ceux-ci et les informations qu'ils fournissent ne devraient être placés qu'entre les mains d'experts conscients des limites de ces instruments de mesure.*

guide d'étude

A. RÉVISION

Compléter les phrases suivantes:

1. L'intuition la plus perspicace qu'a eue Eldridge Cleaver est peut-être qu'il était possible de _____ la personnalité.

2. La personnalité est votre _____ manière de vous _____ à l'environnement.

3. Les théories de la personnalité qui croient que les processus biologiques sont les plus importants sont souvent appelées théories des _____.

4. La _____ est une pseudo-science qui interprète les creux et les bosses du crâne des gens.

5. Un _____ est une croyance ou une caractéristique simpliste qui est censée s'appliquer à tous les membres d'un groupe donné.

6. La première théorie sérieuse au sujet des types physiques a été énoncée par _____ et avait de grosses lacunes.

7. Le type de corps de l'_____, selon Sheldon, se caractérise par une allure douce, ronde, grasse et des muscles sous-développés.

8. Chacun des types physiques décrits par Sheldon est subdivisé en_____ degrés.

9. Les informations d'entrée _____ et _____, en plus des gènes, pourraient expliquer la raison pour laquelle il existe parfois une corrélation entre la personnalité et le type physique.

10. Les caractéristiques stables et uniques de la personnalité sont parfois appelées _____.

11. Allport a nommé les caractéristiques de personnalité qui se retrouvent chez beaucoup de gens les traits _____.

12. Le trait unique le plus important qui influence une personne est ce que Allport appelle un trait _____.

13. La présence ou l'absence de la plupart des traits dépend souvent de _____.

14. Au lieu de s'attacher à la structure de la personnalité, les théories psycho-dynamiques se concentrent sur les _____ de la personnalité.

15. Pour Freud, la _____ crée la force de vie ou l'énergie qui garde l'esprit alerte.

16. Le ça suit le principe du _____ ; le moi suit celui de la _____.

17. Le sur-moi se développe probablement pendant le stade _____ de développement.

18. La plupart des comportements sexuels sont refoulés ou inhibés pendant la période _____ du développement.

19. Les façons de réduire l'anxiété sont ce que Freud appelle les _____ _____.

20. La _____ se caractérise par un retour vers un stade de développement antérieur, plus primitif.

21. L'action qui consiste à revivre une expérience émotionnelle et à libérer l'énergie libidinale emmagasinée depuis s'appelle _____.

22. La technique thérapeutique freudienne est la _____.

23. L'envie de s'améliorer est appelée le désir d' _____.

24. Les deux psychologues qu'on associe à la psychologie humaniste sont Carl _____ et Abraham _____.

25. Le moi qu'une personne veut devenir est ce que Rogers appelle le moi _____.

26. Le test _____ et le _____ sont des exemples d'une évaluation subjective de la personnalité.

27. Les tests de personnalité subjectifs sont souvent appelés tests _____.

28. Le T.A.T. a été mis au point par _____.

29. L'I.P.M.M. comprend _____ énoncés couvrant _____ domaines différents.

30. Le L.O.C. caractérise les gens selon qu'ils sont _____ ou _____ _____.

31. Selon le test de Rotter, Eldridge Cleaver serait classé dans la catégorie des _____.

B. VÉRIFICATION DES CONNAISSANCES

Encercler la bonne réponse (A, B, C ou D):

1. Eldridge Cleaver:
   A. rejetait la faute de tous ses problèmes sur ses gènes.
   B. a élaboré une théorie de la personnalité pour les noirs.
   C. était un intéroceptif.
   D. A, B et C à la fois.

2. Les théories de la personnalité qui tentent d'associer les caractéristiques physiques à la personnalité sont les théories:
   A. des types.
   B. des traits.
   C. de l'apprentissage social.
   D. humanistes.

3. Sheldon aurait classé un type athlétique osseux avec des muscles puissants parmi les:
   A. endomorphes.
   B. ectomorphes.
   C. mésomorphes.
   D. psychomorphes.

4. Selon Allport, un trait principal qui guide la personne pendant toute sa vie est un trait:
   A. commun.
   B. fondamental.
   C. individuel.
   D. central.

5. Quelle réponse respecte l'ordre des stades freudiens du développement de la personnalité?
   A. oral, anal, phallique, génital
   B. anal, phallique, génital, oral
   C. phallique, génital, anal, oral
   D. génital, oral, phallique, anal

6. La libération de l'énergie psychique qui peut accompagner une expérience émotionnelle «revécue» est ce que Freud appelle:
   A. le principe du plaisir.
   B. le principe de la réalité.
   C. la libido.
   D. la catharsis.

7. Lequel de ces mécanismes de défense est utilisé par la personne qui s'arrête à un niveau de développement de peur d'affronter le suivant?
   A. la répression
   B. la fixation
   C. la formation réactionnelle
   D. le déplacement

8. Lorsque nous attribuons aux autres des caractéristiques que nous possédons, mais que nous ne pouvons pas supporter, nous:
   A. régressons.
   B. projetons.
   C. déplaçons.
   D. sublimons.

9. Lequel estimerait que le changement de personnalité est sous le contrôle de la personne?
   A. Sheldon
   B. Allport
   C. Kretschmer
   D. Rogers

10. Lequel des tests suivants demande au sujet de raconter une histoire à partir d'images ambiguës?

A. le T.A.T.
B. l'I.P.M.M.
C. l'A.G.C.T.
D. le L.O.C.

L'évaluation psychologique: l'I.P.M.M. est contesté

En 1937, la thérapie par choc insulinique devenait une forme populaire de traitement de certains types de troubles mentaux. Cependant, certaines cliniques affirmaient qu'un tel traitement était inefficace. J.C. McKinley et Starke R. Hathaway de l'École de médecine de l'Université du Minnesota ont cru que la différence d'efficacité obtenue était reliée au fait que les traitements à l'insuline varient d'une clinique à l'autre. L'évaluation de la maladie mentale de la personne et de sa gravité était basée sur un jugement professionnel qui pouvait être différent selon la formation et les antécédents du psychiatre. Pour résoudre ce problème, on a mis au point un test de personnalité, l'Inventaire de personnalité multiphasique du Minnesota (I.P.M. M.)

On a tiré une série de données (phrases) d'études de cas dans des livres de psychiatrie et de psychologie clinique. La personne qui passait le test devait répondre par «vrai» ou «faux» à chacun des énoncés; les réponses étaient utilisées pour détecter les symptômes et la gravité de troubles mentaux. Après que les énoncés aient été sélectionnés, le test a été normalisé d'après les réponses d'une tranche d'adultes bien adaptés du Minnesota. Ceux-ci étaient représentatifs de tous les niveaux socio-

économiques et de tous les niveaux d'éducation qu'on trouvait dans cet État.

Le test devait à l'origine servir d'outil de diagnostic pour les patients atteints de troubles mentaux. Mais à cause de sa simplicité et de sa possibilité d'indiquer les types de personnalité, l'I.P.M.M. s'est étoffé jusqu'à comprendre 550 énoncés et est devenu un test utilisé un peu partout au monde. Il est employé pour tester des candidats à l'admission dans les universités, des étudiants du collégial et des personnes qui font une demande d'emploi. Si le test indique que la personnalité du postulant n'est pas adéquate pour le travail, l'employé et l'employeur peuvent tous deux être protégés.

Mais il y a dix ans, une enquête du Congrès américain a fait ressortir que le gouvernement fédéral de nos voisins du sud utilisait abondamment l'I.P.M.M. pour sélectionner les postulants aux emplois dans la fonction publique. À la suite de cette enquête, la Commission de la fonction publique a émis un changement de politique interdisant les tests du genre sauf sous surveillance médicale. Le Département du travail et le Département d'État ont emboîté le pas, et le Peace Corps a ordonné que soient détruits ses dossiers contenant les feuilles de réponses à ce test. Le Peace Corps a continué d'utiliser ce test, mais en a changé les instructions, permettant au candidat de ne pas répondre à toute question lui semblant offensante. Les comités du gouvernement ont estimé qu'il y avait violation de la vie privée parce que les questions des tests sondaient les positions politiques et religieuses sans que la personne en ait été bien informée et qu'il y ait eu consentement volontaire.

Ralph M. Dreger, psychologue à l'Université d'État de la Louisiane à Bâton-Rouge, a ensuite soutenu que ni le gouvernement, ni les organismes gouvernementaux n'avaient le droit de poser de telles questions, que les personnes donnent ou non un consentement volontaire et soient bien informées. «C'est l'une des raisons pour lesquelles, dit-il, outre les considérations d'ordre technique (qui sont en rapport avec les évaluateurs trop souvent inaptes), je me suis depuis longtemps opposé à l'utilisation de l'I.P.M.M. dans les méthodes de sélection du gouvernement et ce, bien avant que le Congrès et les tribunaux n'aient été saisis de la question.»

Mais Dreger ne s'en tient pas à cela. Il croit que même en dehors du gouvernement, une personne n'a pas nécessairement le droit d'évaluer la personnalité des autres. Un médecin de famille n'ayant aucune formation en psychologie peut faire passer le test, et obtenir d'un ordinateur une lecture des résultats. Dreger soutient que ce genre de test n'a plus aucune utilité s'il se retrouve entre les mains d'une personne qui n'a pas la compétence voulue pour l'analyser.

Pour être compétent, dit Dreger, l'évaluateur doit s'être familiarisé avec plusieurs douzaines de va-riables. Parmi celles-ci nous comptons les but sociaux et culturels, incluant les idéologies; les structures et les buts de la collectivité; la localisation géographique; le statut socio-économique; les attitudes et les pratiques sur le plan de l'éducation des enfants; la structure familiale, les situations, les rôles et les attentes sur le plan des rôles; le patrimoine génétique; la notion de soi et les attitudes à cet égard, en particulier l'estime de soi; les niveaux des aspirations, réels et exprimés; les possibilités d'exprimer son individualité, notamment dans le domaine professionnel; les relations avec les pairs; enfin, le type de bagage cognitif.

Il considère que toutes ces choses sont nécessaires lorsqu'on évalue une personnalité, quelle qu'elle soit, et surtout lorsque l'on travaille auprès d'une minorité. Dreger s'intéresse surtout à l'utilisation des tests de personnalité auprès des populations minoritaires. «Une recherche où les résultats d'un groupe de noirs seraient comparés à ceux de l'échantillon de blancs du Minnesota, affirme-t-il, nous porterait à croire que la majorité des gens de race noire sont schizophrènes et maniaco-dépressifs.»

Dans leur étude intitulée **Comparative Studies of Blacks and Whites in the United States** (Seminar Press 1972), Dreger et Kent S. Miller, de l'Université d'État de la Floride, ont évalué une grande partie des recherches récentes à propos des races. Dans une section consacrée à l'I.P.M.M., Dreger cite les travaux de Malcolm Cynther à l'Université de Saint-Louis et appuie la suggestion de ce dernier voulant que certaines parties de l'I.P.M.M. soient normalisées pour les noirs, de la même façon qu'elles l'ont été au départ pour les blancs. Dreger dit que même les cliniciens qui sont compétents sur bien d'autres aspects du test ne comprennent pas toujours les biais culturels présents dans l'I.P.M.M.

C'est la corporation des psychologues de New-York qui publie l'I.P.M.M. James H. Ricks, l'un des responsables du test au sein de la corporation, reconnaît que la normalisation du test pour les noirs est une suggestion légitime. Mais, dit-il, le test pourrait aussi être normalisé pour presque n'importe quel sous-groupe du pays. «Il serait possible de repartir à zéro pour tenir compte des applications particulières, affirme-t-il, mais l'une des caractéristiques de l'I.P.M.M. est qu'il est un outil solide ou robuste qui a fait ses preuves dans le traitement de différents groupes, et sur un nom-bre appréciable d'années.» Selon lui, l'outil étant empirique, il ne dépend d'aucune opinion. Le but fondamental de ce test est d'aider la personne. S'il arrive que cette personne soit membre d'un groupe minoritaire, sa situation particulière et ses antécédents devraient être pris en considération, Ricks admet-il. Et sur le plan de la violation de la vie privée, il signale qu'une personne n'est pas obligée de répondre à toutes les questions.

En dépit de cela, Dreger soulève une objection philosophique. À son avis, personne n'a le droit d'évaluer la personnalité des autres. Il croit que si l'évaluateur considère la personne qu'il analyse en tant que personne et non en tant que cas, et si cet évaluateur est compétent, il peut avoir le privilège d'essayer d'évaluer la personnalité des autres; mais il n'en a pas pour autant le droit.

C. À PROPOS DE L'ARTICLE...

1. Bien que l'I.P.M.M. ait été utilisé à diverses fins, quel était son but original? ____

____

2. En plus de la violation de la vie privée, quelle est l'objection majeure que soulève Dreger contre l'utilisation sans discernement de l'I.P.M.M.? ____

____

3. Pourquoi l'I.P.M.M. pourrait-il ne pas convenir aux noirs, et qu'est-ce qui pourrait être fait à cet égard? ____

____

SUGGESTIONS DE LECTURES

Allport, G., Feifel, H., Maslow, A., May, R., Rogers, C.R., *Psychologie existentielle,* Épi, Paris, 1971.

Cleaver, E., *Un noir à l'ombre,* Seuil, Paris, 1972.

Freud, S., *Cinq leçons sur la psychanalyse,* Petite bibliothèque Payot, Paris, 1966.

Rogers, C.R., *Le développement de la personne,* Dunod, Paris, 1968.

En anglais

Hall, C.S., Lindzey, G., *Theories of Personality,* 2e édition, Wiley, New York, 1970.

Maddi, S.R., *Personality theories: a comparative analysis,* Dorsey, Homewood (Illinois), 1968.

11

l'adaptation personnelle

Le monde se modifie sans cesse, et nous devons apprendre à nous a-dapter à des conditions variées. Nous devons faire face et nous adapter aux changements qui se produisent dans l'environnement physique, dans la société et dans nos propres processus internes. Les personnes bien adaptées sont celles qui sont le mieux capables de tenir compte de ces trois réalités en constante évolution: les réalités physique, sociale et cognitive.

Après avoir étudié ce chapitre, vous pourrez:

- Discuter des effets de l'environnement physique sur l'adaptation personnelle et décrire les intéroceptifs et les extéroceptifs;

- Définir la rétroaction biologique et comparer cette technique à la méditation;

- Définir le reflet et fournir un exemple;

- Décrire les expériences de Asch sur les pressions de groupe et la conformité;

- Discuter de la relation entre un conflit et le stress, en vous aidant de la description des quatres types de conflit de Lewin et des trois phases de réaction au stress de Selye;

- Dresser une liste et donner des exemples des manières possibles de faire face à des situations stressantes, y compris la «confrontation directe».

glossaire

Agression. Attaque soudaine non provoquée, ou toute forme de comportement hostile.

Antenne. Organe allongé et mobile situé sur la tête des insectes et des crustacés, ou conducteur métallique qui permet d'émettre et de recevoir des signaux. L'antenne sert habituellement à capter des informations d'entrée spécifiques.

Anxiété. Inquiétude ou peur diffuse qui n'a souvent pas de point de mire particulier.

Cécité hystérique. Cécité dont les causes sont plutôt psychologiques que physiques. Afin d'éviter de voir quelque chose qui fait peur ou qui est terriblement désagréable, l'esprit peut «bloquer» tout stimulus visuel, de sorte que la personne ne voit plus rien.

Compère. Dans les recherches psychologiques, un compère est quelqu'un dont la tâche consiste à prétendre qu'il ou elle est un «vrai» sujet. En fait, le compère répond uniquement en fonction des consignes qu'il a reçues de l'expérimentateur.

Conflit. Bataille, lutte ou combat entre deux forces ou plus. Également, lutte mentale ou morale occasionnée par des désirs ou des buts incompatibles. Dans un *conflit approche-approche*, vous êtes déchiré entre deux buts agréables ou renforçants. Dans un *conflit approche-évitement*, vous ne pouvez atteindre un but renforçant sans courir le risque de conséquences désagréables que vous voulez éviter. Dans un *conflit évitement-évitement*, vous êtes contraint de choisir entre deux buts ou lignes de conduite désagréables. La plupart des conflits sont du type «*double approche-évitement*» où, peu importe le but que vous choisissez, vous y ferez à la fois l'expérience de récompenses et de punitions.

Confrontation directe. Action de s'adapter au monde ou d'affronter directement les défis qu'il présente. Action de modifier ses buts, ses sentiments ou ses comportements en fonction des exigences de la réalité.

Curare. Drogue paralysante que produisent naturellement plusieurs plantes d'Amérique du Sud.

Déplacement. Un des mécanismes de défense freudiens. Si votre patron vous critique, il est possible que vous ne puissiez pas lui exprimer votre colère sans risquer de perdre votre emploi. En rentrant chez vous, vous donnez plutôt un coup de pied au

chat. Votre colère s'est alors déplacée de votre patron au chat.

Dépression. Contraire d'excitation; cafard. La dépression s'accompagne souvent de sentiments de tristesse ou de chagrin, d'un certain désespoir, d'incertitude, de repli sur soi et d'un ralentissement considérable des activités.

Électrodes. Corps conducteurs (généralement, ce sont des pièces métalliques que l'on place sur la peau ou directement à l'intérieur d'une cellule nerveuse) qui servent à détecter une activité électrique, habituellement dans le cerveau.

Extéroceptifs. D'après le psychologue Julian Rotter, personnes qui ont tendance à voir leur vie comme relevant de forces extérieures sur lesquelles elles ont peu ou pas d'influence.

Faire face. «Réagir efficacement devant une difficulté». Accepter des risques, des responsabilités.

Fixation. Un des nombreux mécanismes de défense freudiens. D'après Freud, si les besoins d'un enfant ne sont pas satisfaits, le développement de sa personnalité risque de s'arrêter ou de rester fixé avant que sa maturation ne soit complète.

Formation réactionnelle. Mécanisme de défense freudien analogue à la projection, et dans lequel la personne fait exactement le contraire de ce qu'elle sent. La haine devient de l'amour, et vice versa.

Frustration. Du latin *frustrare*, «faire quelque chose en vain». Tout ce qui empêche d'atteindre un but risque d'éveiller des sentiments de frustration et des conflits.

Intéroceptifs. D'après le psychologue Julian Rotter, personnes qui considèrent leurs actions comme relevant de leur propre contrôle interne.

Impuissance (apprentissage à l'). Comportement que Seligman a étudié en profondeur et qui se caractérise par le fait que l'organisme réagit à la frustration ou à la douleur en refusant de faire face à ses problèmes autrement qu'en étant passif et en ne faisant rien.

Mantra. Son ou formule inlassablement répété dans le for intérieur lors d'une méditation.

Migraine. Du grec, *hêmi*, «moitié» et *kranion*, «crâne». Mal de tête périodique souvent extrêmement douloureux, mais qui n'affecte généralement qu'un côté de la tête.

Modèle (apprentissage par). Un modèle est une personne ou un objet idéalisé. Lorsque vous vous comportez de la manière dont vous voulez que les autres se comportent, vous servez de modèle pour leur comportement. On peut ramener l'apprentissage social par modèle à la règle suivante: «Ne fais pas à autrui ce que tu ne voudrais pas qu'on te fasse».

Nirvāna. Dans la langue sacrée des brahmanes, le sanskrit, il signifie «évasion de la douleur». Dans l'usage moderne, le nirvāna est un état de liberté caractérisé par l'absence de désirs, de passions et d'illusions et la possession de la paix, de la vérité et de l'immuabilité de l'être.

Phase d'épuisement. Troisième phase de la réponse au stress de Selye. À ce stade, l'organisme est souvent tellement fatigué et vidé de ses ressources énergétiques qu'il devient souvent très déprimé et renonce tout simplement à lutter.

Phase de résistance. Deuxième de trois phases de réponse au stress de Selye, au cours de laquelle le corps tente de réparer les dommages qui lui ont été infligés tout en se maintenant en excitation et en activité.

Projection. Un des nombreux mécanismes de défense freudiens. Si vous avez des désirs et des sentiments que vous percevez comme inacceptables, il est possible que vous imputiez ces sentiments à d'autres personnes.

Réaction d'alarme. Première de trois phases de réponse au stress de Selye, au cours de laquelle l'organisme mobilise ses ressources pour faire face à une attaque quelconque.

Réaction défensive. Action de s'adapter au monde ou à ses propres problèmes principalement en niant leur existence, ou en refusant de faire face aux problèmes qui surgissent dans l'espoir qu'ils disparaîtront d'eux-mêmes.

Régression. Mécanisme de défense freudien par suite duquel une personne qui a déjà atteint un niveau d'adaptation psychosexuelle plus avancé revient à une manière plus primitive et infantile de penser et d'agir.

Rétroaction biologique. Rétroaction signifie «information d'entrée qui vous renseigne sur votre rendement». La rétroaction biologique est une information d'entrée qui vous renseigne sur le rendement des processus de votre propre corps. Lorsque vous avez cette information en main (souvent à l'aide d'un EEG ou appareil qui enregistre les «ondes du cerveau»), il est souvent possible de parvenir à une maîtrise volontaire des processus corporels que vous mesurez. On désigne souvent la rétroaction biologique par son nom anglais: «biofeedback».

Stress. Terme d'origine anglaise; forme abrégée de «détresse». Être stressé équivaut à être sous l'influence d'agents agresseurs externes qui font pression sur vous ou vous créent des tensions contre votre volonté.

Traumatiser. Du grec *traumatizein*, «blesser». Traumatiser quelqu'un consiste à le blesser, soit physiquement, soit psychologiquement.

Yoga. Discipline de maîtrise du corps et de l'esprit qui se pratique surtout chez les hindous en Inde, et qui consiste à diriger son attention sur un objet et à identifier sa conscience à cet objet. Dans certains cas, «l'objet» fait partie du corps propre de la personne; dans d'autres cas, «l'objet» est Dieu.

Yogi. Personne qui pratique le yoga.

INTRODUCTION:
SIDDHARTHA

C'était un joueur, un habile marchand, il aimait le bon vin qui rend paresseux et, pendant vingt ans, on pouvait le voir presque chaque jour en compagnie d'une courtisane ou d'une prostituée célèbre. Par moments, il était égoïste et cupide, vaniteux et paresseux, chiche et insensible, arrogant et prétentieux. Et pourtant, il est devenu l'un des hommes les plus respectés de la terre. On l'appelait le Sublime, le Très Vénérable, le Sage, le Maître, le Bouddha. Il s'agit de Gautama Siddhartha, le philosophe indien qui a fondé le bouddhisme environ 500 ans avant l'avènement du Christ.

L'histoire de la recherche fructueuse de la perfection humaine par le Bouddha nous est racontée dans *Siddhartha*, un roman de l'auteur allemand Hermann Hesse.

Enfant, Siddhartha est le fils parfait. Il est intelligent, docile, studieux et d'un physique beau, robuste et gracieux. Il pourrait répondre au désir de ses parents et devenir prêtre, mais il a ses aspirations propres. Il ne sait pas encore ce qu'il veut, mais il sait que les desseins de ses parents ne sont pas les siens. Il quitte donc la maison paternelle, fait don de ses vêtements et de ses possessions et va rejoindre un groupe d'ascètes. Pendant trois ans, il vit dans le désert, mendie sa nourriture et pratique le jeûne et la méditation. Il néglige tous ses besoins physiques et affectifs dans le but de trouver une réalité spirituelle qui lui soit propre.

Siddhartha apprend beaucoup dans le désert, mais il n'y apprend pas tout ce qu'il veut savoir. Il sent que, quelque part dans le monde, il trouvera sa place, mais que ce n'est pas dans le désert. La quête de Siddhartha le conduit alors vers la ville, où il devient un marchand riche et puissant. Ses vêtements sont raffinés et il a des serviteurs à son service. Faisant le contraire de ce qu'il avait fait dans le désert, il comble tous ses besoins physiques et affectifs, parfois même à l'excès. Il trouve agréable la vie du monde et les plaisirs de la chair. Pendant 20 ans, Siddhartha se cherche lui-même à travers moultes expériences et maints plaisirs physiques et sociaux. Mais il n'est pas encore heureux. Il éprouve toujours un manque dans sa vie.

À l'âge de 40 ans, Siddhartha quitte la ville et se met à marcher jusqu'à ce qu'il parvienne à un fleuve. Au désespoir, il s'assoit et songe au suicide. Depuis son départ de la maison familiale, il a cherché sans cesse, mais n'a pas trouvé ce qu'il voulait. Du désert à la ville, il a accumulé toute une gamme d'expériences; il en est au point où il ne croit tout simplement plus qu'il y a une place pour lui dans la vie. Il n'a plus de raison de vivre.

Comme Siddhartha se penche un peu plus au-dessus du fleuve pour se laisser tomber dans le gouffre et disparaître, un mot lui revient en mémoire: *Om*, le mot sacré qu'il s'est répété à maintes reprises lorsqu'il méditait. *Om* veut dire «Perfection». En cet instant, Siddhartha comprend que le sens de la vie se trouve dans la perfection. Sa religion lui a enseigné que les gens qui n'atteignent pas la perfection renaissent; ils doivent revivre une autre vie et continuer leur recherche de la perfection. Et le cycle recommence encore et encore. Ce n'est qu'au moment où ils auront atteint la perfection humaine qu'ils pourront mourir et atteindre le **Nirvāna**, ou le bonheur absolu. Le suicide n'a plus aucun sens. Siddhartha sait dorénavant qu'il lui faut atteindre la perfection.

Pendant 20 ans, il demeure auprès du fleuve à réfléchir sur le sens de sa vie et de la vraie perfection. Au cours de cette période, Siddhartha gagne sa vie en faisant traverser les gens d'un côté à l'autre du fleuve, mais la plupart du temps, il s'assoit et réfléchit, et il contemple le fleuve. Or, le fleuve finit par lui enseigner quelque chose. Il lui enseigne que la vie n'est pas qu'une accumulation d'expériences: la vie, comme un fleuve, est une expérience continue, coulante et unifiée. La vie, en vient-il à croire, est intemporelle. Elle n'est pas que la somme des expériences passées et des projets d'avenir. La vie coule et coule, et elle continue pourtant d'exister. Elle est toujours semblable et pourtant, chaque moment est nouveau. Seul le présent existe pour le fleuve, mais le présent contient tout le passé et tout l'avenir. S'il veut parvenir à se comprendre lui-même, Siddhartha devra comprendre et accepter tous les morceaux de sa vie passée, de même que l'avenir qu'il ne connaît pas encore. C'est seulement au moment où il aura compris le bien et le mal, la jeunesse et la vieillesse, le spirituel et le physique, le désert et la ville, au sein de lui-même tout autant que dans le monde entier, qu'il pourra être en harmonie avec le flux de la vie. Alors atteindra-t-il la perfection, alors deviendra-t-il le Bouddha.

L'ADAPTATION PERSONNELLE

Les mots «unité», «intemporel» et «en harmonie avec la vie» ont une résonance profonde, mais ces termes sont très difficiles à définir. Là où Siddhartha parle d'unité et de perfection, les psychologues humanistes, eux, parlent d'actualisation de soi. D'autres psychologues parleraient de «maturité» ou de «saine adaptation». Mais peu importe l'étiquette que nous accolons à cette expérience, la plupart d'entre nous sommes conscients de ce besoin de parvenir à une certaine compréhension de la réalité changeante de ce monde. Nous devons faire face et nous adapter à l'environnement physique, au milieu social et aux autres, et nous devons parvenir à une certaine compréhension de notre propre évolution interne. Ce n'est que si nous agissons en fonction de ces trois réalités (physique, sociale et cognitive), que nous pourrons nous considérer bien adaptés.

La réalité physique

La loi de la gravité ne se préoccupe guère du fait que vous croyiez en elle ou non. Elle existe et il faut en tenir compte. Les astronautes qui quittent la gravité terrestre pour s'envoler vers la lune doivent s'adapter à plusieurs changements. D'abord, ils quittent la gravité terrestre. Dans l'espace, il n'y a pas ou presque pas de gravité, et la lune a une force gravitationnelle plus faible que la terre. S'ils font les rajustements nécessaires, les astronautes réussiront à se déplacer sans trop de difficultés. S'ils ne s'adaptent pas, leur soupe peut se mettre à flotter à la dérive dans la cabine ou eux-mêmes peuvent se mettre à culbuter à tout bout de champ en marchant sur la lune.

L'hiver et l'été existent dans presque toutes les parties du monde. Les oiseaux s'adaptent au froid en s'envolant vers le sud. Les ours s'adaptent en hibernant dans une caverne jusqu'au printemps. Les gens s'adaptent, ou se rajustent, en allant dans le sud, ou encore en enfilant plus de vêtements, en montant le chauffage et en faisant ce qu'il faut pour ne pas geler. Ceux qui s'adaptent le mieux, en fait, se protègent de l'environnement.

Les inondations, les incendies et les tremblements de terre n'existent pas seulement dans les films. Des accidents se produisent souvent. Les gens doivent aussi s'adapter à ces réalités. Néanmoins, la capacité d'adaptation repose en grande partie sur la philosophie personnelle ou sur la perception que chacun a de la réalité. Les **extéroceptifs**, comme Rotter l'a expliqué (voir chapitre 10), ont tendance à voir la réalité comme étant contrôlée par des forces extérieures. Ils croient souvent à l'astrologie et à l'existence de forces externes mystérieuses qui gouvernent leur vie. Par ailleurs, les **intéroceptifs** croient plutôt que ce sont eux-mêmes qui exercent un certain contrôle interne et conscient sur leur propre destinée. Les extéroceptifs ou les intéroceptifs purs n'existent pas. Mais la plupart des gens ont tendance à pencher dans l'une ou l'autre direction. Ceux qui penchent plutôt vers le contrôle externe n'essaient parfois même pas de s'adapter à la réalité. Il se peut qu'ils ne prennent aucune précaution raisonnable même devant des réalités comme une inondation, un incendie ou une tornade. Les intéroceptifs, qui se perçoivent comme ayant un certain contrôle sur leur propre sort, essaient d'ordinaire de s'adapter à la réalité. Ils essayeront de lutter contre un incendie ou de fuir les lieux d'une inondation ou d'une tornade. Ces personnes sont habituellement mieux adaptées que celles qui se laissent devenir victimes de l'environnement, et elles vivent en général plus longtemps.

Les rats de Richter

Des expériences que le psychologue Curt Richter a menées laissent supposer que même les rats peuvent apprendre certains comportements analogues à ceux des intéroceptifs humains. Or, les rats qui adoptent la perspective optimiste des intéroceptifs sont habituellement plus en mesure de s'adapter à la réalité et sont psychologiquement mieux équipés pour survivre.

Richter étudiait les effets que pouvait avoir un environnement hostile sur les rats. Pour ce faire, il déposait des rats dans une cuve remplie d'eau et les laissait nager jusqu'à ce qu'ils soient exténués. Il a constaté que la plupart des rats nageaient pendant environ 80 heures si l'on maintenait l'eau à la température de la pièce. Dans ces circonstances, les rats refusent de se noyer et s'adaptent en nageant jusqu'à ce que leur corps n'en puisse plus. Si l'eau est trop chaude ou trop froide, ou si Richter leur souffle un jet d'air à la figure, les animaux ne s'adaptent pas aussi bien. Ils s'épuisent et abandonnent la lutte après seulement 20 à 40 heures.

Lors de ces expérimentations, Richter a constaté que certains rats nageaient toujours dans le sens des aiguilles d'une montre, tandis que d'autres nageaient dans le sens contraire des aiguilles d'une montre. Un tel comportement était curieux, mais Richter savait que certains insectes manifestent un comportement circulaire analogue si on les ampute d'une **antenne**. Par exemple, une fourmi qui a perdu son antenne de droite tourne en rond par la droite. Richter se demandait s'il n'y avait pas un lien entre la longueur des moustaches de ses rats et leur tendance à faire des cercles dans une direction donnée. Il a donc demandé à ses assistants de couper les moustaches d'un rat d'un seul côté de la face, puis de le mettre à l'eau. Quand les assistants ont apporté le rat à moitié rasé et l'ont déposé dans l'eau, celui-ci n'a pas nagé 80, 40 ni même 20 heures: il a nage éperdument pendant deux minutes puis a abandonné tout espoir et s'est laissé sombrer au fond de l'eau.

Richter savait que les rats n'ont pas besoin de leurs moustaches pour nager; aussi lui fallait-il trouver une autre explication de ce comportement étrange. Il a alors demandé à ses assistants de lui raconter la manière dont ils s'y étaient pris pour préparer le rat à l'expérimentation. Les assistants ont expliqué qu'ils avaient fait sortir le rat de sa cage pour le faire pénétrer directement dans un sac noir. Ce procédé protégeait les expérimentateurs des dents effilées de l'animal. Pendant qu'ils retenaient solidement le rat dans le sac, ils avaient ramené les bords du sac en arrière jusqu'à ce que la tête du rat dépasse. Ils lui avaient ensuite coupé les moustaches du côté droit de la tête avec une grosse tondeuse qui faisait beaucoup de bruit. Cette tâche terminée, ils avaient ouvert le sac au-dessus du bassin d'eau et y avaient laissé tomber le rat. Il semble que l'animal, probablement à moitié mort de peur de son expérience dans le sac noir, n'ait pas été prêt à affronter un nouveau désastre dans son environnement. Une fois tombé à l'eau, il avait abandonné la lutte et s'était laissé mourir.

Mais Richter a découvert autre chose au sujet de ses rats. Si l'on sauvait le rat sans moustaches de la noyade avant qu'il n'ait abandonné la partie, il avait de meilleures chances de survivre lorsqu'il se retrouvait à l'eau la fois suivante. Lorsque Richter retirait les rats apeurés de l'eau et leur permettait pendant quelques minutes de récupérer du choc de leur expérience du sac noir et de l'eau, les animaux pouvaient nager pendant près de 80 heures quand on les remettait à l'eau. Ils semblaient avoir retrouvé l'espoir et le désir de vivre.

Les expérimentations de Richter permettent de croire que l'expérience a un rôle important à jouer dans l'adaptation. Les gens qui relèvent des défis et s'adaptent avec succès en viennent habituellement à sentir qu'ils ont un certain contrôle sur leur propre vie. Ils se maintiennent à flot assez longtemps pour relever d'autres défis et s'adapter à d'autres changements. Les gens qui échouent continuellement dans leurs tentatives d'adaptation, pour leur part, peuvent en venir à voir la vie comme étant sous la domination de forces extérieures et commencer à sentir qu'il ne vaut pas la peine de s'adapter.

La réalité interne: connaissance de soi, rétroaction et maîtrise de soi

Comme nous l'avons vu au chapitre 5, les émotions font partie de nos expériences intérieures les plus intenses; il est primordial que nous en prenions conscience, et que nous nous y adaptions. Ces états affectifs que nous nommons amour, joie, chagrin, peur et colère influencent presque tout ce que nous faisons. Nous n'avons pas le choix, nous faisons tous l'expérience d'émotions; les sentiments font partie intégrante de la vie. Mais nous pouvons exercer notre choix sur la manière dont nos émotions influencent notre adaptation au monde. Ou bien nous les laissons diriger notre vie, ou bien nous essayons de les soumettre à une certaine forme de contrôle volontaire

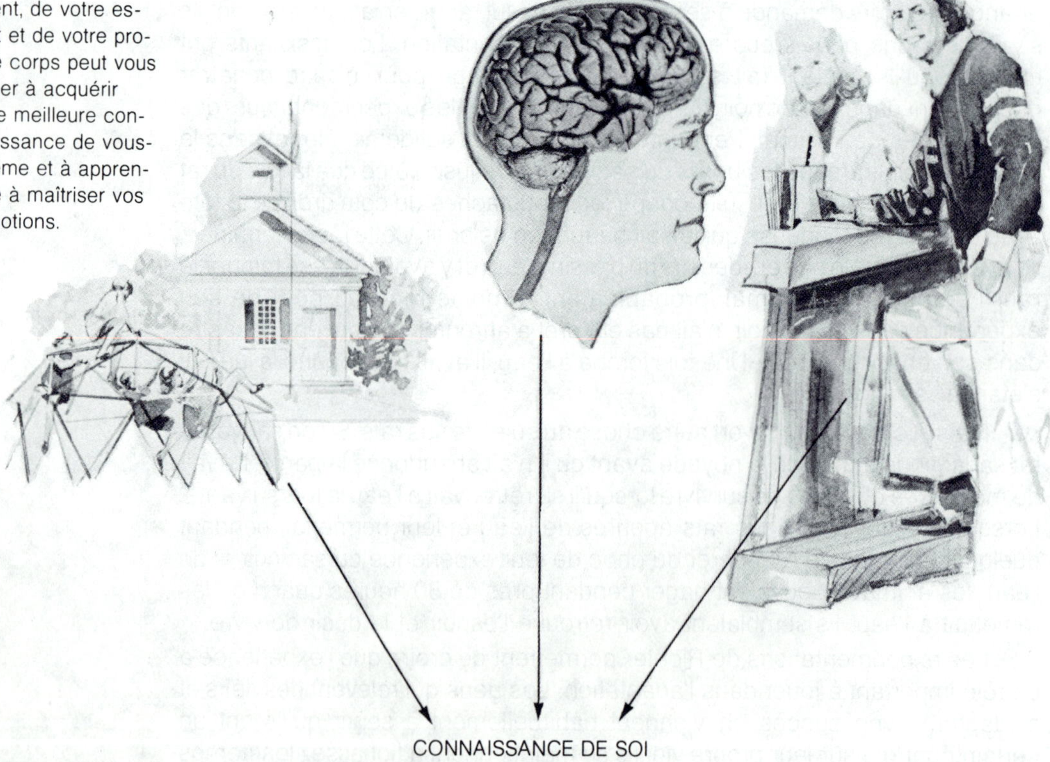

Fig. 11.1
La rétroaction que vous recevez de votre environnement, de votre esprit et de votre propre corps peut vous aider à acquérir une meilleure connaissance de vous-même et à apprendre à maîtriser vos émotions.

CONNAISSANCE DE SOI

lorsqu'elles nous empêchent d'affronter une situation. Peu importe la façon, il reste que nous devons nous adapter à nos émotions. Mais pour les maîtriser, nous devons apprendre à devenir conscients de ce qu'elles sont réellement, des raisons pour lesquelles elles surviennent et des manières dont nous pouvons les influencer.

Les êtres humains semblent être les seuls systèmes vivants qui soient capables de parvenir, dans une certaine mesure, à une maîtrise de soi volontaire. Mais la «maîtrise» laisse toujours supposer un certain degré de connaissance de soi, et la connaissance de soi dépend de la rétroaction. Par exemple, si vous n'avez pas conscience des réactions de votre corps lorsque vous êtes en colère, vous ne pouvez espérer apprendre à maîtriser votre humeur. Si, d'autre part, vous ne prenez jamais le temps de préciser vos objectifs personnels, si vous n'essayez jamais de comprendre qui vous êtes présentement et ce que vous aimeriez devenir, alors vous ne deviendrez peut-être rien du tout en fin de compte. Et troisièmement, si vous n'apprenez jamais à remarquer les répercussions considérables que les autres ont sur votre développement affectif, vous ne comprendrez peut-être jamais les raisons pour lesquelles vous réagissez d'une manière aussi émotive à ce que les autres disent ou font.

Il y a donc trois genres de rétroaction auxquelles il faut prêter attention pour acquérir la connaissance et la maîtrise de soi: ce sont la rétroaction en provenance de votre propre corps, celle qui vient de votre esprit et celle qui émane de votre environnement social.

La méditation et la rétroaction biologique

Depuis des siècles, les religions orientales enseignent que la méditation peut conduire à un développement mental et spirituel complets. Alors que Siddhartha vit dans le désert, il commence à pratiquer un type particulier de méditation, le **yoga**. Yoga signifie «union». Les différentes formes de yoga mettent l'accent sur l'entraînement physique, par exemple apprendre à maîtriser sa respiration et ses attitudes physiques. Alors qu'ils sont assis et respirent de façon appropriée, les adeptes du yoga se concentrent sur un mot, un thème ou un son qu'ils se répètent sans cesse à eux-mêmes. Siddhartha utilise le mot *Om*. D'autres adeptes de la méditation utilisent des sons ou des **mantras** différents. La méditation et la concentration peuvent toutes deux aider les gens à devenir plus conscients d'eux-mêmes, de leurs activités corporelles et de leurs réponses cognitives.

Après plusieurs années de pratique, bon nombre de **yogis** acquièrent une maîtrise si grande de leurs processus biologiques qu'ils peuvent ralentir leur rythme cardiaque à volonté, diminuer leur consommation d'oxygène, ralentir certains types d'activité électrique dans leur cerveau et réduire la sorte de transpiration que mesurent les polygraphes, ou détecteurs de mensonges. Ces réactions physiologiques sont les mêmes que celles qui entrent en jeu dans l'éveil (l'activation) des émotions. Ainsi, Siddhartha, qui devient un maître de la méditation, apprend par expérience à maîtriser presque complètement ses réactions physiques et cognitives face à des situations émotives.

Depuis longtemps déjà, les adeptes des religions orientales pratiquent la méditation afin de favoriser leur développement mental et spirituel. Ces hommes pratiquent la méditation Zen avant de s'engager dans un exercice de Kung Fu. La méditation fournit une rétroaction qui permet une plus grande maîtrise du corps.

La méditation et la pratique du yoga ne sont pas des techniques faciles à posséder. Généralement, des années de pratique sont nécessaires pour apprendre à maîtriser certaines fonctions du système nerveux autonome. Mais récemment, la science occidentale a élaboré une technologie qui permet de réaliser ces mêmes résultats assez rapidement. Cette technologie s'appelle la **rétroaction biologique** (le bio-feedback), car elle est basée sur l'utilisation d'appareils électroniques qui mesurent précisément les réactions se produisant dans le corps d'une personne, et en informent cette dernière.

Les psychologues Neal E. Miller et Leo DiCara font partie de l'équipe des pionniers qui ont contribué à l'évolution de la technologie de la rétroaction biologique. Ils ont commencé par implanter des **électrodes** dans le cerveau de rats dans le but de leur procurer, de temps à autre, une stimulation électrique énormément agréable. Ils leur ont ensuite administré une drogue, le **curare**, qui a pour effet de paralyser de nombreux muscles du corps. Les rats demeuraient conscients, mais ne parvenaient plus à bouger leurs muscles volontaires.

Après, Miller et DiCara ont branché les animaux paralysés sur un polygraphe et ont commencé à enregistrer leur rythme cardiaque. Le but de l'expérience consistait à enseigner aux animaux à décélérer et à accélérer leur rythme cardiaque. Les rats ne pouvaient apprendre cette tâche que si les chercheurs leur procuraient une rétroaction, la stimulation agréable, qui leur permettrait d'acquérir la capacité d'intervenir volontairement au niveau de leur système nerveux autonome.

Une fois les rats branchés sur le polygraphe, Miller et DiCara ont pu observer leurs battements de coeur tels qu'enregistrés sur l'appareil. Chaque

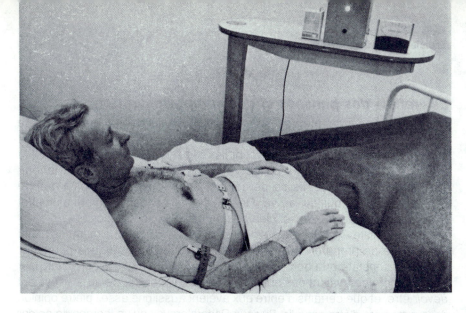

Les appareils électroniques peuvent fournir un enregistrement visuel des fonctions biologiques. Si vous devenez conscient des réactions de votre corps, vous pouvez apprendre à les maîtriser. Cet homme est en train d'apprendre à maîtriser son rythme cardiaque.

fois que le rythme cardiaque d'un animal s'accélérait, les psychologues administraient un jet de stimulation agréable à l'animal. Après un certain temps, les rats ont semblé apprendre comment accélérer leur rythme cardiaque volontairement, probablement tout simplement pour obtenir une autre stimulation renforçante.

Puis, Miller et DiCara ont inversé leur façon de procéder. Ils ont commencé à récompenser les rats lorsqu'ils décéléraient leur rythme cardiaque. Les animaux ont également réussi à apprendre cette maîtrise, puisqu'on les récompensait pour leur rendement.

L'étude de Miller et DiCara a d'abord soulevé d'importantes controverses parce que les chercheurs n'étaient pas toujours capables de reproduire ces mêmes résultats. Néanmoins, d'autres chercheurs ont récemment rapporté avoir réussi à enseigner à des animaux à maîtriser leur pression sanguine, leur transpiration, leur salivation, leur production d'urine et leurs contractions stomacales.

Mais un fait encore plus important à souligner est que la rétroaction biologique a maintenant été utilisée pour enseigner à des humains ayant des troubles cardiaques à contrôler leur pression sanguine. Les patients regardent un appareil qui leur indique si leur pression sanguine monte, descend ou reste stationnaire. L'appareil fournit une *rétroaction visuelle* de la pression sanguine du patient. Quand l'appareil indique que la pression monte, les sujets essaient de se détendre ou d'avoir des pensées moins émotives. Si leur pression baisse, ils essaient de continuer à se répéter les pensées qu'ils avaient au moment où la pression s'est mise à baisser. Après un entraînement assez poussé, certains patients réussissent à apprendre à maîtriser toutes les émotions et pensées qui peuvent contribuer à leur hypertension (pression sanguine élevée).

La rétroaction biologique peut aussi aider les gens à apprendre à contrôler les ondes du cerveau, la température du corps et certains types de tension musculaire. Les résultats d'études suggèrent que certaines **migraines** sont associées à une montée de température. Les patients qui ont appris à réduire la température de leur peau en utilisant des appareils de rétroaction biologique rapportent une diminution de leurs migraines.

Le «reflet» des pensées et des comportements

Des étudiants qui ont été traités par contre-conditionnement dans le but de surmonter leur anxiété devant les examens (voir chapitre 5) rapportent qu'après le traitement, non seulement ils réagissent différemment devant la feuille d'examen, mais ils perçoivent aussi les tests et les examens différemment. De plus, ils se perçoivent comme ayant une plus grande maîtrise face à ce qui leur arrive. Ainsi, le contre-conditionnement a un effet sur leur «image de soi» aussi bien que sur leur «image corporelle».

L'humaniste Carl Rogers (voir chapitre 10) a élaboré une méthode plutôt inhabituelle de procurer une rétroaction sur l'image de soi de la personne. Rogers a constaté que bon nombre de gens qui venaient le consulter pour obtenir une aide avaient des notions plutôt idéalisées sur ce qu'ils croyaient *devoir* être, et que certains d'entre eux avaient aussi une assez piètre opinion de leur manière d'être *actuelle*. Puisque Rogers croyait qu'un thérapeute ne doit pas imprimer de direction, quelle qu'elle soit, à la thérapie, il ne pouvait pas se permettre de tout simplement dire à ces personnes comment faire pour se sentir mieux. Mais il pouvait faire fonction de miroir, et renvoyer aux patients un «reflet» de ce qu'ils faisaient et disaient afin qu'ils puissent se voir eux-mêmes. Rogers espérait que ce type de rétroaction objective aiderait les gens à se changer eux-mêmes.

Avant d'entreprendre le traitement, plusieurs clients de Rogers ont répondu à un questionnaire qui avait été élaboré dans le but de mesurer leur image d'eux-mêmes. Rogers travaillait ensuite avec ces clients pendant quelques mois; pendant la thérapie, il s'efforçait de leur fournir un *reflet* fidèle de l'essentiel de leurs messages et de leurs actions. À la fin du traitement, les patients répondaient à nouveau au questionnaire concernant l'image de soi. La majorité des clients de Rogers ont, semble-t-il, été capables d'utiliser la rétroaction cognitive que Rogers leur avait fournie et ont pu réaliser un degré plus élevé d'actualisation de soi (voir chapitre 5). La plupart d'entre eux ont non seulement rapporté qu'ils se sentaient mieux, mais ont aussi obtenu de meilleurs résultats au questionnaire sur l'image de soi.

Se voir soi-même

La plupart d'entre nous sommes vaguement conscients que les autres nous complimentent ou nous punissent et que, de cette façon, ils ont une influence sur la manière dont nous réagissons devant certains objets ou événements (y compris nous-mêmes). Mais deux faits nous échappent souvent. Première-ment, nous avons une influence sur les autres autant qu'eux en ont sur nous. Deuxièmement, les gens qui nous entourent nous perçoivent et réagissent à nous généralement de la même manière que nous les percevons ou que nous réagissons à eux.

À l'Université du Michigan, des psychologues ont récemment traité un patient en utilisant une forme originale de rétroaction dans le but de l'aider à acquérir une plus grande maîtrise de ses émotions. Ce patient, que les psychologues appellent John R., se plaignait d'un certain nombre de problèmes physiques et mentaux. Son mariage était sur le point de s'effondrer parce qu'il n'était plus capable d'avoir de rapports sexuels avec son épouse. Il décrivait celle-ci comme étant une femme froide et peu sensuelle qui «le laissait indifférent sexuellement». Il avait l'estomac constamment dérangé, il était constipé et éprouvait de la difficulté à dormir. Directeur des ventes dans une grande compagnie, il était très bien rémunéré et prospère; il avait fait augmenter le volume d'affaires de sa compagnie de plusieurs millions de dollars. Malgré cela, il avait désespérément peur d'être congédié. Il disait que ses patrons le critiquaient et ne l'aimaient pas. D'après lui, ses subordonnés se méfiaient de lui et étaient très jaloux de son succès. Il n'avait de rapports chaleureux avec personne et il n'arrivait pas à comprendre pourquoi un si grand nombre de gens de son entourage semblaient tant le haïr.

Peu après le début de la thérapie, John R. faisait aux psychologues le récit d'un événement traumatisant qui était survenu quand il avait 11 ans. Ses parents et lui étaient en voiture quand ils avaient été coincés au beau milieu d'un gros orage électrique. Comme les éclairs s'écrasaient partout autour d'eux et qu'un coup de vent les avait presque projetés hors de la route, John R. avait eu si peur qu'il avait éclaté en sanglots. Une fois l'orage passé, son père s'était mis à le ridiculiser d'avoir agi comme «une poule mouillée». Pendant les années qui avaient suivi, même si John R. s'était toujours comporté comme un brave après cet incident, son père avait continué de le critiquer et de le traiter de lâche. Il n'y avait rien à faire, semble-t-il: le garçon ne réussissait jamais à éveiller un sourire ou une parole d'encouragement de son père.

À partir de leurs observations initiales du comportement de John R. au cours de la thérapie, les psychologues ont bientôt été convaincus qu'à l'âge adulte, John R. se comportait envers les autres de la même manière que son père s'était comporté envers lui pendant son enfance. Il souriait rarement; il était rarement poli; il ne remerciait presque jamais les gens, peu importe ce qu'ils avaient fait pour lui. De plus, lorsque les psychologues ont commencé à lui parler de la manière dont il se comportait envers les autres, John R. s'est mis à les critiquer parce qu'ils osaient prétendre qu'il pouvait être lui-même en partie la cause de ses problèmes.

Une partie du traitement que les psychologues avaient élaboré pour John R. consistait à enregistrer sur bande magnétoscopique plusieurs échanges et interactions qu'il avait avec différentes personnes. Ils ont par la suite demandé à John de regarder la bande et de relever le nombre de fois où il souriait, le nombre de fois où il complimentait les autres et le nombre de fois où il était négatif, critique et punitif. Après avoir regardé l'enregistrement pendant plus d'une heure, John n'avait relevé aucune séquence de comportements positifs avec d'autres, mais il avait critiqué les autres ou manifesté un comportement punitif au moins 50 fois. John n'en revenait pas, et il était en quelque sorte en état de choc.

Lorsque les gens vous disent comment vous vous comportez, vous pouvez refuser d'accepter leurs commentaires et déclarer qu'ils ont un préjugé défavorable envers vous. Mais les appareils enregistreurs présentent des faits objectifs. John R. ne pouvait nier les preuves qu'il voyait sur l'écran de télévision parce qu'il savait que l'appareil n'était en mesure ni de l'aimer, ni de le détester. Il a donc décidé de tenter d'apprendre des manières différentes de se comporter envers les gens de son entourage.

Les psychologues ont poursuivi le traitement en se servant de la thérapie par **modèle** (voir chapitre 6) afin de lui montrer comment fournir une rétroaction positive aux gens. Par la suite, pendant que John imitait le comportement des psychologues, ceux-ci ont à nouveau enregistré ses actions sur bande magnétoscopique. Les thérapeutes lui signalaient chaque progrès qu'il faisait, aussi mince soit-il. Cette rétroaction (et ce qu'il voyait sur l'écran) a donné à John toute l'information dont il avait besoin pour apprendre à répondre de façon chaleureuse et positive envers les autres. Bientôt, ses problèmes physiques ont perdu de l'ampleur et, quand il a commencé à renforcer les personnes importantes dans sa vie, elles-mêmes se sont mises à réagir de façon chaleureuse envers lui. Il ne craignait plus de perdre son emploi, et ses relations avec sa femme se sont considérablement améliorées.

La rétroaction sociale

Comme Carl Rogers le faisait remarquer, nous avons tous besoin de «miroirs» objectifs qui nous reflètent nos sentiments, nos perceptions et nos actions. Puisqu'il n'est généralement pas possible d'enregistrer nos actions sur bande magnétoscopique, nous devons nous fier à la réaction des autres pour recevoir de l'information sur nos propres actions. Nous cherchons et utilisons cette information même si nous n'en sommes pas toujours conscients.

Une façon possible d'obtenir une rétroaction sur nos comportements consiste à nous associer à divers groupes de gens avec lesquels nous partageons des points de vue ou des buts communs. Mais une fois que nous devenons membres d'un groupe, on s'attend généralement à ce que nous nous conformions aux normes que la majorité des membres du groupe ont établies. Les groupes auxquels vous appartenez vous encouragent à vous conformer à leurs normes en vous procurant des modèles à imiter et une rétroaction positive ou négative au fur et mesure de vos tentatives en vue de vous comporter «à la manière du groupe».

Les «pressions de groupe envers la conformité» sont les termes qu'on utilise parfois pour désigner les comportements que les groupes manifestent pour faire pression sur leurs membres afin que ceux-ci se comportent d'une manière uniforme. Solomon Asch est l'un des premiers psychologues à avoir étudié le phénomène des *pressions de groupe* en laboratoire. Il voulait savoir si les gens s'en tiennent à leurs jugements même lorsqu'on fait pression sur eux pour qu'ils fournissent de faux comptes rendus. L'expérimentation de Asch était très simple. Il a présenté aux sujets un carton blanc sur lequel il y avait une ligne droite tracée au crayon noir d'une longueur de 20 cm. Il leur a ensuite présenté trois autres cartons sur lesquels il y avait aussi une ligne noire. La première mesurait environ 25 cm, la deuxième environ 22 cm et la troisième équivalait à la ligne-critère de 20 cm. La tâche des sujets consistait à identifier (de mémoire) laquelle des trois était égale à la ligne-critère. Comme Asch s'y attendait, presque tous les sujets ont pu désigner la bonne ligne.

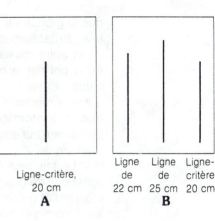

Ligne-critère,
20 cm
A

Ligne de 22 cm   Ligne de 25 cm   Ligne-critère 20 cm
B

Fig. 11.2
Dans une étude réalisée par Solomon Asch, les sujets voient d'abord le carton A, puis le carton B; de mémoire, ils doivent identifier sur ce dernier laquelle des trois lignes est de la même longueur que la ligne du carton A. Deux des sujets sont en fait des compères qui travaillent pour Asch. Quoique le sujet ait au préalable choisi la bonne réponse, il a cédé aux pressions des deux compères et a accepté leur choix. Il a réagi aux pressions de groupe envers la conformité.

Asch a ensuite modifié son expérience. Il a fait asseoir trois sujets autour d'une table et a demandé à chacun de désigner la ligne qui était égale à la ligne-critère. Cependant, deux des sujets étaient des «**compères**» qui travaillaient pour Asch. Avant l'expérimentation, les compères avaient reçu la consigne de donner de fausses réponses à certains moments lors de la comparaison des lignes. La troisième personne autour de la table, le seul vrai «sujet» de l'expérience, n'était pas au courant de ces arrangements; or, on lui a demandé de répondre en dernier. La première fois que Asch a demandé au groupe d'indiquer la ligne correspondant à la ligne-critère, les deux compères ont désigné correctement la ligne de 20 cm. D'accord avec eux, le sujet de l'expérience a aussi choisi la bonne ligne. Mais au troisième essai, le premier compère a choisi la ligne de 25 cm. Le deuxième compère en a fait de même. À la surprise de Asch, presque le tiers des sujets d'expérience qu'il a testés ont «cédé» aux pressions des compères et choisi la ligne de 25 cm comme étant égale à la ligne de 20 cm.

Dans des expériences additionnelles, d'autres psychologues ont constaté qu'ils pouvaient obtenir un «comportement de soumission» les deux tiers du temps si quatre compères jugeaient en premier et si la tâche était plus difficile ou plus déroutante.

Environ la moitié des sujets qui «cèdent» dans ce type d'expérimentation admettent volontiers qu'ils sont conscients de faire le mauvais choix, mais qu'ils fournissent la même réponse que les autres simplement pour ne pas soulever de discussions. Autrement dit, ces sujets acceptent le modèle social que le groupe de compères impose et s'y soumettent parce qu'ils craignent une rétroaction négative.

L'autre moitié des sujets qui «cèdent» affirment souvent avec certitude qu'ils ont fait le bon choix et qu'ils ne se sont laissés en aucune manière influencer par ce que les compères ont dit ou fait! Ces sujets ont accepté, eux aussi, le modèle social et s'y sont conformés. Mais puisqu'ils semblent croire que la conformité est condamnable, la seule manière dont ils peuvent conserver leur emprise sur leurs émotions consiste à nier le fait qu'ils se soient conformés.

Le fait peut-être le plus surprenant de ces expérimentations sur les pressions de groupe n'est pas tant qu'un si grand nombre de sujets «cèdent», mais plutôt que bon nombre d'entre eux ne puissent accepter consciemment les sentiments qui vont de pair avec la conformité.

Nous nous adaptons tous à la réalité selon la manière dont notre corps réagit et selon la manière dont notre esprit perçoit. Certaines personnes (comme Siddhartha) apprennent aussi à s'adapter aux réalités de la société dans laquelle elles sont nées. D'autres sont constamment en conflit. Ces gens sont pendant la plus grande partie de leur vie déchirés entre les exigences naturelles imposées par leur esprit et par leur corps, et les exigences apprises qui proviennent du contexte culturel dans lequel ils vivent.

L'ADAPTATION SOCIALE: CONFLIT ET STRESS

Dans sa jeunesse, ne pouvant supporter davantage le stress et la tension de la vie familiale, Siddhartha s'enfuit dans le désert. Là, il apprend à maîtriser les fonctions de son corps et à s'adapter à la réalité physique. Mais même les joies de la méditation ne le satisfont pas complètement. Il a besoin des gens. Il retourne donc à la ville, où il passe des années à mener une vie faite de plaisirs sensuels et sociaux. Après un certain temps, Siddhartha se rend compte que l'intense émotivité qu'il vit dans toutes ses expériences ronge sa santé et sa volonté. Alors, il s'enfuit une fois de plus et se retrouve sur les bords d'un fleuve où il aide les gens en les transportant d'une rive à l'autre lorsqu'ils le désirent.

Dans sa jeunesse, quand Siddhartha se trouve face à un conflit, il s'adapte en fuyant. Par la suite, une fois le stress réduit, il essaie d'analyser la situation, puis d'apprendre à maîtriser consciemment ce qui l'embête.

De temps à autre, nous vivons tous des conflits ou du stress. La plupart de ces conflits impliquent nos relations avec les gens (passées, présentes ou futures). Par conséquent, il est possible que notre adaptation sociale retienne plus notre attention que notre adaptation à la réalité physique ou cognitive. Ces trois éléments sont pourtant si imbriqués l'un dans l'autre qu'il nous est souvent difficile de départager le social du physique ou du cognitif. Mais c'est seulement dans la mesure où nous tenterons de le faire que nous pourrons nous rendre compte comment, par exemple, nos difficultés d'adaptation sociale peuvent conduire à des symptômes d'ordre physique tels que les ulcères ou l'hypertension, ou mener à des bizarreries cognitives que l'on associe à la maladie mentale.

Le conflit

Siddhartha veut quitter la maison familiale et poursuivre ses propres buts cognitifs. Il voudrait bien, aussi, rester à la maison et s'acquitter de ses devoirs sociaux tout en rendant ses parents heureux. Il y a là un **conflit**. Un élève qui désire étudier, mais qui désire aussi aller voir un film avec des amis se trouve en situation de conflit. Quelqu'un qui veut être médecin, mais qui ne peut pas tolérer la vue du sang se trouve en situation de conflit.

Un conflit survient quand deux ou plusieurs buts ou besoins sont présents, mais qu'un seul peut être satisfait. Siddhartha ne peut à la fois rester à la maison de ses parents et quitter celle-ci. Il est rarement possible pour un élève d'étudier alors qu'il est au cinéma. Les médecins ne peuvent constamment éviter de voir du sang. Pour s'adapter à la situation, les gens en conflit doivent souvent renoncer à l'un des buts ou aux deux.

Au cours des années 1930, Kurt Lewin a décrit trois types principaux de conflits. Les gens, disait-il, sont attirés vers certaines personnes, certains endroits et certaines choses (y compris des pensées et des sentiments). Ou encore, certaines gens, certains endroits et certaines choses leur rebutent. Il en résulte l'un ou l'autre de deux comportements: approche ou évitement.

Le *conflit approche-approche* survient quand les gens sont attirés vers deux buts positifs, mais incompatibles. Le fait d'avoir à décider d'un mets parmi tous ceux qui sont offerts au menu constitue un conflit approche-approche. Un gros mangeur décidera peut-être de commander tout ce qu'il y a au menu, mais la plupart des gens solutionnent ce conflit en commandant un seul plat et en se réservant le loisir de goûter aux autres une prochaine fois. Mais tous les conflits approche-approche ne se solutionnent pas aussi facilement. Une jeune femme qui aime deux hommes ne peut généralement pas épouser l'un des deux en pensant qu'elle divorcera ensuite pour épouser le second quand elle en aura envie.

Le *conflit évitement-évitement* survient quand nous devons choisir entre deux ou plusieurs buts indésirables. Quand tous les plats offerts au menu sont mauvais, la personne a le choix ou bien de rester sur sa faim, ou bien de manger un aliment peu appétissant (deux solutions indésirables). Un élève qui ne veut pas étudier et qui ne veut pas non plus échouer à un examen fait face à un problème similaire. Devant un conflit évitement-évitement, il arrive que les gens remettent la décision à plus tard, mais l'indécision ne fait parfois qu'occasionner d'autres problèmes.

Le troisième type de conflit que Lewin a décrit est le *conflit approche-évitement*. Il arrive souvent qu'un but comporte à la fois des aspects positifs et négatifs. Les aliments qui sont au menu nous tentent, mais nous craignons qu'ils nous fassent grossir ou qu'ils coûtent trop cher. Il en résulte un conflit approche-évitement.

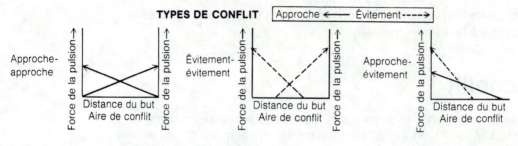

Fig. 11.3

À mesure que vous vous approchez du but, les pulsions d'approche acquièrent lentement de la force; les pulsions d'évitement, quant à elles, acquièrent de la force plus rapidement. Dans un conflit approche-évitement, le but positif vous attire déjà depuis une certaine distance, mais à mesure que vous vous en approchez, la pulsion d'évitement augmente si rapidement que vous vous détournez du but. Mais aussitôt que vous vous éloignez, la pulsion d'approche redevient plus forte, de sorte que vous faites demi-tour. Par conséquent, vous êtes en conflit au point où les deux pulsions se recoupent.

La vie ne correspond pas toujours aux modèles simples d'approche et d'évitement que nous venons de décrire. Plutôt, comme Lewin l'a fait remarquer, la plupart des conflits sont complexes et bon nombre d'entre eux sont, selon les termes mêmes de Lewin, du type *double approche-évitement*. Dans de tels cas, la personne doit choisir entre deux (ou plusieurs) buts qui ont chacun des aspects à la fois positifs et négatifs. Une jeune femme peut vouloir étudier la médecine parce que ses parents le souhaitent et parce que cette option offre une carrière intéressante. Mais elle désire peut-être en réalité être artiste. Cependant, si elle étudie les arts, ses parents lui ont dit qu'ils ne l'aideraient pas financièrement. En faisant son choix de carrière, cette jeune femme fait face à un conflit double approche-évitement. Si elle peut vivre avec la décision qu'elle prend, alors elle se sera adaptée à ses problèmes. Mais elle risque, peu importe le choix qu'elle fasse, d'éprouver un certain stress et de l'anxiété parce qu'elle n'aura pas été en mesure de satisfaire tous ses buts à la fois.

Le stress

Quand vous courbez un bâton avec vos mains, vous appliquez une énorme pression sur un certain nombre de cellules à l'intérieur du morceau de bois. Plus vous courbez le bâton, plus vous comprimez ces cellules les unes contre les autres. Si vous courbez ensuite le bâton dans le sens contraire, ces cellules subissent un autre genre de stress du fait qu'elles sont distendues plutôt que comprimées. Si vous tordez le bâton dans un sens puis dans l'autre suffisamment de fois, les cellules peuvent se disloquer et le bâton se brisera. Même si vous ne courbez le bâton qu'une seule fois, il est possible que les cellules ne récupèrent jamais complètement et que le bâton reste courbé.

De façon générale, chaque fois que vous êtes menacé ou sous tension, ou que vous vous trouvez dans une situation conflictuelle, votre corps et votre esprit subissent un **stress**. La menace ou la tension peut être physique, cognitive ou sociale (ou un mélange des trois). Mais si la pression ou le conflit sont assez puissants pour occasionner une dépense d'énergie biologique, mentale, affective ou comportementale plus grande que d'habitude, alors vous serez en état généralisé de stress.

Le chercheur canadien Hans Selye a décrit trois étapes que le corps franchit tandis qu'il réagit au stress. La première phase est une **réaction d'alarme**. De façon générale, la réaction d'alarme comporte une réponse d'excitation similaire à celle que vous pouvez expérimenter lors d'une émotion intense. Les changements physiologiques qui surviennent dans votre corps au cours de la réaction d'alarme vous préparent soit à affronter le défi présent, soit à vous défendre, soit à fuir.

Si le stress dure assez longtemps, vous franchirez peut-être la deuxième phase de la réponse au stress, la **phase de résistance**. Au cours de cette phase, non seulement votre corps consacre de l'énergie à s'activer, mais il tente aussi de réparer tout dommage qu'il aurait subi et de réapprovisionner ses réserves d'énergie du mieux qu'il peut. Mais si toute l'énergie disponible de votre corps est consommée au cours de l'expérience stressante, celui-ci peut s'engager dans la troisième phase: la **phase d'épuisement**. Au cours de cette phase, la majeure partie de l'activité de votre corps se ralentit anormalement pendant que vous essayez de récupérer vos forces physiques et mentales. Mais si le stress persiste encore pendant que vous êtes à la phase d'épuisement, votre corps et votre cerveau peuvent commencer à se détériorer. Cela peut conduire à la folie ou à la mort.

Une expérience stressante telle que la course à pied active vos réponses corporelles et peut même épuiser vos réserves d'énergie.

Fig. 11.4
La vie est remplie de situations stressantes qui peuvent contribuer à la maladie si elles ne sont pas réglées de façon satisfaisante. Compilez vos propres résultats à partir de la liste suivante. Comptez le nombre de fois qu'un événement est survenu au cours des 12 derniers mois et multipliez ce chiffre par la valeur des unités de changement de vie. Un échantillon d'étudiants de première année collégiale ont obtenu des résultats variant entre 42 et 3 890, avec une médiane de 767 (la moitié des étudiants ont obtenu des résultats plus élevés et l'autre moitié des résultats moins élevés que cette valeur). (Marx *et. al.*, 1975.)

Inventaire des expériences récentes: étudiants de niveau collégial

Indiquer le nombre de fois où, au cours des 12 derniers mois, vous avez:	Unités de changement de vie
1. Entrepris des études collégiales.	50
2. Pris des engagements conjugaux (vous êtes mariée(e)).	77
3. Eu soit beaucoup plus, soit beaucoup moins d'ennuis avec votre patron.	38
4. Occupé un emploi pendant que vous étiez aux études.	43
5. Fait l'expérience de la mort d'un conjoint.	87
6. Expérimenté un changement important dans vos habitudes de sommeil (beaucoup plus ou beaucoup moins dormi, ou modifié le moment de la journée où vous dormez).	34
7. Fait l'expérience de la mort d'un parent proche.	77
8. Expérimenté un changement important dans vos habitudes alimentaires (beaucoup plus ou beaucoup moins mangé, ou mangé à des heures ou dans un environnement très différents).	30
9. Choisi une concentration ou changé d'orientation dans votre programme d'études.	41
10. Révisé vos habitudes personnelles (amis, vêtements, manières, affiliations).	45
11. Fait l'expérience de la mort d'un ami intime.	68
12. Été déclaré coupable d'une infraction mineure à la loi (contravention pour excès de vitesse ou pour avoir traversé une intersection à pied sur un feu rouge).	22
13. Effectué une réalisation personnelle exceptionnelle.	40
14. Vécu une grossesse, ou été témoin de la grossesse de votre conjointe.	68
15. Été témoin d'un changement important dans la santé ou le comportement d'un membre de votre famille.	56
16. Eu des difficultés sur le plan sexuel.	58
17. Eu des ennuis avec votre belle-famille.	42
18. Connu des changements importants dans le nombre de rencontres familiales (beaucoup plus ou beaucoup moins).	26
19. Connu un changement important dans votre situation financière (situation beaucoup meilleure ou bien pire que d'habitude).	33
20. Accueilli un nouveau membre dans votre famille (naissance, adoption ou emménagement d'une personne âgée).	50
21. Changé de domicile ou de conditions de vie.	42
22. Fait face à un conflit grave ou à un changement au niveau de vos valeurs.	50
23. Connu un changement important dans vos pratiques religieuses (beaucoup plus ou beaucoup moins que d'habitude).	36
24. Eu une réconciliation maritale avec votre conjoint(e).	58
25. Été congédié(e) de votre emploi.	62
26. Divorcé.	76
27. Changé de métier ou de domaine de travail.	50
28. Connu un changement important dans le nombre de querelles avec votre conjoint(e) (beaucoup plus ou beaucoup moins que d'habitude).	50
29. Connu un changement important dans vos responsabilités au travail (promotion, rétrogradation, mutation latérale).	47
30. Expérimenté la situation où votre conjoint(e) a commencé ou cessé de travailler.	41
31. Connu un changement important dans votre horaire ou vos conditions de travail.	42
32. Connu une séparation maritale de votre conjoint(e).	74

(suite)

Indiquer le nombre de fois où, au cours des 12 derniers mois, vous avez:	Unités de change- ment de vie
33. Connu un changement important dans le type et (ou) la quantité de vos loisirs.	37
34. Connu un changement important dans la consommation de drogues (beaucoup plus ou beaucoup moins).	52
35. Fait un emprunt ou contracté une hypothèque pour un montant *in- férieur* à 10 000 $ (achat d'une voiture, d'un téléviseur; prêt étudiant).	52
36. Subi une grave blessure ou été atteint(e) d'une maladie grave.	65
37. Connu un changement important dans votre consommation d'alcool (beaucoup plus ou beaucoup moins).	46
38. Connu un changement important dans vos activités sociales.	43
39. Connu un changement important dans le degré de participation aux activités scolaires.	38
40. Connu un changement important dans votre degré d'indépendance et de responsabilité (par exemple, pour décider de la répartition de votre temps).	49
41. Fait un voyage ou pris des vacances.	33
42. Été fiancé(e).	54
43. Changé d'école.	50
44. Modifié vos habitudes de sortie en couple.	41
45. Eu des difficultés avec l'administration de l'école (professeurs, con- seillers, programme scolaire, etc.).	44
46. Rompu vos fiancailles ou une relation stable, ou avez eu à subir une telle rupture.	60
47. Connu un changement important dans votre notion ou votre connais- sance de vous-même.	57

Adapté de Anderson (1972) par Marx *et al.* (1975). Tous droits réservés. 1975. Pergamon Press Ltée et réimprimé avec permission.

Les réactions cognitives au stress suivent un modèle à peu près identique à celui que nous propose Selye. Au cours de la phase d'alarme, vous devenez habituellement vigilant et angoissé pendant que vous réfléchissez à des manières d'affronter la situation stressante. Cependant, si le stress persiste, il est possible que vous deveniez de moins en moins capable de penser clairement et de prendre des décisions logiques. Finalement, dans la phase d'épuisement, vous pouvez perdre tout espoir de résoudre la situation et tout simplement démissionner.

L'épuisement intellectuel et la «démission» peuvent survenir même lorsque le corps a encore de l'énergie physique pour faire face au défi. Les rats de Richter ont «démissionné» et sombré au fond de l'eau parce qu'ils avaient été **traumatisés** juste avant d'être plongés dans la cuve d'eau. Cependant, comme Richter l'a démontré, leur corps avait encore suffisamment de force physique pour nager encore au moins 80 heures. Quand il retirait les rats de l'eau pendant quelques minutes, ceux-ci apprenaient que la survie était possible. Alors, lorsqu'on les remettait à l'eau, ils ne «démissionnaient» plus; ils se mettaient au contraire à nager avec efficacité.

L'anxiété et la frustration

Le stress se présente sous plusieurs formes. Les deux formes les plus courantes sont la frustration et l'anxiété. L'**anxiété** est un sentiment d'appréhension ou de peur qui survient sans raison apparente. Le stress est associé à une situation menaçante spécifique; l'anxiété est un sentiment similaire, mais la personne anxieuse ne sait pas d'où vient la menace. Freud a expliqué l'anxiété comme étant une réaction à des menaces ou à des conflits inconscients. Et c'est par la psychanalyse qu'il aidait les gens à comprendre leurs conflits inconscients, afin qu'ils puissent effectuer les adaptations appropriées. Le simple fait de parler de son anxiété à un ami suffit parfois à faire réduire cette anxiété. Mais même si l'on ne peut découvrir les causes inconscientes de l'anxiété, les gens peuvent quand même apprendre à la maîtriser. L'anxiété, vue comme une forme de stress, renferme tous les changements biologiques associés au stress. Les gens qui apprennent à comprendre et à maîtriser leurs sentiments d'anxiété peuvent habituellement éviter l'effondrement physique et la dépression nerveuse qu'occasionne parfois l'anxiété.

La **frustration** est une forme de conflit qui conduit au stress. Si des tentatives répétées en vue de s'approcher d'un but désiré ou d'éviter une situation déplaisante se soldent par un échec, il peut en résulter de la frustration. Un enfant en train d'apprendre à monter à bicyclette peut devenir frustré s'il tombe trop souvent. Un élève qui essaie d'étudier dans une pièce trop bruyante peut devenir frustré si le bruit vient sans cesse gêner sa concentration. Le médecin qui veut sauver tous ses patients peut devenir frustré si l'un d'entre eux meurt.

L'attitude illustrée par le proverbe: «Cent fois sur le métier remettez votre ouvrage» s'avère souvent utile pour surmonter la frustration. La plupart des enfants persistent dans leurs efforts et apprennent finalement à conduire leur

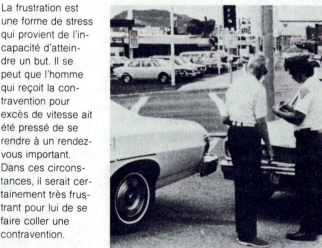

La frustration est une forme de stress qui provient de l'incapacité d'atteindre un but. Il se peut que l'homme qui reçoit la contravention pour excès de vitesse ait été pressé de se rendre à un rendez-vous important. Dans ces circonstances, il serait certainement très frustrant pour lui de se faire coller une contravention.

bicyclette. Dans certains cas, la façon de procéder pour atteindre un but peut exiger des modifications. L'élève qui est dans une pièce bruyante évitera la frustration en allant étudier dans un endroit tranquille. Dans d'autres cas, ce sont les buts qui doivent être modifiés. Certains buts sont peu réalistes ou irréalisables. Le médecin ambitieux qui veut sauver tout le monde devra accepter le fait que certains patients ne survivront pas. La plupart des gens apprennent à choisir des buts réalistes et à tolérer certains échecs. Cependant, trop d'échecs et de frustrations peuvent créer un stress et entraîner un effondrement ou une dépression.

APPRENDRE À «FAIRE FACE»

Au cours de votre vie, vous avez relevé de nombreux défis, expérimenté plusieurs situations stressantes, solutionné de nombreux conflits et connu un certain nombre d'expériences affectives. Cela revient à dire que vous avez appris à vous adapter aux problèmes avec lesquels nous sommes tous appelés à vivre. Apprendre à s'adapter équivaut à affronter le monde, ou à y **«faire face»**.

Généralement, nos problèmes se manifestent à nous comme des informations d'entrée que nous devons acheminer d'une certaine manière et auxquelles nous devons ensuite réagir. Il y a plusieurs façons possibles de *faire face*; certaines façons consistent à modifier, à maîtriser ou même à éviter des informations d'entrée. D'autres façons consistent à changer la manière dont nous traitons les données du problème, ou dont nous réfléchissons à leur sujet. Enfin, d'autres façons consistent à transformer nos informations de sortie, c'est-à-dire à changer nos manières de répondre ou de nous comporter face au problème.

Un certain nombre de manières d'affronter les problèmes de la vie ont pour objet de nous protéger le mieux possible. Ces méthodes constituent tout le répertoire des **réactions défensives**. D'autres façons de surmonter le stress, les conflits ou les émotions ont pour objet de faire face au défi. Ce sont les méthodes que l'on peut appeler de **confrontation directe**.

Les réactions défensives

La plupart des formes de réaction défensive comportent une *fuite* soit mentale, soit physique de la situation traumatisante. Ou bien la personne fuit le problème et évite à l'avenir de se retrouver dans la situation qui peut provoquer un stress; ou bien elle bloque les informations d'entrée ou nie que ces dernières soient stressantes.

Bon nombre des mécanismes de défense freudiens (voir chapitre 10) sont des formes de réaction défensive. Si des stimuli sexuels vous apparaissent menaçants, il est possible que vous les *refouliez* en ne vous en occupant tout simplement pas, ou en ne leur portant pas attention jusqu'au moment où ils deviennent extrêmement puissants. La **cécité hystérique** est une forme similaire de réaction défensive. Au cours d'une bataille, le soldat qui voit son meilleur ami mourir peut devenir psychologiquement aveugle. Ses yeux fonctionnent toujours, mais son esprit refuse de traiter tout stimulus visuel. En refusant de voir quoi que ce soit, il se protège contre le risque d'être témoin de la mort d'une autre personne (ou même de l'imaginer visuellement).

La **formation réactionnelle**, la **projection** et le **déplacement** sont aussi des formes de réaction défensive. Il est possible que la mère qui déteste son enfant, mais trouve que cette haine tend à induire un stress, règle la situation en refoulant sa haine et en réagissant à l'enfant avec trop d'amour. Elle peut aussi projeter ses sentiments sur l'enfant en se disant qu'elle-même aime l'enfant, mais que l'enfant, lui, ne l'aime pas. Enfin, elle peut déplacer ses sentiments en donnant un coup de pied au chat quand elle voudrait réellement donner un coup de pied à l'enfant.

La **fixation** et la **régression** sont des formes de réaction défensive qui impliquent le retour à des façons antérieures de se comporter ou le refus d'apprendre de nouvelles façons d'être (voir chapitre 10).

À première vue, il semblerait que l'**agression** devrait toujours être considérée comme une forme de confrontation directe et active (voir chapitre 2). C'est parfois vrai. Mais le plus souvent, elle est une forme de défense, car elle met fin à l'entrée de stimuli stressants sans que les conflits de base de l'agresseur ne soient résolus. Par exemple, supposons qu'un père soit en colère ou frustré à cause des valeurs et des comportements de son fils de 13 ans. Il peut affronter directement sa propre colère en s'assoyant tranquillement pour discuter avec le jeune homme. De cette façon, tous deux peuvent essayer de s'adapter aux besoins l'un de l'autre. Mais si le père est incapable d'admettre le fait que lui-même a peut-être autant de rajustements à faire que son fils, il peut alors se mettre à critiquer ou même battre le jeune «pour lui donner une leçon». Afin d'éviter d'être puni plus longtemps, le fils peut céder, du moins temporairement, aux exigences du père. Par ailleurs, le garçon peut devenir si déprimé qu'il s'enfuit ou tente de se suicider. De toute manière, l'agression du père aura eu le mérite de rayer de sa vie le stimulus stressant (le fils). Mais puisque les actions du père ont été renforcées négativement (voir chapitre 6), il risque de ne pas apprendre des manières plus efficaces de résoudre ses conflits futurs.

La **dépression** est l'une des formes les plus courantes de réaction défensive. La plupart des situations qui provoquent un stress ou une émotion comportent une activation ou un accroissement d'excitation du système nerveux sympathique. Une activation du système parasympathique peut bloquer ou contrer cette première excitation. Une légère excitation du parasympathique peut conduire à la relaxation; cependant, une surstimulation du parasympathique peut conduire à la dépression et à des sentiments d'impuissance totale.

L'apprentissage à l'impuissance

Nous avons tous recours à des réactions défensives de temps à autre. Les stratégies défensives sont efficaces parce qu'elles nous sortent souvent de la situation stressante, tout au moins pendant un certain temps; elles nous donnent le temps de trouver des façons plus efficaces de nous adapter. Mais là se situe aussi leur danger. Car les méthodes de réaction défensive peuvent s'avérer si négativement renforçantes que nous pouvons continuer à les employer sans nous soucier de chercher des manières plus directes de faire face à nos conflits.

Les expérimentations de Martin Seligman nous présentent un exemple de problèmes qui peuvent provenir des réactions défensives. Dans une de ces expérimentations, un groupe de chiens a «appris à être impuissant» parce qu'au tout début de l'entraînement, l'on avait bloqué leur route d'évasion. Dans ces circonstances, les chiens s'assoyaient et attendaient passivement que la décharge électrique prenne fin. Or, ils ont continué d'agir ainsi même lorsque, plus tard, la barrière n'était plus en place et qu'ils avaient la possibilité de la franchir en toute sécurité avant que la décharge ne survienne.

Seligman analyse la situation de la façon suivante: «être passif et impuissant» est une réponse que les chiens ont appris à émettre naturellement

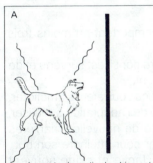

A

La route de sortie du chien est bloquée; se sentant impuissant, il attend passivement que la décharge cesse.

B

La décharge cesse finalement. Le chien est négativement renforcé même s'il n'a effectué aucune action.

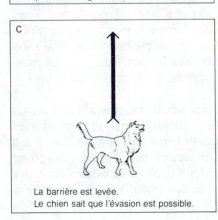

C

La barrière est levée. Le chien sait que l'évasion est possible.

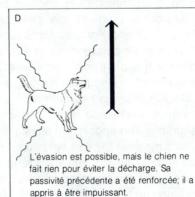

D

L'évasion est possible, mais le chien ne fait rien pour éviter la décharge. Sa passivité précédente a été renforcée; il a appris à être impuissant.

Fig. 11.5
En étudiant les réactions de défense chez les chiens, Martin Seligman a découvert que ceux-ci pouvaient apprendre à se sentir impuissants. Ici, nous voyons le chien face au problème, mais incapable d'apprendre le comportement qui solutionnerait le problème.

en réaction à la décharge. La décharge elle-même est punitive; mais la *fin* de la décharge agit comme un renforcement négatif! Or, à un moment ou à un autre, la décharge prend toujours fin. Par conséquent, chaque fois que Seligman administrait une décharge à ce groupe de chiens, il *récompensait* en fait la réponse «d'impuissance» plutôt que de la punir. En outre, plus la décharge est douloureuse, plus la récompense est forte lorsque le courant est coupé. Ainsi, au lieu d'obliger les chiens à affronter directement la situation en faisant en sorte que la décharge soit (en apparence) plus punitive, Seligman contribuait en fait à les rendre plus impuissants.

Seligman a alors décidé d'utiliser d'autres moyens pour enseigner aux chiens à éviter la décharge électrique. Il a d'abord essayé de les convaincre de franchir la barrière en mettant de la nourriture dans le compartiment «neutre». Les animaux refusant de se laisser convaincre, Seligman a mis chaque chien en laisse, puis a tenté de les traîner de l'autre côté de la barrière afin de leur montrer qu'ils pouvaient éviter la décharge s'ils le voulaient. Cette technique d'entraînement a réussi, mais il a fallu traîner certains chiens jusqu'à plus de 50 fois avant qu'ils ne surmontent leur réaction de dépression devant la décharge et n'apprennent une façon plus directe et active de faire face à la situation.

La confrontation directe

La plupart des formes de *confrontation directe* comportent au moins trois étapes:

1. Une *analyse objective* du problème, de la manière dont il est survenu et de la manière dont la personne répond présentement.
2. Une formulation claire de la manière dont les choses pourraient s'améliorer, c'est-à-dire une description claire du *but final* ou de l'adaptation à réaliser.
3. Une *feuille de route psychologique* ou une liste de nouvelles manières d'affronter la vie que la personne pourrait utiliser pour atteindre son but.

La confrontation directe n'est pas toujours facile et exige souvent beaucoup de temps. Mais généralement, les bénéfices surpassent largement les coûts occasionnés. Après avoir quitté son groupe d'ascètes, Siddhartha apprend à reconnaître ses besoins sexuels et à y faire face. Quand il voit Kamala pour la première fois, celle-ci est la femme la plus désirable qu'il a jamais vue. Quand Kamala voit Siddhartha pour la première fois, c'est sans doute l'homme le plus repoussant sur lequel il lui a été donné de poser les yeux, car c'est un mendiant sous-alimenté et en haillons, qui vient de passer trois ans dans le désert, qui se présente à elle.

Mais Siddhartha sait comment affronter ses problèmes et ses besoins directement. Au lieu de se sentir déprimé ou de fuir, il analyse la situation et constate que son apparence physique nécessite quelques transformations. Il se rend donc à la ville, il se fait couper les cheveux et tailler la barbe, et il prend même un bain. Le jour suivant, il rend visite à Kamala et lui laisse savoir qu'il désire devenir son ami et apprendre d'elle l'art de l'amour. Kamala se met à rire de ce jeune homme vêtu de haillons. Mais le franc-parler et l'attitude directe de

Siddhartha lui ont plu, et elle lui fournit la «feuille de route psychologique» dont il a besoin pour atteindre son but: elle lui dit qu'il lui faudra devenir riche et la combler de cadeaux.

La méthode directe n'est pas toujours efficace. Mais la confiance en soi de Siddhartha fait une telle impression sur Kamala que celle-ci l'aide même à se trouver un emploi. Confiant en ses propres capacités, Siddhartha obtient l'emploi, devient riche et conquiert Kamala. Il n'a pas fait preuve de régression, de négation ou d'hostilité et d'agression. Il a effectué les rajustements nécessaires au niveau de ses comportements et de ses pensées, et s'est acheminé directement vers son but.

L'ADAPTATION FINALE

Siddhartha fait de nombreux changements adaptatifs au cours de sa vie. Il décide de vivre dans le désert pour apprendre à s'adapter à la réalité physique et pour apprendre à maîtriser ses propres émotions. Il revient à la ville pour apprendre à s'adapter à la réalité sociale. Il apprend même à répondre aux besoins d'adaptation des autres.

Mais l'adaptation que Siddhartha considère comme la plus importante, l'adaptation à lui-même, est celle qui exige de lui le plus de temps. À l'âge de 60 ans, il comprend que tout dans la vie est en continuel changement et que, pour s'adapter, il doit lui aussi être en état de changement continuel. Siddhartha prend conscience du fait qu'il n'existe point d'endroit parfait dans le monde où il pourrait se retirer et être en harmonie parfaite avec la vie. Il se rend compte qu'il n'y a pas de réponse ou de solution unique aux problèmes de la vie. Il doit alors s'adapter au fait qu'il devra constamment s'adapter à la vie. Quand, finalement, il s'adapte à cette adaptation continuelle, il devient adapté à la vie et à lui-même. Ce n'est qu'alors qu'il atteint l'unité et l'harmonie qui ont été au centre de sa recherche.

RÉSUMÉ

1. Siddhartha, le Bouddha, est un bon exemple de la manière dont les humains tentent de réaliser une certaine forme d'équilibre dans leur adaptation aux réalités de la vie. Dans sa démarche personnelle, Siddhartha a dû s'adapter à la réalité physique, à sa propre réalité interne et cognitive et à la réalité sociale.

2. Les résultats d'études laissent penser qu'il y a deux manières de base de s'adapter à la réalité physique. Les **extéroceptifs** sont des gens qui ont tendance à voir la réalité comme étant sous la domination de forces extérieures. Les **intéroceptifs** ont tendance à croire qu'ils ont eux-mêmes un certain contrôle conscient sur leur destinée.

3. Nos tentatives d'adaptation à notre propre réalité interne et cognitive (y compris nos émotions) nous amènent à apprendre à maîtriser notre vie interne. Trois types de rétroaction se présentent à nous et requièrent notre attention si nous désirons acquérir une plus grande connaissance de nous-mêmes et une plus grande maîtrise de nos émotions: il s'agit des rétroactions qui proviennent de notre propre corps, de notre esprit et de notre environnement social.

4. Parmi les techniques disponibles qui peuvent nous aider à maîtriser notre corps et notre environnement interne, il y a la méditation et la **rétroaction biologique**. La méthode du «reflet» des pensées et des comportements de Carl Rogers et d'autres thérapies (y compris l'utilisation de bandes magnétoscopiques qui nous permettent de nous voir de façon objective) ont été élaborées dans le but de nous aider à acquérir une maîtrise plus grande de notre propre réalité.

5. L'appartenance à un groupe nous permet d'en apprendre sur nous-mêmes, car elle nous permet de recevoir une rétroaction du groupe. L'adaptation à la réalité sociale nous force néanmoins à tenir compte d'un certain nombre de pressions qui s'exercent sur nous, telles que les pressions envers la conformité.

6. L'adaptation à la réalité sociale se fait en fonction de nos relations avec les autres; par conséquent, la plupart d'entre nous sommes probablement plus portés à nous préoccuper de notre adaptation sociale que de notre adaptation physique ou cognitive. Il arrive parfois que nos tentatives d'adaptation au monde social provoquent un **conflit** ou un **stress**.

7. Un conflit survient lorsque deux ou plusieurs buts sont présents et qu'un seul peut être atteint. Kurt Lewin a décrit trois formes principales de conflit: approche-approche, évitement-évitement et approche-évitement.

8. Les situations de conflit conduisent souvent au stress. D'après Hans Selye, le corps franchit trois étapes en réponse au stress. Ce sont la **réaction d'alarme**, la **phase de résistance** et la **phase d'épuisement**.

9. Deux des formes les plus courantes de stress sont l'anxiété et la frustration. L'**anxiété** est un sentiment d'appréhension ou de peur qui survient sans raison apparente. Elle renferme tous les changements biologiques qui sont associés au stress. La **frustration** est une forme de conflit qui conduit au stress. Si des tentatives répétées de se rapprocher du but désiré ou d'éviter une situation déplaisante se soldent par un échec, il peut en résulter de la frustration.

10. Lorsqu'on apprend à s'adapter aux aspects physiques, cognitifs et sociaux de la vie, on apprend finalement à «**faire face**» au monde. Les réactions défensives consistent habituellement en une fuite mentale ou physique de la situation traumatisante. La confrontation directe consiste à analyser le problème de façon objective, à définir un but ou une manière possible de s'adapter et, finalement, à découvrir une marche à suivre pour atteindre ce but.

A. RÉVISION

Compléter les phrases suivantes:

1. Le héros de *Siddhartha* de Hesse est souvent désigné sous le nom de
_____.

2. En répétant son *Om*, Siddhartha a compris que la signification de la vie se trouvait dans la_____.

3. L'_____ est aux psychologues humanistes ce que l'unité et la perfection étaient à Siddhartha.

4. Pour être bien adapté, il faut tenir compte de trois réalités distinctes: les réalités _____, _____ et_____.

5. Les _____croient souvent à l'astrologie et au fait que des forces externes mystérieuses gouvernent leur vie.

6. Les_____croient qu'eux-mêmes ont un certain contrôle conscient sur leur destinée.

7. Le psychologue Curt_____a étudié les réactions de rats face à des environnements très hostiles.

8. Les expérimentations de Richter permettent de croire que l'_____ a un rôle important à jouer dans l'adaptation.

9. Les gens qui échouent constamment dans leur tentatives d'adaptation peuvent en venir à voir la vie comme les _____ et avoir l'impression qu'il ne vaut pas la peine de s'adapter.

10. La connaissance de soi dépend de la _____ que l'on peut recevoir de différentes sources.

11. La rétroaction_____signifie la rétroaction qui provient de notre propre esprit.

12. Siddhartha méditait en pratiquant le_____.

13. L'utilisation d'appareils électroniques en vue de renseigner votre esprit de façon précise sur les activités de votre corps s'appelle la _____.

14. Un procédé important dans la thérapie de Carl Rogers est le_____ou la rétroaction fidèle au patient de ce qu'il a dit ou fait au cours de la séance de thérapie.

15. En thérapie, Rogers s'intéresse principalement aux changements qui surviennent dans l'_____du patient.

16. Lorsque nous nous associons à un groupe, ses membres s'attendent à ce que nous nous_____aux normes qui y sont en vigueur.

17. Solomon Asch a réalisé une des premières expérimentations sur les effets des_____ envers la conformité.

18. La technique de Asch peut donner comme résultat qu'une proportion supérieure aux_____des sujets «cèdent» ou se laissent influencer.

19. Chaque fois que nous nous trouvons en présence de deux buts et qu'un seul peut se réaliser, nous nous retrouvons en situation de_____.

20. Un conflit_____survient lorsque nous devons faire un choix entre deux ou plusieurs buts indésirables.

21. La plupart des conflits auxquels nous devons faire face sont d'un type que Lewin appelle_____.

22. Le_____résulte du fait que nous sommes menacés ou sous tension, ou que nous nous trouvons en situation de conflit.

23. La dernière phase de la réponse au stress de Selye est la phase d'_____.

24. L'_____est un sentiment d'appréhension ou de peur qui survient sans raison apparente.

25. Freud a expliqué l'anxiété en l'attribuant à des menaces ou des conflits_____ _____.

26. Au cours de la vie, nous apprenons à_____au monde.

27. La confrontation directe et les_____sont deux manières d'affronter le stress.

28. La_____et la_____sont des formes de réaction défensive qui consistent à revenir à des modes de comportement plus primitifs ou à refuser d'apprendre de nouvelles façons d'être.

29. La dépression est une forme courante de réaction_____.

30. La première étape de la confrontation directe consiste à faire une_____ _____du problème, de la manière dont il est survenu et de la manière dont la personne répond présentement.

B. VÉRIFICATION DES CONNAISSANCES

Encercler la bonne réponse (A, B, C ou D):

1. Herman Hesse a caractérisé Siddhartha comme étant:
   A. le fils parfait: intelligent, docile et robuste.
   B. le fondateur du bouddhisme.
   C. un joueur, un buveur et un habile marchand.
   D. A, B et C à la fois.

2. D'après Rotter, les gens qui croient qu'ils n'ont pas de contrôle réel sur les événements de leur vie sont des:
   A. extéroceptifs.
   B. adultes bien adaptés.
   C. personnes actualisées.
   D. intéroceptifs.

3. La rétroaction biologique:
   A. est une forme de méditation.
   B. peut nous aider à maîtriser certaines fonctions physiologiques involontaires.
   C. a été lancée par B. F. Skinner et Carl Rogers.
   D. comporte l'utilisation du curare pour maîtriser l'activité mentale.

4. On peut considérer Carl Rogers comme un psychologue:
   A. behavioriste.
   B. psychanalytique.
   C. humaniste.
   D. cognitif.

5. Les premières expérimentations sur les pressions sociales et la conformité ont été réalisées par:
   A. Carl Rogers.
   B. Neal Miller.
   C. un groupe de psychologues de l'Université du Michigan.
   D. Solomon Asch.

6. Si vous vous retrouviez devant deux buts positifs et que vous ne pouviez en choisir qu'un seul, vous expérimenteriez sans doute un conflit:
   A. approche-approche.
   B. approche-évitement.
   C. évitement-évitement.
   D. double approche-évitement.

7. Dans quel ordre les phases de réaction au stress de Selye se présentent-elles?
   A. alarme, épuisement, résistance
   B. résistance, alarme, épuisement
   C. épuisement, alarme, résistance
   D. aucune de ces réponses

8. À quel type de réaction défensive se réfère-t-on lorsque l'on parle d'une personne qui refuse de s'arrêter à des pensées qui éveillent de l'anxiété?
   A. refoulement
   B. régression
   C. déplacement
   D. projection

L'orientation
vers la réalité

Citant les paroles d'une chanson de l'armée anglaise de la Première Guerre mondiale, Douglas MacArthur disait: «Les anciens soldats ne meurent jamais; ils s'effacent de l'existence petit à petit». Il ne croyait pas si bien dire. Au cours de la seule année financière 1972, le service gouvernemental des anciens combattants aux États-Unis s'est occupé de faire traiter 108 500 personnes âgées. Lars P. Peterson, de l'hôpital des anciens combattants de Tuscaloosa (Alabama) rapporte que bon nombre de ces personnes souffraient d'anxiété, de dépression, d'hostilité, de confusion, de désorientation, de manque de concentration et de retrait de la réalité. Autrement dit, ils s'éteignaient à petit feu.

Le problème ne se limite pas aux anciens combattants. En 1970, il y avait 20 millions de personnes âgées (que l'on définit comme ayant 65 ans ou plus) aux États-Unis. En l'an 2 000, il y en aura au moins 8 millions de plus. Présentement, 5% de ces personnes vivent dans des établissements de soins, 5% mènent une existence marginale à l'extérieur des établissements et un autre 15% ont besoin de soins intensifs. Bon nombre de ces patients âgés sont considérés comme séniles (confus et désorientés). On perçoit leur situation comme désespérée et le processus comme irréversible. Cependant, Peterson croit qu'il n'est pas nécessaire qu'il en soit ainsi. À l'hôpital des anciens combattants de Tuscaloosa, on considère la sénescence comme un problème plus psychologique que biologique. «Pour nous, dit-il, la sénescence est davantage une forme d'adaptation au vieillissement que la conséquence de facteurs organiques».

Peterson poursuit en disant qu'il base son raisonnement sur la séquence habituelle qui précède la première admission de ces patients à l'hôpital. Le problème débute généralement par une crise biomédicale (attaque, crise cardiaque, pneumonie, etc.) ou une crise psychologique (stress économique, social ou émotionnel). La situation rend la personne dépendante des soins de sa famille, et celle-ci réagit en apportant au patient des soins intensifs, même dans des domaines où il fonctionne très bien. En retour, le patient se sent et agit de façon de plus en plus impuissante et la famille commence à voir la situation comme désespérée. Il en résulte finalement une admission en permanence à un établissement de soins et une dégradation progressive.

Peterson affirme que même si les incapacités physiques sont évidentes, il ne faut pas négliger les conséquences des pertes économiques et sociales sur le comportement de la personne âgée. C'est l'interaction de ces facteurs qui contribue à augmenter la confusion, la désorientation et le retrait de la réalité chez le patient.

Mais pour Peterson, il n'est pas inévitable que cette situation prenne de l'ampleur. Un programme de réhabilitation approprié, tel que le programme d'orientation vers la réalité, peut renverser ou tout au moins stabiliser ce processus.

Peterson explique que ce programme est un traitement à deux volets, qui a été élaboré expressément pour les patients âgés confus. La première partie consiste à orienter le patient jour et nuit en fonction de son environnement immédiat en insistant sur le temps, le lieu et la personne. Quand le patient se met à radoter, on le ramène à la réalité d'une manière toute naturelle.

La deuxième partie du traitement comprend cinq périodes de cours par semaine d'une durée de 30 minutes chacune. Les cours visent à donner à la personne âgée une orientation structurée vers la réalité; on utilise des objets concrets dans les cours de base et, dans les cours plus avancés, on fait appel à des notions et concepts plus abstraits.

Le programme insiste sur la réhabilitation, mais Peterson propose qu'il soit aussi utilisé comme programme de prévention dans les foyers d'accueil et dans des situations médicales ou chirurgicales générales. Même s'il est clair que le programme d'orientation vers la réalité n'est pas un remède à la sénilité ou au processus de vieillissement, il est au moins une méthode qui empêche le cerveau de s'atrophier et qui ralentit ou renverse même quelques-uns des effets psychologiques de l'âge. Alors, il n'est peut-être pas nécessaire que les foyers de vieillards soient un endroit de repos terminal, et il n'est peut-être pas nécessaire qu'on laisse les anciens soldats s'éteindre à petit feu.

C. À PROPOS DE L'ARTICLE...

1. D'après Peterson, quelle est la séquence d'événements habituelle qui conduit à l'admission des personnes âgées dans des établissements de soins?_____

_____

2. En quoi consiste le programme «d'orientation vers la réalité»? _____

_____

SUGGESTIONS DE LECTURES

Brown, B., *Stress et bio-feedback*, L'Etincelle, Montréal, 1978.

Doise, W., Deschamps, J.-C., Mugny, G., *Psychologie sociale expérimentale*, Armand Colin, Paris, 1978.

Fast, J., *Le langage du corps*, Stock, Paris, 1971.

Freud, A., *Le moi et les mécanismes de défense*, Presses Universitaires de France, Paris, 1975.

Hesse, H., *Siddhartha*, Grasset, Paris, 1925.

Kübler-Ross, E., *La mort, dernière étape de la croissance*, Québec-Amérique, Montréal, 1977.

Selye, H., *Stress sans détresse*, La Presse, Montréal, 1974.

Selye, H., *Le stress de la vie*, Lacombe, Ottawa, 1975.

En anglais

Fast, J., *The body language of sex, power and aggression*, M. Evans, New York, 1976.

4e partie

psychologie du
comportement anormal

12

comportement normal ou anormal?

«Normal» et «anormal» sont des termes difficiles à définir quand il s'agit du comportement humain, mais des troubles biologiques, psychologiques et sociaux semblent faire partie de la plupart des manifestations de comportement anormal chez l'homme. La classification des comportements anormaux selon leurs causes principales nous aide à mieux comprendre et peut-être à traiter ces comportements.

Après avoir étudié ce chapitre, vous pourrez:

- Parler de ce qu'on entend par «anormal» et énumérer les normes du comportement normal de Goldenson;

- Donner au moins cinq causes biologiques de comportements anormaux;

- Définir la «névrose» et nommer les symptômes importants de six troubles névrotiques;

- Définir la «psychose fonctionnelle» et en décrire cinq manifestations;

- Décrire la personnalité de l'inadapté social;

- Traiter des déviations sexuelles et de leur caractère normal ou anormal;

- Traiter des répercussions de l'étiquetage psychiatrique.

glossaire

Aliéné. Terme désignant quelqu'un incapable légalement de mener ses propres affaires, de poser des jugements normaux ou de distinguer le vrai du faux. C'est un terme juridique qui se rapporte à des troubles psychologiques ou de comportement jugés ou définis comme tels par un tribunal.

Amnésie. Du grec *amnesia*, «oublie». Perte de mémoire temporaire ou permanente, totale ou partielle.

Anormalité organique. Comportement inhabituel ou maladie physique qui a (ou semble avoir) une cause purement physique. Le daltonisme est (généralement) une anormalité organique, vu qu'il est surtout héréditaire.

Comportements normaux. L'expression a deux significations qui doivent demeurer bien distinctes. Elle signifie premièrement «ce que la plupart des gens *font* dans une situation donnée», et deuxièmement «ce que la plupart des gens *doivent faire* dans une situation donnée pour être fidèles à un code moral ou religieux ou d'après une théorie quelconque».

Compulsion. Du latin *compulsio*, «contrainte». Une compulsion est une forte envie d'agir ou de se comporter d'une certaine façon. On peut se sentir contraint de se conduire d'une façon particulière «parce que c'est ce que la société attend de nous», ou parce que notre conscience (ou notre subconscient) le demande.

Déficience mentale. Terme général utilisé pour désigner l'état des personnes dont le quotient intellectuel (QI) est inférieur à 75. Carence de développement intellectuel qui engendre l'incompétence sur le plan social et qui a longtemps été considérée comme le résultat d'une défectuosité du système nerveux central et, par conséquent, comme incurable. Toutefois, nous croyons aujourd'hui qu'il est possible d'aider bon nombre de déficients mentaux à mener une vie satisfaisante, s'il n'est pas encore possible de les «guérir».

Délirium tremens. Deux mots latins signifiant «délire tremblant». Sorte de déséquilibre mental temporaire caractérisé par des hallucinations, de la confusion, une façon de s'exprimer indistincte ou étrange et par des tremblements. Conséquence habituelle de la consommation excessive et prolongée d'alcool.

Génie. Du latin *genius*, «inclination, talent». Personne douée d'un talent, de dispositions ou de facultés créatrices qui sortent de l'ordinaire.

Grille d'analyse médicale. Thèse selon laquelle les comportements anormaux sont uniquement le «symptôme» d'un trouble mental sous-jacent. En conséquence, le fait de soigner les comportements ne guérira pas le trouble qui en est la cause, pas plus que le fait de soigner un mal de tête relié à une tumeur au cerveau en donnant de l'aspirine au patient ne le débarrassera de la tumeur. C'est à l'opposé de la «théorie de l'apprentissage social», qui prétend que le comportement anormal constitue un problème en soi et que puisqu'il a été appris, il peut être désappris.

Masturbation. Action de rechercher le plaisir par la stimulation de ses propres organes sexuels. Également appelée «auto-stimulation» ou «auto-gratification».

Névrose. Du grec *neuron*, «nerf». Forme de maladie mentale bénigne, bien que continuelle, qui permet au patient de s'adapter encore suffisamment à son milieu social au point que son hospitalisation n'est habituellement pas requise.

Névrose d'angoisse. Trouble mental de forme relativement bénigne qui rend la personne continuellement angoissée ou indisposée nerveusement, généralement pour des motifs qu'elle ignore.

Névrose hypocondriaque. Trouble mental de forme relativement bénigne où la personne souffre surtout d'affections physiques imaginaires. Un hypocondriaque est une personne qui court chez le médecin au moindre petit bobo.

Névrose hystérique. Du grec *hustera*, «utérus». Sorte de trouble mental marqué par une émotion non contenue: des éclats de rire violents et nerveux qui peuvent changer brusquement en un déchaînement de colère et de larmes. À l'origine, on croyait que l'hystérie était le propre des femmes et que ce trouble avait pour siège l'utérus.

Normes. Comportements normaux ou prévus.

Obsession. Pensée, sentiment ou désir qui revient sans cesse, généralement contre la volonté de la personne.

Parésie générale. Du grec *paresis*, «relâchement». Forme de maladie mentale d'origine organique causée par l'action destructrice du germe syphiliti-que sur le cerveau. Il existe habituellement une longue période d'incubation dans la parésie généra-le, puisque les premiers symptômes apparaissent entre 5 et 30 ans après la première infection.

Personnalité multiple. Dans certains cas, une personne peut agir comme si une ou plusieurs parties de sa personnalité de base s'étaient détachées et avaient commencé à mener une vie indépendante. Ainsi, Mme Leblanc peut se conduire normalement dans bien des conditions; pourtant, parfois, son corps semble être sous l'emprise d'un autre aspect de sa personnalité, elle se conduit mal et s'appelle Mme Lenoir.

Psychopathe. Également appelé *inadapté social.* Personne qui manifeste un trouble de la personnalité marqué surtout par l'incapacité de s'adapter aux normes sociales et à l'éthique dominantes et par un manque de responsabilité sociale. Les deux termes ont été remplacés par «personnalité antisociale».

Psychose. Du grec et du latin *psychosis,* «maladie de l'esprit». Forme grave de maladie mentale qui requiert habituellement un traitement intensif, comprenant souvent l'hospitalisation. Les plus importantes sont la psychose organique et la psychose fonctionnelle.

Psychose affective. Trouble mental grave de l'individu touchant les réponses émotionnelles.

Psychose maniaco-dépressive. Deux sortes de troubles mentaux graves souvent réunis et appelés «psychose affective». La plupart des patients manifestent une réaction maniaque, soit une réaction dépressive, mais non les deux. Les réactions maniaques se caractérisent par l'exalta-tion et l'hyperactivité et varient en intensité, allant du

doux à l'aigu, jusqu'à culminer dans le délire. Dans une simple dépression, le patient montre une perte d'intérêt au monde, devient découragé, pense au suicide et refuse de travailler ou de manger. Quand le patient souffre de stupeur dépressive, il faut souvent le nourrir de force pour le maintenir en vie.

Psychose organique. Sorte de trouble mental grave qui a (ou semble avoir) une cause biologique connue. Contraire de la *psychose fonctionnelle,* qui est également un trouble mental grave, mais sans cause biologique connue.

Rémission. Du latin *remittere,* «renvoyer». Quand des patients hospitalisés sont retournés à la société, ils bénéficient d'une «rémission».

Schizophrénie. Du grec *schizein,* «fendre», et *phrên,* «esprit». Étiquette psychologique qu'on appose aux troubles de personnalité caractérisés par la timidité, l'introversion et la tendance à éviter les contacts sociaux et les relations intimes. Des pensées déformées, des hallucinations, une impul-sivité émotionnelle et des mouvements du corps inhabituels sont souvent des symptômes de schizo-phrénie. Les quatre principales sortes de schizo-phrénie sont les suivantes: simple, hébéphrénique, catatonique et paranoïde.

Sénilité. Du latin *senex,* vieillard. Forme de pertur-bation mentale grave reliée au vieillissement ou à la vieillesse. La sénilité comprend souvent l'oubli ou l'amnésie, en particulier l'oubli des événements récents.

Thyroxine. Hormone de croissance sécrétée par la glande thyroïde.

Tumeur. Du latin *tumor,* «enflure». Excroissance anormale d'un type quelconque.

INTRODUCTION: *VOL AU-DESSUS D'UN NID DE COUCOU*

Pendant vingt ans, le Chef Bromden se fait passer pour sourd-muet. Il ne prononce pas une syllabe et fait comme s'il n'entendait strictement rien. Le Chef, qui avait pour père le chef d'une tribu d'Indiens établis le long du fleuve Columbia, n'a pas toujours agi de la sorte: son refus de communiquer date du jour où il a eu l'impression que les autres avaient cessé de l'écouter. Alors qu'il était enfant, un groupe d'étrangers est arrivé au village pour tenter de forcer les Indiens à vendre leurs terres. Le jeune Bromden était seul quand les Blancs sont arrivés, et il a essayé de leur parler et de leur dire où se trouvait son père. Mais les Blancs n'ont pas écouté le jeune Indien: ils ont agi comme s'il n'avait pas été là et même se sont amusés à ses dépens, l'ont injurié. À l'école, il a subi à peu près le même sort: certains professeurs de race blanche n'écoutaient jamais ce que le jeune Indien avait à leur dire. Dans l'armée, ceux qui avaient un grade supérieur au sien (c'est-à-dire à peu près tout le monde) refusaient de l'écouter. C'est pour cela qu'un jour, le Chef Bromden décide de cesser de parler aux gens. Il commence à jouer au sourd-muet. Mais son jeu ne lui porte pas bonheur: il le conduit tout droit à l'hôpital psychiatrique. Les gens le prennent pour fou et le font interner.

Le Chef continue de jouer son jeu pendant 20 ans à l'hôpital psychiatrique. Comme il joue d'une manière convaincante, on lui permet de se promener librement un peu partout et de prendre connaissance d'à peu près tout ce qui se passe dans son unité de soins. L'affaire la plus intéressante que le Chef apprend, c'est la façon dont un homme, Randle Patrick McMurphy, s'est fait interner à dessein. C'est l'histoire du Chef Bromden et de McMurphy que nous raconte Ken Kesey dans son roman intitulé *One Flew over the Cuckoo's Nest*, duquel on a tiré le film *Vol au-dessus d'un nid de coucou*.

McMurphy est un Irlandais corpulent, tapageur et amical, aux longs cheveux roux, qui arbore une cicatrice voyante sur le nez. Son arrivée bouleverse la vie habituellement calme de l'unité. Avec sa voix forte, ses histoires drôles, ses poignées de main chaleureuses, il parvient à faire en sorte que les autres s'intéressent à autre chose qu'à leurs casse-tête. Il raconte à tout le monde comment il a procédé pour entrer à l'hôpital, et comment il a l'intention de se tirer d'affaire.

McMurphy était prisonnier et travaillait dans une ferme lorsqu'il a décidé que la vie serait peut-être plus belle dans un hôpital psychiatrique. Tout ce qu'il a eu à faire, c'est de chercher la bagarre; en peu de temps, il a réussi à persuader les dirigeants de la ferme de travail qu'il était **aliéné**. Il a été diagnostiqué **psychopathe** ou **inadapté social**, c'est-à-dire un individu qui manque de responsabilité sociale et est incapable de respecter les lois de la société.

Les soignants de l'hôpital, après lecture du dossier de McMurphy, sont persuadés que celui-ci est un inadapté social et le traitent comme tel. Mais notre homme s'en fiche pas mal. Il a ce qu'il désirait: un lit moelleux, trois repas par jour, et plusieurs nouveaux gogos avec lesquels il peut jouer à l'argent à sa guise. Tout va bien pendant quelque temps, et l'Irlandais s'amuse beaucoup. Il gagne beaucoup d'argent, et réussit même à faire pénétrer des femmes dans l'unité, le soir, pour s'amuser un peu. Mais sa situation n'a pas que des avantages: il découvre que la loi l'oblige à rester à l'hôpital tant qu'il n'aura pas prouvé aux soignants qu'il est sain d'esprit. Il y reste jusqu'à sa mort.

Vol au-dessus d'un nid de coucou est une histoire fictive; elle n'est pas basée sur des faits vécus. On n'enferme pas des gens ordinaires dans des hôpitaux psychiatriques comme on a fait pour McMurphy. Mais en est-on bien sûr? D.L. Rosenhan, de l'Université Stanford, croit que ce sont des choses qui se produisent. Selon lui, les psychiatres ne peuvent pas toujours établir la différence entre une personne saine d'esprit et une autre qui ne l'est pas. Il a fait une expérience pour tenter de le démontrer. Lui-même ainsi que sept autres personnes se sont fait admettre à divers hôpitaux psychiatriques aux États-Unis. Ils sont devenus des pseudopatients, ou de faux patients, et n'ont prévenu aucun soignant de l'hôpital du fait qu'ils tentaient une expérience. Le but qu'ils poursuivaient était de déterminer si, oui ou non, les soignants découvriraient qu'ils simulaient la folie.

Parmi ces personnes figuraient trois psychologues, un pédiatre, un psychiatre, un peintre et une ménagère. Trois étaient des femmes, cinq des hommes. Tous étaient considérés comme des gens normaux, aucun d'entre eux n'avait jamais manifesté un quelconque signe de troubles psychologiques graves. Chacun des pseudopatients a demandé un rendez-vous à un hôpital psychiatrique et a été admis après s'être plaint «d'entendre des voix». Ils ont fourni de faux renseignements sur leur identité, leur métier et leur lieu de travail, mais outre cela, tout ce qu'ils ont déclaré aux soignants était strictement exact. Ils ont raconté les événements importants de leurs antécédents exactement comme ils s'étaient produits, ils ont décrit leurs propres frustrations et bouleversements émotionnels aussi bien que leurs propres joies et satisfactions. D'après Rosenhan, s'il y avait une chose que l'histoire des pseudopatients pouvait démontrer, c'est que ces derniers étaient sains d'esprit, puisque rien dans leurs antécédents comportementaux n'était inhabituel.

Rosenhan a publié les résultats de son expérience dans la revue *Science* en janvier 1973. Dans tous les cas, les pseudopatients ont été considérés comme «malades mentaux» ou «aliénés» et admis à l'hôpital. Dans 11 cas sur

12, ils ont été diagnostiqués **schizophrènes**, c'est-à-dire comme ayant de graves troubles de la personnalité.

Le lendemain de leur admission, les pseudopatients ont cessé de dire qu'ils entendaient des voix et ont tenté de convaincre les soignants qu'ils étaient sains d'esprit. Mais même si les pseudopatients affichaient au vu et au su de tous des comportements normaux, dans aucun des cas les soignants ne se sont rendus compte qu'ils s'étaient fait admettre à l'hôpital en jouant la comédie. Bien plus: les soignants ont mis une lenteur inquiétante à se rendre compte que ces soi-disant patients aliénés s'étaient soudainement beaucoup améliorés. Environ 30% des autres patients, par contre, ont découvert que les pseudopatients étaient sains d'esprit. Les «vrais» patients disaient aux faux: «Vous n'êtes pas fou (folle). Vous êtes journaliste ou professeur. Vous ne faites que vous renseigner sur l'hôpital, n'est-ce pas?»

En moyenne, il a fallu 19 jours aux pseudopatients pour convaincre les soignants de les relâcher. On en a gardé un 52 jours; il a même dû s'évader, car il ne parvenait pas à persuader les médecins de l'hôpital qu'il était sain d'esprit. Dans la plupart des autres cas, les compagnons de Rosenhan ont pu obtenir leur congé, mais sur la foi du diagnostic suivant: «schizophrénie en **rémission**». En d'autres termes, ils étaient toujours considérés comme malades mentaux, mais leur schizophrénie était censée être en rémission, c'est-à-dire moins grave que lorsqu'ils avaient été admis à l'hôpital. «Une fois étiqueté schizophrène, explique Rosenhan, le pseudopatient ne pouvait plus être considéré comme sain d'esprit.»

Les conclusions de Rosenhan ont fait scandale. Des gens sains d'esprit pouvaient effectivement être déclarés aliénés par des professionnels qui étaient censés connaître la différence!

Rosenhan a ensuite mené une autre expérience pour voir si des gens considérés comme aliénés pouvaient être diagnostiqués sains d'esprit. Il a commencé par exposer aux soignants d'un hôpital les résultats de sa première expérience. Puis, il leur a déclaré qu'un ou plusieurs de ses pseudopatients essaieraient de se faire admettre à l'hôpital. On a par conséquent demandé aux soignants d'évaluer chacun des patients qui entreraient par la suite pour essayer de découvrir les «farceurs». Des données ont été recueillies sur 193 patients admis pour des traitements psychiatriques. De ce nombre: 41 ont été considérés comme pseudopatients par au moins un soignant; 23 ont été considérés comme suspects par au moins un psychiatre; 19 ont éveillé les soupçons d'un psychiatre et d'un autre soignant. En fait, admet Rosenhan, aucun pseudopatient authentique (du moins de son groupe) n'avait essayé de se faire admettre.

Les pseudopatients de Rosenhan, tout comme McMurphy, ont eu de la difficulté à démontrer qu'ils étaient sains d'esprit. Mais l'expérience de Rosenhan ne relève pas de la fiction. L'histoire est vraie, et elle s'est passée tout récemment, non pas au moyen-âge. Si les psychiatres et les psychologues, ayant en main toutes les connaissances qu'ils ont, ne peuvent différencier les personnes saines d'esprit des aliénés, qui peut le faire? Qui décidera de ce qui est normal et de ce qui ne l'est pas?

QU'EST-CE QUI EST NORMAL?

Ce sont la société et les statistiques qui décident de ce qui est normal et de ce qui est *anormal* (en dehors des normes). Si la plupart des membres d'une société entendent et parlent, alors la capacité d'entendre et de parler est normale. Les gens incapables d'entendre ou de parler en raison d'un trouble physique sont considérés comme physiquement anormaux. Ceux qui décident de ne pas parler et prétendent ne pas entendre, comme le Chef Bromden, pourraient passer pour aliénés selon les normes de la société. Vu que la plupart des membres de la société n'entendent pas de voix étranges, les personnes qui en entendent (ou qui *prétendent* en entendre) peuvent quelquefois passer pour anormales et se faire diagnostiquer schizophrènes, comme les pseudopatients de Rosenhan.

Mais tous les comportements ne sont pas aussi faciles à classifier que l'ouïe et la parole. Quel est, par exemple, le résultat normal à un test d'intelligence, ou de quotient intellectuel (QI)? Si la plupart des membres d'un groupe obtiennent environ 100 de QI, ce résultat est considéré comme normal, ou moyen. De fait, nombre de tests d'intelligence sont conçus de telle sorte que la plupart des gens à qui ils s'adressent obtiendront tout près de 100. Si l'on utilise la courbe normale de répartition (en forme de cloche), environ 68% des gens qui passent le test doivent atteindre tout près de la moyenne 100 (voir figure 12.1). Les personnes dont les résultats se situent à l'extérieur (au-dessus ou au-dessous) du bloc médian, ou moyen, de résultats, pourraient passer pour anormales du point de vue statistique (voir Annexe).

Malheureusement pour ceux qui tentent de déterminer lesquels d'entre nous sont normaux et lesquels ne le sont pas, la vie est plus complexe qu'une simple série de statistiques ou de moyennes. Les gens qui obtiennent la moyenne dans un test d'intelligence sont considérés comme normaux. Ceux qui dépassent la moyenne sont appelés des génies. Ainsi, un *génie* est anormal du point de vue statistique. Si 80% des votants élisent un gouvernement libéral,

Une conduite considérée comme normale dans certaines circonstances peut passer pour anormale à d'autres moments. (*À gauche*) On s'attend d'un soldat qu'il obéisse à l'ordre de tuer l'ennemi au combat. (*À droite*) Le nazi Adolph Eichman a été jugé comme criminel de guerre pour avoir ordonné le massacre des Juifs pendant la Seconde Guerre mondiale.

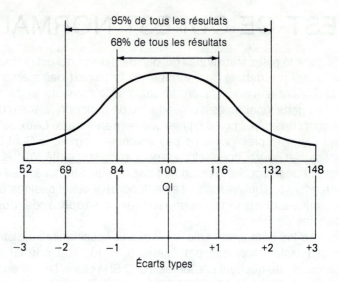

Fig. 12.1

Si 68% des gens se classent entre 84 et 118 de quotient intellectuel (QI), ceux qui obtiennent 52 pourraient être considérés comme anormaux.

les 20% qui restent pourraient passer pour anormaux, du point de vue politique. Très peu de gens, parmi ceux qui passent un test psychologique, obtiennent des résultats indiquant une adaptation parfaite sur tous les plans du test. Donc, ceux qui obtiennent de tels résultats, et qui seraient typiquement normaux à tous les points de vue d'après le test, ne sont pas dans la moyenne et, en conséquence, sont anormaux du point de vue statistique.

On peut avoir recours à la statistique pour définir le comportement moyen, mais la conduite supérieure ou inférieure à la moyenne n'est pas toujours ce que les gens considèrent comme anormal. Les génies, les membres du parti conservateur et les personnes parfaitement adaptées ne sont pas généralement des gens assimilés aux anormaux. L'une des raisons pour lesquelles la statistique ne définit pas toujours correctement l'état normal est qu'il y a des sous-sociétés et des sous-cultures à l'intérieur de chaque société. Toute société ou culture ou tout groupe de personnes possède sa propre série de **normes**. Ce qui est normal ou moyen chez un groupe peut ne pas l'être chez l'autre. L'esprit combatif de McMurphy, par exemple, était considéré comme tout à fait normal dans les camps de bûcherons du Nord-Ouest américain, et lui avait même gagné le respect des gens qui travaillaient avec lui. C'est ce même esprit combatif qui lui avait permis de mériter une médaille militaire pour sa bravoure au combat et pour avoir organisé l'évasion d'un groupe de prisonniers de guerre. Et c'est pourtant ce même esprit combatif qui l'avait amené à être congédié de l'armée d'une manière déshonorante après qu'il se soit battu avec ses supérieurs, et qui avait contribué à le faire interner pour de bon dans un hôpital psychiatrique.

Ainsi, ce qu'on considère comme normal peut changer d'un endroit à l'autre, d'une époque à l'autre, d'une société à l'autre. Par exemple, nombre de sociétés estiment que l'homosexualité est anormale. Toutefois, en 1972, l'American Psychological Association a rayé l'homosexualité de sa nomenclature des psychopathologies. En 1973, la même association retirait l'homosexualité de son manuel de troubles mentaux. Au Canada, en 1968, l'homosexualité a cessé d'être illégale; au Québec, depuis quelque temps, la charte des droits de l'homme condamne toute discrimination ayant l'homosexualité pour motif. Les statistiques sur l'homosexualité n'ont pas beaucoup changé, mais les attitudes se sont quelque peu modifiées avec le temps.

Quand les statistiques ne cernent pas suffisamment bien les **comportements normaux**, les psychologues les définissent souvent en termes de «comportements adaptatifs». Autrement dit, toute conduite (tout comportement) qui aide un individu ou une *société* à mieux s'adapter à un environnement est censée être normale. Tout comportement qui ne favorise pas le bien-être d'un individu ou d'une société passe pour anormal. L'alcoolisme, les politiques trompeuses, les pratiques commerciales malhonnêtes, les opinions préconçues et la paresse sont des comportements qui pourraient être considérés comme inadaptés (dénués d'adaptation) ou anormaux, même dans des sociétés où ils sont normaux du point de vue statistique.

D'après ce qui précède, il est clair que des problèmes surgissent quand on tente de définir les comportements normaux et anormaux. Il y a trop de sociétés, de cultures, de sous-cultures et d'individus qui attribuent des sens différents au terme «normal». On n'est pas encore parvenu à définir un modèle idéal ou parfait de normalité qui puisse répondre aux besoins de chaque personne et de chaque culture. Avec tous ces problèmes à l'esprit, les psychologues ont fait de louables efforts pour définir ce dont ils parlent lorsqu'ils utilisent des termes comme «normal» et «anormal». Selon le psychologue Robert M. Goldenson, les gens qui ont une conduite que l'on dit normale répondent habituellement à des normes flexibles dont voici les plus importantes:

1. La capacité de penser, de sentir et d'agir d'une façon coordonnée.
2. La capacité de se plier aux exigences d'un environnement socialement acceptable (non criminel ou non déviant) en adoptant une attitude relativement mûre, réaliste et non défensive.
3. L'absence de perturbations émotionnelles extrêmes (mécontentement, bouleversement, appréhension, etc.) sans que la personne ne tombe dans les excès contraires de l'apathie ou de l'euphorie injustifiée.
4. L'absence de symptômes manifestes de troubles mentaux.

Goldenson et d'autres psychologues et psychiatres ont aussi essayé de classifier les comportements anormaux ou les «symptômes manifester de troubles mentaux».

CLASSIFICATION DES TROUBLES MENTAUX

Les symptômes manifestes des troubles mentaux mentionnés par Goldenson sont perceptibles depuis la nuit des temps. Les premiers textes chinois et égyptiens décrivent des individus perturbés. L'Ancien Testament relate l'histoire du roi Saül qui semble avoir souffert de ce qu'on appelle aujourd'hui une psychose maniaco-dépressive. Un jour, il s'est déshabillé complètement et il a traversé une place publique en courant; à une autre occasion, il a essayé de tuer son fils Jonathan. Des siècles avant Saül, la mythologie grecque rapportait déjà de nombreuses histoires de gens qui semblent avoir souffert de perturbation mentale. L'histoire et la littérature de presque toutes les époques et cultures font mention de comportements étranges et anormaux.

À travers l'histoire, parmi les nombreuses tentatives de description des comportements normaux, la plus heureuse a peut-être été la classification des anormalités en fonction de leurs causes. Les troubles biologiques, cognitifs ou psychologiques et sociaux contribuent tous à susciter divers types de comportement anormal. Une fois que nous connaissons la cause d'une anormalité, nous pouvons souvent trouver des moyens de corriger ou de guérir le trouble et, par là, venir en aide à la personne perturbée.

LES TROUBLES BIOLOGIQUES

Dans la même unité que Bromden et McMurphy se trouve un homme du nom de Pete, dont la tête est enfoncée des deux côtés. Le médecin qui a mis Pete au monde a pressé le crâne mou du bébé pendant qu'il essayait de le sortir du ventre de sa mère. Certaines parties du cerveau de Pete ont été endommagées à cause de cet accident, et il n'a jamais vraiment été en état de se concentrer et d'étudier comme les autres. Seuls un effort exceptionnel et beaucoup d'aide lui ont permis d'apprendre suffisamment pour se trouver un emploi très simple et s'occuper lui-même de ses soins personnels. Il lui fallait fournir un effort constant pour poser des gestes que la plupart des enfants de six ans pouvaient effectuer facilement. Au bout de 50 ans d'efforts constants, Pete a fini par se lasser, et il a abandonné la partie. Depuis le jour où il a été admis à l'hôpital, il passe son temps assis à ne rien faire, et il répète continuellement: «Je suis fatigué». Pete est fatigué de se battre pour surmonter une grave anormalité biologique.

Étant donné que le cerveau et le système nerveux sont le siège de presque tous les comportements et pensées de l'homme, une blessure au cerveau ou au système nerveux peut provoquer l'apparition de pensées ou de comportements anormaux. Les blessures à la tête, les maladies infectieuses, les poisons, le déséquilibre hormonal ou chimique du corps, les troubles génétiques, les tumeurs au cerveau, les troubles de circulation sanguine sont autant de causes biologiques possibles à des pensées ou à des comportements qui pourraient passer pour anormaux suivant les normes de la société. Comme les troubles biologiques peuvent causer des anomalies évidentes dans la chimie, les tissus ou les organes du corps humain, on les appelle souvent des **anormalités organiques**.

La déficience mentale

La **déficience mentale** est généralement définie comme un fonctionnement intellectuel inférieur à la normale qui trouve son origine à un moment quelconque de la croissance de l'enfant. Comme la déficience mentale est souvent le résultat d'une anormalité organique, elle pourrait en réalité s'appeler déficience organique ou physiologique. Cette maladie cause généralement des troubles d'apprentissage, d'adaptation à la société et de maturité. Elle n'est cependant pas toujours accompagnée de troubles mentaux. Pete a été déficient mental pendant 50 ans, mais il n'était pas perturbé mentalement ni émotionnellement. Pete savait quel était son problème et il essayait de s'y adapter. C'est seulement lorsque les frustrations sont devenus trop lourdes à porter qu'il a paru devenir perturbé mentalement.

Autrefois, les déficients mentaux étaient souvent placés dans des foyers où l'on pouvait en prendre soin. On faisait peu pour les aider. Par contre, ces dernières années, des programmes spéciaux d'éducation et de traitement ont démontré que beaucoup de déficients étaient en mesure de subir un apprentissage et de mener une vie heureuse et productive.

La vieillesse

À l'unité où Bromden et McMurphy sont internés, on trouve également plusieurs hommes très âgés cloués à leur lit ou à leur chaise roulante. Nombre d'entre eux ne peuvent pas s'occuper de leurs soins personnels et requièrent une attention constante. Plusieurs ne peuvent pas parler, et ceux qui parlent ne disent pas des choses bien cohérentes. Ces vieillards ne semblent pas s'intéresser aux autres ou à la vie en général. La plupart d'entre eux n'ont qu'une occupation: rester assis et regarder dans le vide. Ils ne semblent même pas remarquer qu'une grande gueule comme McMurphy est arrivée dans le paysage et a mis l'unité sens dessus dessous.

À mesure que le corps humain vieillit, il commence à fonctionner de moins en moins bien. Certains troubles dus à la dégradation physique ou biologique conduisent à des comportements mentaux anormaux semblables à ceux que l'on peut constater chez les vieillards de l'unité de McMurphy. La **sénilité** et la psychose sénile, plus grave, sont les termes qu'on utilise souvent pour décrire la dégénérescence mentale, émotionnelle et sociale qui frappe quelquefois les gens âgés.

La psychose sénile se produit lorsque l'afflux sanguin au cerveau est bloqué ou ralenti. Le durcissement des artères et l'accumulation continuelle de matières à l'intérieur de celles-ci font que l'apport sanguin requis par le cerveau se trouve souvent ralenti. Manquant de sang, les tissus du cerveau commencent graduellement à mourir, d'autres changements biologiques se produisent et la psychose sénile s'installe. L'âge moyen des personnes admises dans les hôpitaux psychiatriques pour la psychose sénile est de 75 ans. Souvent, ces patients retombent en enfance, perdent la mémoire et sont confus. Ils peuvent avoir des hallucinations et montrer des signes de dégénérescence mentale.

La psychose sénile survient graduellement, mais la maladie physique et les stress psychologiques peuvent hâter sa venue. Les gens âgés entourés d'amis, qui vivent dans un état de sécurité émotionnelle et un climat d'affection et qui possèdent un intérêt dans la vie, peuvent quelquefois repousser ou réduire les effets de la vieillesse.

L'infection

La syphilis est une maladie contagieuse réputée depuis longtemps pour être la cause de comportements biologiques anormaux qui conduisent à des troubles mentaux. Les microbes de la syphilis peuvent se transmettre d'une personne à l'autre par suite de relations sexuelles, ou encore de la femme enceinte au foetus. Une fois les bactéries introduites dans le corps humain, elles peuvent se répandre dans le système nerveux et le cerveau, où elles détruisent les tissus. Il en résulte un genre de dégénérescence physique et mentale appelée **parésie générale** (ou parésie juvénile dans le cas des foetus qui ont reçu la maladie de leur mère).

Seulement 3% des cas de syphilis non traités dégénèrent vraiment en parésie générale, et bon nombre de ces cas peuvent être soignés. Aux États-Unis, on fait subir un test sanguin, le test Wassermann, à la plupart des gens avant des les autoriser à se marier. Quand les tests sanguins diagnostiquent la syphilis, il est possible de traiter l'infection à l'aide de pénicilline et d'autres médicaments. Si l'on découvre la syphilis assez tôt, le patient peut presque toujours se rétablir complètement. Mais, même si les possibilités de dépistage et de traitement sont très avancées, la syphilis (comme d'autres maladies vénériennes) demeure un problème grave dans plusieurs coins du globe. La parésie générale non traitée peut conduire à la dégénérescence de la personnalité, à la perte du jugement et de la compréhension, à des réactions émotionnelles graves, à des troubles de la parole et de l'écriture, à des convulsions et en fin de compte, à la mort.

Les drogues

L'alcoolisme est l'une des causes les plus courantes de comportements anormaux en Amérique du Nord. L'alcool produit des changements biochimiques qui peuvent quelquefois engendrer des hallucinations, de la confusion et un comportement extrêmement violent. La réaction mentale anormale la plus souvent reliée à l'alcool est le **délirium tremens.** Les gens qui boivent avec excès pendant une longue période deviennent souvent excités et agités. Leurs mains, leur langue et leurs lèvres peuvent commencer à trembler. Il existe d'autres symptômes du délirium tremens, notamment: la désorientation dans le temps et l'espace; les hallucinations vives, souvent de petits animaux rapides comme les rats, les blattes («coquerelles») et les serpents; une peur bleue de ces animaux vus dans les hallucinations; de la transpiration, de la fièvre et des pulsations rapides.

Les autres drogues qu'on peut se procurer facilement (héroïne, barbituriques, amphétamines, LSD, marijuana) peuvent, tout comme l'alcool, créer une dépendance psychologique. Un usage prolongé ou une surdose, tout comme pour l'alcool, peut quelquefois provoquer une dégénérescence physique et psychologique.

Les tumeurs

Un tissu corporel qui s'accroît ou grossit d'une manière anormale produit une **tumeur**. Certaines d'entre elles, comme celles qui sont causées par le cancer, sont malignes: elles détruisent le tissu normal du corps dans lequel elles croissent. Les tumeurs non malignes peuvent être dangereuses si elles exercent une pression dommageable sur les organes environnants. Les tumeurs du cerveau et du système nerveux sont relativement rares, mais elles peuvent quelquefois causer des pensées et des comportements anormaux si elles endommagent des organes ou des tissus environnants dans le cerveau ou le système nerveux.

La chirurgie permet d'extraire beaucoup de tumeurs au cerveau. Le degré de guérison dépend de la dimension et de la localisation de la tumeur, ainsi que de la quantité de tissu détruit dans le cerveau, par la tumeur ou pendant l'opération.

Les hormones

Pour différentes raisons, le corps produit parfois des quantités excessives ou insuffisantes de certaines substances chimiques. La glande thyroïde, par exemple, contrôle le taux du métabolisme du corps. Trop de **thyroxine** (l'hormone produite par la glande thyroïde) peut rendre une personne tendue, agitée et émotive. Une quantité insuffisante de cette hormone entraîne l'apathie physique et mentale, la perte de la mémoire et la dépression. Les glandes surrénales sécrètent ou produisent les hormones associées aux émotions et au stress. Si elles sont hyperactives (voir chapitre 11), elles peuvent entraîner un effondrement physique et mental; si c'est le contraire, elles peuvent occasionner un manque d'ambition, une diminution de pulsions sexuelles et l'irritabilité.

Les effets évidents des troubles organiques sur le mental ont poussé les chercheurs à se demander si chaque forme de trouble mental ou de comportement anormal n'aurait pas pour origine des causes organiques. L'influence des hormones ou d'autres substances chimiques corporelles, par exemple, a incité Ralph Gerard, expert du cerveau et du système nerveux, à affirmer qu'il «n'y a pas de pensée déformée sans molécule déformée». Gerard prétendait qu'une anormalité dans les substances chimiques du corps pourrait être la cause de toutes les anormalités dans les pensées ou les comportements. À bien des égards, il avait raison. L'alcool, le LSD, les vitamines, les hormones et les poisons peuvent influencer les pensées et les comportements. Aujourd'hui, plusieurs chercheurs sont en quête d'autres produits chimiques qui pourraient causer des comportements anormaux. On espère que tous les troubles mentaux puissent un jour être directement associés à certaines substances chimiques; ainsi, on pourrait les corriger tout simplement en ajoutant au cerveau ou en y retranchant les produits chimiques appropriés.

Malheureusement, les troubles mentaux ne se résument probablement pas simplement à des problèmes chimiques. Trop d'adrénaline peut causer une rupture des processus mentaux ou l'apparition de «pensées déformées», mais ces dernières pourraient aussi être la cause de la surproduction d'adrénaline (la «molécule déformée») au départ. La peur extrême de l'école, par exemple, pourrait être une pensée déformée, surtout si elle cause de l'anxiété et du stress, et si elle entrave toutes les pensées et tous les comportements normaux. Dans un tel cas, c'est la pensée déformée qui produit la molécule déformée: la pensée déformée cause le stress, qui cause une surproduction d'adrénaline, qui à son tour peut conduire à un effondrement des processus mentaux. Si c'est le cas, il est probablement nécessaire de modifier la pensée déformée si l'on veut changer ou éliminer la molécule déformée.

Les troubles psychologiques

Les pensées déformées se traduisent, croit-on, en deux types de comportements anormaux précis: les névroses (ou psychonévroses) et les psychoses. Les névroses et les psychoses fonctionnelles sont considérées comme résultant davantage de troubles cognitifs ou psychologiques qu'organiques ou biologiques. En général, la **névrose** est un trouble de la personnalité se manifestant par des perturbations émotionnelles. La **psychose** est une forme beaucoup plus grave de trouble consistant en une désorganisation grave de la personnalité et une perte de contact avec la réalité. On ignore si la psychose est uniquement une forme aiguë de névrose, ou si les psychoses et les névroses sont deux troubles cognitifs de nature différente.

Les névroses

Les symptômes névrotiques adoptent généralement l'apparence de mécanismes de défense exagérés (voir chapitre 10). La plupart des gens utilisent des mécanismes de défense consciemment de temps à autre pour tenter de faire face ou de s'adapter à la réalité. La personne à l'égard de laquelle on a posé un diagnostic de névrose semble faire appel excessivement à des mécanismes de défense et, en général, le faire inconsciemment. Dans son cas, les mécanismes de défense semblent devenir des manières presque habituelles et automatiques de traiter tous les problèmes et les conflits de la vie. Mais, parfois, ces mécanismes engendrent une déformation ou une négation de la réalité et provoquent l'apparition de pensées et de comportements non réalistes, inappropriés ou anormaux. Ces pensées et comportements amènent souvent la personne perturbée à se voir elle-même et à voir son travail, le jeu et les personnes qui l'entourent d'une manière qui n'est pas conforme à la réalité.

La plupart des gens qui manifestent des symptômes névrotiques savent qu'ils ont des troubles et veulent améliorer leur état. Plusieurs connaissent même certaines des causes de leurs problèmes. Très peu de névrosés deviennent psychotiques, et bien des gens qui manifestent des symptômes névrotiques peuvent conserver un emploi et se comporter d'une manière appropriée dans la société. La névrose n'est généralement pas un motif suffisant pour confier une personne à un établissement psychiatrique, même si elle peut parfois causer des dégâts psychologiques graves, ce qui nécessite habituellement un traitement ou une aide sous une forme quelconque.

Les comportements névrotiques se divisent en plusieurs catégories.

La névrose d'angoisse

L'angoisse, crainte imprécise d'un danger émanant de sources inconnues, peut parfois devenir si grave que la personne demeure dans un état de crainte continuel sans raison apparente. La **névrose d'angoisse,** qui est la forme de névrose la plus courante, se manifeste ordinairement par une appréhension constante, l'incapacité de se concentrer et bon nombre des symptômes physiologiques du stress. On pense que l'angoisse névrotique est la conséquence d'une incapacité de la personne d'apprendre des comportements de défense appropriés.

La névrose phobique

La phobie est une crainte démesurée et irrationnelle de personnes, d'endroits, d'idées ou d'objets en particulier. La névrose phobique peut être attribuable à des modes de comportement inappropriés acquis par imitation ou conditionnement, tel l'enfant effrayé un jour par un cheval qui éprouvera une crainte persistante et imaginaire des chevaux.

La névrose obsessive-compulsive

L'un des hommes de *Vol au-dessus d'un nid de coucou* a exercé le métier de pêcheur pendant 25 ans. Un jour, il a décidé que tout était sale. Il ne voulait plus monter dans son bateau ou toucher au poisson parce que tout était sale. Ce comportement étrange lui a fait perdre son moyen de subsistance et a complètement perturbé sa vie. Il a été admis à l'unité de soins psychiatriques, où le personnel l'appelle «le vieux frotteur» parce qu'il passe des journées entières à se nettoyer et à s'efforcer d'enlever des souillures que lui seul peut voir sur ses mains propres. Ce pêcheur est affecté d'un type de névrose obsessive-compulsive.

Les **obsessions** ont quelque chose à voir avec les pensées; les **compulsions** se rapportent aux actions qu'on répète constamment. Notre frotteur est obsédé par la propreté: les pensées qu'il a sur la malpropreté du monde entier le préoccupent à un point tel qu'il lui est impossible de penser à autre chose comme on le fait habituellement. En guise de réaction à ces pensées obsessives, il se lave les mains de façon compulsive.

La névrose hystérique

Plusieurs des patients de Freud étaient atteints de **névrose hystérique**. Le père de la psychanalyse a décrit deux formes de névrose de ce type: la réaction de conversion et la réaction de dissociation.

La réaction de conversion entraîne des symptômes de maladie physique qui apparaissent sans cause organique. On estime que ces symptômes organiques ou physiques sont une forme de défense. Pendant la guerre on a vu apparaître, chez des soldats, la paralysie des jambes et d'autres symptômes physiques qui traduisaient un effort apparemment inconscient de se soustraire au stress du combat. Les réactions de conversion sont rares, mais on a vu des individus devenir aveugles ou sourds par réaction de défense (voir chapitre 11).

On croit que la névrose hystérique dissociative est une façon d'éviter le stress ou les responsabilités tout en parvenant à réaliser certains objectifs. L'**amnésie** (oubli) et la personnalité multiple sont parfois considérées comme étant les conséquences d'une réaction de dissociation. Un parent, par exemple, qui serait fatigué du stress et de la responsabilité qu'entraîne le fait d'élever une famille pourrait quitter son foyer et s'absenter pendant des jours et des mois, puis revenir soudainement et être incapable de se rappeler les événements qui se seraient produits lors de son escapade. Le fait de quitter la maison, dans ce cas, l'aurait aidé à échapper au stress, et l'amnésie lui aurait permis d'esquiver le sentiment de culpabilité provoqué par le fait d'avoir quitté le foyer et fui ses responsabilités.

Dissocier signifie séparer. L'amnésie est une façon de dissocier ou de séparer entièrement une phase de la vie d'une autre. La personnalité multiple représente une autre forme de dissociation. Un enfant accusé de vol peut inventer une autre personne sur laquelle il rejettera la responsabilité de son acte. Si ce mode de comportement défensif devient une habitude, il pourra se mettre à croire réellement à l'existence d'une autre personne qui commet des vols et des actes répréhensibles. Si la personne inventée devient suffisamment réelle, dans son esprit, l'enfant peut subir un dédoublement de personnalité: une bonne personne et une mauvaise personne. Le bon enfant peut sembler disparaître psychologiquement à un moment donné, et se réveiller plusieurs heures ou même plusieurs jours plus tard pour constater que la mauvaise personnalité s'est rendue responsable de toutes sortes d'actes répréhensibles que le bon enfant n'aurait jamais pu commettre consciemment. Si le bon enfant est alors puni, une troisième personnalité peut même être créée de toute pièce pour recevoir la punition. Les cas de personnalité multiple véritable sont rares, mais on en a signalé quelques-uns où une personne se retrouvait avec deux ou plusieurs personnalités différentes.

La névrose hypocondriaque

La personne qui se préoccupe continuellement de sa santé physique est parfois considérée comme souffrant de **névrose hypocondriaque**. Tout le monde s'intéresse plus ou moins à sa santé physique, mais on estime parfois que la personne qui démontre un intérêt excessif à cet égard et se plaint constamment de troubles inexistants ou bénins fait preuve d'un comportement névrotique. L'exagération d'une maladie physique sert quelquefois de prétexte qui permet de se soustraire aux situations de stress.

La névrose dépressive

La plupart des gens se sentent déprimés ou malheureux lorsque quelque chose de terrible leur arrive, par exemple la mort d'un proche. Le comportement dépressif est considéré névrotique quand la personne exagère son état dépressif ou ne revient pas à un état affectif normal après une période de temps raisonnable. L'apprentissage à l'impuissance décrit par Seligman est probablement un genre de névrose dépressive (voir chapitre 11).

Les psychoses fonctionnelles

Le Chef Bromden a un grave problème outre son refus de parler. Il l'explique bien simplement. Il dit que l'hôpital possède une machine à produire du brouillard que l'on utilise pour punir les patients ou les tenir tranquilles. Chaque fois que les soignants mettent la machine en marche, un épais manteau de brume se répand dans l'unité. Pendant que la machine fonctionne, le Chef Bromden perd contact avec toutes les personnes de l'unité, et il voit et entend des choses insolites. Parfois, le brouillard se transforme en une pellicule de plastique transparente et solide qui enveloppe tout ce qui se trouve dans l'unité. Rien ne bouge plus et le temps semble s'arrêter. En réalité, l'hôpital ne possède pas de machine à brouillard. Mais c'est ainsi que le Chef explique ce qui semble quelquefois se passer dans son imagination.

Le Cher Bromden pense que pendant que tout est recouvert de brouillard, les soignants vont l'ouvrir pour insérer en lui des écrous, des boulons et d'autres pièces de mécaniques bizarres qui vont leur permettre de le maîtriser. Lorsque le brouillard se dissipe, les choses redeviennent normales, mais parfois le Chef se retrouve attaché à son lit ou couvert de meurtrissures. Il entend les gens l'accuser d'être incontrôlable et de s'être comporté étrangement.

Une partie du comportement du Chef Bromden pourrait avoir été considéré névrotique, mais les soignants ont jugé que son comportement était psychotique. Le terme psychose, contrairement à la névrose, suppose ordinairement une perturbation totale de la personnalité et la perte de contact avec la réalité. On dit d'une personne qu'elle souffre d'une psychose si ses pensées sont entièrement irrationnelles et si son comportement l'empêche de répondre efficacement aux exigences de la société. De telles personnes ne comprennent pas toujours qu'elles ont un problème. Dans les cas les plus graves, elles peuvent présenter un danger pour elles-mêmes ou pour les autres.

Le comportement psychotique se divise en deux catégories: la psychose organique et la psychose fonctionnelle. La **psychose organique,** telle que la psychose sénile, est à l'origine causée par des lésions temporaires ou permanentes au cerveau. La psychose fonctionnelle est censée avoir des facteurs d'ordre psychologique ou cognitif. On a de plus en plus tendance à penser, cependant, que certaines formes de psychose fonctionnelle peuvent avoir des composantes héréditaires ou génétiques. Ceci ne signifie pas que la psychose s'installe dans les familles, mais que les individus qui ont hérité de certains gènes peuvent, dans des circonstances particulières, être plus disposés que d'autres à manifester ce que l'on appelle un comportement psychotique. Le comportement psychotique fonctionnel se range ordinairement en deux catégories principales: la schizophrénie et la psychose affective.

La schizophrénie

Le mot **schizophrénie** vient du grec et signifie «séparation de la pensée». Elle n'est toutefois pas synonyme du dédoublement de la personnalité ou de la **personnalité multiple**. L'état dénommé schizophrénie se caractérise ordinairement par un effondrement du fonctionnement de la personnalité, le retrait devant la réalité, un dérangement émotionnel et une perturbation de la pensée et du comportement. La schizophrénie ne signifie pas une séparation de la pensée, mais plutôt un dérangement grave de la pensée ou de la personnalité.

D'après la plupart des systèmes de classification, il existe quatre genres de schizophrénie: simple, hébéphrénique, catatonique et paranoïde.

La schizophrénie simple. Elle est fréquemment caractérisée par un retrait de la réalité sociale. Souvent, le schizophrène simple reste assis à regarder

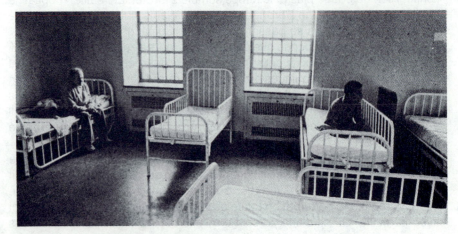

Les personnes chez qui l'on a diagnostiqué une schizophrénie catatonique perdent entièrement contact avec le monde extérieur. Souvent, elles restent assises complètement immobiles dans un même position pendant des heures.

fixement le mur ou le plancher. Il veut avoir le moins de contacts possible avec la vie et les autres personnes. Il peut ordinairement se nourrir et s'occuper de ses soins personnels au strict minimum, mais il semble n'être aucunement intéressé à faire face à la réalité.

La schizophrénie hébéphrénique. La schizophrénie simple laisse ordinairement supposer un effondrement partiel ou un affaiblissement de la personnalité. On appelle parfois schizophrénie hébéphrénique la désorganisation entière de la personnalité. L'idée que la plupart des gens se font de la «folie» correspond à ce qu'est la schizophrénie hébéphrénique. Le patient semble avoir une personnalité extrêmement perturbée; il peut se prendre pour une autre personne, et se comporter comme cette autre personne: Napoléon, la reine Élizabeth, Sherlock Holmes, etc. Parfois, sa manière de parler et de penser, son comportement et ses émotions changent pour s'adapter à cette nouvelle personnalité.

La schizophrénie catatonique. Un patient de la même unité que Bromden se tient debout appuyé contre le mur, les bras tendus à longueur de journée. Il ne dit jamais rien, il ne fait jamais rien. Il se tient simplement debout à cet endroit. L'individu qui semble entièrement immobilisé dans une seule position et qui a l'air d'être complètement renfermé en lui-même souffre de schizophrénie catatonique.

La schizophrénie paranoïde. La personne soupçonneuse qui se méfie de tout le monde est parfois considérée comme souffrant de ce type de schizophrénie. Non seulement a-t-elle tendance à craindre tout le monde, mais souvent, elle a des hallucinations ou elle entend des voix qui l'avertissent que quelqu'un la recherche pour lui faire du mal. Elle peut être convaincue, par exemple, que des extra-terrestres ou que les membres d'une organisation politique quelconque essaient d'obtenir une maîtrise totale sur sa vie.

La psychose affective

Le terme «affect» se rapporte au sentiment ou à la réaction suscités par une émotion (voir chapitre 11). Les individus qui manifestent des états émotionnels extrêmes sont souvent considérés comme étant atteints de **psychose affective**. La personne souffrant de ce genre de perturbation ou anormalité mentale peut connaître des états émotionnels hyperactifs ou maniaques, apathiques ou dépressifs, ou peut passer à diverses reprises de l'état maniaque à l'état dépressif.

L'individu exhibant des réactions psychotiques maniaques agit parfois comme s'il avait pris des stimulants: ses pensées et son comportement sont plus rapides que d'ordinaire. Celui qui affiche des réactions psychotiques dépressives agit comme s'il avait pris des tranquillisants: ses pensées et son comportement sont apathiques ou dépressifs. Une personne souffrant de ce que l'on appelle **psychose maniaco-dépressive** peut, pendant un certain temps, sembler enjouée, hyperactive et, dans presque toutes les situations, idiote. Puis, après plusieurs mois de ce comportement maniaque, elle entrera dans la phase dépressive de la maladie et deviendra renfermée, silencieuse et constamment malheureuse. Pendant cette phase, elle peut se sentir trop dépressive pour même manger ou sortir du lit.

LES PROBLÈMES SOCIAUX

La plupart des formes de troubles mentaux présentent des aspects biologiques, psychologiques et sociaux.

Un enfant ayant subi des dommages au cerveau, par exemple, peut d'abord n'avoir qu'un trouble organique. Mais la société, notamment les parents, les professeurs et les soignants, peut négliger ou ridiculiser un enfant déficient mental. Ces informations d'entrée négatives en provenance de la société peuvent alors causer des troubles émotionnels ou psychologiques, tels que des sentiments d'insécurité et d'anxiété. La personne qui souffre de troubles psychologiques a parfois, également, des problèmes avec la société, ce qui peut contribuer à aggraver le trouble psychologique original. Les troubles psychologiques peuvent aussi amener des dérangements biologiques tels que des symptômes physiologiques de stress. Ainsi la plupart des formes de troubles mentaux semblent avoir des composants biologiques, psychologiques et sociaux qui agissent de concert.

Il existe certains genres de comportements anormaux, toutefois, qui causent habituellement des problèmes à la société et à d'autres personnes plutôt qu'à celle qui affiche ces comportements. Les comportements antisociaux comme la toxicomanie et les déviations sexuelles en sont deux exemples.

La personnalité antisociale

Peu importe la définition que l'on donne du comportement normal, les normes sociales doivent toujours entrer dans la définition. Les individus qui rejettent certaines normes de leur société sont souvent classés **antisociaux** ou **psychopathes**. Ces personnes ont souvent maille à partir avec la loi. Elles semblent avoir peu de loyauté, peu ou pas de conscience, n'avoir aucun sens de la culpabilité et n'accepter aucun contrôle de la société sur leurs actes. Elles ne voient ordinairement rien de mal à leur comportement et aucune raison de le changer. Les prisons sont remplies d'individus qui pourraient être diagnostiqués antisociaux: récidivistes, délinquants, escrocs, détourneurs de fonds, violeurs, racketteurs et alcooliques.

Plusieurs des comportements présentés par McMurphy correspondent à la description d'un antisocial. Il est constamment en guerre contre l'autorité. Parfois, il ne peut maîtriser ses comportements agressifs. Il n'éprouve aucun sentiment de culpabilité à jouer à l'argent avec ses amis et à leur soutirer des sommes rondelettes. Il leur dit (et se dit à lui-même) que le plaisir et les sensations que le jeu leur procure vaut bien l'argent qu'ils perdent. McMurphy est cependant loyal: il reste à l'unité pour aider ses amis, même au prix de sa liberté et, en fin de compte, de sa vie.

Plusieurs facteurs, y compris des troubles organiques, psychologiques et sociaux, peuvent être à l'origine du comportement antisocial. On ne classe habituellement pas le comportement antisocial comme névrotique ou psychotique. Ordinairement, la personne antisociale ne semble pas avoir la conscience ou les sentiments de culpabilité qui pourraient occasionner des troubles émotionnels ou névrotiques. L'état décrit comme antisocial, contrairement à celui qui est décrit comme psychotique, n'entraîne ordinairement pas de perte de contact avec la réalité.

La toxicomanie

En plus des troubles organiques et individuels que causent parfois l'alcool et les drogues, la toxicomanie occasionne souvent des problèmes à la société, et c'est pourquoi elle peut être appelée antisociale. Sur le plan des drogues, le toxicomane est souvent forcé de voler pour subvenir à son besoin de consommation, et peut devenir incapable d'assumer des responsabilités sociales. Sur le plan de l'alcool, l'ivresse est la cause, aux États-Unis, d'environ 25 000 décès attribuables aux accidents de la route par année, et de 15% de tous les meurtres commis. Toujours chez nos voisins du sud, l'alcoolisme coûte annuellement au monde des affaires plus d'un milliard de dollars en temps perdu et en accidents de travail. Et l'on y dépense un milliard de dollars chaque année uniquement pour tenter de s'occuper des alcooliques.

Le comportement sexuel

En général, les sociétés ont toujours tenté de décider quels genres de comportement sexuel étaient normaux et lesquels ne l'étaient pas. Les relations hétérosexuelles à l'intérieur du mariage ont souvent été considérées comme la seule forme morale, légale et normale de comportement sexuel. Mais les sociétés, les attitudes et les comportements évoluent, quelquefois plus rapidement que ne changent les codes moraux et juridiques. Au cours des années 1940 et 1950, les études du Dr Alfred Kinsey sur le comportement sexuel ont fait ressortir que plusieurs genres de comportement sexuel se pratiquaient aux États-Unis, même s'ils étaient condamnés par la religion ou la loi.

Les enquêtes du Dr Kinsey et des recherches plus récentes ont aidé à redéfinir le comportement sexuel sur le plan statistique. Mais plusieurs personnes dont le comportement sexuel s'écarte des normes statistiques ne se considèrent pas anormales. Ainsi, la définition des comportements sexuels normaux à partir des écarts statistiques comporte autant de limites que leur définition à partir d'un code religieux ou juridique.

On peut définir le comportement sexuel normal d'une autre manière, soit selon l'adaptation. Tout comportement qui est biologiquement, psychologiquement ou socialement dommageable à la personne en cause peut être considéré comme comportement inadapté ou anormal. Selon cette définition, avant de prendre toute décision sur le caractère normal ou anormal du comportement sexuel, il faut étudier ce dernier à la fois selon des critères personnels et des critères sociaux. Un comportement dommageable ou inadapté chez une personne peut ne pas l'être chez une autre. Un comportement dommageable à un moment donné ou à un endroit précis peut ne pas l'être à un autre moment ou à un autre endroit. Selon la personne, l'endroit ou le moment, la **masturbation**, par exemple, peut être un comportement soit adapté, soit inadapté sur les plans biologique, psychologique ou social. D'après Kinsey, 62% des femmes et 92% des hommes aux États-Unis se sont masturbés à un moment ou à un autre de leur vie. Ordinairement, la masturbation est considérée comme une forme normale de comportement ou de satisfaction sur le plan sexuel. Elle peut cependant être physiquement dommageable si elle est pratiquée excessivement, jusqu'à épuisement. Elle peut causer des torts psychologiques si elle procure des sentiments excessifs de culpabilité et d'angoisse. Elle peut être préjudiciable socialement si elle empêche une personne de s'engager dans des activités sociales ou si elle est pratiquée dans un endroit public.

Il faut donc considérer le caractère normal ou anormal de toutes les formes de comportement sexuel en fonction de la personne, de l'endroit et du temps, ainsi que des dommages possibles sur les plans physique, psychologique ou social.

GLOSSAIRE DES DÉVIATIONS SEXUELLES

À divers moments, dans différentes sociétés, les comportements suivants ont été considérés comme déviants ou anormaux.

Impuissance: Incapacité pour un homme de parvenir à l'érection ou de la conserver.

Frigidité: Incapacité pour une femme de parvenir à l'orgasme ou à la satisfaction sexuelle. Ne pas confondre avec l'incapacité occasionnelle d'accomplir l'acte sexuel d'une façon satisfaisante, ce qui arrive à la plupart des gens; c'est souvent un malaise temporaire occasionné par des troubles psychologiques ou physiques.

Satyriasis et nymphomanie: Les satyres et les nymphes sont des personnages de la mythologie grecque qui faisaient montre de désirs sexuels presque continuels. Satyriasis et nymphomanie sont les termes employés pour décrire respectivement les hommes et les femmes qui sont poussés à rechercher la promiscuité sexuelle en raison de leur incapacité d'obtenir satisfaction.

Sodomie: N'importe quelle forme de rapports sexuels «contre nature»; les contacts oraux-génitaux et les rapports anaux ont longtemps été considérés «contre nature».

Voyeurisme: Plaisir sexuel provenant de l'observation d'autres personnes engagées dans des relations sexuelles.

Exhibitionnisme: Plaisir sexuel obtenu en exhibant ses organes génitaux en public.

Sadisme: Plaisir sexuel tiré de la douleur physique infligée au partenaire.

TABLEAU 12.1
Catégories de troubles de comportement (anormalités)

BIOLOGIQUES (OU ORGANIQUES)	PSYCHOLOGIQUES	SOCIAUX
1. *Déficience mentale* Des anormalités physiologiques peuvent causer des problèmes d'apprentissage, d'adaptation sociale et de maturité.	1. *Névroses* Troubles de la personnalité constitués de perturbations émotionnelles A. Névrose d'angoisse B. Névrose phobique C. Névrose obsessive-compulsive D. Névrose hystérique E. Névrose hypocondriaque F. Névrose dépressive	1. *Personnalité antisociale* Personne qui n'accepte aucune des normes de la société; a peu de loyauté, peu de conscience, n'a aucun sentiment de culpabilité, ne voit rien de mauvais dans son propre comportement.
2. *Psychose sénile* Pendant la vieillesse, les tissus du cerveau commencent à mourir, occasionnant une dégénérescence mentale, sociale et émotionnelle.	2. *Psychoses fonctionnelles* Forme plus grave de troubles comportant une désorganisation extrême de la personnalité et une perte de contact avec la réalité	2. *Toxicomanie* En raison de leur dépendance envers l'alcool ou d'autres drogues, les toxicomanes ne peuvent assumer aucune responsabilité sociale sérieuse et adoptent souvent un comportement antisocial.
3. *Infection* Les maladies vénériennes telles la syphilis causent la dégénérescence physique et mentale: perte du jugement et de la compréhension, réactions émotionnelles graves, troubles de la parole et de l'écriture, convulsions.	A. Schizophrénie (perte de contact avec la réalité engendrant une pensée et un comportement complètement non réalistes) 1. Simple 2. Hébéphrénique 3. Catatonique 4. Paranoïde	3. *Comportement sexuel* Ce qui est considéré comme comportement sexuel normal dépend des gens, du temps et de l'endroit en question. Tout comportement dommageable aux participants peut être considéré anormal.
4. *Tumeur* Excroissance anormale de tissu corporel pouvant endommager ou gêner les fonctions du cerveau ou du système nerveux.	B. Psychoses affectives (états émotionnels extrêmes) 1. Maniaco-dépressives	
5. *Hormones* Déséquilibre de certaines substances chimiques pouvant entraîner une conduite troublée et émotionnelle.		

Fig. 12.2
Les étiquettes psychiatriques se rattachent souvent à la personne plutôt qu'à certains de ses comportements. En conséquence, elles nous empêchent parfois d'observer les comportements normaux de la personne ainsi étiquetée.

Glossaire des déviations sexuelles (suite)

Masochisme: Besoin de ressentir une douleur infligée par le partenaire afin de parvenir à la satisfaction sexuelle.

Bestialité: Relations sexuelles entre un être humain et un animal.

Fétichisme: Attraction sexuelle pour les objets qui ne passent généralement pas pour des objets sexuels, comme des sous-vêtements ou des chaussures.

Prostitution: Forme de comportement sexuel où l'homme ou la femme se fait payer pour accepter d'avoir des relations sexuelles.

Inceste: Relations sexuelles entre proches parents, exemple: le père et sa fille.

Pédophilie: Utilisation par un adulte d'un enfant comme objet sexuel.

Viol: Comportement sexuel avec un partenaire non consentant.

Homosexualité: Relations sexuelles entre membres de même sexe; les femmes homosexuelles sont aussi appelées *lesbiennes*. Même si plusieurs considèrent encore cette pratique comme anormale, l'American Psychiatric Association et l'American Psychological Association ont enlevé le terme «homosexualité» de leur nomenclature des psychopathologies.

Transvestisme (travestisme): Plaisir sexuel éprouvé à porter les vêtements de sexe opposé; comportement manifesté tant par les hétérosexuels que par les homosexuels.

Transsexualisme: Sentiment qu'on est venu au monde avec un corps du mauvais sexe (par exemple, conviction psychologique profonde d'être une femme dans un corps d'homme); des traitements hormonaux et des opérations ont aidé ces gens à changer de sexe.

L'ÉTIQUETAGE

Un psychiatre de la prison a diagnostiqué McMurphy comme psychotique. Le terme (l'étiquette) «psychotique» a été recueilli et utilisé par les soignants de l'hôpital psychiatrique où s'est retrouvé McMurphy, et cette étiquette lui est restée jusqu'à sa mort. Mais à quoi peut servir une étiquette de ce genre? Une étiquette qu'on colle à une personne ne nous renseigne pas sur son intérieur: elle décrit seulement quelques modes de comportement qui n'ont peut-être rien à voir avec ce que la personne est réellement.

La raison principale pour laquelle on classifie et l'on étudie les troubles mentaux est qu'on souhaite comprendre et aider les gens qui sont troublés par ces maladies. L'étiquetage, ou le fait d'accoler un terme de psychiatrie à une personne, n'aide en rien les gens perturbés. De fait, il ajoute souvent au problème. L'étiquette de McMurphy, par exemple, a empêché les soignants de l'hôpital d'examiner convenablement son problème. Les soignants pensaient qu'il était psychotique ou inadapté social. Par conséquent, lorsqu'ils s'occupaient de son cas, ils recherchaient et remarquaient uniquement les comportements qui semblaient conformes à l'étiquette «psychotique». Même si seulement un petit nombre de ses comportements entraient dans le moule, ils suffisaient à convaincre les soignants que l'étiquette était justifiée. Les pseudopatients de Rosenhan ont fait face au même problème. Une fois qu'ils ont été admis à une unité de soins en tant que schizophrènes, ils ont eu du mal à convaincre les soignants qu'ils étaient sains d'esprit.

L'étiquetage psychiatrique ne tend pas seulement à camoufler les comportements normaux; il peut aussi contribuer à aggraver la conduite anormale. Beaucoup de gens traitaient le Chef Bromden comme s'il n'existait pas. En fait, ils lui avaient apposé l'étiquette «nullité». Après avoir été traité de la sorte pendant un certain temps, il a commencé à s'adapter à l'étiquette, et à agir comme «nullité». Nous avons souvent tendance à nous conduire comme les autres s'attendent à ce que nous nous conduisions. Ceux qui sont constamment catalogués comme criminels ou névrotiques peuvent finir par agir comme tel. Une personne qui fait un peu de boulimie, par exemple, pourrait se faire accoler l'étiquette de névrotique compulsif; elle pourrait se servir de cette étiquette comme prétexte pour manger encore davantage. Dans un tel cas, l'étiquetage engendre ce qu'on appelle la réalisation d'une «prophétie inéluctable», dont nous reparlerons plus tard.

L'étiquetage psychiatrique cause d'autres problèmes. Bon nombre des étiquettes psychiatriques avaient au début des acceptions médicales. «Névrose», par exemple, vient d'un mot latin qui signifie «nerf». On considérait autrefois les névroses comme des troubles physiques des nerfs. Pendant nombre d'années, toutes les maladies mentales ont été considérées comme des troubles organiques ou médicaux. C'est ce qu'on appelle la **grille d'analyse médicale** (modèle médical). Cette grille d'analyse a donné naissance à l'expression «maladie mentale», encore employée de nos jours, mais Freud et ses disciples ont démontré que les troubles mentaux n'avaient pas nécessairement des causes médicales et pouvaient avoir des causes psychologiques.

Plus près de nous, les recherches ont démontré comment les problèmes relatifs à la société et à l'apprentissage peuvent être la cause de troubles «mentaux» et de comportement anormal. Et pourtant, les vieilles étiquettes médicales sont encore largement employées. L'utilisation des étiquettes médicales a abouti, souvent, au recours à des traitements biologiques pour tenter de résoudre les problèmes psychologiques et sociaux des patients. Les médications, la chirurgie et d'autres traitements médicaux peuvent souvent régler des troubles organiques, mais ils sont généralement peu utiles pour changer un comportement anormal causé par des troubles psychologiques ou sociaux.

LE COMPORTEMENT ANORMAL: CAUSES ET TRAITEMENTS

Pendant des milliers d'années, les gens qui avaient un comportement anormal passaient pour avoir été guidés par la main des dieux. S'il s'agissait de dieux bons, les gens à la conduite étrange étaient quelquefois honorés par les membres de leur société. Si c'étaient des dieux mauvais, les personnes à comportement anormal étaient quelquefois brûlées comme des sorcières ou torturées comme des démons. Tant qu'on a attribué la responsabilité de comportements anormaux aux dieux, toutefois, il était bien difficile pour les gens d'envisager une guérison ou une modification de ces pensées et comportements anormaux.

Il y a 200 ans, notre point de vue sur les causes de l'aliénation mentale a subi des changements. Plutôt que de rejeter le blâme du comportement anormal entièrement sur les dieux, nous avons commencé à enfermer les patients confus et perturbés dans d'immenses asiles d'aliénés, là où ils ne pouvaient ennuyer personne ni être en contact avec les autres membres de la société.

La grille d'analyse médicale de la maladie mentale a pris toute son importance il y a moins d'un siècle. Le jour où nous avons décidé que les gens étaient «malades mentaux» plutôt qu'«aliénés», les asiles sont devenus des hôpitaux psychiatriques, et l'on a fait l'essai de traitements médicaux pour presque tous les types de troubles mentaux. Nombre de traitements médicaux, telles les médications puissantes et certaines formes de chirurgie du cerveau, réussissaient effectivement à tenir les patients tranquilles et calmes, mais contribuaient bien peu à résoudre les problèmes sociaux et psychologiques qui étaient la cause de certaines de ces perturbations.

Ces dernières années, la grille d'analyse médicale a beaucoup été remise en question. Au dire d'un psychiatre de New York, Thomas Szasz, par exemple, la maladie mentale est un mythe. Selon lui, ceux qui souffrent de troubles mentaux ont simplement un peu plus de difficulté à vivre que les gens normaux. Tout ce qu'on parvient à faire en appelant ou en étiquetant ces personnes des «malades», prétend Szasz, c'est de leur faire sentir qu'elles ne sont pas responsables de leurs problèmes et de leur donner un prétexte pour jouer au malade. Le psychiatre E. Fuller Torrey, de Washington, dit essentiellement la même chose: il existe bien certaines maladies organiques, mais un grand nombre de personnes perturbées n'ont strictement rien qui cloche biologiquement parlant. Elles ont des problèmes, tout simplement, et ont besoin d'aide pour apprendre à les surmonter. Un autre psychiatre, R.D. Laing, va même plus loin. D'après lui, c'est la société qui est folle, et c'est elle qui a besoin de changer. Il prétend même que les schizophrènes pourraient être les membres les plus normaux de la société, et que leur comportement semble anormal uniquement parce que tous les autres membres de la société sont fous.

Ce n'est pas tout le monde qui s'entend avec Laing, Torrey ou Szasz. Mais la plupart des psychologues admettraient sûrement que les problèmes humains sont en réalité beaucoup plus complexes que nous ne l'avons cru. Nos critères de description de la conduite anormale sont souvent simplistes et insuffisants; nos idées sur les causes des troubles de comportement sont piètrement formulées et incomplètes; et nos connaissances sur la façon de guérir les anormalités psychologiques manquent parfois déplorablement de fondements scientifiques. Ce que nous *pouvons* dire, toutefois, c'est que la plupart des problèmes humains comportent des facteurs biologiques, psychologiques et sociaux. Nous sommes certainement injustes vis-à-vis des patients lorsque nous tentons de diagnostiquer ou de traiter leurs difficultés *seulement* sur le plan biologique, *seulement* sur le plan psychologique ou *seulement* sur le plan social.

Même si le Chef Bromden a reçu le diagnostic de psychotique, il éprouve toute une gamme de difficultés qui dérivent de plusieurs causes et expériences. Son système nerveux autonome ne réagit pas au stress de la façon dont une personne «normale» le ferait. Ses réponses émotionnelles sont étranges et complexes. Il ne parle pas ou ne se lie pas aux autres comme la plupart d'entre nous le faisons. Ces problèmes sociaux proviennent dans une large mesure de mauvais traitements infligés pendant plusieurs années par les Blancs et les soignants de l'hôpital, mais ses toutes premières expériences familiales ont sûrement ajouté à ses difficultés. Ses problèmes cognitifs ou psychologiques ont fini par lui faire perdre contact avec la réalité, lorsque la machine imaginaire à fabriquer du brouillard se met en marche; mais il se peut que son patrimoine génétique en ait fait un candidat de premier ordre pour cette sorte de troubles mentaux. Ainsi, le fait de l'étiqueter psychotique ou schizophrène n'a pas renseigné les soignants sur ce qu'il est réellement, ni ne leur a indiqué la meilleure façon de le traiter.

Entre le début et la fin de *Vol au-dessus d'un nid de coucou*, le Chef Bromden subit des transformations notables. Son comportement extérieur change, tout comme ses processus internes, parce que ses informations d'entrée ont changé. Quand on cesse de l'étiqueter psychotique ou qu'on commence à le traiter comme un être humain normal, il se met à écouter et à parler de nouveau. Lorsque McMurphy se lie d'amitié avec lui et lui témoigne de l'estime, la machine à fabriquer du brouillard disparaît dans l'arrière-plan et finit par cesser de fonctionner pour de bon.

Les informations d'entrée physiques, cognitives et sociales anormales (agissant toutes de concert) ont été en premier lieu la cause des problèmes du Chef. Lorsque leur nature s'est améliorée, les informations de sortie de Bromden sont redevenues normales.

Ainsi, nous avons le choix. Quand nous rencontrons des gens dont les pensées et les comportements nous semblent anormaux, nous pouvons soit leur apposer des étiquettes inappropriées, soit essayer de les comprendre dans toute leur merveilleuse complexité. Si nous leur accolons des étiquettes, nous pouvons finir par les blâmer pour leurs troubles et les enfermer dans des asiles ou des hôpitaux psychiatriques. Mais si nous essayons de considérer ce qu'ils sont et comment ils en sont venus à agir comme ils le font, nous pouvons finir par rechercher les influences physiques, cognitives et sociales qui les aideront à mieux se porter. De cette façon, nous pouvons les aider à «voler au-dessus du nid de coucou» plutôt que d'y tomber.

RÉSUMÉ

1. *Les personnes qui vivent dans des établissements psychiatriques ne sont pas toujours aliénées ou anormales. Certains des personnages fictifs de* Vol au-dessus d'un nid de coucou *se trouvaient à l'unité de soins psychiatriques parce qu'ils croyaient qu'il y serait plus facile de vivre que d'essayer de s'adapter à la vie en société. Les participants à l'enquête Rosenhan ont été admis dans des hôpitaux psychiatriques parce qu'ils avaient convaincu les soignants qu'ils étaient aliénés. L'aspect le plus inquiétant de cette étude réside dans la difficulté que les participants ont éprouvée à convaincre les autorités qu'ils étaient en réalité normaux ou sains d'esprit.*

2. *Que faut-il entendre par «comportement humain normal»? Les statistiques et les sociétés sont généralement amenées à déterminer ce qui est normal et ce qui est anormal, mais les normes statistiques et les codes sociaux changent selon le temps et l'endroit. Le **comportement normal**, en général, peut se définir comme un «comportement adaptatif».*

3. *Que faut-il entendre par «comportement humain anormal»? L'une des façons les plus courantes de le décrire a été de classifier les anormalités en fonction de leurs causes apparentes: biologiques, cognitives ou psychologiques, et sociales.*

4. *Les problèmes biologiques issus d'un comportement anormal résultent souvent de dommages occasionnés au cerveau ou au système nerveux. Étant donné que les dommages biologiques affectent le corps et ses organes, les anormalités biologiques s'appellent souvent des **anormalités organiques.***

5. *La **déficience mentale**, souvent le résultat d'une anormalité organique, devrait probablement s'appeler déficience organique ou physiologique. Elle cause habituellement des problèmes d'apprentissage, d'adaptation et de maturité sociale, mais elle n'est pas toujours liée à des troubles psychiques.*

6. *À mesure que le corps vieillit, il commence à fonctionner de moins en moins bien. La **sénilité** et la psychose sénile sont les termes utilisés pour décrire la dégénérescence mentale, émotionnelle et sociale qu'on perçoit quelquefois chez les personnes âgées.*

7. *Les infections, divers médicaments, les tumeurs et la sécrétion excessive ou insuffisante de certaines hormones ou substances chimiques de l'organisme font partie des conditions biologiques qui peuvent engendrer un comportement anormal.*

8. *La **névrose** et la psychose fonctionnelle sont des expressions utilisées pour décrire des modes de comportement anormaux qui résultent de troubles cognitifs ou psychologiques plutôt que biologiques. La névrose est un trouble de la personnalité comportant des perturbations émotionnelles. La psychose est un trouble plus grave qui se traduit par une désorganisation très marquée de la personnalité et une perte de contact avec la réalité.*

9. *La névrose peut causer des troubles psychologiques graves. Elle adopte six formes: la **névrose d'angoisse**, la **névrose phobique**, **obsessive-compulsive**, **hystérique**, **hypocondriaque** et **dépressive**.*

10. *La **schizophrénie**, qui est une forme de psychose fonctionnelle, est caractérisée par un effondrement du fonctionnement de la personnalité, un* *retrait de la réalité, un bouleversement émotionnel et une perturbation dans les pensées et les comportements.*

*11. Le terme «affect» se rapporte au sentiment ou à la réaction suscités par une émotion. Ceux qui éprouvent des états émotifs extrêmes sont parfois considérés comme souffrant de **psychose affective**.*

12. Même si des troubles biologiques, psychologiques et sociaux sont à l'origine de la plupart des formes de comportement anormal, il existe certaines catégories de comportement anormal qui sont cause de problèmes pour la société et les autres individus, plutôt que pour la personne qui manifeste le comportement. Le refus d'accepter les normes de la société, la toxicomanie et les déviations sexuelles font partie des comportements anormaux qui peuvent causer des problèmes sociaux.

13. Même si les classifications psychiatriques sont encore en usage, le fait d'accoler une étiquette psychiatrique (de se servir d'un nom de maladie pour désigner une personne) peut engendrer nombre de problèmes graves. L'étiquetage, en mettant l'accent uniquement sur certains aspects du comportement de la personne, fait passer à l'arrière-plan ou camoufle les aspects plus normaux de ce même comportement. L'étiquetage peut également contribuer à aggraver les comportements anormaux en créant ce qui est connu sous le nom de prophétie inéluctable.

14. Les problèmes humains sont beaucoup plus complexes que nous ne l'avions tout d'abord cru. Les descriptions du comportement anormal sont souvent simplistes et insuffisantes. Il nous est cependant possible de dire, aujourd'hui, que la plupart des comportements humains anormaux tirent leur origine dans une combinaison d'informations d'entrée biologiques, psychologiques et sociales. Il faut probablement considérer ces trois facteurs à la fois pour tenter de comprendre et de traiter les comportements anormaux.

guide d'étude

A. RÉVISION

Compléter les phrases suivantes:

1. Dans *Vol au-dessus d'un nid de coucou*, le Chef Bromden décide de se faire passer pour _____ parce que personne ne lui porte attention.

2. Même si McMurphy n'en était probablement pas un, il s'est fait diagnostiquer _____ .

3. D.L. Rosenhan, de l'Université Stanford, a conçu le projet de faire admettre des faux patients, ou _____ , dans des hôpitaux psychiatriques.

4. Des 12 faux patients que Rosenhan a fait admettre dans des hôpitaux psychiatriques, _____ ont été diagnostiqués _____ .

5. Les seules personnes qui ont compris que les collaborateurs de Rosenhan étaient des faux patients sont: _____ .

6. Chaque sous-société possède ses propres règles, attentes ou _____ pour définir ce qui est normal ou anormal.

7. On écrit sur les troubles psychiques depuis bien longtemps. De fait, le roi Saül semble avoir été ce qu'on appellerait aujourd'hui un _____-_____.

8. Les troubles qui ont une origine biologique sont souvent appelés des anormalités _____.

9. Les difficultés et la dégénérescence qui accompagnent quelquefois la vieillesse conduisent à ce qu'on appelle la psychose _____.

10. Une sorte de dégénérescence physique et mentale qui peut provenir d'une infection syphilitique s'appelle _____.

11. Le test _____ permet de détecter la syphilis.

12. La réaction mentale anormale reliée le plus souvent à l'alcoolisme se nomme _____.

13. Les excroissances anormales des tissus de l'organisme s'appellent _____.

14. Les glandes _____ sécrètent les hormones reliées aux émotions et au stress.

15. Les symptômes névrotiques consistent généralement en ce qui apparaît comme des _____ de _____ exagérés.

16. L'_____ est une crainte vague du danger provenant de sources inconnues.

17. La _____ d'_____ est la forme de névrose la plus courante.

18. Une _____ est une peur démesurée et irrationnelle de personnes, d'endroits, de pensées ou de choses spécifiques.

19. Les _____ ont quelque chose à voir avec les pensées, tandis que les _____ se rapportent aux comportements qu'on répète constamment.

20. L'amnésie et la personnalité multiple sont parfois considérées comme le résultat d'une réaction de _____.

21. Celui qui se préoccupe constamment de sa santé physique peut être un _____.

22. Contrairement à la psychose organique, la psychose _____ passe pour avoir des causes psychologiques ou cognitives.

23. Une perturbation extrême et une désorganisation entière de la personnalité caractérisent la schizophrénie _____.

24. Le soupçon et la méfiance, accompagnés d'hallucinations, sont le propre des schizophrènes _____.

25. Une psychose maniaco-dépressive peut être considérée comme une forme de psychose _____.

26. Les _____ _____ sont sur la voie du crime; ils deviennent souvent des récidivistes, des violeurs, des délinquants, etc.

27. L'abus de l'alcool est la cause d'environ _____ décès attribuables aux accidents de la route annuellement aux États-Unis.

28. Parmi les déviations sexuelles, on trouve la _____ , ou le fait d'avoir des relations sexuelles avec les animaux, et la _____ , ou l'attraction sexuelle d'un adulte pour un enfant.

29. Quand les gens en viennent à agir d'une façon conforme à l'étiquette qui leur a été accolée, ils peuvent réaliser ce qui s'appelle une prophétie _____ .

30. Szasz affirme que la maladie mentale est un _____ , et R.D. Laing va encore plus loin en prétendant que c'est la _____ qui est folle.

B. VÉRIFICATION DES CONNAISSANCES

Encercler la bonne réponse (A, B, C ou D):

1. Dans *Vol au-dessus d'un nid de coucou*, le problème chez le Chef Bromden découlait du fait:
A. que personne ne lui portait jamais attention.
B. qu'il était un malade mental et que personne ne le savait.
C. qu'il était un inadapté social alors qu'il avait été diagnostiqué schizophrène.
D. qu'il était sourd et ne pouvait entendre les questions qu'on lui posait.

2. Quand Rosenhan a annoncé aux soignants d'un hôpital psychiatrique qu'il allait leur envoyer des faux patients:
A. les soignants n'ont pas réussi à les identifier.
B. il n'a jamais donné suite à son projet.
C. les soignants ne l'ont pas cru.
D. seuls les faux patients qui jouaient d'une manière convaincante ont pu passer inaperçus.

3. La définition de la normalité:
A. comporte un élément statistique.
B. varie d'une époque à l'autre.
C. dépend de la sous-société à laquelle on appartient.
D. A, B et C à la fois.

4. La déficience mentale:
A. n'a rien à voir avec le comportement anormal.
B. est une forme de perturbation névrotique.
C. peut causer des problèmes d'adaptation.
D. est essentiellement incurable.

5. La parésie générale est liée:
A. au délirium tremens.
B. à la syphilis.
C. à la sénilité.
D. à une déficience hormonale.

6. La névrose est caractérisée par:
A. la mauvaise utilisation des mécanismes de défense.
B. l'hospitalisation.
C. les hallucinations et les illusions.
D. le fait qu'elle frappe souvent des prisonniers.

7. Une pensée ou une idée qui assaille sans cesse notre esprit est une:
A. phobie.
B. compulsion.

C. dissociation.

D. obsession.

8. L'amnésie et la personnalité multiple sont généralement associées:

A. aux réactions psychotiques.

B. aux réactions de dissociation.

C. à la névrose hypocondriaque.

D. à la névrose dépressive.

9. Une réaction de dissociation et des attitudes de statue peuvent se rencontrer dans la schizophrénie:

A. simple.

B. hébéphrénique.

C. catatonique.

D. paranoïde.

10. L'homosexualité:

A. est une déviation sexuelle.

B. est symptomatique de la névrose.

C. est un trouble de comportement biologique.

D. n'est rien de ce qui précède.

La schizophrénie

La controverse de l'inné et de l'acquis en est venue à toucher presque toutes les facettes de la vie humaine. L'alcoolisme, la criminalité, l'homosexualité, le quotient intellectuel et toute une gamme de psychoses et de névroses ont tous été attribués, à un moment ou à un autre, à des facteurs héréditaires ou environnementaux. Mais les arguments des deux côtés ont fait l'objet d'attaques parce que peu concluants et, comme dans le cas de l'oeuf et la poule, personne n'a encore réussi à prouver lequel des deux dérivait de l'autre. Dans le cas de la schizophrénie, cependant, l'hypothèse génétique est peut-être en perte de terrain ou semble à tout le moins susceptible de déboucher sur une hypothèse de compromis entre l'inné et l'acquis.

L'idée que la schizophrénie pourrait avoir une cause génétique a pris forme lorsque les statistiques ont démontré que la maladie était fréquemment répandue au sein d'une même famille. David Rosenthal, du National Institute of Mental Health des États-Unis, explique le fondement de cette théorie: «Sauf quelques rares exceptions, dit-il, l'incidence de la schizophrénie chez les parents au premier degré des sujets expérimentaux schizophrènes est sensiblement plus forte que celle des groupes témoins ou de la population en général».

Les études effectuées sur les jumeaux par Rosenthal et d'autres chercheurs ont abouti à des conclusions semblables. Des jumeaux identiques, avec des gènes identiques, devraient souffrir de la même maladie génétique plus souvent que des jumeaux non identiques. Si cette constatation était vraie même dans un faible pourcentage des cas, elle appuierait la thèse génétique. Un examen de ces études, dit Rosenthal, montre que c'est ce qui se produit dans à peu près 50% des cas. De la même manière, les enfants issus de parents schizophrènes devraient présenter une fréquence plus élevée de la maladie, même lorsqu'ils sont adoptés et élevés par des parents non schizophrènes. On en a fait la démonstration. «Ainsi, dit Rosenthal, une série de constatations valables tend à démontrer la présence de facteurs génétiques dans cette maladie, et cette conclusion est maintenant généralement acceptée.»

Mais ce qui est généralement accepté ne l'est pas universellement pour autant. Notamment, la maladie n'a pas été découverte dans les chromosomes de parents de schizophrènes.

Il y a cinquante ans, la drame de la thalidomide aurait probablement été attribué à des facteurs génétiques. On sait maintenant que le foetus humain peut apprendre et être conditionné. Ainsi, la schizophrénie pourrait également résulter d'un traumatisme prénatal (surtout pendant le dernier trimestre), périnatal ou néonatal. Selon Virginia Johnson, psychologue clinicienne de Los Angeles, la sous-alimentation, l'anoxie, le collapsus micro-circulatoire, les médicaments ou même les blessures occasionnées par les forceps sont tous des facteurs qui pourraient être à l'origine de cette maladie. Si c'était le cas, la schizophrénie serait congénitale, mais non génétique. Sarnof Mednick, qui a fait des recherches sur cette hypothèse, a étudié les dossiers médicaux de 20 enfants atteints de maladie mentale au Danemark. Il a découvert que 14 d'entre eux avaient souffert de graves complications prénatales ou natales. Les conclusions de ces études et ses propres observations des effets périnataux amènent Johnson à considérer que tout nous pousse à explorer plus en profondeur l'environnement des premiers moments de la vie pour y rechercher des causes éventuelles de la schizophrénie.

En fait, aucune théorie génétique précise n'a été avancée à l'égard de la schizophrénie, et les résultats des milliers d'études effectuées à ce sujet sont contradictoires et pourraient être utilisés pour appuyer l'une et l'autre partie dans la controverse de l'inné et de l'acquis. Ils pourraient également mener à la conclusion que divers facteurs entrent en cause dans l'apparition de la maladie. Rosenthal affirme: «Les influences génétiques sont un facteur important, et peut-être nécessaire, dans la manifestation de la schizophrénie, mais les influences de l'environnement sont aussi d'importance». En d'autres termes, une personne pourrait avoir des prédispositions génétiques à la schizophrénie, et la maladie serait déclenchée par divers types de stress.

Les scientifiques qui penchent pour l'hypothèse génétique continueront de chercher le chromosome de la schizophrénie, et les chercheurs qui optent plutôt pour l'hypothèse psychodynamique continueront à tenter de dégager les facteurs psychologiques et biodynamiques qui sont la cause de la maladie. Mais, du moins, il est important que la recherche ne se restreigne pas uniquement à la théorie génétique.

C. À PROPOS DE L'ARTICLE...

1. Quelles données Rosenthal présente-t-il pour appuyer la thèse voulant que la schizophrénie ait une origine génétique? _____

_____

2. Quelle preuve apporte Johnson pour appuyer la théorie voulant que la schizophrénie soit d'origine congénitale, et non génétique? _____

_____

3. Est-ce que Rosenthal et Johnson peuvent avoir *tous deux* raison?_____

_____

SUGGESTIONS DE LECTURES

Bastide, R., *Sociologie des maladies mentales,* Flammarion, Paris, 1965.

Chesler, P., *Les femmes et la folie*, Payot, Paris, 1975.

Cooper, D., *Le langage de la folie*, Seuil, Paris, 1978.

Crépeault, C., Desjardins, J.-Y., *La complémentarité érotique*, 2e édition, Novacom, Ottawa, 1978.

Kesey, K., *Vol au-dessus d'un nid de coucou*, Hachette, Paris, 1977.

Laing, R.D., *La politique de l'expérience*, Stock, Paris, 1969.

Schreiber, F.R., *Sybil*, J'ai lu, Paris, 1978.

Schehaye, M.-A., *Journal d'une schizophrène*, Presses Universitaires de France, Paris, 1950.

Szasz, T., *Le mythe de la maladie mentale*, Payot, Paris, 1977.

Szasz, T., *Fabriquer la folie*, Payot, Paris, 1976.

En anglais

Postman, N., *Crazy talk, stupid talk*, Delacorte, New York, 1976.

13

---

la thérapie

Les thérapies conçues pour corriger ou changer les pensées ou comportements anormaux se divisent en trois catégories principales: biologiques, cognitives et sociales-behaviorales. Ce chapitre nous fera voir et évaluer des exemples de chacun de ces types de thérapie. Mais vu que presque tous les comportements humains subissent des influences biologiques, cognitives et sociales, nous constaterons que les formes de thérapies les plus efficaces sont généralement celles qui tentent de traiter à la fois tous les aspects du problème.

Après avoir étudié ce chapitre, vous pourrez:

- Comparer, opposer et évaluer les différentes formes de thérapies biologiques, cognitives et sociales-behaviorales;

- Esquisser l'historique de la santé mentale à partir des Grecs jusqu'à aujourd'hui;

- Définir l'«effet placebo» et en donner un exemple;

- Résumer les cheminements essentiels des thérapies de l'insight, y compris la psychanalyse et la thérapie centrée sur le client;

- Exposer les buts et les techniques de plusieurs thérapies de groupe;

- Parler de la thérapie de l'environnement et décrire l'optique holistique de Meyer à l'égard de la psychothérapie.

glossaire

Analyse transactionnelle. Le psychiatre Eric Berne considère que nous jouons tous des jeux les uns avec les autres sans nous en rendre compte. L'analyse transactionnelle est une technique thérapeutique de Berne où les clients apprennent à analyser leurs jeux interpersonnels, ou leurs «transactions.»

Approche historique. Les partisans de cette approche croient qu'il est possible de comprendre (et de guérir) les troubles humains que lorsqu'on remonte à leurs origines, qui se situent généralement lors de la petite enfance. Freud a adopté une approche historique lorsqu'il a élaboré la psychanalyse.

Approche holistique. Du mot grec *holos* «tout». La thérapie holistique tend à traiter le patient comme un individu entier plutôt que comme un groupe de symptômes.

Association libre. Technique qu'utilisait Sigmund Freud pour amener ses patients à se rappeler les traumatismes de leur enfance. Le patient est généralement couché sur un divan et est encouragé à dire tout ce qui lui passe par la tête, c'est-à-dire à exprimer librement toutes les associations mentales qui lui viennent à l'esprit.

Choc insulinique. Ceux qui souffrent de diabète ne sécrètent pas assez d'insuline pour permettre à leur organisme de digérer le sucre et doivent s'administrer chaque jour des injections d'insuline. Cependant, une dose excessive d'insuline peut mettre la personne dans un état de choc ou lui occasionner des convulsions. Les injections d'insuline ont été utilisées comme solution de rechange à la thérapie par électrochocs, mais n'ont en général pas eu d'efficacité dans le traitement des maladies mentales.

Coma. Sommeil profond ou état d'inconscience, habituellement causé par une maladie ou une blessure.

Communauté thérapeutique. Genre de thérapie de l'environnement qui consiste à organiser un petit groupe avec le dessein bien arrêté que tout dans la communauté aidera une certaine catégorie de patients à se sentir mieux.

Drogues psychoactives. Drogues ou substances chimiques qui affectent les dispositions d'esprit, les perceptions, les pensées ou les comportements. Ce sont surtout des drogues qui causent des hallucina-tions ou qui affectent sérieusement les aptitudes mentales d'une personne.

Économie de jetons. Système économique artificiel organisé dans un établissement de soins pour aider les soignants et les patients à axer la thérapie sur ce que les patients font bien plutôt que sur ce qu'ils font de mal. Pour chaque comportement positif (approuvé socialement) les patients reçoivent comme récompense des «jetons», qui peuvent être échangés pour toutes sortes de gratifications.

Exorcisme. Terme religieux qui signifie: «délivrer une personne ou un endroit du démon, habituellement par la prière ou la magie.»

Groupe de rencontre. Technique de thérapie de groupe qui consiste à placer des étrangers ensemble pendant de courtes périodes pour leur permettre d'améliorer leur état de conscience et d'apprendre de nouvelles techniques de communication.

Hérétique. Quiconque s'oppose à une théorie ou à un point de vue prédominants soutenus par une autorité compétente peut être accusé d'hérésie.

Interprétation. Dans le traitement freudien, l'analyste aide souvent le patient à se comprendre lui-même (obtenir un *insight* de lui-même) en interprétant ce qu'il a dit. L'interprétation suppose généralement le fait d'indiquer les relations entre les événements ou les sentiments que le patient n'a pas encore vues.

Jeu de rôle. Action de jouer un personnage, sur scène ou dans la vie réelle. Le jeu de rôle (psychodrame) est souvent utilisé en thérapie pour aider les patients à passer à l'acte dans un milieu qui leur procure le soutien nécessaire, et d'affronter des problèmes auxquels ils ne peuvent faire face aisément.

Lobotomie. La terminaison *tomie* signifie «action de couper», tandis que la terminaison *ectomie* signifie «action d'enlever». La lobotomie est une opération par laquelle on coupe les voies nerveuses qui se dirigent vers les lobes frontaux du cerveau, pour empêcher en théorie les messages très émotionnels d'atteindre le cerveau. Une lobectomie est une opération similaire, mais par laquelle on enlève certaines parties des lobes frontaux.

Placebo. Du latin *placere*, «plaire». Médicament inoffensif administré pour son effet psychologique, surtout pour faire plaisir au patient ou pour servir de contrôle dans une expérience. C'est ce qu'on appelle parfois une «pilule de sucre».

Psychochirurgie. Opération qui consiste à enlever une partie du cerveau du patient ou à y causer volontairement des dommages pour susciter une «guérison» psychologique. La lobotomie est une forme de psychochirurgie. La grande majorité des personnes perturbées ne semblent pas avoir de lésion au cerveau et ne tirent aucun avantage de ce genre de traitement.

Psychodrame. Thérapie théâtrale mise au point par J. L. Moreno. Une certaine partie de la vie du patient est généralement jouée sur scène, souvent par des acteurs professionnels. Le patient peut jouer un des rôles ou tout simplement observer.

Réserpine. Du nom de plante *rauwolfia serpentina*, «rauwolfia à allure de serpent». Tranquillisant puissant, découvert en premier lieu dans cette plante de l'Inde.

Symptomatique. Le symptôme est la preuve visible d'une maladie. Une fièvre intense et une peau de couleur jaune sont «symptômatiques» d'une maladie appelée fièvre jaune.

Thérapie centrée sur le client. Sorte de traitement psychologique mis au point par l'humaniste Carl Rogers. Selon lui, la plupart des thérapies tendent à combler les besoins du thérapeute plutôt qu'à atteindre les objectifs du client. Dans le cas d'une thérapie centrée sur le client, le thérapeute est non directif et accepte positivement les idées du client; il aide ce dernier à acquérir une meilleure compréhension de lui-même et à parfaire son développement personnel.

Thérapie de la Gestalt. Le mot allemand *gestalt* signifie «structure», «forme». Selon les psychologues gestaltistes, nous tendons à percevoir les choses comme un tout, et non pas comme la somme de leurs parties; nous en avons une vision structurée. Quiconque possède des perceptions «incomplètes» ou «morcelées» pourrait bien souffrir d'une forme quelconque de maladie mentale.

Thérapie de l'environnement. Technique qui consiste à modifier l'environnement du patient afin de provoquer indirectement des changements chez lui.

Thérapie de l'insight. Freud a institué la psychanalyse, forme de thérapie «par la compréhension de soi», pour amener les patients à comprendre les expériences passées qui les ont conduits à penser, sentir et agir comme ils le font en ce moment. Au dire de Freud, une fois que le patient possède la compréhension personnelle (*l'insight*) de l'origine intérieure de ses problèmes, il est généralement capable de se soigner seul.

Thérapie humaniste. Forme de traitement où le client est encouragé à diriger sa propre thérapie ou à y participer directement. Elle vise à aider les gens à progresser, à faire des expériences et à devenir ce qu'ils veulent devenir, plutôt qu'à leur imposer des objectifs ou des valeurs.

Thérapie par électrochocs. Forme de thérapie employée d'abord par Cerletti et Bini, où l'on stimule le cerveau électriquement pour déclencher des convulsions; on croit en effet qu'administrer un choc au cerveau peut causer un oubli sélectif. Peu de preuves viennent appuyer l'hypothèse voulant que la thérapie par électrochocs soit valable pour les patients qui souffrent d'une maladie autre que la dépression grave.

Thérapies de groupe. Formes de traitement où plusieurs patients sont traités à la fois, en groupe plutôt qu'individuellement.

Transfert. En psychanalyse, le patient est encouragé à transférer à l'analyste ses émotions et ses attitudes sur les «images d'autorité» qui ont marqué sa vie, c'est-à-dire, surtout sa mère et son père.

Trépanation. Utilisation d'une scie spéciale pour ouvrir le crâne du patient. Autrefois, les trépans étaient des scies utilisées pour faire des trous dans le crâne en vue de «laisser les mauvais esprits s'échapper du cerveau».

INTRODUCTION:
LA CLOCHE DE DÉTRESSE

Esther Greenwood a besoin d'aide. Sa vie d'étudiante n'est pas aussi exempte de soucis et aussi amusante qu'elle aurait pu le croire. Au cours de l'été qui précède sa dernière année de collège, alors qu'elle a 19 ans, les choses commencent à se gâter.

Esther a toujours été une enfant modèle et une bonne étudiante. Elle a même obtenu d'assez bons résultats pour gagner une sorte de bourse qui lui permet d'aller passer un mois à New-York: elle fait partie d'un groupe de jeunes femmes provenant de toutes les régions des États-Unis et invitées dans la métropole américaine aux frais d'une maison d'édition. Durant le jour, les jeunes femmes se sensibilisent au commerce de l'édition. Les soirées se passent à des dîners arrosés de bons vins et à des excursions à travers la ville. C'est exactement ce qu'Esther souhaitait: le voyage à New York concorde parfaitement avec ses projets. Elle veut devenir écrivain, et l'expérience que son voyage lui donnera sur le plan de l'édition lui sera utile. D'autre part, elle n'a jamais beaucoup voyagé; le fait de passer un mois à New-York sera excitant.

Après le voyage à New York, Esther projette de retourner chez elle, dans la banlieue de Boston, et de suivre un cours spécial d'été en écriture. Ensuite, après sa dernière année de collège et peut-être un cours universitaire, elle veut retourner à New-York et faire carrière comme écrivain. Mais les choses ne se passent pas comme elle le veut durant l'été de ses 19 ans.

Esther a des problèmes dans plusieurs domaines. *Physiquement*, elle est forte et en bonne santé; mais elle considère avoir deux légers problèmes: elle a une poitrine assez plate, et elle est gênée de sa taille. Elle mesure 1,75 m (5 pi 10 po) et chaque fois qu'elle est avec un homme de petite taille, elle se tient le dos recourbé pour essayer de se faire plus petite. Ce comportement ne fait que lui donner une posture négligée, et elle se sent encore plus mal dans sa peau. À New-York, pendant l'été, Esther connaît un autre trouble physique: un grave empoisonnement alimentaire.

Ses problèmes *cognitifs*, ou mentaux, sont plus complexes. Elle travaille ferme depuis plusieurs années, mais maintenant elle a envie de tout abandonner. À New-York, elle rencontre plusieurs personnes qui ont réussi et, devant leur succès, elle commence à se dire qu'elle n'est pas à la hauteur. Elle a toujours voulu devenir écrivain, mais maintenant elle nourrit des doutes au sujet de son avenir. La vie, pour Esther, ressemble à un figuier qui porte un assortiment de fruits succulents parmi lesquels elle doit faire un choix. Une figue, par exemple, représente la possibilité de devenir un poète fameux. Une autre, un professeur et une autre, un riche rédacteur en chef de périodique. Une figue représente une vie d'épouse et de mère; une autre l'amènera à voyager partout dans le monde et à avoir beaucoup d'amoureux intéressants. Une autre représente l'espoir de devenir championne olympique. Esther désire toutes les figues, parce qu'en choisir seulement une lui fera perdre toutes les autres; mais si elle est incapable de prendre une décision, elle mourra de faim. À mesure que l'été passe, elle a de plus en plus de difficulté à prendre des décisions; et pendant ce temps, comme elle ne sait que faire, les fruits commencent à se gâter et à tomber de l'arbre. À l'exemple de plusieurs étudiants, elle éprouve de la difficulté à prendre une décision au sujet de son avenir. Elle veut tout faire, et en même temps, elle ne veut rien faire.

Les problèmes *sociaux* d'Esther sont rendus plus complexes par l'attitude confuse de la société vis-à-vis de la sexualité. Au cours de l'été, sa mère lui fait parvenir à New-York un article tiré d'un magazine populaire. L'article, écrit par une femme, explique comment les hommes et les femmes sont nés différents, à la fois émotionnellement et sexuellement; la journaliste prétend que la femme doit rester pure et vierge pour son mari, tandis que les hommes peuvent se permettre de s'amuser, et qu'on ne devrait pas s'attendre à ce qu'ils n'aient pas eu d'expériences sexuelles avant leur nuit de noces. Effectivement, l'ami d'Esther lui a avoué récemment avoir déjà eu une aventure amoureuse, mais il s'attend à ce qu'Esther reste pure. Celle-ci est déconcertée. Elle ne voit pas pourquoi elle serait obligée de mener une vie de célibataire vierge, pendant que l'on permet aux hommes de faire tout ce qu'ils veulent. Pour embrouiller davantage les idées d'Esther touchant la sexualité, le mariage et les hommes, lors de sa dernière soirée à New-York elle fait la connaissance d'un jeune homme avec lequel elle passe la soirée, et qui tente finalement de la violer.

Esther commence à perdre la maîtrise de ses pensées, de ses émotions et de son comportement. Lorsqu'elle revient de voyage, elle est physiquement affaiblie par l'empoisonnement alimentaire. Elle n'a aucune réaction émotionnelle à quoi que ce soit. Elle est cognitivement troublée au sujet de sa personne et de son avenir. La tentative de viol a augmenté sa confusion sur le plan sexuel et bouleversé l'idée qu'elle se faisait de son rôle de femme dans la société. C'est alors que sa mère lui annonce la mauvaise nouvelle: Esther n'a pas été acceptée au cours d'écriture auquel elle s'était inscrite. C'est la goutte d'eau qui fait déborder le vase. Aussi longtemps qu'Esther avait quelque chose à faire, quelque activité pour se tenir occupée, elle pouvait tenir le coup. Mais maintenant, sans cours d'été, sa vie chavire. Elle ne peut plus dormir la nuit, mais rien ne peut la faire sortir du lit. Elle ne veut plus se laver ni s'habiller. Elle ne veut rien faire. Elle n'a plus la volonté de vivre. Esther a besoin d'aide; elle se sent étouffer à l'intérieur d'une cloche de verre: sa *cloche de détresse*.

Une cloche de verre est un bocal rond en verre dont la partie supérieure est plate et fermée, et la partie inférieure ouverte. Lorsqu'on expose des objets fragiles, on les recouvre quelquefois d'une cloche de verre pour les protéger. Les cloches de verre sont aussi utilisées pour garder les objets recouverts dans une atmosphère ou un environnement contrôlé: l'air confiné ne peut en sortir, et l'air frais ne peut y pénétrer. Esther a l'impression de suffoquer sous une cloche de verre: elle est emprisonnée dans sa propre atmosphère malsaine. Elle ne peut établir de contact avec le monde à travers le verre de la cloche, et ce qu'elle voit du monde est déformé par la courbure des parois du récipient. Esther a besoin d'aide.

La cloche de détresse, un roman de Sylvia Plath, raconte les problèmes d'Esther Greenwood et ses fructueuses recherches pour obtenir de l'aide. L'auteur y raconte comment on est finalement parvenu à soulever la cloche de verre et comment Esther a pu se retrouver dans une atmosphère plus saine et se recréer une nouvelle vie.

Les problèmes d'Esther, si on les envisage un à un, ne sont pas très graves. Bien des gens font l'expérience des mêmes doutes et des mêmes frustrations que ceux qui ont troublé Esther. Un étudiant ou une étudiante, par exemple, a parfois de la difficulté à décider de son avenir et peut se sentir confus ou confuse au sujet de son rôle sexuel et social. Mais les problèmes d'Esther arrivent tous en même temps à un point culminant, et elle a besoin d'aide pour les régler. D'autres gens peuvent aussi avoir besoin d'aide à un moment ou à un autre, même ceux dont les problèmes sont moins nombreux et moins graves. Dans ce cas, où peut-on trouver de l'aide?

L'ANCIENNE ET LA NOUVELLE FAÇON D'AIDER

Chaque théorie sur les causes du comportement anormal propose habituellement sa propre solution au problème, ou sa propre thérapie. Dans les sociétés primitives, quand une personne se comportait étrangement, on faisait souvent appel à un sorcier pour la délivrer des mauvais esprits. Si les prières et les formules magiques ne les chassaient pas, le sorcier perçait parfois un trou dans le crâne de la personne, pour que les esprits puissent sortir par là. Cette forme primitive d'opération, aujourd'hui appelée **trépanation**, donnait quelquefois des résultats. Quelques vieux crânes portant la marque d'une trépanation laissent aussi voir des signes de cicatrisation autour du trou; cela semble indiquer que certains patients auraient pu survivre à l'opération. La trépanation n'aurait probablement pas été la meilleure solution aux problèmes d'Esther. Mais dans certaines parties du monde, aujourd'hui, celle-ci pourrait encore obtenir de l'aide ou une thérapie auprès d'un sorcier.

Hyppocrate, le fameux médecin grec qui vivait il y a environ 2 300 ans, croyait que les troubles mentaux et le comportement anormal étaient causés par des dommages physiques causés au cerveau ou par un déséquilibre des éléments chimiques de l'organisme. Selon sa façon d'envisager chaque cas, Hippocrate prescrivait le repos, un régime végétarien ou une saignée.

Les Romains, qui ont conquis la Grèce, ont adopté plusieurs des théories

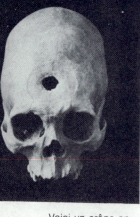

Voici un crâne ancien trépané. Selon les croyances des sociétés primitives, on pouvait guérir les gens à comportement anormal en perforant leur crâne à plusieurs endroits pour permettre aux mauvais esprits de s'échapper.

grecques sur le comportement anormal et les ont poussées plus loin. Selon eux, le comportement anormal était un signe de maladie mentale. Ils ont ouvert des maisons de repos où les personnes souffrant de troubles mentaux pouvaient recevoir des soins. Ces endroits constituaient un environnement agréable pour les personnes atteintes de maladie mentale; on les tenait occupées à des travaux et à des distractions simples. Un régime, des exercices peu fatigants, des massages et un genre d'hypnotisme étaient des formes de thérapie souvent prescrites.

Les thérapies grecques et romaines, sauf peut-être la saignée, auraient pu venir en aide à Esther. Elle aurait été occupée et se serait sentie protégée dans un milieu agréable, tout en ayant du temps pour réfléchir à ses problèmes. Dans certaines parties du monde, présentement, Esther pourrait encore bénéficier de traitements similaires.

Quand l'empire romain est tombé, les résultats de plusieurs siècles d'études et de formation se sont perdus. Les théories et les thérapies grecques et romaines ont été abandonnées, et les théories du démon ou du «mauvais esprit» sont redevenues populaires en Europe au cours du moyen-âge.

Tout d'abord, à l'époque médiévale, les prières, l'eau bénite, les huiles spéciales et les objets sacrés étaient utilisés pour tenter de faire sortir les démons de la personne possédée. L'**exorcisme** est alors devenu populaire. Un prêtre ou un exorciste parlait au démon qui habitait la personne troublée et essayait de le forcer à quitter cette personne. Lorsque l'exorcisme n'était pas efficace, on avait recours à des «méthodes fortes»: on battait le malade, on le faisait jeûner, on le plongeait dans l'eau chaude et on utilisait diverses formes de torture, pour que la personne «possédée» soit dans un état physique tel qu'aucun démon ne voudrait demeurer à l'intérieur de son corps. Si ce traitement n'avait pas de succès, la seule chose à faire était de se débarrasser du corps en entier. Plusieurs personnes perturbées ont été accusées de sorcellerie et condamnées au bûcher.

Esther aurait pu connaître des moments difficiles si elle avait vécu en Europe au moyen-âge. Son comportement bizarre lui aurait peut-être valu d'être torturée ou brûlée. Ou bien, si elle avait été en désaccord avec les autorités religieuses et politiques, elle aurait pu être déclarée sorcière, ou étiquetée comme folle ou **hérétique**. Les rares personnes qui ont osé s'élever contre les théories de la possession par le démon ont rapidement été accusées d'hérésie et ont parfois été torturées et brûlées.

Au XVIe et au XVIIe siècles, lorsque la recherche scientifique est devenue populaire, les théories scientifiques et les thérapies ont fait leur apparition. Les personnes troublées n'étaient plus délibérément maltraitées, mais plutôt envoyées dans un asile où elles recevaient des soins. Mais, même dans les asiles, les conditions n'étaient pas toujours bonnes. Les malades mentaux étaient parfois enchaînés ou enfermés dans de très petites cellules. Les asiles tentaient d'offrir des soins et de la protection, mais on y proposait très peu de mesures thérapeutiques. On considérait que ces personnes étaient malades, mais on ignorait la façon de les guérir. Dans ces asiles, l'état des malades s'aggravait, souvent plutôt que de s'améliorer.

Au XIXe et au XXe siècles, avec l'évolution rapide de la science médicale, les malades mentaux ont été pris en charge par les médecins, et les asiles sont devenus des hôpitaux psychiatriques.

Depuis les 100 dernières années, plusieurs types de théories et de thérapies médicales ont été élaborés et mis en pratique. Il en a résulté qu'on a utilisé des centaines de médicaments, et d'autres formes de traitements médicaux. Freud et ses adeptes ont élaboré des théories et thérapies psychanalytiques. Les humanistes, les behavioristes et les psychologues sociaux ont mis au point leurs propres théories et thérapies. Au moment où Esther fait sa dépression nerveuse, il existe des centaines de thérapies parmi lesquelles elle peut choisir.

Le choix d'une thérapie

La dépression nerveuse d'Esther est la conséquence d'une combinaison de troubles physiques, émotionnels, cognitifs et sociaux. Toutefois, les plus graves sont peut-être ses troubles cognitifs et psychologiques. Elle ne se comprend pas assez bien elle-même pour savoir ce qu'elle veut faire de sa vie. Elle a besoin d'aide, et plusieurs psychologues, en présence d'un client tel qu'Esther, lui recommanderaient probablement une forme de thérapie qui lui permettrait de comprendre ses problèmes mentaux (qui lui donnerait de l'*insight* sur ses problèmes). Ces psychologues supposeraient qu'à un certain moment de son développement mental, quelque chose a mal tourné. Peut-être Esther n'a-t-elle pas résolu toutes les crises décrites par Erikson, Freud, Piaget et Kohlberg. (Voir chapitre 9.) Ces psychologues lui suggéreraient de passer les années de son enfance en revue jusqu'à ce qu'elle identifie les expériences et les conflits qui continuent de l'embêter. Quand elle aura une compréhension claire de la nature de ses problèmes, elle pourra, selon eux, faire quelque chose pour les résoudre.

D'autres psychologues (les humanistes, en particulier) se concentreraient plus sur les besoins actuels d'Esther que sur ses problèmes passés. En aidant Esther à déterminer qui elle est à présent, ces psychologues voudraient lui donner les instruments intellectuels et émotionnels nécessaires pour qu'elle puisse devenir ce qu'elle désire être.

D'autres psychologues encore (les théoriciens de l'apprentissage social et les behavioristes) seraient généralement plus intéressés par les ambitions futures d'Esther que par ses problèmes passés ou sa situation présente. Ces psychologues supposeraient que la plupart des pensées et actions actuelles d'Esther sont le résultat d'un apprentissage inapproprié. Ils voudraient aider Esther à se fixer des objectifs pour l'avenir, puis à acquérir des aptitudes nécessaires pour les réaliser.

Enfin, d'autres thérapeutes (les psychiatres à orientation médicale) insisteraient sûrement sur les aspects biologiques de ses difficultés. Ces médecins supposeraient peut-être que les troubles mentaux d'Esther proviennent d'abord du mauvais fonctionnement de son cerveau ou de son organisme. Par conséquent, ils pourraient prescrire des traitements médicaux, tels des médicaments ou même une intervention chirurgicale.

Les thérapies par la compréhension de soi (thérapie de l'*insight*) ont une «**approche historique**»: elles utilisent le passé afin de guérir les troubles présents. Les thérapies humanistes, d'un autre côté, se concentrent sur le présent afin de préparer un meilleur avenir au patient. Les thérapeutes de l'apprentissage social et les behavioristes n'ont pas une orientation historique; ils croient qu'il n'est pas nécessaire pour les patients de faire une introspection dans leur passé, parce qu'ils insistent sur l'importance de l'apprentissage et du milieu social. Ils considèrent plutôt indispensable pour les patients d'apprendre des méthodes nouvelles et plus efficaces de parvenir à leurs fins à l'avenir. Par opposition à ces manières purement psychologiques d'aborder les problèmes, les psychiatres supposent plutôt qu'il faut guérir le corps pour guérir l'esprit.

Quel genre de thérapie Esther aurait-elle choisi? La réponse à cette question n'est pas facile. Toute forme de thérapie peut être efficace dans le cas de certains troubles et pour certaines catégories de personnes. Mais chaque fois qu'une personne troublée telle qu'Esther songe à un traitement psychologique ou psychiatrique, elle devrait se poser certaines questions au sujet de la thérapie:

1. Est-ce que la validité de la thérapie a été scientifiquement démontrée pour le genre de trouble éprouvé par le patient? En d'autres mots, la thérapie apporte-t-elle les changements de pensées et de comportements souhaités par la personne? Lorsque ces changements se produisent, est-ce qu'ils sont durables, ou ont-ils tendance à disparaître quand le traitement cesse? En résumé, quel est le «taux de réussite» de la thérapie pour une sorte particulière de perturbation psychologiques?

2. Est-ce que la fidélité de la thérapie a été reconnue? La thérapie agit-elle d'une manière identique sur toutes les personnes qui ont des problèmes semblables, ou l'est-elle dans quelques cas seulement? Les thérapies sont souvent susceptibles de réussir seulement lorsqu'elles sont appliquées à des personnes d'instruction et de milieu particuliers.

3. Quels sont les effets secondaires de la thérapie? Quelques formes de thérapie semblent être «valides et fidèles», mais leur utilisation provoque des effets secondaires peu souhaitables. Quelques médicaments peuvent calmer les personnes surexcitées, mais peuvent aussi les rendre trop apathiques pour qu'elles puissent assumer leurs occupations ordinaires. Il faut évaluer avec soin les effets secondaires potentiellement dangereux de toute thérapie et les comparer aux bénéfices qu'elle peut apporter avant de décider si la thérapie convient à la personne.

4. Quel genre de changements la thérapie apporte-t-elle? Une personne timide veut-elle nécessairement devenir bruyante et insupportable? Les sociétés et les thérapeutes déterminent ce qui est normal et peuvent tenter d'imposer leurs vues et leurs valeurs aux personnes qui ont des opinions divergentes. Les changements qu'une thérapie est appelée à produire doivent toujours entrer en ligne de compte lorsqu'on envisage une thérapie.

En Amérique du Nord, de nos jours, il existe des centaines de thérapies et des milliers de thérapeutes, y compris les amis, les parents, les professeurs, les orienteurs et les chefs religieux. Chaque thérapie et chaque thérapeute font montre d'une certaine validité et fidélité. Chaque traitement provoque des effets secondaires, et chacun d'entre eux essaie de produire certains changements. La solution consiste à découvrir une thérapie et un thérapeute qui conviennent bien au problème, à la personne et aux circonstances. En général, les thérapies se divisent en trois catégories: biologique: cognitive ou psychologique; sociale ou behaviorale.

LES THÉRAPIES BIOLOGIQUES

Quelques perturbations mentales sont nettement apparentées à des troubles biologiques. L'alcoolisme, la toxicomanie, la psychose sénile, quelques formes de déficience mentale, les congestions cérébrales, les tumeurs et les maladies, voilà des facteurs qui peuvent tous être à la base de troubles cognitifs, émotifs et sociaux (voir chapitre 12). Quand les troubles psychologiques sont nettement reliés à des causes physiologiques, alors le traitement médical est habituellement la thérapie préférée. Cependant, les psychiatres, qui détiennent des diplômes de médecine, présument souvent que *toutes* les perturbations mentales doivent avoir des causes biologiques. Ainsi, les psychiatres prescrivent souvent un traitement médical pour des troubles, même lorsqu'il n'est pas clairement démontré que les ennuis du patient proviennent de quelque mauvais fonctionnement de son organisme.

La thérapie par choc insulinique

Esther est finalement admise dans un hôpital psychiatrique où, pendant plusieurs semaines, elle reçoit une injection tous les matins. Un jour, soudainement, elle perd connaissance et entre dans le **coma**, ou une période prolongée d'inconscience. Le coma d'Esther est provoqué par un **choc insulinique**. L'insuline est un produit chimique qui brûle la réserve de glucose, ou de sucre, de l'organisme. Quand une personne reçoit de grosses quantités d'insuline, comme Esther s'en fait administrer chaque matin, le sucre qui alimente le cerveau s'épuise. L'absence de sucre ralentit l'activité du cerveau et provoque le coma. Après être sortie du coma, Esther se sent calme et détendue.

Le choc au cerveau et le coma produits par l'insuline sont quelquefois utiles pour tranquilliser les patients angoissés ou agités, mais la thérapie par choc insulinique, qui était en vogue il y a 30 ou 40 ans, est rarement administrée de nos jours. Le traitement ne s'est pas révélé très valide, ni très fidèle. Les statistiques ont démontré que la thérapie par l'insuline était efficace pour environ la moitié des personnes, la moitié du temps. Même lorsqu'elle s'était avérée efficace, les comportements indésirables revenaient souvent peu de temps après. Le choc insulinique peut aussi engendrer des effets secondaires dangereux. Une personne qui n'est pas physiquement robuste pourrait en être gravement ébranlée.

La thérapie par électrochocs

Un psychiatre hongrois, Ladislaus J. Meduna, s'est aperçu en 1935 que bien peu de personnes souffrant d'épilepsie étaient aussi atteintes de schizophré-nie. Il en a conclu que les convulsions produites par l'épilepsie pouvaient empêcher l'apparition de la schizophrénie. Meduna a décidé de provoquer des convulsions chez les patients diagnostiqués schizophrènes. Il provoquait les convulsions à l'aide de diverses drogues; ces médicaments, néanmoins, se sont révélés très dangereux, et quelques-uns des patients en sont morts.

Des recherches ultérieures ont démontré que bon nombre de patients schizophrènes souffrent effectivement d'épilepsie de sorte que la théorie initiale de Meduna sur le lien entre la convulsion et la schizophrénie ne semble

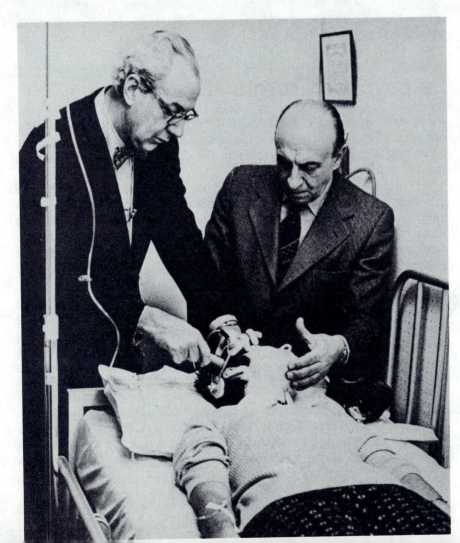

Ces médecins sont en train d'adminis-trer une thérapie par électrochocs à un patient souffrant de dépression pro-fonde. Bien que ce genre de thérapie produise des effets secondaires possi-blement dangereux, elle est souvent ef-ficace dans les cas de dépression gra-ve.

pas être valable. Toutefois, parce que *certains* des patients de Meduna avaient manifesté des améliorations, plusieurs médecins ont continué à étudier et à utiliser la thérapie par convulsions sur des individus mentalement dérangés.

En 1938, deux chercheurs travaillant en Italie, Ugo Cerletti et L. Bini, ont découvert que l'électricité était une méthode moins dangereuse que les drogues pour provoquer les convulsions. Par la suite, pendant une certaine période, la **thérapie par électrochocs** est devenue une méthode de traitement populaire pour les troubles mentaux.

On n'a pas véritablement de preuves que cette forme de thérapie ait des effets positifs sur un grand nombre de perturbations mentales. Cependant, elle est souvent efficace pour tirer des patients gravement déprimés de leur dépression pendant un certain temps (voir les recherches de Seligman sur l'apprentissage à l'impuissance et la dépression au chapitre 11). Les effets secondaires possibles de la thérapie par électrochocs ont par ailleurs soulevé beaucoup de controverses et remettent en question son utilisation même pour les patients déprimés. Les pertes de mémoire temporaires et parfois à long terme, ainsi que les lésions possibles au cerveau, au coeur, et aux poumons, font que bon nombre de scientifiques conseillent de n'utiliser cette forme de thérapie qu'en dernier recours.

La psychochirurgie

Parmi les femmes qu'Esther rencontre à l'hôpital psychiatrique, il y a Valérie, une fille à forte carrure et à l'air bien portant qui est très aimable et calme, et qui a des cicatrices de chaque côté du front. Les cicatrices et le calme de Valérie sont les résultat d'une **lobotomie.**

Puisque le comportement est toujours influencé par le fonctionnement du cerveau, les chirurgiens ont tenté, occasionnellement, de le modifier en effectuant des changements physiques dans le cerveau. Des portions des lobes frontaux du cerveau, par exemple, sont reconnues comme étant reliées intimement au comportement émotionnel et parfois agressif. En 1936, le psychiatre portugais Egas Moniz a effectué une opération aux lobes frontaux de patients qui étaient considérés comme étant trop émotifs ou trop agressifs. Chez quelques patients, le résultat attendu s'est produit: la destruction de certaines portions des lobes frontaux a quelquefois produit un état de calme perpétuel. En 1942, Walter Freeman a introduit l'opération des lobes frontaux, ou lobotomie, aux États-Unis, où elle est devenue pratique courante pendant un certain temps.

Après que des centaines et même des milliers de lobotomies aient été pratiquées, quelques chercheurs ont commencé à se rendre compte que ce traitement n'était pas aussi valide ni aussi fidèle qu'on l'avait tout d'abord cru. Chez quelques patients, aucune amélioration ne s'était produite. L'état de quelques-uns s'était aggravé et quelques autres étaient morts. Même chez les patients où l'état s'était amélioré, la chirurgie avait provoqué des effets secondaires malheureux. Les parties détruites du cerveau par la lobotomie sont reliées au comportement agressif et émotionnel, mais les mêmes régions du cerveau ont aussi un rôle à jouer dans l'ambition, l'imagination et d'autres aspects de la personnalité auxquelles on accorde généralement une grande valeur chez l'être humain. La lobotomie ne détruisait pas uniquement l'agressivité, mais aussi d'importants aspects positifs de la personnalité du patient. Ainsi, après son opération, Valérie n'est plus excessivement agressive, mais elle n'a plus la volonté de mener une vie utile. Elle ne veut rien faire d'autre que de demeurer à l'hôpital psychiatrique. Elle serait incapable de fonctionner convenablement dans la société.

La lobotomie a un autre inconvénient: elle est irréversible. Une fois l'opération pratiquée, il est impossible de revenir en arrière. Les tissus cervicaux détruits par la lobotomie ne peuvent être remis en place et ne se refont pas. Quelques-unes des personnes qui ont été opérées au cours des années 1940 et 1950 sont devenues semblables à des légumes, et sont sans ambition et sans volonté. Ces personnes ne se rétabliront jamais des effets secondaires d'une lobotomie.

La psychochirurgie peut cependant venir en aide à une certaine catégorie de patients. En 1976, un comité de la National Academy of Sciences aux États-Unis a examiné soigneusement tous les témoignages à sa disposition sur les opérations du cerveau. Il a conclu que la chirurgie était occasionnellement un remède valide et fidèle pour quelques formes particulières de maladies mentales. Cependant, à cause des dangers qu'occasionne la psychochirurgie, c'est-à-dire la destruction de tissus cervicaux irremplaçables et la perte possible d'aspects importants de la personnalité dont nous avons déjà parlé, la psychochirurgie est ordinairement réservée aux cas les plus graves seulement.

La chimiothérapie

La thérapie par choc insulinique, la thérapie par électrochocs et la lobotomie étaient considérées comme particulièrement efficaces quand elles réussissaient à tranquilliser les patients agités. Cependant, elles ont perdu beaucoup de leur popularité au cours des années 1950, quand on a découvert des méthodes de régularisation et de changement de comportement moins radicales. Certaines **drogues psychoactives** découvertes ont semblé réussir à changer le comportement. La chimiothérapie est devenue, et demeure encore aujourd'hui l'une des formes de thérapie les plus généralement utilisées pour les troubles mentaux.

On a constaté que deux sortes de médicaments étaient particulièrement efficaces pour le traitement de personnes souffrant de troubles mentaux: les tranquillisants et les stimulants. Les tranquillisants aident les personnes très agitées à demeurer plus tranquilles et plus calmes. Les stimulants contribuent à rendre les personnes déprimées plus énergiques ou plus actives, physiquement et cognitivement. En exerçant un contrôle sur ce qui pourrait devenir un comportement dangereux ou anormal, ces médicaments ont permis à plusieurs personnes d'éviter l'hospitalisation ou de maîtriser suffisamment bien leurs comportements pour recevoir leur congé de l'hôpital.

Il existe une grande variété de tranquillisants, de stimulants et d'autres médicaments dans lesquelles on retrouve les effets combinés des tranquillisants et des stimulants. On pense que quelques-uns de ces médicaments agissent en comblant un déséquilibre chimique dans l'organisme. D'autres semblent avoir pour effet de modifier le comportement d'une personne pendant assez longtemps pour permettre à cette dernière de réapprendre un comportement nouveau et plus acceptable. Dans le cas des stimulants, on estime qu'ils peuvent donner aux personnes déprimées assez d'énergie pour réfléchir à leurs troubles ou pour participer à une forme quelconque de thérapie sociale ou cognitive.

L'effet des médicaments, contrairement à celui de la lobotomie, est habituellement réversible. Si un médicament n'est pas efficace, ou s'il produit des effets secondaires indésirables, on peut arrêter de l'administrer et en utiliser un autre. Mais il demeure que les drogues psychoactives, celles que l'on utilise en psychothérapie, peuvent être nocives et sont presque toujours administrées sous surveillance médicale. Le choix d'un médicament pour une personne doit être fait consciencieusement. La réaction de la personne doit être surveillée. S'il y a des effets secondaires nocifs ou peu souhaitables, on peut remplacer le médicament par un autre ou modifier la dose.

Les drogues psychoactives présentent parfois un autre problème. Elles peuvent si bien dissimuler les symptômes d'un trouble que l'on ne recherche pas une autre thérapie plus efficace et peut-être indispensable à la santé du patient. Un comportement hyper-émotionnel causé par une tumeur cérébrale, par exemple, peut parfois être maîtrisé par des drogues psychoactives. Les symptômes de trouble peuvent disparaître, mais la tumeur reste. Dans un tel cas, une tumeur maligne pourrait ne pas être décelée, ni traitée. En provoquant des changements temporaires dans le comportement du patient, les drogues psychoactives peuvent dissimuler des troubles sociaux ou cognitifs qui pourraient nécessiter d'autres soins.

L'effet placebo

L'hôpital Sainte-Élizabeth, à Washington (D.C.), est l'un des plus vastes établissements gouvernementaux affectés au traitement des personnes souffrant de maladies mentales. Werner Mendel, professeur de psychiatrie à l'École de médecine de l'Université de la Californie du sud, a reçu une partie de sa formation à cet hôpital. Pendant qu'il y travaillait, il a eu la responsabilité d'une unité de soins occupée par des personnes de langue espagnole que l'on considérait comme hostiles et agressives. Quelques-uns des patients étaient même considérés comme atteints de folie homicide et devaient porter la camisole de force. Les patients semblaient si dangereux que Mendel se faisait accompagner par deux gardes du corps chaque fois qu'il faisait la visite de l'unité. Le fait que Mendel ne parlait pas l'espagnol ne faisait que compliquer les choses.

En 1954, un tranquillisant appelé **réserpine** venait tout juste de faire son apparition dans le domaine psychiatrique. Les soignants de l'hôpital Sainte-Élizabeth avaient pris connaissance des bons résultats obtenus avec ce médicament, et ont décidé d'en faire l'essai sur certains de leurs patients. Une expérience à double insu a été mise sur pied. (Voir chapitre 1.) Les patients de quelques unités de soins ont été choisis pour recevoir le médicament, alors que d'autres patients d'unités différentes ont reçu un placebo ou un médicament sans effet. L'expérience était à double insu parce que ni les patients, ni les médecins ne savaient qui recevait le médicament, et qui recevait le placebo. Lorsque l'expérience a été terminée, après qu'on ait observé la réaction de tous les patients, les médecins ont identifié ceux qui avaient reçu le médicament véritable et ceux qui avaient reçu le placebo. Lorsqu'on utilise cette manière de procéder, il est possible de comparer l'efficacité de l'absorption d'un médicament par rapport à l'efficacité de la croyance d'avoir absorbé ce même médicament. Tous les changements de comportement constatés chez les patients ayant absorbé le médicament et qui n'avaient pas de correspondant chez ceux qui avait pris le placebo ont été attribués au médicament.

Mendel avait demandé que tous les patients violents de son unité fassent partie de l'expérience. Presque au début de celle-ci, il a remarqué des changements chez ses patients. Il était persuadé que son unité était une de celles qui avaient été choisies pour recevoir la réserpine plutôt que le placebo. Les patients de Mendel sont devenus si calmes qu'il n'avait plus besoin de gardes du corps pour circuler. La plupart des patients qui portaient la camisole de force n'en avaient plus besoin.

Mais Mendel se trompait lorsqu'il a estimé que comme ses patients avaient pris un médicament et que leur état s'était amélioré, ils avaient reçu de la réserpine. En réalité, ses patients faisaient tous partie du groupe témoin à qui l'on administrait des pilules de sucre. Quand Mendel a découvert la vérité, il s'est sérieusement posé des questions sur ses propres attitudes et comportements. Si ses patients n'avaient pas reçu de réserpine, quelle était la cause du changement spectaculaire qui s'était produit dans leur manière d'agir? Peut-être, Mendel a-t-il pensé, ses propres *attentes* avaient-elles changé à l'égard de ses patients. Quand ils avaient commencé à prendre le médicament, Mendel s'était imaginé que ses patients deviendraient plus paisibles, alors il avait commencé à les traiter comme s'ils étaient effectivement devenus plus calmes. En retour, les patients avaient rempli ses attentes et s'étaient apaisés. Mendel a constaté que l'état de ses patients s'était amélioré à cause de sa manière d'agir envers eux et non pas à cause de changements provoqués dans leur organisme par un médicament.

Quelques années plus tard, lorsque Mendel a eu la responsabilité d'un grand hôpital psychiatrique sur la côte ouest des États-Unis, il a découvert que 80% des patients étaient traités avec des médicaments dès leur admission à l'hôpital. Il s'est dit que les médecins de l'hôpital prescrivaient souvent des médicaments parce qu'ils croyaient que c'était ce que l'on attendait d'eux, et il a interdit aux médecins d'en administrer à quelque patient que ce soit avant qu'il n'ait passé au moins 12 heures à l'hôpital. Le taux de médication est immédiatement tombé à moins de 20%, et plus de patients que jamais auparavant se sont mis à manifester des signes d'amélioration.

Les placebos sont-ils efficaces?

La chimiothérapie a apporté de grands changements dans le traitement des personnes atteintes de troubles mentaux, mais il faut toujours tenir compte des «effets placebo». En 1955, dans le Journal of the American Medical Association, H. K. Beecher a fait rapport d'une expérience menée avec des placebos. On a administré des placebos à plus d'un millier de patients souffrant de troubles variés alors qu'ils pensaient avoir reçu des médicaments. Le tiers des patients ont déclaré que leur état s'améliorait. Quelques-uns ont même affirmé que le médicament les rendait malades. Ainsi les placebos peuvent rendre certaines personnes malades, n'avoir aucun effet sur d'autres, et en guérir d'autres encore.

Les placebos ne sont pas que des pilules de sucre. Des injections de substances inoffensives ou même inefficaces, ou encore une intervention chirurgicale truquée, sont également des placebos. Une des expériences qui ont forcé les scientifiques à réévaluer l'effet des lobotomies portait sur un type de placebo ou d'opération truquée. R. G. Heath, psychiatre à Tulane, a divisé en deux un groupe de patients gravement perturbés. Les personnes du premier groupe ont subi une lobotomie; sur celles du second groupe, ou groupe témoin, Heath a effectué une intervention au cours de laquelle il n'a pas endommagé une seule cellule nerveuse. Comme toutes les plaies des patients étaient semblables, peu importe le groupe auquel ils appartenaient, les soignants ne pouvaient pas identifier quel patient avait subi quelle opération. Heath a alors insisté pour que tous les patients reçoivent les meilleurs soins *psychologiques* possibles lorsqu'ils se seraient remis des effets physiques de la chirurgie.

En fait, presque tous les patients ont manifesté des signes de guérison et plusieurs ont pu regagner leur domicile. Heath en a conclu que c'étaient les attentes des soignants et les patients, ainsi que les soins psychologiques assidus, qui avaient provoqué l'amélioration de l'état des patients. La chirurgie en elle-même n'avait semblé ni améliorer l'état des patients, ni le faire empirer d'une manière qu'il soit possible de prouver. Il est possible de conclure de toutes ces recherches que *peu importe la forme de thérapie*, les chances de succès semblent meilleures quand le thérapeute et le patient ont confiance dans le succès du traitement.

LA THÉRAPIE DE L'*INSIGHT* (OU THÉRAPIE COGNITIVE)

Lorsqu'Esther commence à avoir des problèmes à New-York, la première chose qu'elle fait, c'est de prendre un bain chaud et d'essayer de tout oublier.

Comme cela ne fonctionne pas, elle essaie ensuite de chasser les problèmes de son esprit en s'intéressant davantage à son travail et à ses loisirs. Elle ne réussit toujours pas à s'en débarrasser; alors, elle commence à chercher quelqu'un à qui en parler. Ses amies, toutefois, sont trop prises par leurs propres problèmes pour prendre le temps d'essayer de comprendre la situation d'Esther. Par ailleurs, elle a fait la connaissance des autres jeunes filles qui l'accompagnent à New-York quelques semaines plus tôt seulement, et elle ne veut pas réellement les mettre au courant de ses problèmes personnels. Ensuite, Esther se tourne vers la femme pour laquelle elle travaille à la maison d'édition. Cette dernière paraît comprendre quelques-unes des inquiétudes d'Esther, mais ne les prend pas trop au sérieux. Elle lui suggère simplement de travailler davantage.

Quand Esther revient chez elle, elle essaie de parler à sa mère. Mais cette dernière se révèle encore moins utile que les autres: elle lui suggère de prendre des cours de sténographie. Esther sait que c'est là quelque chose qu'elle ne veut pas faire. En fin de compte, elle finit par consulter un psychiatre.

Puisque parler d'un problème avec quelqu'un le rend souvent plus facile à accepter et à résoudre, plusieurs d'entre nous en discutons avec des amis intimes ou des membres de notre famille quand nous avons des difficultés quelconques. Ou, si nous sommes trop embarrassés pour parler d'un problème personnel avec quelqu'un qui nous est proche, nous nous adresserons peut-être à un étranger, par exemple un thérapeute, pour recevoir de l'aide. La personne qui nous écoute peut nous donner des conseils, nous manifester de la sympathie, ou simplement nous fournir un reflet de nos idées et nos sentiments pour que nous puissions voir plus clair en nous-mêmes. Ce que nous espérons habituellement, lorsque nous parlons de nos difficultés à quelqu'un d'autre, c'est de parvenir à une certaine compréhension intellectuelle ou émotionnelle de ce qui nous trouble. C'est pour cette raison que le type thérapie où l'on parle de soi est souvent appelée **thérapie de l'insight**, ou thérapie par la compréhension de soi.

Cette forme de thérapie existe probablement depuis la première conversation qui s'est déroulée entre deux êtres humains. Cependant, Sigmund Freud a été l'un des premiers à tenter d'expliquer le fonctionnement de la thérapie de la parole, ou de la compréhension de soi. Freud a créé sa propre forme de thérapie de la parole, la *psychanalyse*; elle est devenue un mode de traitement consacré des troubles cognitifs et psychologiques. Freud affirmait que la plupart des troubles mentaux et émotionnels provenaient de conflits inconscients qui entraînent de l'anxiété, des craintes et certains modes de comportements anormaux. Les thérapies biologiques (chocs, chirurgie, drogues) peuvent modifier certains comportements, d'après lui, mais ne règlent pas la cause réelle du problème. C'est pour cette raison que la psychanalyse tente d'aider le patient à comprendre les conflits inconscients qui sont enracinés profondément à l'intérieur de sa propre personnalité. Freud croyait que par l'analyse psychologique, une personne perturbée pouvait arriver à comprendre et à accepter la source de la perturbation. Il croyait également que lorsque la personne aurait compris profondément la nature de son problème, les comportements **symptomatiques** ou anormaux disparaî-traient graduellement.

La thérapie psychanalytique

La psychanalyse est une forme de thérapie très personnelle et subjective qui varie d'un patient à l'autre et d'un thérapeute à l'autre. Le cheminement de la plupart des thérapies psychanalytiques, par contre, suit plusieurs mêmes étapes fondamentales. On encourage le patient à établir une relation émotionnelle étroite avec l'analyste. Lorsque la confiance est établie, on incite le patient à discuter librement des problèmes, sentiments, émotions et expériences qui composent son passé. L'analyste tente alors d'interpréter les expériences (y compris les rêves) et d'aider le patient à déterminer les problèmes cognitifs et de développement passés qui ont pu causer les perturbations actuelles.

La thérapie psychanalytique peut se pratiquer dans une clinique, un hôpital psychiatrique ou un cabinet de médecin. Dans la plupart des cas, l'entrevue se passe dans un endroit intime où la personne se sent en sécurité, à l'aise et libre d'exprimer ses pensées et ses émotions. Si la personne est allongée sur un divan, le thérapeute s'assoit généralement derrière elle de façon à pouvoir observer les expressions de son visage et ses réactions corporelles. Dans bien des cas, cependant, la personne et l'analyste s'assoient l'un en face de l'autre pour parler.

Le transfert

Le premier pas à faire en analyse est ordinairement ce qu'on appelle le **transfert**. L'analyste encourage le client à faire des **associations libres**, c'est-à-dire à parler de tout ce qui lui vient à l'esprit. Mais, comme la psychanalyse met l'accent sur le passé, il l'encourage parfois à parler de son enfance ou à faire des associations mentales avec les souvenirs qu'il conserve sur cette période. Les sentiments du client envers ses parents et les autres personnes ou expériences qui ont eu de l'importance au cours de son enfance sont considérés comme étant particulièrement importants. Le transfert se produit quand le patient commence à projeter sur l'analyste, ou à lui *transférer*, les sentiments qu'il ressent envers les personnes de son passé.

Le transfert est considéré comme une étape importante dans l'analyse parce qu'il aide à déclencher des émotions inconscientes. Une fois ces émotions exprimées, le patient peut les examiner. Il est quelquefois possible de comprendre et de surmonter les peurs irrationnelles, les haines, les sentiments de culpabilité et les comportements qui s'ensuivent une fois que l'on a découvert leur cause et qu'on en a discuté au cours de l'analyse.

L'interprétation

La première tâche du psychanalyste consiste à faire parler son patient. Une fois que celui-ci a commencé à l'entretenir de ses pensées, de ses rêves et de ses comportements, l'analyste doit tenter d'interpréter ces confidences en fonction de la théorie psychanalytique. Comme l'inconscient passe pour être le foyer de plusieurs problèmes cognitifs, l'analyste doit fouiller la conversation consciente du patient pour découvrir des indices qui le conduiront vers son inconscient. Les lapsus, certains des propos apparemment dénués de sens surgis au cours d'une séance d'association libre, et le contenu des rêves et des fantasmes contiennent souvent des indices de l'inconscient de la personne. Certains psychanalystes se servent également de l'hypnose et de drogues spéciales pour amener les gens à révéler leurs pensées inconscientes. Une fois qu'il a réuni ses indices, le thérapeute essaie d'interpréter ces signes quelquefois symboliques et de découvrir des explications rationnelles du passé qui expliqueront les pensées et les comportements irrationnels que manifeste à présent le patient.

Trouver les indices et les interpréter comme il faut n'est pas facile; c'est pourquoi le psychanalyste doit avoir plusieurs années d'entraînement. Aux États-Unis, 90% des psychanalystes sont psychiatres. Ils sont passés par le collège et la faculté de médecine et plusieurs comptent quatre années de formation en psychiatrie; ils ont tous eux-même été analysés. Les 10% restants sont des psychologues cliniciens. Ils obtiennent généralement un doctorat en psychologie clinique, étudient ensuite dans un institut de psychanalyse et subissent également une analyse.

La psychanalyse dure habituellement de deux à cinq ans, bien que certains patients soient analysés pendant vingt ans ou plus. Le patient et le thérapeute tiennent des séances de 50 minutes aussi souvent que cinq fois par semaine. Le traitement est très dispendieux, et une analyse complète peut coûter 30 000$ ou même davantage.

Évaluation de la psychanalyse

La psychanalyse est-elle une thérapie valide et fidèle? La réponse à cette question dépend de ce qu'on entend par ces deux termes. Comme les psychologue Seymour Fisher et Roger Greenberg le signalent dans leur livre *The Scientific Credibility of Freud's Theories and Therapy*, il existe bien peu de preuves scientifiques du fait que la psychanalyse vaut mieux que toute autre forme de traitement. Ils font également remarquer qu'un traitement de longue durée n'est pas meilleur qu'un traitement court. Cependant, il est vrai que l'analyse semble réussir chez certaines personnes. Les patients qui semblent avoir le plus de succès dans l'analyse se situent habituellement entre 15 et 50 ans, sont assez intelligents pour comprendre leurs problèmes et le processus de l'analyse, désirent résoudre leurs troubles et veulent collaborer avec le thérapeute. L'analyse a plus de succès avec les névrotiques qu'avec les psychotiques. Ceux qui ont perdu tout contact avec la réalité, par exemple, ne peuvent pas établir la relation de transfert, et souvent ne saisissent pas la signification de ce que leur dit le thérapeute au sujet de leurs problèmes inconscients.

Fisher et Greenberg notent que Freud a décrit avec une exactitude exceptionnelle certains genres de personnalité et certains problèmes. La personne orale, par exemple, semble ressentir un besoin inusité de trouver la sécurité par la dépendance envers les autres. Les caractères appelés anaux sont souvent mesquins, compulsifs et entêtés. Malheureusement, comme Fisher et Greenberg le soulignent, il existe peu de preuves du fait que ces types de personnalité seraient associés à des problèmes de développement qui seraient survenus au cours des stades oral ou anal. Bien plus, il n'y a aucune donnée absolue à l'appui de la notion de base de Freud selon laquelle lorsque le patient acquiert une compréhension profonde de la cause du problème, les comportements anormaux actuels du patient disparaîtront progressivement. De fait, les propres intuitions, interprétations et comportements de l'analyste à l'endroit du patient ont un rôle beaucoup plus important dans la «guérison» que la compréhension par le patient des difficultés de développement survenues au cours de son enfance.

Dernière critique, mais non la moindre, Fisher et Greenberg affirment que la théorie freudienne s'applique beaucoup plus aux hommes qu'aux femmes. Selon Freud, toutes les femmes souffrent d'un sentiment d'infériorité inné parce qu'elles ne possèdent pas d'organes mâles. Ce présumé sentiment d'infériorité rendrait difficile pour les femmes d'acquérir une identité sexuelle et les rendrait mal à l'aise dans leur corps. En réalité, comme Fisher et Greenberg le signalent: «Des preuves claires démontrent que la femme dépasse l'homme dans sa conscience corporelle générale, son sentiment de sécurité corporelle, sa faculté d'adaptation aux changements dans ses sensations physiques, ainsi que dans son apparence».

Fisher et Greenberg critiquent Freud pour avoir essayé d'imposer ses propres valeurs masculines aux femmes. Mais ce genre de critique peut souvent être lancée contre tout genre de thérapie verbale ou d'*insight*. Par exemple, Esther et sa mère ne sont pas d'accord sur la valeur de la sténographie; Esther est capable de rejeter les valeurs de sa mère, mais pourrait ne pas être en état de rejeter aussi facilement les vues d'un psychanalyste qui croirait que toutes les femmes doivent apprendre la sténographie. C'est ainsi qu'une psychanalyse menée par un homme qui tenterait d'imposer ses valeurs masculines à Esther risquerait de ne pas être la meilleure forme de traitement que celle-ci pourrait obtenir.

La thérapie humaniste

Certains psychanalystes jouent un rôle très actif et direct en thérapie. Ils donnent des mots d'ordre, des avis, des conseils et des suggestions. Les thérapeutes humanistes, quant à eux, mettent l'accent sur la prise de conscience par le client de sa situation présente et de ses objectifs futurs plutôt que sur ses problèmes ou conflits inconscients issus du passé. Ils essaient par conséquent, d'une façon non directive, d'aider les clients à devenir conscients de ce qu'ils sont et de la manière dont les autres les voient. Une fois que les clients ont établi leurs buts, les thérapeutes humanistes tentent de leur donner une rétroaction objective sur la manière de réaliser l'actualisation de soi.

La thérapie centrée sur le client

Une des thérapies humanistes les plus populaires a été mise de l'avant par Carl Rogers. On l'appelle thérapie rogérienne, ou **thérapie centrée sur le client**. Selon Rogers, la psychothérapie doit être centrée sur les objectifs et les besoins du client plutôt que sur ce que le thérapeute croit que les buts du client devraient être.

Chaque personne ou client, selon les humanistes, possède une personnalité unique avec des problèmes, des aptitudes et des objectifs uniques. C'est pourquoi il revient au client plutôt qu'au thérapeute d'établir le rythme et la direction de la thérapie, et de déterminer ce qu'il doit changer dans ses pensées et ses comportements. Le thérapeute aide le client à s'engager dans ce processus en fournissant ce qu'on appelle un «égard positif inconditionnel». Il établit une atmosphère permissive où le client se sent libre d'agir ou de parler comme il lui plaît. Cette attitude positive inconditionnelle du thérapeute est censée aider les clients à se décider à dire ce qu'ils sentent et pensent réellement.

Quand le client a commencé à s'ouvrir, le thérapeute tente de l'aider à se comprendre en fournissant un *reflet* de son comportement. Il fait office de «miroir» en répétant d'une façon compréhensive les points essentiels de tout ce qu'a déclaré le client. Ce reflet et cet éclaircissement des pensées provenant du thérapeute devrait amener le client à commencer à se comprendre en se rendant compte de la manière dont il apparaît aux yeux des autres. Les clients qui parviennent à se voir clairement peuvent définir les changements qu'ils veulent apporter à leur personnalité. Une fois les modifications accomplies, le client peut se servir à nouveau du thérapeute comme reflet. Lorsqu'il commence à aimer ce qu'il voit de cette manière, il n'a plus besoin de miroir et peut mettre un terme à la thérapie pour devenir indépendant ou complètement fonctionnel.

Peu de thérapeutes sont de purs freudiens ou de purs rogériens. La plupart utilisent un peu de chaque technique. Certains clients, par exemple, ont besoin d'un thérapeute plus directif, tandis que d'autres sont plus à l'aise dans un contexte non directif. Plusieurs thérapeutes essaient de modeler la thérapie de façon à ce qu'elle convienne aux besoins du client.

Les thérapies de l'*insight* sont-elles efficaces?

«Un névrotique se remet peu importe le traitement qu'on lui administre.» Cette affirmation nous provient du psychologue britannique H. J. Eysenck, auteur de *Psychology Is About People* (The Library Press, 1972). Selon Eysenck, les psychanalystes n'ont pas prouvé qu'ils peuvent aider qui que ce soit. Comme preuve, Eysenck attire l'attention sur les études montrant que les gens aux prises avec des troubles névrotiques se débarrassent souvent de leurs problèmes sans aide. Dans une étude effectuée sur 500 personnes qui souffraient de névroses au point qu'elles ne pouvaient travailler, les deux tiers des sujets se sont rétablis en moins de deux ans. Ils avaient droit à une pension, et pour cette raison n'étaient pas réellement forcés de retourner au travail. Après cinq ans, près de 90% des sujets semblaient avoir complètement recouvré la santé. Tous avaient consulté leur médecin de famille et reçu des traitements pour leurs troubles physiques, mais aucun n'avait reçu une forme précise de psychothérapie.

Des études plus récentes menées aux États-Unis par des psychanalystes permettent de croire que les résultats d'Eysenck ne peuvent s'appliquer entièrement aux patients des États-Unis. Le psychiatre R. Bruce Sloane et son équipe à l'École de Médecine de l'Université Temple, à Philadelphie, ont comparé les résultats de trois types de traitement: thérapie de l'*insight*, thérapie du comportement et aucune thérapie. Sloane et son équipe rapportent que les thérapies de l'*insight* et du comportement ont obtenu toutes deux des résultats significatifs sur le plan des changements de longue durée, qu'elles apportaient à la personnalité, mais que la thérapie du comportement réussissait mieux à aider les gens qui avaient des problèmes bien précis sur le plan de leur travail ou de leurs relations avec les autres. Chez le groupe témoin, qui ne recevait aucun traitement, bon nombre de sujets ont également manifesté des signes d'amélioration. Mais le point important au sujet de ces patients est qu'ils n'ont *perçu* eux-mêmes aucune amélioration tant qu'on ne leur a pas donné de thérapie à la fin de l'étude. Si les patients sans traitement n'étaient pas satisfaits de leurs propres progrès, pouvons-nous nous permettre de dire (comme Eysenck) qu'ils se sont «débarrassés de leurs problèmes sans aide»?

Les thérapies de l'*insight* ont pour objectif d'apporter des changements subjectifs ou internes aux perceptions, aux émotions, aux attitudes et aux processus internes, changements qu'il est impossible de mesurer avec objectivité. Aussi, il est presque impossible de prouver scientifiquement que ces thérapies sont réellement efficaces.

Les psychanalystes et leurs patients, toutefois, rapportent souvent que des changements importants se sont produits dans les schèmes fondamentaux de la personnalité du client pendant la thérapie. Quant à Sloane et ses collègues, ils estiment à 80% le taux de succès des thérapies de l'*insight* et du comportement. Les clients soumis aux thérapies humanistes rapportent des taux de réussite similaires. Cependant, dans la plupart des cas, la mesure du succès se fait à l'aide des émotions et des perceptions intuitives vécues par les patients pendant le traitement. Si nous voulons en rester à des manières plus objectives ou scientifiques de mesurer leur efficacité, nous sommes alors forcés de conclure que les thérapies de l'*insight* ne connaissent pas autant de succès qu'on l'a déjà cru.

LES THÉRAPIES SOCIALES-BEHAVIORALES

Après avoir examiné minutieusement où elle en est, Esther décide qu'elle a un problème cognitif et a besoin de se comprendre elle-même. Elle suit une thérapie de l'*insight* et, après coup, elle croit qu'elle a réalisé d'heureux changements dans sa personnalité. Mais si elle avait souffert de difficultés nettement sociales plutôt que cognitives, il aurait été préférable qu'elle suive une forme quelconque de thérapie sociale ou behaviorale. Des émotions ou des modes de comportement anormaux qui, de prime abord, semblent résulter de troubles cognitifs peuvent en réalité provenir d'un apprentissage insuffisant causé par un environnement social déficient. Les stress du monde qui nous entoure: le mauvais temps, une famille où règnent les querelles ou l'hostilité, un emploi peu intéressant, l'anxiété provoquée par un professeur inconséquent, etc., peuvent devenir insurmontables et entraîner des pensées et des actions anormales. De fait, presque tout comportement anormal est fortement influencé par le monde qui nous a vu grandir ou dans lequel nous vivons. Des thérapies sociales ont été conçues pour modifier ces pensées et ces comportements. Celles qui visent à changer la façon dont une personne répond à la société s'appellent les **thérapies de groupe**. Celles qui voient à modifier la manière dont la société répond à une personne se nomment thérapies de l'environnement.

La thérapie de groupe

La thérapie de groupe englobe toute forme de thérapie qui tente de traiter deux personnes ou plus en même temps. Comme la thérapie de la parole, la thérapie de groupe existe depuis des siècles. Les chefs religieux et politiques ont souvent essayé de modifier les pensées et les comportements de leurs disciples. La thérapie de groupe n'est devenue une forme de psychothérapie reconnue que depuis le début du siècle: en 1905, un médecin de Boston, J. H. Pratt, a réuni un groupe de patients qui souffraient de tuberculose. Il leur donnait des conférences sur la pratique de bonnes mesures hygiéniques et tentait de les aider à surmonter leur découragement. Mais les patients y ont trouvé des avantages supplémentaires. Les réunions du groupe ont créé des amitiés et ont fourni un soutien émotionnel aux patients, qui ont pu constater qu'ils n'étaient pas seuls à souffrir.

Le succès remporté par le traitement de Pratt a encouragé les thérapeutes à utiliser les techniques de groupe pour traiter les gens qui avaient d'autres sortes de problèmes. Le comportement névrotique, l'alcoolisme et les problèmes sexuels ont fait l'objet de discussions dans des séances de groupe. Les thérapeutes ont rapidement découvert que la thérapie de groupe pouvait être une excellente façon d'atteindre plus de gens que la simple thérapie individuelle. Pendant la Seconde Guerre mondiale, alors que bien des gens avaient des problèmes et qu'il n'y avait pas suffisamment de thérapeutes pour tous, la thérapie de groupe est devenue une forme de traitement très populaire. Actuellement, il existe presque autant de types de thérapie de groupe que de problèmes humains à traiter.

La thérapie de groupe traditionnelle

La forme la plus ancienne de thérapie de groupe, semblable à celle de Pratt, est

La thérapie de groupe est souvent employée pour traiter des gens affligés des mêmes troubles. Cette photo montre une séance de thérapie de groupe dans un centre de rééducation pour toxicomanes.

souvent employée dans les établissements de soins, les cliniques et les hôpitaux. Généralement très structurée, cette thérapie traditionnelle consiste en des séances ou réunions de groupe qui suivent un plan ou une structure déterminés et où un chef de groupe professionnel dirige activement la séance comme un professeur dans son cours. Le thérapeute dirige habituellement une discussion après avoir présenté des conférences, des documents ou des films sur le sujet à discuter. Le matériel choisi est censé aider les membres du groupe à commencer d'examiner leurs problèmes. Pendant la discussion subséquente, les membres du groupe parlent de leurs propres problèmes personnels. Par exemple, on montre un film sur l'alcoolisme à un groupe d'alcooliques. Une fois la projection terminée, on discute de la réaction des personnes ou du groupe face au film. Cette forme directive de thérapie de groupe, croit-on, est particulièrement efficace chez les gens gravement perturbés qui éprouvent de la difficulté à comprendre et à extérioriser leurs propres problèmes. Mais pour des gens moins troublés, on emploie parfois une méthode moins directive. Les membres du groupe peuvent, par exemple, décider des problèmes dont ils vont parler. Le thérapeute mène alors la discussion, mais selon l'orientation choisie par le groupe.

Les problèmes humains sont très complexes, et chaque thérapeute et chaque groupe ont des caractéristiques qui lui sont propres; c'est ce qui explique que la thérapie de groupe peut adopter bien des formes. Mais, selon le psychologue J. D. Frank, elles sont généralement fondées sur le principe suivant: «le partage intime des sentiments, des idées, des expériences dans une atmosphère de respect et compréhension mutuels accroît le respect de soi, approfondit l'auto-compréhension et aide les gens à vivre avec les autres».

Le psychodrame

La plupart des thérapies par la parole font appel à l'association libre pour amener les patients à révéler leurs problèmes. Mais la vie (et ses problèmes) ne se résume pas à parler seulement. En 1910, J. L. Moreno a commencé à utiliser une forme de thérapie de groupe qui encourageait les patients à revivre dans la réalité des situations perturbatrices. Cette thérapie, appelée **psychodrame**, est fondée sur le **jeu de rôle**. Le patient ou le thérapeute propose une situation particulière. Les autres membres de groupe ainsi que le patient jouent les rôles nécessaires pour la bonne marche du drame. Quand les membres du groupe entrent dans leur personnage, les émotions troublantes font surface et la tension est souvent libérée. Dans le psychodrame, les sujets sont libres de dire et de faire des choses qu'ils auraient peur d'exprimer dans la vie réelle. Cette thérapie permet de faire sortir des modes de comportement qui ne seraient pas déclenchés par l'association libre et les patients sont souvent capables de s'examiner eux-mêmes et de voir leurs problèmes avec plus de netteté. Des renversements de rôle aident également les patients à regarder la situation d'une façon plus objective.

L'analyse transactionnelle

Shakespeare a dit que le monde entier était une scène de théâtre; le psychiatre Eric Berne, quant à lui, affirme que les gens jouent des rôles à chaque instant de la vie. Ce jeu de rôles, dit Berne, peut souvent engendrer de la confusion et mener vers des «transactions» embarrassantes entre les gens. Berne a mis au point un genre de thérapie de groupe qui essaie d'analyser les transactions qui se passent entre les gens. La thérapie, nommée analyse transactionnelle, est censée aider les personnes à devenir plus conscientes de leurs interactions sociales.

Au dire de Berne, ces rôles que nous nous assignons et les «jeux que les gens jouent» non seulement conduisent à la confusion, mais peuvent aussi être destructeurs sur le plan psychologique. Il a découvert que les gens jouent trois rôles typiques: parent, enfant et adulte. Si quelqu'un joue le rôle de parent, il est porté à traiter les autres adultes comme des enfants. Les adultes traités en enfants peuvent assumer le rôle de l'enfant et réagir d'une façon enfantine. Cette sorte de transaction, dit Berne, est souvent la cause des malentendus entre époux, dans des situations sociales et en milieu de travail.

Pendant les séances de groupe d'analyse transactionnelle, le thérapeute surveille l'interaction libre entre les membres. On analyse ensuite les rôles et les jeux que l'on joue les uns avec les autres, et l'on trouve parfois des raisons inconscientes au choix des jeux. Une personne qui joue un rôle d'enfant, par exemple, peut se sentir insécurisée dans un autre rôle. À mesure que les problèmes inconscients et conscients sont résolus au moyen de l'analyse transactionnelle, les sujets sont censés apprendre à s'appuyer moins sur les rôles et les jeux et à se traiter les uns les autres comme des adultes.

La thérapie de la Gestalt

Gestalt est un mot allemand qui signifie «formant un tout». Frederick (Fritz) Perls a mis au point un genre de thérapie fondé sur la théorie voulant que les gens perturbés ne forment pas un tout, c'est-à-dire qu'ils ne sont pas en contact avec toutes leurs pensées et tous leurs comportements. Ceux qui manifestent des symptômes névrotiques, par exemple, peuvent refouler ou nier certaines pensées ou émotions troublantes. La thérapie de la Gestalt a été conçue pour aider les personnes perturbées à connaître et comprendre leurs pensées et leurs comportements, sans oublier les rêves, les émotions, le ton de la voix et les gestes. Dans une séance de groupe de la Gestalt, les gens peuvent être invités à parler d'eux-mêmes et à décrire toutes leurs émotions et tous leurs comportements. On peut leur demander de rejouer leurs rêves ou d'observer certains comportements ou certaines sensations physiques souvent ignorés. Quand les gens «forment un tout», ils sont censés être en état d'accepter n'importe quelle situation et être suffisamment souples pour admettre et comprendre chaque aspect de toute situation sociale et personnelle.

Les groupes de rencontre

Les groupes constituent un lieu de rencontre tant sur le plan physique que sur les plans cognitif et social. Le psychologue gestaltiste Kurt Lewin a constaté que les discussions de groupe pouvaient contribuer à changer les attitudes des gens vis-à-vis d'eux-mêmes et des autres, surtout si la rencontre aide les personnes à devenir sensibles aux sentiments et aux problèmes des autres membres du groupe. Dans une sorte de thérapie de groupe appelée apprentissage de la sensibilisation ou groupe de formation (groupe T), on montre aux gens à se sensibiliser à leurs propres sentiments tout autant qu'aux sentiments des autres membres du groupe.

La thérapie de l'apprentissage de la sensibilisation a commencé il y a plus de 20 ans au Laboratoire national de formation de Bethel (Maine). Depuis, cet apprentissage et les groupes de rencontre sont devenus l'une des formes les plus populaires de thérapie aux États-Unis. Des centaines de types différents de groupes de rencontre ont bénéficié d'une vaste publicité. Il existe des groupes sans leader et des groupes étroitement surveillés, des groupes directifs et non directifs. Certains se rencontrent régulièrement. Des groupes marathon se voient une seule fois sans arrêt pendant 24, 36 ou même 48 heures. Il y a des réunions à l'extérieur, des réunions à l'intérieur et même des rencontres dans des piscines chauffées. Il existe des groupes de rencontre où les membres sont vêtus et d'autres ou ils sont complètement nus, ces groupes sont censés aider les gens à se connaître les uns les autres et à devenir sensibles aux autres. Des groupes d'amis, d'ennemis, d'étrangers, de gens en proie à des problèmes similaires peuvent se rencontrer et tenter de mieux se comprendre.

Les objectifs d'un groupe de rencontre dépendant généralement des problèmes particuliers du groupe. Dans la plupart des cas, toutefois, on tente d'atteindre le but visé en faisant appel à une honnêteté et une franchise totales.

Diverses méthodes sont employées pour faire démarrer les rencontres et encourager une franche communication entre les gens.

Les groupes se composent généralement de 6 à 12 personnes. Un ou plusieurs leaders peuvent participer à la rencontre ou peuvent simplement surveiller le groupe et essayer d'apporter une atmosphère de liberté, de sécurité tant émotionnelle que psychologique de façon à prévoir des interactions de groupe sincères mais non destructrices.

Évaluation de la thérapie de groupe

La thérapie de groupe est-elle valide et fidèle. A-t-elle des effets secondaires indésirables? Produit-elle les changements prévus? Nombre de leaders et personnes qui ont connu des expériences bénéfiques en ce sens disent oui. Dans certains cas, la thérapie de groupe semble effectivement aider les gens à apprendre à entrer en interaction d'une façon confiante et vraie. Cette thérapie est censée aider les personnes à poursuivre ce genre de comportement en dehors du groupe. Certains sont d'avis, cependant, que la thérapie de groupe ne produit pas des changements réels ou de longue durée. Selon certains experts, elle peut même être nuisible.

Morton A. Lieberman, Irvin D. Yalom et Matthew B. Miles ont tenté d'apporter une réponse scientifique aux questions posées sur la thérapie de groupe. Leur livre, *Encounter Groups: First Facts* (1973), décrit une étude menée à l'aide de 206 étudiants volontaires de l'Université Stanford, lesquels désiraient participer à une thérapie de groupe. Avant le début de l'expérience, les étudiants ont été évalués et affectés à l'un ou l'autre de 17 groupes différents, parmi lesquels on peut mentionner les groupes psychanalytiques traditionnels, le psychodrame, l'analyse transactionnelle, les groupes de formation et la thérapie de la Gestalt. En plus des étudiants qui prenaient part à la thérapie de groupe, 69 étudiants qui avaient présenté leur candidature, mais auxquels on n'avait pas pu trouver de place ont été utilisés comme sujets témoins et n'ont reçu aucun traitement.

Les sujets ont été réévalués une ou deux semaines après le début de la thérapie, et à nouveau de six à huit semaines plus tard. Les étudiants rapportaient tout changement que la thérapie aurait pu causer dans leurs propres pensées et comportements ainsi que chez les autres membres de leur groupe. Les leaders et les amis intimes des étudiants faisaient rapport des changements dont ils s'étaient rendus compte. Les mesures objectives de suppression des symptômes et les changements mesurables de comportement ont été notés, aussi bien que les changements observés subjectivement.

Les résultats de l'expérience permettent de croire que la thérapie de groupe, lorsqu'on l'évalue scientifiquement, n'est pas précisément valide ni fidèle. Immédiatement après la thérapie, 65% des étudiants ont rapporté des changements positifs. Six mois plus tard, seulement un tiers des étudiants manifestaient ou rapportaient des changements positifs; un autre tiers ne rapportait aucun changement, et le dernier tiers avait des réactions négatives face à la thérapie de groupe. De fait, 8% des étudiants en thérapie de groupe ont été considérés comme «endommagés»: ils ont montré des signes de troubles psychologiques qui étaient très probablement attribuables à l'expérience de groupe. Quant au groupe témoin qui n'avait reçu aucun traitement, 77% des sujets n'ont rapporté aucun changement ou quelques changements positifs; seulement 23% ont constaté qu'il s'était produit un changement négatif, et personne n'a été «endommagé». Parmi les différentes sortes de thérapies de groupe évaluées, on n'a pas constaté de différences notables sur le plan de l'efficacité.

Il semble que la thérapie de groupe ne soit pas complètement valide ni fidèle. Elle ne réussit pas toujours chez tous les sujets, et les changements opérés ne sont pas toujours de longue durée. De plus, elles présentent une possibilité d'effets secondaires néfastes. Certaines personnes victimes de troubles émotifs peuvent trouver leurs problèmes pires par suite de l'expérience de groupe. Lieberman, Yalom et Miles en viennent à la conclusion que la thérapie de groupe offre aux humains un moyen de se connaître et de s'exprimer, mais que ce n'est pas la solution rêvée pour toutes les personnes perturbées ni pour tous les problèmes.

La thérapie de l'environnement

Quand la cloche de détresse emprisonne Esther Grennwood, tout change. Ses problèmes cognitifs commencent à gêner tous les aspects de sa vie, y compris sa vie sociale. En regardant à travers les parois courbées de la cloche de verre, elle ne peut voir son environnement clairement et, en conséquence, est incapable de communiquer réellement avec son entourage. Elle a des problèmes avec sa mère, ses amis, les étrangers et même avec les différents thérapeutes qu'elle finit par consulter.

Une des manières les plus faciles de modifier la réaction des gens à leur environnement consiste à changer l'environnement lui-même. Les personnes surmenées ou déprimées peuvent essayer de «tout oublier» en allant faire une promenade ou en partant en vacances. Si les problèmes persistent, la personne perturbée pourrait avoir à les fuir en changeant de situation, en choisissant une autre école ou d'autres amis ou en quittant la maison. Même les anciens Romains changeaient d'environnement les personnes troublées et les plaçaient dans le contexte plus sain d'un sanatorium spécial. Aujourd'hui, l'une des formes de thérapie de l'environnement consiste à retirer ces personnes de la société et à les placer dans des hôpitaux psychiatriques.

Quand les problèmes cognitifs d'Esther deviennent trop graves pour qu'elle puisse les régler par elle-même, elle cherche de l'aide. Elle essaie sans succès un psychanalyste non directif, la thérapie par le choc et un établissement psychiatrique lugubre et surpeuplé. Enfin, grâce à l'aide d'un ami riche, elle entre dans ce qu'on appelle souvent une **communauté thérapeutique**.

Les théories sociales et behaviorales prétendent que les troubles mentaux résultent souvent de conditions de vie malsaines. La meilleure forme de thérapie consiste alors à placer le patient troublé dans une communauté environnementale ou thérapeutique spécialement conçue pour favoriser la santé mentale. Dans cet endroit, tout ce qui se passe, 24 heures par jour, est censé faire partie du traitement. Ainsi, tout, y compris la peinture sur les murs, la sorte de repas, les interactions sociales et les attitudes des soignants, contribue à aider les patients à acquérir de nouvelles pensées et réactions sociales et de nouveaux comportements. Simultanément, on peut administrer d'autres types de thérapie physique, psychologique ou sociale lorsque le besoin s'en fait sentir.

La communauté thérapeutique où Esther est envoyée se compose de plusieurs pavillons habités par un certain nombre de personnes. Chacun est aménagé pour un genre particulier de patients; ceux-ci sont répartis selon la gravité de leur problème. À mesure que les sujets montrent des signes d'amélioration, ils changent de pavillon. Ce faisant, ils bénéficient de plus de privilèges, d'intimité et de liberté. Les avantages comprennent les événements sociaux, la musique, la thérapie par l'art, les chambres privées et, dans le dernier pavillon, des laissez-passer qui permettent aux patients de faire de courts séjours à l'extérieur de l'établissement. Esther, comme la plupart des autres sujets, s'efforce de s'améliorer et accède finalement au dernier pavillon. La prochaine étape devient le monde extérieur et le retour dans la société. Réintégrer les patients dans la société doit être l'objectif ultime de toute forme de thérapie de l'environnement.

Les économies de jetons

Tous les établissements de soins psychiatriques n'ont pas de pavillons différents où les patients peuvent être transférés lorsque leur état s'améliore. Mais tous peuvent accorder des privilèges aux malades. Récemment, de nombreux établissements ont mis à l'essai une thérapie fondée sur les privilèges de gain. Afin d'encourager les gens à changer leurs modes de comportement, on a établi des **économies de jetons**. Dans une thérapie de ce genre, chaque comportement approuvé ou positif est récompensé par un signe d'approbation: un jeton. Les comportements négatifs ou inappropriés ne reçoivent pas de récompense et sont généralement passés sous silence. Les patients encaissent les jetons pour «acheter» le privilège de leur choix. Les économies de jetons sont conçues pour faire sentir aux sujets qu'ils sont responsables de leur propre amélioration, et pour leur donner une rétroaction instantanée chaque fois qu'ils montrent des signes de progrès. Elles préparent aussi les patients à réintégrer la société, où ils devront travailler pour gagner leur vie tout comme ils le font dans l'établissement de soins pour gagner des jetons.

Cette méthode et d'autres thérapies behaviorales se sont avérées très efficaces dans le cas de certains troubles très précis. Par exemple, les économies de jetons semblent particulièrement efficaces dans le cas des gens déprimés, repliés sur eux-mêmes et antisociaux; elles permettent de leur enseigner des aptitudes sociales simples et de prévenir la perte d'intérêt dans la vie dont semblent souffrir nombre de personnes confinées dans des établissements de soins psychiatriques.

Au centre médical militaire de Walter Reed, aux États-Unis, on a tout d'abord mis sur pied une économie de jetons pour les soldats qui manifestaient des troubles de personnalité graves; par la suite, on a appliqué le principe au traitement des schizophrènes et des toxicomanes. À gauche, des soldats assistent à une réunion de planification où ils gagnent des points pour leur présence, et d'autres points encore lorsqu'ils font des interventions brèves et pertinentes. À droite, un soldat «dépense» en jouant au billard des points qu'il a gagnés auparavant.

Évaluation des thérapies de l'environnement

Les thérapies behaviorales et de l'environnement, comme tous les traitements, ne sont pas entièrement valides ou fidèles. Les premières semblent très efficaces dans le cas de bien des comportements, mais ne fonctionnent pas toujours pour tous les sujets. Les secondes ont l'avantage d'être un traitement beaucoup plus humain que celui qui consiste à enfermer les personnes perturbées.

Les effets secondaires indésirables de la plupart des thérapies behaviorales sont minimes. Dans la plupart des cas, les patients peuvent même choisir de ne pas participer à la thérapie. Ils n'ont pas à travailler pour des jetons, et l'établissement fournira quand même tous les soins et tous les types de thérapie qui semblent indiquées.

Est-ce que la thérapie behaviorale apporte réellement les changements désirés? Le problème de savoir qui décide de ce qui est normal n'est pas tellement grave dans la thérapie behaviorale parce qu'on permet généralement au patient de décider exactement des comportements à modifier. Mais même si les changements désirés sont obtenus, on se demande si la thérapie du comportement est vraiment efficace. Certains thérapeutes prétendent, par exemple, que changer un comportement particulier n'en modifie pas réellement la cause sous-jacente ou inconsciente.

D'autres disent qu'un autre symptôme ou comportement perturbé peut prendre la place du comportement modifié si le problème qui en est la cause n'a pas été résolu. Celui qui utilise une thérapie behaviorale pour apprendre à abandonner la cigarette, par exemple, pourrait commencer à manger ou à boire avec excès. Un thérapeute freudien pourrait affirmer que le problème sous-jacent à l'origine du comportement oral n'a pas été résolu et qu'en conséquence, un autre symptôme oral a remplacé celui qui a été éliminé.

Ces arguments peuvent être valables, mais il est difficile de mesurer des causes inconscientes ou de déterminer si des problèmes inconscients ont été résolus. La seule chose qui peut être mesurée d'une façon objective est le comportement extérieur, et très peu de thérapeutes ont rapporté des cas de symptômes qui se sont remplacés mutuellement. De fait, c'est l'opposé qui se produit habituellement. Selon les constatations de R. Bruce Sloane et de son groupe à l'Université Temple, lorsqu'une forme de comportement symptomatique s'améliore chez leurs patients, plusieurs autres sortes de problèmes connexes commencent également à s'éclaircir.

TABLEAU 13.1
Types de thérapies

BIOLOGIQUE	COGNITIVE OU INSIGHT	SOCIALE-BEHAVIORALE
Choc insulinique Produit des effets secondaires dangereux. Rarement utilisée de nos jours. *Électrochocs* Effet positif temporaire sur un patient déprimé; peut occasionner des dommages physiques. Utilisée en dernier ressort. *Psychochirurgie* Irréversible; peut affecter d'autres comportements contre toute attente. Utilisée dans le cas de certains troubles bien précis. *Chimiothérapie* Peut aider à maîtriser des comportements dangereux, sous étroite surveillance. Peut camoufler les causes des troubles et empêcher que ceux-ci soient traités.	*Thérapie psychanalytique* A débuté avec Sigmund Freud; le thérapeute tente d'aider le patient à comprendre ses conflits inconscients en l'amenant à parler de ses expériences passées et en interprétant par la suite ces pensées. C'est une méthode souvent longue et coûteuse, et elle réussit mieux avec les névrosés qu'avec les psychotiques; la théorie freudienne s'applique mieux aux hommes qu'aux femmes. *Thérapie humaniste* C'est une thérapie non directive fondée sur la conscience cognitive du patient de sa situation actuelle et de ses objectifs futurs. Le type de thérapie mise au point par Carl Rogers est centré sur des objectifs déterminés par le client. Le thérapeute fournit une rétroaction du comportement du client, à la manière d'une «relation-miroir».	*Thérapie de groupe* Se concentre sur le fait de changer la façon dont une personne répond à la société. Tente de traiter deux individus ou plus en même temps; procure l'amitié et le soutien émotionnel. Se présente sous plusieurs formes: a) Thérapie de groupe traditionnelle: mise au point par J. H. Pratt; b) Psychodrame: mis au point par J. L. Moreno; c) Analyse transactionnelle: mise au point par Eric Berne; d) Thérapie de la Gestalt: mise au point par Fritz Perls; e) Groupe de rencontre: associé à Kurt Lewin. La thérapie de groupe ne réussit pas toujours pour tous les sujets; les changements produits peuvent ne pas être de longue durée; il existe une possibilité d'effets secondaires dangereux. *La thérapie de l'environnement* Se concentre sur le fait de modifier la façon dont la société répond aux individus en retirant les patients de la société et en les intégrant à des communautés thérapeutiques. Pendant que la thérapie progresse, le patient se prépare graduellement à réintégrer la société. *Les économies de jetons*: Elles sont souvent utilisées pour encourager les patients à modifier leurs modes de comportement. La thérapie de l'environnement ne réussit pas toujours pour tous les sujets; c'est une forme de traitement plus humaine, qui a des effets secondaires indésirables minimes.

LA THÉRAPIE COMPLÈTE

Il y a quelques années, la psychothérapie passait encore pour quelque chose de réservé aux «malades mentaux». On était regardé de haut lorsqu'on avait à solliciter de l'aide auprès d'un psychanalyste ou si l'on avait à passer un certain temps dans un établissement psychiatrique. Bien des gens avaient honte d'admettre qu'un membre de leur famille ou eux-mêmes avaient eu besoin de recourir à un psychiatre, et certains se sentent ainsi encore aujourd'hui. Les enfants déficients étaient souvent envoyés dans des maisons spécialisées ou tenus cachés. Les problèmes relatifs aux émotions et à la personnalité étaient quelquefois complètement passés sous silence. On incarcérait souvent les gens qui manifestaient des troubles sociaux. Si Esther avait eu honte de chercher de l'aide, elle aurait peut-être finalement réussi une de ses tentatives de suicide. La cloche de verre l'aurait peut-être emprisonnée pour de bon.

Heureusement, les attitudes changent. Certaines personnes font même appel à la psychothérapie lorsqu'elles n'ont pas de problèmes précis. Les groupes de rencontre et la psychanalyse sont particulièrement populaires chez ceux qui veulent seulement en apprendre plus sur eux-mêmes ou qui désirent trouver des moyens de rendre leur vie plus satisfaisante et agréable. Les gens qui éprouvent des troubles psychologiques commencent à constater que les problèmes sont quelque chose qui doit être résolu, et non quelque chose dont ils ont à rougir. Avec l'augmentation des connaissances scientifiques sur les problèmes humains et le nombre croissant de thérapies disponibles, les gens perturbés peuvent entretenir plus d'espoir que jamais auparavant d'obtenir une aide efficace.

Adolf Meyer est un de ceux qui a exercé la plus grande influence dans le domaine de la santé mentale. Il a commencé ses recherches en scrutant les causes biologiques des troubles mentaux. Ses résultats ont été si maigres qu'il s'est mis plutôt à y rechercher des causes cognitives, sociales ou environnementales. Il a fini par préconiser ce qu'on appelle une **approche holistique**. Selon lui, l'individu tout entier doit être traité, parce que presque chaque comportement humain résulte d'influences biologiques, psychologiques et sociales; toute thérapie qui tente de traiter seulement une partie du problème, par conséquent, échouera probablement.

Pour résoudre les problèmes humains, de plus en plus de thérapeutes adoptent l'approche holistique, car elle a eu des répercussions considérables dans le domaine de la santé mentale. Certains hôpitaux, par exemple, affectent une équipe de thérapeutes pour traiter chaque patient. L'un prend soin des problèmes biologiques et applique des thérapies biologiques spécifiques. Un autre tente de découvrir quelle sorte de thérapie cognitive ou d'*insight* pourrait aider le plus dans un cas particulier. D'autres thérapeutes voient à changer des modes de comportement spécifiques, et d'autres encore essaient de déterminer quels facteurs sociaux ou provenant de l'environnement peuvent influer sur un problème individuel. Beaucoup ou peu de chaque sorte de thérapie peut alors être appliqué selon les besoins particuliers de chaque personne.

Les problèmes humains sont probablement beaucoup trop complexes pour qu'on parvienne un jour à les comprendre complètement. Et sans cette entière compréhension, il n'existera jamais aucune forme de thérapie qui sera efficace en tout temps pour tous les sujets. Mais pour le moment, l'approche holistique proposée par Adolf Meyer est peut-être la meilleure forme de thérapie possible. Elle a réussi pour Esther Greenwood et lui a permis de réintégrer la société et de réaliser plusieurs de ses rêves. L'approche holistique peut s'appliquer à tout problème humain, et si elle est employée comme il faut, elle permet presque toujours d'aider les gens comme Esther à soulever la cloche de verre et à y laisser pénétrer un peu d'air frais.

RÉSUMÉ

1. *Dans La cloche de détresse de Sylvia Plath, les troubles qui ont conduit Esther Greenwood à la dépression nerveuse remontaient à plusieurs sources, et, en conséquence, la jeune femme a éprouvé de la difficulté à trouver la bonne thérapie.*

2. *Chaque théorie sur les causes du comportement anormal propose habituellement sa propre solution au problème, ou sa propre thérapie. En général, les thérapies se divisent en trois classes: biologiques, cognitives ou d'insight et sociales-behaviorales.*

3. *Quand les troubles mentaux se rapportent nettement à des difficultés biologiques, des thérapies biologiques sont généralement justifiées. La* **thérapie par électrochocs** *et la* **psychochirurgie** *sont deux thérapies de cette sorte; mais depuis les années 50, la chimiothérapie a été la forme de thérapie biologique la plus largement utilisée. Les tranquillisants et les stimulants sont les drogues psychoactives qui semblent les plus efficaces.*

4. *Parler de ses problèmes avec quelqu'un rend souvent le problème plus facile à accepter ou à prendre en main. La thérapie de la parole procure également une compréhension intellectuelle ou émotionnelle de ce qui nous trouble. On appelle souvent ce traitement la* **thérapie de l'insight.**

5. *Sigmund Freud a créé sa propre forme de thérapie de l'insight, la psychanalyse, qui est devenue un mode de traitement consacré à des troubles cognitifs ou psychologiques. Selon Freud, une fois qu'une personne possède la compréhension personnelle de son problème, les pensées et comportements anormaux reliés à ce dernier disparaissent graduellement. Le* **transfert** *et l'***interprétation** *sont deux étapes importantes de la thérapie psychanalytique.*

6. *La* **thérapie humaniste**, *qui met l'accent sur l'actualisation de soi, est une autre forme de thérapie cognitive. La thérapie humaniste centrée sur le client s'attache aux besoins du client plutôt qu'à ce dont le thérapeute croit que le client a besoin.*

7. *Quand les gens souffrent de troubles nettement sociaux plutôt que biologiques ou cognitifs, ils peuvent requérir une certaine forme de thérapie sociale ou behaviorale. Les thérapies sociales ou behaviorales qui tentent de changer la façon dont un individu répond à la société s'appellent les thérapies de groupe. Le traitement qui s'applique à modifier la façon dont la société (ou l'environnement) réagit à un individu se nomme **thérapie de l'environnement.***

8. *Les thérapies de groupe sont fondées sur le principe qu'un partage intime des sentiments, des idées et des expériences dans une atmosphère de respect et de compréhension mutuels améliore le respect de soi, approfondit l'auto-compréhension et nous aide à vivre avec les autres. **Le psychodrame, l'analyse transactionnelle, la thérapie de la Gestalt et la thérapie du groupe de rencontre** sont parmi les formes les plus populaires de thérapie de groupe.*

9. *Une des meilleures façons de changer le comportement des gens consiste à changer leur environnement; c'est ce que les thérapies de l'environnement essaient de faire. Les communautés thérapeutiques ont été conçues selon le principe que tout ce qui s'y passe, 24 heures par jour, est censé promouvoir la santé mentale.*

10. Les économies de jetons, *qui récompensent les comportements approuvés ou sains, sont souvent utilisées dans les thérapies de l'environnement pour encourager et aider les patients à modifier leur comportement.*

11. *Parmi les nombreuses thérapies possibles (biologiques, cognitives et sociales), aucune ne s'est révélée complètement valide et fidèle. Cela signifie qu'aucune thérapie ne semble fonctionner en tout temps pour tous les sujets. Chacune, cependant, a sa propre utilisation; et peu importe quelle thérapie est appliquée (y compris les placebos), les chances de succès semblent meilleures lorsque le thérapeute de concert avec le patient ont confiance dans le bon fonctionnement du traitement.*

12. *Le nombre de thérapies disponibles croissant de jour en jour, il est plus que jamais possible que ceux qui requièrent de l'aide seront capables d'en recevoir efficacement. Mais vu que presque tout comportement humain résulte d'influences à la fois biologiques, psychologiques et sociales, toute thérapie qui entreprend de traiter un seul aspect du comportement perturbé faillira probablement à la tâche. L'approche holistique, qui examine et traite tous les aspects d'un problème, est sans doute la meilleure forme de thérapie actuellement disponible.*

guide d'étude

A. RÉVISION

Compléter les phrases suivantes:

1. À l'époque où Esther, le personnage principal de *La cloche de détresse* de Plath, s'est rendue à New York, elle espérait devenir _____ .

2. Le problème cognitif ou mental d'Esther résidait essentiellement dans le fait qu'elle éprouvait de la difficulté à _____ au sujet de son avenir.

3. Dans les sociétés primitives, anciennes, les comportements étranges étaient souvent attribués aux _____.

4. La _____ est le terme employé pour décrire l'opération qui consiste à pratiquer un trou dans le crâne pour faire sortir les mauvais esprits.

5. Au cours de_____, les thérapies grecques et romaines ont été abandonnées pour faire place aux théories du démon ou du «mauvais esprit.»

6. L'_____ est une pratique par laquelle un prêtre force un démon à sortir d'un individu perturbé en lui adressant la parole.

7. Les établissements destinés à fournir des soins aux gens perturbés étaient populaires au XVIe et au XVIIe siècles; on les appelait des _____.

8. En traitant les troubles mentaux, certains psychologues, particulièrement les _____, préfèrent se concentrer plus sur les besoins actuels du patient que sur leurs problèmes passés.

9. Les aspects médicaux du traitement de la maladie mentale sont généralement le propre des _____ plutôt que des psychologues.

10. En Amérique du Nord, il existe de nos jours des _____ de thérapies parmi lesquelles on peut choisir, et des milliers de thérapeutes.

11. Le stade apparemment critique de la thérapie par choc insulinique survient lorsque le patient tombe dans le _____ .

12. La thérapie par électrochocs a connu ses débuts lorsque Meduna a conclu par erreur que les _____ sont rarement schizophrènes.

13. La thérapie par électrochocs peut être utile à certains patients gravement _____ .

14. Le fait de couper les voies nerveuses menant aux lobes frontaux est une technique connue sous le nom de_____ .

15. L'un des grands inconvénients de la psychochirurgie est qu'elle est _____ _____ .

16. Les _____ et les _____ sont deux sortes de médicaments qui se sont révélés très utiles dans le traitement des gens affectés de troubles mentaux.

17. Quand une personne croit qu'on lui a donné un médicament alors qu'en réalité il n'en est rien, son état peut «s'améliorer» quand même; ce phénomène est connu sous le nom d'effet _____ .

18. L'utilisation d'une opération _____ ou «inutile» a un effet semblable à celui du placebo.

19. Le fait d'amener les gens de parler à fond de leurs problèmes dans l'espoir qu'ils découvriront quelque chose sur eux-mêmes est souvent appelé la thérapie de l'_____.

20. L'_____ _____ est une technique freudienne utilisée pour amener le patient à dire tout ce qui lui vient à l'esprit.

21. La clef du subconscient peut se trouver dans un lapsus, dans les _____ et les _____.

22. La psychanalyse semble réussir mieux chez les _____ que chez les _____.

23. La thérapie _____ _____ est une thérapie humaniste populaire, mise de l'avant par Carl Rogers.

24. _____ prétend que l'état des névrotiques s'améliore que ceux-ci soient traités ou non.

25. La thérapie de l'_____ s'efforce de changer la façon dont la société répond à un individu.

26. La technique de groupe, créée par Pratt, a débuté comme une tentative d'aider des patients qui souffraient de _____.

27. La forme de thérapie de groupe de Moreno qui pousse les patients à revivre leurs problèmes en actions s'appelle le _____.

28. L'expression «les jeux que les gens jouent» est reliée à l'_____ _____ de Berne.

29. La thérapie qui tente d'amener les gens à «former un tout» s'appelle la thérapie de la _____.

30. La thérapie d'apprentissage de la sensibilisation peut être envisagée comme une forme de groupe de _____.

31. Dans un établissement où pratiquement toutes les modifications positives de comportement sont récompensées, on a peut-être recours à une _____ _____.

32. La nouvelle façon de Meyer d'aborder la santé mentale peut être désignée sous le nom d'approche _____.

B. VÉRIFICATION DES CONNAISSANCES

Encercler la bonne réponse (A, B, C ou D):

1. Dans *La cloche de détresse*, les problèmes d'Esther proviennent du fait qu'elle:
A. n'était pas très intelligente.
B. était forcée de se rendre à New York alors qu'elle ne voulait pas réellement y aller.
C. ne pouvait accepter toute la popularité dont elle jouissait à l'école.
D. était affaiblie physiquement et émotionnellement par ses expériences.

2. L'un des traitements courants de la maladie mentale utilisés par les Romains était:
A. d'envoyer les gens dans des maisons de repos.
B. la trépanation.
C. l'exorcisme.
D. l'internement dans des asiles.

3. Lesquelles des thérapies suivantes ont une approche historique et font des recherches dans le passé en vue d'éliminer les troubles présents?
   A. les thérapies de l'*insight*
   B. les thérapies de l'apprentissage social
   C. les thérapies humanistes
   D. les thérapies behaviorales

4. Quand nous nous informons du «taux de réussite» d'une thérapie, nous nous interrogeons sur:
   A. sa fidélité.
   B. ses effets secondaires.
   C. sa validité.
   D. sa normalisation.

5. La thérapie par électrochocs:
   A. a été découverte par accident.
   B. est quelquefois utile pour traiter la dépression grave.
   C. doit être utilisée uniquement chez les psychotiques séniles.
   D. est une forme reconnue de traitement pour les névrotiques.

6. Un médicament qui n'a aucun effet biologique, mais qui peut produire une modification psychologique s'appelle:
   A. une drogue psychoactive.
   B. un placebo.
   C. la réserpine.
   D. l'insuline.

7. L'association libre est utilisée dans:
   A. la thérapie centrée sur le client.
   B. la thérapie de Rogers.
   C. la thérapie de la Gestalt.
   D. la psychanalyse.

8. Le patient qui possède la meilleure chance de succès en psychanalyse ne doit pas avoir la caractéristique suivante:
   A. être âgée entre 15 et 50 ans.
   B. être bien motivé.
   C. être une femme.
   D. posséder au moins une intelligence se situant dans la moyenne.

9. La thérapie de groupe:
   A. a été instituée au début du siècle.
   B. est devenue très populaire pendant et après la Seconde Guerre mondiale.
   C. n'est pas vraiment fidèle ni valide.
   D. A, B et C à la fois.

10. La personne à laquelle on attribue la notion d'un programme holistique, ou complet, de traitement des troubles mentaux se nomme:
   A. Meyer.
   B. Rogers.
   C. Lieberman.
   D. Berne.

Sybil

Sybil était embarrassée. Elle était assise dans ce qu'elle savait être la classe de 5e année, mais ne pouvait comprendre pourquoi elle était là plutôt qu'en 3e, dans sa classe à elle. Quand le professeur lui a demandé de résoudre un problème de multiplication, elle a été prise au dépourvu. Elle avait appris à additionner et à soustraire en 3e année, mais ignorait tout de la multiplication. Un autre détail que Sybil ignorait était qu'elle possédait une personnalité multiple.

Le dernier souvenir que Sybil gardait en mémoire, c'était d'avoir assisté aux funérailles de sa grand-mère deux ans plus tôt. Mais graduellement, à mesure qu'elle regardait autour d'elle et commençait à reconnaître ses camarades, il lui est tout à coup venu à l'esprit qu'elle devait avoir eu encore un de ses trous de mémoire. Elle ne se rendait pas compte que ces pertes de mémoire étaient lourdes de conséquences. Pendant ces deux années dont Sybil ne se rappelait plus rien, plusieurs personnalités totalement différentes avaient agi et avaient eu le contrôle complet de son esprit et de son corps.

Sybil a réellement existé, et cette anecdote est seulement l'un des nombreux incidents bizarres qui font partie de l'histoire de sa vie, l'histoire d'une femme possédant 16 personnalités complètement différentes. **Sybil** se lit comme un roman, mais selon l'auteur, les seuls faits qui ont été modifiés sont ceux qui auraient permis d'identifier la vraie Sybil. Celle-ci a prêté son concours pour fournir des renseignements en vue du livre, comme l'a fait Cornelia Wilbur, le psychiatre qui a traité Sybil pendant onze ans.

Sybil a commencé à rendre visite au psychiatre en 1954. Elle se rendait compte qu'elle avait un problème (elle avait des trous de mémoire qui duraient des minutes ou même des années), mais elle se sentait coupable de ces absences et ne pouvait se résoudre à raconter son histoire au psychiatre. Puis, un jour, Sybil a changé de personnalité dans le cabinet même du psychiatre. La jeune femme habituellement timide, timorée est sortie de ses gonds, a traversé le bureau et a brisé une fenêtre. Elle s'est mise à parler comme une petite fille, elle prononçait ses mots différemment, marchait autrement et s'appelait Peggy. Quelques minutes plus tard, elle est retournée à sa chaise, a semblé se calmer et a demandé au psychiatre comment il se faisait que la fenêtre avait été brisée. Sybil était revenue à son état premier et ne savait rien de ce que Peggy avait fait. Elle ne savait même pas que Peggy existait, mais quand le psychyatre lui a posé la question, elle a admis qu'elle avait des trous de mémoire depuis toujours et qu'aussi loin qu'elle pouvait remonter dans son passé, elle ne se souvenait pas de la première fois où cela s'était produit.

C'est la première indication qu'a eue le Dr Wilbur de ce que pouvait être le problème de Sybil. Elle a pensé que Sybil faisait peut-être l'expérience d'un dédoublement de personnalité. Avant qu'elle n'ait pu confronter Sybil sur cette situation, elle a eu la surprise de découvrir une troisième personnalité complètement différente chez sa patiente. Cette troisième femme, qui s'appelait Vicky, était raffinée, chaleureuse et gentille. Elle connaissait très bien Sybil et Peggy et était prête à parler d'elles. Pendant les quelques années qui ont suivi, avec l'aide de Vicky, le psychiatre a fait la connaissance des 16 personnalités qui utilisaient le corps de Sybil à tour de rôle.

Chacune était une personne complète quand elle prenait possession de Sybil. Ces personnes variaient d'âge et de sexe: petit bébé, jeune homme, femme d'âge mûr, et chacune possédait sa voix et son vocabulaire. Chacune se conduisait d'une façon distincte et avait une conception différente de son corps. Les unes se voyaient sveltes, d'autres grassouillettes; quelques-unes grandes, d'autres petites; certaines se disaient blondes, alors que d'autres étaient brunes. Toutes ces personnes a-vaient leur propre philosophie et leur propre style de vie, mais elles affichaient un sens moral plutôt strict.

En utilisant l'hypnose, le Dr Wilbur a pu parler à toutes les personnalités de Sybil. Les conversations ont été extraordinai-res. Deux, trois personnalités de Sybil ou davantage apparaissaient pour parler au psychiatre, ou encore entre elles. Les détails de ces conversations ont aidé le psychiatre à reconstituer petit à petit la rude enfance de Sybil.

La mère de Sybil avait été une femme très perturbée qui l'avait maltraitée sexuellement et tortu-rée. La petite fille était régulière-ment battue, enfermée dans des placards, et avait presque été tuée par sa mère à plusieurs occasions. Le père lui, était un homme sévère

qui était distant émotionnelle-ment de sa fille et ne posait jamais de questions sur ses contusions ou ses fractures.

Il est difficile de savoir ce qui se passait réellement dans l'esprit de la jeune Sybil; cependant, le Dr Wilbur présente une théorie pour expliquer l'apparition de ses nom-breuses personnalités. Sybil avait à peine trois ans lorsqu'elle a constaté, du moins inconsciem-ment, que ses parents ne l'ai-maient pas. Cette découverte à produit un choc émotionnel si violent chez l'enfant qu'elle a occasionné sa première dissocia-tion, ou séparation de la person-nalité. Selon la théorie du psychia-tre, même si Sybil n'en était pas consciente, elle a créé une autre personne qui souffrirait des mau-vais traitements et des punitions à sa place. Chaque fois qu'elle se trouverait en mauvaise posture, Sybil laisserait cette autre per-sonne prendre la relève. Ainsi, elle protégeait sa personnalité de base contre les agressions de ses pa-rents. La tactique a si bien réussi en tant que mécanisme de défense que Sybil l'a utilisée maintes et maintes fois et s'est ainsi créée 16 personnalités.

Sous hypnose, chaque person-nalité racontait quelle expérience était à l'origine de son existence. Chacune était l'instrument qui faisait face à une émotion particu-lière, pendant que Sybil elle-même se tenait à l'écart de toutes les émotions. Par exemple, Peggy était catégorique et dynamique. Elle apparaissait chaque fois que Sybil était en colère et avait besoin de ces caractéristiques. Mary était réfléchie et casanière. Sid et Mike, modelés sur le père et le grand-père de Sybil, étaient menuisiers et s'occupaient des réparations à la maison. Nancy et Clara étaient pieuses. Vicky, au courant de tout sur les autres, était la personne sûre de soi que Sybil semblait vouloir être.

Finalement, après des années de séances avec son psychiatre, Sybil a commencé à comprendre les conditions liées à son problème. Elle a fini par devenir une dix-septième personne, une Sybil complètement nouvelle avec toutes les émotions et tous les souvenirs et les sentiments de ses anciennes personnalités. Elle se souvient de la cruauté de sa mère, des tables de multiplication que quelqu'un d'autre a apprises et des leçons de piano qu'une autre personne a prises à sa place. Sybil est devenue une personne complète et est aujourd'hui une artiste et un professeur respecté dans une université du Midwest américain.

C. À PROPOS DE L'ARTICLE...

1. Combien de «personnalités» possédait Sybil, et comment son psychiatre les a-t-elle découvertes?_____

2. Comment le Dr Wilbur a-t-elle expliqué pourquoi Sybil avait commencé à créer ses personnalités multiples? _____

SUGGESTIONS DE LECTURES

Auger, L., *S'aider soi-même*, Éditions de l'homme, CIM, Montréal, 1974.

Axline, V., *Dibs*, Flammarion, Paris, 1964.

Berne, E., *Des jeux et des hommes*, Stock, Paris, 1961.

Boisvert, J.-M., Beaudry, M., *S'affirmer et communiquer*, Éditions de l'homme, CIM, Montréal, 1979.

Dreyfus, C., *Les groupes de rencontre*, Retz, Paris, 1975.

Eysenck, H.J., *L'inégalité de l'homme*, Copernic, Paris, 1977.

Janov, A., *Le cri primal*, Flammarion, Paris, 1975.

Lazarus, A., Fay, A., *Qui veut peut*, St-Yves, Ottawa, 1979.

Lowen, A., *La bio-énergie*, Tchou, Montréal, 1976.

Marks, I.M., *vivre avec son anxiété*, La Presse, Montréal, 1979.

Masserman, J., *La psychothérapie et les troubles de personnalité,* HRW, Montréal, 1975.

Moreno, J.L. *fondements de la sociométrie*, Presses Universitaires de France, Paris, 1970.

Perls, F., Hefferline, R.E., Goodman, P., *Gestalt therapie*, Stanké, Ottawa, 1977.

Plath, S., *La cloche de détresse*, Denoël-Gonthier, Paris, 1977.

En anglais

Lieberman, M.A., Yalom, I.D., Miles, M.B., *Encounter groups: first facts*, Basic Books, New York, 1973.

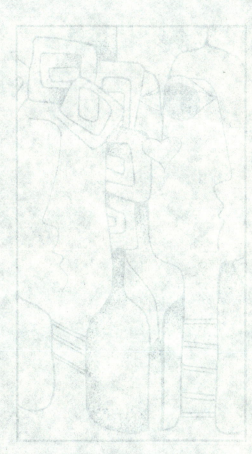

5e partie

psychologie sociale

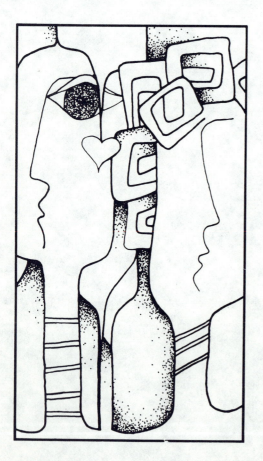

14

---

le comportement social

Le comportement social, c'est-à-dire l'interaction entre deux ou plusieurs individus, est l'un des éléments qui influencent le plus l'être humain; il est nécessaire à la survie de l'individu et de l'espèce. Comme nous le verrons dans ce chapitre, la psychologie sociale examine comment la société nous influence et comment nous l'influençons. Mais dans la plupart des cas, la psychologie sociale tente d'expliquer les rapports entre des personnes ou des groupes.

Après avoir étudié ce chapitre, vous pourrez:

- Définir la territorialité et la hiérarchie de becquetage, et en donner des exemples;

- Résumer les expériences de Harlow sur l'isolement social effectuées avec des singes et citer des cas d'isolement social humain;

- Donner les caractéristiques essentielles de la théorie générale des systèmes;

- Définir le rôle social, la conformité et l'apathie du témoin dans le contexte d'une structure de groupe;

- Comparer et opposer les spécialistes de la tâche avec les spécialistes socio-émotionnels en tant que leaders;

- Discuter des effets de la territorialité et du surpeuplement sur le comportement humain.

glossaire

Anthropoïdes. C'est la famille des *grands singes*, à laquelle appartiennent les chimpanzés, les orangs-outans et les gorilles; ils n'ont pas de queue.

Apathie du témoin. Le mot «apathie» provient du grec *a* (privatif) et *pathos*, «sentiment». Tendance des gens dans une foule à ne pas réagir aux besoins de personnes blessées ou menacées. Le témoin n'offre pas son aide à un étranger dans le besoin, en se disant que d'autres le feront à sa place.

Comportement social. Comportements observables; ce sont généralement des actions effectuées en présence d'autres personnes. Ce qu'on fait dans l'intimité de sa propre chambre n'est pas générale-ment un comportement social, à moins qu'on ne choisisse d'en parler aux autres.

Conformité. Du latin *conformare* «façonner à l'image de quelqu'un ou quelque chose». Se conformer consiste à devenir ce que vous croyez que les autres veulent que vous deveniez, ou à vous comporter comme vous pensez que les autres s'attendent à ce que vous vous conduisiez.

Espace personnel. Selon maints psychologues, chacun de nous possède autour de lui un espace invisible qu'il considère comme lui appartenant en propre, et où il accepte difficilement la présence d'étrangers (ou même quelquefois d'amis intimes). Le surpeuplement peut engendrer le stress parce qu'il force les organismes à envahir mutuellement leur espace personnel.

Facteurs écologiques. Les facteurs écologiques influencent les liens que les systèmes vivants établissent entre eux et avec leur milieu. Les plantes nous fournissent de la nourriture et de l'oxygène et aident à retenir l'eau de pluie dans le sol. Lorsque nous détruisons des plantes, nous mettons en danger le système écologique complexe qui est indispensable à notre existence même.

Groupe. Système vivant ou social de quelques personnes qui entretiennent presque toujours des rapports physiques ou psychologiques les uns avec les autres. Une troupe de scouts est un groupe; une famille également.

Groupes d'interaction. Groupes composés de personnes qui sont en contact physique ou psycho-logique direct les uns avec les autres. Les équipes de hockey sont presque toujours des groupes d'interaction. Les étudiants inscrits à un cours très fréquenté peuvent constituer un groupe, mais seraient rarement considérés comme un groupe d'interaction puisque la plupart d'entre eux ne se connaissent pas et ne communiquent pas entre eux.

Hiérarchie de becquetage. Les poules dans une basse-cour établissent rapidement une hiérarchie fondée sur la force et la rapidité. Celle qui domine peut becqueter toutes les autres poules, mais aucune ne peut la becqueter. Celle qui arrive au deuxième rang peut becqueter toutes les autres à l'exception de la poule dominante, et ainsi de suite.

Instinct. Ensemble d'objectifs ou de motivations innés; série de réflexes déterminés par l'hérédité.

Leadership. Aptitude à établir des objectifs pour un groupe ou une structure sociale plus importante, ou capacité d'influencer les actions des autres. Selon Bales, il existe deux sortes de leaders: le leader orienté vers la tâche, qui amène le groupe à réaliser ses objectifs, et le leader orienté socialement, qui influence le rendement du groupe en fournissant une rétroaction personnelle aux membres.

Mammifères. Le mot *mammaire* signifie «de la poitrine». Les mammifères sont les animaux «supé-rieurs» dont les mères allaitent leurs petits.

Mutations. Du latin *mutare*, «changer», surtout de forme physique. Dans le vocabulaire de la biologie et de la génétique, une mutation est un changement soudain et inattendu de structure ou de forme provoqué (probablement) par un accident.

Organe. Ensemble organisé de cellules qui, en fonctionnant ensemble, accomplissent ce qu'aucu-ne cellule ne peut faire seule. Votre coeur est un organe composé de milliers de cellules musculaires infimes. Il peut pomper du sang, ce qu'aucune cellule musculaire de votre coeur n'est capable d'accomplir par elle-même.

Organisme. Plante ou animal considérés comme une entité propre; ensemble organisé de cellules et d'organes capable de fonctionner par lui-même (et généralement de se reproduire). Les cellules, les organes et les organismes sont tous «des systèmes vivants».

Pairs. Du latin *par, paris*, «égal». Vos pairs sont des gens du même rang ou de la même classe que vous. Selon la loi, si vous êtes soupçonné d'avoir commis un crime, vous devez être jugé par vos pairs, c'est-à-dire de gens semblables à vous quant aux antécé-dents, à l'instruction, à la race et à la situation sociale.

Primates. Du latin *primus*, «premier». Les primates sont les animaux au sommet du règne animal qui ont une forme semblable à celle de l'homme: les singes, les anthropoïdes et les êtres humains.

Procréation. Du latin *procreare*, «procréer». Action d'engendrer une nouvelle vie.

Psychologie sociale. Étude scientifique des interactions entre les membres de groupes, d'organisations et même de la société. La psychologie sociale ne se concentre pas sur les individus, mais sur les rapports entre individus ou entre groupes.

Règles. Ensemble d'instructions formelles destinées à réglementer les comportements sociaux. Les lois sont pour la plupart des ensembles de règles sociales.

Rôles. Ensemble de comportements, d'attitudes ou de sentiments; ensemble d'attentes imposées par la société. Nous nous attendons à ce que toutes les mères prennent soin de leurs enfants et les aiment; par conséquent, dans notre société, il existe un «rôle maternel» qui impose ces comportements et ces attitudes.

Socialisation. Processus qui permet aux individus (ou aux groupes) d'apprendre un comportement social ou des attitudes. Développement social (par opposition au développement cognitif, émotionnel ou biologique).

Société. Système vivant (ou social) composé d'organismes, de groupes et d'organisations, tout comme votre corps est un système vivant composé de cellules et d'organes.

Spécialistes de la tâche. Premier groupe de leader selon Bales; il guide le comportement de groupe en établissant des objectifs et en guidant l'activité.

Spécialistes socio-émotionnels. Second genre de leader selon Bales; il oriente le comportement de groupe en réagissant (fournissant une rétroaction) devant les besoins sociaux et émotionnels des membres du groupe.

Substitut maternel. Du latin *substituere*, «mettre à la place de». Le substitut maternel est une mère artificielle qui remplace la vraie mère de l'organisme.

Surpeuplement. Présence d'un trop grand nombre d'organismes au point où ceux-ci ne peuvent plus fonctionner aussi librement qu'ils pourraient vouloir le faire.

Territorialité. Choix d'un territoire qui contribue à la survie et à la reproduction en garantissant protection et solidarité chez les membres d'un groupe.

Théorie générale des systèmes. Selon cette théorie, les êtres humains peuvent être considérés comme des systèmes vivants. Un système vivant est un ensemble de composantes ou de sous-systèmes ayant un objectif commun, qui s'auto-motive, s'auto-régularise et qui est contrôlé par rétroaction. Votre cerveau est un système vivant, tout comme vous, tout comme une équipe de football.

INTRODUCTION: *L'APATRIDE*

«Au diable les États-Unis! J'espère ne plus jamais en entendre parler!»

Philip Nolan fait cette déclaration en 1807, et son voeu est immédiatement exaucé. Jusqu'en 1863, pendant les 56 années qui suivent, Nolan est gardé prisonnier en mer; on ne lui permet jamais plus de voir les États-Unis ou d'en entendre parler. Il devient un homme sans pays, ou un *apatride*.

Philip Nolan perd sa maison, son pays et ses amis à la suite du rôle qu'il joue dans une intrigue politique appelée le complot espagnol. Cette conspiration est tramée par l'ex-vice-président Aaron Burr et plusieurs autres dirigeants du gouvernement et de l'armée; ils tentent de provoquer une guerre entre les États-Unis et l'Espagne. D'après les conspirateurs, lorsque la guerre aura éclaté ils pourront libérer le Mexique de la domination espagnole, et y installer Burr à titre d'empereur. Mais les choses se gâtent. La guerre n'a jamais lieu et le président Thomas Jefferson découvre le complot. Tous ceux qui y sont impliqués sont arrêtés et jugés pour trahison. Burr et quelques-uns des personnages haut placés sont acquittés, mais le jeune officier Philip Nolan est déclaré coupable.

C'est à la fin de ce procès que Nolan fait cette déclaration pleine de colère contre les États-Unis. Les patriotes de la cour martiale sont choqués. Ils décident qu'une telle déclaration en plus de la trahison mérite un châtiment exemplaire. Nolan est emmené de la cour et placé à bord d'un bateau de la marine américaine sur le point de partir pour l'étranger. Il doit passer le reste de ses jours en mer à au moins cent milles des côtes des États-Unis. Chaque fois que le navire sur lequel il se trouve revient au pays, il est transféré sur un autre bateau qui s'éloigne des États-Unis. Cette situation dure tout le long de ses 56 ans de captivité. Il meurt à l'âge de 80 ans.

La vie, pour Philip Nolan, n'est pas physiquement dure. On lui donne une cabine de luxe sur chaque bateau; il est bien nourri et on lui procure toujours des vêtements convenables. Cependant, sa vie sociale est presque inexistante. Puisqu'il ne doit jamais entendre parler des États-Unis, on le tient à l'écart des membres de l'équipage, qui parlent fréquemment de leur patrie. Il en vient à passer presque tout son temps seul. Il n'est pas seulement un homme sans pays: il n'a pas de foyer, pas d'amis et pas de place dans la société.

L'histoire de Philip Nolan est fictive. *L'apatride* est un roman qui a été écrit en 1863 par Edward Everett Hale. De prime abord, l'histoire de Philip Nolan est une oeuvre de propagande politique, et c'est exactement ce à quoi elle était destinée. Hale a écrit ce roman pour stimuler le nationalisme, le patriotisme et l'amour du pays chez les nordistes pendant la guerre civile. Mais alors que la plupart des ouvrages de propagande sont oubliés peu de temps après avoir été écrits, *L'apatride* est encore populaire aujourd'hui. Ces dernières années, on en a fait un opéra, un film, une pièce de théâtre et une émission de télévision; Nolan fait maintenant presque partie du folklore américain. Ce roman n'a pas subsisté simplement parce que le patriotisme a une influence particulièrement puissante aux États-Unis; il est probablement demeuré populaire parce qu'il traite d'un besoin humain beaucoup plus fondamental que l'amour du pays. L'homme a besoin d'appartenir à un groupe ou d'être membre d'une société. Philip Nolan, lui, est isolé de la société, et sa situation en est une que beaucoup de personnes peuvent comprendre et à laquelle elles peuvent s'identifier. L'être humain est un animal social, et il supporte mal d'être séparé de son foyer, de sa famille, de ses amis et de ses institutions.

Pourquoi la **société** est-elle une partie si importante et nécessaire de la condition humaine? L'étude des sociétés animales apporte une partie de la réponse.

LES SOCIÉTÉS ANIMALES

Les animaux sont fondamentalement égoïstes. En effet, chaque espèce d'animal s'est établi un ensemble de comportements qui lui assureront les plus grandes chances de survie (souvent aux dépens d'autres espèces). Si on le lui permettait, chaque espèce augmenterait en nombre au point d'envahir la terre. Toutefois, dans la majorité des cas, des éléments de l'environnement entravent cette croissance. Par conséquent, pendant des millions d'années d'évolution et d'adaptation, chaque espèce a eu à s'établir un mode de vie ou un ensemble de comportements qui rendrait sa survie et sa reproduction possibles dans un environnement bien circonscrit. Et chez la plupart des espèces, les chances de survie et de **procréation** sont accrues par une forme particulière de comportement, le comportement social.

Le **comportement social** est l'interaction de deux ou plusieurs animaux. Même les animaux les plus égoïstes, pendant au moins un certain temps au cours de leur vie, font partie d'une structure sociale quelconque. Dans *Biology: The Behavior View*, Roderick A. Suthers et Roy A. Gallant décrivent quelques-uns des facteurs qui ont fait du comportement social une partie importante de la vie animale sous presque toutes ses formes.

Un des exemples de comportement social les mieux connus est le système social très bien organisé des abeilles, à l'intérieur duquel chaque organisme a sa place et où la survie individuelle dépend des actes de la société dans son ensemble. Quand la ruche subit une attaque, une action sociale s'impose. Une piqûre d'abeille ne ferait pas fuir un ours affamé qui est à la recherche de miel, mais quand un essaim d'abeilles ouvrières sortent précipitamment pour défendre la colonie, l'ours peut être obligé de battre en retraite et de chercher sa nourriture ailleurs.

La territorialité

Le choix d'un territoire, ou **territorialité**, est devenu une forme importante de comportement social pour de nombreuses espèces parce qu'un territoire bien délimité et protégé offre à l'animal un endroit sûr où il peut se nourrir, s'accoupler et élever ses petits. Le passereau changeur mâle, par exemple, détermine un territoire et vole d'une branche à l'autre en bordure du secteur délimité. Sur quelques branches, qu'il choisit comme postes de chant, le passereau chante pendant quelques minutes. D'autres mâles de la même espèce reconnaissent le chant, comprennent que le territoire est revendiqué et ordinairement s'envolent pour établir leur propre territoire ailleurs.

Le choix d'un territoire restreint la liberté de chaque animal en particulier, mais procure de nombreux avantages importants à la survie des individus et de l'espèce dans son ensemble. Les limites que s'impose l'oiseau lui permettent d'arriver à connaître parfaitement son propre territoire; cela lui donne l'occasion d'y découvrir les meilleures sources de nourriture et les meilleures cachettes. Chez la plupart des espèces, y compris les humains, le stress et la tension inhibent la capacité d'exercer ses fonctions sexuelles. Un territoire sûr aide à diminuer la tension. Les partenaires confinés à un territoire arrivent à bien se connaître mutuellement, apprennent à coopérer et sont ordinairement mieux préparés à prendre soin des petits. Le principe du territoire, puisqu'il fait en sorte que d'autres oiseaux n'entreront pas dans un secteur délimité appartenant au propriétaire, limite les rivalités et l'agressivité entre les membres de la même espèce.

De plus, le territoire contribue d'une autre manière à renforcer une espèce. Le territoire d'un passereau chanteur s'étend ordinairement sur un acre dans une région peuplée. Si, à un endroit, le nombre d'oiseaux devient trop considérable, la dimension des territoires devra alors être réduite. Quelques oiseaux seront même privés de territoire. Puisqu'ils sont expulsés de leur territoire ou forcés d'avoir un territoire plus restreint, avec moins de nourriture, les sujets les plus faibles de l'espèce meurent progressivement. Lorsque cela se produit, les plus vigoureux peuvent augmenter de nouveau les dimensions de leur territoire. Les membres de la société les plus faibles physiquement sont ainsi éliminés, et l'espèce dans son ensemble est ordinairement plus apte à survivre et à se reproduire efficacement.

La hiérarchie de becquetage

Le chant n'est pas la seule méthode de revendication de territoire pour les oiseaux. Chez les oiseaux de basse-cour, la femelle la plus robuste ou la plus dominatrice est habituellement roi et maître du territoire, et les poules moins dominatrices ont ordinairement un petit espace à l'intérieur duquel elles sont libres de gratter le sol et de se nourrir. La domination parmi les poules est établie d'après une forme d'organisation sociale connue sous le nom de **hiérarchie de becquetage**. Quand des poules sont enfermées dans un territoire, il y a généralement des querelles et des coups de bec entre elles, jusqu'à ce qu'un des animaux se manifeste graduellement comme étant le plus puissant du groupe. Cette poule devient celle qui domine socialement; elle a le droit de donner des coups de bec à toutes les autres poules de la basse-cour. La deuxième en puissance ne la becquettera pas, mais elle pourra becqueter toutes les autres, et ainsi de suite; ce genre de hiérarchie de becquetage se poursuit jusqu'au bas de l'échelle où l'animal le plus faible ou le moins dominant ne doit en becqueter aucun autre, mais se fait becqueter par toutes les autres.

Cette hiérarchie est une «échelle» de domination sociale qui contribue à maintenir l'agressivité et la rivalité au minimum parmi les poules. L'animal au premier rang de la hiérarchie de becquetage peut circuler partout où il lui plaît dans la cour sans craindre d'être attaqué. Les poules qui se situent plus bas dans l'échelle sociale apprennent et acceptent leur position dans la hiérarchie et se tiennent ordinairement à l'écart des autres plus dominantes. Les situations sociales strictes imposées par la hiérarchie de becquetage le sont souvent pour le bien de l'espèce. Les membres les plus puissants de la société sont ainsi assurés du territoire et de la nourriture qui leur sont nécessaires.

Les mammifères sociaux

Les **mammifères** sont en général beaucoup plus évolués et plus intelligents que les insectes, les poissons et les oiseaux. En raison de leur intelligence supérieure, ils ne dépendent pas autant du système social que les espèces inférieures. L'abeille ouvrière, par exemple, ne survivra pas longtemps si elle est retirée de la ruche; comme elle est dotée d'un cerveau petit et relativement simple, elle est le plus apte à survivre lorsqu'elle a seulement un nombre limité de comportements à accomplir. Les ouvrières ont certains travaux à exécuter, les faux-bourdons ont d'autres fonctions ou obligations et la reine a ses propres comportements. En d'autres mots, chaque organisme a un rôle particulier à jouer. Mais aucune abeille, pas même la reine, ne pourrait survivre sans les apports sociaux des autres membres de la ruche.

D'un autre côté, la plupart des mammifères ont les aptitudes nécessaires à l'accomplissement de presque tous les comportements et les rôles indispensables à leur survie. Dans plusieurs cas, ils n'ont à entrer en contact social qu'en vue de la reproduction. Quelques-uns vivent effectivement en société (meute de loups, troupeau de moutons, baleines, etc.), mais pour la plupart, les mammifères sont solitaires et ont des structures sociales relativement simples; ils ne forment même pas de couples durables lors de leurs rapports pour l'accouplement. Pendant une grande partie de l'année le mâle et la femelle vivent seuls dans leur vaste territoire. Au cours de la saison des amours, le mâle quitte son territoire pour se rendre dans celui de la femelle. Même à cette occasion, le mâle et la femelle se rencontrent seulement pour la courte période nécessaire à l'accouplement. Parce que les femelles des mammifères allaitent leurs rejetons, elles n'ont ordinairement pas besoin des mâles pour prendre soin des bébés et les nourrir. Chez bien des espèces, les mâles sont chassés par les femelles aussitôt après l'accouplement.

Quand les mammifères forment des unités sociales, c'est habituellement pour les mêmes raisons que celles qui font que les espèces reconnues comme étant sociales vivent ensemble: plus on est nombreux, moins il y a de danger. Un grand troupeau de moutons a des centaines d'yeux, d'oreilles et de nez qui permettent bien plus facilement de déceler un loup affamé. Même si quelques moutons (ordinairement les plus lents et les plus faibles) sont capturés par le loup, les plus robustes du troupeau peuvent s'échapper et survivre.

Les primates sociaux: un cas particulier

Les abeilles possèdent en naissant un ensemble de modes de comportement qui leur permettent de survivre dans la ruche. Sans ces comportements ou ces instincts innés, elles ne sauraient pas quels comportements on attend d'elles et leur société se désagrégerait. Pour les abeilles (et pour la plupart des formes de vie animale), l'instinct est un élément essentiel de la survie (voir chapitre 6). Mais ce dernier restreint aussi le mode de vie des animaux. Il ne se modifie ordinairement pas du jour au lendemain. Si les **facteurs écologiques** ou environnementaux changent, un animal peut se retrouver avec un ensemble de comportements instinctuels inappropriés.

Les **primates**, groupe de mammifères auxquels appartiennent les singes, les **anthropoïdes** et les humains, ont une aptitude particulière qui les aide à modifier leur environnement: en raison de leur cerveau relativement volumineux, ils peuvent apprendre de nouveaux modes de comportement et ne sont pas forcés de compter uniquement sur leur instinct. Mais un comportement appris, tout comme l'instinct, comporte ses limites. Pour acquérir les comportements essentiels à leur survie, les primates doivent être des animaux sociaux et dépendre des autres membres de leur espèce. Par conséquent, un grand nombre de primates ont une enfance très longue pendant laquelle ils apprennent les modèles culturels et les comportements dont ils auront besoin pour leur survie lorsqu'ils seront adultes.

Les expériences de Harlow

Quelle est l'importance de la **socialisation** chez les primates? À l'Université du Wisconsin, les recherches de Harry Harlow et ses collaborateurs indiquent que les premières expériences sociales jouent un rôle extrêmement important dans les possibilités de survie des singes à l'âge adulte.

C'est dans l'intention d'étudier comment les organismes apprenaient qu'Harlow a commencé ses travaux. Il a décidé d'utiliser de jeunes singes. Pour se procurer ces animaux, Harlow et sa femme Margaret ont entrepris de faire l'élevage des singes. Peu de temps après, ils ont toutefois découvert que leur élevage était en danger parce que les bébés singes attrapaient des maladies de leurs parents. Pour régler ce problème, les Harlow ont commencé à séparer les bébés de leur mère à la naissance et à les nourrir eux-mêmes. Ils les plaçaient dans des cages individuelles avec une mère artificielle, ou un **substitut maternel,** qui semblait leur procurer une partie du bien-être, de la chaleur et de la sécurité dont ils avaient besoin. Les substituts étaient constitués de fil métallique et munis d'une tétine pour fournir du lait. Les substituts avaient des têtes semblables à celles des poupées et étaient recouverts de tissu éponge doux pour permettre aux jeunes singes de s'y blottir.

Au début, les substituts semblaient combler les besoins des bébés. Les jeunes singes semblaient se développer normalement et avoir des modes de comportement semblables à ceux des singes élevés dans des conditions normales. Mais lorsque ces singes, qui n'avaient jamais vu d'autres membres de leur race, se sont retrouvés à plusieurs dans une cage, ils ont manifesté une dose anormale d'agressivité. Non seulement étaient-ils excessivement agressifs, mais ils semblaient n'avoir développé aucun des comportements sociaux habituels chez la plupart des singes. Quelques-uns d'entre eux, par exemple, étaient paralysés par la crainte chaque fois que d'autres singes s'approchaient d'eux. D'autres affichaient des comportements stéréotypés étranges, c'est-à-dire qu'ils répétaient des mouvements qui semblaient n'avoir aucune fonction. Ils restaient quelquefois figés dans des postures curieuses ou encore demeuraient tout simplement assis, le regard fixe, pendant des heures d'affilée. Apparemment, les singes élevés par des substituts maternels n'avaient pas appris le comportement social normal qu'une vraie mère leur aurait enseigné.

Ces singes avaient été isolés socialement. Ils avaient été non seulement privés de leur mère, mais élevés sans la présence d'autres jeunes de leur race. Le jeu avec les **pairs**, ou animaux du même âge, semble être un autre terrain d'apprentissage important du comportement social. En jouant, le jeune singe s'engage souvent, par exemple, dans ce qui semble être des jeux sexuels. Longtemps avant qu'il ait la maturité nécessaire pour exercer sa sexualité, le jeune mâle poursuit les jeunes femelles et les monte comme s'ils s'exerçaient «en vue du grand jour». Les singes élevés seuls, sans pairs pour s'amuser, n'ont bénéficié d'aucun «exercice» sexuel. Quand ils sont assez vieux pour s'accoupler, selon les constatations des Harlow, ces animaux ne connaissent ordinairement pas la moindre chose de la sexualité. Même lorsque les animaux privés de pairs étaient mêlés à d'autres qui avaient de l'expérience, il ne se produisait rien. Les singes qui n'avaient appris aucun comportement sexuel ne voulaient tout simplement pas collaborer.

Les rats ou d'autres animaux d'échelon inférieur élevés dans un pareil isolement ne semblent pas avoir de problèmes sur le plan du comportement sexuel. S'ils sont mis en liberté quand leur organisme est parvenu à maturité, ils savent d'instinct comment se reproduire. Les primates, moins instinctifs, ont besoin de temps pour apprendre des comportements sociaux tels que le mode de reproduction.

Les Harlow ont fait plusieurs expériences sur l'isolement, et ont notamment élevé des bébés singes isolés de leurs parents et de leurs pairs et privés de tout contact avec des organismes vivants. Toutes ces études semblent indiquer que pour les primates, le processus de l'apprentissage social est extrêmement important et qu'en son absence, ces animaux ne peuvent survivre.

Les singes élevés seuls à l'aide d'un substitut maternel étaient très agressifs quand on les plaçait dans une cage avec d'autres singes. Leur isolement les avait empêchés d'apprendre un comportement social approprié.

LES SOCIÉTÉS HUMAINES

Les humains sont des primates, mais ils sont beaucoup plus intelligents que les singes ou les anthropoïdes. À cause de cela, ils comptent encore moins sur l'instinct et plus sur l'apprentissage que ces espèces. Plutôt que de s'adapter à un milieu à l'aide de comportements instinctifs déterminés génétiquement, les humains possèdent un cerveau apte à établir des comportements appropriés à beaucoup de milieux. Ils peuvent non seulement modifier leurs comportements pour s'adapter à des milieux variés, mais aussi se servir de leur intelligence pour modifier l'environnement. Mais, même dotés de cette aptitude à manipuler l'environnement, les humains (comme tous les primates) dépendent de la société. Pendant la longue période de leur enfance, ils peuvent acquérir les habiletés et manifester les comportements nécessaires pour se reproduire et survivre. De plus, presque tout l'apprentissage humain se fait par l'entremise de diverses formes de groupes sociaux comme la famille, les amis, la religion, l'école et des centaines d'institutions sociales.

L'être humain peut acquérir des types de comportements sociaux plus complexes que les autres animaux grâce à son cerveau plus développé. Il peut, par exemple, adopter plusieurs modes de comportement que l'on voit chez les espèces inférieures. Les hommes peuvent vivre dans des sociétés ou des colonies tout comme les abeilles; Ils peuvent vivre et se déplacer en bandes ou en troupes, puis s'en détacher en couples pour se reproduire; ils établissent des territoires, des hiérarchies de domination et des «hiérarchies de becquetage». Chez les animaux de rang inférieur, les habitudes sociales sont nées du besoin de se protéger contre l'environnement et de se reproduire en sécurité. Puisqu'il est, lui, capable de modifier et de maîtriser l'environnement, l'être humain est en mesure de créer une quantité extrêmement grande d'institutions sociales qui ne se retrouvent chez aucune autre espèce.

La socialisation

Si l'être humain peut vivre seul, dans quelle mesure la société est-elle nécessaire? Tout d'abord, les humains doivent tout de même se rencontrer pour pouvoir se reproduire. Mais, même en dehors de cela, la société est nécessaire. L'officier japonais Hiroo Onada (qu'on peut voir sur la photo de la p. 485) n'aurait pas pu survivre en isolement total s'il n'avait pas été développé dans une certaine mesure sur le plan physique et intellectuel; or, la socialisation était nécessaire à ce développement.

Les expériences sur l'isolement complet, comme celles des Harlow, pourraient peut-être démontrer dans quelle mesure la socialisation est nécessaire chez les hommes, mais il est impossible d'exposer des êtres humains aux risques qu'elles présentent. Il existe cependant des cas connus qui montrent les effets désastreux survenus chez des enfants élevés sans contact avec d'autres personnes.

Hiroo Onoda, soldat japonais pendant la Seconde Guerre mondiale, a vécu seul sur une île des Philippines pendant trente ans. Une fois découvert, en 1974, il ignorait que son pays avait capitulé. Il a réussi à survivre pendant tout ce temps parce qu'il était déjà entièrement socialisé lorsqu'il s'est retrouvé isolé.

L'enfant sauvage de l'Aveyron

En 1799, dans les forêts du sud de la France près de l'Aveyron, des chasseurs ont capturé un jeune garçon qui, apparemment, vivait seul dans les bois. «L'enfant sauvage», âgé d'environ 11 ans, a été exposé dans une cage pendant près d'un an avant qu'un médecin français, Jean Itard, ne le prît à sa charge.

Comme l'on aurait pu s'y attendre, l'enfant sauvage ne ressemblait aux autres humains ni physiquement, ni psychologiquement. Il marchait et courait plutôt comme un animal que comme un homme. Ses sens de l'ouïe et de l'odorat semblaient être très développés. Il pouvait se promener nu par des températures glaciales sans être malade. Il était capable de saisir de la nourriture dans de l'eau bouillante ou dans le feu sans ressentir aucune douleur et sans se blesser la peau. L'enfant, à qui l'on a donné le nom de Victor, ne manifestait aucune preuve d'éducation sociale. Il n'a pas essayé de communiquer, sauf pour grogner de temps à autre, et semblait ne considérer les autres êtres humains que comme des obstacles à ses besoins.

Philippe Pinel, important psychiatre français, a examiné Victor et en a conclu que l'enfant était un idiot incurable. On a même pensé que sa déficience mentale aurait pu être la raison pour laquelle il avait été abandonné. Itard n'était pas de cet avis. Il croyait que le comportement de Victor était la conséquence d'un isolement social prématuré et prolongé. Il pensait aussi pouvoir l'élever.

Pendant plus de cinq ans, Itard a essayé d'éduquer Victor. Il lui a appris à lire, à écrire et à comprendre plusieurs mots, mais il n'est pas parvenu à lui en montrer davantage. Quand Victor est mort, à l'âge de 40 ans, il n'était toujours pas développé socialement. Il n'a jamais appris à jouer ou à se comporter socialement, ni à réagir sexuellement.

L'enfant sauvage de l'Aveyron avait onze ans lorsqu'il a été découvert dans les forêts du sud de la France. Il se conduisait davantage comme un animal que comme un humain. Il a vécu jusqu'à l'âge de 40 ans, mais n'a jamais atteint un développement social complet.

L'enfant sauvage de Salvador

En Amérique du Sud, au cours de l'année 1932, la police a capturé un garçon de cinq ans qui vivait apparemment dans la jungle avec les animaux. Parce qu'il était habile à se promener d'arbre en arbre, on l'a surnommé «Tarzancito», ou «Petit Tarzan». Contrairement à Victor, Tarzancito a pu se réadapter à la société. On l'a confié aux soins du psychologue Jorge Ramirez Chulo, et en moins de trois ans il portait des vêtements, prenait des bains et utilisait le vocabulaire normal d'un enfant de son âge. Il semble que ce soit parce que Tarzancito avait été capturé assez jeune qu'on a pu renverser les effets de l'isolement qu'il avait subi.

LA PSYCHOLOGIE SOCIALE

Lorsque Philip Nolan entend sa curieuse sentence, sans doute rit-il sous cape. Après tout, il aurait pu être pendu pour trahison; au lieu de cela, on l'envoie simplement faire un long voyage en mer, ce qui ressemble davantage à des vacances qu'à un châtiment. Il ne lui faut pas beaucoup de temps pour constater, cependant, que la peine qu'on lui impose en est vraiment une, et qu'être un apatride n'est pas une plaisanterie. Après plusieurs mois en mer, Nolan se rend compte qu'en étant isolé de la société, il est privé de presque tout ce qui fait que la vie mérite d'être vécue.

Comme Nolan, les psychologues ont appris que la société est un des éléments les plus importants de toute vie humaine. Pendant longtemps, la psychologie a tenté de comprendre et de prédire le comportement de l'être humain en tant qu'individu; plus récemment, on en est venu à se rendre compte que presque tout comportement humain subit une influence de la société. Le comportement de Philip Nolan, par exemple, aurait pu avoir un effet important sur la société à laquelle il appartenait si lui et Burr avaient réussi à déclencher une guerre. Et, bien sûr, la société dont Nolan faisait partie a eu une grande influence sur son comportement: le gouvernement des États-Unis, par l'intermédiaire de la cour martiale, a modifié le cours de sa vie pour toujours.

Ce sont des relations de ce genre (interaction entre les membres d'une société ou entre des sociétés différentes) qui constituent le domaine d'étude de la **psychologie sociale**. Cette dernière peut examiner la façon dont une société influence le comportement d'un individu, ou comment ce même individu peut transformer une société; mais dans presque tous les cas, ce sont les *rapports entre les personnes ou les groupes,* plutôt que l'*individu*, que la psychologie sociale essaie de comprendre.

La théorie générale des systèmes

L'une des méthodes qu'utilisent les scientifiques pour étudier les rouages d'une société est ce qu'on appelle la **théorie générale des systèmes**. Un système vivant est un groupe d'éléments ou d'unités qui entrent en interaction pour réaliser un objectif commun: continuer à vivre. Selon la théorie générale des systèmes, tout système vivant, de l'animal monocellulaire le plus simple à la société la plus complexe, fonctionne d'après trois principes généraux:

1. Les systèmes vivants ont des données d'entrée. La nourriture et l'information en provenance du milieu sont les données d'entrée dont une paramécie monocellulaire a besoin pour survivre.
2. Les systèmes vivants transforment, ou traitent, leurs données d'entrée. La paramécie digère sa nourriture et prend des décisions par rapport aux informations d'entrée reçues.
3. Les systèmes vivants ont des données de sortie. La paramécie digère sa nourriture et rejette des déchets. D'autres données de sortie peuvent adopter la forme d'un comportement. Une information d'entrée en provenance du milieu, par exemple, peut indiquer à une paramécie qu'une région est trop froide. La paramécie «traite» cette information et tente alors d'agir (donnée de sortie) en se déplaçant vers un endroit plus chaud.

Quand on parvient à expliquer les données d'entrée, les modes de traitement et les données de sortie d'un système vivant tel que la paramécie, le

Fig. 14.1
La paramécie, une
des formes de vie
les plus rudimentai-
res, illustre la théo-
rie générale des
systèmes. Elle ab-
sorbe de la nourri-
ture, la transforme
(la traite) et se dé-
place pour trouver
d'autres aliments.

THÉORIE GÉNÉRALE DES SYSTÈMES

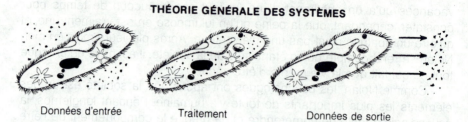

Données d'entrée   Traitement   Données de sortie

comportement de ce système devient souvent compréhensible et prévisible. Selon la théorie générale des systèmes, le comportement de tout système vivant devrait être compréhensible et prévisible une fois que ses données d'entrée, ses manières de traiter l'information (processus internes) et ses données de sortie sont entièrement expliquées.

Mais les paramécies et les autres cellules individuelles sont des systèmes relativement simples en comparaison d'un **organe** comme le coeur humain. Afin de comprendre le comportement du coeur, il faut étudier les données d'entrée, les modes de traitement et les données de sortie de l'organe en entier ainsi que des cellules individuelles qui constituent le coeur. Ce n'est pas une seule cellule du coeur qui fait circuler le sang dans tout le corps. C'est le comportement de toutes les cellules en même temps qui fait avancer le sang dans les artères. C'est l'interaction des données d'entrée et des données de sortie des cellules qui produit le comportement propre de l'organe.

L'**organisme**, système plus complexe, est un groupe d'organes qui travaillent ensemble. Vous êtes un organisme, mais vous êtes beaucoup plus que la somme des données d'entrée, processus internes et données de sortie de chacun de vos organes. D'une certaine manière que nous ne comprenons pas encore entièrement, les données de sortie de tous vos organes se combinent pour déclencher des processus internes complexes et des modes de comportement compliqués qui ne se manifestent qu'au niveau de l'organisme. La conscience de soi, par exemple, est un genre de processus interne qu'on retrouve chez les organismes, mais non chez les organes. Vous pouvez modifier vos propres données de sortie comportementales simplement en y réfléchissant; à notre connaissance, aucun organe ne peut effectuer ce genre «d'auto-modification».

Dans la hiérarchie de complexité, le système vivant qui se situe immédiatement au-dessus de l'organisme est le **groupe**, lequel est composé d'organismes qui sont d'une quelconque manière reliés ou en contact entre eux. Les groupes ont des processus internes et des données de sortie comportementales beaucoup plus complexes que ceux de n'importe quel organisme individuel ou de n'importe quelle personne qui en fait partie. La reproduction sexuelle, par exemple, est un *processus de groupe* en ce sens qu'elle nécessite en général l'établissement d'un rapport spécifique entre deux ou plusieurs organismes.

Vous êtes un organisme, et vous vous considérez sûrement comme un individu qui a une identité propre. Puisque vous êtes doté d'une conscience de vous-même, il vous est peut-être difficile au premier abord de déterminer lesquelles de vos données de sortie font en réalité partie d'un *processus de groupe*, tout comme de nombreuses données de sortie de vos organes font aussi partie d'un processus de groupe. Lorsque vous vous promenez seul la nuit et que tout à coup, vous avez peur, votre cerveau «entre en contact» avec vos glandes surrénales de sorte que tous vos autres organes soient activés, et qu'ils soient prêts pour une bagarre éventuelle ou une fuite. Le même genre d'*activation de groupe* se produit quand un voisin vient précipitamment avertir votre famille qu'une partie de votre maison est en feu. La réaction du groupe (de votre famille) à cette menace extérieure sera sûrement plus complexe que votre propre réaction, tout comme la réponse de votre organisme à la peur que vous ressentez en vous promenant sera plus complexe que les réactions de vos glandes surrénales, de votre coeur et de vos poumons. De la même façon, les réactions de vos glandes surrénales sont elles-mêmes plus compliquées que celles de n'importe quelle cellule individuelle à l'intérieur de ces glandes.

Les cellules composent les organes, ceux-ci composent les organismes et ces derniers composent les groupes. D'après la théorie générale des systèmes, les réactions de toutes les cellules d'un organe donné composent les processus internes de cet organe; les réactions de tous vos organes composent vos propres processus internes; et les activités de chaque membre d'un groupe composent les processus internes de ce dernier. Mais les données de sortie du groupe sont quelque chose de plus que la somme des comportements de tous les membres du groupe, tout comme vos propres comportements sont quelque chose de plus que la somme des données de sortie de tous les organes de votre corps.

Les groupes se combinent pour former des organisations et les organisations s'unissent pour former des sociétés. Les sociétés forment des nations, lesquelles peuvent constituer des systèmes encore plus complexes tels que les Nations-Unies. C'est la tâche du psychosociologue, quelquefois avec l'aide de la théorie générale des systèmes, d'essayer de rendre plus compréhensibles les comportements des groupes, des organisations et même des sociétés.

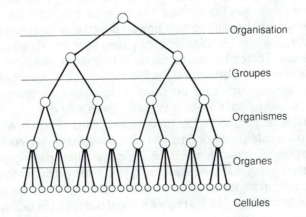

Organisation

Groupes

Organismes

Organes

Cellules

Fig. 14.2
Dans une structure sociale, les éléments se combinent pour former des unités plus grandes, et enfin se structurer en une organisation.

LE GROUPE

Le système social que nous connaissons le mieux est le groupe, c'est-à-dire deux ou plusieurs personnes considérées comme une unité. Le comportement de l'être humain est ordinairement le plus influencé par les groupes qui restent ensemble longtemps, et dans lesquels les individus sont rattachés par un lien significatif ou psychologiquement dépendants les uns des autres. Les groupes ethniques, familiaux, professionnels, religieux ou politiques, les amis et les amants sont souvent à la base de quelques-unes des influences les plus importantes qui s'exercent sur le comportement de l'être humain. Les **groupes d'interaction**, à l'intérieur desquels les individus ont de fréquents contacts physiques et psychologiques directs, sont probablement parmi les plus importants éléments de toute vie humaine. Nous devons considérer la structure et la fonction des groupes, et en particulier les données d'entrée, les modes de traitement et les données de sortie tant des individus que du groupe, pour pouvoir comprendre comment le phénomène du groupe influence le comportement humain.

La structure et la fonction du groupe

Les êtres humains, comme les animaux, se rassemblent et forment des groupes pour deux raisons fondamentales: la survie et la procréation. C'est lorsqu'il est possible de prévoir et de maîtriser le comportement individuel qu'il est le plus facile d'atteindre ces objectifs. Les sociétés qui fonctionnent avec efficacité, par conséquent, rendent le comportement des individus prévisible en fournissant à ceux-ci un ensemble de modes de comportement qu'ils doivent suivre. Quand un groupe n'est pas en danger immédiat et que sa survie est assez bien assurée, ses activités rendent cette survie non seulement possible, mais agréable et enrichissante. La structure du groupe doit toutefois être maintenue pour que celui-ci fonctionne adéquatement. En d'autres mots, chacun des membres doit se soumettre et se conformer à certaines règles, ou accepter de jouer certains **rôles**, tout comme les organes de votre corps doivent le faire pour que la structure physique de celui-ci reste intacte.

Les abeilles n'ont ordinairement pas de difficulté à maintenir la structure sociale de la ruche, car les rôles qu'elles jouent sont en grande partie définis par leurs gènes. Toutes les ouvrières de la ruche, par exemple, traitent les informations d'entrée d'une manière identique. Leurs données de sortie, définies génétiquement, sont presque toujours les comportements qui conviennent le mieux pour assurer la survie de la ruche.

Par contre, le traitement de l'information dans un groupe humain ne produit pas toujours les comportements les plus favorables pour la survie de ce dernier. Comme les êtres humains ne se comportent pas rigoureusement d'après un plan génétique déterminé à l'avance, les groupes doivent établir des règles pour guider les actions de leurs membres. Chez les groupes qui n'ont pas une structure rigide, les **règles** ne sont pas toujours expliquées d'une manière claire et précise, mais les membres savent généralement très bien quel genre de comportement on attend d'eux. Les personnes qui assistent à une réception se gardent bien, habituellement, de démolir l'ameublement, de renverser les boissons ou d'injurier d'autres invités. Si elles ne se soumettent pas à ces règles conventionnelles, elles peuvent être expulsées du groupe. Une personne qui se conduit d'une façon désagréable pourrait ne pas être invitée à la réception suivante.

Dans les organisations plus structurées, les règles et règlements sont souvent explicites. Le code civil et le code criminel, les dix commandements et les directives des employeurs à leurs employés sont des règles formelles destinées à maintenir les structures de diverses sociétés ou organisations. La personne qui se soumet aux règles demeure au sein du groupe et, par le fait même, continue à bénéficier des avantages que lui vaut son appartenance au groupe. Philip Nolan perd sa place dans la société parce qu'il n'a pas voulu se conformer aux règles établies.

La conformité

Les règles et les règlements sont édictés pour assurer le bon fonctionnement d'un groupe et le maintien de sa structure. Si une personne n'observe pas les règles établies, le bon ordre au sein du groupe peut en être perturbé. De la même manière, l'ordre au sein d'une organisation peut être perturbé si un groupe enfreint les règles. Et la société peut courir un réel danger si plusieurs de ses organisations ne se soumettent pas aux règles. Par conséquent, les sociétés ont mis au point des manières de restreindre l'individualité et d'obliger les membres à se conformer aux attentes collectives.

La **conformité** est évidente dans une ruche. Tous les faux-bourdons se ressemblent plus ou moins, et toutes les ouvrières exécutent à peu près le même travail. Cette conformité ou cette similitude qui existe parmi les abeilles découle fondamentalement du fait que presque toutes les abeilles sont issues de la même mère, la reine des abeilles. Grâce à la similitude génétique, non seulement les abeilles se ressemblent, mais elles agissent de la même manière, et ce pour le bien de la ruche. Il est extrêmement rare qu'une abeille enfreigne les règles établies.

Dans les sociétés plus complexes, on impose souvent la conformité par des méthodes externes. Dans l'armée, par exemple, tous les membres sont obligés de revêtir les mêmes uniformes, de manger des aliments semblables, de se lever et de se coucher à peu près à la même heure et de suivre un ensemble de règles très strictes. Une armée tente d'amener ses membres à agir suivant ses critères plutôt que d'après leurs normes individuelles, en leur enlevant ou en limitant leur individualité. De cette façon, la conformité devient l'un des facteurs les plus importants dans le fait que le comportement du groupe devient souvent tout autre que celui de l'individu. Avec la protection et la sécurité assurées par le groupe, les soldats accomplissent souvent des actions qu'ils n'auraient jamais pensé pouvoir exécuter comme individus.

La conformité n'est pas toujours la conséquence de quelque chose d'aussi évident qu'un uniforme ou un ensemble rigoureux de règles bien appliquées. D'autres influences venant de l'extérieur peuvent forcer les individus à se conformer et à se comporter comme une unité sociale. Des inconnus en panne dans un ascenseur, par exemple, abandonneront ordinairement leur individualité pour travailler à un but commun: se sortir de ce mauvais pas. Les joueurs d'une équipe de ballon-panier ou les membres d'une organisation politique deviennent dépendants l'un de l'autre de la même façon et se conforment aux règles du groupe lorsqu'ils ont compris que le comportement du groupe a plus de chance d'être efficace que les comportements individuels. Les membres d'un groupe cèdent devant les normes établies ou s'y conforment parce que de tels actes favorisent ordinairement la survie des intéressés.

Il existe des moments, toutefois, où la conformité n'agit pas pour le bien de la société. Il y a plusieurs années, à New York, une jeune femme du nom de Kitty Genovese a été tuée sauvagement à coups de poignard devant chez elle. Le meurtre a été commis à 3 heures du matin, et ses cris ont attiré 38 de ses voisins à leurs fenêtres. Pendant 30 minutes, alors qu'elle luttait sans succès contre son assaillant, les voisins horrifiés ont observé la scène, mais aucun d'entre eux n'a songé à appeler la police ou à lui venir en aide. Ils ne voulaient pas être impliqués dans cette histoire.

Le cas de Kitty Genovese est un exemple frappant d'**apathie du témoin**. Mais pourquoi ces témoins d'un meurtre sont-ils demeurés apathiques? Pourquoi ont-ils refusé de s'impliquer et de venir en aide à leur voisine? John Darley, Bibb Latané et leurs collègues ont interviewé les témoins du meurtre de Kitty Genovese et ont mené plusieurs expériences en vue de comprendre le phénomène de l'apathie du témoin. Leurs recherches les ont amenés à conclure que plus il y a de témoins, moins la victime est susceptible d'être aidée.

Lorsqu'une seule personne est témoin d'un crime, il y a de grandes chances qu'elle s'implique ou qu'elle cherche du secours. Mais, comme l'ont

Dans une société urbaine telle que la nôtre, bien des gens ne veulent pas s'impliquer et refusent d'aider des étrangers ou même leurs voisins. Ils deviennent, tout comme cet homme, des témoins apathiques.

démontré Darley et Latané, lorsqu'il y a plusieurs témoins, chacun a tendance à réfléchir avant d'agir. Apparemment, la majorité des témoins se perçoivent alors comme faisant partie d'un groupe. La responsabilité de réagir devant une situation d'urgence incombe au *groupe*, et non à une seule personne. Si aucun des témoins appartenant à ce groupe ne perçoit son rôle comme celui d'un meneur, alors ils peuvent tous assister passivement parce qu'ils considèrent leur inertie comme étant leur rôle jusqu'à ce qu'un chef les somme d'entrer en action. Une personne qui agirait de façon indépendante pourrait aller à l'encontre des attentes du groupe. Cependant, comme Darley et Latané l'ont aussi démontré, si seulement un des témoins s'implique et apporte du secours, le groupe entier peut suivre le meneur et passer à l'action. Malheureusement, dans le cas de Kitty Genovese, aucun des spectateurs n'a voulu assumer le rôle de meneur.

Le leadership

La conformité rapproche ordinairement les membres d'un groupe et contribue à son bon fonctionnement en tant qu'unité en rendant les individus plus semblables. Mais elle n'est pas le seul processus social qui contribue au bon fonctionnement des groupes. La plupart des groupes dépendent d'une hiérarchie de domination et de formes variées de **leadership** pour décider du comportement du groupe. Le succès d'un groupe dépend souvent du succès de ses chefs.

Le succès, chez les animaux inférieurs, signifie habituellement la survie dans l'environnement et la procréation. Dans la plupart des sociétés animales, les meneurs (ou leaders) sont par conséquent les individus qui se sont révélés les plus aptes à survivre.

Les qualités de chef dans la société humaine ne sont pas aussi nettement définies et évidentes qu'elles le sont chez les animaux. Un grand nombre de personnes, par exemple, possèdent certaines qualités qui leur permettent d'être meneurs à un moment donné, ou dans une situation donnée. Quelques personnes accèdent à la direction de grands et importants groupes ou sociétés, alors que d'autres individus se situant beaucoup plus bas dans la hiérarchie de «becquetage» ou de domination exercent leur talent de leader dans de plus petits groupes. Même dans les groupes les plus restreints, par exemple un couple, le bon fonctionnement exige qu'il y ait un leader. Tantôt, les qualités du mari feront de lui le meneur; tantôt, c'est la femme qui sera appelée à assumer le leadership à cause de ses qualités propres.

Quelles qualités le leadership nécessite-t-il? Des expériences menées par le sociologue Robert Bales et ses collègues de l'Université Harvard indiquent que le leadership humain pourrait comprendre au moins deux qualités fondamentales. Des étudiants ont servi de sujets pour ces expériences; on leur a demandé de travailler en groupe à résoudre certains problèmes, et l'on mesurait leur comportement verbal pendant leur travail. Après la séance de résolution de problèmes, on a demandé aux sujets d'évaluer les autres personnes du groupe, de signaler particulièrement s'ils avaient une préférence marquée pour une personne en particulier, quelle était celle qui semblait avoir les meilleures idées et laquelle donnait l'impression d'être un leader.

Une fois toute l'information recueillie et analysée, Bales et ses collègues ont été à même de choisir deux modèles de chefs. Les membres des groupes de résolution de problèmes qui ont reçu la meilleure évaluation de leurs confrères étaient soit «spécialistes de la tâche» ou «spécialistes socio-émotionnels».

Les **spécialistes de la tâche** étaient ceux qui, pendant la séance de travail, avaient apporté les meilleures idées, suggestions et opinions. Ils rappelaient constamment au groupe le but de leur recherche, et ne le laissaient pas s'éloigner du sujet ou faire des digressions. Ces spécialistes avaient orienté les ressources cognitives ou intellectuelles du groupe, et avaient été *respectés* parce qu'ils avaient servi de modèles de par leurs connaissances et leur compétence.

Les **spécialistes socio-émotionnels** étaient ceux qui avaient demandé aux autres de faire des suggestions plutôt que d'en faire eux-mêmes. Ils avaient complimenté les autres collaborateurs pour leur excellent travail collectif, avaient aplani les divergences d'opinion et avaient essayé de faire en sorte que le groupe travaille constamment en tant qu'unité. Ces personnes avaient utilisé la rétroaction pour orienter les ressources émotionnelles du groupe. Ils avaient été *aimés* à cause de leur capacité de maintenir le groupe en tant qu'unité sociale.

L'unité sociale parfaite doit être structurée de telle sorte qu'elle fonctionne harmonieusement et qu'elle réalise ses objectifs. Le leader exemplaire, par conséquent, est vraisemblablement une personne qui agit sur les deux plans: il sert de modèle dans la réalisation des tâches, et il fournit une rétroaction socio-émotionnelle aux autres membres du groupe pour leur faire savoir dans quelle mesure ils s'approchent de leurs objectifs. En d'autres termes, un meneur efficace est ordinairement la personne respectée parce qu'elle donne l'exemple, et populaire parce qu'elle fournit une rétroaction positive.

LES COÛTS DE LA VIE EN SOCIÉTÉ

La race humaine n'aurait pas survécu si ses premiers membres n'avaient pas formé de groupes ni de sociétés. Les groupes familiaux et les sociétés regroupant davantage de membres étaient essentiels tant pour la procréation et l'éducation des enfants que pour la protection contre l'environnement et même contre les autres groupes d'êtres humains. Dans notre monde industrialisé, la société est encore nécessaire et les avantages de l'appartenance à une société sont nombreux. La protection, l'éducation et la stimulation (intellectuelle, sociale, sexuelle et récréative) rend la vie non seulement possible, mais enrichissante. Mais les sociétés ne font pas que donner: elles prennent également. Les membres d'une société doivent ordinairement payer pour ce qu'ils reçoivent, et le prix en est parfois élevé.

La territorialité humaine

L'un des mécanismes les plus utiles, mais les plus coûteux que les sociétés possèdent pour la protection de leurs membres est la territorialité. Les nations, les États, les villes, les quartiers et les maisons sont tous des territoires qui ont été délimités par des membres de diverses sociétés. Ces territoires sont censés assurer la protection, la sécurité et une certaine indépendance à leur population, mais ils coûtent cher. En limitant l'espace d'un groupe, la territorialité mène à la surpopulation au fur et à mesure que le groupe s'agrandit. Le surpeuplement augmente la pollution et restreint les ressources accessibles à l'intérieur du territoire pour chacun des membres. Quand ces ressources deviennent limitées, les groupes tentent souvent d'agrandir leur territoire, et ce comportement conduit souvent à l'agression et aux conflits entre groupes. Le châtiment de Nolan est la conséquence d'une tentative de sa part et de celle d'Aaron Burr de s'emparer du territoire de quelqu'un d'autre.

Le surpeuplement

Un des plus dramatiques témoignages des effets du **surpeuplement** nous vient d'une expérience menée par John B. Calhoun, du National Institute of Mental Health. En juillet 1968, Calhoun a mis quatre couples de souris blanches en bonne santé dans un territoire de 8 pieds carrés qu'il a appelé «l'univers de la souris». On leur a donné tout ce dont elles avaient besoin et on les a protégées des facteurs environnementaux. À l'intérieur de cet univers presque parfait, les animaux avaient suffisamment de nourriture et d'eau et n'avaient pas à combattre les maladies, les rigueurs du climat ni les animaux prédateurs. Cet environnement agréable a profité aux souris: elles ont prospéré et se sont multipliées de telle sorte qu'au mois de février 1970, elles étaient 2200 dans la cage. À ce stade, les effets de la surpopulation avaient déjà commencé à paraître. Aucune autre souris n'est venue au monde dans la colonie après le mois de mars 1970. La dernière est morte au mois de janvier 1973.

Au cours de l'expérience, les souris ont eu plusieurs activités que Calhoun a attribuées à la surpopulation. Lorsque la population eut atteint le chiffre de 620, des choses bizarres ont commencé à se produire. Des animaux paisibles en temps normal sont devenus agressifs et ont commencé à s'en prendre aux autres souris. Quelques-unes parmi les adultes sont devenues canibales et ont commencé à dévorer les plus jeunes. Les mères ont abandonné leurs petits et les activités sexuelles sont devenues perverses. Quelques mâles ont tenté de s'accoupler avec des femelles trop jeunes ou qui n'étaient pas en chaleur. D'autres n'avaient aucun appétit sexuel.

Dans des situations plus normales, la population des souris ne se serait pas élevée à beaucoup plus de 600. Quelques animaux auraient été tués par les prédateurs ou seraient morts à cause de facteurs de l'environnement et d'autres auraient été contraints d'émigrer ailleurs. Mais quand la population eut atteint le nombre de 620, il n'y avait plus aucun endroit adéquat pour fonder de nouveaux territoires. Les adultes s'étaient séparés en 14 groupes sociaux différents, et en refusaient l'accès aux nouveaux membres plus jeunes. Les jeunes se sont alors sentis frustrés et plusieurs sont devenus agressifs et ont eu des comportements anormaux. Environ 400 souris sont devenues apathiques et inactives, et se sont entassées au centre de la cage.

Chez les humains, les effets du surpeuplement peuvent ne pas être aussi funestes que chez les souris. Tout porte à croire, par exemple, que les hommes s'adaptent plus facilement que les animaux au surpeuplement. Les résidants de Tokyo (Japon) et Hong Kong semblent très bien accepter leur état de surpeuplement. Les membres de la tribu africaine des !Kung préfèrent même vivre dans un endroit surpeuplé à l'extrême.

Patricia Draper, anthropologue de l'Université du Nouveau-Mexique a fait des recherches sur les conditions de vie de la tribu !Kung. (Le ! décrit le bruit sec qui fait partie de leur langage.) La tribu possède un assez grand territoire pour donner à chacun de ses membres une superficie de dix milles carrés. Les !Kung établissent quand même délibérément de très petits campements dans lesquels s'entassent les groupes familiaux. Selon Draper, ils vivent dans des conditions semblables à celles de 30 personnes qui habiteraient dans une seule chambre. En fait, chaque !Kung est presque toujours en contact physique avec un ou plusieurs autres membres du groupe. Dans la livraison du 19 octobre 1973 de la revue *Science*, Draper déclare que la tribu !Kung ne semble pas manifester la plupart des signes physiques attribués normalement à la surpopulation, comme le stress et l'hypertension.

Les gens peuvent vivre et réussissent à subsister à l'intérieur de petits territoires surpeuplés. Mais cela ne signifie pas que de vivre entassé constitue un mode de vie idéal. Plusieurs expériences ont prouvé que la surpopulation peut être à l'origine d'effets psychologiques peu souhaitables.

L'espace personnel

Robert Sommer, de l'Université de la Californie à Davis, étudie les territoires individuels depuis nombre d'années. Chacun, semble-t-il, possède un certain territoire psychologique ou **espace personnel** qui, à l'instar d'une bulle invisible, entoure l'individu; l'être humain protège cet espace de la même façon qu'un oiseau ou un poisson protégera son territoire.

Plusieurs facteurs influencent la dimension de l'espace personnel de l'individu: la personnalité, la situation sociale, l'âge, la culture. Quand cet espace est violé ou est l'objet d'une intrusion, la personne en question peut devenir activée ou angoissée. En Amérique du Nord, l'espace personnel s'étend habituellement à environ deux pieds de la personne. Dans les pays scandinaves, il est encore plus grand, mais au Moyen-Orient il semble beaucoup plus petit. Les interactions entre Arabes, par exemple, comportent généralement plus d'intimité et un rapprochement physique plus grand que des relations entre Scandinaves. Les gens qui jouissent d'une situation sociale

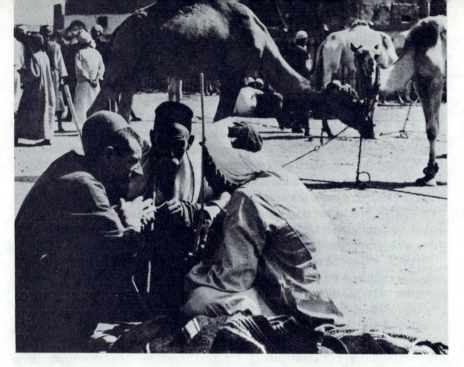

L'espace personnel ressemble à une bulle transparente qui entourerait un individu et le protégerait de toute intrusion. Chez les Arabes, l'espace personnel est beaucoup plus petit que chez d'autres peuples.

élevée, comme les présidents d'entreprise, possèdent habituellement un espace personnel exceptionnellement grand et sont abordés seulement avec précaution. Les nourrissons et les jeunes enfants n'ont pas à proprement parler de situation sociale; leur espace personnel est généralement très restreint. Presque tous les autres membres de la société peuvent les approcher, les prendre ou les caresser.

Dans certains cas, il est possible d'accepter la violation de l'espace personnel. Les gens ne craignent généralement pas d'être touchés par un médecin, un barbier ou un coiffeur. Une caresse provenant d'un amoureux est acceptée avec plaisir. Mais quand un étranger se précipite sur vous inopinément, vous pouvez vous sentir menacé. Une telle situation peut engendrer du stress, de la frustration et de l'agressivité (voir chapitre 11). La violation constante de l'espace personnel, comme dans les villes surpeuplées, est considérée comme responsable de la sorte de stress qui peut entraîner une hypertension et même des crises cardiaques chez certaines personnes.

L'INDIVIDUALITÉ

Les cellules individuelles qui vivent à l'intérieur d'un organe ont toutes une place et une fonction déterminées. Aussi longtemps qu'elles coopèrent et travaillent les unes avec les autres, l'organe est en état de fonctionner. Mais si l'une d'entre elles ne fonctionne pas comme elle doit le faire, le résultat peut être parfois mortel.

La maladie, les blessures physiques et les **mutations** (changements) génétiques comptent parmi les facteurs susceptibles d'amener une cellule à perdre ses aptitudes à fonctionner adéquatement. Dans la plupart des cas, les cellules qui ne travaillent pas meurent. Mais quand elles ne meurent pas, il faut les détruire ou les retirer de l'organe. Il en est de même pour les organes qui ne travaillent pas pour le bien de l'organisme. Un appendice perforé, des amygdales enflées ou un rein cancéreux doivent être enlevés pour le bien de l'organisme.

À l'intérieur des sociétés, les individus dont le fonctionnement n'est pas adéquat disparaissent quelquefois. Mais si le comportement d'un individu devient dangereux pour les autres membres ou pour la société prise dans sa totalité, il se peut qu'on doive le mettre à l'écart, comme dans le cas de Philip Nolan. Son comportement, s'il avait eu la possibilité de le poursuivre, lui aurait peut-être apporté la gloire et la fortune. Mais en même temps, ce comportement aurait pu être destructeur pour la société qui l'avait nourri et vêtu. Par conséquent, il a fallu le mettre à l'écart pour le bien de la société.

Une manifestation extrême des dangers que posent une trop grande individualité et une collaboration insuffisante nous est rapporté par l'anthropologue Colin M. Turnbull, qui a vécu avec un groupe de personnes qui se sont détruites elles-mêmes et ont détruit leur société. Dans *The Mountain People* (Simon et Schuster, 1972), Turnbull décrit les résultats terrifiants de l'individualité humaine chez une tribu de l'Afrique orientale connue sous le nom de Ik.

Pendant des années, les Ik ont parcouru leur territoire en nomades, vivant de chasse et de cueillette. Mais graduellement, à mesure que les nations d'Afrique redéfinissaient leurs territoires et rendaient la chasse impossible à certains endroits, les Ik se sont retrouvés confinés à un petit territoire qui ne pouvait répondre à leurs besoins. La vie est devenue si difficile que les membres de la tribu ont bientôt cessé de tenir compte de leurs besoins mutuels et le concept social simple du partage a cédé la place à l'égoïsme individuel. Un homme a vendu tous les médicaments que Turnbull lui avait donnés pour soigner sa femme. Cette dernière est morte, mais l'homme a continué d'accepter et de vendre les médicaments jusqu'à ce que Turnbull se rende compte de la situation. Les époux et épouses se cachaient mutuellement de la nourriture, et en dissimulaient également à leurs enfants. Ils refusaient de nourrir leurs enfants et les chassaient de la maison à l'âge de trois ans. Avec un peu de chance, ces derniers survivaient quelque temps en se nourrissant de fruits partiellement mangés par les babouins. On abandonnait les vieillards et on les laissait mourir. Leurs enfants se tenaient tranquillement près d'eux et les regardaient périr de faim plutôt que de les aider.

Comme les souris de Calhoun, les Ik manifestaient des signes extrêmes de repli et d'agressivité. Une fois, entre autres, Turnbull s'est assis pendant trois jours avec un groupe d'hommes Ik. Ces derniers s'étaient repliés sur eux-mêmes et ne se sont pas du tout adressés la parole pendant ces trois jours. Ils semblaient simplement s'être assis là pour attendre une nourriture qui ne viendrait jamais. Le décès de l'un d'entre eux suscitait généralement de l'agressivité. À ce moment-là, les autres membres de la tribu se battaient en présence du cadavre et lui arrachaient ses haillons ou tout autre objet de quelque valeur.

L'individualité, comme un cancer, s'est développée chez les Ik jusqu'au moment où ils sont disparus comme société. Mais l'individualité n'est pas toujours dangereuse; dans bien des cas, elle est même nécessaire pour la survie de la population. Les abeilles, à cause des comportements dont elles ont hérité, sont à la merci du milieu. Si l'environnement se modifie de façon permanente, les abeilles risquent de mourir puisqu'elles ne peuvent changer. Et plusieurs espèces animales sont disparues précisément parce qu'elles ne pouvaient s'adapter ou changer en même temps que leur environnement. Chez les espèces qui ont survécu, c'est l'individualité (habituellement sous forme de modifications génétiques, ou mutations) qui les a aidées à survivre.

Les humains manifestent leur individualité sous forme de pensées et de comportements différents de ceux qu'on observe chez les autres membres de la société. Christophe Colomb a eu une idée qui ne rencontrait probablement pas l'assentiment des autres membres de la société où il vivait. Mais on lui a permis de poursuivre son idée, parce que la «mutation» qu'elle représentait n'était pas nuisible au reste de la société. S'il n'avait pas découvert un nouveau monde, son idée aurait probablement disparu avec lui. Mais l'individualité de Colomb a été profitable, tant pour lui que pour la société. Il a donné à la civilisation un nouveau territoire pour se développer.

Des milliards de mutations individuelles dans le monde animal ont engendré des millions d'espèces qui ont survécu avec succès. Des milliards d'idées et de comportements ont produit des centaines de sociétés humaines qui survivent sans difficulté. Mais tout le long du parcours, il a fallu parer aux mutations nocives. Il a fallu restreindre l'individualité nuisible aux autres membres de la société ou à la société dans sa totalité (comme Philip Nolan l'a découvert) pour permettre à la société de survivre. Si la société ne survit pas, il est impossible à l'individu de survivre, et toute forme d'individualité devient impossible.

RÉSUMÉ

1. Dans L'Apatride, *Philip Nolan est condamné à passer le reste de sa vie séparé de sa maison, de sa famille, de ses amis et de la société. Pourquoi la punition de Nolan serait-elle si difficile à accepter pour n'importe lequel d'entre nous? Parce que, comme nous l'avons vu dans ce chapitre, l'être humain est un animal social. Les données d'entrée que la société procure sont importantes et nécessaires à la survie de l'homme.*

2. Le comportement social, c'est-à-dire l'interaction entre deux individus ou plus, est le fruit d'une longue évolution. Nous pouvons comprendre davantage l'importance du comportement social humain en examinant comment il a évolué chez les espèces inférieures. Dans la plupart des cas, le comportement augmente les chances de réussite dans la procréation et la survie de l'espèce.

3. La territorialité, c'est-à-dire le choix et la possession d'un territoire, est une forme importante de comportement pour bon nombre d'espèces, parce qu'un territoire bien délimité et protégé procure à l'individu un endroit où il peut se nourrir, s'accoupler et élever ses petits en sécurité.

4. Les hiérarchies de domination sociale, comme on en voit la manifestation dans les **hiérarchies de becquetage** de certaines espèces d'oiseaux, garantissent aux membres les plus forts du groupe le premier choix sur le plan du territoire et de la nourriture. Les hiérarchies de domination qui donnent à chaque individu une place dans le groupe aident à restreindre les rivalités et l'agressivité.

5. Les **primates**, groupe de mammifères auquel appartiennent les singes, les anthropoïdes et les humains, doivent apprendre un grand nombre des comportements qui seront essentiels à leur survie à l'âge adulte. Une grande partie de ce que les primates apprennent est attribuable aux interactions sociales. Les expériences de Harlow avec des singes élevés en isolement contribuent à démontrer la nécessité de l'apprentissage social et du comportement social chez les primates.

6. Les humains, comme tous les primates, dépendent de la société. Pendant leur enfance assez longue, les hommes apprennent une bonne partie des connaissances et des modes de comportement qui leur seront nécessaires pour se reproduire et survivre. La psychologie sociale étudie les manières dont le comportement individuel influence la société et dont la société influence l'individu. Mais dans la plupart des cas, la psychologie sociale tente de comprendre les relations entre personnes et entre groupes, plutôt que d'examiner l'individu en soi. La **socialisation** s'est révélée importante pour la survie, et Harry Harlow a fait des expériences avec des singes pour montrer l'effet de l'isolement et de l'environnement premier chez ces animaux.

7. La **théorie générale des systèmes** est une méthode qui permet aux scientifiques d'examiner les rouages de la société. Quand on parvient à expliquer les données d'entrée, les processus internes et les données de sortie d'un système vivant (comme un **organe**, un **organisme**, un **individu** ou un **groupe**), le comportement de ce système devient compréhensible et prévisible.

8. C'est lorsqu'il est possible de prédire et de maîtriser le comportement individuel qu'il est le plus facile d'atteindre des objectifs sociaux. Les sociétés bien structurées ont souvent tenté de rendre le comportement prévisible en fournissant un modèle de comportements que l'individu devait suivre. Les **règles** sociales comptent parmi les méthodes utilisées par les sociétés pour limiter l'individualité et amener leurs membres à se conformer aux attentes du groupe.

9. La **conformité**, en faisant les individus se ressembler davantage, aide un groupe à fonctionner comme une unité, mais la plupart des groupes s'appuient sur une hiérarchie de domination et différentes formes de leadership pour déterminer le comportement du groupe. Les expérimentations sociales permettent de croire qu'il existe deux sortes de leaders: les **spécialistes de la tâche** et les **spécialistes socio-émotionnels**. Un leader efficace combine ces deux qualités; on le respecte pour l'exemple qu'il donne, et on l'aime parce qu'il fournit une rétroaction positive.

10. La race humaine n'aurait pas survécu si elle n'avait pas pu bénéficier des avantages que procure le comportement social. Toutefois, il faut en payer le *prix. La **territorialité**, par exemple, augmente souvent la pollution, réduit les ressources, et peut produire de l'agressivité et des conflits. Le comportement social limite également l'individualité.*

11. *L'individualité, que ce soit sous forme de gène mutant ou d'idée représentant une «mutation», est quelquefois nécessaire à la survie; mais les mutations nocives pour la société doivent parfois être éliminées pour le bien de cette dernière. Si la société ne survit pas, il est impossible pour l'individu de survivre.*

A. RÉVISION

Compléter les phrases suivantes:

1. Philippe Nolan est devenu apatride après avoir été reconnu coupable de＿＿＿＿＿＿en 1807.

2. D'après le manuel, les animaux sont fondamentalement＿＿＿＿＿＿.

3. Le＿＿＿＿＿＿ ＿＿＿＿＿＿est l'interaction de deux ou plusieurs animaux.

4. Les passereaux chanteurs mâles, en se délimitant un endroit pour se nourrir, s'accoupler et élever leurs petits, nous fournissent un exemple de la＿＿＿＿ ＿＿＿＿＿＿.

5. Les territoires aident à réduire la tension, à provoquer la coopération et à limiter l'＿＿＿＿＿＿et les＿＿＿＿＿＿chez les membres de la même espèce.

6. Les hiérarchies sociales fondées sur la domination s'appellent＿＿＿＿＿＿.

7. Dire qu'un animal peut avoir certaines choses à faire, des fonctions ou des tâches à accomplir à l'intérieur de la société, revient à dire qu'il a un＿＿＿＿＿＿ ＿＿＿＿＿＿à jouer.

8. Les travaux de＿＿＿＿＿＿permettent de conclure que les premières expériences sociales ont une grande importance dans le développement des singes.

9. Un des premiers signes de troubles que l'on peut constater chez les singes élevés à l'aide de substituts maternels est qu'ils manifestent une dose anormale d'＿＿＿＿＿＿lorsqu'ils entrent par la suite en contact avec d'autres singes.

10. Isolés socialement, les singes manifestent des problèmes attribuables au manque de relations avec leurs＿＿＿＿＿＿, c'est-à-dire avec d'autres singes de leur âge.

11. L'enfant sauvage de l'＿＿＿＿＿＿semble avoir vécu seul dans les bois jusqu'à l'âge de 11 ans.

12. Si «Tarzancito» a été capable de se réadapter à la société, c'est probablement parce qu'il avait seulement＿＿＿＿＿＿ans lorsqu'il a été découvert.

13. Selon la théorie générale des systèmes, les systèmes vivants ont des _____, ils _____ leurs données d'entrée, et ensuite ils ont des _____.

14. Dans la hiérarchie de complexité, les _____ se situent entre les organismes et les organisations.

15. Les groupes d'_____ se caractérisent par de fréquents contacts physiques et psychologiques directs et constituent certains des facteurs les plus importants de la vie humaine.

16. Chez les groupes qui n'ont pas une structure _____ les règles ou les rôles ne sont pas toujours explicites.

17. Quand des membres d'un groupe suivent tous les mêmes règles et manifestent des comportements semblables, pour n'importe quel motif, nous pouvons dire qu'ils se _____ aux attentes collectives.

18. Le cas Kitty Genovese est un exemple tragique d'_____ du _____.

19. Dans la plupart des sociétés animales, le leader est le membre du groupe qui se révèle le plus apte à _____.

20. Bales a découvert deux types ou styles de leader; ce sont les spécialistes de la _____ et les spécialistes _____ - _____.

21. Des deux types de leader déterminés par Bales, les spécialistes _____ - _____ étaient plus populaires que les autres.

22. John B. Calhoun est surtout connu pour ses études sur le _____.

23. Une fois son espace personnel violé, l'individu peut devenir activé ou _____.

B. VÉRIFICATION DES CONNAISSANCES

Encercler la bonne réponse (A, B, C ou D):

1. Philippe Nolan a été banni de son pays pour avoir participé à une conspiration qui avait pour but:
   A. de tuer Aaron Burr.
   B. d'amener la Caroline du Sud à se séparer de l'Union.
   C. de provoquer une guerre avec l'Espagne.
   D. de faire arrêter Thomas Jefferson.

2. La territorialité:
   A. se retrouve chez certains animaux, mais pas chez les humains.
   B. peut restreindre la liberté des individus.
   C. va à l'encontre de l'évolution.
   D. aucune de ces réponses.

3. Les hiérarchies de becquetage:
   A. assurent la sécurité des membres les plus faibles de la société.
   B. tendent à faire augmenter les rivalités et l'agressivité.
   C. sont une caractéristique propre aux primates.
   D. sont essentiellement des hiérarchies de domination.

4. Si on les oppose aux animaux des espèces «inférieures», les mammifères:
  A. passent moins de temps seuls.
  B. comptent plus sur leur cerveau que sur leur instinct.
  C. n'ont pas de rôles sociaux.
  D. se réunissent en groupe uniquement pour s'accoupler et élever leurs petits.

5. Harlow a découvert que les singes isolés socialement:
  A. se développent physiquement d'une manière normale.
  B. manifestent une dose anormale d'agressivité si on les met en contact avec les autres.
  C. ont souvent des comportements stéréotypés étranges.
  D. A, B et C à la fois.

6. Par opposition aux autres mammifères, les humains semblent généralement incapables:
  A. de vivre dans des sociétés ou colonies semblables à des ruches.
  B. de se déplacer en groupes ou en bandes.
  C. d'établir des territoires ou des hiérarchies de becquetage.
  D. aucune de ces réponses.

7. L'une de ces personnes n'a jamais réussi à se socialiser complètement. Laquelle est-ce?
  A. l'enfant sauvage de l'Aveyron
  B. Hiroo Onoda
  C. Philippe Pinel
  D. l'enfant sauvage de Salvador

8. La psychologie sociale s'intéresse surtout:
  A. aux rapports entre les gens ou les groupes.
  B. à l'influence d'une société sur un autre.
  C. à la façon dont les groupes influencent les organisations.
  D. à l'individu.

9. Dans la théorie générale des systèmes, laquelle de ces entités est la plus complexe?
  A. les organisations
  B. les sociétés
  C. les groupes
  D. les organismes

10. La conformité:
  A. est rarement volontaire.
  B. est un phénomène uniquement humain.
  C. n'agit pas toujours pour le bien de la société.
  D. n'existe pas dans le phénomène de l'apathie du témoin.

La ville, le surpeuplement et la criminalité

La perversion sexuelle, l'agressivité irrationnelle et excessive, l'augmentation de la mortalité, la diminution de la fécondité, la négligence des mères envers leurs petits, le repli et d'autres comportements psychotiques, voilà certaines des réactions des rats, des singes, des lièvres, des musaraignes et des poissons qu'on a forcés, à titre d'expérience, à vivre dans des conditions de surpeuplement. Les groupes humains, dans les mêmes conditions, sont-ils exposés à ce genre de dégradation psychologique et physiologique? Ces réactions, par exemple, peuvent-elles expliquer en partie la criminalité dans les villes surpeuplées?

Récemment, des psychologues ont rendu publics les résultats d'études sur les effets du surpeuplement chez les humains. L'une de ces études a été effectuée aux Pays-Bas, qui figure parmi les pays où la population est la plus dense au monde (323 personnes au kilomètre carré). Leo Levy et Allan N. Herzog du Centre médical de l'Université de l'Illinois à Chicago ont comparé des secteurs à densité élevée de population avec des régions moins populeuses et ont découvert que les premières semblaient avoir un lien avec les décès causés par des crises cardiaques, avec les admissions dans les hôpitaux et les établissements psychiatriques, la délinquence juvénile, les naissances illégitimes, le divorce et la mortalité infantile. À Honolulu, on a établi un rapport entre la densité de la population et les taux de mortalité chez les adultes et les enfants, les taux de tuberculose, de maladies vénériennes et d'emprisonnement. À Chicago, le nombre de personnes par chambre, c'est-à-dire une des mesures utilisées pour déterminer la densité de la population, était en corrélation avec les diverses formes de désagrégation sociale (**Science News**, 1972.04.15, p. 247). Toutes ces conclusions tendent à appuyer certains résultats d'études effectuées avec des animaux et indiquent que le surpeuplement humain est en relation avec la dégradation sociale et la criminalité.

L'activation, le stress, l'anxiété et la frustration semblent figurer parmi les principaux effets de la surpopulation qui peuvent mener à la dégénérescence personnelle et sociale. La violation de l'espace personnel, par exemple, peut quelquefois provoquer du stress et de l'angoisse. Cet espace, appelé aussi distance physique interpersonnelle (DPI), est défini comme une aire entourant la personne et dans laquelle aucune intrusion n'est permise. Gay H. Price et James M. Dabbs Jr de l'Université d'État de la Georgie ont étudié les effets de l'âge et du sexe sur la DPI, et ont découvert que les besoins d'espace personnel augmentent avec l'âge chez l'enfant. Lorsqu'il entre en première année à l'école, l'enfant (tant le garçon que la fille) laisse un compagnon s'approcher jusqu'à ce que la distance permette d'avoir facilement une conversation. Sa DPI est alors de 0,30 mètre (environ 12 po). Mais ses besoins d'espace personnel augmentent au fur et à mesure qu'il grandit: en 12e année, l'adolescente a besoin de 0,45 mètre, tandis que l'adolescent requiert 0,60 mètre. D'autres études ont illustré des différences culturelles et raciales sur le plan de la distance nécessaire pour les interactions. Par exemple, chez les Britanniques et les Allemands, la distance souhaitable est supérieure à celle que préfèrent les gens du Moyen-Orient ou de l'Amérique latine. Les Noirs ont tendance à interagir à de plus grandes distances que les Blancs. Il n'est pas toujours facile de maintenir cet espace personnel dans une cité surpeuplée, et un contact trop intime avec des étrangers peut quelquefois provoquer un malaise sur le plan psychologique et même être perçu comme menaçant. Cette situation, si elle se poursuit, peut engendrer une activation, de l'anxiété et du stress, ce qui peut devenir nocif sur le plan physique et quelquefois amener la personne à poser des gestes anti-sociaux.

Yokov M. Epstein et John R. Aiello de l'Université Rutgers ont effectué des mesures physiologiques de l'activation causée par le surpeuplement, en utilisant comme base les niveaux de conductance de la peau. Les sujets étaient contrôlés alors qu'ils étaient assis calmement dans une pièce alors qu'il y avait peu de gens, puis dans des conditions de surpeuplement. L'activation a augmenté dans les deux cas, mais cette augmentation était considérable dans le second. L'activation était supérieure chez les hommes dans tous les cas.

Dans une autre série d'expériences, Epstein et Robert A. Karlin ont étudié quelques-uns des effets sociaux et comportementaux du surpeuplement. Selon leur définition, il y a surpopulation sociale lorsque la distance entre personnes est moindre que la distance considérée comme appropriée dans un cadre particulier. Ce qui convient dans la chambre à coucher, par exemple, ne sied pas dans le métro. Si l'on ne maintient pas une distance convenable, d'après Epstein et Karlin, une réaction de stress peut en résulter. La chaleur, les odeurs, le bruit et les contacts corporels ajoutent à la perception du surpeuplement.

Qu'arrive-t-il socialement quand l'individu perçoit qu'il y a surpeuplement? On a soumis des groupes d'hommes et de femmes à des conditions normales et à des conditions de surpeuplement. On leur a administré divers tests et donné diverses tâches à accomplir et l'on a pris note de leurs réactions et interactions. En général, rapportent Epstein et Karlin, les hommes en situation de surpeuplement se dissimulent leur inconfort les uns aux autres, ont un esprit de concurrence plus aiguisé et manifestent des attitudes de méfiance et d'hostilité; ces réactions peuvent toutes mener à l'agression, au stress et au crime. Les femmes, au contraire, ont habituellement été soumises à des normes sociales et une éducation qui les pousse à réagir d'une façon tout à fait différente. Elles ont tendance à faire part de leur inconfort. Dans certaines expériences de surpeuplement, les femmes ont réagi en devenant solidaires devant les difficultés plutôt qu'en s'opposant les unes aux autres. Elles ont formé des groupes établis sur un principe de collaboration. Elles ont généralement manifesté des sentiments positifs les unes envers les autres. Quand on leur a demandé d'évaluer les autres membres du groupe, les femmes en conditions de surpopulation ont fourni des évaluations plus positives que les femmes en conditions normales et que tous les groupes d'hommes.

L'une des raisons de l'activité criminelle et de l'effondrement social serait donc que les hommes, en conditions de surpeuplement, sont plus négatifs les uns envers les autres, deviennent plus compétitifs, se battent entre eux et sont même plus enclins à poser des gestes criminels pour parvenir à leurs fins aux dépens des autres.

Puisque bien des indices nous amènent à conclure que la surpopulation contribue aux troubles sociaux et à l'augmentation de la criminalité, est-il vraiment possible d'une quelconque manière de faire diminuer le taux de criminalité dans des villes déjà surpeuplées? La population de Hong Kong est la plus dense du globe (3 912 personnes au kilomètre carré); et pourtant, son taux de criminalité est seulement la moitié de celui des États-Unis (22 personnes au kilomètre carré). Ainsi, le surpeuplement n'est pas nécessairement un facteur prédominant dans l'accroissement de la criminalité. Les attitudes culturelles entrent aussi en jeu. La réaction des habitants de Hong Kong devant la surpopulation est différente de celle des Américains. De la même façon, les femmes réagissent différemment des hommes en conditions de surpeuplement. Mais même s'il est possible de modifier ces attitudes culturelles, on ne peut envisager cette transformation que comme une solution à long terme aux problèmes du surpeuplement. Elle sera aussi difficile à réaliser que l'élimination de la pauvreté.

C. À PROPOS DE L'ARTICLE...

1. Énumérez quelques-uns des résultats que semble avoir pour les humains le fait de vivre dans des secteurs à densité élevée de population. _____

_____

_____

2. Quelles sont certaines des réactions initiales à l'invasion de l'espace personnel, et qui peuvent finalement conduire aux résultats énoncés au n° 1? _____

_____

_____

3. Quelles différences dans les réactions des hommes et des femmes les expériences sur le surpeuplement ont-elles permis de constater? _____

_____

_____

SUGGESTIONS DE LECTURES

Adams, R., *Les garennes de Watership down*, Flammarion, Paris, 1976.

Ardrey, R., *L'impératif territorial*, Stock, Paris, 1973.

Filloux, J.-C., *Psychologie des animaux*, Presses Universitaires de France, 1970.

Morris, D., *Le singe nu*, Hachette, Paris, 1970.

Stoetzel, J., *La psychologie sociale*, Flammarion, Paris, 1978.

Turnbull, C.M., *Un peuple de fauves*, Stock, Paris, 1976.

En anglais

Calley, W.L., *Lieutenant Calley: his own story*, Grosset & Dunlap, New York, 1974.

Hale, E.E., *The man without a country and other stories*, Airmont, New York, 1968.

Suthers, R.A., Gallant, R.A., *Biology: the behavioral view*, Wiley, New York, 1973.

Turnbull, C.M., *The mountain people*, Simon & Schuster, New York, 1974.

15

les attitudes

Les attitudes sont à la base de beaucoup de comportements humains; il nous faut donc examiner leur nature, et la manière dont elles sont formées et dont il est possible de les modifier. Dans ce chapitre, nous étudions comment les attitudes influencent le comportement, et nous verrons qu'elles jouent un rôle important en politique et en publicité.

Après avoir étudié ce chapitre, vous pourrez:

- Énumérer les caractéristiques associées à la «personnalité autoritaire»;

- Résumer les expériences de Milgram sur l'obéissance;

- Expliquer les processus de formation des attitudes d'Allport;

- Résumer l'étude du Collège de Bennington menée par Newcomb;

- Discuter de la théorie du niveau d'adaptation de Helson, dans le contexte de la modification des attitudes;

- Discuter des manières dont on peut utiliser la communication pour modifier les attitudes;

- Définir la «contre-propagande» et donner un exemple de son emploi;

- Décrire comment utiliser le jeu de rôle pour occasionner une modification d'attitude.

Attitude. Façon relativement cohérente de penser, de se sentir ou de répondre en présence d'un stimulus ou d'une donnée d'entrée en provenance de l'environnement. Composée d'éléments cognitifs, émotionnels et comportementaux.

Autoritaire. La dictature est le parfait exemple d'un système autoritaire, dont le chef gouverne avec une poigne de fer.

Communication. Du latin *communicare*, «faire connaître» ou «transporter». Littéralement, communiquer signifie faire passer un message (une donnée d'entrée) d'un système vivant à un autre. En psychologie, on divise souvent le processus de communication en quatre composantes: l'émetteur, le message, l'auditoire et la rétroaction de l'auditoire vers l'émetteur.

Contre-propagande. Communications conçues pour supprimer l'efficacité de la propagande émise par quelqu'un d'autre.

Crédibilité. Du latin *credibilis*, «digne qu'on lui prête de l'argent». Littéralement, capacité d'inspirer confiance.

Ethnocentrisme. Le mot grec *ethnos* signifie «nation». L'ethnocentrisme, c'est l'action de placer sa nation ou son peuple au centre des choses, c'est-à-dire de croire que votre peuple et vous-même êtes ce qu'il y a de plus important au monde.

Expériences sur l'obéissance. Série d'expériences menées par Stanley Milgram. Ce dernier a demandé à ses sujets d'administrer une décharge électrique de plus en plus forte à des «cobayes» qui, de fait, n'ont jamais reçu de décharge mais ont prétendu ressentir une grande douleur. Même si les sujets protestaient généralement et demandaient à Milgram de faire cesser l'expérience, la majorité d'entre eux ont continué d'obéir à ses ordres et d'administrer les décharges. L'un des aspects les plus troublants de la recherche est que la plupart des gens semblables aux sujets de cette expérience insistent sur le fait qu'ils n'obéiraient pas aveuglément à des ordres du genre de ceux que Milgram donnait; et pourtant, bon nombre d'études entreprises par Milgram et d'autres psychologues permettent de conclure que la majorité des gens, en fait, obéiraient aveuglément dans des conditions réelles.

Fascisme. Le parti fasciste a été pour l'Italie vers les années 1930 et 1940 ce que le parti nazi a été pour l'Allemagne à la même époque. Les fascistes représentaient un parti politique autoritaire et ethnocentrique, qui croyait que la loi devait être respectée aveuglément et que les Italiens étaient le peuple le plus important au monde.

Formation d'attitudes. Processus par lequel les attitudes sont formées ou créées. La plupart des membres du parti nazi ont une attitude fortement négative à l'égard des juifs. Vu que les nazis individuellement ne possèdent pas une haine innée des juifs, ils ont dû acquérir ce point de vue négatif par l'apprentissage ou par l'imitation des pensées et des comportements d'autrui. Le processus qui permet à chacun d'acquérir une idée sur une personne ou une chose ou d'avoir un ensemble d'attentes sociales à leur égard peut être appelé à bon droit «une formation d'attitude».

Groupe de référence. Groupe qui établit des normes sociales auxquelles on s'attend à ce que nous nous conformions. Les groupes de référence, de manière générale, nous fixent des objectifs que nous devons atteindre si nous sommes membres du groupe, et nous fournissent une rétroaction positive (récompense) ou négative (punition) selon que nous nous dirigeons vers ces objectifs ou que nous nous en éloignons.

Jeu de rôle. Un rôle est un ensemble plus ou moins stéréotypé de réponses qu'une personne fournit en présence de situations semblables. Jouer un rôle consiste à adopter un ensemble de réactions stéréotypées.

Média. Du latin *medium*, «milieu, moyen» ou «substance à travers laquelle une force s'exerce». On utilise parfois le mot au singulier (médium). Les média sont les *moyens* de communication de masse: radio, télévision, revues, journaux. Depuis quelques décennies, et en particulier en Amérique du Nord, les média ont une très grande influence sur l'opinion publique, surtout en matière politique.

Personnalité autoritaire. En 1950, plusieurs chercheurs en sciences sociales ont découvert un groupe de traits de personnalité ou de modes de comportement qui composaient ce qu'ils ont appelé la «personnalité autoritaire». Ces traits comprennent un haut degré de conformité, une maîtrise excessive des sentiments et des impulsions, une rigidité de pensée et des préjugés à l'égard d'autres races et religions. Ceux qui possèdent ces traits ont des valeurs hautement conventionnelles, attachent de l'importance au pouvoir et à la situation sociale et essaient de penser et d'agir comme leurs leaders politiques ou sociaux. La personnalité autoritaire semble se développer chez les gens qui sont soumis à une maîtrise parentale stricte au cours des premières années de la vie et qui ont appris à refouler leurs ressentiments et à adopter une attitude de résignation vis-à-vis l'autorité en vue de survivre.

Persuasion. Du latin *persuadere,* «exhorter» ou «conseiller». Persuader consiste à inciter quelqu'un à adopter une certaine attitude en discutant avec lui et en lui apportant tous les arguments voulus, ou à gagner quelqu'un à votre façon de penser en le convainquant que c'est la meilleure possible.

Propagande. Du latin *propagare,* «agrandir» ou «étendre». Quand vous avez des enfants, vous propagez le genre humain en augmentant ou en accroissant le nombre d'humains sur terre. Dans sa signification habituelle, la propagande est la diffusion de doctrines, d'idées, de preuves, de faits ou de rumeurs par un moyen de communication quelconque avec l'intention délibérée de promouvoir une cause.

Publicité. Toute forme de communication publique destinée à profiter à l'émetteur est généralement considérée comme de la publicité.

Socialiste. Le socialisme est la théorie politique et économique de l'organisation sociale où toutes les ressources sont la propriété de la collectivité ou du gouvernement. Un socialiste croit que le gouvernement doit prendre en main et administrer la majeure partie de l'économie et de la propriété privée.

Théorie du niveau d'adaptation. Selon Harry Helson, les perceptions, les jugements et les attitudes d'une personne sont fortement influencés par trois facteurs: les dimensions physiques et sociales du stimulus, le contexte dans lequel le stimulus apparaît et la structure de la personnalité (les traits, les attitudes, l'expérience passée) du récepteur.

Totalitaire. Celui qui croit à un gouvernement à parti unique, ou à une sorte de gouvernement qui ne permet aucun désaccord ou liberté d'opinion. Les partis nazi et fasciste ont formé des gouvernements totalitaires, tout comme la plupart des partis communistes.

INTRODUCTION:
LA RÉPUBLIQUE DES ANIMAUX

Lorsque les porcs prennent possession de la ferme, presque tous les animaux sont heureux. Ils croient que la vie à la ferme sera beaucoup plus douce sous la direction des porcs que sous celle des humains. Et, de fait, tout va comme sur des roulettes pendant un certain temps. Mais presque tout aurait été préférable à l'ancien système: pendant de nombreuses années, la ferme a appartenu à un ivrogne incompétent, nommé Jones, qui surmenait les animaux, les sous-alimentait et les battait cruellement. C'est ce qui a motivé la révolution.

Cela se produit au cours d'un weekend. Jones est parti faire une beuverie de deux jours et a oublié de nourrir les animaux auparavant. Quand il rentre chez lui, il s'endort; mais il est bientôt tiré du sommeil par le bruit des animaux affamés qui sont entrés de force dans la réserve. Jones s'amène précipitamment avec son fouet dans l'intention de repousser les animaux dans leurs locaux. Plutôt que de s'enfuir, ces derniers reviennent à la charge et expulsent Jones de la ferme. La révolution des animaux est un succès.

Les porcs remplacent Jones à la direction de la ferme à cause de leur intelligence supérieure à celle des autres animaux. Ils mettent en place un système **socialiste**, dans lequel chaque membre de la société doit exécuter une part raisonnable du travail et retirer la quote-part de ce qu'il a contribué à produire. Les animaux n'auront plus à travailler pour un fermier cupide qui empochera tous les profits. L'ancienne Ferme du Manoir est rebaptisée: elle s'appellera dorénavant la République des animaux. La devise de la révolution: TOUS LES ANIMAUX SONT ÉGAUX.

Napoléon et Boule-de-neige, les deux porcs qui ont dirigé la révolution, administrent la ferme, mais il ne semblent jamais d'accord sur quoi que ce soit. Après qu'ils se soient tous deux disputés le pouvoir pendant une courte période, Boule-de-neige est enfin expulsé de la ferme par Napoléon et une meute de chiens à sa solde.

Napoléon est les autres porcs ne participent pas au travail courant de la ferme, puisqu'ils sont les patrons. En bénéficiant des efforts des autres animaux, ils prennent de plus en plus d'embonpoint. Napoléon finit par obtenir un pouvoir complet sur la République des animaux, et peut faire à sa guise. Il devient un leader **totalitaire** et tout un chacun lui obéit.

Les autres porcs et lui-même profitent de leur autorité et de leur pouvoir. Ils commencent à modifier le fonctionnement de la ferme. Ils emménagent dans la maison de Jones, dorment dans son lit, boivent ses liqueurs fines, portent ses vêtements et se promènent même avec ses fouets. Pour rendre ce changement complet, les porcs apprennent par la suite à marcher sur leurs pattes de derrière, tout comme les humains. C'est comme s'il n'y a jamais eu de révolution. Enfin, la République des animaux est rebaptisée Ferme du Manoir, et l'on modifie la devise de la révolution: TOUS LES ANIMAUX SONT ÉGAUX, MAIS QUELQUES-UNS LE SONT PLUS QUE D'AUTRES.

Georges Orwell, l'auteur de *La République des animaux*, a appelé son oeuvre un conte de fées. Mais il ne s'agit pas d'une simple histoire d'animaux destinée aux enfants. Publiée en 1945, *La République des animaux* est pour Orwell une façon de décrire le système social de l'U.R.S.S. sous Joseph Staline (le porc Napoléon). Socialiste lui-même, Orwell n'est pas opposé à une forme de gouvernement socialiste ou communiste, mais il est contre le totalitarisme. Mais ce qui était censé être une dictature du prolétariat (de l'ensemble des travailleurs) est devenu celle d'un individu impitoyable. Des milliers de Russes ont été mis à mort sur l'ordre de Staline pour que celui-ci puisse se maintenir au pouvoir.

Ce qui s'est produit dans *La République des animaux* et en U.R.S.S. ne se limite pas à une prise en charge par un chef **autoritaire** (celui qui croit en l'obéissance absolue à l'autorité). Cette prise en charge a en effet été rendue possible grâce à la société elle-même: la plupart des individus avaient un respect profond pour l'autorité et avaient tendance à obéir à quiconque représentait le pouvoir en place.

Une **attitude** est une manière cohérente et durable de penser, de percevoir ou de réagir devant un but, une idée, une personne ou une situation. Contrairement aux convictions et aux opinions que l'on a consciemment, les attitudes fonctionnent souvent au niveau de l'inconscient et engendrent des pensées, des sentiments et des comportements qu'il n'est pas toujours facile d'expliquer. Elles s'apprennent en grande partie par l'expérience.

L'OBÉISSANCE À L'AUTORITÉ

Une attitude d'obéissance absolue peut manifestement être une des forces les plus puissantes de toute société. Avec la Seconde Guerre mondiale, les effets catastrophiques de ces attitudes sont devenus évidents et des psychologues se sont mis à la recherche des raisons qui peuvent pousser les gens à faire, lorsqu'on leur en donne l'ordre, des choses qu'ils condamnent en temps normal. Les chercheurs ont commencé par analyser les caractéristiques principales de l'Allemagne d'Hitler. Le gouvernement allemand était alors une forme de **fascisme**, une dictature autoritaire et conservatrice à l'extrême, fondée sur un nationalisme agressif et sur l'**ethnocentrisme** (croyance en la supériorité de sa propre race ou de son propre groupe ethnique). L'ethnocentrisme allemand consistait en une haine profonde des juifs, des noirs, et de la plupart des groupes ethniques à l'exception des types germaniques blancs (aryens). Comme la haine et les préjugés raciaux s'avéraient des aspects importants de ce qui s'est produit en Allemagne, des chercheurs de l'Université de la Californie à Berkeley ont mis au point une série de questions censées mesurer l'ethnocentrisme d'une personne et la classer selon une échelle. Cette échelle a été créée par T. W. Adorno, E. Frenkel-Brunswik et leurs collègues.

Cette échelle d'ethnocentrisme avait pour base un certain nombre de questions sur les attitudes envers les groupes minoritaires. Les personnes qui obtenaient un score élevé étaient celles qui semblaient voir le monde en fonction de quelques intra-groupes (groupes auxquels ils appartenaient), et qui se montraient intolérants envers tous les autres. Les intra-groupes devaient être soutenus sans réserve; quant aux autres, il ne fallait pas en tenir compte, il fallait les réprimer ou même les attaquer directement si une agression devenait nécessaire.

On a poursuivi les recherches sur ceux qui affichaient les attitudes les plus ethnocentriques. On leur a fait passer des entrevues et divers tests de personnalité, et l'on a eu recours à trois échelles d'attitudes additionnelles. Ceux qui obtenaient des scores élevés sur l'échelle d'ethnocentrisme avaient tendance à obtenir un résultat analogue sur les échelles d'antisémitisme, de conversatisme économique et politique, ainsi que de fascisme. Toute personne dont les résultats étaient élevés sur chacune des quatre échelles était identifiée comme une **personnalité autoritaire** par les chercheurs.

La personnalité autoritaire

On affirme que la personnalité autoritaire se compose d'un ensemble de traits incluant un degré élevé de conformité, la dépendance envers l'autorité, la maîtrise excessive des sentiments et des émotions, la rigidité sur le plan des principes et l'ethnocentrisme. La personne qui possède ces traits adopte généralement des valeurs conventionnelles, attache de l'importance au pouvoir et à la situation sociale, s'identifie aux représentants de l'autorité et est généralement hostile envers les membres des groupes minoritaires. (E. R. Jaensch, psychologue allemand et membre du parti nazi d'Hitler, a tracé le portrait du parfait nazi en utilisant plusieurs des critères qui entrent dans la description de la personnalité autoritaire).

L'autoritarisme est une attitude apprise ou acquise. Les entrevues avec les personnes qui ont obtenu les scores les plus élevés lors du test de l'Université de la Californie semblent indiquer que ces personnes sont susceptibles d'avoir eu des parents rigides et punitifs, qui ont soumis leurs enfants à un contrôle parental strict. À cause de leurs parents autoritaires et punitifs, les enfants ont peut-être dû apprendre à faire face au stress en étant trop obéissants, en se conformant aveuglément aux ordres de leurs parents, et en dominant à l'excès leurs sentiments et leurs impulsions. Étant donné le modèle parental qu'ils ont eu au cours de leur croissance, il n'est pas étonnant que les enfants aient adopté des attitudes autoritaires dès leur enfance et aient eu tendance à manifester les mêmes modes de comportement à l'âge adulte. Les personnes de ce type traitent alors leurs enfants comme elles ont eux-mêmes été traitées et l'autoritarisme se transmet de nouveau à une autre génération.

L'individu décrit comme étant autoritaire par le test de l'Université de la Californie ressemble d'une façon saisissante, sur le plan de la personnalité, à celui qui est considéré comme un extéroceptif par Julian Rotter (voir chapitre 10). Il a tendance à voir sa vie ou son destin comme contrôlés par des influences extérieures à lui plutôt que par ses propres ressources internes.

Aussi intéressante que puisse être la recherche de l'Université de la Californie, elle a quand même plusieurs imperfections. Tout d'abord, peu de choses dans la vie (particulièrement les personnalités) sont soit entièrement bonnes, soit entièrement mauvaises. Ainsi, peu de gens sont «autoritaires» en tout temps, tout comme peu de gens sont extéroceptifs dans toutes les situations complexes dans lesquelles le monde les plonge. En outre, on se heurte toujours au problème de la différence entre les réponses d'une personne à un questionnaire et son comportement dans la réalité. Les recherches se sont aussi concentrées sur les personnes de droite ou conservatrices sur le plan politique, et ont passé sous silence le fait que les libéraux et radicaux peuvent tout aussi bien être rigides et «autoritaires». Staline n'était sûrement pas un conservateur sur le plan politique, du moins pas dans le sens habituel du terme.

Malgré ses inconvénients, la recherche de l'Université de la Californie a quand même effectué des découvertes importantes. Elle a mis en évidence le fait que les événements se produisant au cours de la petite enfance peuvent mener à des modes de comportement et à des façons de penser stricts et rigides à l'âge adulte. Elle a aussi permis de découvrir dans quelle mesure ces schèmes de personnalité peuvent même être gratifiants pour certains. La personne qui a des attitudes «autoritaires» rigides n'a ordinairement aucun doute sur la manière dont elle doit se conduire. Tant qu'elle peut s'identifier à un représentant de l'autorité et recevoir des ordres de lui, elle n'a pas à se faire ses propres opinions ou à porter ses propres jugements. Pour certaines gens, dans certaines situations, le fait d'être dégagé de responsabilités de la sorte devient extrêmement avantageux.

Les habitants de la République des animaux ont grandi sous la discipline rigide de Jones et ont appris à obéir sans réfléchir. Ce n'est qu'à la suite d'une série d'événements graves qu'ils se sont rebellés et l'ont chassé. Peu de temps après, les animaux se retrouvent dans la même situation, lorsque les porcs sont à la tête de la ferme. Sans protester, ils se soumettent à l'autorité de Napoléon après que celui-ci en ait exécuté quelques-uns. De la même manière, les Allemands, ayant appris pendant leur enfance à obéir d'une manière rigoureuse, étaient probablement mûrs pour être pris en charge par un dictateur tel Hitler. Il n'y a eu que peu de protestations quand ce dernier a pris le pouvoir et, par la suite, a ordonné l'extermination de millions de juifs. Jusqu'où les gens vont-ils avant d'abandonner leurs attitudes devant l'obéissance et de commencer à protester?

Les expériences de Milgram

Au cours des années 1960, Stanley Milgram, psychologue social de l'Université Yale, a effectué des **expériences sur l'obéissance**. Ses recherches ont révélé que dans certaines circonstances, bon nombre de gens vont se soumettre à l'autorité même au point de causer des souffrances graves à des personnes réduites à l'impuissance. Le chercheur avait affirmé aux sujets de l'expérimentation qu'il étudiait les effets de la punition sur l'apprentissage. Au début de l'expérience, l'expérimentateur donnait au sujet la consigne de poser une série de questions à une autre personne; lorsque celle-ci donnait une réponse inexacte, le sujet devait appuyer sur un bouton et ainsi administrer une décharge électrique au «cobaye». Si ce dernier donnait encore une réponse inexacte, le sujet devait augmenter l'intensité de la décharge. Milgram rappelait continuellement au sujet que les chocs électriques faisaient partie intégrante de l'expérience et que celle-ci ne serait pas concluante si ses ordres n'étaient pas suivis.

Tous les sujets ont reçu une décharge de 45 volts, à titre d'exemple. Sur les boutons de contrôle qu'ils devaient utiliser pour administrer la décharge électrique, cependant, il était clairement indiqué qu'on pouvait faire varier l'intensité de 15 volts jusqu'à 450 volts, décharge extrêmement violente, qui pouvait occasionner de grandes souffrances et même causer des dommages physiques aux «cobayes».

Le «cobaye» était attaché à ce qui semblait être une chaise électrique. Le sujet, dans une autre salle, pouvait entendre les réponses du «cobaye» au moyen d'un système d'interphone. Au début, le «cobaye» donnait des réponses exactes presque chaque fois, et le sujet ne lui administrait que peu de décharges électriques. À mesure que l'expérience progressait, cependant, le «cobaye» donnait des réponses de plus en plus inexactes et le sujet devait augmenter l'intensité des chocs. À 75 volts, le «cobaye» commençait à gémir. À 150 volts, il priait l'expérimentateur de mettre fin à l'expérience. Mais, même quand le «cobaye» commençait à protester, Milgram ordonnait au sujet de continuer à administrer les décharges; il lui affirmait: «Vous n'avez pas le choix; vous devez continuer!». À 300 volts, le «cobaye» commençait à hurler de douleur. Lorsque l'intensité atteignait le seul du danger, les cris cessaient et le «cobaye» affichait un silence de mort; l'expérimentateur ordonnait toujours au sujet de poursuivre l'administration des décharges.

En réalité, le «cobaye» ne recevait pas les décharges et n'entrait jamais en état de choc. Les boutons de contrôle étaient truqués, et les «cobayes» étaient des *compères* (voir chapitre 11) qui faisaient partie de l'expérience; ils donnaient à dessein des réponses inexactes et faisaient mine d'avoir reçu les décharges.

Bon nombre des sujets de l'expérience, par contre, se sont retrouvés en état de choc. Ils ont subi un choc *psychologique* quand ils se sont rendu compte qu'ils étaient tout à fait capables d'obéir aveuglément à des ordres jusqu'au point de causer des souffrances insupportables à une personne ligotée et sans défense.

La plupart des sujets de l'expérience ont suivi les ordres donnés et ont administré au moins quelques décharges douloureuses. Quelques-uns d'entre eux, lorsqu'ils en ont reçu l'ordre, ont même tourné le bouton de contrôle jusqu'à l'intensité la plus élevée et ont administré ce qu'ils croyaient être une décharge dangereuse. Seuls 35% des sujets ont refusé de se conformer aux ordres de l'expérimentateur. Les autres, dont la plupart se considéraient probablement bons et gentils, ont découvert que dans certaines circonstances, ils n'étaient pas réellement aussi doux qu'ils croyaient l'être. Quelques-uns se sont même rendu compte qu'il y avait peut-être un penchant vers la cruauté dans leur personnalité.

Dans une autre série d'expériences, Milgram a inversé les rôles: l'expérimentateur prenait la place du «cobaye», et vice versa. Dans cette situation, c'était le chef, la personne en position d'autorité, qui recevait la décharge sur l'ordre d'une personne qui n'était censée être qu'un autre sujet de l'expérience. L'attitude des sujets envers l'autorité est bientôt devenue manifeste: ils ont tous cessé d'obéir aux ordres et de donner des décharges aussitôt que l'expérimentateur a commencé à protester à 150 volts.

(Les expériences de Milgram et d'autres du même genre ne causent pas de mal physique, mais elles peuvent infliger des dommages psychologiques aux sujets. Les personnes qui ont administré ce qui dans leur esprit était des décharges dangereuses conserveront longtemps un sentiment de culpabilité à cause des gestes qu'elles ont posés. Le code d'éthique de l'American Psychological Association interdit maintenant les expériences du genre de celle de Milgram à cause des dommages psychologiques qui peuvent résulter de ce sentiment de culpabilité.)

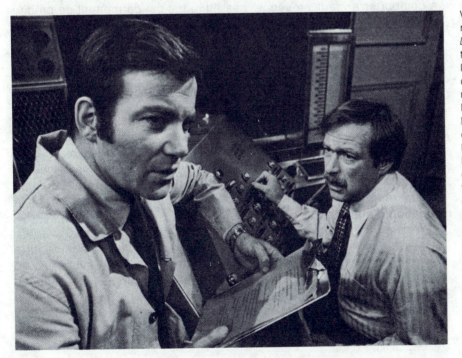

Voici une scène tirée de *The Tenth Level*, émission de télévision basée sur les expériences d'obéissance menées par Stanley Milgram. De nombreux sujets ont continué d'obéir à l'expérimentateur lorsque celui-ci ordonnait d'administrer des décharges électriques même si le «cobaye» avait commencé à hurler de douleur.

Les études de Milgram sont parfois appelées «les expériences Eichmann», du nom d'Adolf Eichmann, le criminel de guerre nazi qui (comme d'autres partisans d'Hitler) a proclamé qu'il «ne faisait qu'obéir aux ordres». Mais la capacité d'obéir à des ordres antisociaux ou même criminels n'est pas réservée seulement aux nazis, ni même à certains types de personnalité. De fait, Milgram n'a pu trouver aucune différence de personnalité marquante entre les sujets qui avaient obéi à ses ordres et ceux qui avaient refusé d'administrer les décharges. Même si les expériences de Milgram ont été faites en laboratoire dans des conditions artificielles, il existe maints exemples de personnes qui accomplissent des actes inhumains et commettent des crimes au nom de l'autorité.

LA FORMATION ET LA STABILITÉ DES ATTITUDES

Certaines attitudes peuvent conduire à des situations désagréables, mais la vie serait beaucoup plus compliquée qu'elle ne l'est déjà si les gens n'avaient pas d'attitudes ou de manières prédéterminées de réagir au monde. Les attitudes permettent aux gens de faire des prédictions assez exactes à propos d'individus, d'endroits et de choses. Les attitudes vis-à-vis la nourriture permettent aux gens d'éviter les aliments qu'ils détestent. Les attitudes envers certaines personnes permettent d'adopter des manières bien déterminées de se comporter en leur présence. Les attitudes qui permettent de prédire correctement des événements futurs ou des réactions éventuelles sont souvent gratifiantes ou aident la personne à éviter les punitions. À l'aide d'un ensemble d'attitudes pré-établies, chaque individu décide de ce qu'il va manger au petit déjeuner, de la station de radio qu'il va écouter, des vêtements qu'il va porter, de la conduite qu'il va adopter lors d'une réception et du candidat pour lequel il votera lors d'une élection. La personne a tendance à conserver longtemps les attitudes qui sont les plus gratifiantes pour elle, et celles-ci deviennent souvent des éléments fondamentaux de sa personnalité.

Comme l'influence des attitudes sur la conduite d'un être humain a une telle importance, les psychologues ont cherché à découvrir comment l'individu acquiert et conserve ces attitudes. En 1935, Gordon Allport a avancé une explication à cet égard, et a proposé quatre procédés de base dans la **formation d'attitudes:**

1. *La personne assimile ou absorbe graduellement les pensées et les réactions des gens qui l'entourent et avec lesquels elle s'identifie étroitement.* Un enfant qui grandit dans une famille de musiciens de formation classique et d'artistes va souvent manifester des attitudes favorables envers la musique classique et l'art. Quelqu'un dont les amis s'intéressent tous à l'astrologie peut finir par s'y intéresser également.
2. *Les attitudes peuvent être la conséquence d'une expérience fâcheuse.* La personne qui est malade la première fois qu'elle s'enivre à la bière peut

acquérir une répulsion (une attitude défavorable) permanente pour la bière. Cette attitude peut se «généraliser» et l'amener à détester toutes les boissons alcoolisées.

3. *Les expériences quotidiennes peuvent modeler certaines attitudes.* Les peuples de toutes les parties du monde n'ont pas tous les mêmes attitudes en ce qui concerne la nourriture. Celles-ci peuvent résulter du fait qu'un aliment donné est abondant dans telle région, alors qu'un autre aliment y est rare. Un enseignant qui rappelle régulièrement une théorie peut amener ses étudiants à adopter des attitudes favorables (ou défavorables) envers cette théorie. Une exposition répétée à un stimulus (comme par la publicité) peut favoriser la formation d'attitudes sur n'importe quoi, de la pâte dentifrice aux politiciens.

4. *On peut aussi adopter une attitude ou la choisir de son plein gré.* Les enfants assimilent sans doute les attitudes religieuses de leurs parents, mais une personne peut aussi décider de son plein gré d'adhérer à un groupe religieux et, ensuite, d'adopter les attitudes de ce groupe.

Les femmes de Bennington

Lorsqu'une personne a adopté une série d'attitudes, celles-ci peuvent être durables et même devenir permanentes. Des expériences ont démontré, toutefois, que bon nombre d'étudiants avaient tendance à modifier certaines de leurs attitudes et à devenir plus libéraux sur le plan politique alors qu'ils étaient au niveau collégial ou universitaire. Même ceux qui avaient auparavant les attitudes profondément conservatrices de leurs parents modifiaient souvent leurs opinions politiques durant leur séjour au collège. Ces changements d'attitudes pourraient découler du fait que dans ces établissements d'enseignement, les professeurs et les étudiants sont souvent de gauche: la personne provenant d'un milieu conservateur de droite pourrait être bombardée d'idées gauchisantes et assimiler peu à peu ces attitudes, ou encore les adopter en vue d'être acceptée socialement dans le monde étudiant. Mais des attitudes acquises de cette manière persistent-elles lorsque l'étudiant réintègre un milieu social plus conservateur?

Au cours des années 1930, le psychologue social Theodore Newcomb a fait une enquête sur la stabilité ou la permanence des attitudes politiques sur le campus d'un collège féminin. Newcomb enseignait alors à Bennington, une école d'art réputée du Vermont. Presque toutes les 600 étudiantes étaient issues de familles conservatrices fortunées. La plupart des professeurs étaient des radicaux de gauche et considéraient comme un devoir d'inculquer leurs attitudes sociales et politiques à leurs étudiantes. Comme le collège était plutôt isolé et que les étudiantes s'absentaient rarement du campus, les professeurs avaient un auditoire facile à influencer.

La recherche de Newcomb a démontré que les femmes les plus conservatrices de Bennington étaient souvent méprisées par les étudiantes de gauche. Les femmes qui avaient le plus de prestige et de standing sur le campus étaient celles qui affichaient les attitudes les plus libérales. Newcomb a aussi découvert que plus leur séjour à Bennington était long, plus les étudiantes avaient de chances d'assimiler ou d'adopter les opinions de la majorité gauchisante. Les étudiantes de dernière année étaient en moyenne beaucoup plus libérales que celles de la première année. Lors des élections présidentielles de 1936, 62% des femmes de la première année ont donné leur appui aux républicains (parti de droite), et seulement 9% se sont prononcées en faveur des candidats socialistes et communistes. Chez les étudiantes de dernière année, seulement 14% ont appuyé les Républicains, pendant que 30% d'entre elles étaient en faveur des candidats socialistes ou communistes.

Newcomb a expliqué que l'ensemble du corps étudiant était en quelque sorte un **groupe de référence**, c'est-à-dire un groupe auquel une personne peut se référer (ou s'identifier) en matière d'attitudes et de comportements sociaux. Le groupe de référence de Bennington récompensait les attitudes libérales par l'acceptation et punissait les attitudes conservatrices par la désapprobation. Comme une des femmes l'a affirmé: «Ce que je recherchais, ici, c'était l'approbation intellectuelle des professeurs et des étudiantes plus avancées que moi-même. Alors, j'ai découvert que l'on ne pouvait pas y être réactionnaire (superconservatrice) et en même temps respectable sur le plan intellectuel.»

Newcomb avait évalué les changements d'attitudes de ces femmes pendant leurs années de collège. Il a ensuite essayé de découvrir ce qui adviendrait de leurs idées libérales quand elles auraient terminé leurs études. Il a suivi l'évolution de 150 femmes de Bennington pendant 25 ans. Plusieurs d'entre elles ont réintégré un environnement social conservateur, mais la plupart d'entre elles n'ont pas abandonné leurs attitudes libérales comme Newcomb pensait qu'elles le feraient.

Ce dernier signale que ces femmes ont conservé leurs idées libérales par diverses méthodes. Elles étaient portées à épouser des hommes à attitudes libérales, qui consolideraient leurs opinions politiques. Elles s'engageaient dans des programmes à caractère social qui les mettaient en contact avec d'autres libéraux, et elles ont entretenu des relations très suivies avec leurs consoeurs de Bennington.

Les conclusions de Newcomb semblent indiquer que si un ensemble donné d'attitudes a été important ou gratifiant pour une personne, celle-ci recherchera (consciemment ou inconsciemment) les milieux qui lui permettront de conserver et de renforcer ces attitudes.

LA MODIFICATION DES ATTITUDES

Le fait de conserver une attitude n'est pas aussi simple que cela semble l'être. Il est presque impossible, parfois, d'éviter les milliers d'informations d'entrée en provenance de l'environnement qui peuvent avoir un effet sur nos attitudes personnelles. En Amérique du Nord, par exemple, la majorité de la population est bombardée d'environ 1500 réclames publicitaires chaque jour. Tout ce qui est **publicité** cherche à nous persuader ou à modifier nos attitudes.

D'après ce qu'a découvert Newcomb, la *stabilité* des attitudes est difficile à évaluer, parce que pour ce faire, il faut pouvoir observer les sujets pendant de nombreuses années. La *modification* des attitudes, d'autre part, peut se produire presque instantanément, et l'on a pu mener de nombreuses expériences pour tenter de découvrir les facteurs qui en sont la cause.

La théorie du niveau d'adaptation de Helson

Les pressions de groupe, comme celles qui ont été exercées dans la recherche de Bennington, peuvent jouer un rôle important dans la modification des attitudes. Asch et plusieurs autres (voir chapitre 11) ont démontré que des pressions de groupe exercées par des compères au cours d'une expérience peuvent même avoir de l'influence sur des choses telles que la perception. Robert R. Blake, Harry Helson et leurs collègues de l'Université du Texas ont poussé encore plus loin les expériences sur la perception, et ont montré que les pressions de groupe peuvent quelquefois obliger les gens à se conformer et à modifier leurs attitudes à l'égard de la guerre, de la violence et de la violation des règles sociales.

Avant que Harry Helson ne fasse équipe avec Blake pour étudier les perceptions sociales, il a consacré des années à faire des recherches sur la perception visuelle. Pendant cette période, Helson a mis au point ce qu'il a appelé la **théorie du niveau d'adaptation** pour expliquer pourquoi une rose blanche paraît être d'un blanc pur lorsqu'elle est présentée sur un fond noir, mais semble rougeâtre lorsqu'elle est sur un fond de velours bleu-vert. Selon la théorie de Helson, la perception est influencée par trois séries de facteurs, liés au stimulus, au contexte et à la personnalité.

Les facteurs relatifs au *stimulus* ont ordinairement quelque chose à voir avec les propriétés physiques de ce qui est perçu. Les annonceurs utilisent souvent de grands panneaux d'affichage brillamment éclairés pour s'assurer que leur message est facile à voir.

Les facteurs relatifs au *contexte* représentent la situation dans laquelle le stimulus est présenté. Un panneau-réclame placé seul sur le bord de la route peut être bien visible pour les passants. Si, à l'arrière-plan, il y a des dizaines de panneaux publicitaires, il sera beaucoup moins perceptible.

Les facteurs de la *personnalité* qui influencent la perception comprennent des réactions déterminées génétiquement, les traits particuliers et les expériences passées.

Lorsque Helson a commencé à faire des études avec Blake sur la perception sociale, il lui est apparu que les trois types de facteurs influençant la perception physique entraient aussi en jeu dans les perceptions sociales, les jugements personnels et les attitudes.

Stimulus

En général, plus un stimulus est imprécis, plus il est facile d'amener les personnes à modifier leurs attitudes à son égard. Par exemple, on peut souvent amener les personnes à changer d'idée à propos de l'efficacité d'une marque de pâte dentifrice parce qu'il existe de nombreuses marques, et que les différences entre elles sont ordinairement minimes ou imprécises. Il est beaucoup plus difficile d'amener les gens à modifier leurs jugements sur des choses concrètes, comme la différence de longueur entre une ligne de 25 cm et une ligne de 30 cm.

Dans les expériences de Milgram sur les attitudes envers l'autorité et l'obéissance, les ordres de l'expérimentateur faisaient fonction de stimulus. Plus le stimulus était faible, moins les sujets étaient portés à administrer des décharges douloureuses. Lorsque Milgram était à côté des sujets et leur ordonnait d'administrer les décharges, 65% d'entre eux obéissaient. Lorsqu'il était à l'extérieur de la salle et donnait ses ordres par intercom, 22% des sujets seulement obtempéraient. Donc, lorsque Milgram, le représentant de l'autorité, n'était pas là comme stimulus vivant, plusieurs des sujets semblaient changer d'attitude envers l'obéissance à l'autorité.

Fig. 15.1

Selon la théorie du niveau d'adaptation de Helson, notre perception sociale (et par conséquent notre comporte-ment) sont influen-cés par le contex-te et la personna-lité tout autant que par le stimulus. Lorsqu'on vous de-mande de souscrire à une oeuvre de bienfaisance, votre réponse dépend souvent de la géné-rosité des autres aussi bien que de la vôtre.

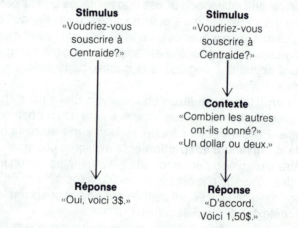

Contexte

En situation sociale, un groupe fait souvent fonction de contexte susceptible d'influencer les perceptions et les attitudes d'une personne. L'étude de Bennington et les expériences sur la conformité et les pressions de groupe montrent comment les situations sociales ou le contexte social influencent souvent les attitudes personnelles et poussent les gens à porter des jugements qu'ils n'auraient pas portés s'ils avaient été seuls.

Au cours de plusieurs expériences, Milgram a examiné les effets du contexte social sur les réactions de ses sujets. Trois personnes ont été placées à l'intérieur d'une salle et ont reçu l'ordre d'administrer des décharges au «cobaye». Deux d'entre elles, cependant, étaient des compères. Quand celles-ci ont refusé d'administrer autre chose que des décharges légères, le véritable sujet a eu à décider s'il devait suivre l'exemple fourni par le groupe, ou plutôt les ordres de l'expérimentateur. Le contexte social avait ordinairement plus d'influence que le stimulus fourni par le représentant de l'autorité. Plus de 90% des sujets ont refusé de poursuivre l'expérience.

Personnalité et expérience passée

Les tests de personnalité ne sont pas encore assez valides ni fidèles pour nous indiquer quels facteurs influencent nos attitudes dans toutes les situations. En général, cependant, un certain nombre de caractéristiques de la personnalité semblent reliées à une tendance individuelle à céder, à obéir ou à se conformer, particulièrement sous l'influence de pressions de groupe. Les personnes qui cèdent ont tendance à avoir un Q.I. plus bas et une personnalité moins complexe que celles qui ne cèdent pas. Celles qui se conforment le plus facilement tendent à être traditionnelles, inconséquentes et anxieuses et à attacher beaucoup d'importance au groupe.

Les attitudes sont des manières cohérentes et durables de percevoir, de sentir, de penser ou de se comporter vis-à-vis un objet, une idée, une personne ou un groupe. De ce fait, quelques attitudes peuvent être influencées par le patrimoine génétique. Mais les attitudes sont en grande partie apprises par l'expérience. Les attitudes manifestées par les sujets de l'expérience de Milgram découlent probablement en grande partie de leurs expériences antérieures d'obéissance à l'autorité ou de provocation de souffrances. Le fait d'avoir déjà participé à des expériences psychologiques peut aussi avoir eu son importance; toute personne qui aurait su ce à quoi Milgram voulait en venir aurait peut-être réagi bien différemment à l'autorité de l'expérimentateur.

LA COMMUNICATION

La **persuasion** est une tentative délibérée faite par une personne ou un groupe de modifier les attitudes ou les comportements d'une autre personne. L'expérience de Milgram visait à persuader ses sujets d'administrer des décharges électriques au «cobaye». Les leaders politiques cherchent souvent à persuader la population de voter en leur faveur. Les annonceurs essaient sans cesse de nous persuader d'acheter leur produit. Dans tous ces cas, la persuasion consiste à apporter de l'information sensorielle à l'individu dont l'attitude doit être modifiée. En d'autres termes, la **communication** est l'un des aspects les plus importants de la persuasion.

La publicité est entièrement fondée sur la communication. Les émetteurs les plus efficaces convainquent le plus grand nombre de personnes et vendent la plus grande quantité de produits. La persuasion politique dépend considérablement, elle aussi, de la communication. Tout dictateur qui veut se maintenir au pouvoir commence habituellement par exercer un contrôle sur tous les moyens d'information de la population. Quand le porc Napoléon prend le pouvoir à la République des animaux, un porc appelé Tapageur devient son attaché de presse, ou son spécialiste en communication. Tapageur est un brillant orateur qui peut convaincre les autres animaux de presque n'importe quoi; les animaux ont coutume de dire de lui qu'il «peut leur faire prendre des vessies pour des lanternes». Quand Napoléon diminue les rations des travailleurs, Tapageur appelle cette réduction un «rajustement» et persuade les animaux que ce rajustement est dans leur intérêt. Hitler et Staline, une fois au pouvoir, ont pris en main tous deux le contrôle entier des communications et ont établi d'immenses réseaux de **propagande**, organisations conçues de manière à répandre de l'information capable d'influencer l'opinion et les attitudes de la population.

Les psychologues ont tenté d'établir comment la communication modèle les attitudes, étant donné la force de persuasion des **média** sur le comportement humain. Il existe quatre facteurs fondamentaux dans le processus de la communication: l'émetteur, le message, l'auditoire et la réaction de l'auditoire.

L'émetteur

L'émetteur est la personne (ou le groupe) qui tente de provoquer une modification des attitudes. La caractéristique la plus importante qu'un émetteur doive posséder est de toute évidence la **crédibilité**. Une personne indigne de confiance va avoir beaucoup de difficulté à faire passer un message parce que très peu de personnes vont accorder de l'attention à un menteur notoire.

Quelques-unes des premières enquêtes scientifiques sur la persuasion et la crédibilité ont été réalisées au cours des années 1940 et 1950 à l'Université Yale par Carl I. Hovland, Irving L. Janis et leurs collègues. Dans une expérience sur la crédibilité, Hovland et H. C. Kelman ont demandé à un conférencier de donner une causerie très favorable à la clémence envers les jeunes délinquants. Trois auditoires composés d'étudiants d'école secondaire ont entendu la même conférence, mais l'orateur a été présenté de façon différente à chaque groupe: d'abord comme un représentant de l'autorité (juge d'un tribunal de la jeunesse), ensuite comme un membre non identifié de l'auditoire et finalement comme un vendeur de drogues en liberté sous caution. Tel que prévu, les personnes qui ont pensé avoir affaire à un juge ont été plus influencées par son discours. Le vendeur de drogues a été beaucoup moins digne de foi et persuasif que les deux autres, bien qu'il ait prononcé exactement la même conférence que le juge.

Hovland, Janis et leurs collègues ont déterminé un certain nombre de facteurs qui influencent la crédibilité. Les personnes sympathiques qui semblent agir naturellement plutôt que de «jouer un rôle» sont ordinairement les personnes qui ont toute notre confiance. Les personnes qui ont des points communs avec leur auditoire ont tendance à être plus facilement crues. La situation sociale influence aussi la crédibilité; comme les médecins, les scientifiques et les dignitaires ecclésiastiques sont plus sujets à être «crédibles» que les gens dont la situation sociale est indiscutablement inférieure, les personnes vêtues comme des médecins, des hommes de science ou des prêtres paraissent souvent dans les réclames publicitaires.

Le message

Le message est une information d'entrée qu'un émetteur envoie ou transmet à un auditoire. Le contenu d'un message est évidemment important, mais on a découvert que la manière dont le message est présenté est un facteur capital dans la modification des attitudes. Les deux façons les plus ordinaires de transmettre un message sont l'attrait «émotionnel» et l'attrait «logique».

L'efficacité relative de l'attrait émotionnel et de l'attrait logique a été étudiée par G. W. Hartmann au cours de l'élection présidentielle américaine de 1936. Il a préparé deux dépliants dans lesquels il pressait les gens de voter pour le candidat du parti socialiste. Dans l'un des deux, il a utilisé un langage fleuri et très sentimental pour décrire les merveilleuses transformations politiques que le parti socialiste pourrait leur apporter. Le deuxième, qui s'adressait à la logique, apportait une série d'arguments très rationnels, de faits et de chiffres qui faisaient ressortir les objectifs du parti socialiste. Les dépliants ont été distribués dans deux endroits différents de la ville soumise à ce test. Une troisième partie de la ville n'a reçu aucun dépliant et a servi de population «témoin» pour l'expérience.

En 1936, de nombreuses personnes étaient à la recherche d'une nouvelle forme de gouvernement et étaient prêtes à donner une chance aux socialistes à cause de la gravité de la dépression économique. Dans la section témoin de la ville, on n'avait distribué aucun dépliant de propagande de Hartmann, et comparativement à l'élection de 1932, les votes en faveur du parti socialiste ont augmenté de 24%. Dans le secteur de la ville où les dépliants qui s'adressaient à la logique avaient été passés, l'appui au parti socialiste a augmenté de 35%. Là où l'on avait utilisé les dépliants s'adressant à l'émotivité, le nombre de votes qui sont allés à ce parti a fait un bond de 50%.

Hartmann a interrogé un grand nombre de votants après l'élection en vue de découvrir la raison pour laquelle l'attrait émotionnel avait été plus efficace que l'attrait logique. Il a découvert que plus de votants se rappelaient (et avaient probablement lu) le dépliant à caractère émotionnel que l'autre, plutôt aride et rationnel. L'émotivité, tout comme la crédibilité, semble aider l'émetteur à capter l'attention de l'auditoire. Lorsqu'on a réussi à attirer l'attention de l'auditoire, les faits logiques du message peuvent jouer leur rôle dans la formation d'une attitude ou dans sa modification. Il y a lieu de croire que si Hartmann avait réussi à amener tous les sujets du test à lire la propagande, l'accroissement de l'appui au parti socialiste aurait été semblable dans les deux groupes.

Les annonceurs se rendent compte que l'attrait émotionnel joue un rôle important dans le captage de l'attention des gens. La sexualité est l'un des stimulants émotionnels les plus souvent utilisés dans les annonces publicitaires. La crainte est une autre émotion à laquelle les annonceurs et les propagandistes ont souvent recours pour attirer l'attention. Dans les campagnes télévisées contre la cigarette et l'alcool, on cite des statistiques sur le cancer et l'on montre des scènes effroyables d'accidents d'automobiles. Ces tactiques émotionnelles amènent certaines personnes à porter attention au message, et en effraient certaines à un point tel qu'elles en viennent à modifier leurs attitudes et leur comportement. Des conclusions expérimentales, cependant, laissent supposer que les messages qui suscitent la crainte peuvent être moins efficaces à longue échéance qu'ils ne semblent l'être à première vue.

En 1953, Irving Janis et Seymour Feshback ont étudié les effets produits par les messages suscitant de la crainte chez des étudiants du secondaire. Pour l'expérience, les chercheurs ont rédigé trois exposés différents d'une durée de 15 minutes sur la carie dentaire. L'exposé qui devait susciter le plus de crainte renfermait 71 allusions à la douleur, au cancer, à la paralysie, à la cécité, à l'infection buccale, à la gingivite, à la laideur ou la décoloration des dents et à la fraise du dentiste. Le deuxième exposé, qui devait susciter une crainte modérée, parlait aussi de souffrance et de maladie, mais en 46 occasions seulement. Le troisième, destinée à provoquer une crainte minimale, ne faisait pas d'allusion à la souffrance ni à la maladie; il suggérait plutôt des manières d'éviter les caries par des soins dentaires appropriés.

Chaque exposé a été présenté à un groupe de 50 étudiants. Les attitudes envers les soins dentaires ont été examinées une semaine avant, immédiatement après et une semaine après que les trois exposés aient été présentés. Lorsque les étudiants dont la crainte avait été suscitée au maximum ont été questionnés immédiatement après l'exposé, ils ont déclaré que d'après eux, celui-ci était impressionnant, excellent et intéressant, et qu'il véhiculait un message important. La majorité d'entre eux ont admis qu'ils étaient devenus très inquiets au sujet de leurs propres dents. L'exposé destiné à provoquer une crainte minimale n'a pas paru impressionnant, et bien peu des étudiants qui l'ont écouté ont par la suite affirmé qu'ils se sentaient préoccupés à propos de leurs dents. L'autre exposé a provoqué une réaction partagée à mi-chemin environ entre les résultats de ces deux exposés.

Au début, la tactique de la crainte a semblé fonctionner. Mais une semaine plus tard, lorsqu'on a demandé aux étudiants de quelle façon l'exposé avait agi sur leur *comportement* à l'égard des soins dentaires, les véritables conséquences du message provoquant la crainte sont apparues. Seulement 28% des étudiants ayant entendu le premier exposé (crainte maximale) ont dit donner de meilleurs soins à leurs dents, alors que 20% d'entre eux ont rapporté être plus négligents qu'auparavant. Dans le groupe ayant entendu le dernier exposé (crainte minimale), 50% des étudiants avaient amélioré leur comportement et 14% étaient devenus plus négligents. La tactique de la crainte maximale avait échoué. Sur le plan de la modification des attitudes à longue échéance, mesurée par l'étude du comportement dans la réalité, la crainte avait produit exactement le contraire de ce que l'émetteur avait à l'esprit.

La contre-propagande

Une propagande réussie doit résister non seulement à l'épreuve du temps, mais aussi aux attaques des autres propagandistes. La **contre-propagande**

Certains messages publicitaires tentent de changer les attitudes et le comportement des gens en ayant recours à des arguments logiques. C'est le cas de ces panneaux publicitaires, produits par la Régie de l'assurance automobile du Québec pour sa campagne 1980.

est composée de messages destinés à annuler les effets de messages de propagande antérieurs. Une fois que Janis et Feshback eurent interviewé les étudiants une semaine après les exposés sur les soins dentaires, ils leur ont présenté de la contre-propagande. Ils leur ont alors demandé s'ils croyaient ou non à l'information qui démentait les exposés originaux. Deux fois plus d'étudiants du groupe ayant écouté l'exposé à crainte maximale ont été influencés par la contre-propagande, par comparaison aux sujets qui avaient écouté l'exposé à crainte minimale. Janis et Feshback en ont conclu que «dans des conditions où les sujets sont exposés à de l'information contradictoire traitant d'un même sujet, faire appel à une forte crainte aura tendance à être moins efficace que de faire appel à une crainte minimale pour provoquer une modification stable et durable».

Les travaux de Janis et Feshback indiquent deux raisons pour lesquelles la crainte et les menaces ne réussissent pas, souvent, à opérer des modifications efficaces d'attitudes ou de comportement. En premier lieu, bien des gens font face (ou s'adaptent) à l'information provocatrice de stress ou de crainte en refoulant ou niant les faits. D'autre part, nos émotions peuvent nous activer et nous préparer à l'action, mais ce sont nos perceptions qui guident nos comportements (voir chapitre 5). Un exposé qui veut provoquer la crainte, par exemple, fixe l'attention sur les *problèmes* qu'apporte la carie dentaire, mais ne donne pas les moyens d'apporter *des solutions aux problèmes* pour que nous puissions percevoir ce que nous devons faire pour éviter la carie. Les sujets qui ont entendu l'exposé à crainte maximale se disaient inquiets à

La contre-propagande cherche à renverser les effets d'une propagande antérieure. L'évangéliste coréen Sun Myung Moon a réussi à modifier les attitudes de centaines de jeunes gens et à les convertir à sa secte fondamentaliste. Lorsque les nouveaux convertis ont renié leurs parents, ces derniers ont lancé une campagne de contre-propagande pour mettre fin aux agissements du révérend Moon.

propos de leurs dents, mais ne semblaient pas savoir comment s'y prendre pour résoudre le problème. Dans une pareille situation, les gens peuvent être réceptifs à la contre-propagande, particulièrement si on leur offre une solution pratique à leurs difficultés.

Les messages de propagande qui remportent le plus de succès sont donc habituellement ceux qui sont conçus de telle sorte que la dose d'émotivité est suffisante pour éveiller l'attention de l'auditoire, mais n'est pas assez forte pour détourner l'auditoire du message.

L'auditoire

Les personnes dont on veut modeler les attitudes constituent l'auditoire de l'émetteur. Dans la théorie du niveau d'adaptation de Helson, l'émetteur et le message sont des facteurs relatifs au stimulus, alors que l'auditoire comprend les facteurs du contexte et les facteurs de personnalité qui déterminent l'influence que le message aura sur les attitudes. En conséquence, un bon émetteur tente ordinairement d'en savoir le plus possible sur le contexte social dans lequel le message apparaîtra et sur les expériences antérieures et les caractéristiques de personnalité de son auditoire. Les agences de publicité et leurs clients dépensent des millions de dollars chaque année pour des études de marché afin de recueillir ce genre d'information. Le message destiné à persuader est alors rédigé de telle sorte qu'il s'adapte à une clientèle particulière.

Les habitants de la République des animaux détestent et craignent Jones. Mais une fois qu'il est au pouvoir, Napoléon, connaissant la personnalité et les expériences passées des animaux, n'a pas beaucoup de difficulté à convaincre son auditoire de redoubler d'ardeur au travail. Ses messages donnent toujours à entendre que Jones reviendra si les animaux n'obéissent pas à ses ordres. L'Allemagne, comme la plupart des nations avant la Seconde Guerre mondiale, était au plus fort d'une récession économique. Hitler, connaissant l'état psychologique de son «auditoire», est parvenu à provoquer une attitude belliqueuse chez un grand nombre de citoyens allemands: il leur a simplement promis que leurs problèmes économiques seraient résolus lorsqu'ils auraient acquis quelques nouveaux territoires.

Chaque fois que l'émetteur néglige d'obtenir le plus de renseignements possible sur son auditoire, les efforts qu'il déploie pour transmettre son message sont voués à l'échec. Un groupe de chercheurs en sciences sociales de Cincinnati (Ohio) ont prouvé ce fait sans le vouloir peu après la Seconde Guerre mondiale, quand ils ont tenté de modifier les attitudes des gens envers les Nations-Unies. Une campagne publicitaire de grande envergure avait été adressée aux citoyens de Cincinnati, et pendant six mois «d'éducation des masses», le public avait été bombardé de propagande en faveur des Nations-Unies. Des périodes de temps gratuites valant des millions de dollars avaient été offertes pour la bonne cause par les propriétaires de panneaux d'affichage, de journaux et de stations de radio et de télévision.

Les sociologues Shirley Star et Helen Hughes ont mené des enquêtes sur les attitudes à Cincinnati avant et après la campagne de six mois. Elles se sont rendu compte que les efforts considérables déployés pour façonner l'opinion publique avaient échoué. Les seules personnes qui avaient prêté attention à la propagande étaient celles qui s'intéressaient déjà à l'ONU et y étaient favorables. L'auditoire aurait dû être constitué des gens peu informés à ce sujet et qui ne se souciaient guère de l'ONU, mais il s'est avéré que ceux-ci étaient les moins susceptibles d'être influencés par la propagande. Cet effort de communication à coup de millions avait rejoint le mauvais auditoire.

En réalité, comme l'ont révélé Star et Hughes, les plus grandes modifications d'attitudes se sont produites chez les personnes qui ont pris une part active à l'organisation de la campagne: leurs attitudes envers l'ONU sont devenues encore plus favorables.

La réaction de l'auditoire

Pourquoi n'est-ce pas le bon auditoire qui a répondu à la campagne de Cincinnati? Parce que les propagandistes n'ont pas tenu compte d'un facteur capital dans le processus de la communication: la réaction de l'auditoire.

Si l'émetteur ignore la réaction de l'auditoire à un message, son effort de communication peut être voué à un échec total. Les émetteurs efficaces établissent une boucle de rétroaction qui les renseigne continuellement sur la réponse de l'auditoire. Si la rétroaction révèle que l'auditoire ne réagit pas, l'émetteur sait qu'il doit changer le message.

Fig. 15.2

L'efficacité de la communication dépend de la rétroaction entre l'auditoire et l'émetteur.

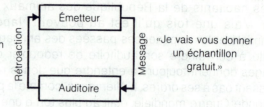

Pour la campagne de Cincinnati, on avait déterminé une population cible. Les sondages avaient révélé que les pauvres, les personnes sans instruction, et les gens du troisième âge étaient ceux qui connaissaient le moins l'ONU et qui s'y intéressaient le moins. Mais au moment de la campagne (à la fin des années 1940), peu de membres de cette population cible étaient en mesure de s'offrir un appareil de télévision, et peu d'entre eux lisaient les journaux. Par conséquent, le message avait très peu de chances de leur parvenir. Les propagandistes ne se sont pas rendus compte que leur message n'atteignait pas les gens auxquels il était destiné, parce qu'ils n'avaient pas cherché à se renseigner sur la réponse de l'auditoire visé.

Le jeu de rôle et la modification des attitudes

Une bonne méthode pour s'assurer que les membres de l'auditoire ont reçu le message est de les faire passer à l'action ou de «jouer un rôle» dans lequel ils doivent manifester les attitudes que l'émetteur désire les voir adopter. De nombreuses études ont démontré que les plus importantes modifications d'attitudes se produisent lorsqu'on parvient à convaincre l'auditoire de prendre part à un «**jeu de rôle**». L'une d'entre elles a été réalisée par W. A. Scott en 1957, qui, à cette occasion, a mesuré les attitudes des étudiants envers le football universitaire. Certains désiraient des équipes plus nombreuses et meilleures, pendant que d'autres souhaitaient supprimer le football de la vie du campus.

Deux semaines après que les attitudes des étudiants aient été évaluées pour la première fois, Scott a demandé à 58 d'entre eux de prendre part à des débats sur l'importance du football. Ces débats ont été organisés de telle sorte que tous les étudiants ont dû argumenter contre les positions qu'ils avaient adoptées lors du test d'attitudes. De cette manière, Scott avait fait en sorte qu'ils *jouent un rôle* contraire à leurs attitudes réelles indiquées par leurs résultats au test.

Les débats se tenaient devant une classe d'étudiants qui allaient voter par la suite pour déterminer les vainqueurs. Cependant, Scott n'a pas transmis le résultat réel du vote; il a affirmé à la moitié des étudiants qu'ils avaient gagné et aux autres qu'ils étaient perdants. Plus tard, il a réévalué les attitudes des sujets. Ceux qui s'étaient crus victorieux lors du débat avaient adopté la position qu'ils avaient défendue, même si elle allait à l'encontre de leurs attitudes précédentes. Les perdants avaient pris la direction opposée: ils étaient devenus plus convaincus de l'exactitude de leur position antérieure. La récompense de la victoire lors du débat, semble-t-il, avait aidé les étudiants à changer d'attitude et à adopter celle qu'ils avaient dû prendre pendant le jeu de rôle.

Lors d'une expérience similaire, Irving Janis et B. T. King ont mesuré les attitudes des étudiants américains envers le service militaire et leur ont demandé de participer à des débats où ils devaient exprimer le contraire de leurs opinions personnelles. Pour cette expérience, la moitié des étudiants ont reçu un texte préparé d'avance à lire lors du débat, et l'on a demandé à l'autre moitié d'apporter leurs propres arguments. Ceux qui ont lu les textes préparés d'avance n'ont manifesté que peu de modifications d'attitudes après le débat. Ceux qui avaient préparé leurs propres arguments ont manifesté une modification significative de leurs attitudes. Il semble que les gens aient tendance à résister aux idées des autres (texte préparé d'avance), mais qu'ils puissent admettre leurs propres arguments s'ils doivent les émettre lors du jeu de rôle.

Les campagnes de vente utilisent souvent une forme quelconque de jeu de rôle pour tenter de modeler les attitudes de l'acheteur. Un éventuel client, par exemple, peut être invité à aider lors de la démonstration d'un aspirateur ou de tout autre produit. Les personnes qui consentent à prendre part à ce genre de jeu de rôle se placent dans une situation où elles auront à donner des arguments en faveur du produit. Et à cette fin, elles doivent porter attention au produit (au message). Lorsqu'elles présentent les arguments, elles ont tendance à exprimer leurs besoins dans leurs propres mots plutôt que dans les expressions du «texte préparé d'avance» du vendeur. Ce genre de jeu de rôle établit une boucle de rétroaction directe entre l'acheteur et le vendeur, et permet au vendeur de récompenser l'acheteur en approuvant ses arguments. De cette manière, le jeu de rôle a souvent contribué à modifier les attitudes et à briser la résistance à la vente de personnes qui ne voulaient pas ou n'avaient pas besoin d'un nouvel aspirateur.

LES ATTITUDES ET LES THÉORIES

Pendant une vingtaine d'années, de 1945 à 1965, la recherche dans le domaine des attitudes a surtout été axée sur la manière dont celles-ci se formaient, étaient maintenues et se modifiaient. Hovland, Janis et leurs collègues de Yale ont fait des recherches sur la persuasion et la propagande. Sherif, Asch, Helson et Blake ont étudié les multiples pressions que les groupes exercent sur leurs membres pour les amener à se conformer. Un groupe de psychologues de la Californie ont mesuré les attitudes de la prétendue personnalité autoritaire, et Milgram a prouvé comment les personnes à attitudes «autoritaires» pouvaient être amenées à obéir à des ordres.

Mais vers 1965, la recherche dans le domaine des attitudes s'est engagée dans une voie nouvelle et qui pose peut-être un défi plus grand. En effet, c'est à peu près à cette époque que bon nombre de psychologues ont commencé à s'interroger sur l'utilité du concept d'*attitude* en soi. Cette notion avait été définie comme «une manière cohérente et durable de penser, de sentir ou de se comporter envers une chose, une idée, une personne ou une situation». Les attitudes étaient alors considérées comme des représentations mentales des connaissances, des émotions et des tendances comportementales des personnes. Mais les attitudes étaient presque toujours mesurées par une forme quelconque de test écrit, car on était convaincu que les réponses données étaient le reflet de la façon dont la personne se sentait ou se comportait dans la réalité envers les objets de ses attitudes.

En 1965, de plus en plus de conclusions expérimentales témoignaient d'une différence surprenante et imprévue entre ce que les personnes *disaient* sur elles-mêmes et sur leurs attitudes dans les questionnaires, et leur façon d'agir dans la vie réelle (voir chapitre 16). Bien peu de gens parmi ceux qui répondaient aux questionnaires se considéraient comme «autoritaires» ou conformistes, et pourtant, un grand nombre d'entre eux se comportaient d'une manière «autoritaire» ou conformiste. Par ailleurs, beaucoup de personnes affichent des attitudes très inconséquentes ou contradictoires. Elles peuvent déclarer dans un questionnaire qu'elles sont favorables à de meilleures écoles, mais affirmer dans un autre test qu'elles sont fermement opposées à une hausse des taxes scolaires.

Selon la plupart des psychologues sociaux, chaque fois que vous déclarez avoir une attitude, vous faites une prévision sur vos pensées, vos sentiments et vos comportements futurs. Parfois les attitudes mènent à des préjugés ou des réactions négatives extrêmement émotionnelles envers des groupes particuliers. Mais que peut faire le psychologue lorsque l'énoncé de vos attitudes ne reflète pas ce que vous penserez, sentirez et ferez en réalité dans l'avenir?

Accès interdit aux noirs et aux Chinois

La première étude qui s'attaquait à ce problème a été effectuée par R. T. La Piere en 1934. Celui-ci avait fait un long voyage à travers les États-Unis en compagnie d'un couple de Chinois. Bien qu'à cette époque il y ait eu un préjugé anti-chinois très puissant chez bien des Américains, La Piere et ses amis s'étaient vu refuser le service de l'hôtel et des restaurants à une seule occasion au cours de leurs 15 000 km de trajet. Une fois le voyage terminé, La Piere a expédié à tous les propriétaires d'hôtels et de cafés où ils s'étaient arrêtés un questionnaire où il demandait notamment: «Accepteriez-vous des Chinois comme clients dans votre établissement?». Plus de 90% des personnes interrogées ont répondu d'un «non» catégorique. Pourtant, sur les centaines d'établissements, tous sauf un avaient accepté le couple chinois sans questions ni commentaires. Les hôtels et les restaurants manifestaient de toute évidence, à cette époque, l'attitude anti-chinoise prévue, mais cette attitude se traduisait rarement en un rejet des clients chinois dans la vie réelle.

Dans une étude similaire rendue publique en 1952, Kutner, Wilkins et Yarrow avaient envoyé trois jeunes femmes visiter plusieurs restaurants d'une banlieue huppée de la région nord-est des États-Unis. Deux d'entre elles étaient blanches, et la troisième était noire. D'après les auteurs du rapport, toutes trois étaient bien mises et bien éduquées. Les deux femmes blanches étaient toujours les premières arrivées au restaurant; elles demandaient une table pour trois personnes et elles s'assoyaient. Peu après, la femme noire entrait, annonçait au maître d'hôtel ou à l'hôtesse qu'elle avait rendez-vous avec des amies qui étaient déjà arrivées, rejoignait les deux femmes blanches et était servie sans difficulté.

Deux semaines après chaque visite, Kutner, Wilkins et Yarrow écrivaient une lettre au directeur de chaque établissement pour lui demander s'il consentait à servir des noirs. Or, aucun d'entre eux n'a répondu. Ils ont alors rejoint tous les établissements par téléphone; les expérimentateurs ont rapporté que celui qui appelait était traité d'une manière froide et distante qui laissait soupçonner que les directeurs des restaurants avaient de forts préjugés envers les noirs. Cependant, tout comme dans l'étude de La Piere, cette attitude ne se traduisait pas dans les actes quand les directeurs avaient, dans la réalité, à décider s'ils permettraient l'accès du restaurant à une personne noire.

Depuis 1965, des douzaines d'autres expériences permettent toutes de conclure que les attitudes évaluées par les questionnaires sont des indices très peu révélateurs de ce que les gens font, pensent et ressentent véritablement dans bon nombre de situations réelles. Par ailleurs, il existe souvent peu de relations entre la *modification* d'une attitude et un changement subséquent dans la manière dont une personne *se comporte*. Élément tout aussi important, l'inverse est également souvent vrai, c'est-à-dire que les gens modifient souvent leurs comportements sans changer les attitudes reliées à ces derniers.

Les attitudes envers les attitudes

Dans le livre qu'ils ont publié en 1956, *Opinions and Personality*, et qui est devenu un classique, M. Brewster Smith, Jerome Bruner et Robert W. White posent une question très importante: en quoi les opinions d'une personne lui sont-elles utiles? Il n'est pas facile d'y répondre. Smith, Bruner et White croient que les attitudes ou les opinions *répondent à des besoins*. Selon ces théoriciens, chaque fois que nous manifestons une attitude, nous décrivons réellement un besoin ou un objectif quelconque que nous sommes «poussés» à remplir. Quand nous manifestons nos attitudes à notre entourage, nous sommes donc souvent à la recherche d'autres personnes aux besoins similaires et avec lesquelles nous pourrions collaborer pour atteindre des objectifs mutuels. Comme la plupart des psychologues sociaux, Smith, Bruner

TABLEAU 15.1   Les théories des attitudes

		THÉORIE
Avant 1965	1.	Les psychologues croient que les attitudes sont des *représentations mentales* des connaissances, des émotions et des tendances comportementales des gens.
Après 1965	1.	Les psychologues sociaux croient que les attitudes sont des *processus internes* qui guident notre comportement.
	2.	Les psychologues du comportement croient que les attitudes sont tout simplement des *déclarations verbales* sur nos comportements, qui sont pour leur part contrôlés par des stimuli externes.

et White croient que les attitudes sont des *processus internes* qui guident ou dirigent nos comportements.

Une façon radicalement différente d'aborder la question a été proposée par D. J. Bem à la fin des années 1960. Selon ce dernier, les attitudes sont simplement des déclarations verbales au sujet de nos propres comportements. Bem, comme B. F. Skinner, est un behavioriste. Il croit que la plupart des choses que nous faisons sont sous le contrôle de stimuli externes, et non sous l'influence de processus internes ou mentaux. Par conséquent, d'après lui, nos convictions et nos opinions sont en réalité contrôlées par des stimuli externes dont nous ne sommes souvent pas conscients. Il signale que des études comme celle de La Piere mesurent véritablement deux réactions tout à fait différentes qui surviennent dans des environnements manifestement différents. Le questionnaire de La Piere, par exemple, semble avoir été conçu de manière à susciter une réponse négative de la part des directeurs d'hôtel ou de restaurant auxquels il a été envoyé. Mais quand La Piere, accompagné d'un couple chinois bien mis, s'est présenté personnellement à la réception d'un hôtel, le stimulus était si différent que la réaction comportementale du directeur de l'hôtel ne pouvait qu'être différente.

Selon Bem, les attitudes n'existent pas réellement, à moins qu'on ne veuille les considérer comme des explications verbales des raisons de nos actions. Les affirmations sur les attitudes faussent les prédictions sur les comportements futurs; elles ne font que fournir une explication rationnelle des comportements passés. On pourrait résumer la position de Bem de la façon suivante: «Comment puis-je savoir ce que je pense tant que j'ai pas vu ce que j'ai fait?»

Les attitudes sont-elles des processus internes ou des comportements externes? Le problème posé par ces deux attitudes très divergentes à l'égard des attitudes ressemble beaucoup à celui qui consiste à déterminer lequel des deux, de l'oeuf ou de la poule, a existé en premier. Nous formons-nous d'abord des attitudes (c'est-à-dire des processus internes), et agissons-nous ensuite en accord avec nos opinions et nos convictions? Ou apprenons-nous à nous comporter d'une manière particulière en présence de certaines données d'entrée provenant de l'environnement, pour ensuite justifier notre conduite en émettant des attitudes verbales envers ce que nous avons fait? Ou faisons-nous les deux simultanément?

Pour l'instant, on n'a pas encore pu se mettre d'accord sur l'explication des différences déroutantes que l'on peut constater entre les attitudes et les comportements, tout comme on ne s'est pas encore mis d'accord sur l'explication de la plupart des problèmes fondamentaux dans le domaine de la psychologie. Nous pouvons mesurer les attitudes, et nous en savons beaucoup sur les manières de les modifier ou de les maintenir. Également, nous pouvons mesurer les comportements et nous en savons beaucoup sur les manières d'apprendre aux gens à se comporter de diverses façons. Puisque nous savons comment créer et modifier tant les attitudes que les comportements, la question la plus importante que nous ayons à nous poser à présent est peut-être de savoir qui a le droit d'utiliser des techniques aussi puissantes pour transformer l'individu.

LES ATTITUDES ET LA MORALE

Est-ce moral de persuader quelqu'un d'acheter un aspirateur? Est-ce moral de convaincre une nation qu'une guerre offensive est la solution aux problèmes économiques du pays? Est-ce moral d'amener des gens à commettre des actes criminels? Est-ce moral d'enseigner aux enfants une religion ou des théories économiques? Ne devrions-nous pas tous être libres de prendre des décisions par nous-mêmes sans entrave provenant d'une quelconque force de persuasion?

Les questions d'éthique ou de morale qui entrent en jeu dans la persuasion et la formation des attitudes sont nombreuses et complexes. Il devient encore plus difficile d'y répondre dans le cas de la persuasion involontaire, par exemple l'influence exercée par les parents sur leurs enfants ou la propagande subtile et indirecte que l'on découvre dans les manuels scolaires ou les journaux.

La psychologie, étant une science objective, n'est pas en position de répondre aux questions de morale. Elle peut, toutefois, essayer de fournir certains des faits et renseignements qui sont nécessaires pour prendre une décision sur ce plan. Un élément important que la psychologie apporte dans le domaine de la formation des attitudes est que personne n'est à l'abri de l'influence des autres, et que nous sommes tous responsables de l'influence que nous avons sur les autres. Tout membre de la société est impliqué dans la formation des attitudes à titre d'émetteur et à titre d'auditoire. Chaque fois que deux personnes ou plus se rencontrent, les informations de sortie (messages) de l'une deviennent les informations d'entrée des autres. Et cet échange d'informations de sortie peut engendrer une modification du comportement ou des attitudes.

Si chaque comportement humain est une force de persuasion, du moins en puissance, la seule façon pour les gens d'espérer juger de la valeur morale de leurs actions est de comprendre comment leur comportement influence les autres et comment leurs propres attitudes ont été façonnées. Ce n'est que lorsque nous connaîtrons à fond comment les gens communiquent entre eux et s'influencent les uns les autres que nous pourrons espérer prendre de bonnes décisions d'éthique sur les attitudes et les comportements humains.

La psychologie fait plus que d'expliquer comment votre comportement peut influencer les autres: elle explique également comment les autres vous influencent. Une connaissance scientifique des mécanismes de la persuasion (à un niveau conscient ou inconscient) peut vous aider à protéger vos propres attitudes et vous permettre d'évaluer objectivement les stimuli que vous recevez des nombreuses forces de persuasion présentes dans notre société. Croyez-vous, par exemple, que les Allemands soient enclins à laisser un autre Hitler prendre le pouvoir dans un avenir rapproché? Si les habitants de la République des animaux avaient compris ce qui se passait, auraient-ils permis aux porcs de les manoeuvrer ainsi?

RÉSUMÉ

1. Dans le «conte de fées» de George Orwell, les animaux ont pris le pouvoir à la ferme, mais se sont laissés traiter cruellement et diriger par un porc **autoritaire.** Pourquoi les animaux ont-ils accepté ce traitement? Comme nous l'avons vu dans ce chapitre, c'est l'attitude des animaux vis-à-vis de l'autorité qui leur a attiré ces difficultés.

2. Une **attitude** est une façon cohérente et durable de penser, de sentir ou de répondre face à un objet, une idée, une personne ou une situation. Des études expérimentales soutiennent que les attitudes, par exemple la tendance à respecter l'autorité, peuvent être apprises au cours des premières expériences de l'enfance. La **personnalité autoritaire** a probablement été éduquée par des parents autoritaires. Les expériences de Milgram indiquent de plus que dans certaines circonstances, bon nombre de personnes obéiront à l'autorité même au point d'infliger de profondes souffrances à des gens sans défense.

3. Certaines attitudes peuvent entraîner des situations désagréables, mais la vie serait beaucoup plus compliquée si nous n'avions pas des façons prédéterminées de réagir au monde. Les attitudes exercent une influence si importante sur le comportement humain qu'il est nécessaire d'avoir certaines notions sur leur formation. Une telle connaissance nous aide à étudier des phénomènes comme le **fascisme**, l'**ethnocentrisme** et les événements qui se sont produits en Allemagne sous Hitler.

4. Il existe, dit-on, quatre processus de base dans la **formation d'attitudes:** 1) la personne assimile ou absorbe les attitudes des gens avec lesquels elle s'identifie étroitement; 2) les attitudes peuvent être la conséquence d'une expérience fâcheuse; 3) les expériences quotidiennes peuvent modeler certaines attitudes; 4) on peut aussi adopter une attitude ou la choisir de plein gré.

5. Une recherche menée par Newcomb (les femmes de Bennington) et par d'autres indiquent que si une attitude a été importante ou gratifiante, les gens essaieront de la conserver. Les attitudes et l'approbation du **groupe de référence** deviennent très importantes. Les attitudes peuvent toutefois être modifiées, et ces modifications constituent l'objectif principal de la **publicité** dans sa presque totalité.

6. Selon la **théorie du niveau d'adaptation** de Helson, les facteurs relatifs au stimulus, au contexte et à la personnalité ont une influence déterminante sur les perceptions sociales, les jugements personnels et les attitudes.

7. La **persuasion** est une tentative délibérée par une personne ou un groupe de modifier les attitudes ou les comportements de quelqu'un d'autre. Vu que le fait de persuader consiste à fournir des informations sensorielles à la personne dont on veut modifier les attitudes, la **communication** est l'un des aspects les plus importants de la persuasion ou de la modification des attitudes.

8. Les quatre facteurs fondamentaux à considérer pour réussir dans la communication sont l'émetteur, le message, l'auditoire et la réaction de l'auditoire. Si la rétroaction indique que l'auditoire ne réagit pas, il est possible de changer le message. On peut utiliser également la **contre-propagande** pour supprimer les effets d'une **propagande** antérieure.

9. Vers 1965, plusieurs études ont révélé qu'il existe souvent une différence entre ce que les gens disent au sujet de leurs attitudes et la façon dont ils se comportent dans la vie réelle. Cette découverte a poussé les psychologues à chercher une nouvelle définition de l'attitude. Les psychologues sociaux affirment que les attitudes sont des processus internes qui guident notre comportement; les psychologues du comportement disent que les attitudes ne sont que des explications verbales des motifs de nos actions.

10. Quelle que soit la définition que nous donnions des attitudes, elles jouent un rôle important dans le comportement humain. Mais la plupart des attitudes sont apprises et plusieurs facteurs de l'environnement peuvent les influencer. La connaissance des mécanismes de la persuasion et de la formation d'attitudes peut nous aider à comprendre non seulement comment notre comportement influe sur les autres, mais comment les autres influencent notre propre comportement. On ne peut dissocier les attitudes de la morale.

A. RÉVISION

Compléter les phrases suivantes:

1. Dans *La République des animaux* de Orwell, quand les porcs ont pris le pouvoir à la ferme, ils ont établi un système _____ .

2. *La République des animaux* parle en réalité de la _____ à l'époque où elle était gouvernée par _____ .

3. La plupart des attitudes sont _____ par l'expérience.

4. L' _____ est la croyance dans la supériorité de sa propre race ou de son propre groupe ethnique.

5. Les personnes qui ont obtenu des résultats élevés sur les quatre échelles d'Adorno avaient, dit-on, des personnalités _____ .

6. La personnalité autoritaire, entre autres attributs, se caractérise par le fait qu'on adhère aux valeurs _____ et qu'on est généralement _____ aux membres d'un groupe minoritaire.

7. Les parents de gens à personnalité autoritaire ont tendance à être _____ et _____ .

8. Julian Rotter décrirait une personne autoritaire comme un _____ .

9. Les expériences de Milgram ont étudié dans quelle mesure les gens _____ à l'autorité.

10. Dans les expériences de Milgram, quand les «cobayes» commettaient une erreur, les sujets leur administraient ce qu'ils croyaient être une _____ .

11. Les expériences de Milgram violent le présent _____ d' _____ de l'American Psychologic Association.

12. Allport affirme que nous assimilons ou absorbons les idées et les attitudes des gens avec lesquels nous nous _____ étroitement.

13. Bien des étudiants essaient de s'éloigner des attitudes de leurs parents et de devenir plus _____ sur le plan politique lorsqu'ils sont au collège ou à l'université.

14. _____ a réalisé une étude devenue classique sur l'effet d'un milieu collégial libéral sur des étudiantes provenant d'un milieu familial conservateur au cours des années 1930.

15. Un groupe de _____ est celui auquel se réfèrent les personnes en matière de comportement et d'attitudes sociaux.

16. _____ a élaboré sa théorie du niveau d'adaptation pendant qu'il effectuait des recherches sur la perception visuelle.

17. Selon la théorie du niveau d'adaptation, la perception est influencée par les facteurs relatifs au _____ , au _____ et à la _____ .

18. Pour Helson, plus un stimulus est _____ , plus il est facile d'amener les

gens à changer leur attitude à son sujet.

19. Les personnes qui cèdent ou se conforment ont tendance à avoir une personnalité moins _____ que celles qui ne cèdent pas.

20. La _____ est une tentative délibérée de modifier les attitudes ou le comportement de quelqu'un d'autre.

21. La publicité est entièrement fondée sur le processus de la _____.

22. Les quatre facteurs fondamentaux du processus de la communication sont l'émetteur, le _____, l' _____ et la réponse de l'auditoire.

23. La caractéristique la plus importante que l'émetteur doive posséder pour modifier les attitudes est la _____.

24. Les messages de communication peuvent avoir soit un attrait _____ ou un attrait _____.

25. Les arguments émotionnels peuvent avoir un plus grand effet que les preuves logiques parce qu'ils obtiennent l' _____ de l'auditoire.

26. Dans la recherche de Janis et Feshback sur la carie dentaire, le groupe chez qui l'exposé devait provoquer une crainte _____ a manifesté le moins de changements d'attitudes à long terme.

27. La _____ est composée de messages destinés à annuler les effets de messages antérieurs.

28. Les émetteurs efficaces établissent une boucle de _____ qui les renseigne constamment sur la réponse de l'auditoire.

29. Dans l'étude de Scott sur la modification des attitudes dans le contexte de débats sur le football universitaire, les étudiants qui croyaient avoir _____ le débat ont manifesté les changements les plus importants.

30. Lorsque La Piere a demandé aux hôtels et aux cafés s'ils accepteraient des Chinois comme clients dans leur établissement, plus de _____% ont répondu «non».

31. Smith, Bruner et White croient que les attitudes ou opinions d'une personne répondent à ses _____.

32. _____ croit que les «attitudes» n'existent tout simplement pas.

B. VÉRIFICATION DES CONNAISSANCES

Encercler la bonne réponse (A, B, C ou D):

1. Dans *La République des animaux* d'Orwell, le slogan révolutionnaire des animaux était:
   A. À BAS JONES.
   B. TOUS LES ANIMAUX SONT ÉGAUX.
   C. NOUS VAINCRONS.
   D. LES ANIMAUX VALENT MIEUX QUE LES HUMAINS.

2. Joseph Staline en U.R.S.S. et les porcs de la *République des animaux* ont pu prendre le pouvoir parce que leurs «sujets»:
   A. n'étaient pas assez intelligents pour se rendre compte de ce qui se passait.
   B. étaient habitués depuis longtemps à respecter l'autorité établie.

C. les ont élus avant qu'ils ne deviennent autoritaires.

D. n'avaient jamais connu de dictature auparavant et pensaient qu'il valait la peine d'essayer ce système.

3. Lequel des traits suivants ne fait pas partie, généralement, des caractéristiques d'une personnalité autoritaire?

A. la rigidité de pensée

B. la créativité

C. l'ethnocentricité

D. la tendance à la conformité

4. Les gens qui possèdent des personnalités autoritaires:

A. ont tendance à être intéroceptifs, à se considérer en pleine possession de leur propre destin.

B. sont presque toujours conservateurs en politique.

C. n'ont généralement pas de doutes sur la façon dont ils doivent se comporter.

D. sont très souvent membres de groupes minoritaires.

5. Dans la première expérience de Milgram sur l'obéissance, _____ % des sujets ont refusé de suivre les ordres et de donner une décharge électrique à un «cobaye».

A. 15

B. 35

C. 60

D. 85

6. L'étude de Newcomb au collège de Bennington a démontré que:

A. les finissantes étaient plus libérales que les étudiantes de première année.

B. les professeurs étaient plus conservateurs que les étudiants.

C. lorsque les diplômés ont réintégré leur milieu social, leurs attitudes étaient toujours à l'opposé de ce qu'elles étaient à l'origine.

D. les «autoritaires» ne sont pas de bons étudiants.

7. La théorie du niveau d'adaptation:

A. a été conçue par Harry Helson.

B. s'est intéressée en premier lieu à des phénomènes perceptuels.

C. établit l'existence de facteurs relatifs au stimulus, au contexte et à la personnalité.

D. A, B et C à la fois.

8. D'après les découvertes de Hovland et Kelman, lequel des émetteurs suivants est parvenu avec le plus d'efficacité à modifier les attitudes sur la délinquance juvénile?

A. un juge de tribunal de la jeunesse

B. un étudiant qui faisait partie de l'auditoire

C. un véritable délinquant juvénile

D. un vendeur de drogues en liberté sous caution

9. Faire appel à une crainte vive pour influencer les attitudes:

A. peut échouer et produire une modification minime.

B. est bien plus efficace que de faire appel à une crainte minime.

C. peut être considéré comme un message doté d'un «attrait logique».

D. est plus efficace à longue qu'à brève échéance.

10. Les études semblables à celles de La Piere et Kutner, Wilkins et Yarrow démontrent:
   A. que les gens ont probablement moins de préjugés qu'ils ne le pensent.
   B. que les attitudes anti-chinoises sont plus fortes que les attitudes d'hostilité envers les noirs.
   C. que les échelles d'attitudes sont à la fois fidèles et valides.
   D. qu'il existe parfois peu de rapports entre ce qu'une personne dit et ce qu'elle fait.

Watergate vu dans une perspective psychologique

Une année de Watergate, c'est assez; deux années de Watergate, c'est trop! Mais peu importe ce qu'on dit ou fait, un assez grand nombre d'années s'écouleront avant que réellement le scandale de Watergate ne devienne une chose du passé. Nombre de romanciers et de cinéastes auront leur mot à dire, ainsi que les psychologues et les chercheurs en sciences sociales. Watergate leur a fourni beaucoup de matériel à évaluer.

La question qui nous intrigue le plus à ce sujet est la suivante: qu'est-ce qui a causé Watergate? Bertram H. Raven de l'Université de la Californie à Los Angeles a essayé d'analyser Watergate en fonction de la dynamique de groupe. Ses conclusions sont fondées en partie sur une étude des transcriptions des bandes magnétiques du président Nixon et sur les témoignages reçus par le Comité spécial du Sénat et le Comité des questions juridiques de la Chambre des représentants.

La conformité a déjà été considérée comme le facteur principal des décisions de groupe. Les gens ont tendance à se rallier à l'opinion de la majorité. Récemment, toutefois, les psychologues sociaux ont fait rapport d'un autre phénomène dans la «pensée de groupe». Le «déplacement vers le risque» est le terme employé pour décrire la tendance de certains groupes à devenir plus extrémistes ou à prendre des positions plus hasardeuses dans leurs jugements. Ce phénomène de déplacement vers le risque s'explique par les pressions qu'exerce une personne à l'intérieur d'un groupe en vue d'au moins égaler, et de préférence dépasser l'attitude moyenne du groupe. On a donc tendance à vouloir surpasser ses voisins, et non à simplement les imiter. Quand ce phénomène commence à se produire à l'intérieur d'un groupe, dit Raven, il en résulte un déplacement continu de la norme, qui amène le groupe à prendre des positions de plus en plus extrémistes.

Dans le groupe de Nixon, la norme consistait à être dur et fort, à prendre des risques et à ne pas céder à la faiblesse quand on traitait avec les ennemis: la presse, les intellectuels, etc. Ceux qui allaient le plus loin à cet égard prenaient rapidement de l'importance dans le groupe.

Plusieurs destitutions de personnes importantes ont également servi de leçon aux membres du groupe. Robert Finch et Herbert Klein, par exemple, avaient la réputation d'être trop mous. La leçon a été claire pour tous, selon Raven. «Pour être un membre influent de l'équipe, il fallait être loyal au chef, ferme, fort, prêt à frapper dur, sans pitié pour ses ennemis et ne pas se préoccuper outre mesure des méthodes utilisées pour arriver à ses fins.»

Les agissements des personnalités de la Maison Blanche, toutefois, ne forment qu'une partie du phénomène Watergate. Les réactions devant ce qui se passait à la Maison Blanche ont fourni aux psychologues un autre domaine d'enquête. James B. Garrett et Benjamin Wallace du Collège de l'Illinois de l'ouest ont fait une enquête sur l'opinion publique, qui a été très partagée pendant le déroulement de Watergate.

Garrett et Wallace croient que la théorie de la dissonance cognitive (que nous examinerons au chapitre 16) peut aider à expliquer certaines motivations et certains comportements humains dans une situation comme celle de Watergate. La théorie de la dissonance cognitive soutient qu'après avoir fait un choix (entre des voitures, des présidents ou n'importe quoi d'autre), les gens sont motivés par la suite à croire qu'ils ont fait le bon choix et s'en tiennent à ce choix.

La théorie de la dissonance cognitive a été appliquée à Watergate; à cette fin, on a sondé les opinions d'étudiants du niveau collégial. Ceux qui avaient voté pour Nixon avaient moins tendance que ceux qui avaient voté pour McGovern à croire que Nixon était au courant dès le début de l'existence des tables d'écoute ou de la tentative d'étouffer l'affaire. Et ils avaient moins tendance à croire que Nixon devait être démis de ses fonctions même s'il était au courant de tout depuis le début. Ces gens ont maintenu une **consonance cognitive** en défendant leur décision précédente.

«Bien entendu, affirment Garrett et Wallace, on est loin d'avoir mis le doigt sur tous les facteurs qui peuvent avoir contribué à édifier les attitudes envers le scandale de Watergate. Cependant, d'après ceux qu'on a pu identifier, il est clair que de nombreux processus psychologiques entrent en jeu dans la formation des opinions, ainsi que dans le façonnement et même le renversement des attitudes à l'égard d'événements politiques déterminants tel que Watergate.»

C. À PROPOS DE L'ARTICLE...

1. Qu'est-ce qu'on entend par le phénomène du «déplacement vers le risque» dans la dynamique de groupe? _____

_____

2. Comment peut-on appliquer la théorie de dissonance cognitive à Watergate?

_____

SUGGESTIONS DE LECTURES

Fraisse, P., Piaget, J., *Traité de psychologie expérimentale,* volume IX: *Psychologie sociale,* 2e édition, Presses Universitaires de France, Paris, 1969.

Ibsen, H., *Maison de poupée,* Livre de poche, Paris, 1961.

Krech, D., Crutchfield, R.S., Livson, N., Krech, H., *Psychologie,* Renouveau pédagogique, Montréal, 1979.

Orwell, G., *La république des animaux,* Gallimard, Paris, 1971.

Terkel, S., *Gagner sa croûte,* Fayard, Paris, 1976.

En anglais

Selznich, G.J., Steinberg, S., *The tenacity of prejudice: antisemitism in contemporary America,* Harper & Row, New York, 1969.

16

les relations interpersonnelles

L'amour, l'affection et les relations interpersonnelles jouent un rôle important dans notre vie sociale, psychologique et émotionnelle. Nous examinerons dans ce chapitre certaines des voies explorées par les psychologues pour rendre les relations interpersonnelles plus compréhensibles et plus prévisibles.

Après avoir étudié ce chapitre, vous pourrez:

- Résumer l'état de la recherche sur l'importance de faire une bonne première impression;

- Donner la définition du mot«stéréotype» et montrer comment la réputation et les stéréotypes conditionnent l'opinion que nous nous faisons les uns des autres;

- Donner la définition du «processus d'attribution»;

- Donner une définition du mot «altruisme» et un exemple d'expérience ayant mis en évidence des comportements altruistes;

- Expliquer la dynamique de la «dissonance cognitive»;

- Donner une description des comportements associés à la maternité et résumer les conséquences, pour un enfant, de l'absence du père;

- Montrer l'importance du jeu dans le processus de socialisation.

glossaire

Affection: Sentiment d'attachement ou de tendresse à l'égard d'une chose ou d'une personne.

Altruiste: Du latin *alter*, «autre». L'altruisme est une disposition à s'intéresser aux autres et à se dévouer pour eux. En général, un comportement est jugé altruiste s'il bénéficie plus aux autres qu'à soi-même. «Altruiste» signifie donc désintéressé.

Dilatation: Dans le présent contexte, se rapporte au phénomène de dilatation ou d'élargissement de la pupille, phénomène qui marque l'intérêt ou l'excitation sexuelle.

Dissonance cognitive. Malaise ressenti lorsque notre comportement est en contradiction avec nos valeurs morales. Selon Leon Festinger, il nous faut à tout prix mettre un terme à cette dissonance; pour ce faire, nous modifions soit nos valeurs et nos attitudes, soit notre comportement. En général, toutefois, nous modifions plus volontiers nos attitudes que nos comportements.

Image du père. Personne qui représente ou remplace le père. Personne d'un certain âge, généralement un homme, pour qui l'on éprouve un profond respect ou même de la vénération. Dans le contexte de la thérapie freudienne, l'analyste (homme ou femme) fait souvent office d'«image du père», puisqu'il adopte les attitudes gratifiantes et punitives généralement attribuées au père.

Jeu de rôle. Fait de jouer un rôle social. Agir dans le but d'obtenir quelque chose plutôt que d'agir comme on voudrait peut-être le faire.

Langage corporel: Essentiellement, communication non verbale. Faire passer son message sans avoir recours à la parole. Nous avons tous une façon bien à nous de nous vêtir, de nous coiffer, de faire des gestes, de regarder les autres ou d'éviter un regard, de sourire ou de faire la moue; ce sont là les éléments qui constituent notre version personnelle du «langage corporel».

Manipulateurs. Manipuler signifie déplacer avec les mains. À proprement parler, donc, on manipule quelqu'un si on le pousse à l'eau, et on le manipule également si on le sauve de la noyade en allant le chercher. Dans la pratique, toutefois, le mot «manipuler» a un sens péjoratif et signifie «utiliser les autres à ses propres fins». On qualifie donc de manipulateurs les gens qui manoeuvrent pour influencer les opinions des autres.

Pairs. Les égaux; les gens de même âge, de même rang ou de même situation sociale.

Perception de la personne. Partie de la psychologie sociale qui s'attache à l'étude de stimuli qui façonnent notre perception les uns des autres. Plusieurs des règles qui régissent notre perception des objets s'appliquent également à notre perception des personnes.

Processus d'attribution. Le fait de prêter aux autres des traits de personnalité ou des motivations qui nous permettent d'expliquer ou de prédire leur comportement. Nous devons au psychologue social Fritz Heider la première description du processus.

Prophétie inéluctable. Si vous réussissez à vous convaincre que vous allez aimer votre prochain concert rock, il est probable qu'il vous plaira beaucoup plus que si vous vous répétez sans cesse que la musique rock vous tombe sur les nerfs. Une prophétie est une prédiction, et elle est inéluctable si on a la certitude qu'elle se réalisera du simple fait qu'elle a été prédite.

Rationalisation. Attitude qui consiste à justifier son comportement par des explications logiques et à trouver de bonnes excuses à ses réactions émotives.

Respect. Avoir du respect pour quelqu'un, c'est le considérer comme digne d'estime et lui vouer une déférence marquée.

Rôles sociaux. Ensemble de réactions consacrées correspondant à certaines situations sociales. Ensemble de comportements jugés appropriés dans un environnement donné.

Stéréotype. Un stéréotype est une attitude ou une perception rigide ou inconsciente, une façon préétablie de réagir à quelqu'un ou à quelque chose, uniquement au fonction de son appartenance à une classe ou à un groupe.

INTRODUCTION:
COMME IL VOUS PLAIRA

C'est le coup de foudre. Rosalinde et sa cousine Célia ont été invitées à un match de lutte au cours duquel Charles, le plus valeureux lutteur de la région, affronte Orlando, un séduisant jeune homme. À la vue d'Orlando, le coeur de Rosalinde se serre. Comment pourra-t-il se mesurer au colosse? Mais à la surprise générale, Orlando triomphe sans le moindre effort.

Rosalinde et Orlando, qui ne s'étaient encore jamais vus, échangent quelques regards et quelques mots; au moment de se séparer, ils sont follement épris l'un de l'autre.

Rosalinde et Orlando sont les principaux personnages de la pièce intitulée *Comme il vous plaira*, l'une des plus populaires comédies de William Shakespeare. Sans doute le plus grand dramaturge de tous les temps, Shakespeare était un remarquable observateur du comportement humain. Même ses pièces les plus déroutantes et les plus improbables mettent en scène des personnages dont les réflexions et les comportements sont révélateurs de la nature humaine. *Comme il vous plaira* a pour thème l'amour, que Shakespeare examine sous divers aspects. Outre l'idylle de Rosalinde et d'Orlando, la pièce présente trois autres intrigues amoureuses.

Shakespeare était fasciné par l'amour et ses histoires ont su captiver le public pendant près de 400 ans. D'ailleurs, qui ne s'intéresse pas à l'amour? Il ne fait nul doute que l'amour, l'affection et les relations interpersonnelles sont des éléments essentiels de notre vie sociale et émotionnelle. Mais qu'est-ce que l'amour, et comment réussit-on à se faire aimer? Shakespeare a tenté de répondre à ces questions par le biais des faits et gestes de ses personnages. Nous verrons dans les pages qui suivent comment les psychologues se sont employés à explorer les relations interpersonnelles.

Pour se faire aimer, il faut d'abord déterminer comment on veut être aimé. Comme Bales l'a indiqué (voir chapitre 14), certains leaders se font aimer à cause de la rétroaction positive qu'ils fournissent sur le plan social et émotionnel. D'autres, parce qu'ils fournissent un modèle intellectuel, inspirent plutôt le respect et l'admiration. Zick Rubin, un psychologue de Harvard, soutient dans son livre *Liking and Loving* que ces deux éléments (l'affection et le respect) sont présents dans toute situation d'attraction mutuelle. L'affection s'apparente à la tendresse, à l'intimité et à la chaleur humaine. Le respect est un sentiment plus froid, plus intellectuel, plus proche de l'estime et de l'honneur.

En général, on recherche autant l'affection que le respect. Selon les circonstances, toutefois, on accordera plus d'importance à l'un qu'à l'autre. Le patron ou le professeur cherche plus à se faire respecter qu'à se faire aimer. Les amis et les amants, par contre, cherchent plutôt l'affection et l'amour. Après avoir déterminé comment nous voulons être aimés, nous tentons généralement d'agir de manière à susciter l'affection ou le respect, ou même les deux. Autrement dit, nous nous efforçons de donner l'impression voulue.

LES PREMIÈRES IMPRESSIONS

Certains se donnent beaucoup de mal pour gagner le respect et l'affection, tandis que d'autres plaisent spontanément parce qu'ils font une bonne première impression. Dès qu'elle voit Orlando, Rosalinde est impressionnée; lorsqu'il triomphe de son adversaire, elle l'est encore plus. Orlando a donc réussi à s'attirer le respect de Rosalinde. À la fin de la pièce, il aura aussi gagné son affection. Mais tout aura commencé par une première impression. Au cours des années 40, le psychologue Solomon Asch a montré l'importance des premières impressions. Il a remis à un groupe de sujets une liste de qualificatifs décrivant un homme fictif. La moitié du groupe a reçu la liste suivante: «intelligent, consciencieux, impulsif, d'esprit critique, entêté et envieux». L'autre moitié a reçu la même liste, mais inversée: «envieux, entêté, d'esprit critique, impulsif, consciencieux et intelligent». Puis, on a demandé à chacun des sujets de rédiger une brève description de l'inconnu. Voici deux réponses qui illustrent bien l'importance des premières impressions.

Ayant reçu la liste dont le premier qualificatif était «intelligent», un sujet a écrit: «Cet homme est intelligent et sait utiliser son intelligence à bon escient. Peut-être est-il entêté et impulsif parce qu'il est sûr de lui et ne se laisse pas facilement gagner aux opinions qu'il ne partage pas.»

Par contre, un sujet qui avait reçu la liste commençant par le mot «envieux» a écrit: «Cet homme, bien qu'il soit intelligent et consciencieux, est miné par la jalousie et l'entêtement. Dominé par ses émotions, il ne peut réussir à cause de sa faiblesse et parce que ses défauts étouffent ses qualités.»

Manifestement, le premier mot de la liste a déterminé l'attitude des sujets à l'égard de l'inconnu fictif. Les deuxième, troisième et quatrième mots n'ont fait que renforcer les premières impressions.

Au cours d'une autre expérience, Edward Jones et ses collègues ont demandé à un groupe de sujets d'observer un collégien qui tentait de résoudre 30 problèmes difficiles, puis de dire combien de problèmes il avait résolus et quelles étaient ses chances de réussir lors d'un second examen.

Les sujets étaient divisés en deux groupes. Le premier a vu l'étudiant, qui, en fait, était un *compère* (voir chapitre 11), résoudre correctement la plupart des problèmes du début de l'examen, puis réussir de moins en moins bien jusqu'à la fin. L'autre groupe a vu l'étudiant se tromper plusieurs fois au départ, mais réussir de mieux en mieux à mesure que progressait l'examen. Dans les deux cas, l'«étudiant» réussissait 15 des 30 problèmes.

Le groupe qui avait vu l'étudiant réussir au début de l'examen était favorablement impressionné. Son évaluation du nombre de réponses de l'étudiant était très élevée, et il était convaincu que celui-ci réussirait encore mieux à l'avenir. L'autre groupe gardait une mauvaise impression de l'étudiant. Il ne se souvenait que des erreurs de l'étudiant et s'attendait à ce qu'il rate ses prochains examens.

Des expériences comme celles d'Asch, de Jones et de plusieurs autres indiquent que quiconque veut se faire aimer devrait s'efforcer de faire une bonne impression dès le point de départ. Malheureusement, nous n'avons pas toujours la possibilité de faire une première impression puisque, parfois, notre réputation nous précède.

Les réputations et les stéréotypes

La réputation dont jouit la famille d'Orlando joue beaucoup dans l'opinion que Rosalinde se fait de lui. La famille d'Orlando a une bonne réputation (elle fait une bonne impression à un grand nombre de personnes). Le père d'Orlando et celui de Rosalinde ont même été bons amis. Rosalinde a toujours entendu son père dire du bien de la famille d'Orlando, de sorte qu'elle est favorablement disposée à son égard. Son attitude serait peut-être différente si la famille d'Orlando avait une moins bonne réputation; après tout, les lutteurs sont rarement perçus comme des êtres romantiques. Il existe même un stéréotype selon lequel les lutteurs sont des êtres inintelligents et peu acceptables socialement. Si Rosalinde avait entretenu cette opinion stéréotypée au sujet des lutteurs, elle se serait détournée complètement d'Orlando en apprenant qu'il allait prendre part à un match de lutte.

Les réputations et les stéréotypes, qu'ils soient bons ou mauvais, nous privent de la possibilité de faire une première impression. Harold Kelley, de l'Institut de technologie du Massachusetts, a prouvé par ses expériences l'importance de la réputation. Kelley a annoncé à un groupe d'étudiants qu'ils allaient recevoir la visite d'un conférencier dont ils devraient par la suite faire l'appréciation. Puis, il leur a distribué quelques notes biographiques à son sujet. Dans la moitié des cas, le visiteur était décrit comme «une personne plutôt chaleureuse» et, dans l'autre moitié, comme un «être plutôt froid». Les étudiants ne savaient pas que deux descriptions différentes avaient circulé.

Le conférencier invité a animé une période de discussion libre, et Kelley a pris note du nombre de questions et de commentaires de chaque étudiant. Puis, il a demandé au groupe de rédiger une brève description du conférencier et d'en donner une appréciation. Tous les étudiants avaient assisté à la même conférence au même moment, mais ceux à qui l'on avait dit que le visiteur était chaleureux ont été les plus nombreux à le qualifier de simple, sociable, capable et divertissant. En outre, 56% d'entre eux lui avaient adressé la parole tandis qu'à peine 32% de ceux pour qui le visiteur avait une réputation de «froideur»

Lorsque nous jugeons les gens d'après leur seule apparence physique, nous nous en remettons aux stéréotypes et nous nous privons de la possibilité de les connaître vraiment. Croyez-vous que ces deux hommes puissent jamais devenir amis?

avaient pris part au débat. Manifestement, ceux qui n'aimaient pas la réputation du visiteur étaient convaincus qu'ils ne l'aimeraient pas plus en personne. Ils n'ont donc fait aucun effort pour entrer en contact avec lui. Cette façon que nous avons d'éviter les gens qui n'ont pas une bonne réputation ou qui nous font une mauvaise impression les prive de la possibilité de nous faire une deuxième impression plus favorable.

Comment fait-on pour communiquer avec les autres et leur faire une impression? Le moyen de communication le plus évident est bien sûr la parole. Toutefois, dans le domaine des premières impressions, la parole semble perdre de son efficacité. Nous nous laissons beaucoup plus impressionner par la communication non verbale, ou le langage corporel: les attitudes, le vêtement, les gestes.

La communication non verbale

Lorsqu'un nouveau professeur entre dans une classe, ses élèves entreprennent immédiatement (consciemment ou inconsciemment) de s'en faire une opinion (formation d'attitudes). Il s'agit là d'un comportement essentiel qui nous permet d'avoir une perception juste de notre milieu social et de découvrir de nouvelles façons de réagir à tout nouveau stimulus. Par conséquent, avant même que le professeur n'ait ouvert la bouche, ses élèves ont adopté une attitude à son égard, attitude qui leur est suggérée par toutes sortes d'indices non verbaux.

Le professeur est un homme ou une femme, jeune ou âgé, grand ou petit, il ou elle fait certains gestes, adopte un style vestimentaire particulier, etc. Tous ces éléments façonnent l'attitude de ses élèves, que ceux-ci en soient conscients ou non. En général, l'attitude des élèves sera positive si le professeur correspond à l'image qu'ils se font d'un bon professeur, ou si celui-ci donne à ses élèves l'impression d'être chaleureux et digne d'estime.

En Amérique du Nord, nous avons tendance à nous dire que les jeunes sont plus énergiques, plus enthousiastes, plus idéalistes et plus ouverts d'esprit que les personnes plus âgées. Un élève qui a eu de bonnes expériences avec un professeur jeune et tolérant aura peut-être spontanément une bonne opinion d'un professeur à l'allure jeune. Il s'apercevra peut-être qu'il s'est trompé, mais il est difficile d'effacer le souvenir d'expériences passées et les jeunes professeurs lui feront peut-être toujours une bonne impression.

Les impressions fondées sur le sexe sont également difficiles à effacer. En Amérique du Nord, comme dans bien d'autres régions, on a longtemps assigné à la femme le rôle de ménagère et d'objet sexuel. Nombreuses sont les personnes qui fondent encore leurs jugements sur ces stéréotypes en dépit du fait que de plus en plus d'hommes et de femmes refusent de s'en tenir exclusivement aux rôles que la société leur impose.

La taille, la couleur de la peau et l'apparence physique contribuent également à façonner nos impressions les uns des autres. Toute la théorie de la personnalité énoncée par Sheldon est basée sur de tels facteurs (voir chapitre 10). Tant que nos attitudes fondées sur des critères physiques nous paraîtront valables (renforçantes) au moins une certaine partie du temps, nous continuerons probablement de nous y fier. Mais même si nous constatons que l'aspect physique est souvent trompeur, nous ne cesserions probablement pas de nous laisser favorablement impressionner par la beauté.

Les avantages de la beauté

Les hommes et les femmes ont partout et toujours été soumis à des critères de beauté. Ceux qui s'en approchent le plus ont toujours été socialement avantagés parce que la beauté suffit à faire une bonne impression. Aussi dépensons-nous des milliards de dollars en produits de beauté et en vêtements destinés à nous mettre en valeur et à nous rendre beaux.

Les gens qui paraissent bien se font attribuer toutes sortes de qualités. Dans son livre *The Social Animal*, le psychologue Elliot Aronson mentionne plusieurs expériences qui, toutes, font valoir les avantages de la beauté.

Au cours d'une de ces expériences, Elaine Walster et ses collaborateurs ont eu recours à un ordinateur pour mettre en rapport des couples d'étudiants à l'Université du Minnesota. Les étudiants avaient tous subi un test de personnalité, de sorte que l'ordinateur aurait dû pouvoir les mettre en rapport avec des personnes de mêmes affinités. Or, seul l'attrait physique s'est avéré déterminant; les couples qui s'étaient trouvés mutuellement attirants ont été pratiquement les seuls à se revoir.

Dans une autre étude, Karen Dion et ses collègues ont demandé à des étudiants de considérer trois photos de jeunes gens dont le premier avait belle apparence, le deuxième était moyen et le troisième avait un physique ingrat (du moins selon des critères de collégien). On leur a demandé de décrire ces trois personnes d'après une liste où figuraient 27 traits de personnalité et de faire des prédictions sur leur avenir. Ceux qui avaient la plus belle apparence se sont vus attribuer les traits de personnalité les plus enviables et ont été promis au plus brillant avenir. (En fait, les études menées par L. M. Terman, psychologue de l'Université Stanford, indiquent que les personnes au Q.I. élevé sont souvent plus grandes, plus saines et ont meilleure apparence que la moyenne. Il n'est peut-être pas entièrement faux, dès lors, d'attribuer de l'intelligence aux personnes qui ont belle apparence.)

Dion et Ellen Berscheid ont constaté que l'attrait physique jouait même chez les enfants d'âge pré-scolaire. En demandant aux enfants d'une maternelle de parler de leurs camarades, elles ont découvert que les petits garçons au physique ingrat étaient souvent jugés plus agressifs et plus redoutables que les autres.

Au cours d'une autre expérience, Dion a constaté que les critères de beauté conditionnaient également l'attitude des adultes à l'égard des enfants. On a demandé à un certain nombre de femmes de lire le compte rendu d'un grave incident causé par une fillette dans une classe. Lorsque la photo d'une jolie petite fille accompagnait le compte rendu, les participantes avaient tendance à lui trouver des excuses. Dans sa description de l'enfant, une femme a écrit: «Elle s'amuse bien avec les autres, mais comme tout le monde, elle a ses mauvais moments. Il ne faudrait pas prendre sa cruauté... trop au sérieux». Par contre, la lecture du même compte rendu annexé cette fois à la photo d'une enfant moins jolie a donné lieu au commentaire suivant: «Cette enfant doit être détestable et doit mettre ses professeurs à rude épreuve. Elle cherche probablement toujours querelle aux enfants de son âge». Manifestement, les gens qui paraissent bien ont toujours le bénéfice du doute et sont en général mieux traités que les autres.

Aronson, après avoir examiné les résultats de ces études et de plusieurs autres, affirme: «La beauté physique dépasse le superficiel. Nous sommes plus impressionnés par les gens qui paraissent bien que par ceux qui ont un physique ingrat et, pour peu qu'ils ne soient pas grossièrement désagréables, nous sommes portés à les aimer mieux que les autres.»

Les gestes

Il est bien difficile, sinon impossible, de modifier sa taille, son apparence générale ou la couleur de sa peau. Mais il y a d'autres moyens de faire bonne impression. Nous jugeons souvent les autres à leur poignée de main ferme, molle ou moite. Les gens à la démarche assurée nous donnent l'impression d'être sûrs d'eux, déterminés, tandis que ceux qui traînent les pieds nous font l'effet d'être paresseux et mous.

On n'a pas encore pu inventorier tous les messages inconscients que nous nous communiquons par le langage corporel, mais de nombreuses études indiquent déjà que notre corps véhicule nos sentiments et nos réactions à l'égard des autres. Albert Mehrabian, par exemple, a demandé à des hommes et à des femmes de mimer leur façon de s'asseoir et de converser avec quelqu'un d'agréable ou de désagréable. En général, les hommes et les femmes se penchaient vers l'interlocuteur pour exprimer la sympathie. Et les hommes plus que les femmes se redressaient et devenaient plus tendus en présence d'un interlocuteur antipathique.

Une autre étude a donné des résultats similaires. Le psychologue Donn Byrne a organisé des rencontres par ordinateur; il laissait aux jeunes couples ainsi formés le temps d'apprendre un peu à se connaître, puis il les convoquait à son bureau. Tandis qu'ils se tenaient debout devant lui, il leur expliquait qu'ils auraient à remplir un questionnaire portant sur leur attitude l'un par rapport à l'autre. En comparant les résultats des questionnaires au comportement des couples dans son bureau, Byrne a constaté que les couples qui se plaisaient s'étaient tenus beaucoup plus près l'un de l'autre que ceux qui étaient demeurés indifférents l'un à l'autre.

Le regard

Parmi les communications non verbales, les expressions du visage sont probablement les plus éloquentes. Une moue ou un sourire communiquent nos sentiments sans la moindre équivoque. Mais le regard est encore plus important. Selon les circonstances, un regard soutenu traduira l'agressivité, l'amour, l'attirance ou l'intérêt.

Les Nord-Américains moyens apprennent très jeunes à se communiquer certains messages du regard. Il est convenu, par exemple, de fixer des yeux une personne qui nous parle; cela indique l'intérêt et encourage l'interlocuteur à poursuivre. En détournant les yeux, nous indiquons plutôt l'ennui ou le désir de prendre nous-même la parole. Si l'interlocuteur ne tient pas à être interrompu, il évitera notre regard et fera mine de ne pas s'apercevoir que nous lui demandons de se taire. Tant que, dans un groupe, chacun obéit aux signaux ainsi communiqués, la conversation se poursuivra harmonieusement, chacun prenant la parole à tour de rôle. Les personnes qui refusent de se plier à ces règles sociales sont jugées grossières, arrogantes, puériles ou particulièrement agressives.

Les interventions du regard ne font pas que régulariser la conversation. Un regard fuyant est souvent une indice de culpabilité ou de crainte. R. V. Exline et ses collègues se sont penchés sur cette théorie. Ils ont d'abord réuni un groupe de sujets auxquels ils ont fait passer un test de personnalité afin de déterminer s'ils étaient ou non des **manipulateurs**. On a découvert parmi les sujets de véritables «tyrans». Puis, on leur a fait passer un autre test au cours duquel ils étaient encouragés subtilement à tricher.

Ensuite, on les a interrogés. Ceux qui n'avaient pas triché regardaient normalement leur interlocuteur dans les yeux, tandis que les tricheurs avaient deux types de réactions: certains avaient le regard fuyant et manifestaient ainsi leur culpabilité; par contre, ceux qui s'étaient révélés hautement manipulateurs ne semblaient pas se sentir coupables et fixaient l'expérimentateur droit dans les yeux. Il semble que les manipulateurs n'aient pas les mêmes réactions de culpabilité que les autres.

Dans une autre série d'expériences, E. H. Hess a montré que des messages mêmes très subtils et quasi imperceptibles pouvaient considérablement modifier les attitudes. Hess a étudié le phénomène de la **dilatation** des pupilles comme manifestation d'intérêt ou même d'excitation sexuelle. Certains magiciens observent ce phénomène qui leur indique qu'ils ont tourné la bonne carte. Hess a demandé à un groupe de sujets (20 hommes) de visionner une série de diapositives à l'aide d'un appareil qui lui permettait de mesurer le degré de dilatation de leurs pupilles. Parmi les diapositives, il y avait deux photos d'une très belle femme. Les deux photos étaient identiques sauf pour les pupilles qui avaient été retouchées; sur l'une d'elles, les pupilles de la femme paraissaient très petites, tandis que sur l'autre, elles étaient très dilatées. Après la séance, les sujets ont affirmé que les deux photos de la jolie

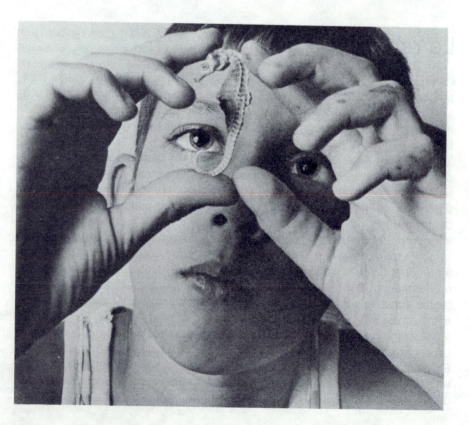

La dilatation de la pupille est un phénomène qui indique l'intérêt ou l'excitation sexuelle. Ce garçonnet est manifestement très intéressé par son hippocampe.

femme étaient absolument identiques; personne n'avait remarqué la dilatation des pupilles. Et pourtant, la réaction des sujets, révélés par le degré de dilatation de leurs pupilles, avait été très différente. Ils avaient deux fois plus réagi violemment à la vue de la femme aux pupilles dilatées.

LA PERCEPTION DE LA PERSONNE

Imaginez qu'un professeur vous demande de vous documenter sur la schizophrénie et d'illustrer devant la classe le comportement d'un schizophrène. Vous vous rendez alors dans un hôpital psychiatrique pour observer des schizophrènes et vous réussissez à imiter avec précision un grand nombre de leurs comportements. Pensez-vous que cela modifierait l'opinion que vos camarades se font de vous?

Avant de répondre, considérons certaines données et certains résultats de recherche. L'impression que vous avez des autres, et celle qu'ils ont de vous, font partie de ce que Harold Kelley appelle la **perception de la personne**. Lorsque vous êtes en présence de gens qui vous connaissent peu, ceux-ci vous observent et tentent en quelque sorte de vous «analyser», c'est-à-dire de se faire une idée de qui vous êtes, et de ce qui vous motive à agir comme vous le faites. Par conséquent, la perception qu'ils ont de vous repose, en partie, sur les hypothèses (vraies ou fausses) qu'ils font à votre sujet.

Le processus d'attribution

Selon la théorie de Helson, nos perceptions sont façonnées par des facteurs relatifs au stimulus, au contexte et à la personnalité (voir chapitre 15). En classe, le stimulus, c'est vous. Mais la perception que vos camarades ont de vous ne repose pas uniquement sur vos faits et gestes; elle tient également au contexte dans lequel vous vous trouvez ainsi qu'à leurs préjugés émotionnels et cognitifs. Malheureusement, nombre de vos camarades sont incapables de vous distinguer du contexte dans lequel vous vous trouvez et des préjugés qu'ils entretiennent. Aussi considéreront-ils vos gestes et vos paroles uniquement comme des traits de personnalité sans tenir compte des circonstances qui les entourent et de leur propre état d'esprit. Vos camarades iront peut-être même jusqu'à vous *attribuer* des motifs et des traits de personnalité erronés et infondés dans un effort pour vous comprendre et prévoir votre comportement. C'est ce genre de distorsion perceptuelle que nous appelons le **processus d'attribution.**

Plusieurs psychologues ont étudié le processus d'attribution depuis que Fritz Heider l'a porté à notre attention en 1958. E. E. Jones et V. A. Harris, par exemple, ont demandé à un groupe de sujets de prononcer un discours soit très en faveur soit tout à fait à l'encontre de l'intégration raciale. Les sujets n'avaient ni le choix de leur position, ni celui de leurs arguments. Peu importe leurs opinions personnelles, ils devaient se contenter de dire ce qui leur était imposé par Jones et Harris. Un groupe d'étudiants devaient assister au débat et tenter de déterminer l'opinion réelle des participants. Bien qu'ils aient su que les orateurs s'en tenaient au rôle qui leur était imposé, la plupart des étudiants ont affirmé «qu'au fond, ils devaient être réellement convaincus de leurs arguments». Ainsi ont-ils *attribué* aux orateurs des convictions qui n'étaient pas nécessairement les leurs, parce que leurs perceptions étaient déformées par leurs réactions émotionnelles.

Pour en revenir à notre question de tout à l'heure, si vous imitiez le comportement d'un schizophrène en classe, vos camarades changeraient-ils d'attitude à votre égard? Eh bien, si vous arriviez vraiment à les émouvoir, probablement que oui. En effet, dans ces circonstances, vos camarades vous percevraient différemment. Ils iraient peut-être même jusqu'à vous attribuer une maladie mentale et ce, même si intellectuellement ils comprenaient très bien que vous n'agissiez de la sorte qu'à la demande du professeur.

L'altruisme

Non seulement attribuons-nous des motifs et des traits de personnalité aux autres, mais nous nous en attribuons également à nous-mêmes. Malheureusement, nous nous percevons souvent aussi mal que nous percevons les autres. Par exemple, à la suite de sa première expérience sur l'obéissance (voir chapitre 15), Stanley Milgram, a demandé à un grand nombre d'étudiants comment ils réagiraient si on leur demandait d'administrer une décharge électrique dangereuse à un sujet d'expérience. La plupart des étudiants ont affirmé qu'ils n'obéiraient certainement pas. Qui plus est, plusieurs étudiants se sont montrés surpris et même contrariés à l'idée que Milgram ait pu leur poser une telle question, puisqu'ils étaient convaincus d'être beaucoup trop **altruistes** (c'est-à-dire tournés vers les autres) pour agir de la sorte. Néanmoins, soumis au test de l'obéissance, les deux tiers des étudiants ont suivi les instructions à la lettre et administré au sujet de l'expérience ce qu'ils croyaient être une violente décharge électrique.

L'altruisme est un trait de personnalité si bien vu, socialement, que nous nous en croyons bien pourvus; du moins répondons-nous aux questionnaires psychologiques comme si nous nous croyions hautement altruistes. En situation, toutefois, nos comportements ne correspondent pas toujours à l'opinion que nous nous faisons de nous-mêmes. Pour illustrer ce fait, considérons une expérience menée en 1977 par Alexander Tolor, Bryan B. Kelly et Charles A. Stebbins de l'Université de Fairfield au Connecticut. Ces psychologues ont d'abord fait passer un test écrit à un groupe d'étudiants et à un groupe de malades dans un hôpital psychiatrique. Comme on s'y attendait, les étudiants ont fait montre d'un niveau élevé d'altruisme en acquiesçant à des affirmations telles que: «Il est bon d'accorder du temps à veiller au bien-être de la ville où l'on habite». Curieusement, les malades ont fait montre d'autant d'altruisme, du moins selon les critères du questionnaire.

Tolor, Kelly et Stebbins ont ensuite mis leurs sujets à l'épreuve. Ils ont d'abord fait patienter (un à la fois) 25 étudiants et 25 malades dans une petite pièce. Au bout d'un certain temps, une personne entrait dans la pièce en béquilles, trébuchait et tombait par terre en poussant un cri de douleur.

On voulait ainsi déterminer qui viendrait en aide à la personne en détresse et quel genre d'aide on lui apporterait.

À la surprise générale, les 25 malades sont tous venus immédiatement en aide à la personne qui avait trébuché, contre 72% des étudiants. En outre, contrairement, aux malades, les étudiants qui offraient leur aide n'étaient pas d'un grand secours. Environ, 72% des malades ont aidé la personne à se relever tandis qu'à peine 32% des étudiants ont consenti à lui toucher ou à l'aider à se remettre debout. Près de 60% des malades présumément psychotiques ont tendu ses béquilles à la personne, contre 28% des étudiants.

Bref, 100% des malades profondément perturbés ont été d'un véritable secours à la personne qui était tombée tandis que 75% des étudiants ont offert verbalement d'aider, mais que un sur trois seulement l'a fait véritablement.

Tolor, Kelly et Stebbins en ont conclu: «En situation concrète, les malades mentaux se sont montrés beaucoup plus altruistes que les gens normaux. La réputation d'idéalisme que l'on fait aux étudiants et aux jeunes en général ne se vérifie pas toujours dans leurs comportements; il se peut même qu'elle soit grandement surfaite».

La dissonance cognitive

Mettez-vous à la place des 25 étudiants qui ont pris part à l'expérience de Fairfield. Vous vous dites profondément altruiste dans un test écrit, mais mis en situation, vous adoptez un tout autre comportement. Comment expliqueriez-vous l'écart ou la dissonance qui existe entre votre perception de vous-même et votre conduite?

Si vous êtes comme le commun des mortels, vous aurez probablement recours à ce que Freud appelle la **rationalisation**. Vous direz peut-être que vous *aviez l'intention* d'aider la personne qui était tombée, mais que vous n'aviez pas l'impression qu'elle avait besoin d'aide. Ou alors, que vous aviez vu clair dans le jeu des psychologues et que vous saviez qu'il s'agissait d'une mise en scène.

Leon Festinger, un psychologue de l'Université Stanford, a longuement étudié ces cas où les comportements des gens diffèrent des motivations qu'ils croient avoir. Selon lui, nous sommes alors en situation de **dissonance cognitive**. Lorsque nous faisons quelque chose que nous jugeons répréhensible, ou lorsque nous omettons de faire quelque chose de bien, nous sommes en situation de conflit psychologique. Notre conduite est différente (dissonante) de ce que nous croyons qu'elle devrait être. La dissonance cognitive suscite un puissant malaise que nous voulons à tout prix calmer, tout comme nous voulons calmer notre faim après plusieurs heures sans manger (voir chapitre 5). Pour calmer le malaise créé par la dissonance cognitive, nous

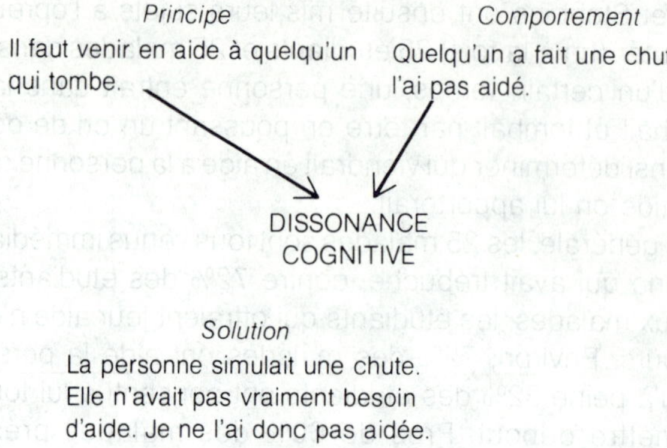

Fig. 16.1

Il y a dissonance cognitive lorsque notre comportement entre en contradiction avec nos principes. Pour résoudre le conflit, nous modifions le plus souvent nos principes ou notre perception des choses.

Principe
Il faut venir en aide à quelqu'un qui tombe.

Comportement
Quelqu'un a fait une chute. Je ne l'ai pas aidé.

DISSONANCE
COGNITIVE

Solution
La personne simulait une chute. Elle n'avait pas vraiment besoin d'aide. Je ne l'ai donc pas aidée.

modifions généralement notre façon de percevoir les choses, mais rarement notre comportement lui-même.

La dissonance cognitive est un phénomène assez fréquent, comme l'indiquent les travaux de Milgram sur l'obéissance; les étudiants soumis à ces expériences se croyaient altruistes, mais agissaient de façon «autoritaire» ou égoïste. Elle explique également pourquoi un si grand nombre de personnes qui ont pris part aux expériences de pressions de groupe envers la conformité ont modifié leurs perceptions de ce qu'ils avaient vu plutôt que leur *comportement* (voir chapitre 11).

Autrement dit, on nous apprend dès le berceau à valoriser l'altruisme et à mépriser la conformité. Une fois ces valeurs sociales intériorisées, nous avons tendance à nous attribuer les comportements qui y correspondent. En réalité, toutefois, ce sont plus souvent les comportements altruistes qui sont punis tandis que la conformité est récompensée. Il nous arrive donc plus souvent que nous le croyons d'être conformistes. La rationalisation n'est qu'un des moyens par lesquels nous nous soustrayons à la dissonance cognitive suscitée par les contradictions entre notre conduite et les rôles sociaux idéalisés qu'on nous inculque dès le berceau.

LES RÔLES SOCIAUX

«Le monde entier est un théâtre, et tous, hommes et femmes n'en sont que des acteurs: tous ils y font leurs entrées et leurs sorties; chacun joue successivement les différents rôles d'un drame...» Cette réplique célèbre est dite par Jacques, l'un des rares personnages de *Comme il vous plaira* qui ne soit pas amoureux. Jacques semble vouloir dire que nous jouons souvent la comédie dans la vie quotidienne, et peut être n'a-t-il pas tort. Tout au long d'une vie, nous jouons en effet un grand nombre de **rôles sociaux**: celui d'enfant, de parent, d'étudiant, de professeur, d'ami, d'amant et ainsi de suite. Certains rôles ne durent que quelques instants, le temps de faire bonne figure devant un éventuel employeur, par exemple. D'autres, celui de parent, par exemple, durent au contraire plusieurs années. Quelles que soient les circonstances sociales, toutefois, et si simples ou éphémères soient-elles, nous jouons toujours un rôle et tentons ainsi d'impressionner notre entourage.

Le **jeu de rôle** n'est pas restreint à nos relations sociales. Les rôles que nous adoptons influencent nos pensées et nos comportements et contribuent à façonner l'opinion que nous avons de nous-mêmes. Ils ont pour objet de nous gagner l'approbation des autres. S'ils réussissent à susciter une réaction positive, ils contribuent à nous faire acquérir une bonne opinion de nous-mêmes. Les rôles qui produisent l'effet désiré sont gratifiants; nous sommes donc portés à les répéter de sorte qu'ils peuvent devenir un élément durable de notre personnalité. Les rôles qui ne nous obtiennent pas les réactions positives de notre entourage ont l'effet contraire; à la longue, ils nous amènent à avoir une mauvaise opinion de nous-mêmes, opinion qui se répercutera sur notre comportement. Les enfants au physique ingrat que Karen Dion a étudiés, par exemple, étaient plus souvent accusés de mauvaise conduite que les autres. Nous savons, affirme Elliot Aronson, que les gens qui sont mal traités finissent par avoir une mauvaise opinion d'eux-mêmes. Ils en viennent à se penser méchants et indignes d'affection. À la longue, ils adoptent un comportement qui correspond à l'idée qu'ils se font d'eux-mêmes, et qui, en fait, résulte de la façon dont ils ont toujours été traités: c'est là un bon exemple de **prophétie inéluctable**.

La détermination des rôles

Les rôles que jouent les personnages de Shakespeare ont été écrits pour eux, mais ce n'est pas le cas des rôles que nous jouons dans la vie de tous les jours. Comment choisissons-nous alors un rôle plutôt qu'un autre? Certaines théories (comme celle de Sheldon, exposée au chapitre 10) prétendent que la détermination de la personnalité et des rôles sociaux dépend de facteurs biologiques et génétiques. La plupart des études, toutefois, attribuent à l'expérience l'apprentissage des rôles sociaux. Nous apprenons les rôles que la société nous enseigne.

Les facteurs biologiques ont, sans contredit, leur importance dans la détermination des rôles sociaux, mais même les rôles les plus intimement liés à la biologie, tels la maternité et les rôles sexuels, résultent en grande partie de l'apprentissage.

Les expériences menées par Harry Harlow sur des singes isolés de leurs parents, de leurs pairs et de la société simienne font bien ressortir l'importance de l'apprentissage des rôles (voir chapitre 14). Lorsque les singes isolés ont été ramenés parmi les autres, ils n'ont pris part à aucune activité sociale. Ils n'avaient pas appris leurs rôles sociaux et ne savaient pas quel comportement adopter. Ils ignoraient tout des activités sexuelles et les femelles n'avaient pas de comportements maternels.

La maternité

Harlow a eu du mal à obtenir une grossesse chez les femelles qui avaient été isolées, puisqu'elles ne connaissaient rien aux activités sexuelles. Il a dû avoir recours à un appareil et a enfin réussi à faire féconder un certain nombre de femelles par des mâles expérimentés. Après la naissance de leur petit, les guenons se sont révélées «monstrueuses» au dire de Harlow. Comme elles n'avaient pas appris le rôle maternel de leur propre mère, elle ne savaient pas comment se conduire avec leur petit. Dans certains cas, elles les ignoraient complètement et dans les cas extrêmes, elles leur marchaient dessus, les piétinaient contre le sol de la cage ou leur grugeaient les pieds et les doigts jusqu'à ce qu'on intervienne.

Dans les cas où les petits ont réussi à survivre, les mères ont fini par leur procurer un peu de chaleur et de confort. Après avoir appris les rudiments du rôle maternel, les mères ont réussi à s'en acquitter un peu mieux. À la deuxième naissance, elles étaient beaucoup plus compétentes.

On s'imagine que le sentiment maternel est un instinct naturel qui donne envie à toutes les femmes d'avoir des enfants. Mais les études de Harlow montrent bien que l'instinct maternel ne fait que prédisposer au soin des enfants. Pour que cette prédisposition arrive à s'exprimer, il faut avoir pu faire l'apprentissage du rôle maternel.

Comme l'instinct est apparemment beaucoup plus faible chez les humains que chez les animaux, les humains comptent encore davantage sur l'apprentissage. Les défauts d'apprentissage ont parfois des conséquences désastreuses. Serapio R. Zalba, dans un article paru en 1971 dans la revue *Transaction*, évaluait à environ 240 000 par année le nombre de cas d'enfants maltraités aux États-Unis. De ce nombre, 40 000 subissent de graves blessures et des milliers sont tués par leurs parents. On sait que des enfants ont été enfermés dans des cages, élevés dans des placards obscurs, brûlés avec des cigarettes, tailladés, ébouillantés, privés de nourriture, blessés à coup de revolver et roués de coups.

Les «mères monstrueuses» de Harlow avaient souffert d'isolement social et de négligence affective au cours de leur enfance. Selon Zalba, la plupart des êtres humains qui maltraitent leurs enfants ont également eu une enfance malheureuse. Les grands-parents n'ayant pas été de bons modèles, ils n'ont pu transmettre aux parents les comportements sociaux qui leur auraient permis d'assurer l'éducation de leurs propres enfants.

Dans nos relations interpersonnelles, nous jouons tous divers rôles à divers moments. Voici un homme en présence: a) de son employeur, b) de son épouse et c) d'amis lors d'un anniversaire.

Harlow a constaté que les guenons privées de mère ne savaient rien de la maternité puis- qu'elles n'avaient eu aucun modèle auprès de qui faire l'apprentissage du rôle maternel. Elles étaient des mères «monstrueuses».

La paternité

Le père d'Hitler était un homme tyrannique et brutal, un ivrogne qui battait impitoyablement sa femme et ses enfants. Non seulement s'attaquait-il à sa famille, mais il s'en prenait également à toutes les institutions sociales, l'éducation, la religion, la morale et le gouvernement. Le père de Benjamin Franklin, par contre, était bon, compréhensif et rationnel. Il consacrait beaucoup de temps à son jeune fils, l'initiant aux joies de l'esprit et du monde. Il est possible que ces deux attitudes paternelles aient engendré deux personnalités totalement différentes. Hitler a été un homme brutal qui n'avait aucun respect pour les humains et leurs institutions tandis que Franklin a été un homme doux et laborieux qui a su s'imposer dans les domaines intellectuel, scientifique, social et politique.

Il y a déjà longtemps que les psychologues sont conscients de l'énorme influence que peut exercer un père sur ses enfants. Pourtant, la plupart des études d'ordre psychologique sont presque entièrement centrées sur la relation mère-enfant. Selon le psychologue Henry Biller et son collègue Dennis Meredith, il s'agit là d'une grave lacune. Dans leur ouvrage intitulé *Father Power,* ils indiquent qu'en confiant presque l'entière responsabilité de l'éducation des enfants aux mères, la société moderne risque de priver ceux-ci des modèles masculins dont ils ont besoin.

Plusieurs études ont montré que les jeunes garçons privés de la présence d'un père ont tendance à être moins agressifs, plus dépendants et plus portés vers des intérêts «féminins» que les garçons élevés par un père et une mère. Certains de ces comportements disparaissent lorsque ces enfants atteignent l'âge scolaire et peuvent s'initier au rôle masculin hors du milieu familial. Dans d'autres cas, les garçons privés de père affichent au contraire un comportement exagérément masculin comme s'ils voulaient compenser. Il semble qu'au cours des six premières années de leur vie, au moins, les jeunes garçons aient besoin de la présence d'un homme pour apprendre leur rôle viril. En observant leurs parents, les garçons s'initient à la façon de traiter les femmes. Certains apprennent, comme Hitler, à battre les femmes. Mais d'autres, dans certaines circonstances, peuvent apprendre à traiter les femmes d'égal à égal.

Les filles ont autant besoin d'une **image du père** que les garçons. En observant leur père et en établissant des rapports avec lui, les filles apprennent à réagir en présence des hommes et découvrent les réactions des hommes face à leur sexualité. En 1973, Mavis Heatherington a étudié les conséquences de l'absence de père chez un groupe de 72 adolescentes de trois milieux familiaux différents. Les 24 jeunes filles de premier groupe avaient été séparées de leur père par le divorce. Celles du deuxième groupe avaient été élevées par une mère veuve et celles du troisième vivaient dans des familles normales, c'est-à-dire avec un père et une mère. Aucune d'elles n'avait de frères. À peu d'exceptions près, aucune d'elles n'avaient de troubles de comportement digne de mention et toutes réussissaient raisonnablement bien en classe; elles avaient toutefois des réactions nettement différentes en présence des hommes.

Dans le cadre de l'étude, chaque jeune fille devait passer une entrevue avec un homme. Dans le bureau où se déroulait l'entrevue, elles avaient le choix de trois fauteuils. Les jeunes filles qui avaient été élevées par une mère divorcée choisissaient généralement le fauteuil le plus rapproché de l'intervieweur et s'y étalaient. Elles se penchaient vers leur interlocuteur le regardaient souvent dans les yeux, lui souriaient souvent et étaient très loquaces. Les jeunes filles dont le père était mort agissaient très différemment. Elles s'assoyaient bien droites dans le fauteuil le plus éloigné de l'intervieweur, s'en détournaient légèrement et s'abstenaient de sourire, de le regarder ou de trop parler. Les jeunes filles issues de familles normales avaient un comportement intermédiaire, mais semblaient beaucoup plus à l'aise en présence de l'intervieweur que les jeunes filles privées de père, qui tiraillaient sans cesse leurs vêtements, pianotaient ou se tortillaient une mèche de cheveux. Lorsque l'entrevue se déroulait en présence d'une femme, les différences de comportement entre les trois groupes étaient presque nulles.

Heatherington a constaté que les comportements des jeunes filles au cours de l'entrevue étaient révélateurs de leurs rapports sociaux avec les hommes. Les jeunes filles dont les parents étaient divorcés recherchaient l'attention et les éloges des hommes plus que celles des deux autres groupes. Elles se tenaient là où elles avaient le plus de chances de rencontrer des jeunes gens: le gymnase, l'atelier de menuiserie ou d'usinage, la salle de danse de l'école. Elles n'hésitaient pas à recourir à leurs charmes physiques pour attirer l'attention des garçons: elles flirtaient plus souvent et avaient des rapports sexuels plus tôt et plus souvent que les jeunes filles des deux autres groupes. Les jeunes filles dont le père était décédé évitaient les hommes. Leurs premières fréquentations survenaient relativement tard et elles souffraient d'inhibitions sexuelles. Au cours d'une soirée dansante, les psychologues ont pu constater que ces jeunes filles évitaient les garçons et que deux d'entre elles sont même allées jusqu'à se terrer dans la salle des dames toute la soirée. Or, ces comportements n'étaient aucunement dictés par le manque de popularité puisque lorsqu'elles étaient dans la salle, ces jeunes filles recevaient autant d'invitations à danser que les autres.

L'étude de Heatherington indique que le comportement sexuel d'une jeune fille peut être conditionné par l'absence ou la négligence du père. Elle révèle en outre que les motifs pour lesquels le père est absent influent sur l'attitude de l'enfant face aux hommes. Les jeunes filles dont les parents étaient divorcés n'aimaient pas leur père, peut-être à cause de l'attitude négative qu'entretenait leur mère à l'égard de son ex-époux ou encore parce qu'elles avaient l'impression d'avoir été abandonnées. Les filles dont le père était décédé se faisaient de lui une image idéaliste que nul homme ne pouvait égaler. Quelle que soit leur façon de l'exprimer, toutes les jeunes filles privées de père manquaient d'assurance dans leurs rapports avec les hommes, et celles qui en manquaient le plus avaient perdu leur père avant l'âge de cinq ans.

Les études de Heatherington comme celles de Harlow révèlent que les enfants qui n'ont pas eu l'occasion d'apprendre les rôles sociaux auprès de leurs parents souffrent parfois de troubles psychologiques. Mais diverses raisons: la mort, l'emprisonnement, le divorce, l'abandon, font que la perte de l'un ou des deux est une éventualité relativement fréquente. Les difficultés d'ordre psychologique entraînées par ces pertes ne sont pas toujours permanentes. Harlow a pu constater que les singes isolés arrivaient à se réadapter s'ils étaient soumis assez tôt à la thérapie appropriée.

Les singes qui avaient été privés de contacts sociaux pour au moins six mois étaient soumis à une thérapie spéciale. On les plaçait deux heures par jour dans la cage d'un singe «thérapeute». Il s'agissait d'un jeune singe de trois ou quatre mois, élevé par une mère normale. Comme les singes isolés avaient été privés de contacts physiques et sociaux, Harlow se disait que les jeunes, qui en étaient encore au stade de l'attachement à la mère, sauraient leur procurer ce genre de contact. Alors que les singes adultes ignoraient ou agressaient ceux qui avaient été isolés, les jeunes se blotissaient contre eux sans la moindre réserve.

Les singes isolés, qui restaient habituellement pelotonnés dans un coin, repoussaient toutes les avances des jeunes qui, ne s'apercevant de rien, continuaient à chercher par tous les moyens à se blottir contre eux. Petit à petit, les isolés ont cessé de craindre les jeunes et se sont mis eux-mêmes à se blottir contre eux. Ils semblaient vouloir satisfaire un besoin non comblé dans

Par l'observation du parent de même sexe, les enfants apprennent les rôles appropriés à leur sexe. Ce petit garçon apprend à se raser en observant son père.

l'enfance. Au bout de quelques semaines, les isolés et les jeunes s'amusaient ferme. Après une thérapie de six mois, la plupart des isolés avaient perdu leur comportement anormal, et plusieurs se sont remis complètement des conséquences de leur isolement. Il semble que les jeunes «thérapeutes» aient réussi à leur procurer la chaleur et le contact dont ils avaient été privés.

Les relations avec les pairs

Ce que les singes isolés de Harlow n'avaient pas reçu de leurs parents, ils ont pu le recevoir de leurs jeunes compagnons de jeu. Ainsi en est-il dans presque toutes les sociétés; les enfants font une grande partie de leur apprentissage social en compagnie de leurs pairs et de leurs camarades. Chez les Murias de l'Inde centrale, par exemple, l'apprentissage social est presque entièrement laissé aux enfants. Seuls les tout-petits vivent avec leurs parents. Les enfants de 6 à 17 ans vivent dans un «ghotul», c'est-à-dire une maison réservée aux enfants et située à la périphérie du village.

Les ghotuls sont construits et régis par les enfants, qui y travaillent et s'y amusent sans la moindre surveillance parentale. Les parents, qui pour la plupart vivent de la terre, de la chasse et de la pêche, procurent la nourriture aux enfants qui, en retour, font une bonne partie des travaux de la terre. Mais tous les soirs, à six heures, les enfants retournent au ghotul pour s'amuser et planifier leurs activités du lendemain.

Les enfants Murias s'initient à la sexualité entre eux, dès leur arrivée au ghotul. Tous les soirs, les garçons et les filles forment des couples et vont dormir ensemble. Pour éviter la jalousie et la concurrence, ils ne couchent jamais plus de trois nuits consécutives avec le même partenaire. Dans les ghotuls, les enfants apprennent à tout partager, sans réserve. Un compte-rendu paru dans la revue allemande *Stern* (août 1972) indique que les enfants Murias ont une attitude très saine à l'égard de la sexualité; ils n'en ont ni peur, ni honte. Leur comportement social en général semble d'ailleurs très sain. Selon les statistiques recueillies par le gouvernement indien, il n'y aurait ni prostitution, ni homosexualité, ni criminalité (pas le moindre larcin) chez les Murias. Les rôles sociaux qu'ils s'enseignent mutuellement dès l'enfance semblent bien les préparer à mener une vie adulte harmonieuse.

Rares sont les sociétés qui accordent à leurs enfants toute la liberté et les responsabilités dont jouissent les Murias. Mais il demeure que les jeux et les relations avec les pairs contribuent de façon essentielle à l'apprentissage des rôles sociaux dans la plupart des sociétés.

Le jeu social

Les enfants consacrent une grande partie de leur temps à se tirailler et à se bousculer, ce qui inquiète souvent leurs parents qui craignent que leur enfant ne se blesse ou n'en blesse d'autres. Selon Harlow, toutefois, il s'agirait là d'une activité essentielle à la socialisation. C'est en se tiraillant et en se bousculant que les jeunes singes apprennent les rudiments de leurs rôles sexuels, ainsi que d'autres comportements sociaux. La plupart des jeunes animaux réagissent à la frustration et à la douleur en s'attaquant à l'objet le plus proche, fût-ce un autre animal. En se tiraillant, toutefois, ils apprennent vite à s'abstenir de frapper certains animaux. Petit à petit, et grâce au jeu, les jeunes singes apprennent à connaître leur place dans la hiérarchie sociale et leur agressivité.

Le psychologue N.G.B. Jones a observé ces bousculades auxquelles s'adonnent les enfants et a constaté qu'elles commençaient vers l'âge de dix-huit mois pour ne prendre fin que vers la quatrième ou la cinquième année. Garçons et filles s'y adonnent, mais une distinction commence à se faire à mesure qu'ils grandissent. Un garçonnet de trois ans consacre deux fois plus de temps aux tiraillages qu'une fillette du même âge. Comme on a pu constater les mêmes distinctions chez les singes, Harlow a émis l'hypothèse qu'elles étaient peut être attribuables à l'activité hormonale.

Dans les sociétés humaines, des conventions culturelles viennent renforcer les distinctions naturelles ou biologiques entre garçons et filles. On encourage les fillettes à jouer à la mère, à faire la cuisine et à coudre tandis qu'on pousse les garçons à des activités plus robustes comme le football, ou le jeu du gendarme et des voleurs. Les jouets ont aussi leur importance. Les philosophes grecs Platon et Aristote proposaient de donner aux enfants de petits outils avec lesquels ils pouvaient s'amuser afin de les préparer à leurs activités futures. Dans les sociétés occidentales, on donne des poupées aux fillettes et des jeux de construction et de chimie aux garçons. Ainsi faut-il attribuer plus à la société qu'aux hormones, la forte différenciation entre les sexes et la détermination des rôles sexuels.

Au début, ce sont surtout la taille et la force qui déterminent une certaine hiérarchie sociale parmi les enfants. Mais plus les enfants maîtrisent la parole, plus leurs rôles sociaux sont déterminés par l'adresse verbale. La maîtrise de

Tout en jouant, les enfants apprennent les rôles sexuels que la société leur impose. Les garçons jouent au football, tandis que les filles jouent à la poupée.

la parole donne également lieu à des jeux plus complexes et plus élaborés. Les bousculades anarchiques sont remplacées par des jeux aux règles précises qui initient l'enfant aux règles de la société. Au fil des ans, les enfants acquièrent de l'expérience et font l'apprentissage d'une foule de rôles qui leur serviront consciemment ou inconsciemment tout au long de leur vie. Peu à peu, les jeux de l'enfance seront remplacés par les études et les activités professionnelles. Les fréquentations feront place au mariage et à la famille. Certains rôles comme l'identité sexuelle, demeureront relativement inchangés tandis que nombre d'autres, comme des masques, surgiront et disparaîtront au gré des circonstances.

LES RÔLES GRATIFIANTS

Pourquoi trouvons-nous utile de porter un masque? Dans certains cas, nous choisissons de jouer un rôle pour obtenir de l'argent, de bonnes notes, du pouvoir ou du prestige. Mais la plupart du temps, nous cherchons le respect, la considération, un peu de d'affection, de la stimulation intellectuelle ou des amis. Dans certains cas, les rôles que nous adoptons nous font paraître hypocrites et manipulateurs, mais la plupart du temps, nous jouons un rôle inconsciemment et avec beaucoup de naturel, surtout lorsque nous jouons le même rôle pendant des années. En général, nous choisissons de jouer un rôle parce que c'est ce qu'on nous a appris à faire, parce que nous voyons les autres le faire, parce que nos comportements sont ainsi rendus plus prévisibles et plus acceptables aux yeux de notre entourage, et parce que les groupes dans lesquels nous évoluons nous encouragent à le faire. Il arrive toutefois que l'on adopte certains comportements ou certains rôles pour obtenir quelque chose de quelqu'un ou donner quelque chose à quelqu'un.

Pour que quelqu'un reçoive, il faut que quelqu'un donne. Les personnes qui prennent sans rien donner en retour, sont habituellement mal jugées et mises au ban des autres. Les relations les plus durables et les plus satisfaisantes sont en général caractérisées par l'équilibre entre ce qui est donné et ce qui est reçu.

Les rôles similaires

Peu après avoir fait connaissance et s'être déclaré leur amour, Rosalinde et Orlando doivent se séparer. Orlando doit quitter la ville parce qu'on cherche à le tuer. Le match de lutte n'était en fait qu'un élément d'un complot ourdi contre lui. Rosalinde, quant à elle, doit fuir, car son père est l'ennemi du roi. Orlando et Rosalinde (déguisée en homme) s'enfuient séparément dans la forêt, et ne se retrouvent qu'après de nombreuses péripéties. Enfin réunis ils décident de se marier pour ne plus se séparer. Un grand nombre de facteurs entrent en ligne de compte dans une telle décision, mais ce qui importe le plus pour Rosalinde et Orlando, c'est qu'ils se ressemblent et s'entendent bien. Ils viennent, en effet, de milieux familiaux semblables, ont les mêmes goûts, et un grand nombre de choses en commun. Plusieurs études, dont celles qu'a menées Donn Byrne, confirment que les similarités d'attitudes contribuent à déterminer qui aime qui.

Au cours d'une expérience, Byrne demandait à des centaines de sujets de remplir un questionnaire portant sur leurs opinions à divers égards. Puis, il leur présentait un second questionnaire présumément rempli par un inconnu, mais qui, en fait, était truqué. En effet, le second questionnaire révélait des opinions soit très semblables, soit opposées à celles du sujet. On demandait alors aux sujets si l'inconnu du second questionnaire leur était sympathique. Dans presque tous les cas, les sujets manifestaient de la sympathie pour les personnes qui partageaient leurs opinions et ce, quels que soient l'âge, la nationalité, le degré d'instruction et le statut social et économique des sujets.

Cela s'explique de diverses façons. D'abord, nous trouvons gratifiant que les autres partagent nos opinions. Or, plus deux personnes se ressemblent, plus il leur est facile de s'entendre et de se gratifier l'une l'autre, sans avoir à s'imposer un rôle et à en subir le stress et l'anxiété. En outre, plus une personne nous ressemble, plus il nous est facile de prédire ses comportements, ce qui nous permet de savoir comment agir pour obtenir des gratifications et éviter les réactions punitives.

Les rôles opposés

Les études menées par Byrne et par plusieurs autres révèlent que les couples mariés partagent non seulement les mêmes opinions, mais se ressemblent également en ce qui a trait à l'âge, à la race, à la religion, à l'éducation, au statut social, à la taille, à la couleur des yeux et au degré d'intelligence. Mais dans ce cas, est-il vrai que les contraires s'attirent? Et si oui, un tel attrait peut-il donner lieu à une relation durable? Pour une réponse à ces questions, jetons un coup d'oeil aux études entreprises par E. Lowell Kelly, il y a plus de trente ans.

Kelly a fait une sélection de plusieurs centaines de fiancés dont il a évalué les attitudes, les milieux familiaux, le Q.I., la personnalité, et même la taille et le poids. Puis, il a observé leur évolution au cours des 20 années qui ont suivi afin de voir si ces jeunes couples resteraient ensemble. Certains ont rompu leurs fiançailles. D'autres se sont mariés pour ensuite divorcer tandis que d'autres encore sont restés mariés. Kelly espérait dégager des données ainsi recueillies une explication simple aux relations durables. Malheureusement, les résultats se sont révélés plus complexes que prévu et plusieurs de ses conclusions sont encore remises en question. Toutefois, même inachevés, les travaux de Kelly présentent d'intéressantes observations.

Sur le plan physique, les couples choisis par Kelly se répartissent en trois groupes: ceux qui étaient constitués d'un homme et d'une femme très semblables (tous deux gras, tous deux grands, etc.); ceux qui étaient formés d'un homme et d'une femme très différents (un homme gras et une femme mince, une grande femme et un petit homme, etc.); et un groupe intermédiaire: relativement semblables et relativement différents, mais néanmoins plus semblables que s'ils avaient été réunis au hasard.

En suivant l'évolution des couples, Kelly s'est aperçu que les contraires s'attirent peut-être, mais pas pour longtemps. La plupart des couples qui étaient très différents sur le plan physique ont mis fin à leurs fiançailles. Il semble que ceux-ci aient été attirés l'un vers l'autre par des traits saisissants mais superficiels et qu'une fois la nouveauté passée, ils se soient séparés.

Les couples très semblables ont aussi fini par se séparer, mais après plus longtemps. Plusieurs d'entre eux s'étaient mariés et ont ensuite divorcé. Il se peut qu'ils aient aussi été attirés l'un vers l'autre par des traits superficiels. Leurs similarités les ont rapprochés, mais leur ont peu à peu paru sans intérêt. Les ressemblances superficielles ne suffisent pas à entretenir une relation durable.

Selon Kelly, les couples qui sont restés ensemble étaient motivés par des raisons «profondes». Ils se ressemblaient assez pour se plaire et se trouver gratifiants, mais différaient également assez pour stimuler la relation et renouveler l'intérêt. Ces couples avaient apparemment trouvé l'équilibre entre leur besoin d'être sécurisés par les ressemblances et celui d'être stimulés par les différences. Ces besoins varient bien sûr d'une personne à l'autre et peuvent se transformer avec les années. Kelly a pu constater que les couples stables avaient su bien doser leur ressemblances et leurs différences. Ils ne s'étaient pas progressivement identifiés l'un à l'autre et n'avaient pas non plus évolué dans des directions opposées. Si les opinions politiques de l'épouse s'étaient peu à peu modifiées, par exemple, l'époux avait corrigé les siennes, juste assez pour maintenir l'écart original. Ces personnes semblaient s'accorder le droit d'évoluer et changer et trouvaient plus important d'entretenir la compatibilité psychologique que d'en rester à des considérations superficielles comme la taille ou le poids.

CONCLUSION:
COMME IL VOUS PLAIRA

Nous ne savons pas si Rosalinde et Orlando vécurent heureux et eurent beaucoup d'enfants, mais nous constatons qu'un grand nombre de couples trouvent le bonheur et l'épanouissement dans leurs relations interpersonnelles. Bien qu'il nous soit impossible de prédire qui s'aimera et qui saura entretenir une relation durable, les études présentées dans ce chapitre nous ont tout de même éclairés sur la dynamique des relations humaines. Grâce aux connaissances que nous ont livrées ces travaux, nous serons plus en mesure de comprendre et même de prédire l'évolution de nos relations interpersonnelles. Plus vous comprendrez et plus vous serez ce qui vous arrive, plus les choses auront tendance à aller... comme il vous plaira.

RÉSUMÉ

1. Les poètes et les dramaturges nous ont beaucoup parlé de l'amour. Parmi les tentatives les mieux réussies, la pièce de Shakespeare, Comme il vous plaira, nous aide à comprendre certaines des émotions et certains des comportements suscités par l'amour. Les psychologues, comme nous l'avons vu dans ce chapitre, ont également entrepris d'observer les relations interpersonnelles. Les conclusions de leurs travaux font plus que décrire la dynamique des relations humaines, mais nous aident même à la prédire.

2. Deux éléments: l'**affection** et le **respect**, sont présents dans toutes les relations interpersonnelles. L'affection s'apparente à la tendresse, à l'intimité et à la chaleur humaine tandis que le respect est un sentiment plus froid et plus intellectuel, plus près de l'estime ou de l'honneur.

3. Un grand nombre d'expériences ont montré combien les premières impressions conditionnent le respect et l'affection que nous nous vouons les uns aux autres. Mais souvent, la réputation et les stéréotypes nous empêchent de nous en remettre à nos impressions premières.

4. L'âge, le sexe, la taille, la couleur de la peau, les gestes, le regard et la beauté sont au nombre des éléments de communication non verbale qui façonnent l'impression que nous nous faisons les uns des autres. Bien que l'apparence d'une personne ne nous permette pas toujours de nous en faire une idée juste, nous continuerons probablement de nous y fier tant que nous pourrons constater que nos jugements sont plus souvent justes qu'erronés.

5. L'impression que nous faisons aux autres est non seulement conditionnée par notre apparence, mais également par les circonstances dans lesquelles nous nous trouvons ainsi que par les préjugés émotionnels et cognitifs des autres. C'est ce qu'on appelle le **processus d'attribution.**

6. Non seulement attribuons-nous des intentions et des traits de personnalité aux autres, mais nous nous en attribuons également à nous-mêmes. Malheureusement, notre perception de nous-même est souvent aussi déformée que notre perception des autres. Nous nous croyons, par exemple, beaucoup plus **altruistes** que nous ne le sommes vraiment, ce que Milgram a pu constater en plaçant des étudiants en situation de crise.

7. Nous sommes en situation de dissonance cognitive lorsque notre perception de nous-même ne correspond pas à notre comportement. Pour réduire le malaise qu'engendre la dissonance cognitive, nous transformons généralement nos principes ou notre perception des choses plutôt que notre comportement. Nous avons également recours à la **rationalisation** pour nous leurrer.

8. Au cours d'une vie, nous jouons un grand nombre de **rôles sociaux**. Bien que ceux-ci soient en partie déterminés par des facteurs biologiques, ils sont surtout le résultat d'un apprentissage. Même les rôles féminins et masculins et le prétendu instinct maternel, qui semblent d'origine strictement biologique sont en grande partie façonnés par des facteurs sociaux et culturels. Ce sont nos parents et nos pairs qui nous apprennent la plus grande partie de nos rôles.

9. *Nous choisissons de jouer un rôle pour diverses raisons, mais il arrive que ce soit pour obtenir quelque chose de quelqu'un ou pour donner quelque chose à quelqu'un. Les relations les plus durables et les plus satisfaisantes sont en général caractérisées par l'équilibre entre ce qui est donné et ce qui est reçu.*

10. *Les similarités d'attitudes contribuent à déterminer qui aime qui, parce que plus les gens se ressemblent, plus ils sont gratifiants l'un pour l'autre. La recherche a montré que les relations les plus durables sont celles qui ont été établies par des personnes qui se ressemblaient assez pour se plaire et se trouver gratifiantes, mais qui différaient également assez pour stimuler la relation et renouveler l'intérêt.*

guide d'étude

A. RÉVISION

Compléter les phrases suivantes:

1. La pièce de Shakespeare, *Comme il vous plaira,* porte principalement sur _____ de Rosalinde et d'Orlando.

2. L' _____ est un sentiment qui s'apparente à la tendresse, à l'intimité et à la chaleur humaine tandis que le _____ est un sentiment plus froid, plus intellectuel et moins émotif.

3. Asch a montré par ses travaux que les _____ impressions sont de la plus haute importance.

4. Dans l'expérience menée par Jones sur la façon dont se créent les impressions, on a demandé à un groupe de sujets d'observer un étudiant qui tentait de _____ .

5. La _____ d'une personne correspond essentiellement à l'impression qu'elle fait à un assez grand nombre de personnes.

6. Lorsque nous attribuons à quelqu'un des caractéristiques que nous présumons siennes à cause du groupe auquel il appartient, nous agissons en fonction d'un _____ .

7. Les moyens de communication non verbale sont parfois appelés _____ _____ _____ .

8. La _____ est un attribut qui, lorsqu'on le possède, nous permet généralement de faire une bonne première impression.

9. D'après les travaux de Walster, les couples formés par ordinateur qui tendaient à se revoir le faisaient parce qu'ils s'étaient trouvés mutuellement _____ .

10. Mehrabian a constaté que lorsque nous parlons à quelqu'un que nous_____ _____ , nous sommes portés à nous pencher vers elle.

11. De toutes les formes de communication non verbale, les expressions du _____ sont probablement les plus importantes.

12. Entre autres choses, R. V. Exline a constaté que les _____ avaient le regard fuyant lorsqu'ils n'étaient pas des manipulateurs.

13. Le fait de déformer notre perception de quelqu'un en nous fondant sur nos propres attitudes fait partie du processus d'_____.

14. Nous sommes _____ lorsque nous nous préoccupons du sort des autres.

15. Dans l'expérience menée par Tolor, Kelly et Stebbins, tous les sujets qui étaient _____ ont tenté d'aider la personne en difficulté.

16. Lorsqu'il y a contradiction entre ce qu'une personne dit et ce qu'elle fait, cette personne est peut-être en état de_____.

17. La façon la plus courante de réduire le malaise entraîné par la dissonance cognitive consiste à recourir à ce que Freud a nommé _____.

18. Selon Festinger, nous modifions très rarement notre_____pour éliminer le malaise causé par la dissonance cognitive.

19. Il nous arrive souvent de jouer un_____ pour impressionner notre entourage.

20. Nous faisons l'acquisition de la plupart de nos rôles par l'apprentissage ou l'_____.

21. Harlow a montré que le prétendu «instinct _____» doit être soutenu par l'expérience et l'apprentissage.

22. Le fait qu'il y ait environ _____ cas d'enfants battus par année aux États-Unis prouve éloquemment que la capacité d'élever des enfants n'a rien d'inné.

23. Au cours des _____ premières années de leur vie, les garçonnets semblent avoir soin de la présence d'un homme auprès duquel faire l'apprentissage du rôle masculin.

24. D'après Hetherington, les jeunes filles dont les parents sont divorcés _____ plus souvent que les jeunes filles de foyers normaux.

25. Les singes de Harlow ont obtenu de leurs _____ ce qu'ils n'avaient pu recevoir de leurs parents.

26. Les enfants Murias apprennent la plupart de leurs rôles sociaux et sexuels.

27. Selon Harlow, l'activité _____ explique que les garçonnets soient plus friands de bousculades que les fillettes.

28. Un grand nombre d'études révèlent que les _____d'attitudes contribuent à déterminer qui aime qui.

29. Selon Kelly, les couples qui demeurent ensemble le font pour des raisons «_____» plutôt que superficielles.

B. VÉRIFICATION DES CONNAISSANCES

Encercler la bonne réponse (A, B, C ou D):

1. La pièce *Comme il vous plaira* de Shakespeare a pour sujet principal:
   A. l'amour et l'affection.
   B. un roi psychotique.
   C. un groupe de travestis.
   D. la violence et l'agression.

2. Dans le domaine des impressions, il est vrai que:
A. les impressions les plus récentes sont les plus durables.
B. les qualités ont plus de poids que les défauts.
C. il faut rencontrer quelqu'un plusieurs fois pour s'en faire une impression.
D. rien de ce qui précède.

3. Dans l'étude menée par Jones sur la façon dont se créent les impressions, les étudiants étaient jugés aptes à réussir au second examen:
A. s'ils avaient l'air habiles dès le départ.
B. s'ils avaient l'air paresseux.
C. s'ils étaient de sexe masculin.
D. s'ils avaient manifestement du mal au début, mais réussissaient mieux vers la fin.

4. Lequel des mots suivants correspond-il à la notion d'impression générale partagée par un grand nombre de personnes?
A. un stéréotype
B. une attribution
C. une réputation
D. un rôle social

5. Les indices non verbaux:
A. comprennent le style vestimentaire.
B. font parfois effet inconsciemment.
C. sont parfois plus importants que les indices verbaux.
D. A, B et C à la fois.

6. Dans les études menées sur des couples formés, les partenaires préférés étaient:
A. intelligents.
B. stupides.
C. beaux.
D. laids.

7. Lorsqu'une personne désire que son interlocuteur continue de parler, elle peut:
A. contracter ses pupilles.
B. se caler dans son fauteuil et prendre un air détendu.
C. fixer l'interlocuteur des yeux.
D. détourner les yeux de l'interlocuteur.

8. À la question: «Êtes-vous altruiste?», les étudiants:
A. surestimaient leur altruisme.
B. sous-estimaient leur altruisme.
C. donnaient une appréciation juste de leur altruisme.
D. étaient incapables d'apprécier leur altruisme.

9. Le nom le plus spontanément associé à la notion de «dissonance cognitive» est:
A. Stanley Milgram.
B. Leon Festinger.
C. Harry Helson.
D. Harry Harlow.

10. Les singes que Harlow avaient maintenus en isolement:
   A. se sont vite adaptés aux autres singes une fois rendus à l'âge adulte.
   B. ont pu se réadapter grâce à l'aide de singes «thérapeutes».
   C. ne se sont jamais remis des traumatismes subis.
   D. sont morts avant d'atteindre l'âge adulte.

Le divorce: les deux premières années sont les pires

Quantité de livres récemment parus sur le divorce semblent indiquer que celui-ci est de plus en plus fréquent en Amérique du Nord et n'est pas nécessairement une expérience traumatisante, mais plutôt un moyen de libération et d'épanouissement. La première de ces propositions est juste. En effet, si la tendance de l'année 1974 se poursuit (environ 1 million de divorces par année, aux États-Unis), 40% des nouveaux mariages se termineront par un divorce. La seconde proposition est plus difficile à vérifier. Le divorce peut, bien sûr, apporter une solution à divers problèmes familiaux, mais peut aussi constituer un moment de crise donnant lieu au stress, aux conflits et aux traumatismes tant pour les divorcés que pour leurs enfants. E. Mavis Hetherington de l'Université de Virginie a décrit certains des problèmes engendrés par le divorce.

La plupart des études portant sur le divorce se sont penchées sur la mère et les enfants et ont été de nature descriptive. On a comparé les mères divorcées et leurs enfants aux mères et aux enfants de foyers intacts. Hetherington, en collaboration avec Martha et Roger Cox, a été la première à considérer l'ensemble du système familial. Elle a fait une analyse approfondie de la dynamique familiale et de ses transformations au cours des deux années qui suivent le divorce.

L'étude portait sur 96 familles de race blanche et de classe moyenne, réunissant 24 garçons, 24 filles et leurs parents divorcés ainsi qu'un nombre égal d'enfants et de parents de familles intactes. Les enfants avaient tous environ quatre ans au point de départ. Dans toutes les familles divorcées, la garde était confiée à la mère comme c'est le cas de 90% des divorces où il y a des enfants. Une grande variété de méthodes et de techniques de mesure ont servi à l'évaluation de la dynamique familiale: entrevues avec les parents et consultation des journaux personnels tenus par ceux-ci, observation des parents-enfants en laboratoire et à domicile, évaluation du comportement des enfants et tests de personnalité des parents. Les enfants ont aussi été observés à la maternelle, et on a obtenu de leurs professeurs et de leurs camarades une appréciation de leur comportement. Parents et enfants ont été soumis à toutes ces mesures deux mois, un an et deux ans après le divorce.

Comme on pouvait s'y attendre, les parents divorcés éprouvaient d'abord des difficultés d'ordre domestique et matériel. Les hommes, et surtout ceux chez qui la répartition des tâches avait été très traditionnelle et dont l'épouse n'avait pas travaillé à l'extérieur, avaient beaucoup de mal à tenir maison; chez eux, disaient-ils, c'était «la pagaille». Toutefois, si les hommes avaient des difficultés plus nombreuses, les divorcés, hommes ou femmes, étaient plus désorganisés que les familles intactes, surtout la première année du divorce. Les hommes divorcés dormaient moins, et avaient plus de mal à faire les courses, la cuisine, la lessive et le ménage. Cet état de choses nuisait parfois à leur travail, d'autant plus que leurs responsabilités économiques étaient alourdies par la nécessité d'entretenir deux ménages.

Le divorce donnait également lieu à des remises en question et nécessitait une adaptation émotionnelle. Deux mois après le divorce, environ le tiers des pères et le quart des mères signalaient des sentiments d'exubérance, de libération qui, au bout d'un an, avaient fait place à la dépression, à l'angoisse ou à l'apathie. Au bout d'un an, la plupart des parents divorcés étaient aux prises avec des sentiments d'incompétence. Ils disaient avoir échoué dans leur rôle de parent et de conjoint et craignaient de ne jamais pouvoir se remarier. Ils se disaient moins à l'aise en situations sociales et sexuelles. Neuf des pères divorcés signalaient des cas d'impuissance plus fréquents.

Les divorcés avaient également du mal à maintenir une vie sociale satisfaisante. La plupart constataient avec amertume que les activités sociales sont principalement destinées aux couples et qu'un adulte célibataire, surtout une femme qui a des enfants, se voit offrir peu d'occasions de loisir. Les mères divorcées déploraient le manque de contact avec des adultes et disaient se sentir emmurées dans un monde peuplé d'enfants. Les femmes qui travaillaient à l'extérieur avaient moins à se plaindre de ce côté puisqu'elles avaient des contacts avec leurs collègues. Les hommes divorcés signalaient une vie sociale limitée deux mois après le divorce, une recrudescence d'activité après un an, et se trouvaient au même niveau que les femmes après deux ans. Contrairement aux femmes, les hommes divorcés se sentaient abandonnés, déracinés, perdus et cherchaient à s'étourdir par des activités sociales même plus ou moins agréables. Tous éprouvaient d'intenses sentiments de solitude.

Les divorcés ont retrouvé progressivement le bonheur et la confiance en soi au cours des deux années qui ont suivi le divorce, mais même après deux ans, ils n'étaient pas aussi confiants que les couples mariés. La vie de célibataire était moins exaltante qu'ils ne l'avaient cru. Plusieurs hommes, mais peu de femmes, se réjouissaient d'avoir l'occasion de changer fréquemment de partenaire sexuel; au bout d'un an toutefois, tous disaient avoir besoin de plus d'intimité et s'être lassés des rencontres passagères.

Au cours des deux premières

années du divorce, les divorcés avaient du mal à s'acquitter de leurs tâches parentales. On a pu constater que les parents divorcés exigeaient moins de maturité de leurs enfants, communiquaient moins efficacement avec eux, étaient moins affectueux, manquaient de constance disciplinaire et exerçaient moins d'autorité sur leurs enfants que les parents de familles intactes.

Les entrevues et les observations ont révélé que le manque d'autorité résultait de modes de relations différents selon que le parent était le père ou la mère. La mère tente d'exercer de l'autorité sur l'enfant en devenant plus restrictive et en donnant plus d'ordres que l'enfant ignore ou auxquels il résiste. Le père, par contre, cherche à établir les rapports les plus détendus possibles. Il est donc extrêmement tolérant et indulgent au début, puis devient progressivement plus restrictif. Même au bout de deux ans, toutefois, il est rarement aussi restrictif qu'un père de famille intacte.

Tous ces résultats, bien sûr, représentent des moyennes et il y a eu d'importantes variations, d'une famille à l'autre, dans la façon de réagir au divorce et d'assumer ses responsabilités familiales. Toutes les familles étudiées, toutefois, ont eu à subir une certaine détresse ou perturbation, surtout la première année du divorce. Des travaux antérieurs ont établi qu'une famille accablée de conflits risquait d'être plus dommageable aux enfants que les conséquences d'un divorce; cela vaut peut-être, mais le divorce n'en est pas moins une situation de crise.

Les divorces ont tous leurs victimes, affirme Hetherington. Or, comme le nombre des divorces ne cesse d'augmenter, il est essentiel, à son avis, que parents et enfants soient sérieusement préparés à affronter les difficultés auxquelles ils pourraient un jour avoir à faire face.

C. À PROPOS DE L'ARTICLE...

1. Quelles étaient les principales difficultés des hommes divorcés selon l'étude d'Hetherington? _____
_____
_____

2. Selon la même étude, comment les hommes et les femmes ont-ils réagi à la liberté toute nouvelle que leur accordait leur célibat reconquis? _____
_____
_____

3. Quelles modifications le divorce a-t-il apportées dans les méthodes d'éducation des parents? _____
_____

SUGGESTIONS DE LECTURES

Erny, P., *L'enfant et son milieu en Afrique noire,* Petite bibliothèque Payot, Paris, 1972.

Fast, J., *Le langage du corps*, Stock, Paris, 1971.

Feldenkrais, M., *La conscience du corps*, Laffont, Paris, 1971.

En anglais

Aronson, E., *The social animal*, 2e édition, Viking Press, New York, 1976.

Biller, H., Meredith, D., *Father power*, Doubleday, New York, 1975.

Rubin, A., *Liking and loving: An invitation to social psychology*, Holt, Rinehart and Winston, New York, 1973.

conclusion

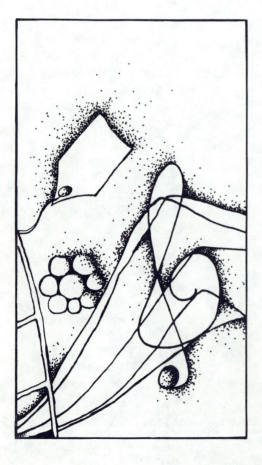

17

l'avenir

Les gens qui comprennent le présent sont en mesure de faire des prédictions réalistes sur l'avenir. Ceux qui comprennent l'avenir peuvent travailler à le modeler. Dans ce dernier chapitre, nous allons examiner quelques-unes des manières dont la psychologie, science de l'homme, peut contribuer à façonner un monde meilleur pour chacun de nous.

Après avoir étudié ce chapitre, vous pourrez:

- Parler de la révolution psychologique dans une perspective historique;

- Résumer les transformations de la psychologie biologique que laisse prévoir le sondage de Smith;

- Définir la rétroaction biologique et commenter son utilisation future;

- Résumer l'histoire des méthodes d'éducation des enfants au cours des 35 dernières années;

- Discuter des transformations probables dans le domaine de l'éducation;

- Discuter de la façon d'utiliser dans l'avenir la modification du comportement et parler des changements susceptibles de se produire dans le domaine de la santé mentale communautaire.

glossaire

Centres du plaisir. Dans les cerveaux de la plupart des organismes supérieurs, il existe des groupements de neurones (centres nerveux) qui, à la suite d'une stimulation électrique, procurent un plaisir intense à l'organisme. La plupart des rats agissent comme s'ils préféraient une stimulation directe des «centres du plaisir» du cerveau plutôt que de répondre à des besoins de nourriture, d'eau ou de satisfaction sexuelle.

Communications de masse (mass-média). Efforts de persuasion dirigés vers de nombreux groupes de personnes. La télévision est un moyen de communication de masse, car une personne peut parler à des centaines de millions d'auditeurs à la fois (cela s'est déjà produit).

Électrodes. Appareils habituellement en métal servant à détecter l'activité électrique dans une ou plusieurs cellules nerveuses. Les deux principaux genres d'électrodes ont la forme d'un disque et d'une aiguille. Les électrodes en forme de disque sont des récepteurs sensoriels métalliques plats qui sont fixés au cuir chevelu afin de détecter les ondes du cerveau (c'est-à-dire les schèmes de déclenchement d'un grand nombre de neurones). Les électrodes sous forme d'aiguilles sont de petits morceaux de métal minces insérés dans le cerveau pour déceler les schèmes de déclenchement d'un petit nombre de neurones. On utilise aussi les électrodes sous forme d'aiguilles pour stimuler les cellules nerveuses.

Extraterrestre. Le mot *terrestre* vient du latin *terra*, «terre». On appelle extraterrestre tout ce qui n'appartient pas à la terre. Un Martien serait considéré comme un extraterrestre.

Ingénierie du comportement. Un ingénieur en construction prend différents matériaux et les agence pour construire une maison, une école ou un immeuble à bureaux. Il peut utiliser exactement les mêmes matériaux de construction pour former des types différents de structures. L'«ingénieur» du comportement prend les divers comportements d'une personne (ou d'un animal), et les relie entre eux pour aider l'organisme à acquérir de nouvelles «structures» de comportement. En utilisant des techniques d'apprentissage par modèle et de renforcement, l'ingénieur du comportement «façonne» les réactions de l'organisme pour leur donner une forme nouvelle (créer de nouveaux modes de comportement). L'ingénierie du comportement est donc l'ensemble des techniques utilisées pour structurer ou modeler de nouveaux modes de comportements.

Ingénierie génétique. Un ingénieur génétique prend les gènes et les remodèle de telle sorte qu'ils pourront produire un type différent de progéniture. Jusqu'à maintenant, l'ingénierie génétique a été axée presque exclusivement sur les organismes minuscules tels que les virus et les bactéries. Théoriquement, il devrait être possible dans l'avenir pour les parents de faire modeler leurs gènes par un ingénieur génétique de façon à ce que leurs enfants soient plus forts, en meilleure santé, plus intelligents ou aient un aspect physique différent de celui que les parents auraient normalement engendré. On ne connaît pas encore les limites de l'ingénierie génétique humaine, mais les questions d'éthique ou de morale qu'elle soulève sont considérables et font l'objet de violents débats.

Mémoire eidétique. Du grec *eidos*, «forme». Mémoire photographique. C'est l'aptitude à regarder une page imprimée ou une scène pendant un court moment et de reproduire les données d'entrée visuelles dans leurs moindres détails.

Milieux protégés. Les patients hospitalisés dans des établissements psychiatriques n'ont pas ou presque pas de contacts réels avec le monde quotidien dans lequel la plupart des gens normaux vivent. Mais il n'est pas nécessaire que tous ceux qui souffrent de troubles psychologiques soient complètement mis à l'écart de la réalité sociale. Bien des gens tirent un meilleur parti d'un mode de vie ou d'un travail qui leur donne l'occasion d'avoir de fréquents contacts avec le monde normal, mais qui les protège des exigences habituelles de ce monde. Les personnes qui vivent dans ces milieux protégés trouvent habituellement plus facile de réintégrer la société normale que les patients réintroduits dans la société directement à partir d'un hôpital psychiatrique.

Pollution psychologique. Le mot «pollution» vient du latin *polluere*, «empoisonner ou dégrader». La pollution de l'environnement a pour cause l'introduction de produits chimiques ou d'autres poisons dans l'air, la nourriture ou l'eau. La pollution psychologique survient lorsqu'on introduit des poisons psychologiques dans l'environnement social. Les formes les plus puissantes de pollution psychologique sont la punition, la critique destructive, le ridicule et le rejet.

Post-cure. Surveillance après un traitement. La post-cure permet de s'assurer que les effets du traitement sont durables. C'est la traduction du terme anglais *follow-up*.

Révolution industrielle. Avant le milieu du XVIIIe siècle, toutes les choses produites dans le monde étaient réalisées par des personnes qui travaillaient seules ou par petits groupes. Vers 1750, les gens ont appris à travailler ensemble au sein de grandes organisations, chacun accomplissant une tâche différente. Grâce à cette répartition des tâches, on a pu obtenir une production plus rapide et moins dispendieuse. Cependant, la révolution industrielle n'aurait pu survenir si les sciences physiques n'avaient pas auparavant conçu les outils de fabrication que les industriels ont utilisés. De la même manière, les sciences physiques n'auraient pu émerger de l'âge de l'ignorance sans les quelques braves qui ont commencé à prétendre (vers 1600) que les objets matériels obéissaient à des lois physiques, et en conséquence pouvaient être étudiés de façon objective et scientifique. La révolution industrielle a donc été basée sur une façon nouvelle et radicalement différente, pour l'époque, de concevoir les objets qui font partie de notre environnement physique.

Révolution médicale. La révolution industrielle était basée sur une nouvelle perspective et des nouvelles découvertes ayant trait au monde physique et amorcées par les chimistes et les physiciens au cours du XVIIe siècle. La biologie a commencé à se développer vers la fin du XVIIIe siècle et au XIXe siècle, lorsque de nouveaux penseurs ont commencé à prétendre que nos corps obéissaient à des lois physiologiques, et que nous pouvions par conséquent examiner scientifiquement et objectivement nos processus physiques. La pratique de la médecine (qui est une forme de biologie appliquée) est entrée dans une époque révolutionnaire de grand progrès vers la fin du XIXe siècle, lorsque les médecins ont commencé à utiliser les nouvelles perspectives et les découvertes des biologistes.

Révolution psychologique. La révolution industrielle est apparue lorsqu'on a appris à examiner objectivement le comportement physique des objets; la révolution médicale, lorsqu'on a appris à observer objectivement le fonctionnement du corps. La révolution psychologique, qui semble tout juste débuter, est la prochaine étape vers la compréhension des possibilités de l'humain; elle exige de nous que nous apprenions à examiner objectivement le fonctionnement de notre esprit et les manières dont nos comportements sont influencés ou contrôlés.

Synthétiser. Former un tout à partir de plusieurs éléments. Si vous analysez un diamant, vous en séparez les éléments pour savoir de quoi il est fait. Si vous voulez synthétiser un diamant, vous prenez les éléments qui le composent (principalement du carbone ou du charbon) et vous les réunissez pour former un nouveau tout. En psychanalyse, on décompose les expériences du patient en éléments simples pour pouvoir bien les identifier. Lorsque l'analyse est terminée, le patient est censé être capable de se former une structure de personnalité nouvelle et plus saine en synthétisant ses expériences. Ce que nous appelons l'*insight* est une forme de synthèse mentale.

INTRODUCTION:
UN ÉTRANGER EN TERRE ÉTRANGÈRE

Valentine Michael Smith, être humain de par son hérédité, Martien de par son environnement, n'est qu'un enfant lorsque meurent ses parents. Conçu dans l'espace et né sur Mars, il est le seul survivant d'une expédition dont le but était d'établir la première colonie terrienne sur Mars. Le jeune Smith survit seulement parce que des Martiens curieux ont décidé de faire des expériences sur un membre de l'espèce humaine.

Un peu comme les psychologues qui essaient d'enseigner aux chimpanzés à communiquer, les Martiens étudient les capacités humaines d'après ce qu'ils parviennent à enseigner à Smith. Bon élève, celui-ci apprend beaucoup des Martiens. Il étudie des choses que personne sur la Terre n'aurait pu lui montrer, et il maîtrise des facultés qui le rendent différent de tous les Terriens.

Pendant 25 ans, Smith vit parmi les Martiens et se développe. Lorsqu'une autre expédition de la Terre arrive sur Mars, ses professeurs le rendent aux siens. Encore une fois, Smith devient l'objet d'une expérience. On le ramène «à la maison» sur la Terre afin que les scientifiques humains puissent étudier l'«humain de Mars». Mais la Terre n'est plus la patrie de Smith. Il y est étranger. *Un étranger en terre étrangère* est un roman de science-fiction écrit par Robert A. Heinlein qui parle des aventures étranges de Valentine Michael Smith et de sa mort éventuelle sur la Terre.

Smith a acquis un contrôle presque parfait de son corps, de ses facultés mentales et même de son environnement physique. Ses muscles ne se sont pas développés à cause d'une vie inactive et de la faible gravité sur Mars. Lorsqu'il arrive sur la Terre, il «enseigne à ses muscles à grandir», en ordonnant à son corps de produire du tissu musculaire. Il sait aussi comment ralentir ses battements cardiaques et sa consommation d'oxygène et peut méditer pendant des heures assis sous l'eau.

Smith peut lire une encyclopédie, un dictionnaire ou une bibliothèque entière aussi vite qu'il peut tourner les pages. Et, se souvenant de tout ce qu'il a lu (**mémoire eidétique**), il entre dans une extase méditative et étire sa notion du temps jusqu'à ce que les secondes lui semblent des heures. Il utilise ce temps pour se concentrer et essayer de comprendre tout ce qu'il a lu et emmagasiné dans sa mémoire.

Smith a beaucoup de pouvoirs inusités. Il est capable de déplacer des objets sans leur toucher et de faire disparaître des choses (y compris des personnes). Il peut aussi communiquer avec les plantes et les animaux; il est même capable de lire dans la pensée des gens.

Comme la plupart des romans de science-fiction, celui de Heinlein se situe dans l'avenir. Fondé sur une connaissance précise du présent, son futur imaginaire est au moins en partie possible ou croyable, comme c'est le cas de la plupart des bons romans de science-fiction. Beaucoup de ce que Smith a appris chez les Martiens, par exemple, lui donne des pouvoirs «surhumains» par rapport à nos normes actuelles. Mais plusieurs de ces pouvoirs «fictifs» sont présentement à l'étude dans des laboratoires scientifiques à travers le monde, et certains d'entre eux pourraient bientôt se révéler réels plutôt que fictifs. Ainsi, Heinlein nous rappelle qu'il devient de plus en plus important de se demander ce que nous réserve l'avenir étant donné le rythme toujours plus rapide auquel le monde technologique évolue.

Les gens qui vivaient il y a 300 ans n'avaient pas à se préoccuper beaucoup de l'avenir. Ils croyaient que leurs enfants et les enfants de leurs enfants naîtraient dans un monde très semblable au leur. Depuis, les révolutions industrielle et médicale ont transformé le monde rapidement et fondamentalement. Aujourd'hui le futur n'est plus un rêve vague: il est devenu une réalité sur lequel nous obtenons peu à peu un certain contrôle. Le monde change si rapidement que chaque génération se retrouve devant une grande variété de possibilités et d'environnements différents de ceux qu'a connus la génération précédente. Maintenant, pendant le cours de sa vie, une personne se retrouve devant de nouveaux choix et assiste à des transformations qui peuvent modifier totalement sa manière de vivre. Des gens encore vivants aujourd'hui ont déjà eu à attendre des semaines une lettre d'Europe. De nos jours, on reçoit des messages en provenance de Mars quelques minutes à peine après leur émission.

Les transformations qui font que dès à présent, on vit dans un monde «futuriste» nous offrent des possibilités fascinantes, mais nous apportent aussi des problèmes. Lorsque le monde fonctionnait au ralenti, les gens avaient le temps de s'adapter au changement. Aujourd'hui, on a moins de temps pour faire face à un plus grand nombre de transformations. L'adaptation est plus difficile, et la non-adaptation peut provoquer ce qu'Alvin Toffler appelle le choc du futur: un stress et une désorientation causés par un monde qui change trop rapidement. Dans son livre intitulé *Le choc du futur*, Toffler suggère une méthode pour éviter le stress attribuable au changement, et qui consiste à se préparer à tout ce que l'avenir peut nous réserver.

LA RÉVOLUTION PSYCHOLOGIQUE

Au XVIIe siècle, la physique, l'astronomie et ultérieurement la chimie ont commencé à se développer sous forme de disciplines scientifiques. Par l'observation objective, les scientifiques ont acquis une connaissance de l'environnement physique. Par une plus grande compréhension du comportement des objets matériels, les hommes de science ont vite appris à prédire et à maîtriser le comportement futur de certains objets. Au XVIIIe siècle, l'application des connaissances scientifiques sur le monde physique a mené à l'essor des techniques et à la **révolution industrielle**.

Au XIXe siècle, la biologie est devenue une véritable science lorsque les chercheurs ont commencé à observer le corps de plus près et à comprendre certains processus physiologiques. Il est alors devenu possible de prédire et de contrôler certains comportements biologiques. L'application de la technologie biologique a conduit à la **révolution médicale**.

C'est au XXe siècle que la psychologie et les sciences sociales ont commencé leur révolution. Au cours des 50 dernières années, les méthodes d'observation objective du comportement humain sont devenues réalité. Au fur et à mesure que nous améliorons notre compréhension du comportement humain, il devient possible de découvrir des méthodes de prédiction et de contrôle des comportements futurs. L'application de cette technologie psychologique est en train de provoquer une **révolution psychologique**.

La révolution industrielle a permis de remplacer le cheval et la voiture et les livres manuscrits par des avions supersoniques, des modes de communication ultra-rapides et des ordinateurs. Avant la révolution médicale, la chirurgie se résumait à l'amputation des membres; aujourd'hui, on peut transplanter des organes humains. Quel genre de changements la révolution psychologique apportera-t-elle? Il est important que nous nous posions cette question, car nous pouvons espérer nous épargner le «choc du futur» seulement si nous savons à quoi nous attendre.

Au dire de Toffler, la science-fiction pourrait être une manière utile de nous préparer à l'avenir, parce que les auteurs y explorent souvent les questions politiques, sociales, psychologiques et morales auxquelles nous risquons de faire face dans les années à venir. Mais même l'écrivain le plus créateur ne peut prédire l'avenir d'une manière appropriée s'il n'a pas une bonne connaissance du présent. Les scientifiques d'aujourd'hui, d'après Toffler, sont les mieux préparés pour déterminer les connaissances sur lesquelles le monde de demain sera fondé. Les psychologues d'aujourd'hui sont le mieux en mesure de prédire ce que seront les comportements futurs.

Récemment, on a sondé l'opinion de 40 experts dans le domaine de la psychologie, et on leur a demandé de faire des prédictions sur l'avenir de la psychologie. Mike Smith, du Département de psychologie appliquée de l'Institut de science et de technologie de l'Université du Pays de Galles, dirigeait le sondage. Les prédictions des psychologues au sujet du futur dans leur domaine respectif ont été publiées dans le *New Scientist* du 10 octobre 1974. Elles se sont concentrées sur trois domaines importants: la psychologie biologique, cognitive et comportementale ou sociale.

L'AVENIR DE LA PSYCHOLOGIE BIOLOGIQUE

Bénéficiant des données fournies par la révolution médicale et la technologie biologique, les psychologues en apprennent de plus en plus sur le fondement biologique du comportement. En 1973, des scientifiques de l'Université du Wisconsin ont déclaré avoir réussi à **synthétiser** un gène en éprouvette. D'autres chercheurs ont transplanté des gènes d'un type d'organisme à un autre. Ces découvertes permettent de croire qu'il sera un jour possible de fabriquer et de remplacer des gènes humains. Si nous avons cette possibilité, peut-être un jour pourrons-nous changer les comportements causés par des troubles génétiques. Bien avant qu'une telle **ingénierie génétique** ne devienne possible, cependant, les psychologues utiliseront d'autres méthodes de contrôle biologique du comportement humain.

Les médicaments de l'avenir

Le sondage de Smith prédit que d'ici la fin du siècle, il se produira une percée dans la compréhension des processus chimiques et biologiques qui entrent en jeu dans des pensées et des comportements spécifiques. On prédit que les découvertes en ce sens surviendront vers les années 1990, où il sera possible d'utiliser dans la pratique des médicaments pour contrôler certains comportements. Les techniques élaborées permettront un contrôle beaucoup plus sélectif et plus spécifique que ne le permet l'état actuel des connaissances. Nous serons peut-être capables un jour de faire diminuer les impulsions sexuelles d'un délinquant sexuel, par exemple, sans déranger autrement la vie de cette personne. Ce n'était pas le cas du traitement d'Alex dans *Orange mécanique*. Dans certains cas, une maîtrise des comportements par des médicaments plutôt que par l'emprisonnement pourrait être possible.

À la fin du siècle, la technologie des médicaments sera développée à un point tel qu'il sera possible d'accélérer ou de ralentir les processus d'apprentissage. La connaissance des processus physiologiques de l'apprentissage et de la mémoire sera si complète qu'on pourra faire appel à des procédés biologiques pour effacer les souvenirs d'une manière sélective. Les gens atteints de troubles émotionnels par suite de souvenirs pénibles n'auront qu'à faire effacer ces souvenirs. D'après le sondage de Smith, la faveur qu'on accorde actuellement aux techniques cliniques et psychanalytiques pour traiter des gens émotivement perturbés tombera en désuétude, «et les idées de Freud seront reléguées au musée de la psychologie». Cela se produira vers 2038. (Les dates très précises de ces prédictions constituent la moyenne des données fournies par les 40 psychologues qui ont participé au sondage.)

La rétroaction biologique

Les médicaments ne représentent qu'une des diverses manières de contrôler le corps humain. Valentine Michael Smith, l'humain de Mars, n'a pas besoin d'utiliser des médicaments pour contrôler ses battements cardiaques, sa consommation en oxygène ou ses autres processus biologiques. Il les maîtrise avec son esprit et aujourd'hui, grâce aux appareils de rétroaction biologique (voir chapitre 11), plusieurs apprennent des méthodes similaires de contrôle. De nombreuses expériences ont montré que l'on peut maîtriser volontairement certains processus physiologiques. Par exemple, à l'aide d'un appareil EEG, un épileptique peut parfois reconnaître les signes d'une crise imminente; s'il peut apprendre à se détendre et à nourrir des pensées calmes quand apparaissent les premiers signes d'une attaque sur l'électroencéphalogramme, il peut souvent éviter la crise.

Par les méthodes de rétroaction biologique, les gens peuvent apprendre à maîtriser non seulement les ondes du cerveau, mais aussi leur fréquence cardiaque, leur tension artérielle, leur appétit, le fonctionnement de leurs reins et leur tension musculaire. Il peut même être possible d'utiliser cette technique pour influencer la production d'ovules et de sperme. Ainsi donc, une méthode de contrôle volontaire pourrait remplacer les méthodes actuelles de contraception.

Les sens et le cerveau

Valentine Michael Smith possède une telle acuité sensorielle qu'il peut voir sans difficulté dans une obscurité presque totale. Lorsque nous en apprendrons davantage sur les récepteurs sensoriels et le cerveau humain, il pourra être possible d'améliorer la perception sensorielle. Et, fait plus important encore, peut-être un jour pourrons-nous fabriquer des yeux et des oreilles électroniques qui seront reliés directement au cerveau de l'aveugle ou du sourd. Peut-être pourrons-nous fabriquer des bras et des jambes artificiels qui seront reliés directement aux régions de commande motrice du cerveau. Ces membres mécaniques obéiraient aux ordres du cerveau presque aussi bien que des membres naturels.

Les spécialistes du cerveau ont déjà implanté des **électrodes** dans les centres du plaisir du cerveau humain pour transmettre des impulsions électriques extrêmement agréables aux patients. Smith, après avoir sondé l'opinion des psychologues, affirme: «Il n'est pas inconcevable que notre connaissance de l'anatomie du cerveau humain et nos techniques chirurgicales en viennent à évoluer au point qu'un appareil de la grosseur d'un magnétophone portatif à cassettes puisse transmettre des impulsions soigneusement réglées au cerveau. L'auto-stimulation des centres du plaisir pourrait bien faire de la sexualité, de l'alcool, des jeux de hasard et des repas gastronomiques des modes de satisfaction dépassés.» À l'heure actuelle, cependant, les recherches ne viennent pas confirmer cette prédiction. Ce qu'il

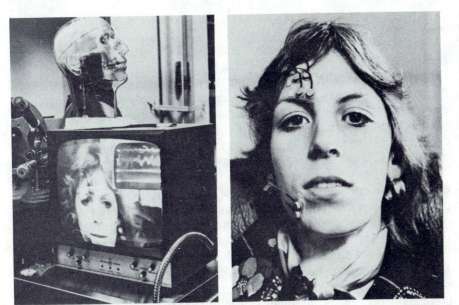

On vérifie l'état d'humeur de cette femme à l'aide d'électrodes, pour évaluer l'efficacité de son traitement médicamenteux. Les progrès technologiques amélioreront encore les thérapies dans l'avenir.

Certains soutiennent qu'Uri Geller est un imposteur; néanmoins, il a réussi à développer ses pouvoirs mentaux au point d'être capable de plier une cuillère et de faire fonctionner une montre uniquement en se concentrant. Faites-en l'expérience avec d'autres étudiants du cours et voyez ce qui se produira.

est convenu d'appeler les **centres du plaisir** chez les humains ne fonctionnent pas comme chez les animaux. Le plaisir stimulé artificiellement chez les humains n'est probablement pas aussi intense que chez les animaux et les plaisirs qui sont fondamentaux chez l'homme le resteront probablement.

Les psychologues interrogés par Smith demeurent sceptiques au sujet de la PES (la perception extrasensorielle) et de l'aptitude à communiquer avec les plantes et les animaux. Ils ne s'attendent pas «à voir dans les 100 prochaines années, si jamais cela se produit, des démonstrations convaincantes de transmission de pensée avec les animaux ou une application fidèle de la PES. En outre ... la psychologie du voyage dans l'espace et des formes de vie **extraterrestres** ne deviendra probablement pas une question d'intérêt primordial.» (Les caractères gras sont de nous.)

L'AVENIR DE LA PSYCHOLOGIE COGNITIVE

Les sciences biologiques sont compréhensibles et, par conséquent, prévisibles car elles s'intéressent à des objets observables et mesurables. Par contre, il n'est pas aussi facile d'étudier l'intelligence humaine que les tissus cérébraux ou des produits chimiques. Pour cette raison, l'avenir de la psychologie cognitive est plus difficile à prédire que celui d'autres domaines des sciences sociales et comportementales. Il est vraisemblable que les nouvelles découvertes dans divers domaines de la psychologie cognitive influencent la pensée et le comportement des gens dans l'avenir tout comme elles l'ont fait dans le passé.

Par exemple, Toffler explique à quel point les changements radicaux de l'image de l'enfant dans la société et des théories éducatives ont provoqué un choc du futur chez plusieurs des générations qui nous ont précédé. Au début du siècle, la science soutenait que le comportement résultait fondamentalement de l'hérédité. Les mauvais enfants, croyait-on, résultaient de mauvais gènes. On croyait le crime héréditaire. Les méthodes d'éducation fondées sur ces principes mettaient à la disposition des parents peu de techniques de modelage de la personnalité des enfants.

Au cours des premières décennies du XXe siècle, les travaux de Watson et de Pavlov ont soulevé l'hypothèse voulant que le façonnement de la personnalité soit attribuable à l'environnement plutôt qu'à l'hérédité. Ces idées ont amené la mise au point de techniques éducatives radicalement différentes. Par exemple, les parents ont appris à nourrir les nouveau-nés selon un horaire fixe et refusaient de les prendre lorsqu'ils pleuraient. Vers la fin des années 1930, un autre changement est survenu dans l'éducation des enfants par suite de la popularité des théories de Freud. Les parents ont commencé à se préoccuper des «droits de l'enfant», de la «gratification orale» et du «complexe d'Œdipe». La tolérance est devenue populaire dans l'éducation des enfants. Au cours des années 1960, la théorie freudienne a commencé à perdre du terrain aux dépens des progrès de la psychologie humaniste, de la théorie de l'apprentissage et de la technique behavioriste. Toutes ces transformations en l'espace de 30 ans ont mis les parents en face d'au moins trois différentes théories concernant l'éducation des enfants. Comme les théoriciens de la personnalité comprennent de mieux en mieux le fonctionnement de l'individu, il est probable que les parents de demain disposeront de techniques éducatives encore meilleures.

La plupart des progrès en psychologie cognitive nous viendront probablement des psychologues humanistes. Les anciennes théories de la personnalité soutenaient que celle-ci était relativement stable et inchangeable tout au long de la vie. Les humanistes, eux, insistent sur la faculté présente et potentielle de *devenir* (d'évoluer) qu'a la personne. On a tenté, par exemple, de définir ce qu'est la personne par des tests sur la personnalité et le Q.I.; dans l'avenir, on pourrait peut-être mettre au point des tests qui définiront ce que pourrait devenir la personne à l'aide d'un entraînement et d'un encouragement appropriés. À mesure que les humanistes feront de nouvelles découvertes sur les objectifs et les valeurs de l'être humain, la psychologie appliquée deviendra capable d'aider les gens à atteindre ces objectifs.

La pollution psychologique

L'assainissement de l'environnement *psychologique* fait partie des objectifs que nous pourrions réaliser dans un avenir plus ou moins rapproché. La révolution industrielle a amené avec elle, entre autres, la guerre nucléaire et des centaines de formes de pollution physique et biologique qui détruisent l'environnement extérieur et nuisent à la santé des humains. Actuellement, les écologistes se retrouvent avec la tâche d'assainir l'environnement et de prévenir la pollution future.

L'un des buts primordiaux de maints psychologues est d'assainir l'environnement psychologique afin de prévenir la **pollution psychologique**. La haine, la guerre, la violence, les menaces et les punitions sont des formes de pollution qui peuvent ruiner l'environnement mental de quiconque. Si l'on permet à ce genre de pollution de se poursuivre, elle risque de détruire de larges portions de la personnalité humaine et, éventuellement, le monde entier. Comme l'affirme un psychologue: «La critique (justifiée ou non) peut détruire l'esprit d'un individu aussi rapidement que le plomb ou le mercure peut empoisonner son corps. Selon moi, le plupart des blocages et des inhibitions des gens résultent directement des punitions, du ridicule et de l'hostilité que nous nous infligeons trop souvent les uns les autres.» La psychologie de l'avenir devra viser à réduire ce genre de pollution.

L'éducation

Lorsque Valentine Michael Smith arrive sur la Terre, il a 25 ans, et pourtant, il est aussi démuni qu'un nouveau-né. Il ne connaît rien de cette planète, et on doit l'éduquer dans absolument tous les domaines. Le genre d'éducation que reçoit Smith ne ressemble en rien à ce qu'on retrouve dans les écoles aujourd'hui. Il n'a pas de siège assigné dans une classe et n'a pas, comme nous, à apprendre la même chose que tous les jeunes de son groupe d'âge. Il n'a pas d'horaire à respecter, et les matières qui font partie de son programme ne sont pas déterminées par une tradition qui remonte à des centaines d'années dans le passé. Par l'entremise des ordinateurs, Smith a la connaissance du monde à sa portée. Il étudie uniquement ce qui l'intéresse; lorsqu'il désire avoir plus de connaissances pratiques, il va dans le monde et apprend en agissant lui-même et en regardant travailler les autres.

Le système d'éducation que nous connaissons (ou subissons) aujourd'hui, explique Toffler, est le résultat de la révolution industrielle. Les écoles, tout comme les manufactures, fabriquent un produit (des étudiants) selon des normes très strictes. Seuls certains cours sont offerts, et tous les étudiants doivent les suivre de la même manière et en même temps. Les étudiants sont obligés de suivre une voie déterminée dans le système d'éducation et souvent forcés d'obéir aux instructions parfois autoritaires de leurs professeurs. À la fin de son cours, chaque étudiant est censé être préparé à prendre une place déterminée dans la société. Mais la société se transforme et les vieilles professions ne sont plus toujours disponibles. Les écoles aussi auront à se transformer pour pouvoir fournir une éducation qui prépare les gens à l'avenir.

Les résultats du sondage de Smith permettent de croire que les étudiants du futur apprendront de la même manière que notre «humain de Mars». D'ici l'an 2009, les documents audio-visuels et l'apprentissage à l'aide d'ordinateurs seront devenus les techniques éducatives les plus courantes. Les professeurs pourront s'attarder à donner des leçons particulières à de petits groupes d'étudiants, puisque tous pourront suivre des cours programmés au moyen de machines à enseigner.

Étant donné que l'évolution du monde continue de s'accélérer et que la quantité de connaissances disponibles continue de s'accumuler, il nous faut d'ores et déjà poursuivre notre apprentissage tout au long de notre vie. Les diplômés des écoles de médecine d'il y a 20 ans, par exemple, n'auraient probablement pas la compétence requise aujourd'hui pour exercer leur profession s'ils ne s'étaient pas constamment mis à jour depuis la fin de leur cours. À l'aide des médicaments agissant sur la mémoire, les gens pourront peut-être à l'avenir désapprendre ce qui ne leur est plus utile. Avec les progrès de la théorie d'apprentissage et à l'aide de machines à enseigner, nous pourrons apprendre rapidement de nouvelles informations aussitôt qu'elles seront disponibles. Les écoles et les examens traditionnels d'aujourd'hui disparaîtront probablement d'ici 35 ans.

Non seulement la psychologie aura-t-elle des répercussions sur l'éducation; mais la psychologie elle-même, d'ici l'an 2000, deviendra une matière scolaire importante et aura remplacé des matières plus traditionnelles. Cette tendance est déjà en marche. Un des buts traditionnels de l'éducation, par exemple, a consisté à fournir une meilleure compréhension du comportement humain. Mais la psychologie, puisqu'elle est fondée sur la méthode scientifique, tente d'expliquer le comportement d'une manière plus systématique que ne le font les disciplines plus traditionnelles telles que la littérature et l'histoire. En fait, comme l'affirme Samuel Feldman, de l'Université de New York: «la psychologie est rapidement en train de remplacer l'histoire et les lettres comme cours de base de l'éducation générale».

L'AVENIR DE LA PSYCHOLOGIE SOCIALE ET COMPORTEMENTALE

L'accroissement de l'intérêt envers la psychologie peut être attribuable à de nombreux facteurs. Mais l'un des plus importants, d'après Feldman, est le fait que notre société devient de plus en plus orientée vers les services. Il existe un nombre croissant de programmes de désintoxication, de centres de transition et de centres communautaires de santé mentale qui fournissent toute une gamme de services sociaux. Or, pour aider les gens le mieux possible, il faut les connaître et les comprendre; en ce sens, la psychologie devient très importante. D'après le sondage de Smith, cette tendance se poursuivra et le nombre de psychologues doublera d'ici l'an 2000. «Les secteurs où le développement sera le plus considérable seront la psychologie sociale et la psychologie professionnelle. Cet essor proviendra du fait que les autres professionnels auront besoin de recourir aux psychologues pour que ceux-ci les aident à effectuer leur travail. Dans un monde de plus en plus complexe et spécialisé, les experts, planificateurs et concepteurs seront forcés de s'éloigner de plus en plus des gens «ordinaires» et devront avoir recours aux techniques psychologiques, telles que les sondages d'opinion et certaines techniques psychologiques de la communication, afin de combler un fossé de plus en plus infranchissable.» En d'autres termes, les psychologues seront des experts qui aideront les experts. Ils feront le pont entre les planificateurs et ceux auxquels s'adressera la planification. D'ici le milieu des années 1990, on prédit que les psychologues se seront engagés activement dans la planification et la conception de systèmes sociaux tant pour les gens «ordinaires» que pour des objectifs spéciaux tels que les hôpitaux psychiatriques et les prisons.

La santé mentale communautaire

Les hôpitaux psychiatriques, sous leur forme actuelle, disparaîtront probablement d'ici l'an 2000. Ils seront remplacés par des cliniques, des centres de rééducation, des maisons de transition, des foyers de groupe, des communautés thérapeutiques et d'autres formes de **milieux protégés** où les gens atteints de troubles mentaux ou de troubles de comportement pourront séjourner pour de courtes périodes. Des psychologues et d'autres spécialistes du comportement y seront disponibles pour aider les gens perturbés à trouver des solutions à leurs problèmes. Les patients seront réintroduits graduellement dans la société, plutôt que d'y être renvoyés brusquement sans bénéficier d'une **post-cure** appropriée. Les psychologues du comportement aideront aussi à modifier l'environnement social dans lequel le patient devra se réintégrer. Les spécialistes en counselling familial travailleront à changer la situation familiale du patient. D'autres psychologues spécialisés travailleront dans le monde des affaires, les écoles et l'industrie pour contribuer à préserver la santé mentale des employés, des étudiants et des clients. Les centres communautaires de santé mentale jouent déjà un rôle important sur le plan de l'élimination d'une partie de la pollution psychologique dans la société.

La modification du comportement

La modification du comportement est l'une des techniques les plus importantes dont disposeront les psychologues pour contrôler l'environnement social. D'après le sondage de Smith, d'ici 1987, les méthodes et techniques de maîtrise du comportement, tel le type de conditionnement décrit par Skinner (voir chapitre 6), seront devenues fidèles et se seront raffinées. Les psychologues pourraient mettre au point une série de méthodes d'auto-modification ou un ensemble de «répertoires d'expériences» qui pourraient accroître énormément les styles de vie accessibles à tous les individus.

La technologie behaviorale et le conditionnement sous forme d'économie de jetons ont déjà donné de bons résultats dans le traitement de certains types de troubles mentaux. Non seulement ce genre d'**ingénierie du comportement** contribuera-t-il à vider les hôpitaux psychiatriques, mais il pourra peut-être aussi faire des prisons un système dépassé. L'économie de jetons, méthode déjà utilisée dans certaines prisons, sert à récompenser les prisonniers qui manifestent un certain développement personnel et une maîtrise de leurs impulsions. On fait appel à ce même type de conditionnement pour enseigner aux prisonniers les aptitudes sociales et professionnelles dont ils auront besoin lorsqu'ils réintégreront la société. On a découvert qu'une telle réadaptation (ou rééducation) est une méthode beaucoup plus efficace que la punition pour résoudre les problèmes de ceux qui violent la loi. Des statistiques préliminaires indiquent que les prisonniers libérés des centres de réadaptation sont beaucoup moins susceptibles de récidiver que ceux qui ont purgé leur peine dans un «pénitencier» traditionnel. Ce fait pourrait déjà contribuer à faire diminuer la criminalité dans la société; par ailleurs, plus nous aurons la mainmise sur notre environnement social, moins les gens sont portés à violer la loi. Lorsque nous en serons là, l'évolution sociale aura fait un grand pas.

Les communications de masse

Les progrès dans l'évolution sociale ont toujours été remarqués après coup. La société a pu s'y adapter inconsciemment par le passé, explique Toffler, car ces changements se produisaient lentement. Aujourd'hui, il n'est plus possible de s'en tenir à l'adaptation inconsciente. Les changements surviennent trop rapidement; alors, nous devons participer activement à la planification de notre évolution sociale et nous devons consciemment prendre des décisions sur notre avenir. Nous devons trouver des solutions à la guerre, à l'inégalité économique, au problème mondial de la faim, au racisme, au sexisme, aux problèmes écologiques et à l'épuisement des ressources énergétiques. La technologie moderne nous propose bien des façons de résoudre ces problèmes, mais c'est à nous qu'il revient de choisir les solutions que nous y apporterons. Nos décisions, toutefois, doivent être fondées sur les besoins de tous les gens concernés. L'histoire nous montre qu'on a souvent passé outre les besoins des groupes minoritaires. Aujourd'hui, dans une société technologique dont l'équilibre est fragile, même la plus petite des minorités peut perturber totalement les mécanismes en place. Les nations arabes, en augmentant le prix du pétrole, ont bouleversé l'économie mondiale. Un petit groupe de rebelles insatisfaits peut parvenir à terroriser toute la population d'une grande ville.

La technologie future offrira cependant aux minorités un moyen de se faire écouter. Grâce aux **communications de masse**, tous les gens pourront éventuellement prendre part aux décisions qui auront une influence sur leur avenir. Un homme politique prononcera un discours, et des gens vivant un peu partout au monde pourront réagir instantanément. Cette rétroaction immédiate sera rendue possible par la câblodistribution et les autres progrès qui surviendront dans le domaine des communications de masse. Les ordinateurs compileront les réponses et l'homme politique tout autant que le public obtiendront une rétroaction immédiate. De cette manière, ceux qui établiront les politiques seront en mesure d'évaluer avec précision les besoins psychologiques sans cesse changeants de la société et pourront prendre des décisions selon ces besoins.

LE MODELAGE DE L'AVENIR

Debout, les bras en croix, Valentine Michael Smith, un soir, se livre calmement aux coups d'une foule de Terriens en colère; il se fait assassiner. Même doté de pouvoirs futuristes, l'humain de Mars a été incapable de s'assurer une vie longue et enrichissante. Il a essayé de partager ses pouvoirs et ses secrets avec un monde qui n'était pas prêt à accepter l'avenir qu'il leur offrait. Les gens qui ne comprenaient pas Smith se sont méfiés de lui et l'ont assassiné.

Les gens qui ont assassiné l'avenir l'ont fait parce qu'ils ne le comprenaient pas. Hier, les usines et les manufactures n'étaient que les outils qui avaient façonné la révolution industrielle. Aujourd'hui, cette technologie pollue le monde entier. Si les planificateurs, dans le passé, avaient compris les besoins que nous avons aujourd'hui, ils auraient peut-être agi différemment.

Aujourd'hui, la psychologie fournit aux gens les outils qui leur permettent de modeler leur corps, leur esprit et leur environnement social. Les gens qui comprennent les besoins et les possibilités de l'avenir utiliseront les outils de la révolution psychologique pour modeler leur avenir de manière à ce qu'il soit le plus possible conforme à leurs désirs.

guide d'étude

A. RÉVISION

Compléter les phrases suivantes:

1. Dans le roman de Heinlein, Valentine Michael Smith a habité sur _____ jusqu'à l'âge de _____ ans.

2. Les révolutions _____ et _____ au cours des 300 dernières années ont transformé le monde rapidement et fondamentalement.

3. La non-adaptation au changement peut provoquer ce qu'Alvin Toffler appelle le « _____ ».

4. Ce que nous pouvons appeler la «révolution psychologique» a débuté au _____ siècle.

5. La capacité de faire des prédictions exactes de l'avenir requiert une connaissance du _____.

6. On prédit que vers les années _____, il sera possible d'utiliser des médicaments pour contrôler certains comportements.

7. La _____ permet de contrôler des comportements biologiques sans utiliser de médicaments.

8. Le sondage de Smith indique que la stimulation des _____ du cerveau pourrait faire de la sexualité, de l'alcool, des jeux de hasard, etc., des modes de satisfaction dépassés.

9. Aux alentours de 1900, la science soutenait que le comportement résultait _____.

10. Votre manuel prétend que la plupart des progrès en psychologie cognitive nous viendront probablement des psychologues _____.

11. Toffler estime que les systèmes d'éducation actuels sont le résultat immédiat de la révolution _____.

12. Les écoles et les examens traditionnels d'aujourd'hui disparaîtront probablement d'ici _____ ans.

13. Les hôpitaux psychiatriques tels qu'on les connaît maintenant disparaîtront probablement d'ici l'an _____.

14. Grâce aux _____, tous les gens pourront éventuellement prendre part aux décisions qui auront une influence sur leur avenir.

B. VÉRIFICATION DES CONNAISSANCES

Encercler la bonne réponse (A, B, C ou D):

1. Dans le roman d'Heinlein, Valentine Michael Smith:
   A. a essayé d'importer une société terrienne chez les Martiens.
   B. s'est développé des muscles et des os très forts lorsqu'il était sur Mars.
   C. s'est très facilement adapté à la vie sur la Terre.
   D. a été assassiné par des Terriens qui se méfiaient de lui.

2. La biologie est devenue une vraie science au _____ siècle.
  A. XVIIe
  B. XVIIIe
  C. XIXe
  D. XXe

3. L'utilisation de médicaments pour contrôler certains comportements:
  A. pourrait réduire l'utilité des prisons.
  B. ne semble pas réalisable pour le moment.
  C. s'appelle l'ingénierie génétique.
  D. peut être désignée sour le nom de rétroaction biologique.

4. L'auto-stimulation des «centres du plaisir» du cerveau:
  A. est déjà un outil puissant pour bien des gens.
  B. fournit un bon exemple de PES.
  C. est probablement plus satisfaisante pour les animaux que pour les humains.
  D. sera courante d'ici la fin du XXe siècle.

5. Les techniques approuvées d'éducation des enfants:
  A. ont probablement changé au moins trois fois au cours des 30 dernières années.
  B. mettent actuellement l'accent sur la tolérance.
  C. sont fondées aujourd'hui en grande partie sur les principes de Freud.
  D. sont rarement influencées par les psychologues professionnels.

6. La plupart des progrès en psychologie cognitive:
  A. sont déjà réalisés.
  B. nous viendront probablement des skinnériens.
  C. seront produits par des changements génétiques.
  D. nous viendront probablement des psychologues humanistes.

7. L'économie de jetons:
  A. est déjà utilisée.
  B. est une forme de modification du comportement.
  C. peut être utilisée dans les prisons ainsi que dans les hôpitaux psychiatriques.
  D. A, B et C à la fois.

SUGGESTIONS DE LECTURES

Bateson, G., *Vers une écologie de l'esprit,* volume 1, Seuil, Paris, 1977.
Ferguson, M., *La révolution du cerveau,* Carmann-Lévy, Paris, 1974.
Toffler, A., *Le choc du futur,* Denoël, Paris, 1971.

appendice

---

les statistiques

par James V. McConnell

La dame de carreau

Il n'y a pas très longtemps, je me trouvais au salon des étudiants et je bavardais avec Albert, un de mes amis, lorsque deux jeunes femmes se sont approchées de nous et nous ont lancé un défi au bridge. Nous avons appris par la suite que les deux femmes (Joanne et Carole) étaient des étudiantes de bac. Nous avons aussi payé pour apprendre qu'elles étaient des requins aux cartes: elles nous ont battus à plate couture, Albert et moi. Joanne était particulièrement astucieuse pour déterminer comment les cartes étaient réparties entre les quatre joueurs; à cause de cela, elle finissait presque toujours par gagner le nombre maximum de levées que son jeu lui permettait de remporter.

Il y a une levée que je n'oublierai pas de si tôt, pas simplement parce que Joanne l'a remportée de main de maître, mais aussi à cause de ce qu'elle a dit par la suite. Joanne avait demandé quatre piques, et qu'elle gagne son contrat ou non dépendait de sa capacité de déterminer qui avait la dame de carreau: Albert ou moi. Joanne a réfléchi quelques instants, puis a gentiment souri à Albert. «Je pense que c'est toi qui as la dame de carreau», a-t-elle dit, puis elle a promptement remporté la dame avec son roi.

Albert, qui n'aime pas perdre, a murmuré quelque chose comme: «je n'ai donc pas de chance».

«Ce n'est pas une question de chance, lui a répliqué Joanne. Je savais que tu avais cinq carreaux, Albert, et que le prof, ici, n'en avait que deux. L'un de vous avait la dame, mais je ne savais pas qui. Mais puisque toi, Albert, tu avais cinq des sept carreaux, il y avait cinq chances contre deux que tu aies la dame. C'est assez simple, quand on s'arrête à y penser.»

Pendant qu'Albert, frustré, brassait bruyamment les cartes pour la donne suivante, Joanne s'est tournée vers moi. «Je sais que vous êtes professeur, mais je ne sais pas ce que vous enseignez.».

«La psychologie», dis-je, en ramassant mes cartes. Les cartes étaient moches, comme d'habitude.

«Oh! vous êtes prof de psycho! C'est fantastique. J'ai toujours rêvé d'étudier la psycho, mais on m'a dit qu'il fallait que je suive des cours de statistiques pour ça. Je déteste les mathématiques. Je n'ai jamais rien compris à toutes ces espèces d'équations compliquées. Alors, je me suis inscrite en histoire à la place.»

LES STATISTIQUES: UNE FAÇON DE PENSER

J'étais stupéfait de ce que Joanne venait de dire. Je ne sais pas combien de fois les étudiants m'ont parlé à peu près en ces termes, qu'ils sont moches en math, ou qu'ils n'arrivent tout simplement pas à comprendre à quoi riment les statistiques. Mais ces mêmes étudiants réussissent à jouer au bridge de façon magistrale ou à déchiffrer le marché de la bourse, ou ils connaissent la moyenne au bâton de tous les grands joueurs de base-ball, ou le nombre de milles ou de kilomètres au gallon qu'ils obtiennent de leur voiture avec de l'essence sans plomb.

La statistique, ce n'est pas uniquement un paquet de formules mathématiques ésotériques: c'est une façon de penser. Si vous êtes capable de penser suffisamment clairement pour jouer aux cartes ou déterminer qui a les meilleures chances de gagner les prochaines élections, alors vous êtes probablement déjà passablement bon en statistiques. En fait, vous employez sûrement les statistiques de façon inconsciente ou intuitive à tout instant dans votre vie quotidienne. Sinon, à votre âge, vous seriez déjà mort ou dans un établissement de soins quelconque.

Bien sûr, certaines des équations que les statisticiens manipulent peuvent s'avérer assez «recherchées». Mais ne laissez pas ce fait vous décourager. Je suis professeur de psychologie depuis plus de 20 ans, et j'ai fait une mineure en mathématiques; or, moi-même, je ne comprends pas toutes les équations que je vois dans les revues de statistique et de psychologie. Mais ces «formules recherchées» n'intéressent généralement que les spécialistes. Oubliez-les, à moins que vous ne soyez un passionné des mathématiques.

La vérité est que vous connaissez probablement déjà la plupart des principes qui entrent en jeu dans les statistiques de base (si, comme Joanne, vous vous arrêtez à y penser). Pourtant, bon nombre d'étudiants en psychologie rejettent les statistiques avec la même émotivité qu'ils manifesteraient si on leur offrait des vers frits ou un steak de serpent à sonnette pour dîner. Mais les vers sont riches en protéines; la viande de serpent est exquise, et on peut la manger en toute sécurité (si l'on n'a pas d'abord à capturer le serpent). Il est cependant possible qu'on ait à surmonter quelques préjugés assez puissants avant de se décider à attaquer cet aliment, et de voir à quoi tient la viande de serpent (ou la statistique).

Les jeux et l'enjeu

J'ai été un joueur toute ma vie; aussi n'ai-je peut-être pas été conditionné à craindre les chiffres et les paris au même titre que la plupart des gens. Mais, que vous vous en rendiez compte ou non, vous aussi êtes un joueur, et vous (comme Joanne) êtes assez bon pour faire toutes sortes de paris et déterminer toutes sortes de *probabilités*. Chaque fois que vous traversez la rue, vous pariez que les chances sont «suffisamment» en votre faveur. Chaque fois que vous conduisez votre voiture et roulez sur un feu vert sans ralentir, vous pariez que quelque conducteur ne brûlera pas, «par exception», le feu rouge pour vous heurter par le travers. Chaque fois que vous étudiez avant de passer un test de type vrai ou faux, vous pariez que vous pouvez en apprendre suffisamment pour réussir mieux que celui qui refuse d'étudier et ne fait que donner des réponses au hasard. Et chaque fois que vous acceptez de sortir avec quelqu'un dans une soirée, vous pariez que vous pouvez prédire le comportement futur (au cours de la soirée) de cette personne à partir des observations que vous avez faites de son comportement antérieur.

Donc, vous êtes aussi un joueur même si vous ne vous percevez pas comme tel. Mais si vous avez à parier, ne serait-il pas utile que vous connaissiez les enjeux et les probabilités? Car si vous connaissez les probabilités, vous pouvez souvent vous faciliter la tâche pour atteindre les fins ou les buts que vous poursuivez.

D'une manière ou d'une autre, presque toutes les statistiques sont basées sur la *théorie des probabilités*. Et, question de hasard ou de chance, sans doute, la théorie des probabilités a connu ses débuts il y a près de 300 ans quand des joueurs français ont commencé à se demander comment gagner beaucoup d'argent aux dés. Ces joueurs (qui n'étaient pas idiots) ont engagé deux brillants mathématiciens français pour trouver les probabilités en leur faveur. C'est du travail de ces deux génies français qu'a pris naissance la théorie qui permet aux casinos de Las Vegas de gagner des centaines de millions de dollars chaque année, qui permet aux compagnies d'assurances de gagner encore plus en pariant sur la durée de vie des gens, et qui permet aux psychologues et aux psychiatres d'utiliser des tests mentaux et d'accoler une étiquette de «normalité» ou d'«anormalité» aux gens.

Les chances sont-elles en votre faveur?

Si vous voulez savoir pourquoi Joanne était si bonne au bridge, prenez un jeu de cartes et retirez-y le 2, 3, 4, 5, 6, 7 et la dame de carreau. Étalez ces cartes à l'envers sur la table, puis mêlez-les de façon à ce que vous ne sachiez pas quelle carte est dans quelle position. Maintenant, essayez de trouver la dame simplement en regardant le dos des cartes. Si le paquet est «honnête» (non truqué), quelles sont les chances que vous preniez la dame plutôt que le 2, 3, 4, 5, 6 ou 7? Comme vous pouvez le constater, il y a exactement 1 chance sur 7 que vous choisissiez la dame. Si vous vouliez faire plus «recherché», vous pourriez écrire une équation (c'est ce que Joanne a fait dans sa tête) comme suit:

La probabilité (p) de choisir la dame (D) est de 1 sur 7, par conséquent:
$$pD = 1/7$$

Maintenant, mêlez les cartes de nouveau, placez-les à l'envers sur la table, puis sélectionnez deux cartes au hasard que vous placez d'un côté de la table; mettez les cinq cartes restantes, toujours à l'envers, de l'autre côté de la table (la main de bridge d'Albert); quelles sont les chances que la dame se trouve dans le paquet de deux cartes (ma main de bridge)?

Vous savez déjà que la probabilité que n'importe laquelle des cartes soit la dame est de 1/7. J'ai deux cartes, j'ai donc deux chances d'avoir la dame, et l'équation se lit:

$$pD \text{ (Moi)} = 1/7 + 1/7 = 2/7$$

Albert avait cinq cartes; son équation de probabilité est donc:

$$pD \text{ (Albert)} = 1/7 + 1/7 + 1/7 + 1/7 + 1/7 = 5/7$$

Ainsi, si vous distribuez les sept cartes au hasard 70 fois, Albert aurait la dame environ 50 fois et moi, je l'aurais environ 20 fois. Il n'est pas surprenant que Joanne gagne au bridge! Quand elle supposait qu'Albert avait la dame, elle n'était pas entièrement sûre, mais la chance jouait certainement en sa faveur.

Des résultats profitables?

Maintenant, arrêtons-nous à quelque chose que tout le monde connaît: les tests objectifs de type vrai ou faux. Supposons qu'un bon matin vous vous rendez au cours d'histoire en sachant que vous aurez un examen à passer, mais que le professeur vous pose une colle: le questionnaire qu'il vous distribue est écrit en chinois, ou en grec, ou en une autre langue qui vous est parfaitement étrangère. L'examen a 20 questions et il est de toute évidence de type vrai ou faux, mais puisque vous ne pouvez le lire, il ne vous reste qu'à répondre au hasard. Quel résultat pensez-vous avoir le plus de chances d'obtenir: 0, 10 ou 20?

Peut-être mériteriez-vous zéro puisque vous ne pouvez lire l'examen, mais je suis convaincu qu'intuitivement, vous savez que vous avez plus de chances d'obtenir autour de 10. Pourquoi?

Eh! bien, quelles sont les chances que vous deviniez juste n'importe laquelle des questions de cet examen?

Si vous avez répondu: «50% des chances d'avoir la bonne réponse», vous saisissez très bien. (Voyez-vous ce que je veux dire quand j'affirme que les statistiques sont une façon de penser?)

La probabilité (p) que vous obteniez la bonne réponse à la première question (B_1) est de 50%, ou 1/2. Nous écrivons donc l'équation:

$$pB_1 = 1/2$$

La probabilité que vous obteniez une mauvaise réponse à la première question (M_1) est aussi de 50%, ou 1/2. Nous écrivons donc une autre équation:

$$pM_1 = 1/2$$

De plus, nous pouvons maintenant dire qu'à la première question ou à toutes les autres, la

$$pB + pM = 1/2 + 1/2 = 1$$

Ce qui est une manière recherchée de dire que chaque fois que vous devinez une réponse lors d'un examen de type vrai ou faux, vous aurez soit la bonne réponse, soit la mauvaise réponse, car ce sont là les deux seuls *résultats* possibles!

Maintenant, supposons que nous considérons les deux premières questions du test. Quelle est la probabilité que vous obteniez la bonne réponse à la fois à la première et à la deuxième question lorsque vous répondez au hasard?

Bon. Quels sont les résultats possibles? Vous pourriez vous tromper dans les deux cas (M_1M_2), ou vous pourriez, dans les deux cas, obtenir la bonne réponse (B_1B_2), ou vous pourriez obtenir une bonne réponse à la première question et une mauvaise réponse à la deuxième question (B_1M_2), ou une mauvaise réponse à la première et une bonne à la deuxième (M_1B_2).

Il y a donc quatre résultats différents possibles et, puisque vous essayez de deviner la bonne réponse aux deux questions, ces quatre résultats ont tous *autant de chances d'apparaître*. Par ailleurs, un seul des quatre résultats nous intéresse (B_1B_2); les chances d'obtenir la bonne réponse aux deux questions sont donc de 1/4.

$$pB_1B_2 = 1/4; \; pM_1M_2 = 1/4; \; pB_1M_2 = 1/4; \; pM_1B_2 = 1/4; \; \text{et}$$
$$pB_1B_2 + pM_1M_2 + pB_1M_2 + pM_1B_2 = 1/4 + 1/4 + 1/4 + 1/4 = 1$$

En un sens, obtenir la bonne réponse aux deux questions est analogue à tirer la dame de carreau quand elle fait partie d'un paquet de quatre cartes. Dans les deux cas, vous avez 4 résultats qui ont tous la même probabilité d'apparition; donc, vous avez une chance sur quatre, ou 1/4, d'obtenir la dame (ou d'avoir la bonne réponse aux deux questions).

Comme vous pouvez le voir, si vous passez un examen, jouez au bridge ou essayez d'ajouter à votre revenu en achetant un billet de loterie, il sera sûrement profitable pour vous de considérer les résultats possibles.

À vrai dire, il est possible de déterminer d'une manière beaucoup plus simple la probabilité que vous répondiez correctement aux deux premières questions. Nous multiplions tout simplement la probabilité que vous obteniez la bonne réponse à la première question (pB_1) par la probabilité que vous obteniez la bonne réponse à la deuxième question (pB_2):

$$pB_1B_2 = pB_1 \times pB_2 = 1/2 \times 1/2 = 1/4 = 25\%$$

Vous avez peut-être aussi déjà constaté que la probabilité d'obtenir deux mauvaises réponses est exactement la même:

$$pM_1M_2 = pM_1 \times pM_2 = 1/2 \times 1/2 = 1/4 = 25\%$$

Si l'examen n'avait que trois questions, la probabilité de n'obtenir que des bonnes réponses en répondant uniquement au hasard (c'est-à-dire en devinant) serait la suivante:

$$pB_1B_2B_3 = pB_1 \times pB_2 \times pB_3 = 1/2 \times 1/2 \times 1/2 = 1/8$$

Autrement dit, dans un examen à trois questions, il y a 8 résultats différents possibles: $B_1B_2B_3$; $B_1B_2M_3$; $B_1M_2B_3$; $B_1M_2M_3$; $M_1B_2B_3$; $M_1B_2M_3$; $M_1M_2B_3$ et

$M_1 M_2 M_3$. Puisqu'une seule de ces 8 possibilités correspond à celle que vous voulez ($B_1 B_2 B_3$), les chances en votre faveur sont de 1 sur 8.

Si le test avait quatre questions auxquelles vous devriez répondre par vrai ou faux, il y aurait 16 résultats différents possibles, deux fois plus que si le test n'avait que trois questions. Ces résultats varient de $B_1 B_2 B_3 B_4$, $B_1 B_2 B_3 M_4$, etc., jusqu'à $M_1 M_2 M_3 B_4$ et $M_1 M_2 M_3 M_4$. S'il y a 16 résultats possibles dont un seul correspond à «toutes les bonnes réponses» ou $B_1 B_2 B_3 B_4$, quelles sont alors les chances que vous deviniez juste aux quatre questions de l'examen?

(Si vous avez dit: «1 sur 16», félicitations!)

Faisons maintenant un pas de géant.

Si l'examen avait 10 questions, les chances que vous obteniez les bonnes réponses aux 10 questions seraient:

$$pB_1 B_2 B_3 B_4 B_5 B_6 B_7 B_8 B_9 B_{10} =$$
$$1/2 \times 1/2 \times 1/2 \times 1/2 \times 1/2 \times 1/2 \times 1/2 \times 1/2 \times 1/2 \times 1/2 =$$
$$1/1\ 024$$

Donc, si vous passiez l'examen 1 024 fois et que vous répondiez chaque fois au hasard, vous pourriez vous attendre à obtenir une note de zéro *une seule fois* sur les 1 024; vous pourriez vous attendre aussi à obtenir une note de 10 *une seule fois* sur 1 024.

À présent, nous pouvons enfin répondre à la question que nous nous posions au début: si vous passiez un examen de 20 questions où vous auriez à deviner, quel résultat auriez-vous le plus de chances d'obtenir: 0,10 ou 20?

Quelles sont les chances que vous obteniez une note de zéro? En fait les chances sont astronomiquement faibles, tout comme elles sont astronomiquement faibles que vous obteniez 20 bonnes réponses. Dans l'un ou l'autre cas, la probabilité est de:

$$pM_{1-20} = pB_{1-20} = 1/2 \times 1/2 \times 1/2 \dots (20\ \text{fois!}) =$$
$$1\ 048\ 576\ \text{contre}\ 1$$

Ainsi les chances sont-elles à plus d'un million contre un que vous obteniez toutes des bonnes réponses ou toutes des mauvaises réponses lors d'un examen de type vrai ou faux auquel vous répondez au hasard. Ce qui vous donne peut-être une bonne raison d'étudier pour le prochain examen que vous aurez à passer!

Les diagrammes en bâtons et la courbe normale

Ajoutons maintenant quelques illustrations, simplement pour animer un peu les choses. Les statisticiens ont une façon de tracer ou de représenter graphiquement les probabilités qui peuvent s'avérer plus facile à «visualiser» que les équations.

Faisons un diagramme de la *distribution* des résultats possibles d'un examen à choix simple de quatre questions:

Distribution ou fréquence	4 bonnes réponses	3 bonnes réponses	2 bonnes réponses	1 bonne réponse	0 bonne réponse
6			MBMB		
5			MBBM		
4		MBBB	MMBB	BMMM	
3		BMBB	BMBM	MBMM	
2		BBMB	BMMB	MMBM	
1	BBBB +	BBBM +	BBMM +	MMMB +	MMMM

Un seul résultat comporte quatre bonnes réponses. Mais quatre résultats comportent trois bonnes réponses (et une mauvaise), c'est-à-dire que vous pourriez tomber juste sur les trois premières réponses, mais manquer la dernière (BBBM), répondre correctement aux deux premières, manquer la troisième et répondre correctement à la dernière (BBMB), etc.

Maintenant, en regardant le diagramme, pouvez-vous dire quelles sont les chances que vous obteniez deux bonnes réponses et deux mauvaises réponses? Comptez le nombre de résultats différents qui comportent deux B et deux M: il y en a six. Or, il y a au total 16 réponses possibles. Alors, les chances que vous obteniez *exactement* deux bonnes réponses (et deux mauvaises) sont de 6/16.

Nous pouvons dessiner un diagramme en bâtons ou un *histogramme* illustrant les mêmes possibilités:

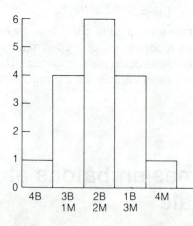

Si l'examen avait huit questions, l'histogramme ou le diagramme en bâtons ressemblerait à quelque chose comme ceci:

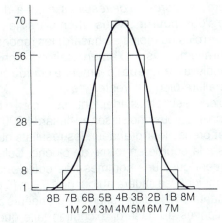

Remarquez que nous avons tracé une courbe qui relie les bâtons. Quand on a affaire à huit ou neuf questions, la courbe se manipule plus facilement que les diagrammes en bâtons. Traçons donc une courbe qui représente graphiquement les résultats possibles à un examen de 10 questions:

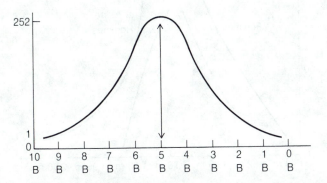

Courbe en forme de cloche qui représente la distribution des «bonnes réponses» auxquelles on peut s'attendre lors d'un examen à choix simple de type vrai ou faux de 10 questions.

Tel que nous l'avons mentionné plus haut, le nombre de résultats possibles pour un examen de 10 questions est de 1 024. Les chances de répondre correctement aux 10 questions en devinant (ou en répondant «uniquement au hasard») sont de 1 sur 1 024. La cote n'est pas très bonne! Mais la probabilité d'obtenir 5 bonnes réponses et 5 mauvaises réponses est de 252 sur 1 024 ou environ 25%. Et les chances que vous répondiez correctement à 4, 5 ou 6 questions se situent bien au-dessus de 60%! Cela a du sens, parce que si vous regardez uniquement la courbe, vous pouvez voir que 60% et plus des résultats possibles se regroupent au milieu de la courbe.

LA STATISTIQUE DESCRIPTIVE

La courbe que nous venons de tracer correspond à la réputée et populaire «courbe en forme de cloche», ou courbe normale. En fait, la courbe décrit une *distribution au hasard de scores ou de résultats*, c'est-à-dire qu'elle décrit les résultats auxquels vous pourriez vous attendre si les étudiants étaient contraints de deviner (plus ou moins au hasard) les réponses à un examen à choix simple. Naturellement, si l'examen était écrit en français et si les étudiants avaient étudié la matière de l'examen, la courbe ou la distribution des résultats aurait une allure bien différente.

Plusieurs types de «résultats» s'adaptent assez bien à la courbe en forme de cloche. Par exemple, si vous choisissez au hasard 1 000 adultes canadiens de sexe masculin et prenez leur grandeur, les résultats que vous obtiendrez s'ajusteront de près à la courbe en forme de cloche. Cela signifie que vous trouverez probablement quelques hommes très petits et quelques hommes très grands, mais la majorité se situera autour de 1,78 m (5 pi 10 po). La même courbe normale s'adapterait à la distribution des grandeurs de 1 000 adultes de sexe féminin sélectionnés au hasard, exception faite que le «milieu» ou le sommet de la courbe en forme de cloche se situerait autour de 1,66 m (5 pi 5 po).

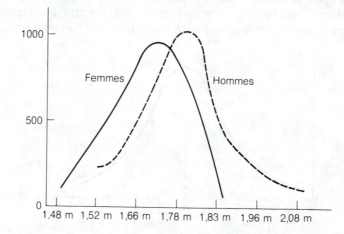

Les mesures de tendance centrale

Comme nous l'avons fait remarquer au chapitre 8, les tests de Q.I. sont construits de telle sorte que le quotient intellectuel de tout groupe d'âge donnera une courbe normale. Dans ce cas, le sommet ou le «milieu» de la distribution des quotients correspond presque précisément à 100. Très peu de gens obtiendront un quotient inférieur à 50, et très peu auront un quotient supérieur à 150; environ les deux tiers des quotients de cette population se situeront entre 84 et 116.

Pourquoi ce renflement au milieu en ce qui concerne les quotients intellectuels? Reportez-vous un moment au test à choix simple de 10 questions dont nous avons parlé plus tôt. Il y avait 1 024 résultats possibles. Si vous vouliez répondre correctement aux 10 questions, il n'y avait qu'une seule façon de le faire: trouver les bonnes réponses à toutes les questions.

Mais il y avait 256 manières de répondre pour obtenir un résultat de 5 (en plein le milieu).

Il n'y a qu'une seule façon d'obtenir un quotient très élevé dans un test de Q.I.: il faut répondre à toutes les questions rapidement, de façon précise et de la «bonne» manière, c'est-à-dire comme les gens qui ont élaboré le test l'exigent. Mais il y a des milliers de manières différentes de répondre aux questions d'un test de Q.I. habituel pour obtenir un «résultat moyen», soit un quotient intellectuel entre 84 et 116.

Dans le même ordre d'idées, il n'existe que très peu de façons de gagner un revenu annuel d'un million de dollars. Mais il y a des milliers de façons de gagner 15 000$ par année. Ainsi, si nous choisissons au hasard 1 000 adultes canadiens et leur demandons de nous dire leur revenu annuel, et que nous faisons ensuite «une moyenne», quelle forme de courbe (distribution de revenus) pensez-vous que nous obtiendrons?

Lorsque nous mesurons les gens de façon psychologique, biologique, sociale, intellectuelle ou économique, nous obtenons souvent une distribution de résultats qui se rapproche sensiblement de la courbe en forme de cloche. Chaque personne est unique, il est vrai. Mais il est également vrai que sur toute échelle de mesure donnée *unique* (grandeur, poids, moyenne de points scolaires, revenu), la majorité des résultats que les gens obtiennent se situent quelque part vers le milieu de toute l'étendue des résultats possibles.

Les psychologues possèdent une variété d'outils pour mesurer le «milieu» de n'importe quelle courbe ou distribution de résultats. L'on désigne souvent ces procédés sous le nom de *mesures de tendance centrale*, ce qui est une manière recherchée de dire que ces procédés nous permettent de mesurer le centre ou le point milieu de toute distribution de scores ou de résultats.

La moyenne, la médiane et le mode

1. *La moyenne.* La moyenne statistique est la même que la moyenne arithmétique. Elle s'obtient en divisant tous les résultats compilés par leur nombre. Lorsque vous déterminez votre moyenne de notes scolaires d'une session, vous multipliez généralement la note obtenue à chacun des cours (A, B ou C) par le nombre de crédits qui y correspondent (2, 3 ou 4), vous en faites ensuite la somme et divisez par le nombre total de crédits. Votre moyenne de notes scolaires (MNS), ou moyenne générale, est en fait la *moyenne* mathématique de toutes vos notes.

COURS	CRÉDITS	NOTE	CRÉDITS × NOTE
Histoire	3	A	3 × 4 = 12
Psychologie	4	A	4 × 4 = 16
Mathématiques	4	C	4 × 2 = 8
Espagnol	4	B	4 × 3 = 12
Totaux	15		48

MNS = 48/15 = 3,2

2. *La médiane.* Puisque la moyenne est arithmétique, elle produit parfois des résultats très étranges. Par exemple, certains chiffres récents de source gouvernementale indiquent que la famille américaine «moyenne» se compose de 4,47 personnes. Avez-vous déjà rencontré une famille de 4,47 personnes? Voici un deuxième exemple: si, lors d'une session, vous avez obtenu deux A et deux C, votre note «moyenne» sera B. Pourtant, vous n'avez obtenu aucun B dans les cours que vous avez suivis.

Il est parfois plus sensé de déterminer le point central exact des résultats au lieu de déterminer le résultat *moyen*. À ce moment-là, les psychologues utilisent souvent la *médiane,* qui est la donnée qui se situe exactement au centre de la distribution, tout comme la ligne «médiane» d'une grande route est celle qui se trouve exactement au milieu de la route.

Lors d'une session, vous avez obtenu deux A, un B et vous avez carrément échoué deux cours. Votre «moyenne» (moyenne de notes scolaires) est alors un peu supérieure à C. Mais votre *médiane* ou votre note centrale est B, parce que le B occupe exactement la position du milieu parmi les cinq résultats que vous avez obtenus.

La médiane est particulièrement utile quand vous avez affaire à une distribution de données qui comprend quelques cas extrêmes. Ainsi, il y a très peu de personnes qui gagnent un million de dollars et plus par année, et des milliers de gens qui ne gagnent vraiment pas beaucoup. Ces quelques millionnaires remontent considérablement la moyenne parce que leurs revenus sont énormes. Le revenu annuel *moyen* par habitant est sensiblement plus élevé que le revenu annuel *médian*.

Si la signification de cette dernière affirmation n'est pas très claire pour vous, considérez que vous faites partie d'un échantillon de 10 personnes. Supposez que vous et huit autres personnes gagnez 1 000$ par année chacun, mais que la dixième fait la coquette somme d'un million de dollars. Le revenu moyen de ce groupe serait d'environ 100 000$, mais le revenu médian serait de 1 000$. Selon vous, lequel de ces deux chiffres représente la meilleure description du revenu «moyen» réel de cet échantillon?

3. *Le mode.* Pour comprendre la signification de cette notion, on peut faire un parallèle entre le mode et *la* mode. La mode représente ce qui est en vogue ou populaire. De la même manière, quand vous parlez d'une distribution de données ou de résultats, le «mode» représente la donnée la plus populaire, ou la plus fréquente. C'est-à-dire que le mode est le point ou les points qui se situent au sommet de la courbe. Si deux points de la distribution se situent tous deux au sommet de la courbe, on dit qu'il y a deux données *modales*, et la courbe reçoit l'appellation de *bimodale* (qui a deux modes).

L'asymétrie

Si la distribution des données est plus ou moins en forme de cloche, alors la moyenne, la médiane et le mode seront normalement très semblables. Cependant, toutes les courbes ne nous font pas la faveur d'être de forme aussi régulière. Supposez, par exemple, que vous vouliez savoir si un professeur en particulier (Mme Hétu) commence et termine ses cours à l'heure. Afin de le déterminer, vous apportez avec vous, pendant toute la session, une montre très précise et vous faites une étude scientifique du comportement de Mme Hétu. Au cours de la session, elle doit donner, disons, 50 cours. Il y a donc 50 débuts et 50 fins de cours possibles. Mme Hétu débute généralement ses cours à l'heure. Mais occasionnellement, elle commence une ou deux minutes plus tôt, et parfois, elle est une minute ou deux en retard. De temps à autre, elle arrive relativement en retard; à une occasion, elle est absente. Mais elle ne commence *jamais* un cours plus de deux minutes avant l'heure prévue. Si vous représentez graphiquement toutes ces données, il en résultera une courbe semblable à celle de gauche. Si vous représentez graphiquement toutes les données accumulées sur les moments où se terminent les cours, la courbe obtenue ressemblera à celle de droite.

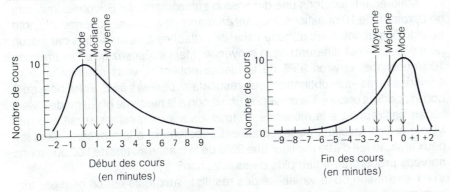

On dit de ces courbes qu'elles sont *asymétriques*, ce qui signifie qu'elles ont un certain «degré d'éloignement de la forme dite normale, ou habituelle». Dans l'exemple du début des cours de Mme Hétu, la courbe incline vers la droite; nous disons alors qu'elle a une «asymétrie positive». L'autre courbe incline vers la gauche; elle a donc une «asymétrie négative». Comme c'est le cas dans bon nombre de distributions où les données sont des mesures de temps de réaction ou de temps de départ, la moyenne, la médiane et le mode ne sont pas identiques.

L'étendue et les variations

Il y a encore deux concepts importants qu'il faut considérer avant d'être en mesure de saisir ce que sont les statistiques. Le premier concept est celui de l'*étendue* des données ou des résultats possibles; le second est celui de la *variation* des résultats obtenus. Le premier concept est assez facile à comprendre, mais le deuxième nécessitera un peu plus de réflexion de votre part.

Quelle serait l'étendue des résultats possibles à un test de 10 questions du genre «compléter les phrases», c'est-à-dire auquel le sujet doit produire les réponses? De 0 à 10, et puisqu'il n'est pas possible de deviner les réponses aussi facilement dans ce genre de test que dans un examen de type vrai ou faux, vous ne pouvez pas réellement dire à l'avance quelle sera la moyenne probable de la classe. L'étendue des résultats d'un test de 100 questions serait de 0 à 100, et ici encore, vous n'avez aucun moyen de savoir, avant de passer le test, ce que sera le «résultat moyen» probable. Supposons que vous passez un examen de 10 questions où vous produisez les réponses, et que vous obtenez 8 bonnes réponses, ce qui coïncide également à la moyenne de toute la classe. Puis, vous passez un test de 100 questions et vous obtenez aussi un 8; ce résultat correspond encore une fois à la moyenne de la classe. À partir de l'étendue possible des résultats, que pouvez-vous dire à propos du niveau de difficulté des deux tests? Ne diriez-vous pas que le test de 100 questions était considérablement plus difficile, même si la moyenne de la classe est la même dans les deux cas?

Maintenant, ajoutons une dimension supplémentaire. Supposez que lors de l'examen de 10 questions, *tous les étudiants de la classe* obtiennent la note de 8! Il n'y a absolument aucune *variation* rattachée à ces résultats car aucun ne s'*écarte* (n'est différent) de la moyenne. Mais supposez qu'à l'examen de 100 questions, environ 95% de la classe obtient 0, vous obtenez un 8 et quelques rares «as» obtiennent des résultats supérieurs à 85. Votre note de 8 correspondrait encore à la *moyenne* (mais non à la médiane ou au mode). Mais l'*écart* par rapport à la moyenne de tous les autres résultats serait énorme. Même si vos résultats correspondaient exactement à la moyenne dans les deux tests, le fait d'être meilleur que 95% de la classe au test de 100 questions ne vous procurerait-il pas plus de satisfaction?

La variation ou la variabilité des résultats aux tests est un élément très important à connaître si vous voulez évaluer votre rendement par rapport à celui de tous les autres qui passent le test.

L'écart type

Les statisticiens ont conçu un «petit gadget pratique» qui nous permet de mesurer la variabilité des données assez facilement. Cette invention (ou ce gadget) s'appelle l'*écart type*. Si jamais vous avez à déterminer l'écart type d'une distribution de données, vous trouverez que les processus mathématiques qui entrent en jeu sont relativement simples. Mais il n'est pas nécessaire que vous connaissiez les mathématiques pour comprendre le concept lui-même.

Supposons que nous faisons passer un test de Q.I. à tous les Canadiens de 16 ans et que nous représentons ensuite leurs résultats graphiquement. Puisque les tests de Q.I. sont élaborés de telle sorte que les résultats que l'on obtient se «distribuent normalement», ou permettent de tracer une courbe en forme de cloche, leur représentation graphique donnerait quelque chose comme suit:

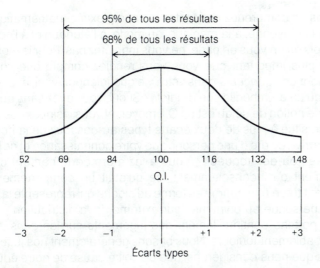

La moyenne, la médiane et le mode de la distribution seraient très proches de 100 (si le test a été construit pour donner ces résultats, comme la plupart le sont). De plus, environ 68% de tous les résultats se situeraient entre 84 et 116, ce qui signifie que les deux tiers des sujets dévieraient ou s'*écarteraient* légèrement de la moyenne. En d'autres termes, le tiers environ des sujets obtiendraient des résultats (101-116) très légèrement au-dessus de la moyenne (100), tandis qu'un autre tiers obtiendrait des résultats (84-99) très légèrement au-dessous de la moyenne (100).

À partir des règles mathématiques qui sous-tendent la courbe normale, les statisticiens ont décidé que les résultats qui se situent entre 84 et 116 sont *à moins d'un écart type de la moyenne*. Puisqu'un résultat de 84 est *exactement* à un écart type en-dessous de la moyenne de 100, et que 116 est *exactement* à un écart type au-dessus de la moyenne, vous pouvez tout de suite constater que l'écart type de ce test de Q.I. en particulier est de 16 points.

Mais avant que toute cette question ne vous désoriente trop, essayons de donner une signification plus concrète au concept de l'écart type.

Lors de n'importe quel test ou examen que vous passez,

1. Si votre rendement, quelle que soit la mesure, se situe à moins d'un écart type de la moyenne ou du point milieu, vous pouvez vous considérer comme techniquement normal.

2. Si votre rendement, quelle que soit la mesure, se situe entre un et deux écarts types de la moyenne, vous avez quelque peu dévié de la moyenne.

3. Si votre rendement, quelle que soit la mesure, se situe à plus de deux écarts types de la moyenne ou de la norme, vous vous êtes comporté différemment de 98% de la population. Par conséquent, l'on peut dire que votre rendement est *significativement* anormal. Ou bien vos résultats sont supérieurs à ceux de tous les autres, ou bien ils sont inférieurs à ceux de tous les autres (si vous mesurez des choses comme le revenu ou le Q.I.), mais de toute façon, vous êtes différent du reste des gens d'une manière *mesurable* (manifeste).

Si vous ne comprenez pas toutes les complexités mathématiques sous-jacentes à la moyenne, à la médiane, au mode, à l'étendue et à l'écart type la première fois qu'on vous en parle, ne vous inquiétez pas. Pour le moment, il est beaucoup plus important que vous vous rendiez compte que vous utilisez constamment ces *concepts* dans votre vie quotidienne. Ainsi, avez-vous déjà traité quelqu'un d'«imbécile» ou d'«idiot»? Si oui, vous avez sans aucun doute une certaine notion de ce qu'est un Q.I. moyen et vous insinuez que l'«idiot» en question se situe à plus de deux écarts types au-dessous de la norme. Vous est-il déjà arrivé de rire d'une personne de votre connaissance et de la qualifier de «cinglée» ou de «toquée»? Vous avez alors certainement déterminé, consciemment ou inconsciemment, ce qu'était un comportement normal, mentalement tracé une courbe en forme de cloche qui représente la normalité, et situé la personne au point inférieur extrême de la distribution.

Nous portons continuellement des jugements sur les gens, et nous le ferons probablement toujours. Nous basons généralement nos jugements sur les valeurs que nous considérons, que ce soit à cause de notre éducation ou d'un quelconque autre facteur, comme représentant la norme culturelle ou la «moyenne». À mesure que nous en apprenons sur les gens, notre façon de les percevoir tend à changer. Peut-être les principales différences entre les jugements que vous portez et ceux que porte un psychologue expérimenté sont-elles les suivantes: 1) le psychologue est conscient que les normes et les valeurs sont arbitraires et peuvent varier d'une civilisation à l'autre; 2) le psychologue essaie d'obtenir des mesures exactes des déviations (ou des écarts) par rapport aux normes, plutôt que des approximations; 3) le psychologue utilise des termes neutres, descriptifs, tels que «à deux écarts types de la moyenne» plutôt que «cinglé» ou «toqué»; 4) dernier facteur, et sûrement pas le moindre, le psychologue mesure l'anormalité en termes d'écarts types par rapport au point milieu véritable ou *mesuré* de la distribution des données, des résultats ou des comportements possibles.

Ce dernier point est particulièrement important. J'ai un bon ami qui, en politique, est tellement conservateur qu'il croit que le parti conservateur lui-même est complètement rempli de militants de gauche. Et les libéraux, eux, (tous!) sont encore pires. Mais cet homme croit que ses opinions politiques sont tout à fait le point milieu (moyenne, médiane *et* mode) de la distribution des opinions au Canada. Il se perçoit donc lui-même (avec quelques rares amis) comme «représentatif de l'opinion de la majorité» au Canada. En fait, il voit presque tout le monde comme étant «politiquement anormal» ou à trois ou quatre écarts types du «point milieu perçu». Il y a longtemps que j'ai cessé de discuter avec lui parce qu'il rejette toutes les données ou les mesures qui laissent entendre que ce serait plutôt *lui* l'anormal.

Avant de coller une étiquette d'«anormalité» à quelqu'un de votre entourage ou à quiconque d'autre, ne serait-il pas sage de vous assurer de bien connaître la moyenne, la médiane, le mode et l'écart type *mesurables* du trait ou du comportement qui vous a amené à supposer que cette personne est anormale?

LA STATISTIQUE INDUCTIVE

Si toutes les statistiques n'étaient bonnes qu'à décrire des distributions de données ou de résultats, elles auraient sûrement leur place dans le monde de la psychologie; mais il est peu probable que nous y aurions consacré un chapitre dans un manuel d'introduction comme celui-ci. Comme nous l'avons déjà vu, les statistiques ont encore un autre usage: elles nous aident à prendre des décisions sur des choses ou des événements.

Techniquement, il y a deux sortes de statistiques: *la statistique descriptive* et *la statistique inductive*. Les techniques mathématiques qui nous permettent de décrire des phénomènes (telles que la moyenne et l'écart type) se rapportent à la statistique descriptive. Les techniques mathématiques qui nous permettent de porter des jugements, de faire des inférences ou des suppositions à propos des phénomènes sont dites inductives. La statistique inductive est mathématiquement un peu plus difficile à manier, mais elle est aussi beaucoup plus intéressante et utile que la statistique descriptive.

Surprise!

Dans mon garage, il y a cinq lampes au plafond, de sorte que quand j'actionne le commutateur, toute la pièce s'illumine comme en plein jour. Du moins, c'est ce qui arrive la plupart du temps. Malheureusement, les lampes du garage sont branchées sur le même circuit électrique que l'air climatisé et le système de chauffage. Or, quand il fait très chaud ou très froid, il arrive que le chauffage ou la climatisation utilise trop de courant et qu'un fusible saute. Ainsi, trois ou quatre fois par année, lorsque j'entre dans le garage, je cherche à tâtons le commutateur, j'allume la lumière, et... *absolument rien ne se passe*. Sauf que j'ai toujours un certain choc psychologique momentané.

Mais pourquoi devrais-je être surpris quand la lumière ne se fait pas? Je dois utiliser le commutateur de trois à quatre cents fois par année, et tout fonctionne à merveille 99% du temps; je m'attends donc à ce que toutes les fois que j'actionne le commutateur, la lumière se fasse. Si le commutateur ne fonctionnait que 50% du temps, je serais peut-être ennuyé quand la lumière ne s'allume pas, mais je ne serais certainement pas très surpris.

Une bonne partie de la statistique inductive est basée sur l'élément de surprise. Si vous aviez à passer un test à choix simple de 10 questions écrit en chinois, et que vous répondiez correctement aux 10 questions, vous seriez probablement très surpris. (Maintenant que vous savez qu'un tel résultat, s'il est dû au hasard, n'apparaîtrait qu'une seule fois sur 1 024, vous seriez sans doute encore plus surpris). Mais pensez-y un moment. Si vous étiez 1 024 personnes dans votre classe, qu'aucune ne comprenait le chinois, et que toutes auraient à deviner les réponses au hasard, ne vous attendriez-vous pas à ce qu'une personne ou deux de la classe obtiennent une note parfaite, qu'une autre obtienne carrément zéro et qu'environ 256 obtiennent exactement cinq bonnes et cinq mauvaises réponses?

Vous auriez raison de le faire. Mais si vous n'étiez que deux dans votre classe, et que l'un obtienne 10 bonnes réponses, et l'autre 10 mauvaises réponses, vous auriez, cette fois, raison d'être extrêmement surpris.

Les chercheurs sont généralement surpris quand les résultats d'une étude qu'ils ont réalisée semblent transgresser ce qu'on peut appeler «les probabilités normales» ou les prévisions normales. Mais que veut-on dire par *normal*?

Revenons à notre vieil ami, l'écart type. Dans un test de type vrai ou faux de 10 questions où vous êtes contraint de deviner les réponses, le nombre moyen de bonnes réponses est 5. L'écart type est d'à peu près 1,1. Par conséquent, les deux tiers du temps environ, le «hasard» devrait vous donner 4, 5 ou 6 bonnes réponses à ce test, car ce sont là les résultats qui se trouvent à moins d'un écart type de la moyenne.

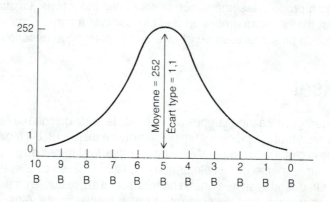

Si vous obteniez sept bonnes réponses, vous seriez peut-être passablement surpris. Un résultat de sept bonnes réponses se situe à environ deux écarts types au-dessus de la moyenne et ne survient par l'effet du hasard (si vous devinez les réponses) que 5 fois sur 100 environ. Un résultat de 10 bonnes réponses se situe bien sûr à plus de quatre écarts types au-dessus de la moyenne et ne survient qu'une fois sur 1 000. Une fois sur 1 000 s'avère en effet un résultat très, très surprenant.

Mais jusqu'à quel point faut-il que vous soyez surpris avant de soupçonner que des facteurs autres que les lois du hasard influencent vos résultats?

Avec les années, les chercheurs ont découvert que si les résultats qu'ils obtiennent ne sont «attribuables au hasard» que 5% du temps environ, ils ont alors le droit d'être légèrement surpris. Dans ces cas, les psychologues écrivent $p = 0,05$ (où p est la probabilité). Si leurs résultats ne sont «dus au hasard» que 1% du temps ($p = 0,01$), alors les chercheurs croient qu'ils ont des raisons d'être très surpris. Et si les données qu'ils trouvent ne sont «imputables au hasard» qu'une seule fois sur 1 000 ou plus ($p = 0,001$), alors ils sont généralement très, très surpris (et souvent très, très contents).

Les données (ou les résultats expérimentaux) qui se trouvent à deux écarts types au-dessus ou au-dessous de la moyenne ne sont «dues au hasard» que 5% du temps environ. Par conséquent, si les chercheurs obtiennent un tel résultat, ils diront généralement que celui-ci est étonnamment (ou *significativement*) différent de leurs attentes habituelles. (Quand les psychologues disent que leurs résultats sont «significatifs au seuil de 5%», ils disent simplement que ces résultats ne sont imputables au hasard que 5% du temps, p = 0,05.)

Les données (ou les résultats expérimentaux) qui se trouvent à trois écarts types ou plus au-dessus ou au-dessous de la moyenne ne sont «dues au hasard» que 1% du temps ou moins. Par conséquent, les chercheurs rapportent habituellement qu'un tel résultat est très étonnamment (ou *très significativement*) différent de leurs attentes habituelles. (Quand les psychologues disent que leurs résultats sont «significatifs au seuil de 1%», ils disent en fait que ces résultats ne sont imputables au hasard que 1% du temps, p = 0,01.)

Les différences significatives

Les deux principales raisons pour lesquelles nous employons les statistiques sont qu'elles nous aident à décrire des phénomènes avec précision, et qu'elles nous aident à tirer des conclusions ou des inférences qui sont significatives et durables. Par conséquent, lorsque nous discutons de la relation entre des résultats «surprenants» et des écarts types, nous posons vraiment une question très importante: est-il possible d'inférer, à partir des statistiques que nous utilisons, qu'un résultat donné est *significativement différent* de celui que nous aurions normalement prévu?

Pour formuler la question d'une autre manière, par la compréhension et l'utilisation des écarts types (et d'autres techniques statistiques), il est souvent possible de répondre à l'importante question suivante: quand une différence devient-elle vraiment une différence?

Supposons qu'en regardant la télévision, vous voyez une annonce publicitaire qui prétend «qu'il a été prouvé scientifiquement qu'une aspirine de marque X apporte un soulagement plus rapide aux gens qu'une aspirine de marque Y». Le commanditaire soutient manifestement que la marque X est *significativement* supérieure à (ou différente de) la marque Y. Mais quelles sont les données?

Dans bon nombre d'expériences de ce genre, on donne l'une ou l'autre marque d'aspirine à des gens qui ont des maux de tête et on leur demande d'informer l'expérimentateur dès qu'ils «se sentent soulagés». L'expérimentateur prend note de la période de temps qui s'est écoulée jusqu'au moment où le sujet a rapporté «s'être senti soulagé».

Supposons que vous réalisez une expérimentation du même genre et que, lorsque vous compilez les données, vous trouvez les résultats suivants: la «période de soulagement» moyenne pour les 100 sujets qui ont absorbé la marque X est de 19,00 minutes, tandis que la «période de soulagement» moyenne pour les 100 sujets qui ont absorbé la marque Y est de 19,01 minutes. Seriez-vous surpris de cette «différence» entre les deux groupes? Seriez-vous prêt à parier que la marque X procure *réellement* un soulagement plus rapide que la marque Y? Soyons encore plus clair: si l'aspirine de marque X coûtait 10 fois plus cher que la marque Y, quelle marque achèteriez-vous?

(Vous pourriez aussi prendre note d'un autre fait important. Quand vous menez une étude scientifique, *vos statistiques ne sont jamais meilleures que votre schème expérimental.* Il existe des dizaines de manières différentes de «donner un coup de pouce» à une expérience de telle sorte que les résultats démontrent ce que vous souhaitez qu'ils démontrent. Par exemple, dans l'étude sur les aspirines, qu'est-ce que vous pourriez faire en vue de vous assurer que la marque X paraisse mieux que la marque Y? Ainsi, pourriez-vous sélectionner différents types de sujets qui prendraient la marque X et la marque Y? Des considérations sur la grosseur, la couleur et la forme des deux sortes de comprimés d'aspirine auraient-elles une importance? Ce que vous diriez aux deux groupes de sujets ou le fait que vous leur souriiez ou non ou que vous sachiez laquelle des pilules est de la marque X et laquelle est de la marque Y auraient-ils de l'importance? De façon générale, à moins que votre schème ne soit bien délimité et impartial, vos statistiques seront sans signification, même si vous trouvez des différences importantes ou «surprenantes» entre vos groupes.)

Maintenant, supposons que l'on vous embauche dans le but de vérifier l'efficacité de deux formes de thérapies dans le traitement de patients en état de dépression aiguë dans un hôpital psychiatrique. La thérapie de type A comprend l'administration d'un nouveau médicament antidépresseur. La thérapie de type B consiste à appliquer une technique de réapprentissage similaire à celle que Martin Seligman a utilisé lorsqu'il étudiait le phénomène «d'apprentissage à l'impuissance» (voir chapitre 11). Supposons encore que vous mesurez «l'efficacité» en vous aidant d'un certain nombre de psychologues entraînés dont la tâche consisterait à recevoir les patients en entrevue avant et après le traitement. Ces psychologues fournissent ensuite un compte rendu de tous les changements qu'ils ont observés chez les patients en se servant d'une «échelle graduée». Cette «échelle d'amélioration» pourrait ressembler à celle-ci:

0	1	2	3	4	5	6	7	8	9	10
Énormément détérioré		Quelque peu détérioré			Aucun changement		Quelque peu amélioré		Énormément amélioré	

Ainsi, à la fin de l'étude, les psychologues auront attribué un «nombre» particulier à chacun des patients. Ce nombre (de 0 à 10) indiquera le degré d'amélioration que les psychologues auront observé chez ce patient en particulier.

Maintenant, combien de groupes de sujets voudriez-vous utiliser? Vous voudriez sans nul doute constituer au moins deux groupes: les patients qui reçoivent le nouveau médicament et les patients qui reçoivent la thérapie par réapprentissage. Mais ne voudriez-vous pas aussi avoir un groupe témoin qui ne recevrait aucun traitement? Sinon, comment seriez-vous en mesure de déterminer quels changements surviennent naturellement chez des patients qui ne reçoivent aucune thérapie?

Vous pourriez même considérer de constituer un quatrième groupe: les patients à qui l'on offre *à la fois* le nouveau médicament (thérapie de type A) *et* le traitement par réapprentissage (thérapie de type B). Puisqu'il n'y a aucune raison de croire que les deux formes de thérapie sont incompatibles, l'utilisation d'un groupe de thérapie «combinée» ou de type AB pourrait donner des résultats des plus intéressants.

Ensuite, vous répartissez 100 patients au hasard parmi les quatre groupes et vous vous assurez que les psychologues qui font passer les entrevues ne sont pas au courant du type de traitement que les patients reçoivent. Après trois mois, vous obtenez les évaluations finales des psychologues et vous compilez les résultats.

Les résultats du groupe de sujets témoins n'ayant reçu aucun traitement se présentent comme suit:

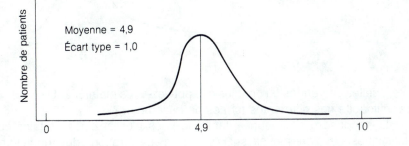

Les résultats du groupe de traitement de type A (médicament) se présentent comme suit:

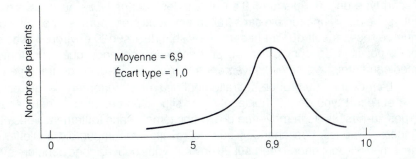

Les résultats du groupe de traitement de type B (réapprentissage) se présentent comme suit:

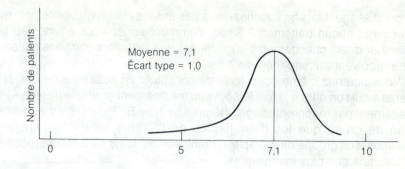

Les résultats du groupe de traitement combiné ou de type AB se présentent comme suit:

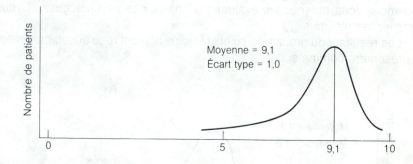

Quelles inférences ou conclusions pouvez-vous maintenant tirer au sujet de l'efficacité des différentes formes de traitements?

La réponse est: «aucune», tant que vous n'utilisez pas certains outils statistiques. Le score moyen, sur «l'échelle d'amélioration», du groupe témoin ou des patients qui n'ont reçu aucun traitement est de 4,9 et l'écart type est de 1,0. Ces patients ne sont pas améliorés, mais ils ne se sont pas détériorés non plus.

La moyenne du groupe de traitement de type A (médicament) est de 6,9, et l'écart type de 1,0. Puisque 6,9 se situe à deux écarts types au-dessus de la moyenne du groupe témoin sans traitement, vous êtes «surpris». Les chances que ce résultat soit dû «au hasard seul» sont de 1 sur 20 environ; il vous est donc possible de conclure avec une certaine confiance que le traitement médicamenteux est *significativement* supérieur à l'absence de traitement.

La moyenne du groupe de traitement de type B (réapprentissage) est de 7,1, et l'écart type de 1,0. Puisque 7,1 se situe à un peu plus de deux écarts types au-dessus de la moyenne du groupe témoin sans traitement, vous êtes encore «surpris». Les chances que ce résultat soit imputable à «l'effet du hasard seul» sont encore de 1 sur 20 environ; vous pouvez donc conclure avec une certaine confiance que la thérapie par réapprentissage est *significativement* supérieure à l'absence de traitement.

Vous remarquez avec intérêt que la moyenne du groupe de traitement de type B est de 0,2 unités plus élevée que la moyenne du groupe de type A. Mais cette différence représente-t-elle vraiment une différence? Non, tout au moins pas en ce qui concerne les données que vous avez recueillies. Si vous aviez utilisé plusieurs autres échelles ou mesures d'amélioration, vous auriez peut-être pu obtenir des résultats différents. Mais puisque les différences que vous avez effectivement trouvées entre les scores moyens de ces deux groupes est beaucoup moindre qu'un écart type, les règles scientifiques laissent entendre que l'on doit probablement cette différence «uniquement à l'effet du hasard». Vous êtes donc obligé de conclure qu'il n'y avait pas de *différence significative* ou importante entre ces deux groupes.

Mais que dire du groupe combiné AB? Sa moyenne de points d'amélioration est de 9,1, ce qui le situe à plus de quatre écarts types au-dessus du groupe témoin sans traitement et à au moins deux écarts types au-dessus des patients du groupe de traitement de type A et de ceux du groupe de type B. Par conséquent, vous pouvez conclure que l'efficacité du traitement «combiné» est *très significativement* supérieure à l'absence de traitement, puisque ce résultat serait dû au hasard moins d'une fois sur 1 000. Vous pouvez aussi conclure qu'un traitement «combiné» est *significativement* meilleur que la thérapie par médicament ou la thérapie par réapprentissage prises séparément, puisque les chances que ces différences soient dues au hasard seul sont de 1 sur 20.

Posons la question en termes plus réalistes. Si un de vos bons amis était hospitalisé à cause d'une dépression grave, quel type de traitement suggéreriez-vous, en supposant que vous (ou quelqu'un d'autre) ayez réellement réalisé cette expérimentation?

Les corrélations

Il existe plusieurs types de tests statistiques dont la plupart vous resteront probablement totalement étrangers à moins que vous ne fassiez des études de deuxième ou troisième cycle en psychologie (ou dans une autre science). Si le sujet vous intéresse, vous pouvez consulter un manuel de base sur l'utilisation des statistiques en sciences sociales[1].

Il y a néanmoins un type de test statistique que tout le monde utilise régulièrement et que nous n'avons pas encore mentionné directement. Vous souvenez-vous de la loi de l'association (voir chapitre 6)? Brièvement, la loi de l'association dit que si deux événements ou stimuli surviennent à peu près au même moment, nous aurons alors tendance à les associer. Si, à plusieurs reprises, vous faites entendre un son de cloche à un chien et que, tout de suite après, vous lui présentez de la nourriture, le chien se mettra à saliver dès qu'il entendra le son de cloche (avant même que vous ne lui apportiez la nourriture). Pourquoi le chien salive-t-il au son de la cloche? Parce que le son de cloche et la présentation de la nourriture deviennent *corrélées* ou associées dans son esprit.

---

1. Vous pourriez vous reporter au livre suivant: Selltiz, C., Wrightsman, I.S., Cook, S.W., *Les méthodes de recherche en sciences sociales*, Montréal, Holt, Rinehart et Winston, 1977 (N. du t.).

Le mot *corrélation* veut simplement dire «connexion» ou «association». Par exemple, il y a une sorte de corrélation que vous avez de bonnes chances de rencontrer dans la plupart des écoles: c'est celle qui existe entre les scores d'un test de Q.I. et la moyenne des notes scolaires. Par conséquent, si nous faisions passer un test d'intelligence à tous les étudiants de première année collégiale lors de la rentrée et que nous compilions leurs résultats scolaires à la fin de la première année de cours, nous nous attendrions à trouver à peu près la relation suivante:

	EXAMEN D'ENTRÉE, SCORES AU TEST DE Q.I.	MOYENNE DES NOTES SCOLAIRES (MNS)
Anne	152	3,91
Jacques	145	3,46
Carole	133	2,77
Robert	128	2,35
Antoine	112	1,51
Moyenne	134	2,80
Écart type	15,54	0,94

La puissance ou la force de la relation, ou de la corrélation, peut se déterminer d'un certain nombre de manières différentes. Une façon assez simple consiste à attribuer des «rangs» à chaque série de données. De cette façon, dans le tableau ci-dessus, Anne est première à la fois au test de Q.I. et dans les notes scolaires, Jacques est deuxième, Carole est troisième, Robert quatrième et Antoine est cinquième sur les deux mesures. La *corrélation* entre les deux séries de données est donc presque parfaite.

Si nous traçons ces données point par point sur ce qui s'appelle un *diagramme de dispersion*, nous obtenons une ligne à peu près droite. (Un diagramme de dispersion représente, sur un graphique ou un diagramme, la *dispersion* ou la distribution des scores de chaque sujet sur les deux dimensions mesurées.)

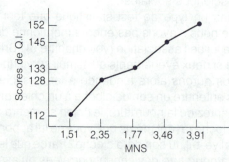

Si nous renversions les données de telle sorte qu'Anne obtiendrait un Q.I. de 152 mais une MNS de 1,51, que Jacques obtiendrait un Q.I. de 145 et une MNS de 2,35, etc., nous aurions alors le diagramme de dispersion suivant:

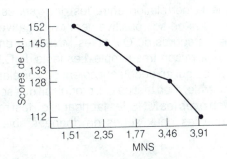

De façon générale, plus le diagramme de dispersion se rapproche de la ligne droite, qu'elle soit inclinée vers la droite ou vers la gauche (comme celles-ci), plus la corrélation entre les deux séries de données ou de mesures sera élevée.

Le coefficient de corrélation varie de -1,00 à +1,00. Une corrélation de +1 signifie que deux phénomènes ou tests sont en corrélation positive parfaite. Les résultats rassemblés dans le premier diagramme de dispersion ci-dessus ont une corrélation d'environ +0,99, ce qui signifie qu'ils sont en corrélation presque parfaite. Donc, si je vous disais qu'un étudiant du nom de Martin a obtenu un score de Q.I. de 148 lors de l'examen d'entrée, seriez-vous prêt à parier que sa MNS de fin d'année se situerait entre 3,46 et 3,91?

Les données réparties dans le second diagramme de dispersion ont une corrélation d'environ -0,99, ce qui signifie qu'elles sont aussi en corrélation presque parfaite, mais négative. C'est-à-dire que les étudiants qui obtiennent un score de Q.I. *élevé* ont tendance à obtenir des MNS très *faibles*, et les étudiants qui obtiennent un score de Q.I. *faible* ont tendance à obtenir des MNS très *élevées*. Si je vous disais maintenant que Martin a obtenu une moyenne de notes scolaires de 2,02, seriez-vous prêt à parier que le score de Q.I. de Martin se situe entre 145 et 152?

S'il n'y a aucune relation entre deux séries de données ou de mesures (tel qu'entre la longueur des cheveux et le score de Q.I.), la corrélation sera nulle ou proche de zéro.

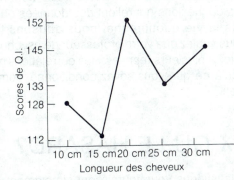

Les corrélations sont importantes parce qu'elles nous permettent de prédire une deuxième série de données à partir d'une série de données déjà existante, pourvu que la corrélation entre les deux séries de données soit suffisamment élevée (que ce soit positivement ou négativement).

(Il se trouve que les scores de Q.I. et les MNS *sont* en forte corrélation positive, et ce, pour une raison très simple. Les tests de Q.I. sont *conçus* de telle sorte que les scores qui en découlent soient en corrélation positive avec les MNS! En règle générale, si un test de Q.I. produisait des scores qui n'étaient pas en forte corrélation avec les MNS, les fabricants du test retravailleraient ce dernier jusqu'à ce que les deux séries de données soient en corrélation positive!)

L'utilité et l'abus des corrélations

La capacité de faire des corrélations ou des associations rapides est une des qualités les plus utiles que votre esprit ait à sa disposition. Les corrélations vous permettent de profiter de l'expérience, car elles vous permettent de prédire des événements qui peuvent se produire dans le futur (et de vous y adapter). Si l'un de vos professeurs vous fait passer des «mini-tests surprises» les trois premiers lundis d'une session, mais ne vous donne jamais un examen inattendu un autre jour de la semaine, ne pensez-vous pas qu'il y a de bonnes chances que vous étudiiez un peu avant de vous présenter au cours le quatrième lundi?

Mais les corrélations ont un côté sombre et dangereux. Le seul fait que deux événements ou stimuli soient en corrélation ne signifie pas qu'un de ces événements est la *cause* de l'autre! Peu importe ce que les chiens de Pavlov ont pu penser, le son d'une cloche ne *cause* pas l'apparition de nourriture. (C'est Pavlov qui était la cause à la fois du son de cloche et de l'apparition de la nourriture). De nombreux étudiants qui ont des résultats scolaires très élevés n'étudient pas beaucoup, tandis que plusieurs étudiants qui ont des notes plus faibles doivent étudier frénétiquement uniquement pour passer. Il peut donc y avoir une forte corrélation *négative* entre les bons résultats scolaires et le temps consacré à l'étude, mais le peu d'étude peut-il être la *cause* des bons résultats scolaires?

Au mieux, les corrélations nous aident non seulement à prédire des stimuli d'entrée futurs, mais elles nous fournissent aussi des indices sur ce que pourraient être les connexions qui relient des données ou des événements. Cependant, dans la vie quotidienne, nous abusons trop souvent des corrélations. Si vous voulez que votre professeur de psychologie soit vraiment très content, répétez à plusieurs reprises: «les corrélations ne déterminent pas les causes» (jusqu'à ce que vous soyez conditionné, comme les chiens de Pavlov, à le croire!).

LE CHOIX OU LE HASARD?

En résumé, les statistiques vous fournissent simplement une manière plus précise et exacte de faire les mêmes choses que ce que vous avez toujours fait. Il n'est pas nécessaire d'être un mathématicien exceptionnel pour comprendre les statistiques. Joanne détestait et craignait tant les statistiques qu'elle a changé d'option pour éviter de suivre des cours de statistiques. Et pourtant, elle utilisait les statistiques de façon astucieuse, mais intuitive, chaque fois qu'elle jouait au bridge. Et tout le temps qu'elle nous battait au bridge, Albert et moi, je remerciais le ciel qu'elle ne se soit pas donné la peine d'apprendre à quel point les statistiques sont en réalité faciles. Si elle l'avait fait, elle jouerait probablement encore mieux aux cartes qu'elle ne le fait présentement.

De nombreux étudiants comme Joanne détestent probablement les statistiques parce qu'ils croient que «les gens ne sont pas des numéros et qu'il est impossible de mesurer mathématiquement les choses importantes de la vie». Bien sûr, il est vrai que les gens ne sont pas *uniquement* des numéros. Et il est également vrai que nous ne pouvons pas encore, et peut-être que nous ne le pourrons jamais, mesurer toute l'expérience humaine de façon aussi précise que les psychologues le souhaiteraient. Mais il n'en reste pas moins que tout ce que vous faites (tous vos comportements et presque toutes vos pensées) peut se mesurer et se quantifier. Votre cerveau «devine» ces mesures et ces quantités chaque fois que vous bougez un muscle ou avez une pensée.

Alors, vous avez le choix. Vous pouvez vous effaroucher à l'idée de faire des statistiques (et de jeter un regard occasionnel aussi objectif que possible sur vous-même ou sur les autres selon les exigences de la situation). Vous réussirez probablement quand même dans la vie si vous y travaillez suffisamment. Vous gagnerez sans doute encore des parties de bridge ou vous conduirez encore votre voiture de façon sécuritaire, mais vous risquez d'être aussi handicapé que quelqu'un qui marche la plupart du temps avec un bandeau sur les yeux. Bref, vous pouvez laisser faire le hasard si vous êtes prêt à en payer le prix.

Ou vous pouvez en apprendre autant au sujet des statistiques que ce que vos besoins ou vos intérêts vous dictent. Dans ce cas, peut-être trouverez-vous la vie un peu plus simple, et découvrirez-vous que votre propre comportement et celui des personnes de votre entourage sont plus sensés et plus faciles à comprendre. Vous irez peut-être plus loin dans la vie, gagnerez plus de batailles, travaillerez plus efficacement, réaliserez un plus grand nombre de buts parmi ceux que vous vous êtes fixé; et vous ne serez sans doute pas esclave de vos propres émotions et intuitions.

À vous de choisir.

Quant à moi, j'étudie beaucoup les probabilités ces temps-ci, et Albert aussi. Après encore un peu d'étude de notre part, nous avons l'intention de retourner au salon des étudiants pour voir s'il ne serait pas possible d'organiser un match de bridge revanche avec Joanne et Carole!

références

Chapitre 1   Kinsey, A.C., Martin, C.E., Pomeroy, W.B., *Sexual behavior in the human male*. Saunders, Philadelphie, 1948.
Kinsey, A.C., Pomeroy, W.B., Martin, C.E., Gebhard, R.H., *Sexual behavior in the human female*. Saunders, Philadelphie, 1953.

Chapitre 2   Azrin, N.H., Hutchinson, R.R., McLaughlin, R., «The opportunity for aggression as an operant reinforcer during aversive stimulation», *Journal of experimental analysis of behavior,* vol. 7, 1965, p. 223-227.
Lorenz, K., «Der Kumpan in der Umvelt des Vogels», *Jour. Ornith.,* vol. 83, 1935, p. 137-213, p. 324-331.
Lorenz, K., «Vergleichende Verhaltensforschung», *Zoo. Anz. Suppl.,* vol. 12, 1939, p. 69-102.
Sperry, R.W., «Left-brain, right brain», *Saturday review*, août 1975, p. 30-33.

Chapitre 3   Gibson, E.J., Walk, R.D., The «visual cliff», *Scientific american*, vol. 202, 1960, p. 67-71.
Heron, W., Bexton, W.H., Hebb, D.O., «Cognitive effects of a decreased variation in the sensory environment», *American psychologist*, vol. 8, 1953, p. 366.
Magoun, H.W., *The waking brain*, 2e édition, Charles C. Thomas, Springfield (Illinois), 1963.

Chapitre 4   Heber, R., cité dans R.J. Trotter, «The Milwaukee Project», *APA Monitor*, septembre 1976.
Hess, E.H., «Shadows and depth perception», *Scientific american*, vol. 204, 1961, p. 138-148.
McGinnies, W., «Emotionality and perceptual defense», *Psychological review*, vol. 56, 1949, p. 244-251.
Skeels, H.M., «Adult status of children with contrasting earlylife experiences», *Monographs of the society for research in child development*, vol. 31, n° 3, 1966, p. 1-65.

Chapitre 5   McClelland, D.C., «Testing for competence rather than for intelligence», *American psychologist,* vol. 28, 1973, p. 1-14.

Maslow, A.H., *Motivation and personality*, 2e édition, Harper and Row, New York, 1970.

Udry, J.R., Morris, N.M., «Distribution of coitus in the menstrual cycle», *Nature*, vol. 220, 1968, p. 593-596.

Wolpe, J., *Pratique de la thérapie contemporaine*, Masson, Paris, 1975.

Chapitre 6   Pavlov, I.P., *Les réflexes conditionnés*, 2e édition, Presses Universitaires de France, Paris, 1977.

Stuart, R.B., cité dans R.J. Trotter, «Obesity and behavior», *Science news*, vol. 76, août 1974.

Watson, J.B., Rayner, R., «Conditioned emotional reaction», *Journal of experimental psychology*, vol. 3, 1920, p. 1-14.

Chapitre 7   Piaget, J., *La naissance de l'intelligence chez l'enfant*, Delachaux et Niestlé, Paris, 1977.

Chapitre 8   Terman, L.M., *The measurement of Intelligence*, Houghton Mifflin, Boston, 1916.

Zajonc, R.B., «Family configuration and intelligence», *Science*, vol. 192, n° 4236, 1976, p. 227-235.

Chapitre 9   Bandura, A., Blanchard, E.B., Ritter, B., «The relative efficacy of desensitization and modeling approaches for inducing behavioral, affective and attitudinal changes», *Journal of personality and social psychology*, vol. 13, 1969, p. 173-199.

Chapitre 10   Hartshorne, H., May, M.A., *Studies in the nature of character*, Volumes I-III, Macmillan, New York, 1928-1930.

Kretschmer, E., cité dans R.N. Goldenson, *Encyclopedia of human behavior*, Doubleday, Garden City, New York, 1970.

McKinley et Hathaway, cités dans R.J. Trotter, «Psychological testing», *Science news*, vol. 189, septembre 1972.

Maslow, A.H., *Vers une psychologie de l'être*, Fayard, Paris, 1972.

Murray, H., cité dans R. N. Goldenson, *Encyclopedia of human behavior*, Doubleday, Garden City, New York, 1970.

Rorschach, H., *Psychodiagnostic*, Presses Universitaires de France, Paris, 1976.

Sheldon, W.H., *The varieties of temperament*, Harper & Row, New York, 1942.

Chapitre 11   Asch, S.E., «Effects of group pressure upon modification and distortion of judgments», dans E.E. Maccoby, T.M. Newcomb et E. L. Hartley (dir. publ.), *Readings in social psychology*, 3e édition, Holt, Rinehart and Winston, New York, 1958.

Miller, N.E., DiCara, L.V., *Instrumental training of visceral functions*. Mental health program reports, n° 6 (DHEW), publication n° (HSM) 73-9139, National Institute of Mental Health, Chevy Chase (Md.), 1973.

Richter, C.P., «On the phenomenon of sudden death in animals and man», *Psychosomatic medicine*, vol. 19, 1957, p. 191-198.

Rogers, C., cité dans R. N. Goldenson, *Encyclopedia of human behavior*, Doubleday, Garden City, New York, 1970.

Seligman, M.E.P., «Depression and learned helplessness», dans R. J. Friedman, et M.M. Katz (dir. publ.), *The psychology of depression: contemporary theory and research*, V.H. Winston, Washington (D.C.), 1974.

Seligman, M.E.P., *Helplessness: on depression, development, and death*, W. H. Freeman, San Francisco, 1975.

Chapitre 12   Rosenhan, D. L., «On being sane in insane places», *Science*, vol. 179, 1973, p. 250-258.

Chapitre 13   Eysenck, H.J., *Psychology is about people*, Penguin Press, Londres Allen Lane, 1972.

Heath, R.B., «Electrical self-stimulation of the brain in man», *The American journal of psychiatry*, vol. 120, n° 6, p. 571-577.

Moreno, J.L., cité dans R. N. Goldenson, *Encyclopedia of human behavior*, Doubleday, Garden City, New York, 1970.

Chapitre 14   Bales, R.F., *Personality and interpersonal behavior*, Holt, Rinehart and Winston, New York, 1960.

Calhoun, J.B., «How the social organization of animal communities can lead to a population crisis which destroys them». Rapporté par M. Pines, Mental health program reports, n° 5 (DEHW), publication n° (HSM) 72-9040, National Institute of Mental Health, Ced., Chevy Chase (Md.), 1971.

Harlow, H.F., *Learning to love*, Albion, San Francisco, 1971.

Sommer, R., *Personal space: the behavioral basis of design,* Prentice-Hall, Englewood Cliffs (New Jersey), 1969.

Turnbull, C.M., «Some observations regarding the experiences and behavior of the Ba Mbuti pygmies», *American journal of psychology*, vol. 74, 1961, p. 304-308.

Chapitre 15   Adorno, T.W., Frenkel-Brunswick, E., Levinson, D.J. Sanford, R. N., *The authoritarian personality*, Harper and Row, New York, 1950.

Helson, H., «Adaptation level theory», dans S. Koch (dir. publ.), *Psychology: a study of a science*, volume 1, McGraw-Hill, New York, 1959.

Helson, H., *Adaptation-level theory*, Harper & Row, New York, 1964.

Janis, I.L., Feshback, S., «Effects of fear-arousing communications», *Journal of abnormal and social psychology*, vol. 48, 1953, p. 78-92.

Milgram, S., «Behavioral study of obedience», *Journal of abnormal and social psychology*, vol. 67, 1963, p. 371-378.

Newcomb, T. M., «Attitude development as a function of reference groups: the Bennington study», dans H. Prohansky et B. Seidenberg (dir. publ.), *Basic studies in social psychology*, Holt, Rinehart & Winston, New York, 1965.

Chapitre 16   Aronson, E., *The social animal*, Freeman, San Francisco, 1972.

Biller et Meredith, *Father power*, David McKay, New York, 1974.

Byrne, D., *The attraction paradigm*, Academic Press, New York, 1971.

Byrne, D., «Attitudes and attraction», dans L. Berkowitz (dir. publ.), *Advances in experimental social psychology,* volume 4, Academic Press, New York, 1969.

Exline, R.V., Winters, L., «Affective relations and mutual glances in dyads», dans S. Tomkins et C. Izard (dir. publ.), *Affect, cognition, and personality,* Springer, New York, 1965.

Festinger, L., *A theory of cognitive dissonance*, Stanford University Press, Stanford (Californie), 1957.

Harlow, H. F., Zimmerman, R.R., «The development of affectional responses in infant monkeys», *Proceedings of the American philosophical society*, vol. 102, 1958, p. 501-509.

Hess, E.H., «Pupillometrics: a method of studying mental, emotional and sensory processes», dans N.E. Greenfields et R.A. Steinbach (dir. publ.), *Handbook of psychophysiology*, Holt, Rinehart & Winston, New York, 1972.

Jones, E.E., Harris, V.A., «The attribution of attitudes», *Journal of experimental social psychology*, vol. 3, 1967, p. 1-24.

Kelley, H.H., «The warm-cold variable in the first impressions of persons», *Journal of personality*, vol. 18, 1950, p. 431-439.

Chapitre 17   Smith, M., *New Scientist*, octobre 1975.

Index